戦時期における
日本語・日本語教育論の諸相

日本言語文化政策論序説

田中寛 著

ひつじ書房

まえがき

　グローバル化の進行する今日、言語はいよいよ社会、文化と切り離せなくなった。2011年3月11日に発生した東日本大震災は世界が繋がっていることをあらためて再認識させた。「伝達する日本語」と「理解する日本語」の落差についても、様々な情報の発信受容の齟齬という現実を知らされた。一見、均質であるはずの日本語であっても、危機的状況に対処する情報操作、発話行為、伝達行動など、言語の直面する多くの障壁が広域に介在すること、それに向き合う言語の虚実も浮き彫りにされた。過失に対しての集合知による過度のバッシング、新たなナショナリズムを予感させるヘイトスピーチも、突出した日本語の日常的姿態となっている。

　日本語に内在する、あるいは発信性に真実と齟齬する輻輳が見られたのは今回の危機的状況に限ったことではなかったが、危機管理という面において種々考えさせられたことは未だ記憶に新しい。日本語に内在するガバナンス力、リテラシーをめぐってこうした日本語の宿痾はいかに産み落とされてきたのか。これが本研究の大きな動機、出発点の1つであった。

　極限下における言語の確執と再生は、時空間を越え、様々な問題を提起した。言語は情報によってもたらされ、またそれによって言語は新たな情報を生産する。近代日本語は世界に、またあるときは国難に向き合ってきた。戦争はその極限的状況であった。そこで日本語はいかにあるべきか、日本人はいかに生きるべきかの指針・指標としたのである。日本語は戦時下においては外の列強および植民地に対しては国際的なプロパガンダとしてのコスモポリタン精神を発揚し、国内に向けては国民錬成という立場から日本精神としての日本語論を移植しようとした。この2つのベクトルは、日本語が国語という伝統的な位相から脱皮する過渡期の様相を象徴するものだが、その試み（国語と日本語の融和、統合の夢）は敗戦とともについえたのであった。

一方、この戦前戦中の戦時体制下という一時期に蓄積された厖大な日本語論、日本語教育論(内に向かっては国語精神論、国語教育論)の本質はいまなお不明確なまま推移しているように思われる。本研究は総力戦下におけるこうした日本語の態様を探る試みである。日本語という複合的多層的桎梏がこの時期ほど多様に浮き彫りにされた時代はなかった。熾烈さを増す国際情勢の渦中で、戦略としての言語が日本語にどう調合されていったのか。これは現在、日本が世界に文化をどう輸出するかといった戦略にも反省と自覚を迫る意味で貴重な検証となるにちがいない。表層としての日本語と同時に、鉱脈としての、思考する日本語論の軌跡を追い続けることは、可能性としての日本語論の醸成にも寄与し得るものであろう。これは現代における世界への言語文化戦略とも連携している。言語政策には必然的に時代思潮を反映することから、副題に日本言語文化政策論序説とした所以である。当然、この言語文化の広義には歴史思想、哲学も内包されている。

　筆者は現代日本語の内在構造をとくに文論という領域で研究を続けてきた。また対照研究を通して日本語の個別性、普遍性を討究してきた。その一方で、日本語論の歴史的位相についても少なからぬ関心を抱き続けてきた。とくに海外日本語教育の現場に身をおいたとき、学習者の背景が遠くない日本の現代史と無関係ではないことを痛感することも少なくなかった。異文化認識は共時的な考察と通時的考察との共振によってこそ実質をもつ。今でも二十代半ばの真夏の一ヶ月余をかけて、ミクロネシア(旧南洋群島)を旅した日々を鮮やかに思い起こすことができる。失われた日本語を求めた旅立ちこそ我が日本語論研究の出発点であったことを今、強く自覚する。それは、筆者が純粋培養的な言語研究ではなく、その若き日に歴史学を学んだ下地に裏打ちされているところも少なくない。その後、日本語の沃野を探求して東南アジアのタイに暮し、またその後中国の異郷に進んで自らの学問研究の聖地をもとめた日々は、徒労多き中にも自らの能動的姿勢がなければ享受しえない体験であった。そして、さらに後年、その比較文化論的視角を求めて欧州に滞在したことも、筆者のこれまでの思索遍歴を内省する貴重な時間であった。思えば筆者の学問研究は、異文化世界との対峙であり、通時的、共時的

時間軸の確執、内なる国語と外なるニホンゴ・ニッポンゴとの相克であったことを強く自覚せざるをえない。

　こうして日本語教育史を絶えず意識しながら、異文化接触・理解に努めてきたことは、植民地教育史の研究仲間からの啓発に支えられた恩恵を記しておかねばならない。また、筆者が1990年代から中国社会科学院近代史研究所、中国黒竜江省社会科学院歴史研究所の研究員諸氏から大きな恩恵を受けていることも記しておきたい。これらの方々との接触は筆者の閉じこもりがちな研究の在り方に大きな示唆をもたらしたことは貴重な財産である。

　本研究がなお不十分な論考ながら、今後の日本語論・言語政策研究、日本語教育史研究、植民地教育史研究にいささかなりとも裨益するところがあるとすれば、筆者にとって望外の幸せである。本書は平成26年度独立行政法人日本学術振興会研究成果公開促進費学術図書の助成を受けての公刊となった。関係者各位に深甚の感謝の意を表するものである。

2015年2月筆者しるす

目次

まえがき ……………………………………………………………………… iii

序論　戦時期における日本語・日本語教育論の諸相 ……………………… 1
日本語は世界にどう対峙したか

第1部　中国大陸における日本語の進出 ……………………… 15

第1章　「東亜新秩序建設」と日本語の大陸進出 ……………………… 17
発展の経緯と輻輳する背景

第2章　中国大陸における宣撫日本語教育の断面 ……………………… 83
松永健哉『日語学校』の言語思想的記憶

第3章　北京近代科学図書館における日本語普及事業 ……………… 115
日本語教本を中心に

第2部　「五族協和」「王道楽土」のなかの日本語 ………………… 153

第1章　『満洲補充讀本』にあらわれた帝国の言語思想と異文化認識 …… 155
第2章　満洲帝国国民優級学校『國民讀本』の日本語思想 ……………… 189
第3章　建国大学における理念と実相 ……………………………………… 213
皇道主義教育思想とその言語政策論をめぐって

第3部　戦場の日本語、銃後の国語 ……………………………… 285

第1章　『満洲國の私たち』に描かれた真実 ……………………………… 287
同化政策のなかの作文集から

第 2 章　戦争が遺した日本語（1） ································ 319
　　　　　「少国民綴り方」と戦時童話の世界
第 3 章　戦争が遺した日本語（2） ································ 343
　　　　　「憲兵支那語」「軍用支那語」を中心に

　　　第 4 部　「大東亜共栄圏」下の日本語普及政策 ················ 375

第 1 章　「大東亜共栄圏」下の植民地文化政策 ···················· 377
　　　　　胡蝶の夢の虚構と実相
第 2 章　南方諸地域における日本語教育の展開 ···················· 403
　　　　　「大東亜通用語」への眺望

　　　第 5 部　戦時期の諸雑誌にみる日本語・日本語教育論 ········ 433

第 1 章　放送が果した日本語普及・日本語政策論の一断面 ·········· 435
　　　　　雑誌『放送／放送研究』にみる戦時下日本語論の展開
第 2 章　『RŌMAJI-SEKAI』（『ローマ字世界』）にみる
　　　　　海外日本語進出論の展開 ·································· 455
　　　　　〈大東亜共通文字〉への指向性
第 3 章　『カナノヒカリ』にみる海外日本語進出論の展開 ·········· 477
　　　　　中国大陸から南方諸地域へ

　　　第 6 部　〈大東亜語学〉という東南アジア諸語の研究 ········ 503

第 1 章　戦時期日本におけるタイ語研究 ·························· 505
　　　　　〈大東亜語学〉と日本語教育との関わり
第 2 章　戦時期日本における東南アジア諸語の研究 ················ 547
　　　　　会話書、辞書類を中心に

附録［1］　戦時期の帝国日本における日本語・日本言語政策論の
　　　　　形成と消長 ·· 585
　　　　　1931 年から 1945 年まで

戦後日本語論の変遷……………………………………………… 640
　　　　　日本語と日本文化発信の狭間で

附録［2］　日語学校　松永健哉……………………………………… 698(1)

附録［3］　日語教師の座談会………………………………………… 665(34)

　あとがき …………………………………………………………………… 699
　書名索引 …………………………………………………………………… 705
　人名索引 …………………………………………………………………… 708
　事項索引 …………………………………………………………………… 712

詳細目次

まえがき	iii

序論　戦時期における日本語・日本語教育論の諸相　　1
日本語は世界にどう対峙したか

1. 漂流する日本語論の現況 …………………………………………… 1
2. 日本語論の「源流」と「歴史」遺産をもとめて ………………… 2
3. 本研究の出発点と射程、立場 ……………………………………… 4
4. 総力戦、戦時体制下の日本語 ……………………………………… 7
5. 時局と日本語、錬成 ………………………………………………… 10
6. 本書の構成 …………………………………………………………… 11

第1部　中国大陸における日本語の進出　　15

第1章　「東亜新秩序建設」と日本語の大陸進出　　17
発展の経緯と輻輳する背景

1. 「支那事変」から「東亜新秩序建設」へ ………………………… 17
2. 日本語宣撫工作の実態 ……………………………………………… 20
3. 日本語の大陸進出 …………………………………………………… 24
   3.1. 「日本語大陸進出」論の推移 ………………………………… 24
   3.2. 外地日本語教育の「還流」としての「国語対策協議会」開催 …… 30
   3.3. 興亜院による日本語教育実態調査 …………………………… 32
4. 『宣撫工作資料』にみる日本語教育 ……………………………… 34

5.	大陸進出と日本語教科用書(1)―教科用書の変遷―	46
6.	大陸進出と日本語教科用書(2)―『日本語會話讀本』を例に―	49
	6.1. 『日本語會話讀本』の使用背景	49
	6.2. 『日本語會話讀本』の構成	51
	6.3. 宣撫工作における日本語教育の意味	55
7.	中国占領地における日本語教育の実態―教育施設の一端―	58
	7.1. 『中国文化情報』誌第 5 号(1938.4)からの関連記事抜粋	58
	7.2. 同誌第 9 号(1938.8)からの関連記事抜粋	58
	7.3. 同誌第 11 号(1938.10)及び第 13 号(1938.12)の掲載記事抜粋	59
	7.4. 同誌第 12 号(1938.11)からの関連記事抜粋	61
8.	日本語教育訓練所の実態―冀東地区の場合―	61
9.	占領地区における日本語教育の記憶	64
10.	結語―日本語教育史研究の中の歴史認識―	66

第 2 章　中国大陸における宣撫日本語教育の断面　　83
松永健哉『日語学校』の言語思想的記憶

1.	はじめに	83
2.	宣撫官の誕生	85
3.	宣撫官のみた戦場の日常	88
4.	松永健哉『日語学校』の記憶	91
5.	宣撫工作の本質	98
6.	岸田國士のみた日本語学校	101
7.	宣撫官の歌にみる「人間愛」の虚実	103
8.	宣撫班日本語教科書『日本語會話讀本』	104
9.	「軍用支那語会話」と中国語学研究者の戦時協力	105
10.	おわりに	107

第 3 章　北京近代科学図書館における日本語普及事業　　115
日本語教本を中心に

1.	はじめに	115

2. 北京近代科学図書館の研究活動	117
3. 日本語教本にみる日本及び日本語の思想	120
4. 『初級日文模範教科書』全3巻の概要	123
5. 『高級日文模範教科書』全3巻の概要	127
6. 『日文補充讀本』巻一～巻三の概要	132
7. 『日文補充讀本』巻四～巻六の概要	138
8. その他の日本語教本、日中文学の紹介	142
8.1. 『日本語入門篇』	142
8.2. 日本文学・中国文学の紹介	143
9. おわりに	144

第2部　「五族協和」「王道楽土」のなかの日本語 ── 153

第1章　『満洲補充讀本』にあらわれた帝国の言語思想と異文化認識 ── 155

1. はじめに	155
2. 第一期各巻の目次と内容	156
3. 第二期各巻の目次と内容(1)	163
4. 第二期各巻の目次と内容(2)	170
5. おわりに	183

第2章　満洲帝国国民優級学校『國民讀本』の日本語思想 ── 189

1. はじめに	189
2. 国民優級学校について	190
3. 『國民優級學校日語國民讀本』第二巻の概要	193
4. 『國民優級學校満語國民讀本』の概要	199
5. 『大満洲國讀本』に描かれた現実	201
6. ［補説(1)］日本語教科書版図の実相	202
7. ［補説(2)］中国呼称「侵華奴化教育」をめぐって	205
8. おわりに	207

第 3 章　建国大学における理念と実相 ―――――― 213
皇道主義教育思想とその言語政策論をめぐって

1. はじめに ……………………………………………………………… 213
2. 建国大学の創設と建学精神 …………………………………………… 215
   2.1. 建国大学にみる浪漫と野望 ……………………………………… 215
   2.2. 学生募集の実態 …………………………………………………… 217
   2.3. 建国大学の教学実践 ……………………………………………… 218
3. 建国大学研究院の機構と研究活動 …………………………………… 222
   3.1. 建国大学研究院の設置目的と『研究院月報』………………… 222
   3.2. 『研究期報』にみる研究成果 …………………………………… 227
4. 皇道主義教育思想の嚮導 ……………………………………………… 230
   4.1. 「国体」としての皇道主義教育思想 …………………………… 230
   4.2. 西晋一郎の『文教論』…………………………………………… 233
   4.3. 「王道楽土」の虚構性 …………………………………………… 237
5. 『研究院月報』にみる日本語論、言語観 …………………………… 238
   5.1. 文教政策の〈要諦〉としての言語政策 ………………………… 238
   5.2. 建国大学を囲繞する日本語の言説 ……………………………… 240
   5.3. 「国民錬成」としての日本語教育 ……………………………… 245
6. 対極する歴史見解――「異文化間教育」の可能性をめぐって―― … 251
7. 建国大学編纂日本語教科書にみる日本語観 ………………………… 257
8. おわりに――"歴史の共有"という観点―― ………………………… 264

第 3 部　戦場の日本語、銃後の国語 ―――――――――― 285

第 1 章　『満洲國の私たち』に描かれた真実 ―――――― 287
同化政策のなかの作文集から

1. はじめに ……………………………………………………………… 287
2. 「生活記」の意図したもの …………………………………………… 289
3. 綴り方教育と「アジア的人間像」の創成 …………………………… 294
4. 「生活記」の中の真実(1)―「協和」の日常― …………………… 297

5. 「生活記」の中の真実(2)―「協和」のつぼみ― ･････････････････････････ 304
　　6. 「生活記」の中の真実(3)―高邁なる「協和」― ･･････････････････････････ 308
　　7. おわりに ･･ 311

第 2 章　戦争が遺した日本語(1) ―――――――――――――― 319
「少国民綴り方」と戦時童話の世界

　　1. はじめに ･･ 319
　　2. 戦争と少国民の「綴り方」･･･ 320
　　　2.1. 『支那在留日本人小学生綴方現地報告』････････････････････････････ 320
　　　2.2. 満洲語ピジン中国語の実態 ･･･････････････････････････････････････ 324
　　3. 『戦地の子供』に描かれた戦場の虚実 ･････････････････････････････････ 327
　　　3.1. 国分一太郎の戦場体験 ･･･ 327
　　　3.2. 『戦地の子供』の明朗とアジアの純真 ････････････････････････････ 329
　　　3.3. 国分一太郎のみた「日本語を学ぶ人々」･･･････････････････････････ 330
　　4. 「大義としての戦争」観の美化 ･･･ 333
　　5. 小川未明の戦場描写と少国民錬成 ････････････････････････････････････ 334
　　6. おわりに ･･ 338

第 3 章　戦争が遺した日本語(2) ―――――――――――――― 343
「憲兵支那語」「軍用支那語」を中心に

　　1. はじめに ･･ 343
　　2. 「警務・憲兵支那語」、「陣中会話」から「軍用支那語」へ ･････････････ 343
　　　2.1. 『満洲警察用支那語会話』･･･････････････････････････････････････ 344
　　　2.2. 『警務支那語会話』･･ 345
　　　2.3. 『憲兵支那語会話』･･ 346
　　　2.4. 『支那語雑誌』掲載の戦時支那語 ･･･････････････････････････････ 347
　　　　2.4.1. 「陣中会話」(1)の実態 ････････････････････････････････････ 347
　　　　2.4.2. 「憲警実務会話」の実態 ･･･････････････････････････････････ 348
　　　　2.4.3. 「陣中会話」(2)の実態 ････････････････････････････････････ 348
　　　　2.4.4. 「軍用語特集号」の文例と軍用語彙 ････････････････････････ 349

  2.4.5.　中国語ブームのなかの「憲兵支那語」の侵略性 …………… 350
 3.「軍用支那語」の実相と展開 …………………………………………… 351
  3.1.　『陣中速成軍用日支会話』 …………………………………………… 351
  3.2.　『皇軍必携　実用支那語』 …………………………………………… 352
  3.3.　『現地携行　支那語軍用会話』 ……………………………………… 354
  3.4.　『軍人必携　実用支那語会話』 ……………………………………… 355
  3.5.　『軍用支那語大全』 …………………………………………………… 357
  3.6.　『現代実用支那語講座第14巻　陣中会話篇』 ……………………… 358
  3.7.　『昭和一九年印刷　支那語教程全』 ………………………………… 360
 4.『支那語早わかり』の実相と展開 ……………………………………… 362
  4.1.　『支那語早わかり』について ………………………………………… 362
  4.2.　『標準支那語早わかり』について …………………………………… 364
  4.3.　その他の『支那語早分かり』会話集 ………………………………… 367
 5.　おわりに―言語の〈観察〉と〈監視〉の姿態― ……………………… 368

第4部　「大東亜共栄圏」下の日本語普及政策 ──── 375

第1章　「大東亜共栄圏」下の植民地文化政策 ──── 377
   胡蝶の夢の虚構と実相

 1.　信頼と不信―歴史感情の交錯する時空間― ………………………… 377
 2.　多文化・多言語社会における共生の歴史的意味 …………………… 379
 3.　〈宣撫・文化工作〉から〈文化建設事業〉へ ………………………… 380
 4.　日本語の「大陸進出」から「南方進出」へ ………………………… 385
 5.　興亜の虚構と現実―「アジヤ」讃歌の果てにあるもの― ………… 391
 6.　おわりに―歴史「共和」の問題提起として― ……………………… 395

第2章　南方諸地域における日本語教育の展開 ──── 403
   「大東亜通用語」への眺望

 1.　はじめに ………………………………………………………………… 403
 2.　近代日本における言語観と世界認識 ………………………………… 404

3. 日本語論にみるアジア認識 …………………………………………… 405
4. 「大東亜通用語」としての日本語 ……………………………………… 407
5. 「日本語基本文型」と「日本語基本語彙」への傾斜 ………………… 409
6. 言語ユートピアとしての「文化言語」への眺望 ……………………… 411
7. 資料［1］　南方圏における日本語普及の実態 ……………………… 415
　　7.1. 「マレー女とニッポン語」227 号　昭和 17 年 7 月 12 日 ……… 415
　　7.2. 「バタヴィアの千早学校」227 号　昭和 17 年 7 月 12 日 ……… 417
　　7.3. 「ニッポンゴで埋め尽す昭南島」230 号　昭和 17 年 7 月 22 日 … 417
　　7.4. 「日本語講習会は超満員マニラ」237 号　昭和 17 年 9 月 9 日 … 418
　　7.5. 現地社会生活の中での言語接触 …………………………………… 419
　　7.6. 「わしゃかなわんよ」 ……………………………………………… 420
8. 資料［2］　新聞記事に見る日本語進出の実態 ……………………… 422
　　8.1. 満洲国、中国大陸での地ならし …………………………………… 422
　　8.2. 南方進出の実態 ……………………………………………………… 424
9. 「明朗アジアの建設」 …………………………………………………… 426
10. おわりに ………………………………………………………………… 427

第 5 部　戦時期の諸雑誌にみる日本語・日本語教育論 ── 433

第 1 章　放送が果した日本語普及・日本語政策論の一断面 ── 435
雑誌『放送／放送研究』にみる戦時下日本語論の展開

1. はじめに ………………………………………………………………… 435
2. 前期(昭和 3 年〜昭和 11 年)にみる国語・日本語論の生成 ………… 436
3. 中期(昭和 12 年〜昭和 15 年)の日本語政策論 ……………………… 442
4. 後期(昭和 16 年〜昭和 18 年)にみる日本語論の展開と消長 ……… 445
5. おわりに ………………………………………………………………… 449

第 2 章 『RŌMAJI-SEKAI』(『ローマ字世界』)にみる 海外日本語進出論の展開 ———— 455
〈大東亜共通文字〉への指向性

1. はじめに ———— 455
2. 『RŌMAJI-SEKAI(ローマ字世界)』にみる日本語進出論 ———— 456
3. 大東亜共通文字としてのローマ字日本語進出・普及論 ———— 460
4. 日本語の進出・普及は何を目指したか ———— 464
5. ローマ字による日本語普及の一大階梯 ———— 470
6. おわりに ———— 472

第 3 章 『カナノヒカリ』にみる海外日本語進出論の展開 ———— 477
中国大陸から南方諸地域へ

1. はじめに ———— 477
2. 戦時期初期の『カナノヒカリ』 ———— 478
3. 中国大陸への日本語の進出と『カナノヒカリ』 ———— 481
4. 『ニッポンノコトバ』の中国大陸への進出 ———— 483
5. 『カナノヒカリ』にみる南方への日本語進出論 ———— 488
6. おわりに ———— 494

第 6 部 〈大東亜語学〉という東南アジア諸語の研究 ———— 503

第 1 章 戦時期日本におけるタイ語研究 ———— 505
〈大東亜語学〉と日本語教育との関わり

1. はじめに ———— 505
2. 〈大東亜語学〉としてのタイ語研究 ———— 506
3. タイ語学習・研究文献の概要 ———— 510
   3.1. 泉虎一『日邏會話便覧』1938.4（1） ———— 510
   3.2. 常岡悟郎『初歩の泰国語』1941.4（2） ———— 512
   3.3. モンコン・オンシクール『日泰會話』1941.4（3） ———— 513
   3.4. 三木榮『日泰會話便覧』1941.2（4） ———— 514

3.5.	平等通昭『簡易日泰會話』1942.6（5）	515
3.6.	大矢全節『速修タイ語階梯』1942.8（7）	517
3.7.	大矢全節『タイ・日新辞典』1942.9（8）	517
3.8.	久田原正夫『タイ語の研究』1942.9（9）	519
3.9.	山路廣明『タイ語要諦』1942.7（6）	520
3.10.	山路廣明『紙上ラジオ講座 基礎タイ語』1942.10（10）	520
3.11.	国際観光局編『日泰會話』1942.3（11）	521
3.12.	国際文化振興会『日・泰・會話本　NIPPON-GO』1942.7（12）	522
3.13.	朝日新聞社編『日用南方語叢書　タイ語』1943.2（13）	522
3.14.	小倉啓義『泰會話要訣　日本語・泰語・英語』1943.4（14）	523
3.15.	プラコップ・ブッカマーン『実用泰日會話』1943.6（15）	523
3.16.	江尻英太郎『タイ語文典』1944.1（16）	523
3.17.	奥野金三郎『タイ文字の起源と用法』1944.4（17）	524
3.18.	星田晋五『新制タイ語とタイ字』1944.12（18）	525

4. 〈大東亜語学〉の本質―日本語教育との関わりのなかで― ……… 527
5. 戦時期タイにおける日本語教育の実態 ……………………………… 530
6. 結びにかえて―追憶の彼方から― …………………………………… 534

第2章　戦時期日本における東南アジア諸語の研究 ——— 547
会話書、辞書類を中心に

1. はじめに …………………………………………………………………… 547
2. 安南語(ベトナム語)研究の実態 ………………………………………… 548
3. 馬来語(マライ語・マレイ語・マレー語)研究の実態(1) …………… 552
   - 3.1. 教科書・参考書類 ………………………………………………… 552
   - 3.2. 会話書・独修書類 ………………………………………………… 556
4. 馬来語(マライ語・マレイ語・マレー語)研究の実態(2) …………… 558
   - 4.1. 「日本語―馬来語辞典」……………………………………………… 558
   - 4.2. 「馬来語―日本語辞典」……………………………………………… 560
5. ビルマ語研究の実態 ……………………………………………………… 562
6. その他の言語研究の実態 ………………………………………………… 564

        6.1. タガログ語 ……………………………………………………… 565
        6.2. 印度語 …………………………………………………………… 566
        6.3. トルコ語 ………………………………………………………… 567
        6.4. 北方語・南方語 ………………………………………………… 567
        6.5. オランダ語(蘭語) ……………………………………………… 567
    7. 「大東亜語学」叢書の刊行について ……………………………… 568
        7.1. 「大東亜語学叢書」の概要 …………………………………… 568
        7.2. 「語学四週間叢書」の概要 …………………………………… 570
        7.3. 「大東亜共栄圏会話叢書」の概要 …………………………… 571
        7.4. 「日用南方語叢書」の概要 …………………………………… 571
    8. 戦時下の語学学習書の出版状況について ………………………… 572
    9. おわりに ……………………………………………………………… 578

附録［1］ ———————————————————— 585
戦時期の帝国日本における日本語・日本言語政策論の形成と消長 — 585
1931年から1945年まで
    緒言―国語・日本語論、国語・日本語教育施策の裏面史として― …… 585
    戦時期における日本語・日本語教育論関係主要雑誌概略 ……………… 586
戦後日本語論の変遷 ———————————————————— 640
日本語と日本文化発信の狭間で

附録［2］ ———————————————————— 698(1)
    日語学校　若き兵隊(二) …………………………………… 698(1)
    日語学校(完) ………………………………………………… 683(16)

附録［3］ ———————————————————— 665(34)
    日語教師の座談会 …………………………………………… 665(34)

    あとがき ………………………………………………………… 699
    書名索引 ………………………………………………………… 705
    人名索引 ………………………………………………………… 708
    事項索引 ………………………………………………………… 712

序論
戦時期における日本語・日本語教育論の諸相
日本語は世界にどう対峙したか

1. 漂流する日本語論の現況

　書店に足を運ぶと、日本語について論じた書籍が数多く置かれている。専門書から一般教養書、実用書まで、読者対象、視点論点も様々で、日本、日本人の来しかたを振り返り、現状を憂い、ゆくすえを占う羅針盤のような赴きさえある。数年前、日本語が国際的にどう生き延びられるか、という問題提起がなされたことは記憶に新しい。グローバル化が進むにともない、英語を潮流とする国際化のなかでの日本人の言語感覚は今も問われ続けている[1]。

　こうした出版物の隆盛を背景に、日本人ほど「母語」という日本語について、「母文化」という日本文化について語ることの好きな民族はいないともいわれる。こうした現況は見方を変えれば日本的教養という基軸の一部を形成してきたともいえよう。

　ところで、日本語について書かれたものをすべて「日本語論」と括ることは正確な評価ではないが、ひとまずその位相は次のように分類することが可能であろう。

　　(1) 日本語の語族、構造的、言語学的検証など
　　(2) 日本語の心理・発想面、文化論的検証など
　　(3) 言語政策面、歴史的検証、国字国語改革問題など
　　(4) 国民の言語社会生活、言語行動、礼儀作法など

(1) は日本語学の延長にある、所謂「日本語論」。言語学者、日本語学者による日本語という言語のもつ構造的特徴についての顕著な成果が累々と積ま

れている。(2)は哲学的省察、社会言語学的なアプローチである。(1)とも関連するが、外から見た外国人による日本語論もこれに含めることができるだろう。(3)は国語の変遷、国語史の一環として国語改革、日本人の国語意識の変遷もこれに含む。(4)の大衆的性格については枚挙に暇がないほど多くの書物が出版されており、これもまた実に多層的、多様な論点を内包していることが改めて了解される。

　2011年3月11日の未曾有の東日本大震災のあと、テレビは国民の感情を鎮静化させ、また一体化させるような、"あいさつの魔法"をはじめとする公共広告機構（略称AC）のCMなどが一斉に放映されたことは記憶に鮮明である。戦時下の標語さえ彷彿させ、あたかもその惨事を見計らって用意されたような周到ささえ感じさせた。やがて、それは復興の進行とともに急速に終息していったものの、人心に与えた影響は決して少なくはなかった。これもまた、内外に向けて発信された日本語論の現実的な姿態ではなかっただろうか。あらためて日本語が日本、日本人、日本文化と一体化した衝撃的な事象であった。

2.　日本語論の「源流」と「歴史」遺産をもとめて

　戦争は人類の人為的災禍であるが、その一方で科学技術や医学、さらには音楽や芸術、文学といった情操面においても質的に大きな変貌を与え、技術的にも格段に向上させるという。そこには様々な実験が介在し、競合化がより尖鋭化するからで、教育、芸術においても実験的な試行が重ねられる。まして、戦時体制下にあって宗主国が植民地において実行する支配的施策のなかでは新しい方法論が常に模索される。言語教育にあっても例外ではない。日本における母語を外国語として標榜する日本語教育は海外での実践、実効支配を視野に入れて初めて、その実質的な方法論を担わされることになる。

　戦間期をはさみ、戦前から戦中にかけて、日本が発信した夥しい日本語論、日本語教育論はどのような意味をもっていたのか。そして、現在にどのような影を落としているのか。世界と対峙したとき、日本語は日本、日本文化、日本人をどう定位づけようとしたのか。それを検証するには、戦時期の

日本語の動態を今一度つぶさに振り返り、掘り起こしてみる必要があるだろう。

　大正デモクラシーがもたらした自由主義的な空気の下、新文化建設の息吹は、その後の戦場にも銃後にも色濃く投影されていった。新天地でのさまざまな試行はまた文化建設の壮大な実験場でもあったが、それをときに求心的、ときに遠心的に拡張していく過程でもあった。

　こうした源流をたどる地道な作業は、ひいては現代に氾濫するさまざまな日本語論の内実、本質を明らかにすることでもあり、またグローバル化の時代にあって日本が海外にどのように国益を念頭にした言語文化政策を展開していくのか、という命題にも連なるように思われる。

　日本語研究が世界的規模で質的にも量的にも蓄積されていく中で、こうした言語の外在的ともいうべき基層についてはとかく分断的、断片的に触れられ、体系的に総括する機会を形成しては来なかった。本研究では過去の日本語論、日本語教育論を通して、言語研究、言語教育の負の遺産としての、一種封印されてきた実相を掘り起こす作業である。そこに著名な言語学者、思想家、文学者を総動員した言語、思想、文化戦争の実態が明らかにされる。時間的事情、能力の許す範囲で、当時の雑誌新聞などの紙面において展開された日本語進出論を精査すると同時に、諸地域で編纂された日本語教科書の実態に触れることで、日本語を囲繞した言語思想的な地層を明らかにしたいと思う。

　かつて日本語が世界標準を目指すべく、もっとも世界との至近距離において対峙した時代があった。国際交流、世界制覇を見据えながら、文化防衛論として、文化工作論として、また異文化理解論として、日本が戦争を遂行する精神的プロパガンダ、支柱として、席捲したのである。その厖大な地層はなお明らかに検証されてはいない。世界でグローバル化がすすむ現在、日本語の立ち位置を確認する意味でも、また日本語が世界の言語として活性化していくためにも、過去の一時期を振り返り、何がどのように主張されたかを検分することは、アジアとの信頼を構築するためにも極めて時宜にかなった作業と言えよう。

　人類の遺した遺産は物質的な遺跡、遺構だけではない。芸術、文学といっ

た精神的営みの中で、本研究の対象とするのは言語思想的遺産(Legacy)である。膨大な日本語論と日本語普及論・教育論の目指した先には何があったのか。その真実を現在の日本語論の源流として具に検証していく必要がある。これはまた日本語という実態を対象化する作業である。

3. 本研究の出発点と射程、立場

　本研究は主として戦時下において、日本語論がどのように展開していったかを追究し、あわせて国民的な教訓、涵養にどう支援されていったのか、を検証するものである。そこから日本語論の今日の本質にも連なっていくものがあるとすれば、1つの文化社会現象論としての日本語論の指向性を占うことも可能となろう。

　すでに日本語論をうたったものには実に夥しいものがある。文化論をも射程に加えれば、何らかの言及はいたるところに見られるはずである。それは日本語論の曖昧性、脆弱性をも表すものだが、本研究では雑誌、文献に見られるものに限っている。当時のポスター、詩歌、唱歌・軍歌などの歌謡に見られる日本語、そして文学もまた、非常に広範囲においては日本語論に連綿することは当然であるが、それらの総体的な検証は筆者の現在には身に余る領域である。ただ、必要箇所については部分的な言及を試みた。

　筆者はこれまで40余年にわたって日本語教育に従事してきた。国内外のさまざまな学習者、教育研究者に接しながら、文法学をはじめとした日本語の構造を追究する一方で、国際化、異文化接触としての日本語教育の現実と理想のギャップもまた痛感してきた。筆者にとって、日本語論の検証は日本語教育に携わる者の宿命として痛感されてきたが、その出発点には丸谷才一『日本語のために』(新潮社 1972)があった。おそらくは筆者にとって最初の日本語論とのこの出会いはその後も、新聞に掲載される日本語関係の記事の収集へと継承され、自分なりのスクラップブックを作成し続けた。

　日本語の来しかたを振り返る時、言語の内部構造だけでなく、どうしても総体としての日本語論を書き残しておきたい気持ちに駆られるようになった。

日本人は日本語をどう発信してきたのか。思想形成上、日本語はどのような役割を果たしてきたのか、また、何処へ向かうのか。自分なりに答えを用意する義務があると思われたのである。

　日本語論の構造的理解の研究はまた、日本語学の書誌的研究の一使命であろう。その手法と体系化、射程はより精密さを要求されるが、共時的な軸のみならず通時的な軸に寄って結ばれる日本語〈像〉、日本語〈観〉こそが、日本語論を議論する土壌となろう。これまでに、日本語論の学術的な検証作業としては、少なくない蓄積がある。イ・ヨンスク『国語の思想　近代日本の言語認識』(岩波書店 1997)、駒井武『植民地帝国日本の文化統合』(岩波書店 1998)、安田敏朗『帝国日本の言語統制』(世織書房 1997)、長志珠絵『近代日本と国語ナショナリズム』(吉川弘文館 1998)、安田敏朗『近代日本言語史再考―帝国化する「日本語」と「言語問題」』(三元社 2000)、小森陽一『日本語の近代』(岩波書店 2000)、また酒井直樹『死産される日本語・日本人　「日本」の歴史・地勢的配置』(新曜社 1996)は 1990 年代から 2000 年代にかけての代表的な成果である。また日本語教育史、植民地教育史研究においては、近年多くの当時の日本語論・日本語教科書の復刻(冬至書房、緑陰書房、柏書房など)が進み、これと並行して多仁安代『大東亜共栄圏と日本語』(勁草書房 2000)、同『近代日本と日本語教育』(岩田書院 2007)、松永典子『「総力戦」下の人材養成と日本語教育』(花書院 2008)、河路由佳『日本語教育と戦争』(新曜社 2011)が、また中国人研究者からは徐敏民『戦前中国における日本語教育』(エムテイ出版 2001)、石剛『日本植民地言語政策研究』(明石書店 2005)などの成果が世に問われた。

　これらの研究は多大な恩恵を与えた一方で、隔靴掻痒、語られぬものの裏面史の残滓が長い余韻となった。本研究はこれらの成果を批判的に継承、発展させるべく、あらたな観点から日本語教育史、日本言語政策史の実相に迫るものである。

　日本語教育史研究、植民地教育史研究、言語政策史研究のここ数年の進化には、1 つは教科書類の復刻が進んだことがあげられる。同時に下記の目録集成が大きな貢献をなしている。

吉岡英幸『第二次大戦までの日本語教育教材目録』(文部科学省科学研究費補助金による基盤研究 (C) (2)「日本語教育における教材・教授法の史的研究」研究成果報告書　課題番号 17520356　2004.3) 176 頁
　　吉岡英幸『第二次大戦以降の日本語教育教材目録』(文部科学省科学研究費補助金による基盤研究 (C)「日本語教育における教材・教授法の史的研究」研究成果報告書　課題番号 17520356　2008.5) 166 頁
　　前田均編集『日本語教科書目録集成』546 頁
　　(文部科学省科学研究費補助金による基盤研究 (C)「第二次大戦期興亜院の日本語教育に関する調査研究」研究成果報告書別冊。課題番号 1438120 2005.3)

　また、科研研究による日本語教育史研究として長谷川恒雄氏を中心とする研究成果があげられる (このほか科研研究による重要な報告が数点あるが、割愛した。

　　長谷川恒雄代表『第二次大戦期興亜院の日本語教育に関する調査研究』(2002–2005)
　　長谷川恒雄代表『第二次大戦期日本語教育振興会の活動に関する再評価についての基礎研究』(2006–2008)

21 世紀に入り、日本語教育史研究のあらたな地平は『日本語教育史論考―木村宗男先生米寿記念論集』(2000 凡人社) の発刊から始まったと言えよう。その後、10 年をへて『日本語教育史論考第二輯』(日本語教育史研究会刊行委員会編、冬至書房 2011) が刊行されるなど、堅実な歩みを続けている (戦時期に刊行された日本語教科書の目録については冬至書房復刻版、戦後期については中村重穂編『日本語教育史研究参考文献目録』などを参照)。
　さらに東京外国語大学学術成果コレクションとして「戦前・戦中・占領期日本語教育資料」の整備が進んでいることも今後の研究に資するところが極めて大きい。

4. 総力戦、戦時体制下の日本語

　日本語が進出していく背景には大東亜共栄圏の建設という思想的命題があった。これにともない日本語の規範化が持ち出され、方言論の活性をもたらす一方で、比較対照的手法もまじえながら、基礎日本語、基本文型の策定が急がれることになる。日本語論のなかのアジア像の検証もまた、日本語がアジアで生存していくためにも重要な研究対象である。

　今後、国境を越えて生きて行くことがあらゆる領域で意識化される。日本語という感覚は時代を越え、空間を越えて世界という感性を享受できるのか。煩悩としての日本語論の構築はさまざまな営為に支えられていくが、本研究もまたその契機になればと念じている。

　かつて、日本語は思想戦のうえでも重要な「兵器」であった。その言説は次のような主張にも顕著にみてとれる（漢字仮名は現代語に直した）。

　　　われわれが戦いつつある大東亜戦争が国を挙げての総力戦である事はいうまでもない。しかして、総力戦の性格上、国語の統一は、総力戦の戦力に直接影響するところいよいよ切なるものがある。世界史の現段階に於いては、国家の総力は、政治・経済・文化・思想・軍事などの一つまたはそのいくつかに於いて、卓越している事によって決定されるものではない。国家の総力は、現代国家を有機的連関に於いて構成している政治・経済・文化・思想・軍事をはじめ、その他あらゆる要素の張合いの上に生ずる総力である。したがって、国語問題は、これらの要素との有機的連関に於いて、直接国家の総力に関係しているのである。　　　（福田良輔「総力戦下台湾と国語の使命」）

『臺灣公論』(1943.7. 台湾公論社)に掲載されたこの一文には、当時の日本語論のめざすところが凝縮されている。さらに、次のような日本語論の展開を瞥見すれば、その指向性には瞭然たるものがある。

　保科孝一を主幹とする国語研究会編集、育英書院刊行の月刊雑誌『国語教育』に掲載された戦時期における国語教育、日本語教育関連の記事にも、当時の代表的な日本語論の主張が顕現されている。

「日本語研究と日本語教育に関して」神保格　第20巻4号　1935.4
「満・支に於ける日本語の将来」堀敏夫　21-7　1936.7
「外国語としての日本語教授参観雑感」葛原茲　23-10　1938.10
「支那における日本語の進出状況」渡辺正文　23-11　1938.11
「日支事変と国語国字問題」保科孝一　23-12　1938.12
「南支の親日郷佛山に早くも日本語学校」讀賣新聞所載　24-1　1939.1
「新東亜建設と国語教育座談会」保科孝一他7名　24-2　1939.2
「日本語教育に就いて」岩坪又彦　24-6　1939.6
「支那人と日本語」永持徳一　24-8　1939.8
「支那に於ける日本語の進出状況―中支方面」渡辺正文　24-9　1939.9
「支那人と日本語の特殊性」永持徳一　24-10　1939.10
「日本語の海外発展」岡本千萬太郎　24-12　1939.12
「広東の日語学校」国府種武　25-3　1940.3
「北京の日本語教育」篠原次郎　25-5　1940.5
「興亜教育と日本語」廣瀬菅次　25-7　1940.7
「国語の大陸進出に伴う二大急務」永山勇　25-9　1940.9
「北支における日本語発展状況」廣瀬菅次　25-11　1940.11
「日本語海外発展の現段階並びにその対策と反省」石黒修　26-3　1941.3
「支那人の見た国語の美しさ」一戸務　26-7　1941.7

同時期の同雑誌には「満洲国」「朝鮮」における日本語の問題についても夥しい論評が展開された。

「関東洲に於ける日本語教育」平井巖男　21-10　1936.10
「朝鮮に於ける国語問題」村井廣之　22-8　1937.8
「北満における日本人の言葉について」益田芳夫　25-5　1940.5
「時局と満洲の国語読本」佐藤準三　25-6　1940.6

以上は本書収録巻末附録(1)の一部にすぎないが、日本語論、日本語教育論の実態が窺われる。諸雑誌だけではない。新村出「新東亜建設と日本語の問

題」が昭和 15 年に発表されるや怒涛の如く日本語論が唱導され、さらに太平洋戦争が勃発するや、大東亜共栄圏標榜のもと、日本語論に加え日本語教育論が夥しく発信された。

　大東亜文化協会編『日本語の根本問題』（増進社出版部、1943.2）には第 1 編「言語学よりみたる日本語」（中野徹）、第 2 編「日本語の歴史と発展の原理」（新屋敷幸繁）を掲載し、共時的な視点と通時的な視点の交差するところに、新生日本語の未来を指向したが、日本語が大東亜語として発展する基軸を国語学、日本語学、言語学の 3 側面からとらえようとした。第 1 編では日本語の論理性を検証しつつ、とくに「大東亜語としての日本語」を位置付けている。第 2 編ではこれをもとに、日本語の構成力と発展の原理を見出そうという意図が汲み取れる。

　一方、日本語教育論では『日本語教育の問題』（六芸社、1942.12）をみてみよう。編集者に塩田良平、西原慶一を迎え、以下のような論説を掲載した。

　　石黒修「大東ア日本語共栄圏」、興水實「日本語教育の進展」
　　西原慶一「日本語教育の日本的方法」、
　　富倉徳次郎「日本語進出に於ける銃後のつとめ」

　日本語論は言語関係の雑誌はもちろん、教育・文化関係の雑誌に限らず、綜合雑誌、文芸雑誌、放送・映画関係、旅行・観光関係雑誌にも展開された。これらの詳細な資料渉猟はいまだ着手されていない。本書巻末に詳細な年表を掲げたが、戦時期日本語論の論調もそうした視点で客観的に読み解く作業が必要であろう。幸い、ここ数年複数の良心的出版社より、戦前期の日本語教授法、日本語教科書関連の復刻版の刊行が進んでおり、総力戦としての言語戦の全貌を知るための大きな慈雨となっている。これらの中には今日の日本語教育の基盤的な知見も多く見られる。たとえば、日本語教授研究所松宮一也、財団法人日語文化協会『日本語教授指針―入門期』（大日本教化図書株式会社、1942.7）は、当時としてはきわめて実践的な日本語教授の指南が体系的に記されている。今後もこうした文献の発掘とともに、単に過去の遺産として記録するだけでなく、いかに批判的手法をもって活用すべきか

を議論していく必要があるだろう。

5. 時局と日本語、錬成

　本研究では満洲国から中国大陸、南方諸地域へと拡散拡大する日本語の版図を、その言語思想の形成経緯とともに、日本語教科書をはじめ語学書の検証を主軸としているが、その背景にある時局認識については、本研究では扱わなかった朝鮮・台湾の事例をあげておきたい。『週報』はその名称の通り週刊の情報誌として昭和11年12月から昭和20年3月まで内閣印刷局（途中から内閣情報局編集）から出されたが、その最終号（434号）には、「戦う朝鮮・台湾」の記事があり、決戦下に参加する状況を伝えている。「朝鮮」の記事では「朝鮮における皇民化」の主体として「国語普及の状況」が報告されている。昭和19年以降の朝鮮総督府下において青年特別訓練所が開設され、皇民錬成道場として徴兵令（志願兵から徴兵へ）の施行にともなう入営前の国語修得並びに内地的躾の錬成が行われた。その結果、

　　国語（註、日本語）を片言も知らぬといったような青年男子は、よほど田舎か山奥へでも行かねば見られぬのが普通である。従って今日では少しも朝鮮語を解しない内地人でも、よほど片田舎でない限り日常の言葉に不自由はないと思って差し支えない。

といった状況が報告されている。昭和21年からは義務教育制度の施行も予定されていた。一方の台湾では台湾義勇報国隊、台湾護国勤労団が組織され、その実効のためにも「国語普及と皇民錬成」の徹底が嚮導されている。

　　即ち昭和18年末現在、国語解者は全人口の七十％に達し、これを満25歳以上の男子だけについてみれば、実に八十三％に及ぶ盛況を示している。（中略）昨年四月現在におけるこれら公私立の国語講習所は総数二万三千、生徒数九八万五千に達している状況である。

敗戦濃色の状況下でもなおこうした日本語・国語普及が異民族に対して徹底して行われた史実を記憶にとどめておかねばならないだろう。

6. 本書の構成

　以下、本書に収録された各論考（巻末附録を含む）について順を追って概説していくことにしたい。

第1部「中国大陸における日本語の進出」には3篇をおさめた。
　第1章では満洲国時代に涵養された「五族協和」「王道楽土」から「東亜新秩序」構想への伸長、またそれにともなう中国への日本語進出論の動態を検証し、各地における日本語教育の実態を考察した。台湾、朝鮮、満洲国において実績をあげた国語教育、日本語教育の伝統をふまえ、超克する形で、東亜新秩序から大東亜共栄圏にかけての日本語論の展開を時系列的に解説しながら、その向かうべき対象を考察した。
　第2章では中国大陸における「宣撫」の実態、教科書開発とその普及について、なお巻末付録に実際に教育現場における確執と苦悩を描いた松本健哉『日語学校』を採録した。実際の宣撫教育の日常を描いた貴重なルポルタージュ的作品である。
　第3章では、当館で編纂された日本語教科書を中心に、日本文化を内包した日本語普及事業がどのように発信されたかを実証する。不幸な大戦下にあって、現代につらなる日本語・日本研究の源流ともなった航跡を再検証した。

第2部「「五族協和」,「王道楽土」のなかの日本語」には3篇をおさめた。
　第1章では『満洲補充讀本』にあらわれた言語思想を検分した。収録された内容について言語学的、さらに社会学的、比較文化的、異文化認識的アプローチによる考察を行った。
　第2章では前章の手法にならって、皇民化政策の本質をさぐるべく、『満洲国民優級國民讀本』（日語讀本、満語讀本）に収録された素材内容について

多角的に検討した。

　第3章では満洲国の最高学府とされた建国大学の教学体系、思想にみられる皇道主義的言語思想を検証した。いわば満洲国日本語政策の集大成である。建国大学における言語観、異文化理解に根差したとされる日本語教育の内実を多面的に考察した。建国大学の歴史的立脚点について評価はさまざまだが、本研究は教科教材を含め、言語教育の側面から再検討をおこなった。

第3部「戦場の日本語、銃後の国語」には3篇をおさめた。

　第1章では満洲国で実践された作文教育の成果『満洲國の私たち』という作文集にあらわれた少年少女の言語思想の萌芽を検分した。

　第2章では「軍国小国民」のみた日本語について国分一太郎の実践を通して検証した。中国大陸での具体的な日本語の実態について第2部の各論考とも連携した内容を収めた。併せて小川未明らの戦時下の児童文学の姿態についても考察した。

　第3章では戦時下の中国語教育、中国語教科書のなかでも特異な性格をもつ「憲兵支那語」「軍用支那語」の実態を現物の語彙、表現を比較検討しながら検証した。また一般に普及した「家庭用支那語」についても検証した。

第4部「「大東亜共栄圏」下の日本語普及政策」には2篇を収録した。

　第1章では南方諸地域における日本語の進出、浸透について、具体的な事例報告、教科書・教材をあげながら検討した。

　第2章ではさらに大東亜共栄圏下、南方諸地域における具体的な日本語教育施策の展開について、『写真週報』などを例証しながら考察した。また、付随する各種一次資料も併載した。

第5部「戦時期の諸雑誌にみる日本語・日本語教育論」には3篇を収録した。

　戦時期には『コトバ』、『日本語』をはじめ、『国語文化』、『国語教育』、『国語運動』など、膨大な日本語論に関する雑誌記事が氾濫した。また、『現代』、『改造』、『文藝春秋』、『日本及日本人』などの一般雑誌、『文學界』、

『新潮』、『解釈と鑑賞』、『文學』といった文学関係の雑誌にも日本文化の発信とともに、日本語論の論陣がはられた。

　第1章では日本放送協会の発行した雑誌『調査時報』、『放送』、『放送研究』に収録された日本語論の諸相を検証した。同時に時局を背景にラジオ放送という大衆メディアの果たした実態を明らかにした。

　第2章では同じくローマ字に重点を置いた『ローマ字世界』をとりあげ、海外日本語進出論の本質とその実態を検分した。前章とあわせて日本語進出の裏面史でもある。

　第3章では文字普及に重点をおいた『カナノヒカリ』をとりあげ、カナモジカイの掲げた主張および海外日本語進出論の本質とその実態を考察した。第2章および第3章での考察は現代日本語、及び将来における漢字、カタカナ、ローマ字の可能性をも示唆している。

　第6部「〈大東亜語学〉という東南アジア諸語の研究」には2篇を収録した。

　日本語論は日本語、日本語教科書、教授法についての論評を縦糸に、外国語論、外国語教育論を横糸とする。言語文化はそこに紡われてきたといえよう。本研究では戦時期の東南アジア諸語研究の実態をも視野に入れている。

　第1章では日本語教育と両輪の関係で指向されたタイ語関係の教科書類目を検証した。併せて戦時期のバンコクにおける日本語学校、日本語教育についても言及した。

　第2章ではマレー語、安南（ベトナム）語、ビルマ語その他の東南アジア諸語の研究の実相について検証した。この2章を通して現代に連なるアジア諸語研究の原初体とその指向性を検証した。

　各論は独立した論考でもあることから、章別に参考文献をあげた。したがって基本的な共通文献が重複している場合がある。また、各論は内容の比重によって分量に異同がある。とくに第1部第1章、第2部第3章は本書の中核的部分で多くの紙幅を割いている。

　附録として「戦時期の帝国日本における日本語・日本言語政策論の形成と消長」と題して、当時期に発表された日本語論、日本語教育論を収めた。こ

の時期において、膨大な国語・国語教育論、日本語・日本語教育論の実態がはじめて書誌学史的に明らかにされたといえよう。あわせて「戦語日本語論の変遷」と題して戦後日本語論文献目録を収録した。また、第1部第2章で取り上げた松永健哉「日語学校」を現代語表記にして採録するとともに、宣撫日本語教育の実態を伝える貴重な一次資料として南支那派遣軍報道部編輯による雑誌『兵隊』収録の「日語教師の座談会」などの関連記事を採録した。

　本研究は文字通りの言語政策論を主題としたものではない。日本語の進出、普及拡大がどのような思想言説とともに推移していったかを、当時使用された教科書、発信された論説を精査しながらたどってみた。
　戦時期とは複雑な時空間である[2]。そして、現代に連続する事象のどれほど多いことであろうか。あらためて歴史を直視する意義を痛感している。
　筆者は2004年から2005年にかけて1年間、英国ロンドン大学東洋アフリカ学院（SOAS）の学術研究員として滞在し、多言語・多文化主義の往来から言語政策論に大いなる関心をもった。この機会がなければ筆者は日本語をアジアのみならず欧州からの視点から深く洞察する機会は訪れなかったかもしれない。本書はおよそ十余年にわたる研究のささやかな成果である。

注

1　国際化時代における日本語の盛衰を警鐘したものとして、次の2点を参照。
　　・水村美苗（2008）『日本語が亡びるとき―英語の世紀の中で』、筑摩書房.
　　・平川祐弘（2010）『日本語は生き延びるか―米中日の文化史的三角関係』、河出書房新社.
2　本文中、「戦時期」、「戦前・戦中期」、「戦時体制下」などの用語の使用に統一性が欠けるところがあるが、満洲事変勃発から第二次世界大戦終結までの、概ねアジア太平洋戦争期間（1931–1945）を戦時期とした。世界史的に見れば第二次世界大戦勃発までの「戦間期」も一部含んでいる。なお、本書中、「満洲国」、「支那」、「北支」「中支」「南支」、「満人」等の名称は当時の歴史的固有名詞として用いている。

第1部
中国大陸における日本語の進出

小島利八郎『宣撫官』(昭和15年)中表紙

それから毎日私の日語教授が始つた。午後一時から三時迄毎日二時間、一時間は日語、一時間は唱歌といふ時間割でやつていつた。もう施療の方は呂官撫官に一任して、私は学校に全力を注ぎ込んだ。／日語は始めから五十音を教へて、日本語はむつかしい嫌なものだといふ感じを与へないやうに、先づ身体の各部分の名称を、自分の眼や鼻や口を押さへて、メ・ハナ・クチ・ミミと一々教へてやつた。小孩達は皆非常に面白がつて、メ・ハナ・クチ・ミミと一々自分の顔を手で押さへて言つては笑う。それから「今日ハ」「サヨナラ」「オ早ウゴザイマス」「オヤスミナサイ」「ゴクロウサマ」と日常慣用語に入つていつた。（中略）／唱歌は日語の終つた次の一時間に教へた。天気の良い日は、広場にオルガンを持出して、「春が来た」や「白地に赤く」や「春の小川」等の歌を教へた。それ等が一通り歌へるやうになると、私は愈々「君が代」を教へ始めた。（中略）私はいつものやうにオルガンを持出させ、オルガンの廻りにぐるりと輪を作らせて、「君が代」を弾き出し始めた。そして弾き乍ら、歌つている小孩の顔を一人一人見渡した。大きな口を開けて、懸命に歌つてゐる。私は可愛くて仕方がなかつた。／ふと眼を上げて空を見ると、校庭に立てた日章旗が、はたはたと翻つて居る。日の丸が青い空に鮮かに映えて居る。瞬間、私は何か言ひ知れぬ感激を身に感じた。祖国を遠く離れて今この大陸の一隅に、御稜威に輝く日章旗を仰ぎながら、「君が代」を歌つて居る私、しかも幼い支那の子供達迄が一緒に歌つて居るのだ。――何かしら目頭が熱くなつてきた。そして、自分の現在やつて居る仕事の尊さが、青空に映える日の丸のやうにはつきりと解つた。

(小島利一郎『宣撫官』「日語学校」)

第 1 章
「東亜新秩序建設」と日本語の大陸進出
発展の経緯と輻輳する背景

> わが国の肇国の大精神である東亜新秩序の建設はやっぱりその大精神を生みなしたこ̇と̇ば̇によってなし遂げることこそ唯一の道であると思います。この大東亜が、一つのこ̇と̇ば̇によって育てられて行くとき、そこにこそ、ホ̇ン̇ト̇ウ̇に期せずして美しい、そして平和な東亜が生まれてくるのではないでしょうか。
>
> （細部新一郎「東亜新秩序建設と日本語教育」）

1.　「支那事変」から「東亜新秩序建設」へ

　1937年7月7日の蘆溝橋事件[1]をきっかけに全面的な日中戦争に突入すると、日本軍は華北、華中の主要な都市を占領下においた。すなわち華北（北京）には1937年12月に中華民国臨時政府を、華中には1938年に維新政府、蒙彊（張家口）には1937年9月に察南自治政府、10月に大同に晋北自治政府、および綏遠に蒙古連盟自治政府を、1939年11月には蒙古連合自治政府を設置した。さらに1940年3月には新たに汪精衛政権の誕生に伴って維新政府は解散、臨時政府は華北政務委員会と改称された。これらの地域の軍事支配は日本陸軍によって進められたが、大陸侵攻の政策的、思想的大義名分として登場したのが「東亜新秩序」の建設という政策方針であり、帝国日本の対外拡張を目論む時代思潮であった。

　1938年11月3日、第二次近衛文麿首相による「東亜新秩序」声明は、前年に始まった支那事変下の中国大陸における対アジア（対中）政策であった。戦争の目標を日満支3国による全般的互助協同にあるとし、ブロック経済を指向しながら戦時体制の方向性を正当化し、究極的には日本を盟主とする「3国」が欧米の植民地支配からアジアの諸民族を解放するという「新秩序」の建設を掲げた。「東亜新秩序」以前の国家イデオロギーとしては、すでに

「満洲国」で謳われた「五族協和」「王道楽土」に象徴される「日満一体」の支配原理としての皇道主義思想があったが、「東亜新秩序」はこれを受け、やがて欧州支配下の東南アジアへ「南進」してゆくための植民地解放のスローガンを盛込む大東亜共栄圏、南方共栄圏へ、さらには世界秩序としての「八紘一宇」の理念拡大実現へと肥大膨張するイデオロギー注入の媒介となるものであった。「楽土」は「楽土華北」「南方楽土」建設といった拡張を見せていくように、「東亜新秩序」というプロパガンダはこの両者を跨ぐ過渡期的な政策理念でもあった。そして日本が掲げる言語文化的取り組みも萌芽的思想から、工作、事業・建設へと広域に展開されていくことになる。

満洲国	中国大陸	大東亜共栄圏
五族協和・王道楽土 ⇒	東亜新秩序 ⇒	八紘一宇
協和皇道思想	対支宣撫工作	南方文化事業・建設

支那事変後の政府の不拡大方針決定にもかかわらず、8月には北平(北京と改称)、天津を制圧し、さらに海軍陸戦隊は上海で中国軍と戦端(第二次上海事変)を開いて、局地戦から全面戦争に突入した。翌1938年10月21日に武漢三鎮攻略を前に、近衛内閣は「今次事変処理の目標について」「国民政府の取扱いについて」「支那新中央政府の樹立について」「日支関係の調整について」「時局の見通し」の5本の柱から成る「時局処理に関する件」を決定[2]したが、その具体化の目標は以下の3項の徹底を図ることであった。

　一、相互の好誼を破壊するがごとき政策、教育、交易、その他あらゆる手段を全廃するとともに、かかる悪果を招来するおそれある行動を禁絶すること。
　二、互に相共同して文化の提携、防共政策の実現を期すること
　三、産業経済等に関し長短相補い有無相通ずの趣旨に基き共同互恵を約定すること。

これを受けて同年10月3日に第二次近衛声明「東亜新秩序声明」が発表され、以後、新聞、ラジオ、週報などは一色に染まる。要約すれば「更生新支

那」と称して事変後の傀儡政権樹立を擁護し、帝国は中国に「新秩序」建設の任務を分担してもらい、「肇国の精神（八紘一宇の精神）」を大理想とし、欧米勢力に対抗し、政治、経済、文化などすべての面での改革を通じて、総力戦体制を築こうというものであった。「東亜新秩序声明」は同年12月22日の第三次近衛声明（更生新支那との国交調整に関し、善隣外交、共同防共、経済提携の三原則を明示）の下敷ともなったもので、これら一連の声明は国内にあっては1935年の「国体明徴」運動を受けての1937年の文部省「国体の本義」の刊行、同年10月12日に結成された「挙国一致」「忠尽報国」「堅忍持久」をスローガンとする国家精神総動員国民運動、さらには翌1938年4月1日に公布される国家総動員法といった、跋扈する国防色と総力戦体制を背景としたものであった。「東亜における国際正義の確立、共同防共の達成、新文化の創造、経済結合の実現」という高邁な理想のなかで、国内における日本精神、国語の国内での醇化統一とともに、日本民族、日本精神を発揚するための日本語の大陸進出[3]も焦眉の急となっていくのである。

　本章では中国大陸で支那事変後に展開され、日中戦争の最中も続けられた宣撫、文化工作の一環としての日本語の進出経緯、およびそこで展開された日本語教育（教授）の形態、実際に使用された教材について考察を行い、実態を検証するとともに、異言語による他国の異民族・異文化支配の原理の一端を考察してみることにしたい。かかる先行研究としては駒込武（1996）、安田敏朗（1998）を始めとする一連の研究のほか、中国人研究者では石剛（2000）、徐敏民（1996）、また最近では中村重穂（2002他）、安野一之（2000）などの研究があるが、そこで展開された政策と教授の実態についてはさらに綿密な考証が必要なように思われる。本章で考察の対象とする時期は支那事変（盧溝橋事件）勃発の翌年から昭和17年前後を中心とし、日本語の大陸進出の経緯の中で、とくに宣撫工作としての日本語教育に焦点を当てる。「宣撫」という営為の中に、「草の根」としての日本語の大陸進出の諸相が顕著に看て取れると思うからである。

2. 日本語宣撫工作の実態

　日本軍の侵攻によって占領された地域では「新秩序」建設のための様々な工作が試みられた。中野實は「宣撫班から」という広東からの便りの中で次のように述べている。

　　　　今度の戦争が新しい秩序建設のための運動であり、大きな地均し作用だとすれば、宣撫工作は、その地均し作用の中から芽生えている文化の花だからである。

<u>宣撫班</u>は巡回講演隊、街頭宣伝隊を繰り出し、1台のトラックに弁士数名と紙芝居班が乗り込んで、市内外の盛り場や学校、市場などを巡回しては、辻説法式に正義日本を呼びかけるのである。弁士は日本人のほか留学帰りの中国人も演説に立った。報道部にはいわゆる「ペン部隊」も多数加わった[4]。避難民の中には抗日「不逞分子」が紛れ込んでいる恐れもあった。従軍作家石川達三は「宣撫」の日常を次のように描いた（下線、引用者。以下同様）。

　　　　石家荘は日章旗をあちこちにひらめかして漸く不安な眠りから醒めようとしていた。そこではもう背広姿にオーヴァを着た軍属たち何人かが<u>宣撫班の腕章</u>を巻いて戦後工作に歩きまわっていた。<u>明朗北支建設のために、正義日本を住民に認識させるために、彼等に安住の天地を与えるために</u>。…彼等は汚い鳥のような黒服のぶくぶくと綿のよじれた腕に日の丸の腕章をつけ、兵を見るとにこにこ笑って挙手の礼をして見せた。それは結局彼等の憐れな境遇を表現しているだけであった。戦禍に馴れた住民はただ占領軍に従順するように父祖の代から習慣づけられていた。<u>兵は敬礼をされても信用はしなかった</u>。　　　　　　　（『生きている兵隊』中公文庫 1999　18頁）

「軍属」を含む住民から「兵は敬礼をされても信用はしなかった」という一節には現地の根強い抗日感情の実態が窺える。石川達三は「日支親善」の"擬制"についても次のように記している。

「謝々、謝々！」
　彼等はまるで餌を与えられた鶏のように純真で喜んで煙草を喫った。<u>日支親善なんて簡単なことだと兵は思った。事実、こういう非常の場合にあって、一人と一人との私的親善は、まことに簡単であった。</u>お互いに生命の危険にさらされている場合、しかもそれが個人的な意志から出たものでなくて国家的な作用であるだけに、一つ垣根をとりはずして接近してみると、互いに相憐れむ同病の患者であった。兵も汝たちも人なつかしい心の侘しさを抱いているのであった。
（同上　55頁）

　軍の宣撫工作はこうした私的「親善」を国家的規模へと巧妙に拡大していく。例えば民族意識を封殺するために、日本人化、愚民化させる教育政策を強制するところを、懐柔的な政策が政治宣伝とともに敢行された。占領支配下の教育は抗日勢力を鑑み、いたずらに民族主義を押さえるということを躊躇いつつ、台湾・朝鮮での「皇民化」教育と、「満洲国」で実施された「奴化」教育の経験の上に、いわば中庸的な「教化」を目指すこととなった。
　ここで「宣撫」の実態をみておこう。今や死語となったかに見える「宣撫」とは『広辞苑』（第五版2001）によれば、もともとは「上意を伝えて民を安んずること」であったのが、「占領地区の住民に占領政策を理解させて人心を安定させること」を意味するようになる。とりわけ事変後の住民安寧を重視した、極めて軍事色、時局的色彩の強い用語であった。

　　戦争及び事変の場合、占領地の人民に対し、その戦争及び事変の意義、占領国のこれからの意図などを宣伝し、私事的にこれを撫育する仕事に当たる団体を<u>宣撫班</u>というので、<u>これは支那事変において初めて使われた名称であり、その前にこの名称の使われた例はない</u>[5]。

具体的展開としては、医療等救済事業、紙芝居、街頭演説、映画巡回などがあり、ペン部隊として従軍した作家のルポルタージュは「宣撫文学」として多くの雑誌の紙面を飾った。中国大陸における日常的な宣撫工作の１つは、中国軍に降伏を勧告したり、作戦地の中国人に対して政治的な宣伝をしたり

するために撒かれた「伝単」(宣撫ビラ)である。ビラは紙の爆弾と言われ、大戦中は連合国も頻用したが、空から飛行機を使って撒布したり、トラックに積んで在留邦人に「配布」を手伝わせるなどした。なかでも中国共産党や蒋介石の国民党を批判・攻撃、彼らと手を切らねば軍事力を行使するといった脅しの意味合いもあった。また親日政権の旗を印刷した、中国軍向けの通行証や投降票なども配布された。

特記すべきものに「宣撫パンフレット」がある。すでに「満洲国」において頻発する匪賊と呼ばれた抗日ゲリラから満鉄鉄道を警備するために沿線住民を「愛路挺身隊」として組織し、「愛路話劇錦柏記」「愛護鉄路課本」などが配布されたが、大陸においては「掃滅共産党」「新民防共手冊」、「告中国農民」「中日親善提携」のほか、『新申報』の頒布、本章で後述する日本語教育のための『日本語會話讀本』(宣撫班本部編)なども編纂された。

このほか「宣撫絵本」として、『おともだち　好朋友』、『楽土華北　中日満三国親善』、『小鳥』、『一把雨傘』といった絵本が子どもを対象に配布された。「宣撫イラスト・ビラ」では「東亜和平」「抗日」「子供を抱き上げる日本軍兵士」「中日提携満処平和来」などのビラが撒かれた。1942年11月1日からは南京・玄武湖畔では「大東亜戦争博覧会」が開かれ、ハワイ海戦(真珠湾攻撃)の大型パノラマや捕獲した敵戦闘機、「大日本戦闘機」などを展示して日本軍の強さを誇示することに意を注いだ[6]。以上のように「宣撫」とは、事変後の一般民心の平定にあり、また新政府指導の教化、注入のための一貫した文化工作であった。抗日軍に対する熾烈な掃討作戦を行う一方で、こうした巧妙な文化工作を展開する背景には、近代戦としての今次の戦争が「情報・思想戦」「言語戦」であるという認識が絶えずあったからである。

宣撫工作は医療、映画、教育の多方面にわたる、一種の同化・懐柔政策であったが、それは広大な中国大陸で日本軍の支配が「点」と「線」にとどまる心細さをも象徴するものであった。宣撫班班員(宣撫官)は後述する資料に見られるように当地占領後は難民救済を目的に帰順、帰還を勧めるべく村落に入り、主要郷鎮を中心に巡回宣撫講演を精力的に展開した。物がなければ手作りのポスターやスローガンを貼布し、先々で民衆を集めては皇道講和な

どを実施した。小学校等の施設を利用しての日本語の普及事業もこれら活動の一翼を末端において担うものであった。こうした宣撫工作の実態は軍の機密ということもあり、今日その全容を詳しく知る一次史料が乏しく、後述する「宣撫工作資料」も時期的、地域的に限られたものとなっている。また、華北、華中では抗日色が強く、「国定教科書糾謬」という抗日宣伝のための冊子も出回るようになる。興亜院ではこれらの印刷物を日本語に翻訳し、わざわざ「複製歓迎」「転送歓迎」と記して配布せざるを得ないような状況であった。とりわけ華北における政治性から教科書編集についても「感情を抑えた教化」が指向された。抗日、排日下での当時の文化工作の苦悩、あるべき姿として、松本真一は次のように述べている[7]。

> 日本の軍事的・政治的・経済的実力が、支那に対して圧倒的に強力である場合には、文化工作はそれほど重大な役割を果たさなくとも、大陸政策が一応成功裡に遂行されることもできた。(中略)だが、相互の力量の関係は、圧倒的に我々が有利と断ずることはできない。なぜなら、膨大な国土と無尽蔵の人的資源と分散的な地方経済は、支那に有利に作用して、彼の抵抗を強めるからである。(中略)このような抗争にあっては文化工作の果たさねばならぬ役割は極めて重大であるのみでなく、それはもはや単に軍事的政治的活動に従属しているのでは、その目的を遂げることはできない。<u>逆説的に云えば、文化工作は大陸政策から自己を解放することによって、真に大陸政策に奉仕することができるのである。</u>
>
> (「大陸政策における文化工作の位置」1938.10)

ここには文化工作が広大な中国大陸にあっていかに重要な意義をもつかが明確に述べられている。すでに欧米各国でも実施されていた中国に対する文化事業が多分に政策的、実利的に偏向していたのに対し、日本政府の方針としては「文化事業」を人類の幸福と文化の発達希求のレベルでとらえ、欧米のそれと一線を画すことを意図した。昭和13年頃から頻りに「対支文化工作」というスローガンが涌出するのは日本精神の注入のみならず、日満支の精神的ブロックを形成する仕切り線の確保であった。こうした状況を背景

に、対支文化工作の最も懐柔的、かつ日常的浸透の一翼として期待されたのが日本語の普及であった[8]。

では、支那事変以後、中国大陸における日本語(教育)の進出、普及はどのように準備され、推移していったのであろうか。

3. 日本語の大陸進出

3.1. 「日本語大陸進出」論の推移

すでに、台湾、朝鮮での日本語教育の陶冶を蓄積した日本はさらにそれを「満洲国」での異文化間理解、異民族統合という視野に拡大(オブラード)しながら侵略後の整地、あるいは耕地としての日本語教育の可能性を拡充していくことになる。本節ではとくに中国大陸において展開された初期の「日本語進出」論を見ながら文化工作としての日本語普及策のもたらした実態を編年体式に概観する。中国大陸における早期の日本語進出を紹介したものとして、支那事変勃発の翌昭和13年に次の論考が見られる[9]。

　　保科孝一「海外における日本語の発展」1938.4.
　　保科孝一「日支事変と国語国字問題」1938.7.
　　東條操「此頃の国語問題」1938.10.
　　渡辺正文「支那における日本語の進出状況」1938.11.

保科孝一は「未曽有の事変」の今こそが日本民族の精神的紐帯、結束を固める秋で、国字国語の統率は民心統合の要となることを力説する一方で、海外に進出する日本語の現況をふまえ、大陸進出の時期招来を日本民族の陶冶的観点から述べる。さらに東條操は「日本語の大陸進出」に直面して、国語学者の使命を意気揚々と説いた。

　　日本語の大陸進出こそ国語学者が御奉公申すべき尊い仕事です、今度の事変の一つの特色は戦争した後を宣撫班が立ち回って文化工作を施し日支の真の融和をはかるという点にあります。さればこそ長期戦は同時に長期建設を

意味する事となります。この為には日本人も支那語に通じる必要があると同時に、支那人の中に日本語を教えるという事が更に必要です。幸いに北支、中支の支那人の中に日本語熱が盛んに起こって来ていますのでこの機会こそ日本語の大陸進出の絶好の時期です。<u>日の丸の後を日本語が進軍する</u>のです。
（「此頃の国語問題」1938.10. より）

「日の丸の後を日本語が進軍する」という点に宣撫の果たす悠久の大義があったのである。昭和13年11月には大陸経営の根幹である「東亜新秩序」建設声明がなされ、これに後押しされるように、翌昭和14年からは「日本語の大陸進出」論が陸続として登場する。

　昭和14年における主な日本語論評は以下のようである。

　　小池藤五郎「支那事変と日本語教育」1939.7
　　酒井森之介「日本語と支那語―日本語普及上の諸問題」1939.7
　　福井優「大陸文化工作としての日本語」1939.7
　　渡辺正文「支那に於ける日本語の進出状況」1939.9
　　細部新一郎「北支那の唐山における日本語教育」1939.10
　　白鷹「シナ人にニッポン語を教える場合」1939.10
　　永持徳一「支那人と日本語の特殊性」1939.10
　　飯田利行「大陸の日本語教育管見」1939.10.
　　荻原浅男「対支日本語教授法の問題―現地的視角に立脚して」1939.11.

日本語時局論、政策論とともに日本語教授に関する報告も見られる。さらに相前後して石黒修、松宮一也、神保格、神崎清といった国語学者を始めとする論客が、世界における日本語の発展という視野で日本語論を展開していくことになる。また、この年、「大陸政策」の中で翌年にかけて「大陸経営」という用語が「東亜新秩序」とともに言論界を席巻するが、雑誌『コトバ』誌 (1939.1.) 上、石黒修を中心とするシンポジウム「大陸経営とわが言語政策」で提起された論点をめぐって日本語論が沸騰したのもこの時期であった。昭和15年に入るや、「文化」の概念を覆うさらに包括的な殖民戦略が

意識される。とりわけ石黒修が火付け役となった「わが言語政策」についての論争が次のような教材、教員の資質の問題として取り沙汰されることになる。

　　下村海南「大陸政策と国語問題の解決」／森田梧郎「外地国語教育者として」／福井優「石黒氏の『大陸経営とわが言語政策』を読む」／山口察常「『大陸経営とわが言語政策』に就いて」／岡本千万太郎「大陸経営上の言語政策の精神と技術」／鶴見祐輔「国語醇化を一大運動とせよ」／松宮一也「国語による性格改造」／大志万準治「要は人の問題」

これを受けて石黒は『コトバ』誌上（1940.2）に「大陸に対する日本語政策の諸問題─〈大陸経営とわが言語政策〉に対するご意見を拝聴して」という論考を発表し、日本語教育の思想面から技術面への展開を見極める方途を模索する。同誌同号には次の日本語論が掲載された。

　　石黒修「支那に対する日本語普及と教科用書編纂」／永山勇「国語の大陸進出に伴う二大急務」／廣瀬菅次「北支における日本語発展状況」

『コトバ』誌上にはその後も積極的な日本語教育支援論が続き、言語学的立場からも「同文同種」認識の改善、教授者の研鑽の必要が説かれるようになるが、これは現地教授者に早くも顕れつつある（教授者の方言なども含めた）「雑多な」教授事情に対する憂慮でもあった。

　　松宮一也「日本語の対支進出と教授者養成問題」1940.7.
　　魚返善雄「支那は外国である」同上
　　倉野憲司「松宮氏の提言に対して」同上
　　松宮一也「官か私か─再び対支日本語教授者養成問題に就いて」1940.8.

また、雑誌『文學』（岩波書店）は「東亜における日本語」を特集して26編もの記事を掲載し、「中支における日本語教育」（菊沖徳平）、「大陸における

日本語の教室」(西尾實)、「江南の春―××県立小学校開校す」(釘本久春)などの現況報告を見ることができる。

　こうした時期にあって最も日本語の進出を正当化する象徴的論評として2点挙げよう。1つは細部新一郎の「東亜新秩序建設と日本語教育」(1940.9)で、日本語教育、教師の歩むべき道を「肇国精神」の具現と説く。

　　　支那事変は今や新しい段階に入って、新中央政府も樹立せられ、時の経過につれて堅実な成長をとげようとしている。東亜の新秩序建設も、ここにおいて着々進捗しようとしているのであるが、東亜新秩序建設の基礎が、日本文化の健全なる進出にあることは論を俟たないところであり、日本文化の健全なる進出に第一線的使命を荷うものが、日本語の大陸進出であることも敢えていうを用いないところである。

もう1つは文部省図書局『週報』に掲載された「日本語の大陸進出」(1940.5)である。「日本語はわが国民の伝統的な思想感情が最も端的に、最も強力に顕現している」という、楽観的ともいえる進出論が全面的に押し出されてゆく。

　　　異民族にあっても、日本語を習得することによって、わが国民と同一の思想感情を暗黙の間に体得するに至るべきことが予想されるのである。かようにして、日本語を大陸諸民族の間に浸透せしめることは、新東亜の文化的建設の根本に培う所以となるのであって、日本語の大陸進出は、今次事変処理の目的達成上緊急不可欠の事業といわなければならない。

また、この年の9月1日には松岡洋右外相によって、「大東亜共栄圏」という用語が初めて公式発言として採用されるが、その背景には以上のような中国大陸における文化政策的な「蓄積」があったことは明らかであろう。

　昭和16年に入ると、日本語教育振興会から機関誌『日本語』が創刊され、堰を切ったように多くの日本語論が登場する。次に主要論評のみ記す。

山口喜一郎「北支における日本語教育の特殊性」1941.5.
大出正篤「大陸における日本語教授の概況」1941.6.
筧五百里、国府種武、山口喜一郎他「座談会：華北における日本語教育」1941.10.

さらに、後述するように1938年12月に設置された興亜院では以降、「華北における日語教師養成状況並びに天津、済南、徐州、開封の各地学校における日本語教授法講座」（興亜院政務部『調査月報』2–6）にあるような日本語教師の養成についての調査が重点的に行なわれるようになる。

昭和17年に見られる「日本語進出論」としては次の諸論がある。いずれも雑誌『日本語』に掲載された。

太田宇之助「中華民国における日本語」1942.1.
大蔵公望「東亜新秩序建設と興亜教育」1942.1.
何政和「華北における日本語教育について」1942.1.
徳沢龍潭「日本語と大東亜政策（一）」1942.6.
釘本久春「大東亜の明日と日本語―日本語普及の実践的基礎」1942.6.
秋田喜三郎「日本語意識の昂揚」1942.7.
徳沢龍潭「日本語と大東亜政策（二）」1942.9.
国府種武、山口喜一郎他「北支座談会：日本語教育における教材論」1942.9.
高沼順二「南支の日本語―日本語進出の第二段階」1942.12.

さらに国民学校総合雑誌『日本教育』（1942.8）にも特集「国語の成長」を組み、次の諸論が掲載された。日本語教育の舞台は「国語」と「教育」の両輪をまたぐ、文化戦力の建設母体へと仕立てられていく。

高須芳太郎「大東亜建設と日本語」／保科孝一「国語審議会の活動」／松田武夫「国語教育の建設」／長沼直兄「日本語教師の進出」／魚返善雄「新しき国語の創造」

恐らく昭和17年という年は「東亜語」としての日本語が最も宣揚された時期であったといえよう。「国際語」としての日本語が国策として最も尖鋭に登場したという点では、歴史的にも特筆される時期であった。「東亜新秩序」の建設の基礎が「日本文化」の健全なる進出にあり、その壮大な実験場として「日本語の大陸進出」に期待が寄せられたのである。また、同年1月には興亜院の肝いりで北京に日本語教員派遣、教師講習会などを主務とする華北日本語研究所が設立され、翌月から月刊『華北日本語』が発刊される。

　昭和18年になると、もっぱら教授法をめぐる論議が戦わされ、背景としての思想的戦略は後退する。例えば、当時北京師範大学で教鞭をとっていた篠原利逸はこれまで出された百花繚乱的な18種もの日本語教科書の表記上の問題について改善策を講じた。以下は『華北日本語』に掲載された日本語論評である。

　　国府種武「北支：文化理解のための日本語教授」1943.4.
　　秦純乗「北支：環境と対象—日本語教育の政治的性格について」同上
　　太田義一「華北に於ける日本語の品位」1943.7.
　　篠原利逸「日本語教育と表記法」1943.9.
　　篠原利逸「日本語教育の基礎的問題—新中国の日本語の普及について」
　　　1943.9.
　　藤村作、佐藤幹二、篠原利逸、片岡良一、上岡幹一「座談会：北支における
　　　日本語教育の新段階」1943.11.
　　別所孝太郎「華北の日本語教育に嘱す」1943.11.

一方、当時、北支の日本語教育研究のシンクタンクであった華北日本語研究所の国府種武、秦純乗は北支の日本語教育の置かれている環境が政治的であることを鑑み、文化を注入することの難しさを痛感するに至る[10]。教育者は「督学」とも称されたように、多くが語学教師である以前に「篤士」あるいは「国士」的風潮が先行し、現地での様々な日本語教授の試行後に散見される日本語の純化、整理をめぐっても標記と同様に深刻な問題をもたらしていた。一方で掛け声たくましい理想と現実との懸隔、乖離は増幅するばかり

で、とくに当初においては曲がりなりにも滑り出した宣撫日本語工作も、戦況の推移にしたがって脅力を減じていくことになる。

3.2. 外地日本語教育の「還流」としての「国語対策協議会」開催

　ここで当時の国語学界の実情について瞥見しておきたい。占領地にはさまざまな形態での日本語教育が試行されていくが、使用教材や教師の資質についても難題が山積されていた。すなわち、日本語の表記、仮名遣いの問題、教師の使用する日本語（方言）の問題などは、いきおい教科書編纂の問題に直面していく。新東亜建設に当たる各般の文化工作において真の実践を収めるには「基礎工作として我が日本語の普及を徹底する」ことが不可欠であり、「日本語を通じて、東亜の諸民族に我が民族と同一の思考、同一の感動を促し、以って我が文化を発揚し、我が国民精神を高揚せしめることが根底とならねばならぬ」という見地から、日本語が速やかに東亜の共通語となって世界普及に資せしめるため、第74回帝国議会の協賛を経て日本語教科書の編纂に着手することが決定され、昭和14年6月20日から3日間にわたって第1回国語対策協議会が開催された[11]。その開催の趣旨とは、

　　一、朝鮮・台湾・関東州・西洋などの外地を始めとして、満洲国・北支・中支・南支・蒙疆などの現地における日本語普及の状況並びにその実績を聴く事。
　　二、進んで海外における日本語教育上最も適切な方策に関する意見を徴する事。
　　三、更に文部省の編纂すべき日本語教科書に対する希望並びに意見を聴取する事。

の3点を目的とし、「各地における日本語教育の状況並びに実績」、「日本語教育に関する方策」が報告討議された。要約すれば以下の通りである。

　「各地における日本語教育の状況並びに実績」
　　既に四十年の歴史を有する台湾は言うまでもない。朝鮮も本年度から文部

省の小学国語日本語読本を使用せしめるまでになった。南洋も各島間の共通語として日本語は広く行き渡り、満洲国は其の最も重要な要素として日本語を授けて居る現情であり、北支・中支・南支・蒙疆においても皇軍の占拠地域内における普及の状況は目覚しいものがある。しかし、その徹底を期し実績を挙げるには、今後に待つべきところが多い。

「日本語教育に関する方策」
- （イ）<u>日本語を通して日本文化・日本精神の優秀性を覚らしめると共に、日本の事情・日本の理想を知らしめ、かつ我が国民と提携協力する気風を馴致するのを眼目とすべきこと。</u>
- （ロ）国語問題を根本的に解決して、国の内外を通じて日本語に確乎不動の基準を示すべきこと。
- （ハ）日本語教育の方針を確立すべきこと。
- （ニ）内地或いは現地に日本語教育に関する教員養成機関等を設置し、見識高く実力に富む指導者を多数現地に配置して、日本語教育の徹底を図るべきこと。
- （ホ）日本語学習の奨励策を講じて、積極的に日本語の普及を図ると共に、日本語教育の重要性に就き、一般の認識を是正すべきこと。
- （ヘ）最も有功適切な日本語の教授は音声言語に待つべきであり、随って其の教授法は直説法を採用すべきであること。
- （ト）日本語を普及せしめ、かつ教育を通して推進せしむべき中枢的機構を文部省に設けられたきこと。
- （チ）国語対策協議会は年年継続的に開催されたきこと。

「実績」に鑑みて講じるべき「方策」として、（イ）の日本語の進出から併せて国内の国語の「醇化」を徹底するという、一体化への「還流」が顕著に示され、そのための諸々の普及策の基盤として、（ト）に示された機構の必要性を挙げているが、この趣旨に沿って翌々年、日本語教育振興会が発足することになる。また、議題として「日本語教科書編纂に対する希望並びに意見」が次のように提出されたが、とりわけ（イ）（ハ）に見られるような錯綜は「規格化」「統合化」を阻む大きな矛盾であった。

(イ) 各地の事情がそれぞれ異なる関係上、文部省においてそれぞれの土地に適する教科書を編纂することは却って困難である。随って文部省の日本語教科書は、各地で編纂される日本語教科書に基準を示すものとすること。

(ロ) 日本語教科書は、内容に日本的性格の現れた興味あるものたらしめること。

(ハ) 日本語教科書の程度は、内容形式とも出来るかぎり低からしめること。

(ニ) 基本語彙・基本文型を確立し、アクセントを統一する等、日本語形式を整備した教科書たらしめること。

(ホ) 教授書を編纂して教授の参考に資すると共に、教授並びに学習の便に供するためレコード等を作製せられたい。

「内容形式」ともに出来る限り低いものとしながらも、前掲の「方策」にある「日本語を通して日本文化・日本精神の優秀性を覚らしめる」ことは明らかに相矛盾する側面であり、これらの齟齬の是正は至難の作業であった。

3.3. 興亜院による日本語教育実態調査

支那事変後の主要地における日本語教育および普及状況に関する在外公館の調査報告を収録したものに『支那における日本語教育状況』(昭和13年11月、外務省文化事業部)がある。これを受けて興亜院の調査した日本語普及の実態については次の3点が記録されている。まず、文化部による「日本語普及ノ一条件トシテノ日本語教員養成ノ問題」(19頁、昭和14年10月27日至12月18日)は東京文理科大学教授楢埼浅太郎が現地調査に当たったもので、支那事変後の中国全土の状況が報告されている。「㊙」扱いで、内容は以下の通りである[12]。

新東亜建設は日本語の普及／維新政府下の学校に於る日本語教授の概観／日本語教師の養成／日本語教授の専門学校の設立／附録：上海蘇州南京に於る日本語教授機関の一端

次に「蒙彊日語学校一覧表」(5頁)が蒙彊連絡部から昭和16年8月に提出された。蒙彊管内における日語学校分布及び一覧、使用教科書について、各校から持ち寄られた報告を蒐集したものである。さらに華北連絡部「華北ニオケル日本語普及状況」と題する調査報告資料が「其ノ1」から「其ノ5」まである。概要は次の通りである。

 其ノ1 昭和15年4月 調査資料第28号 122頁
   河北省保定道地区各県市及び津海道地区良郷、涿、宛平県ノ日本語教育ヲ実施スル学校数、普及対策意見
 其ノ2 昭和15年5月 調査資料第36号 208頁
   河北省冀東道地区各県市ニオケル各種教科書使用状況、日本語教育実施校、日本人教員一覧、日本語普及状況図
 其ノ3 昭和15年5月 調査資料第41号 74頁
   河北省津海道地区及ビ着南道地区各県ニオケル日本語教員、日本語教育一覧、実施学校比較、日本語普及状況図
 其ノ4 昭和15年8月 調査資料第59号 118頁 ㊙
   山東省各県市における日本語教育実施校比較、実施未実施数表、各種使用教科書比較、教員資格一覧、実施学校分布図
 其の5 昭和15年8月 調査資料第61号 182頁
   山西省、河南省、青島特別市、北京特別市における日本語普及状況

5回にわたる調査がいずれも昭和15年に、しかも抗日勢力の熾烈な華北という「特殊」地域に集中しているのが特徴である。其ノ4のみが「㊙」扱いとなっているが、中等初等学校日本語資格一覧や、日本語学校、日本語講習所一覧表などを掲げてその分布を明らかにしたことによるものと思われる。これらの調査は主として机上、現地調査にもとづくが、担当者に深川輝美（嘱託）の名が見える。さらに、「極秘」扱いとして、華北連絡部による調査資料第108号「華北ニオケル日語教師養成状況並ビニ天津、済南、徐州、開封ノ各地学校ニオケル日本語教育」がある。昭和15年という年はまさに中国大陸における日本語普及、日本語教育の充実のための基盤固めの時期で

一方、「中支那における日本語教育に関する調査報告書」(20頁)が華中連絡部から昭和16年8月に調査資料第218号として出されている。担当者は笠井直次(嘱託)ほか3名とあり、昭和15年から16年にかけての以下の状況が監察されている。ここでいう中支那は漢口及び非占領地区を除く地域との注がある。

> 中支那の特殊性に基く日本語普及の困難性／日本語教員、日本語教科書及び日本語教育施設／小学校における日本語教育／中等学校における日本語教育／日語学校における日本語教育／上海租界内における日本語教育普及状況／結語／諸統計一覧表

「日本語普及」と「日本語教育」の間には様々な障害、懸隔があった。とりわけ使用教科書、教員資格は目下の課題であった。また、日語学校と日本語講習所とが規模によって使い分けられている点、「日語教師」「日本語教師」、「日語普及」「日本語普及」のように、用語が必ずしも一定していないのは、調査担当者の専門性もさることながら錯綜していた現地状況が垣間見える。

4. 『宣撫工作資料』にみる日本語教育

ここでは『華中宣撫工作資料』に記録された日本語の普及、教授状況をほぼ報告順にとりあげ、その動向、問題点を概観することにする[13]。いずれも秘、あるいは極秘扱いの調査資料で、調査の時期、期間、地域は限定されてはいるが、宣撫の実態が具体的に記されていると思われる。(資料は判読が困難な箇所、もしくは伏字があり、□は不明文字。本文は現代語表記に直し、適宜句読点を補充した。)

(1)第三回宣撫班連絡会議議事録 極秘 (北支事務局広報班長報)1937.11.25.

　　　　県域行政機構の復活、少年□に対する日語講習会に重点を置くとともに欠

乏せる生活必需品の天津よりの移入を計画し先月末荷船を天津に向け出発せしめたり。

(2)第四回宣撫班連合会議議事録㊙(北支事務局広報班長報)1938.2.14.

　　小学校一開校、日語講習会受講者二百名、住民一般に平穏。

後述に「日語読本」配給とあるのは、一般の教材名称もしくは「満洲国」で使用されていた日本語読本類の略称ではないかと思われる。教授法についての具体的な打ち合わせも見られた。

(3)満鉄派遣中支宣撫班工作状況報告㊙
　　（満鉄派遣宣撫班、上海事務所長報）1938.1.4.

　　日本語教授の具体方法に付き、維持会当局と打ち合わせを始む。

(4)中支占領区における宣撫工作概要㊙（上海事務所報）1938.3.16.

　　中支における皇軍の宣撫工作は戦況の発展と共に其の戦果に実効たらしむべく、皇道宣撫の大方針を以て現地に宣撫班員を派遣し宣撫班本部の指導監督下に今日では将校以下三百名を前後する人員が宣撫の工作に当っている（後略）

宣撫班は現地に至ると、先ず宣撫区域内における住民の調査を行い、軍、憲兵、治安工作員、協力して不良分子の掃蕩に努め、帰還をすすめるとともにその希望者に対しては人物及び所持品の調査を行い、在住者に対しては「良民証」を発給し、住民名簿を作成する。又地域内に貼布された抗日ビラを取り去ると共に、我方の布告、伝単、「新申報」等を貼布乃至撒布し、民心の安定を期し、かつ残存する武器、弾薬、屍体の清掃を行っている。
　こうした宣撫班の具体的な工作状況の紹介の中には、「難民救済」事業と

して、自治会の組織、医療活動の記載報告もある。以下は「教化宣伝工作」の報告である。

<u>教化宣伝に関しては各宣撫班では適当な人材を見出して日語教授を開始して居り</u>、例えば蘇州の如きは惜陰日語専修館、城中日語専修班社、速成日語講習社、蘇州日語専修学社の如き其の他甬市、杭州、嘉定、無錫、松江等においても陸続として其の開設を見るに至っている。而して<u>之が教材としては本部にあって教科書を斡旋し取り敢えず日満国定教科書其の他を利用し、又仮教科書の編集も本部において行っている</u>。

上記「適当な人材」は駐屯部隊中の教師経験者への依嘱で、「日用日本語」「唱歌」を教授したとある。新聞『新申報』の発送、同盟通信社上海支局の支援を受けて映画上映、施療所の開設なども進めていたことが分る。例えば「松江」における自治委員会は米穀処理公官、役蓄利用委員会、秘書処、組織部、経済部、治安部、文化部、衛生部などから構成され、文化部では日語生徒募集を行っていた。「日満国定教科書」とは、昭和13年3月以前となると、在満州日本教育会教科書編集部編『速成日本語讀本』（上下巻）の可能性が強い。石黒修は『国語の世界的進出―海外外地日本語読本の紹介』の中で本書の特徴に言及し、「日本語を速成的に学習するもののために編まれたもので、支那にある宣撫班の日本語教授にかなり広く使用されて居る」と記している[14]。巻頭に五十音図、清音、濁音、イロハ、拗音、拗長音の表を示し、片仮名漢字混じりの上巻のみに依拠したと想像される。仮教科書もその変形であったと思われるが、それらの体裁、内容は不明である。

(5)宣撫班記録(1937–1938)満鉄上海事務所編 松江宣撫班記録 極秘
　1937.12.10.
　宣撫工作概況は「政治」「自治組織」「住民」「経済」「治安」「教化」「宣伝」に分たれ、日本語普及は「教化」の項に記されている。唱歌と共に供される「日用日本語」とは「日常日本語」で挨拶等の簡易日本語であった。

日本語学校二校を開設し生徒数百十名、教師は駐屯部隊中の経験者に之を依嘱し日用日本語及び唱歌等を教授す。

(6) 同上 嘉善宣撫班記録 極秘 1938.2.11
　ここでは具体的な日本語学校の設立経緯についての報告がある。市中に日本語熱が「潤漫」する様子が記されている。

　　日語学校の設立：嘉善城内に日語学校を開設せり。日本語を主とし習字、図画、体操の科目を習得せしめつつあり。四月末児童数中等科 27 名、初等科 63 名なり。両科共に片仮名全部を習得す。尚学校内に浴場を設け全児童に連日入浴せしめ、衛生思想涵養に努めつつあり。日本語熱の旺盛なるに鑑み、城外に一校を開設すべく準備中なり。
　　教化宣伝：自治委員会文化部内に宣伝班を設け、率先して日支提携を説き或いは仏教を通しての日支親善を計る外、日華僧を招致し日華陣没将士の慰霊祭を開催する等の諸効果如実に現われ、親日的な空気は全域を風靡しつつあり。日語学校の成績も極めて良好にして生徒を通して市中に日語熱潤漫し、行き通う日人に対する挨拶は日語を以ってする程度となれり。警備隊と協力宣撫に努めつつある結果、住民は警備隊に極めて好感を有せり。最近郷村に便衣隊、土匪潜入し、跳梁するや住民は警備隊の駐屯を希望する等、嘉善県民は国民政府依存を完全に離れて新政権を信頼し親日的空気充満せり。

(7) 工作概況 杭州特務機関 極秘 1937.12.27.～1938.4.20.
　「教化（二）」として、日語学校の開設の記載が見られる。

　　皇軍入城と共に支那民衆は何れも日語の習得を熱望し当方又日語普遍の必要を認め最初自治委員会通訳陳少君をして自治委員会関係者のみを教習し居たるも到底一般の要望に応じ難く為に現在左記の通り（引用者、中略）日語学校を開設し当方より仮教科書を配布し担任者をして教習状況視察或いは教壇に立ち直接指導する等日本語の普遍化に努めつつある。

校名には「杭州青年会日語補習学校」「日華仏教会日語速進班」「紅卍字会日語学校」などがあり、とりわけ「日華仏教会」は各地に日語速成班を設け、収容生徒数も多かった。教習程度は初級日本語に限られた。適地適応主義といいつつも「仮教科書」を配布しながらの極めて未整備な日本語の普及であった拙速さが窺える。

(8) 同上　嘉定宣撫班記録 極秘　1937.12.13.

　　宣伝教化工作：…当地方民に日本語を教授することになり、其の具体的方法につき維持会当局と打ち合せをなす (1937.12.24)（中略）日語教授下準備、日語教授下準備、試験的に生徒募集を行いたるに応募者二十名あり (1938.1.4)（中略）計画中の日本語教授本日より実施す。尚新申報は本部より配給の度毎に配布しあり (1938.1.12)（中略）日本語学校状況：教師は宣撫班担当、現在は毎日一時間乃至二時間宛教授の余力あり。将来各小学校開校し、日語教師の不足を来せし場合は別に方法を講じ、補充せざるべからず

　　教授方法　現在城内においては開校せる小学校は一校もなきも、破損の程度及び器具類の好条件にある□良小学校を可急的速やかに開校計画を為し、該小学校の科目として毎日一時間宛習得せしむ。外に日語補習学校を開設の予定、一般民衆に対する教授時間は約一時間乃至二時間　教科書は本部にて制定しあらば夫を用い、然らざれば『簡易日本語讀本』(満州文化普及会編)、『日用大衆日語』(同編)、『民衆日本語讀本』(北京大亜印書局編) の中より慎重選択して用う。日本語学習に対する支那側の反響；既に短時間試みたるが、其の成績に徴するに概ね熱心なり、出席者も逐次増加の傾向にありき。然れども班員の手不足と其の他工作事務繁忙極めたる為、中止の已むなきに至り現在に及ぶ

　　嘉定城西小学校：開校四月二十八日、場所城外西門通り、児童数百三十名教科書は差し当たり我が宣撫班にて厳選せる教材を「プリント」として使用しある外、日本語を毎日一時間宛て班員交代にて教授しつつあり、目下の処前記の如く児童数二百余名なるも西門外のみにても授業希望児童数約四百余名あり。之が開校するに其の場所なく小学校は殆ど全部目下警備隊にて使用

中にして之が対策考究中。

宣撫班班員は激務のなか時間を捻出して短時間に日本語の教授にあたったが、教科書も教授法も教師経験者を充てたといえども泥縄式のものが多かったことが読み取れる。使用教材のうち、『簡易日本語読本』は大出正篤著『効果的速成的標準日本語読本』であろうか。上記石黒修の解説に依れば、「巻一は満洲国語学校検定試験四等程度を目標とし、約百五十時間学習、巻二は同三等程度を目標として約二百時間の学習により、会話力、読解力を与える様に編まれたもの」とある。使用にあたっては巻一を分割したことが想像される。『日用大衆日語』、『民衆日本語読本』についても大出正篤の教授思想に拠るところが大であった。

(9)同上　太倉宣撫班記録 極秘 1937.12.13.

　　　日語教授　警備隊将校の援助により日語速成所を経営し、他に班員により巡警自治会職員に教授実施中なり。県下各小学校に教科書及び仮名文字を印刷配布せしむ。

班員は一般民衆のみならず、自治会職員にも日本語を教授していた。地域によってはこのように「日語速成所」のような名称も用いられた。

(10)同上　丹陽宣撫班記録 極秘 1938.1.9.
　　ここには宣撫部隊到着直後の状況が具体的に報告されている。

　　　部隊到着と知るや、委員会役員等日章旗を携えて出迎え、非常に皇軍に好意を示せり。来意を告げたるに謝意を表す。最近の状況を質すに、住民も逐次復帰し、商店□再開しつつあるも、度々徴発に依り、物資も可成に欠乏し居る模様なり。治安も委員会の手に依り維持されつつあるも、強盗時に出没する由。…中略…沿道部落大半焼失し、住民は皇軍に可成の恐怖心を有し、部隊を見るや大部分は逃げ去り。充分にその目的を達せざりしも、残存せる

部落には布告文及びポスターを貼付して進む。(中略)土民を呼び戻し、来村の意を告げ、一宿を乞いて宿営せり。附近部落は多少の農産物を保有するも、豊富ならず。対日感情必ずしも不良ならず。日本の統治下にあることを希望し居るも、恐怖心を有す。治安確保されず、強盗出没す。本日の行程において、押収兵器無し。

宣撫班は「土民」呼ばわりする現地住民から恐怖心を抱かれていることを繰り返し記している。「皇軍に好意を示し」ながらも、また「日本の統治下にあることを希望」しながらも、その実態は平穏にはほど遠い。食糧徴発の首謀者については不明である。こうした前線兵站基地で、宣伝教化工作が行われていくのである。引き続き「日本語熱旺盛」な状況が記されている。

　　日語を教授し且つ宣撫宣伝の一助たらしむべく元第一小学校の難民集団収容所を移転せしめて教室を整備し、旭昇第一小学校と命名して三月五日より日語教授を開始したり。午前午後二組に別け各四十名を収容年齢は十才より四十才迄とす(当分の間)。老幼一如嬉々として学びつつあり。因みに一般民衆においても日語熱旺盛なり。

日本語による教化が表面的、一面的にせよ、大きな宣撫成果をあげる可能性があったが、施設の整備、教員の配置は後手に回らざるを得なかった。

(11)鎮江宣撫班記録 極秘 1937.12.26.

　　一般状況：…訓練は治安工作員の簡単なる日本語教授、軍より応援を得て日本語による簡単なる各個教練を実施す。二月一日より街頭に出さしめ、交通整理、巡警、督察、等の職務に就かしむ。

難民、一般市民に試験を課して適当と認めた全員を一箇所に合宿させ、厳格な統制のもとに団体生活の紀律を植え付けるべく、上記の訓練を課すとともに、日本軍の軍紀、風紀の粛正も行われた。こうした訓練は市内の治安状態

の復帰を促す意図も大きかった。「教練」においてどの程度の日本語を課したか不明であるが、今日でも中国の抗日ドラマに登場する日本軍の「メシ、メシ」、「ヨシ」、「回レ右」などのような、統率のための号令程度の日本語であったことも想像される。

(12) 蕪湖宣撫班記録 極秘 1937.1.6.[15]

  教化宣伝工作：小学校の開校を計画中なるも校舎として使用すべき建物なき為、早急の開校は困難なり。目下は難民収容所内の児童に対し、<u>日本語及び日本唱歌の教習をなしあるも、其の成績頗る良好なり</u>。

蕪湖は安徽省に位置する地級市。日本語教授のための施設は小学校を重点に進められた。日本語教授や日本唱歌の教習の対象を難民収容所の児童らに定めたのも宣撫の対外宣伝を意図するところであった。
 次に満鉄上海事務所調査室編中支派遣軍特務部担当による宣撫工作概況 (1938–1940) を見てみよう。ここでの報告は概ね「治安」「政治」「財政」「経済」「民衆」「教育」の六項を設け、日本語教授は「教育」の項に見られる。

(13) 宣撫工作概況 鎮江班巻2 極秘 1939.8.
 ここでは宣撫工作が慢性的な「敵不逞分子」による「撹乱工作」(抗日活動) のため障碍をきたしている現況が記されている。

  鎮江は戦前江蘇省政府の所在地たりし処にして、政治、経済の一中心地たりしと共に、亦教育も盛んなりし関係上、思想的にも相当の抗日色を帯びたりしが、事変に依り之等抗日分子の殆どは逃亡し其の後復帰したる者は一部の新事態に目覚めたる有識者を除きては殆どか否か生存欲の為のみに運を天に任して唯時勢に順応する一般民衆のみなれば、新体制中に何らの不順さもなく、<u>我方の宣撫の侭に操縦されつつあり、民衆は進んで日語を学び、親日精神の会得に努めんとする風潮に在るも、執拗なる敵不逞分子の撹乱工作の為、波紋或いは波浪の動揺を続くる已むを得ざる状態に在り</u>。

ここでは宣撫工作が慢性的な抗日勢力のため障碍を来している現況が報告されている。宣撫の推進にはかかる抗日思想との対峙が常時つきまとい、次に見るように一般民衆への日本語の教授もまた日常の思想戦の渦中に置かれることになる。「夜間日語学校」はその１つの対処であった。

　　一般小学校の日語教育：市内各小学校における日語教育に関しても亦適当なる教師なき為、当班班員が激務中より時間を融通し合い、交互に之が教授に努めつつあり。
　　夜間日語学校開設さる：商用日語教授を目的とせる私立夜間日語学校開設請願に対し之を認可し本月一日より其の開校を見たり。之に依り既設の昼間日語教授の不足を補い日語普及の徹底を期し得るに至りたり。

「商用日語」は日本人の進出によって商業、商取引に日本語使用の需要が増加したことに依るが、具体的な教授法、使用教科書に就いての説明はない。

(14) 宣撫工作概況　松江班巻2　極秘　1939.11.2.
　「日語学校児童ラジオ放送」を行うほか、日常日本語の普及がはかられた。

　　現在日語学校を城内、□門外、四門外の三箇所に開設しあり。生徒数二三〇名、教師は駐屯部隊中の教員経験者数名に依嘱し、日用日語、日語唱歌、日本式体操を教えつつあり。其の成績優秀なり。教科書は簡易日本語読本、民衆日語読本なり。

ラジオ放送による日本語の教化は科学の高峰を伝播することによって日本精神文化を鼓舞するのに寄与せしめた。使用教材については具体的な教科書名が記されている。教科書等配布については「小学生用教科書」「古絵本」「絵葉書」なども合わせて配布、とある。このなかには日本から送られたカナモジカイの「ニッポンゴ」などがあった可能性もある。

(15) 宣撫工作概況 太倉班巻2 極秘 1939.11.

　　学校教育の復活：日支親善の基本は児童教育に在るを信じ県公署を督励、鋭意学校教育の復活と之が親日教育実施に努めたる結果、左の通り復活を見たり。（省略、校数135、生徒数8,534）（中略）<u>教科書は本部より配給の絵本等を補助にする外は従来の教科書中より抗日的なものを削除せしめ、厳重監督下に之を使用せしむ</u>。

「日支親善の基本は児童教育に在り」とする文化工作はこれまで触れてきた通りであるが、そこで最も留意する必要があったのは「抗日」的題材を盛り込んだ教材の摘発であった。

(16) 宣撫工作概況 嘉善班巻2 極秘 1940.4.
「一般民情」について、日本語の使用状況と絡めて次のような報告がある。

　　…之等良民は日軍の軍紀厳正なるに非常なる信頼を持ち又維新政府及び省政府に対しては自己の生活安定を基調に之を歓迎しつつあり。更に<u>日語熱は日語学校を源泉として一般民衆に澎湃として湧き上り皇軍に対する路上の及び日常挨拶は総て日本語を使い（勿論片言）又護りの親たる皇軍将兵を信じ切って皇軍将兵の暇あるを見れば争って蝟集して双方有りったけの親愛の情を吐露して無邪気に騒ぎ立てる等此の和気藹々たる日支親善風景は外来者をして驚嘆せしめつつあり</u>。

一般民情の親日的感情が日本語の使用を背景に誇張気味に報じられている。さらに日語学校についても、宣撫工作の効果を強調している。

　　三月二十日開設以来日語学校は着々として順調なる発展を遂げ新興嘉善における日支親善の源泉として街々に日語を氾濫せしめ宣撫工作上重大なる役割を果たし来たりしが、九月に至りて生徒数も最初の三倍百五十名となり益々其の本領を発揮しつつあり。（中略）近来支那一般民衆の日語熱意激烈と

なると共に日語校生徒も増加し、又其の質も著しく向上したり。之が適当なる教科書、教授法等に一段の研究を要すべく右研究の為、日語校教官二名出張す。

　教授法の改良を求めての日語教官の出張先は新民会運営の日語講習所などの教師養成機関であった。但し、その期間、技術養成の方法、内容については記されていない。

(17)宣撫工作概況　揚州班巻2　極秘　1940.4.
　載録期間は1938年5月から1939年2月までであるが、日本語普及については詳しい経過記述がある。軍直轄の日語校の検討も進められた。

　　○昭和13年5月中　教育復活の現況
　　　本月末現在公私立小学校復活状態は別記の通り（公立普通小学校数11, 私立普通小学校14, 教員数70, 生徒数2,400、日語学校数3, 引用者注）にして、其の教育根本方針は勿論親日を基調としたる普通智徳育に在り、当班指導の下に教育局長及び督学は責任を持って監督に任せり。従来日語教師として部隊員中より教育経験者を選抜して之に当たらしめつつあるが、部隊の異動頻繁となり之が委嘱不如意の為本月に至り欠如しあるは遺憾なりき。然れど当地、支那児童及び一般市民の日語熱は鬱勃として抑えべからざる好もしき状態にあるを以って、当班においては目下直轄の日語校設立を計画中なり。
　　○同年6月　日語校開設（班直轄）
　　　日語学校が日支両国民親善の僕となることは多言を要せざる処にして、皇軍の真意を理解したるは誠に好ましき現象と謂うべく、当班は此の機を逸せず、従来の日語学校に比して断然優れ且つ充実したる当班直轄の日語学校を計画中の処愈々万端整備本月六日左記の通り開校を見たり。(略)開設以来月末までに欠席者皆無の熱心さにして、予想以上の良成績なりき。六ヶ月後においては学生の全部が平易なる会話可能なるべし。尚授業の合間に日支事変の起因と真相を説明すれば一斉に謹聴し、我方の意を深く理解する様にして、日語の普及と時局を正しく認識せしむるも一石二鳥の効を収め得たり。

加うるに日語校開設と共に現地状況調査の序に本部より日語校教師を委嘱されたつ同文書院学生四名が約半月の間教鞭を執りたるは、日語校の基礎確立に大いなる貢献を残したるものと思惟す。
○昭和14年1月中　日語普及対策
　　日語熱愈々熾烈となりたる昨今の状勢に対応し、第一期日語卒業者中の優秀者五名を選抜し、城市各県立小学校に派遣巡回教授せしむ。尚日語校は数よりも質を重んじて優秀なる生徒のみを収容し、日語及び親日思想の徹底化を図りたり。

　部隊員の異動にともなって十分な教員の手当てができなくなったこと、上海東亜同文書院などからの教員支援、さらに量よりは質を重視しながらも、卒業者の中から日本語の優秀者を表彰したり巡回指導に当たらせるといった「現地住民調達」の日本語普及の実態を伝えている。私塾を含め各地に日語講習会も開催されつつある一方、教育局に教材研究員を置き、親日精神の陶冶に努めながら新情勢に適合する教材を選定する作業も進められた。

(18)宣撫工作概況　丹陽班　巻2　極秘　1940.4.30.
　「概況」には月別の載録が原則であるが、工作員の編成によって偏りが見られる。ここでは占領下の小学校において自治委員会から派遣された日本人宣教師を専任の日語教師として1週数時間の日語教授を行っているとの報告がある。教員の欠員も恒常化し、上海（同文書院）から女性教師を招聘して教授に当たらせることもあった。一般民衆のほか警察への教授も施された。

　　…尚前日語教師辞職の為七月末以来欠員中の日語教師は新たに上海より若き興亜の日本女性を招聘し、より一層日語及び日本精神の普及に努力せしむることとせり。（略）先月招聘したる日語教師を更に激励し、一日各二時間及び警察所警士に二時間宛て教授せしむることとせり。

　以上、昭和13年から14年にかけての中国大陸での宣撫工作の一環としての日本語教育の実情を垣間見たが、きわめて限定的、かつ局地的な視察報

告とはいえ、日本語の普及の実態が報告されている。また、前述引用した「事変処理」のための工作として企画実践されていたことが明白である。報告には共通して教師の不足、部隊員の異動に依る欠員が恒常化し、同時に教材の不足が挙げられているが、教育の内容、具体的な教授法については記載がない。恐らく宣撫工作にあっては型どおりの、表面的一時的な普及策しか講じることはできなかった、というのが実態ではなかっただろうか。本資料は「大陸進出」直後から2、3年の間の報告であり、初期においてもさまざまな問題が山積されていたわけで、太平洋戦争勃発後は戦力（部隊員）の南方供出によって更に対応が困難になっていった。

5. 大陸進出と日本語教科用書（1）―教科用書の変遷―

　前節まで宣撫工作における日本語教授、教習の実態を一定時期、一定地域に限定して考察してきたが、そこではどのような教科書が用いられ、教授法が試行されたのかという関心が自ずと起こってくる。中国大陸における日本語教育は関東州、満洲国で使用されたもの、例えば初期の南満州教育会教科書編輯部編『初等日本語讀本』（全四巻 1932）の改訂版が用いられたほか、同編集部編、大出正篤著『速成日本語讀本』（上下巻 1933）が対訳式という至便さから日本語学校や私塾で用いられたが、前節で登場した「読本」は概ね、この2種類を指していると思われる。また、大出正篤・武田勝雄著『鉄路日語會話』が鉄道利用者に供されていたことから民間学習者用として使用された可能性もある。この当時、1937年までに7誌あったという『日文与日語』、『現代日語研究雑誌』といった中国人対象の日本語雑誌が活用の対象となったことも考えられる。山口喜一郎は中国人に対する日本語教授技術を具体的に解説した『日本語教授の実際的研究』を1934年に著わしているが、このように教科書、教授法は「日本語の大陸進出」の前には不十分ながらもある程度は整備されていたと思われる。一般に使用されたものでは満洲国警察協会編『警察用語日語讀本』も警察官の日常使用する用語を対訳式でまとめた学習書として実務性が高く、一般民間人にも重宝されたことから、後述する『日本語會話讀本』の内容に影響を与えたことも考えられる。

当時は日本語教育に必要とされる教材等を「(日本語)教科用書」と総称していた向きがある。したがって、本章でもこの用語を用いることにする。大陸進出がほぼ態様を整えつつあった昭和17年に報告された太田宇之助「中華民国における日本語教育」(1942)に沿って、各地域における日本語教育の状況及び使用教科用書を概観しておこう。

　北支では日本留学生の出身者を多く起用しての日本語熱は隆盛で、各大学の日本研究熱も高く、とりわけ北京では治安維持会の成立と共に各学校の日本語を正科と定め、臨時政府成立後は小学校でも日本語教育を強制するようになった。中等学校では全てが日本語を必修課目とし、授業時間はほぼ中小学校が週3、4時間、普通の専門学校以上は6時間程度としている。邦人経営の日本語学校も多く、受講者も学生、商人、官吏、会社員など様々であった。天津特別市には「日本語普及班」を設け、各学校、一般への日本語教育の普及に努めた。山東省済南市にも新民会の工作として約5,000人を数えた。

　中支では治安維持会、臨時政府、さらに南京政府の施策を中心に日本語普及は体系をなしつつあるが、宣撫班による日本語のなかには不十分な日本語教授形態も少なくなく、「将兵の一句片言から意味が取り違えられ、中国民衆に誤って伝わっている」事態もあったという。上海などでは従来の英語教育に代わって漸く日本語が需要され始め、日本語教師の確保に苦心が見られる。日本人、中国人による20もの日本語学校を有し、南京では日語専修学校が開校され、留日同学会、国民政府の運営により、多くの学習者を集めている。

　南支では広東、厦門、海南島が中心で、主として台湾総督府の活動に負っている。北支、中支と異なり、独自の日本語教本が編集された[16]。このほか、蒙疆では察南学院、晋北学院、蒙古学院などで日本語を教えているが、蒙古人に対する教科書の使用に特殊な困難があるも、日本側民間の教育機関が特筆される。張家口の東本願寺経営の「仏教日語学校」、日蓮宗妙法寺経営の「立正日語学校」などである。

　石黒修(1939)によれば北支では当時次のような教科書が用いられている。

　　初等教育研究会『正則日本語読本』、北京近代科学図書館編纂部『初級日文

模範教科書』、同『高級日文模範教科書』、同『日文補充読本』、在満洲日本教育会編纂部『速成日本語読本』、満洲文化普及会『効果的速成的標準日本語読本』

南支(広東を中心)では次の2点を挙げている。中支については不明である。

台湾総統府文教局学務課『日語捷径』、同『日本語教本』

また、文部省図書局「日本語の大陸進出」(1940.5時点)によれば、北支、中支、南支、蒙疆において使用されている日本語教科書は次の通りであった。単に「日本語教科書」とあるのは、特定化が困難であったためであろう。

【臨時政府教育部編審会】
小学日本語読本、初等日本語読本、正則日本語読本
【維新政府教育部】
日本語教科書
【台湾総督府文教局学務課】
日本語読本、日語捷径
【晋北自治政府審定】
初等小学校用日本語教科書、高級小学校用日本語教科書
【察南自治政府審定】
初等小学校用日本語教科書、高級小学校用日本語教科書
【蒙古連合自治政府審定】
日本語教科書、公民学校用日本語教科書

こうした多種多様な「日本語教科用書」は語法、表記の不統一を深刻化させ、さしたる効果を上げたとは言えない。昭和16年には準統一的教科用書として、文部省編『ハナシコトバ』(上・中・下)が東亞同文会から出される。青少年を対象としたもので、音声言語による日本語教材として片仮名を発音符号として用いている。これには『学習指導書』もついている画期的な

教科書であったが、すでに広範に広まった適地適応型の教授体系が進む中での表記や用語、レベルの統一は実際上、不可能といえた。

6. 大陸進出と日本語教科用書(2)―『日本語會話讀本』を例に―
6.1. 『日本語會話讀本』の使用背景

　前掲文部省図書局による「日本語の大陸進出」(1940)には「軍の宣撫班において開設している指導者訓練所などでは、日本語會話讀本(宣撫班本部)を使用している」との説明が見られる。前掲太田宇之助の報告にもこの『日本語會話讀本』についてふれている(156頁)。

　　　事変以来北支でも宣撫班がわが軍占領地において民衆に対して『日本語会話読本』などを用いて盛んに日本語を教えた。次いで新民会が代わるに及んでこの工作も引継がれ、青年訓練所を中心に日本語の普及に努めている。

　これより早く昭和14年11月に開催された文部省国語対策協議会議事録には占領地における言語政策についての報告(興亜院事務次官別所孝太郎)にも『日本語會話讀本』を確認することができる。(一部抜粋)

　　　以下各地域における所の日本語教育の普及の状態を申し上げたいと思います。皇軍の占領後治安工作並びに経済工作の進捗に伴い、文化工作も併せて進行されております。是は宣撫班の力に依って日夜苦心されて居ります。支那の一般民衆に対しまする人心の安定、宣撫に非常に苦心されて降りますが、日本語教育に就きましても現在約三千名の宣撫班員の方々が、献身的な努力をされ、それぞれ土地の状況に依りまして適時適切なる方法に依って附近住民を集め、<u>宣撫班で編集致しました日本語會話讀本、之を手掛かりとして日本語の教授でありますとか、或いは其の普及、指導に当って居られる訳であります。之が効果に就いては目下宣撫班の方で研究中でありますが、従来は現地の支那住民が日本の軍民に接した際「もしもし」と云うような程度から、最近では「兵隊さん、今日は」と云う位な挨拶の出来るようになって、</u>

<u>言葉を通じて感情の融和の上に非常に貢献をして居ることは、没すべからざる事実であろうと考えて居るのであります。</u>　　　　　　　　　　　　　　（39 頁）

簡単な日本語の教授さえもが「感情の融和の上に非常に貢献をしている」とする自負は対外的宣伝を強く意識したものでもあった。宣撫班員数 3,000 という数字の信憑性は定かではないが、相当数の宣撫教員が「にわか仕立て」で日本語の普及に馳せ参じていたことが分る。宣撫班の指導は占領後のいわば一時的地均しで、其の後に新政府による組織化が進行することになる手前の、臨時的な同化策であった。

　　現在宣撫班で編纂をし、使って居る所の<u>日本語の会話読本</u>の頒布数は一万冊余に上って居りまして、更にその内容の改訂修正を必要と認めて、目下着々改正中であります。尚、宣撫班におきましては班員の指導講習会を随時開催致しまして、其の際日本語教授の実際的方法に就いて、一層の研究を進められて居るような状況であります。
　　此のように致しまして先ず皇軍の進行した後々に宣撫班が参りまして、あらましの工作が出来ますと、其の進捗を見て適当の時期に北支民衆の結成団体である新民会が之に加わって参りまして、宣撫班の宣撫工作を継承し、之を強化すると云うような大体の行き方になって居ります。現在新民会の外務委員が約千六百名ありまして、其の中日本人が約三百人、是が現地における文化工作に従事して居る訳であります。此の中日本語教育に就いて宣撫班でなされた色々の講習会であるとか其の他の方法を踏襲拡大致しまして或いは日語学校を設置するとか、又現在五十余処にある産業指導部の所在地には必ず青年訓練所を設けて、最寄の部隊から現地将校の配属を受け、教練訓育に当ると共に、日本語教授に重点を置いて、専ら日本語の普及に努めて居るわけであります。　　　　　　　　　　　　　　　　　（39–40 頁、同報告）

この『日本語會話讀本』は上記によれば各種の改訂版の所在が示唆されているが、奥付もなく印刷月日も記されていない冊子は各地で簡易に印刷製本されていたことが推察される。したがって頒布数は相当数であったことも容易

に推察できる。小規模の学習班規模のものから講習会、さらに小学校内に日語学校を設け、それを政治機構としての青年訓練所にまで拡大する青写真がここには見られる。次に考案されるのは「満洲国」で実をあげた日本語学力検定試験の施行導入である。新民会がその中心となり、当初は公務員を対象にしつつ次第に一般民衆まで拡大し、特等から四等までの合格証書を与え、官公署や日本人経営の会社に優先的に就職を斡旋するといった、日本語の普及奨励法を検討しているが、その実態は確認されていない。ただ、北京に限っては、「中小学日語教員検定試験委員会」の名簿（9名のなかには橋川時雄、西田畊一、銭稲孫の名が見える）、および「中学日語教員検定合格者」（36名）、「小学日語教員検定合格者」（54名）の名簿、「中国留日学生登記表」では日本の出身大学機関とともに225名の名簿を確認することができる[17]。

以下では、主に指導者訓練所で使用されたと思われる『日本語會話讀本』の構成、特徴をみていくことにしたい。

6.2. 『日本語會話讀本』の構成

本書第一巻、第二巻は東京都立中央図書館実藤文庫マイクロフィルムにおさめられており、参照することができる[18]。「緒言」として次のようにある。（原文は漢字片仮名混じり文だが、漢字平仮名現代表記に直した）

一、本書は、日本語の会話を学習しようとする者の為に編纂したものである。
二、本書は今後逐次、巻二、巻三と発行する予定である。
三、本書の仮名遣いは全部表音式とした。
四、本書には各課に練習資料を添え、応用に便ならしめた。
五、会話上達の要訣は、基本的会話文章の暗記に在る。会話の上達を願う者は文法を云々し、単語を覚える前に完成されたる会話体を暗記すべきである。単語は文章の中に含まれたるまま覚えて始めて価値がある。学者（引用者注、学習者）は本書を反復練習し暗記に努められよ。

第一巻の構成は次の通り。目次は立てていないが、参考までに全50課を冒頭の会話句とともに示す。

表1 『日本語會話讀本』第一巻の概要

1	コン ニチワ	26	貴君ノ 兄弟 ワ 何人 イマスカ
2	ハナ ガ サキマシタ	27	ナイフ オ 貸シテ 下サイ
3	コレ ワ ナン ノ ハナ デスカ	28	御飯ノ 用意 ガ 出来マシタ
4	コレ ワ アナタ ノ デス カ	29	水 ヲ 汲ンデ 来ナサイ
5	イクラ デスカ	30	空イタ 部屋 ガ アリマスカ
6	イマ ナンジ デスカ	31	風ガ 吹キマスカラ、窓 オ 閉メナサイ
7	ニツポンゴ ガ ワカリマス カ	32	アレ ワ 何ノ 音 デスカ
8	ドォゾ オカケ クダサイ	33	コレ ワ 誰ノ 写真 デスカ
9	ドコ エ イキマスカ	34	雨 ワ マダ 止 ミマセンカ
10	ナニ オ シテ イマス カ	35	ユウベ 火事 ガ アリマシタ
11	オハヨウ ゴザイマス	36	明日 何時頃 オ暇 デスカ
12	アナタ ワ タレ デスカ	37	コノ 水 ワ 呑メマスカ
13	ハジメテ オメニ カカリマス	38	今日 ワ 何日 デスカ
14	学校 ニ 行ツテ イマスカ	39	私 ワ 今日 気分 ガ 悪イ デス
15	卵 ガ アリマスカ	40	イイ 月 デス
16	オ邪魔 シマシタ	41	コレ オ 私 ニ 下サイ
17	オ茶 オ イレナサイ	42	コレ ワ 何 ニ 使ウノ デスカ
18	這入ツテモ イイデスカ	43	見テ モ イイデスカ
19	ドオゾ 澤三 召シ上ツテ 下サイ	44	杯 オ 乾シテ 下サイ
20	アノ人 ワ 誰 デスカ	45	何時 御出発 デスカ
21	オ父サン ワ 家ニ イマスカ	46	コノ 切レ ワ 一尺 イクラ デスカ
22	御免 下サイ	47	貴君 ワ 毎朝 何時ニ 起キマスカ
23	支那料理 ワ オ好キ デスカ	48	オ暇 イタシマス
24	オ加減 ワ イカガ デスカ	49	皆サン オ変リ ワ アリマセンカ
25	天津行ノ 汽車 ワ 何時ニ 出マスカ	50	風呂屋 ワ 何処 ニ アリマスカ

内容はおしなべて平易であり、表現も簡潔さを心がけている。本文はカタカナ書きで音声言語を重視し、すべて「分ち書き」によるが、第13課から漢字カタカナ交じり文になる。ただし、「完成されたる会話体を暗記」云々と言う割には表記上の統一には苦労しているようである。例えば、

長音：カケマショオ(31)／イカガデショウカ(30)　ドォゾ／ドオゾ
促音：アッテイマス(32)／行ツテイマス(34)、這入ッテ／召シ上ツテ
終助詞「か」：デスカ(4)／デスカ(8)、(ワカリ)マスカ／(ワカリ)マスカ
判断詞「デス」：写真デスカ(33)／写真 デス(33)
連体詞「の」：アノ人／コノ水、コノ切レ　何ノ肉(28)
格助詞「を」：水ヲ／コレオ、荷物ヲ(41)／風呂敷オ(41)
係助詞：風ガ／埃ガ、這入ッテモ／見テモ
所有格「の」：貴君ノ兄弟／御飯ノ用意(28)
動詞連用形：マケナサイ(5)／イレナサイ(17)
補助動詞：行ツテイマス(14)／ハイテイマス(10)
副詞：充分イタダキマシタ(19)／尚結構デス(37)
「下サイ」：オ出デ下サイ(16)／オ待チ下サイ(18)、見セテ下サイ(22)／御覧
　　下サイ(22)

のような語句の切れ方と同時に表記の混乱が目立つ[19]。会話文はほぼ公平な身分立場を表しているが、主人と使用人との会話には丁寧体と普通体とによって待遇表現上の違いが区別されている。

「オ茶 オ イレナサイ」「今 オ湯 オ ワカシマス」
「ナゼ モット早クカラ ワカシテ オカナイノカ」
「コレカラ 気 オ ツケマス」

また、時局的な用語や表現は極力抑制されている節が見受けられるが、以下に示したような会話文が若干散見される。

13.「県公署 ノ 通訳」、18.「隊長 ニ オ話 ガ アリマス」、20.「宣撫班 エ 行キマシタ」、32.「今日 ワ 新政府成立 ノ 芽出度イ 日 ダカラデス」、「新政府 ワ 何処ニ 出来マシタカ」、「北京 デス」、50.「領事館」、「守備隊」

各課の本文は概ね5、6文による対話構成で、その後に関連単語が2、3呈

示されているのみで、「緒言」にある「練習資料」とは本文の補充という意味からも恐らく別配布の「プリント」によるものと推察される。巻二は全71頁、「緒言」は巻一とほぼ同様であるが、「今後逐次、巻三、巻四と発行する予定である」とあるも巻三、巻四は不明である。巻二の目次は次の通りである。

> 1. 国旗、2. 曜日、3. 駅で、4. 旧友、5. 芝居見物、6. 御馳走、7. 郵便局、8. 電話、9. 引越シ、10. 借家、11. 食堂で、12. 洋服、13. 散歩、14. 語学、15. 四季、16. 洋車、17. 風呂、18. 入院、19. 雪、20. 暇乞、21. 煙草、22. オ悔ヤミ、23. 新年、24. 紹介状、25. ストーヴ、26. 車中デ、27. 転勤、28. 訊問、29. 運動、30. 音楽、31. 歌、32. 汽船、33. 商業問答、34. 床屋デ、35. 買物、36. 性格、37. 新聞、38. 北京見物、39. 夕食後、40. 夜学、41. 仲裁、42. 果物、43. 挨拶、44. 家族、45. 採用試験、46. 秘書トノ対話、47. 家信、48. 食物、49. 動物園デ、50. 修繕

本文は巻一よりやや多く7、9文による対話構成でその後に関連語句、表現が若干掲載されている。巻一と比べると文の構造はやや複雑化し、内容も多岐に富む。本文表記は巻一の「分ち書き」に対し、巻二では句読点を残して文字を詰めて表記されている。概ね「無国籍」風の内容であるが時局を反映した箇所(下線部、引用者)もある。巻一と同様に提出課を次に示す。

> 1.「コレワドコノ国旗デスカ」「コレハ支那ノ国旗デス」…「コノ<u>五色旗</u>ノ下ニ、<u>王道楽土</u>ガ築カレルノデス」「愉快デスネ」「愉快デスネ」
> 4.「イイエ、<u>満洲国</u>ノ方エ行ツテイマシタ」
> 28.「オ前ガシタノワ分ツテイルノダ。早ク白状シナサイ」「何卒オ許シ下サイ。私ワ何モ存ジマセン」「オ前ガ素直ニ 白状スレバ、許シテヤルガ、白状シナイト拷問ニカケルゾ」「拷問ニ掛ケルノダケワ、オ許シ下サイ。皆白状致シマス」「私ノ家ニワ、病気ノ父ト三人ノ子供ガ居テ、食ウノニ困ツテイマス。ドオゾオ慈悲オ願イマス」
> 38.「今日ノ新聞ニ、何カ変ワツタコトガ出テイマスカ」「別ニアリマセン。

ソオソオ南京陥落ノ詳報ガ載ツテイマシタ」「私ワコノ四、五日忙シクテ、新聞オ読マナイノデ、一向世界ノ情勢ガ分リマセン」「新聞ワ我々ノ耳目デスカラ、毎日読マヌト、イケマセン」

「満洲国ノ方エ行ツテイマシタ」(4)、「満洲経由デ、汽車デ帰ロオ」(32)のように「満洲国」を意識的に提示していると思われる場面がある。また「農村経済ノ調査ノ為、河北方面エ出張スル」(24)のように宣撫工作を日常生活の中に採用している箇所も見られる。「採用試験」のような現地住民との接触想定の場面も少なくない。「借家」「洋車」「風呂」「修繕」などの場面では日本人の生活の中に使用人との会話も多く見られ、前述のような待遇表現の区別が意図されている。また、訓練所での使途という性格ゆえか、語法・表現にも「入リナサイ」「入リ給エ」の併記なども見られる。(28)の場面は、「素直ニ白状スル」「拷問ニカケル」「オ慈悲オ願イマス」など、「軍用支那語」にも頻出する会話常用句表現が見られ、通常の会話場面ではない[20]。

　本文中には語彙・表現がよく練られていない箇所も散見され、当て字と思われる漢字もある。「髪オ摘ム」(34)など方言性のある語彙も少なくない。教育経験のある将校らが編纂に携ったとあるが、専門家の手を経ている風ではなく、また十分な時間を要してはいないことが察せられる。なお、中国語訳については「捨て難い趣」を「難捨的興趣」(15)とするなど日本語の直訳による不自然な箇所が多く見られ、これも中国語を解する日本人の手によるものと推断される[21]。

6.3.　宣撫工作における日本語教育の意味

　『日本語會話讀本』はその構成から「満洲国」で使用されていた「日本語読本」を一部踏襲した可能性が強いことを述べた。対訳式で暗記中心の例文が実践的なテーマごとに配列され、1課当たりの分量も多くないことから、一般中国人に対して口まねで覚えさせる程度の平易なものとして歓迎されたのである。やがて南方文化圏においても日本語は進出していくが、場面用途に沿った簡単な日本語会話の対訳併記が民間への普及には即効であることが、『日語捷径』などを代表に「会話読本」の実績を基盤にしながら指向さ

れることになる。臨機応変の普及に耐える性格を有していた点においても「会話読本」は試作版ながら大きな意味をもっていたと言えよう。

　内容的には思想的背景としては、抗日的気運を刺激しない、「無難な」内容のものが選択されている。当然、抗日的な内容は国定教科書からは排除されたが、一部に「国定教科書誤謬」を糾弾する冊子が出回り、北支における日本語教育の政治性、文化性には神経を使うところが大きかった。初級の会話の指導においても当然、政治的思想的背景は無視できず、加えて日本人教員の欠員補充、中国人教師の養成、教材の充填など、問題は山積されていた。

　ところで、先にみた「宣撫工作資料」の中に使用されている数種の日本語教科書の記載があったが、その中に『日本語會話讀本』の所在は確認されなかった。他の教科書名と単に宣撫班で編纂された教材、プリントとある。菊沖徳平の調査した 125 点にものぼる「中国日本語研究文献目録」[22] にも含まれてはいないし、実藤恵秀編「中国人日本語学習書年表」にある昭和 14 年までの 290 点もの使用学習書の中にも認めることはできない。宣撫班本部編とだけ記され、発行年月日さえも銘記されなかった『日本語會話讀本』は正式な教科書の扱いを得なかった、流動的、且つ"幻"の教科書であった性格が垣間見える。

　前述太田宇之助報告（1942）では宣撫班によって開設された日語学校での日本語教授のあとは、新民会の青年訓練所に引継がれるとあるが、そこでは 1 ヶ月から 3 ヶ月の期間、日本語のほか、東亜新秩序建設講義、新民精神、満洲建国精神、三民主義批判、防共要義、などの科目が課せられたほか、教練課では軍事訓練、偵探学（特務工作）、日本軍の修築工事、営房や道路の補修などに当たらせた[23]。新民会は昭和 12 年 12 月の北京臨時政府樹立後、設立された「国民を指導し、民衆を教化し、政府の施政をして円滑ならしめ、人民と政府とを相親しませる底の、民衆団体組織」であった。「満洲国」の協和会が「王道主義による五族協和」を理想としたのに対し、新民会は「抗日支那の廃墟を新生支那に更生させる」理想のもとに、三民主義に対して「新民主義による日満支の提携」を標榜し、「東亜新秩序建設を達成」し、「世界和平に貢献」することを掲げた[24]が、その運動の実質は「華北民衆の

思想工作」、「合作社(産業組合)の指導」、「保甲制度の確立」、「自衛組織の完備」、「教員の再教育」、「青年団の組織指導」、そして「日本語教育」であった[25]。こうした組織化のなかで、末端の宣撫日本語工作は「奴隷」化教育への最初の階梯でもあったといえよう。

　1941年から文部省は興亜院の委嘱を受け、占領地を対象にした日本語教科書の編纂に取り組むことになり、『ハナシコトバ』3巻、『日本語讀本』5巻が発行されるが、すでに占領地において「適地適応」の教授がなされていた内容、方法を統一、統合することは困難であり、日本人教員の不足から日本語教授の時間数も削減され、やがて東亜新秩序の礎と目された日本語の大陸進出も終焉に近づいていく。

　宣撫工作における日本語普及の根幹は児童を対象とするところにあった。小学校を接収し、新文化を創造する舞台として、罪なき児童らを教化の矛先としたのは、「満洲国」において、他民族の児童らに日本語の作文を書かせて、「五族協和」「王道楽土」の代弁者ならしめんとした協和会の活動の延長に位置する、日本の植民地支配を正当化するための酷悪な象徴以外の何ものでもなかった[26]。王向遠(1999)は宣撫文学『宣撫官』(小島利八郎)を取り上げ、江蘇省に開設された小学校に日語学校を開き、宣撫官自ら教授にあたり、中国人教師を日語教師に仕立て上げていく様子を紹介しながら、「中国の児童を真に掌握し、中国の児童に日本の偉大な精神を植え付けるには、まずしっかりと児童が接触する教師の心を把握することである」とし、日語学校こそが現地において宣撫班が「奴化教育」を推し進めるための重要な手段であったと位置づける[27]。

　そして、忘れてはならないことは、こうした「宣撫」という名で手名づけながら日支親善を掲げた文化工作の一方で、中国大陸の各地では毒ガス戦や細菌戦などの日本軍による非道な殺戮が進行していたのであり、宣撫工作を続ける隣村では同時に徴発、労工狩り、強制連行も日常的であったことである。中国人民の禍根や不信感を増しこそすれ、一時の同化策に「新秩序」建設の夢を見たのは双面を操る日本の侵略性にほかならなかった[28]。

7. 中国占領地における日本語教育の実態―教育施設の一端―

　日中戦争期中国占領地に展開された日本語普及、日本語教育の実相解明は現在、点と点を結ぶ作業の上にしかない。したがって、ここでは現在渉猟できる資料範囲での考察にとどまる。上海自然科学研究所発行の『中国文化情報』誌には昭和10年から13年にかけての日本語普及、教育の実情が報告されている[29]。おそらく当時の日本語普及の実態を最も詳しく記述した資料の1つと思われる。以下、主要記事に沿って紹介する。

7.1. 『中国文化情報』誌第5号（1938.4）からの関連記事抜粋

　昭和12年12月30日発行『日華学報』第65号の『前北京地方維持会と中、初等教育』（神谷正男報告）によれば、中、初等教科書改訂の標準点として「邦交の妨碍ある点」、「国民党三民主義思想に関する点」「歴史地理虚構の事実ある点」「赤化思想を隠含する点」をあげ、中等教育の改善点として「各学校は日本語科を増設し第二外国語必修科目とせること、若し時間の割当上支障ある場合には英語の時間を日語に割当てることも差支えなく、日本語時間は一週二時間以上たること、日本語教員は各宣撫処並びに北京維持会の日語検定試験に合格せるものを聘用する」旨が報告されている。

　昭和13年3月27日付け大阪毎日新聞は『上海市大道政府教育局の七十二小学校開校』の記事をとりあげ、就学熱を高めるため授業料徴収を免除、教科書のほか学用品一切を無料で支給したこと、「兵隊さんや宣撫班長に日本語を教わり片言をしゃべる者が多いので教育局では日本語の教授についても考究」せざるをえない状況などを紹介している。

　同年2月11日付け上海毎日新聞には「中国童子に皇道精神を注入し、真に日本を理解せしめ東亜永遠の平和を図る」目的で小学校が建設され、数日を出ない現在でも五十音も十分読めるようになったこと、開設を聞いて入学希望者が殺到していることを報じている。

7.2. 同誌第9号（1938.8）からの関連記事抜粋

　昭和13年4月7日の上海毎日新聞には「中支各地に物凄い日本語熱」の

見出しで、占領地区域内44ヶ所に宣撫班が出張し、支那民衆の各種事業復興を援助しているが、民衆中には日本語熱が旺盛で宣撫員に日本語教授を請うもの続出の状態であると報告している。14の地名と学校数29校、学生数4,365人。「このうち揚州、湖州が最も盛んで6、7歳の子どもから50歳位の老人に至るまで男女熱心に研究しており、教授の不足から十余名の兵士が教えている」と記している。

　　同年1月14日付け『満洲日報』、「北京に八ヶ所の日語講習所開設」、六ヶ月の短期講習。同年3月29日付け『新民報』、「新民会河北指導部、教育文化振興委員会、天津地方自治会により、天津に平民日語学校を九校設立」の記事あり。

　　同年6月9日付け『北京新聞』に、「北京近代科学図書館附設日語学校第三期生入学」、同年6月24日付け『北京実報』に、軍特務部宣撫官東園国雄らの発起によって「北京、明華日語学校創設」の記事あり。

7.3. 同誌第11号(1938.10)及び第13号(1938.12)の掲載記事抜粋

　「中支に於ける日語教育施設概況」には「現今占領地区に於ける日語教育が爾後この弊(筆者注：「国民政府が善良な民衆の耳目を塞ぎ、悪意の宣伝を信じせしめ、友邦接触の機会を与えしめなかったこと」)を去り、日本を正しく認識し、意志の疎通を図る目的を以って施行されていることは明らかであり、又中国民衆の日語学習熱のきわめて熾烈である実情は喜ぶべき傾向である。彼等にとって日語を学ぶ目的は必ずしも単一ではあるまいが、日本を知る上に役立つことに変わりはない。当路者の善導が望まれるわけである」として、日語教育の重要性は日本人観、日本観を直視することにあり、日常の直接的な接触によって「歪められた」日本を是正する道であることを強調している。同報告では上海を中心とする「中支に於ける日語教育施設」の最近の情況を統計的に記している。以下、地域別にみた施設数、学生数、毎週授業時間数である。

　　上海：全小学校数54校のうち15校が実施。学生数は8230人のうち2764

人が受講。他に日語専修学校一校。学生は最少数が 19 人、最大数が 362 人。週時間数は最少 1 時間半、最大 18 時間。なお、初級は「低級」と称した。日本語教師は日本留学経験の中国人が数名、多くが朝鮮、満州での学習歴をもち、日系会社の職員も多く含む。日本人教員に榎本菊子の名が見える。私立補習学校等では「英徳日法補習学校」「同進日語専修学校」等 15 校があり、学生数 545 人。毎週授業時間数 5-10 時間。

南京：実施小学校 2 校、学生数 216 人。日本人教員に金子、野沢、藤田の名がある。毎週授業時間数 3-4 時間。日語研究班等では 4 ヶ所、179 人、毎週授業時間数 9 時間。

杭州：市立補習学校・小学校では 6 ヶ所、795 人。毎週授業時間数 3-9 時間。私立小学校では 18 ヶ所、296 人。毎週授業時間数 3-6 時間。杭州日華仏教講習会 30 人、週授業時間数 3 時間。日本人教師には日本西本願寺、東本願寺仏教師 4 名の名が見える。城北日語研究会 64 人、鼓楼日語速成班 40 人、週授業時間数 6 時間。

蘇州：県立小学校 6 校、401 人、毎週授業時間数 3-6 時間。私立小学校 5 校、292 人。毎週授業時間数 2-3 時間。「仏教日語学校」等の日語専修学校其の他 6 校、147 人。毎週授業時間数 2-12 時間。

常州(武進)：県立小学校 2 校、71 人。毎週授業時間数 2 時間。

松江：日語専修学校 3 校、247 人。毎週授業時間数 12 時間。

青浦：県立小学校 6 校、863 人。毎週授業時間数 1.5 時間。日語専修学校其の他 6 ヶ所、554 人。毎週授業時間数無記名。

嘉定：私立小学校 1 校、150 人。毎週授業時間数 5 時間。

崑山：私立小学校 1 校、79 人。毎週授業時間数 6 時間。

無錫：県立日語専修学校 1 ヶ所、226 人。日本人教員に山田正信の名が見える。毎週授業時間数 24 時間。

呉江：県立小学校 2 校、246 人。中国人教員略歴に軍特務部呉江班班員、日本人略歴に憲兵隊長の名がある。毎週授業時間数 6 時間。

丹徒：県立小学校、私立小学校、私立日語専修学社等 10 ヶ所、984 人。日本人教員略歴に軍特務部鎮江班班員の名あり。毎週授業時間数 1.5-6 時間

南通：施設不明 1 校、学生数 64 人。毎週授業時間数不明。

崇明：日語専修学校 4 校、学生数 295 人。毎週授業時間数不明。
　　句容：軍特務部小学校 2 校、257 人。中国人教員に特務部句容班派遣日語課担当教授の二人の名がある。毎週授業時間 4 時間。
　　金壇：日語学校 1 校、60 余人。日本人教員に特務部金壇班班長、班員の名あり。毎週授業時間 6 時間。
　　太倉：小学校 4 校、小学高年級 5 校、中学校 3 校、日文日語速成班 1 校、学生総数 879 人。毎週授業時間 2-6 時間、速成班のみ 12 時間。
　　江都：小学校 3 校、学生数 583 人。毎週授業時間 6–14 時間

　以上、概算すれば小学校 80 校、補習学校 22 校（中学校を含む）、専修学校 27 校、研究班 11 ヶ所、総計 140 ヶ所、学生数 11,235 人に上るが、未集計も多いと思われるが、かなりの広範囲にわたる日本語教の普及が窺える。

7.4.　同誌第 12 号（1938.11）からの関連記事抜粋

　北京（北平）の日語学校の情況をみると、「東城区」に 16 校、学生数約 600 人、「南城区」では 7 校、約 210 人、「西城区」では 27 校、約 900 人、「北城区」では 10 校、約 350 人、総計 60 校、約 2,060 人とある。近代科学図書館日語講座（分校）、新民語文学院などの学生数の多さが目立つ。
　以上、1938 年に集中した極めて限定的な資料によっても華北（北京）、上海を中心にした「中支」の日本語教育の普及状況がうかがわれる。日中戦争勃発から数年後の期間にこれだけの展開を見たのは、特務部班員のほか中国人教員の「動員」が大きな背景となっている。資料による限り日本語教員に占める日本人の比重はまことに小さい。多くの小学校教員をどのように訓練して日本語教員として教壇に立たせたのか、実態究明が俟たれる。

8.　日本語教育訓練所の実態―冀東地区の場合―

　中国占領地における維新政府の活動実態の中で日本語教員養成をはじめとする文化行政はどのように進められたのであろうか。志賀幹郎（1995）、小野美里（2002）は主として興亜院連絡部（北京）華北日本語教育研究所の活動

について考察しているが、末端の機関における実態は規模も性格も様々で日本語の補習、研究をかねたものもあり、正確な把握は困難である。ここでは華北日本語教育研究所設立（1940.9）以前の情況を知る一端として、『冀東日偽政権』収録資料により、日本語教員養成の具体的なプログラムを見ておきたい。

「冀東日語教員養成所設置案」（1937.12.3-4）によれば、唐山にこれを設け、冀東全区の小学校日本語教育を実施する目的で、教員養成をはかること、各班34名を上限として3班を設け、修業年限は1年とすること、資格は高級中学、師範学校の合格者、簡易師範を成績優秀にて卒業した者などであった。年齢は20歳以上30歳までとし、科目は日本語のほか、日本事情、日本語教授法、教育実習、自由研究、体操などとした。待遇は宿泊費、光熱費、制服、教科書貸与で月給6元。卒業後は指定校に日語教員として割当てられ、月給30元とし、五年の服務義務を負わせた。これによって「冀東日語教員養成所」は1937年12月に設置され、翌年1月に100名の学生を入学させ開所した。所長と主任教官のほか教員が4名、事務員が4人とする。学生は3組に分かれ、教官が各班を担当し、教育訓練の責任者となった。養成所には事務室、講堂、教室、自習室、所長室、教職員接待室、教員職員住宅、食堂のほか、学生の寝室、浴室、閲覧室などがあった。各室備品は既存の交通大学のものを多く利用した。表2は、各科教学時数表である[30]。

教育内容を見ると1月から6月までの第1学期は「教員心得」のほか「日本語講読会話」に重点が置かれた。読本は日本籍教員が責任をもって当たり、読解にあたっては教導主任がこれに当たった。7月から12月までの第2学期は読本会話以外の日本語教授法に充てられ、思想純正教育、教授法の涵養を図った。そのほか、訓育、体育の時間が設けられた。なお、第3学期の期間は不明。日本語習得に重点が置かれ、教授法および実習時間は極めて少ないのが現状であった。

また冀東政府教育庁は官費日本留学の選考も行ったが、これは「漢奸」養成の最終段階であった。その後、日中の日本語教育関係者が「興亜錬成」の文化事業にどのように関わっていったか、究明すべき重い課題である[31]。

なお、「冀東日系教員分配各県校名および給与」（1937.8）では31の県で上

表2　日語教員養成所における教育内容（『冀東日偽政権』より）

科目	学期			
	第一学期	第二学期	第三学期	合計
	毎週時間数			
教員心得	1	1	1	3
日本語	21	21	18	60
日本事情	3	3	1	7
日本語教授法	3	3	2	8
日本語教授法実習	—	—	6	6
自由研究	2	2	2	6
体操	2	2	2	6
合計	32	32	32	96

田金三郎ほか36名の名簿と平均160元の給与が記録されている。これは前述中国人給与額に較べるとかなりの格差が明らかである。

「日語教育調査票」(1938.1)は20カ所の学校、教員氏名、使用教材、学習者数、週授業時間数、開始年月日などの一覧である[32]。日本人教員では鈴木正嘉（東京拓殖大学専門部）、大武良秋（早稲田大学）の名が見える。中国人教員の多くが日本留学経験者であった。学生数は最少12人から最大430人までさまざまである。授業時間数では週1時間のところもあれば、三河県日本語練習所のように24時間のところもある。多くが1936年から1937年にかけて開始された。教科書は大出正篤の『速成日本語讀本』のほか、『日本會話寶典』、『大衆日語會話』など飯河道雄著のものが多い。唐山中学校では日本弘文学院予科卒の教員劉学愚が毎週10時間、310人に対して『日本語会話読本』を用いたとあるが、これが前掲宣撫班作成の同名のものであるとすれば、すでにこの時期には使用されていたことになる。このほか、河北省では興亜奉公日が実施（1941.5.）され、また、新民会活動の一環として唐山市青年訓練所が日本語の教習を積極的に行ったが、これらの組織的な実態究明も今後の課題である[33]。今後、中国各地の档案館（公文書館）に所蔵される資料の公開、発掘などによって、こうした末端の「日本語講習所」の実態解

9. 占領地区における日本語教育の記憶

　当時の日本語教育の実態把握は前述『宣撫工作資料』によるだけではきわめて不十分である。日本軍側のプロパガンダを昂揚する記録には過大報告ないし捏造された箇所も否定できないばかりか、被占領者側の塗炭の苦しみは伝わって来ない。もう1つの歴史の暗渠の解明には聞取り調査が有効な一手段であるが、ここでは張珍の証言を紹介しておこう[34]。北京郊外房山の人で「日偽対中国小学生的奴化教育」と題する文章の中で当時受けた「東亜共栄」教育の野蛮で権力服従的な実態を克明に述べている。長文を引用した。

　　「大東亜共栄」思想の潅輸は中国の有名な「東亜病夫」を持ち出し、日本の工業力を誇示した。東北三省の工業力を例に、日本は中国人の新生活建設を幇助するために進出していること、教師と生徒は皇軍を擁護し、皇軍を見ればお辞儀をするよう要求した。

　　当時の一般民衆は日本兵の旗を「膏薬旗」と呼んだが、校長や維持会会長は世界を照らす「太陽旗」と呼ぶよう生徒に言い聞かせた。日本人が村や学校に来るときは小学生を組織して歓迎させた。当時の中国偽政権は奴隷根性丸出しの下卑た態度というほかなく、日本侵略者の傲慢きわまる態度も形容しがたいものであった。

　　小学校に日本語課が設置され、親日歌曲を合唱させられた。長溝小学校では3、4年次に日本語の授業が設けられた。日本語をしっかり学べば将来、日本人との交際が便利になるということで、当時我々を教えた青年教師は、流暢な日本語を話した。この教師は日本精神主義に傾倒、学生に意味を考えずにひたすら暗記を強要した。読めなかったり書けなかったりした場合、彼は学生を殴打した。ある時は藤の杖で頭部を、ある時は"戒尺"という細長い板で手の平を叩くなどの制裁をした。あまりの凶暴ぶりに私たちは日本語の授業を怖がった。学校の規則により教師は学生に日本の国歌を覚えさせた。毎日歌うことを強要され、お蔭で今でも一部の天皇を敬う歌詞を覚えてい

る。"新民会の歌"も習ったが、これは「東亜共栄」を宣伝するものだった。
…

　小学生を組織して日本軍の武装訓練を参観させた。我家は日偽の天開村の管轄にあり、村には多くの日本の武装部隊が駐屯していた。日本兵は頻繁に大広場で訓練に明け暮れていた。最も印象深かったのは日本兵の刺殺訓練である。二人の日本兵が長い柄のついた木槍を持って互いの胸部を突くのである。全員の胸部の胸板に向かって耳をつんざくばかりの声をあげて突進する。力がない者は教官が並ばせて頬を殴る。殴られてもまた殴られるのを待つ。この光景こそが日本人の凶暴さと深く感じた。

　朝礼励行は日偽の統治教育を維持するためであった。早朝の会では家から十二里を走らされた。校長は台の上に立ち、号令をかけ、規律と「平和を守り、国歌を建設し、匪賊を追い払い、大衆を救う」という謠言を繰返し高唱させた。この朝礼は生徒に日偽による統治に疑問をもたせないためのもので、統治の維持は生徒に紀律を厳守させることであった。

　ある時は日偽開催の運動会に参加した。大規模なものでは1942年夏で天開村には日本軍のトラックが出動、多くの生徒が駆り出され、百里先の隣村まで運ばれた。運動会には日本人も中国人も参加した。運動場は非常に広く、多くの群衆の見守るなか、四方には「中日提携、大東亜共栄、共匪撃滅、建国平和」の標語の横段幕や幟が掲げられた。もう一度は1944年秋の運動会だった。房山県開催の全県の小学校が参加した。プログラムも多く、遠くから来た参加者もいた。優勝者には賞品が、一等賞には銀盾が贈られた。こうした運動会の催しは日偽政府が青少年の体育訓練に大きな関心を持っていることを露呈するものだった。

日本語教育はただそれだけが実践されたのではなく、「教化」として精神教育の中枢に向けられた。無垢な人心と心情を麻痺させる精神的阿片であり、朝鮮侵略の「故伎重演」(前にやったことの繰返し)であった。「奴隷化教育」と称される所以である。証言からは、表面の美辞麗句と実態とが大きくかけ離れていたことがうかがわれる。殴った者は殴られた者の痛みが解らないように、教えた者の側の記憶と教え(させ)られた者の側の記憶は大きく

相反する。証言者は知らず知らずのうちに日本軍が帝国精神、皇軍精神に感化させる「潜移黙化」の手段を用いた「奴化教育」が陰険で意図も悪辣であったことを述べている。侵略者が中国侵略を「大東亜共同の繁栄」のためと大々的に宣伝しても、被占領者側の眼からは日本侵略軍の「焼殺搶掠」（家を焼き払い人を殺し、物品を略奪する）の行為でしかなかった。一般人民の過酷な迫害を見たことがある者なら誰もが日本軍の言うことを信用せず、仇恨だけが充満していった。宣撫教育の主たる標的とされた無辜の年少者に軍国主義日本の現実を植え付けられた強烈な記憶は、その後も長く精神的な傷痕として残すことになったのである。

10. 結語―日本語教育史研究の中の歴史認識―

　当時の国際情勢のなか、東アジアに日本を中心として新しい国際秩序の枠組みを構築しようとする外交方針は世界に大きな衝撃を与えた。日本のアジアにおける優位性の主張は欧米主導の国際秩序を正面から否定するものであったからである。とりわけ米国にとっては以後、領土保全、主権尊重、通商上の機会均等を閉ざす憂慮となり、世界戦略にも多大な影響を及ぼすことは明らかであった。1937年12月の南京占領、大虐殺、1938年2月の重慶無差別爆撃は国際的に日本を孤立化させた。米国はただちに日英米軍縮条約を放棄し、海軍増強に力を入れ始めるが、「東亜新秩序建設」の構想は事実上の外部からのこうした経済制裁に対抗する牽制でもあった。国際情勢の正確な判断を欠いた結果、日満支の政治経済文化提携の強調は日中間の泥沼の戦いを隠蔽する一方、日米間の隔たりを決定的なものとした。満洲事変、日中戦争から太平洋戦争勃発へと至る流れのなかで、「東亜新秩序」は治安・自衛を掲げながらも曖昧な擬制を世界に喧伝した意味において、十五年戦争のターニングポイントともなった。そして宣撫工作としての日本語教育は「構想」を擁護、美化し、正当化する上での文化戦略であったが、米国を中心に対外的には不信感を募らせ、中国人民にとっては屈辱の軍国日の丸の象徴にほかならなかった。

　本章では、中国大陸における日本語進出の展開をめぐって、その背景、お

よび当時の日本語施策、さらに宣撫班資料、日本語教材、教員養成の実情、中国人民の記憶など、多角的に検証した。今後の作業として、『日中戦争対中国情報資料集』に見られる日本語普及策に関する資料調査、各種文献記載の資料収集が求められる。同時にそれぞれの日本語教育機関において使用された教科書、教員組織、さらにその養成・派遣の実態についても検証が必要である。教員のなかには西本願寺派遣によるものがあり、日中戦争時期「以華制華」をスローガンとして扶植された宗教（仏教）・民俗文化工作との関わりの中でも注目していく必要がある[35]。

さて、日本の国際化と呼応するかのように、声高に叫ばれることの１つに文化交流の一環としての日本語教育の普及充実がある。だが、ここには日本語という言語のもつ「内在性」と同時に「外在性」もまた、時間軸に沿った検証が必要なように思われる。グローバル化の進行は単に地域的な知の共有構築を意識化させるだけではなく、一方で時間的な知の遡行の共有を求めつつあることも確かであろう。日本語教育の時間軸をたどることによって現在に（非）連続する言語観、言語政策観もまた浮き彫りにされる。

日本語教育が単に経済効果に付随する産物であるとすれば、その文化的、知的「膂力」は魅力に乏しいものになるであろうし、またそこから社会、生活、歴史への想像力も閉ざされるだろう。昨今の日本語教育が日本の国際化、文化交流に即して、相応の貢献度なり成果が認められるとしても、外国語教育として世界的認識にいかに寄与するかという局面からいえば、その取り組みにはなお多くの「思想史的」課題を残していると言わざるを得ない。

その課題の１つに、戦前、戦中の日本語教育が遺した「負の遺産」が教訓としてどう現代に継承されているのか、という問いかけがある。戦後、新しく出発した日本語教育の母胎となった日本語教育学界のメンバーの中心にはかつての戦中の日本語教育に関与した人たち（例えば長沼直兄、釘本久春、日下部文夫など）が多く含まれていたし[36]、また、戦後の国語学界も佐藤喜代治、東條操、西尾実をはじめ錚々たる学者が活躍したが、戦中の国語教育（例えば綴り方教育など）の本質的なありかた、根源的な問題を清算しきれないまま、今日に至っている一面もまた否定しがたいようにも思われる。これらの「連続性」に何らの違和感も抱かないのが大方の趨勢であったとい

えよう。戦後長く東南アジアで用いられた日本語教科書、俗称「赤本」も、「ヨミカタ」「カキカタ」「ハナシカタ」の名称にも引継がれ、内容的にも共通性が見られることにそれらの教科書を手にした現地の人々の想いはいかほどであったか。こうした事実への無関心、無節制は、国語、日本語の別を問わず、その研究と教育に携る者の怠慢と一口には片付けられない、より総体的かつ本質的な日本人の歴史感覚の欠如に根ざしているようにも思われる。ここには科学的歴史観を欠いた一種、無分別な、あるいは夜郎自大的な言語認識が底流している。歴史認識の議論以前のその基底となる歴史感覚、歴史意識の希薄さ、曖昧さにおいて我々は真摯に議論を重ねていく必要があるのではないだろうか。

　日本語教育にしても国語教育にしても、今日的な発展の表層、断層だけに目を覆われるのではなく、歴史的所産（遺産）がいかに現在に継承されてきたかを、教材面、思想面、言語政策面において検証しておく必要があるだろう。今日、「世界における日本語」という枠組みで考えてみた場合、単なる経済的な評価だけでは文化的な信頼・関心は得られないことは明らかで、時代から産み落とされた日本語の歴史の鮮烈な断面を内省する根本が築かれていない以上、時代に迎合した物象的、かつ表層的な「消費体」としての日本語にしか、世界から関心を集めないことになってしまわないだろうか。

　ここに日本語教育史から日本語「教育」の本質を照射する意義があるように思われる。日本語教育は最初から用意されたのではなく、その地に赴き、人々に向かい、きわめて具体的な日本語教授実践を通じて、民心平定を画策し、諸々の精神的抑圧を強いたのであった。

　中国大陸における日本語の普及ないし進出は、文字通り国語学界をはじめ知識人を総動員して国を挙げての聖戦の後輪ともなった。それまでの日本語教育の普及とは異なった組織的規模、イデオロギーと一体化した未曾有の思想的戦略であったことは当時の夥しい日本語論をみても一目瞭然であるが、同時に日本語の普及策は日本国内の国語の「醇化」を押し進め、神国共同体を指向する基盤の熟成にもなりえた。「満洲国」、台湾、朝鮮での経験のうえに立脚しながら大東亜共栄圏の中核的思想となり、大東亜教育圏、さらに南方教育圏へと膨張されていく過程において、中国大陸での「実践」がどのよ

うな形態をとりえたのかは、今後の研究に俟つところが大きい。中国大陸での日本語進出がほぼ「成功」すれば、一気に大東亜共栄圏の言語建設へと引き上げる可能性を潜在化させていた。だが、その意図は中国のナショナリズムと抵抗運動にはばまれ、大東亜共栄圏における日本語教育は大陸に進出した航跡を充分に継承することなく、拙速な南方政策の一環として海軍主導で試行されていくことになる。異民族統治と戦時国民統合としての日本語、国語が尖鋭化していく時代である。その継承と相克、断絶についてはより戦時色を強めていく南方政策における日本語教育の諸問題は、第 4 部、第 5 部の各章で論じることになる。

　さて、日本語教育史研究で足元を見ておきたい要件がある。約 10 年前に開催された 2002 年度日本語教育学会春季大会（2002.5.14）シンポジウムがいまだに強い印象となっている。テーマは「日本語教育史研究のこれから」であった[37]。一人のパネリスト（新内康子氏）の基調報告「教科書の変遷から日本語教育史を見る」のなかで、戦前戦中のおびただしい日本語教科書には学習目的、学習者別の開発が配慮されており、今日でも日本語教科書を作成・編纂する上で示唆されることは少なくない、としたうえで、「我々は引継ぐべき遺産は引継いでいかなければならない」という説明があった。さらに近年の日本語学習者の多様化にともなう日本語教科書の多様性をとりあげ、「こうした現象はすでに「満洲」で起きていたのであり、「満洲」の多様な教材と今日の多様化した教材との比較研究は教科書作成のあり方に少なからずヒントを与えてくれるものと思われる」として、復刻された教科書の再検討と共に現行の教科書との比較研究の意義を主張した[38]。

　これに対し、会場の聴衆者の 1 人から「示唆」、「ヒント」、「遺産」とはどういう意味なのかという質問が出された。中国占領地における宣撫工作としての日本語の多種多様な教育・教材の工夫もこうした「言説」のなかに埋没するのではないか、という疑義が同時に脳裏をかすめた。そして筆者はこの質疑応答を聞き、発表者も司会者も質問には充分に答えていないとの印象を受けたのであった。また、この事実に対して会場聴衆との意見の交換は一件も見られなかった。日本語教育史研究が盛んになってはみても、こうした状況は呼びかけにもあった真の「国際的な共同研究」をつき動かす力になる

だろうか。歴史を学ぶにはそこに批判的精神がなければならない。質問者の静かな問題提起が果たしてどこまで報告者、聴衆に届いたかは分らない。ただ、なぜ報告者はそこに「批判的継承」という言葉を使わなかったのだろうか、という忸怩たる感慨がいつまでも臓腑に残ったのである。日本語教育史研究はその表面のみを見て評価判断を下すべきではない。言語の背景にある歴史の塗炭の苦涯に触れることでしかその実態には迫りえないことを胆に念じたい。そして「教育」こそが、侵略の、教化(同化)の最も峻烈な「刃」となったことを、対象とされた年少者たちの姿を思い浮かべながら、あらためて胸に刻まずにはいられない。以来学会規模での日本語教育史関連のシンポジウムは開催されていないが、教育者・研究者はこれに応える義務があろう。

　特に本章で言及した宣撫工作の一環としての日本語教育は草の根の文化工作でもあり、教授にあたった人々は新しき東亜の建設を信じ、真摯に取組む姿勢も見られたに違いないが、その体験談にのみ目を覆われ、侵略の過程で行われた現実を看過することはできない。本章では、武力を背景に純真な年少者に対してなされた言語普及教育が短期間では世界でも類を見ない規模であったことをみてきた。こうした実態の経緯検証を顧みることなく、「多様な過去の遺産を現代に継承しよう」とする理屈はいかにも他者不在であるとの批判の誹りを受けかねない。今また、日本の伝統文化精神の源流としての国語(教育)問題に各界の論者が刮目し、また、一方でかつての「国家総動員法」を彷彿させる有事法制制定、特定秘密保護法、集団的自衛権行使容認の議論渦巻く中、当時の時代状況をめぐる日本語、日本語教育の言説を再検証してみることは、歴史学者のみならず言語教育に携るものの重要な関心事ではないだろうか。

　日本語という言語が朝鮮半島をはじめとするアジア各地の民衆に過酷な精神的軋轢、苦難を及ぼしたことは想像を絶するものがあった。学習者の側に立った歴史研究に傾斜するだけでは、歴史の総体を総括したことにはならない。かつて「悲しい使われ方」をした日本語の実態と、それを駆使せしめた施政者側の歴史と思想を、研究者はさらに深く討究する義務があるように思われる。昨今、日本を取り巻く東アジアの状況が緊張するにつれ、学習者数

の推移も含め、日本語教育の現場、教師の意識にも大きな影響を与えている。日本語教育史研究をマイナーな研究領域として傍観する限り、アジアにおける日本語教育の信頼は得られ難いのではないだろうか。

注

1 1937年7月11日に支那駐屯日本軍と冀察政務委員会の間で現地停戦協定が成立した時点で「北支事変」と命名、9月2日に「支那事変」と改名される。本章では「支那事変」の用語を用いる。なお、中国では「七・七事変」と称される。また、本章では史実を踏まえ、「北支」「中支」「南支」などの当時の用語を用いる。

2 山中恒(2001: 379–397)「東亜新秩序声明」による。また、『昭和二万日の全記録』4、5巻(1989)なども参照。当時英米仏など連合国を「持てる国」、日独伊の枢軸国を「持たざる国」と指し、持たざる国の日本が中国大陸に進出するのも、独伊が領土拡張に走るのも当然とする考えがあった。なお、「更生新支那」と平行して「暴戻膺懲」が1937年8月15日に声明され、その直後、長崎大村、台湾台北から中国南京、南昌への初の渡洋爆撃が敢行された。

3 「進出」の用語をめぐっては「進行」「侵攻」とも同様、歴史認識にかかわる問題ではあるが、本章では当時の表記を史実として踏襲、「日本語の進出」のように用いる。もっとも、侵略政策の一環であったという認識に変わりはない。

4 「ペン部隊」には石川達三、火野葦平、長谷川伸、岸田國士といった小説家、演劇作家が報道部に従軍した。櫻本富雄(1993)、王向遠(1999)などを参照。

5 『興亜ノート』(1939: 16)。なお、1937年11月に「宣撫工作要領」が、同年12月には「中支占領地宣撫工作実施綱要」が作成される。井上久士編(1989: 6)を参照。

6 朝日新聞社(1995)『朝日歴史写真ライブラリー』第2巻口絵参照。宣撫工作については、遠藤興一(1999)、奥出健(1999)なども参照。

7 興亜院華中連絡部調査資料第147号「国定教科書糾謬と題する抗日文献」(35頁)。坂井喚三(1943)「華北における教科書政策」には、冀東政府などで排日教科書と別に膨大な教科書の改訂作業が行われたことが記されている。

8 例えば、支那事変後の診療救護、防疫に関しては、外務省文化事業部は主として財団法人「同仁会」を中心に当たらせた。なお、具体的な文化組織団体として、対支文化工作協議会、東亜文化協議会などが結成された。なお満洲事変以前の対支文化事業の

実態については、See Heng Teow (1999)、阿部洋 (2001) の研究がある。
9 　以下、出典は本章文献目録を参照。『国語教育』は保科孝一を主幹として国語研究会より大正5年1月に創刊、『国語運動』は石黒修編集により東京国語協会（研究社）より、「国語の愛護と言語問題の理論と実際」を謳って昭和12年8月に創刊、『国語文化』は昭和16年11月に『国語教育』を改称、創刊された。朝日新聞社『国語問題篇』(1941) の巻末には国語問題年表があり、1942年までの内外の国語問題が俯瞰できる。
10 　華北日本語研究所における直接法、翻約法の確執など教授面の問題についても、駒込武 (1996) の第7章「華北占領地─日本語共栄圏構想の崩壊過程」294–353頁を参照。
11 　参会者は46名。山口喜一郎、坂本一郎、小倉進平、森田五郎、久松潜一、大岡保三といった斯界、各機関を代表する面々であった。なお、議事録は同昭和14年11月に刊行された。第2回国語対策協議会についてはイ・ヨンスク (1996: 296–308) を参照。
12 　以下の記述は概ね『興亜院刊行図書・雑誌目録』（井村哲郎編・解説）にもとづく。
13 　期間は支那事変後1937年後半から1939年前半、工作地域は南支、すなわち上海、南京、杭州を結ぶ線内に限られている。
14 　音声言語表記にして下段に対訳を付した体裁などによる。石黒修 (1939: 106–112).
15 　資料中の日付は報告日で、実際の工作期間との間には数ヶ月ないし一年未満のタイムラグがある。この項には昭和12年1月6日とあるが、13年の記入ミスと思われる。
16 　たとえば、日本人向けには台湾南方協会『海南島語会話』（三省堂1942）、現地住民に対しては海南島軍特務部編『ニッポンゴ1, 2』（博文館洋行1943）などがある。日本語の教材は日本国内の「国語読本」を抄録した、簡略な粗悪品であった。
17 　安藤徳器 (1938: 39–42)『北支那文化便覧』、生活社.
18 　佐藤秀夫他編 (1993) においても巻一、巻二の所在しか確認されていない。『日本語會話讀本』に関する考証として中村重穂 (2002など) がある。本教科書の他にも占領地で用いられた中上級教科書教材として、飯河道雄著『対譯速修日本語讀本』（大連東方文化會）、同著『対譯日本語會話寶典』（同）、北京近代科学図書館編による高等教材『日文模範教科書』『日文補充読本』などがあるが、これらの〈思想文化教材〉としての検討も今後の課題である。
19 　以下の数字は掲載課の番号を指す。
20 　「軍用支那語」の会話常用句との関連性については、第3部第3章を参照。
21 　中国語表現の適否判定については大東文化大学講師徐曼氏の教示を得た。
22 　日本語教育振興会『日本語』に連載された菊沖徳平「中国日本語研究文献」(一)～(四) (第1巻第8号～第2巻第3号) を指す。また菊沖徳平 (1941) によれば昭和16年

6月時点の中国人による日本語関係書調査で、「速成」14冊、「会話」17冊、「作文」2冊、「文法」18冊、「読本」11冊、「辞典」8冊、計70冊があげられているが、出版期日不明の未載文献も42冊あるという。とりわけ昭和14年には「会話」8冊が出され、「日本語熱」の高さをうかがわせている。

23　実藤恵秀編「中国人日本語学習書年表」の昭和12年の刊行に吉原良之助著『中日対照日語会話読本』巻1（94頁）、巻2（124頁）がある。未見ではあるが、分量や体裁的にみて『日本語會話讀本』を参考に作成した可能性も考えられる。

24　『興亜ノート』(1941: 107)、「新民会」の記述による。

25　武強(1994: 157–165)「奴化教育体系的建立」、および張洪祥主編(1996: 256–263)「華北"新民会"和奴化教育」などによる。

26　本書第3部第1章では「満州国」を描いた少年少女たちの作文の実相にふれている。

27　王向遠(1999)159頁。なお、小島利八郎は川西政明(2001)には未見。

28　例えば本章3.3.に挙げた「華北ニオケル日本語普及状況」の対象地域河北省は1942年5月には抗日分子を掃討する冀中作戦「五・一大掃討」が引き起こされ、日本軍による暴行惨案が最も甚大であった。田中(1999)、愈卒惇(2000)などを参照。

29　山口大学東亜経済研究所書庫所蔵。昭和13年度版のみ閲覧。

30　『冀東日偽政権』562頁。

31　細部新一郎(1939)「北支那の唐山における日本語教育」によれば、この省立唐山日本語教員養成所の昭和13年12月第一期生卒業生(61名)の就職先として各地の新民会、公署官吏、宣撫班などがあげられている。また、日本語専門の教習所として「冀東協和学院」が紹介されている。

32　『冀東日偽政権』566–567頁。

33　田蘇蘇他「偽河北省公署対河北淪陥区的統治述評」など参照。なお、1940年3月、宣撫班は新民会に統合された。新民会の実態については果勇「華北占領区の新民会」(1987)(『日偽統治下的北平』北京出版社1987収録)、堀井弘一郎(1993)「新民会と華北占領政策」(上・中・下)などを参照。

34　北京市政協文史資料委員会編(1995)「日偽統治下的北京郊区」、中国・北京出版社. 306–308 筆者訳。同書「奴化」の章では「日偽対中国小学生的奴化教育」(張珍)では小学生に対する日本語の課業のなかで「手打」(平手打ち)「用藤子棍打脳袋」(棒で頭を殴打)、「用戒尺打手板」(物差しで手を叩く)などの制裁が加えられた記憶を綴っている。中国人側から見た当時占領下の生活については下記の文献も参照。
(1) 中国人民政治協商会議北京市委員会文史資料研究委員会編(1987)《日偽統治下的北平》、中国・北京出版社.

(2)中共北京市委党史研究室編(1993)《侵華日軍在北京地区的暴行》中国・知識出版社.(1)は日本語訳(抄訳)がある。大沼正博訳、小島晋治解説(1991)『北京の日の丸―体験者が綴る占領下の日々』、岩波書店.

「日偽」は日本語では傀儡政権と訳されることが多い。このほか侵略日本の呼称として「日寇」がある。「戒尺」は中国の私塾で生徒の折檻に用いられた細長い板で「手板」とも称した。「戒尺」を用いた体罰制裁が満洲国、朝鮮においても日常的に行われたことは多くの証言者の記憶に見られる。

35 孟国祥(1996)「日本利用宗教侵華之剖析」、丸田孝志(2001)「華北傀儡政権における記念日活動と民俗利用―山西省を中心に」、辻村志のぶ他(2002)「日中戦争と仏教」など。また宣撫文化工作における年画の役割については川瀬千春(2000)を参照。

36 言語学者としては小倉進平、服部四郎、国語学者としては山田孝雄、藤原与一、久松潜一、坂本一郎、三尾砂らがいた。彼等の多くが戦後の言語学界、国語学界の重鎮として生きた。

37 御茶の水大学を会場とし、司会者は平高史也、パネリストは新内康子、河路由佳、安田敏朗、由井紀久子の諸氏であった。『日本語教育学会2002年度春季大会予稿集』(日本語教育学会)参照。これ以降、当学会大会において日本語教育史関連のシンポジウムやワークショップは開催されていない。この背景の1つに日本語教育史研究が「マイナー」な領域であるとの認識が一部に見られる。

38 こうした日本の植民地教育史研究者の一部に認識される「植民地支配合理論」、「植民地教育部分的有益論」に対しては、中国側から斉紅深(2002)に見るような根強い反論がある。

参考文献(分野別、発表年代順)

戦時期に発表された論文・文献については、本書巻末附録の年表を参照。ここではその代表的な文献を挙げた。諸雑誌の部：誌名のあとの数字は巻-号を示す。

(A)対中国関係日本語・日本語教育論(1933–1944)

保科孝一(1933)「植民地と国語政策の重大性」、『国語教育』18-3. 1933.3

保科孝一(1938a)「日支事変と国語国字問題」、『国語教育』23-7. 1938.7

保科孝一(1938b)「海外における日本語の発展」、『国語』3-2. 東京文理大学国語国文学会 1938.4.

渡辺正文(1938)「支那に於ける日本語の進出状況」、『国語教育』23-11. 1938.11

神崎清(1938)「世界における日本語の発展」、『教育・国語』8-4. 1938.4. 厚生閣.
田辺尋利(1938)「日本語―日本語教育―日本語学」、『教育・国語』8-4. 1938.4.
東條操(1938)「此頃の国語問題」、『国文学解釈と鑑賞』3-10. 1938.10.
原田直茂「国語の大陸発展に際して」、『学校教育』1938.11 65-69. 廣島高等師範学校.
『中国文化情報』5, 9, 11, 12, 13号(1938)、上海自然科学研究所.
小林澄兄(1939)「東亜文化協議会と北支の教育状況」、『教育』7-1. 岩波書店 1939.1
松本金壽(1939)「外地における国語教材の問題」、『教育・国語』9-2. 1939.2.
鈴木徳成(1939)「日本語の出陣―教育の立場から動員」、『教育・国語』9-3. 1939.3.
石黒修(1939)『国語の世界的進出―海外外地日本語読本の紹介』、『教育・国語』9-5. 別冊附録 1939.5.
神保格(1939)「外地及び外国の日本語教授」、『教育・国語』9-6. 1939.6.
神崎清(1939)「日本語教育の経験」、『教育・国語』9-6. 1939.6.
松宮一也(1939)「日本語の世界的進展とその対策」、『教育・国語』9-6. 1939.6.
松宮一也(1939)「日本語の世界的進展とその対策(承前)」、『教育・国語』9-7. 1939.7
小池藤五郎(1939)「支那事変と日本語教育」、『国文学解釈と鑑賞』4-7. 1939.7.
福井優(1939)「大陸文化工作としての日本語」、同上
酒井森之介(1939)「日本語と支那語―日本語普及上の諸問題」、同上
飯田利行(1939)「大陸の日本語教育管見」、『教育・国語』9-10. 1939.10.
荻原浅男(1939)「対支日本語教授法の問題―現地的視角に立脚して」、『国語と国文学』16-11. 至文堂 1939.11.
渡辺正文(1939)「支那に於ける日本語の進出状況」、『国語文化』24-9. 1939.9.
永持徳一(1939)「支那人と日本語の特殊性」、『国語文化』24-10. 1939.10.
細部新一郎(1939)「北支那の唐山における日本語教育」、『国語運動』3-10.
白鷹(1939)「シナ人にニッポン語を教える場合」、同上.
森田梧郎(1939)「外地国語教育者として」、『コトバ』2-1 国語文化研究所.
鶴見祐輔(1939)「国語醇化を一大運動とせよ」、『コトバ』2-1 同上.
石黒修(1940)「大陸経営とわが言語政策」、『コトバ』2-1. 国語文化研究所.
下村海南(1940)「大陸政策と国語問題の解決」、同上.
福井優(1940)「石黒氏の『大陸経営とわが言語政策』を読む」、同上.
山口察常(1940)「『大陸経営とわが言語政策』に就いて」、同上.
魚返善雄(1940)「大局的眼光と正しい優越感」、同上.
岡本千万太郎(1940)「大陸経営上の言語政策の精神と技術」、同上.
堀江秀雄(1940)「東亜新建設と日本語」、『國學院雜誌』46-1. 國學院大學.

石黒修(1940)「大陸に対する日本語政策の諸問題―『大陸経営とわが言語政策』に対するご意見を拝聴して」、『コトバ』2-2.

石黒修(1940)「支那に対する日本語普及と教科用書編纂」、『教育』8-2.

菊沖徳平(1940)「中支における日本語教育」、『文学』8-4. 岩波書店.

西尾實(1940)「大陸における日本語の教室」、同上.

釘本久春(1940)「江南の春―××県立小学校開校す」、同上.

文部省図書局「日本語の大陸進出」、『週報』188 情報委員会 1940.5.22. 藤原彰監修 大空社復刻 1988.

松宮一也(1940)「国語による性格改造」、『コトバ』2-1.

松宮一也(1940)「日本語の対支進出と教授者養成問題」、『コトバ』2-7.

松宮一也(1940)「官か私か―再び対支日本語教授者養成問題について」、『コトバ』2-8.

細部新一郎(1940)「東亜新秩序建設と日本語教育」、『国語運動』4-9.

永山勇(1940)「国語の大陸進出に伴う二大急務」、『国語文化』25-7.

廣瀬菅夫(1940)「北支における日本語発展状況」、『国語文化』25-11.

山口喜一郎(1941)「北支における日本語教育の特殊性」、『日本語』1-2.

大出正篤(1941)「大陸における日本語教授の概況」、『日本語』1-3.

菊沖徳平(1941)「最近中支の日本語教育」、『日本語』1-5.

筧五百里、国府種武、山口喜一郎他(1941)「座談会：華北における日本語教育」、『日本語』1-7.

一戸務(1941)「支那人の見た国語の美しさ」、『国語教育』24-10.

菊沖徳平(1941)「中国人の日本語研究」、『中日文化』日文第一巻第三号　中日文化協会出版組　民国 30(1941).11.15.

澤潟久孝(1941)「伝統の尊重―満支の日本語教育を視て感じたこと」、『国語国文』Vol. 11-1 京都帝国大学国語学研究室.

太田宇之助(1942)「中華民国における日本語」、国語文化講座第六巻『国語進出篇』朝日新聞社.

柯政和(1942)「華北における日本語教育について」、『日本語』2-1.

大蔵公望(1942)「東亜新秩序建設と興亜教育」、『興亜教育』1-1.

釘本久春(1942)「大東亜の明日と国語―日本語普及の実践的基礎」、『国文学解釈と鑑賞』10-6 至文堂.

徳沢龍潭(1942)「日本語と大東亜政策」(一)(二)、『興亜教育』1-6. 1942.6.

秋田喜三郎(1942)「日本語意識の昂揚」、『日本教育』1942.7.

高須芳太郎(1942)「大東亜建設と日本語」、『日本教育』1942.8.

長沼直兄(1942)「日本語教師の進出」、同上.
高沼順次(1942)「南支の日本語―日本語進出の第二段階」、『コトバ』4–12.
保科孝一(1942)『大東亜共栄圏と国語政策』、統正社.
岡本千万太郎(1942)『日本語教育と日本語問題』、白水社.
魚返善雄(1943)「大陸の言語問題・政策・工作」、『国語文化』3–3.
徳澤龍潭(1943)「日本語大東亜文化建設論」、同上.
国府種武(1943)「北支：文化理解のための日本語教授」、『コトバ』5–4.
秦純乗(1943)「北支：環境と対象―日本語教育の政治的性格について」、同上.
太田義一(1943)「華北における日本語の品位」、『日本語』3–7.
国府種武、山口喜一郎他(1943)「日本語教育における教材論―北支座談会」、『日本語』3–9
篠原利逸(1943)「日本語教育の基礎的問題―新中国の日本語の普及について」、『日本語』3–10
藤村作、佐藤幹二、篠原利逸、片岡良一、上甲幹一(1943)「座談会：北支における日本語教育の新段階」、『日本語』3–11.
別所孝太郎(1943)「華北の日本語教育に嘱す」、『華北日本語』2–11.
鈴木正蔵(1943)『中国人に対する日本語教育』、育英書院.
国語文化学会編(1943)『外地・大陸・南方日本語教授実践』、国語文化研究所.
釘本久春(1944)『戦争と日本語』、株式会社龍文書局.

(B)文化工作関係

藤本萬治「北支に於ける文化工作の現状(一)～(四)」、『文部時報』第 642, 643, 644, 645 号 1937.1–1937.2. 掲載.
岸田國士(1938)「北支日本色」、『文藝春秋』1938.1. 及び 1938.2.
坂本徳松(1938)「対支文化工作の基点」、『文藝春秋』1938.9.
中野實(1939)「宣撫班から」、『文藝春秋』1939.1.
青木燕太郎(1939)「対支文化工作について」、『教育』7–4. 1939.4.
青木燕太郎(1939)「抗日教育の是正と文化工作」、『教育』7–6. 1939.6.
上泉秀信(1939)「北支旅行者の傍白」、『教育』7–1. 1939.1.
松本慎一(1938)「大陸政策における文化工作の位置」、『教育』6–10. 1938.10.
安藤徳器編(1938)『北支那文化便覧』、東京・生活社版.
佐藤誠(1939)「排日支那教育の断面」、『教育』7–12 1939.12.
小島利八郎(1942)『宣撫官』、錦城出版社.

柳瀬博親(1943)「華北における思想戦に就いて」、大東文化協会『月刊大東文化』第97号.
清水幾太郎(1943)「文化工作の基本問題」、『教育』特集：共栄圏の教育問題1943.5.
坂井喚三(1943)「華北における教科書政策」、『興亜教育』2-1.1943.1.

(C) 日本語教育史関係

山口幸二(1992)「『ダイトーア』思想と日本語―かつての日本語教育と現在」、『日本語・日本文化』14. 大阪外国語大学留学生別科.

駒込武(1989)「日中戦争期文部省と興亜院の日本語教育政策構想―その組織と事業」、『東京大学教育学部紀要』第29巻.

駒込武(1991)「戦前期中国大陸における日本語教育」、『講座日本語と日本語教育』木村宗男編第15巻日本語教育の歴史　明治書院.

石剛(1993)『植民地支配と日本語―台湾、満洲国、大陸占領地における言語政策』、三元社

石剛(2005)『日本植民地言語政策研究』、明石書店.

佐藤秀夫他編(1993)『第二次大戦前・戦時期の日本語教育関係文献目録』文部省科学研究費補助金による総合研究(A)「戦前・戦時期における日本語教育史に関する調査研究」研究成果報告書1993.3.

解説小川博(1994)「実藤恵秀編『中国人日本語学習書年表』」『創大アジア研究』15. 創価大学アジア研究所.

志賀幹郎(1995)「日中戦争時の北京における日本語授業研究―華北日本語教育研究所の活動」『日本語教育』85. 日本語教育学会.

駒込武(1996)『植民地帝国日本の文化統合』、岩波書店.

徐敏民(1996)『戦前中国における日本語教育』、エムティ出版.

イ・ヨンスク(1996)『「国語」という思想　近代日本の言語認識』、岩波書店.

安田敏朗(1997)「「国語」・『日本語』・『東亜共通語』　帝国日本の言語編制・試論」、『京都大学人文科学研究所紀要人文学報』34.

安田敏朗(1998)『帝国日本の言語編制』、世織書房.

安田敏朗(2002a)「〈科学〉としての日本語学―戦前・戦中期の議論から」2002年度国語学会春季大会要旨集.

安田敏朗(2002b)「日本語教育史と言語政策史のあいだ」2002年度日本語教育学会春季大会予稿集.

石剛(2000)「淪陥下北京の言語的憂鬱」、杉野要吉編著『交争する中国文学と日本文学　淪陥下北京1937-45』、三元社.

安野一之(2000)「華北占領地域における文化工作の諸相」、同上.
小野美里(2002)「日中戦争期華北占領地における日本語教育―興亜院華北連絡部直轄日本語教育研究所の動向と占領地行政との関連に着目して」、日本植民地研究会例会レジュメ 2002.10.4. 於立教大学.
中村重穂(2002)「大日本宣撫班と『日本語會話讀本』―日中十五年戦争期華北における日本語教育の一断面」、『日本語教育』115. 日本語教育学会.

(D) その他参考文献

古屋哲夫(1985)『日中戦争』、岩波書店.
藤原彰、今井清一編集(1988)『十五年戦争 2 日中戦争』、青木書店.
櫻本富雄(1993)『文化人たちの大東亜戦争』、青木書店.
堀井弘一郎(1993)「新民会と華北占領政策」(上)(中)(下)『中国研究月報』539, 540, 541 号 中国研究所.
朝日新聞社(1995)『朝日歴史写真ライブラリー 戦争と庶民』第 2 巻
石川達三(1999)『生きている兵隊』、中公文庫. 初出は『中央公論』(1938.3)。戦後単行本となった『生きてゐる兵隊』(海口書店 1946)には冒頭に「誌」が掲載されている.
遠藤興一(1999)「日中戦争下の占領地における救済事業」、『社会学・社会福祉学研究』明治学院大学 1999.3.
奥出健(1999)「日中戦争下の新聞「外地」文芸記事一覧(1)」、『湘南短大紀要』10 号 1999.3.
田中寛(1999)「河北省北坦村探訪記―日中戦争毒ガス戦の記憶をたどって」、『大東フォーラム』第 12 号 大東文化大学広報部.
川瀬千春(2000)『戦争と年画―「十五年戦争」期の日中両国の視覚的プロパガンダ』、梓出版社
丸田孝志(2001)「華北傀儡政権における記念日活動と民俗利用―山西省を中心に」、曽田三郎編『近代中国と日本―提携と敵対の半世紀』、御茶の水書房.
川西政明(2001)『昭和文学史』(中)、講談社.
林敏、伊東昭雄編著(2001)『人鬼雑居―日本軍占領下の北京』、社会評論社.
山室信一(2002)『思想課題としてのアジア』、岩波書店.
田中寛(2002)「『満洲国と私たち』に描かれた真実―同化政策のなかの作文集から」『大東文化大学紀要』第 40 号 大東文化大学 本書第 2 部第 1 章に改稿収録.
辻村志のぶ他(2002)「日中戦争と仏教」、『思想』11 月号 岩波書店.
本庄比佐子・内山雅生・久保亨(2002)『興亜院と戦時中国調査』、岩波書店.

(E)引用資料

新東亜研究会編(1939)『興亜ノート―新東亜の時事問題早分かり』、東京国民図書協会.
文部省圖書局『國語對策協議會議事録』文部省1939.11.復刻版.
『国語文化講座第1巻 国語問題篇』、朝日新聞社1941.7.
『国定教科書糾謬ト題スル抗日文献』興亜院調査資料報告147号 ㊙ 興亜院華中連絡部1942.5.(早稲田大学社会科学研究所蔵)
『国語文化講座第6巻 国語進出篇』、朝日新聞社.1942.1.
防衛庁防衛研修所戦史室(1975)『支那事変陸軍作戦〈1〉』、朝雲新聞社.
井上久士編・解説(1989)『華中宣撫工作資料』十五年戦争極秘資料13 不二出版.
井村哲郎編・解説(1994)『興亜院刊行図書・雑誌目録』十五年戦争重要文献シリーズ17 不二出版.

(F)中国語・英語文献

北京師範学院(1986)『簡明中国近現代史詞典』(下冊)中国・青年出版社
北京市政協文史資料委員会編(1987)『日偽統治下的北平』、北京出版社 邦訳(抄訳)『北京の日の丸―体験者が綴る占領下の日々―』大沼正博訳、小島晋治解説、岩波書店1991
南開大学歴史系・唐山市档案館(2006)『冀東日偽政権』、中国・档案出版社.
武強(1994)『日本侵華時期殖民教育政策』、遼寧教育出版社.
北京市政協文史資料委員会編(1995)『日偽統治下的北京郊区』、北京出版社.
張洪祥(1996)『近代日本在中国的殖民統治』、天津人民出版社.
孟国祥(1996)「日本利用宗教侵華之剖析」、《民国档案》1996年第1期.
劉茗(1996)「日軍対晋察冀辺区教育事情的破壊和辺区人民反奴化教育的闘争」、中共石家庄市委党史研究室・石家庄市党史研究会編『日軍侵華暴行(国際)学術討論会文集』、新華出版社.
田蘇蘇・王潮(1998)「偽河北省公署対河北淪陷区的統治述評」『民国档案』1998年第3期
榮国章、孔憲東、趙晋(1999)『北平人民八年抗戦』、中国書店.
王向遠(1999)『〈筆部隊〉和侵華戦争―対日本侵華文学的研究与批判』北京師範大学出版社
愈卒惇(2000)「日本対華北根拠地的軍事掃蕩」、『近代日本研究論集』、天津人民出版社.
張銓等(2000)『日軍在上海的罪行与統治』、上海人民出版社.
斉紅深(2002)「日本侵華植民地教育研究論述」、『国際教育』第8号 日本国際教育学会.
郭貴儒・張同楽・封漢章著(2007)『華北偽政権史稿：従"臨時政府"到"華北政務委員

会"』社会科学文献出版社. 322-355.
劉敬忠(2007)『華北日偽政権研究』、人民出版社.
張玉成(2007)『汪偽時期日偽奴化教育研究』、山東人民出版社.
金海(2009)『日本在内蒙古殖民統治政策研究』、社会科学文献出版社.
See Heng Teow (1999) "Japanese Cultural Policy Toward China 1918–1931" Harvard University Asia Center

第2章
中国大陸における宣撫日本語教育の断面
松永健哉『日語学校』の言語思想的記憶

> 東亜共栄圏の確立される日、日本と中国、又日本人と中国人がどんな関係に立つか、それは自明のことであろう。が、言うまでもなく今は戦いの時代である。日本の敵が中国の民衆或いは民衆そのものでないにしても、抗日分子が彼等の一部であることは間違いではなく、その境界も決して定かではない。兵隊は、確立された東亜共栄圏の一員である前に、武器を執る戦士であり、彼に取って、愛する任務よりは殲滅する任務こそ本質的である。　　　　　　　　（松永健哉『日語学校』）

1.　はじめに

　子どもの頃、自転車に乗ってやってくる紙芝居は貴重な娯楽の1つであった。後部荷台に手作りの箱をとりつけ、引き出しには飴や駄菓子が入っていて、空腹の子どもたちの好奇心の的だった。紙芝居の題材はもう忘れてしまったが、その中には「冒険ダン吉」をはじめ、戦争ものもいくつかあったかもしれない。筆者の記憶では昭和30年代の前半ごろまでは街頭紙芝居が日常的にかなり広く行われていたと記憶するが、彼等「弁士」の中には中国、南方から「復員」した元兵士、かつて大陸で宣撫工作に従事した人たちも、或いはあったかもしれないと、今頃になって想像することがある。

　一方、市井には傷痍軍人の姿も見られ、ラジオではシベリア抑留の尋ね人の紹介が吉田正の「異国の丘」の歌とともに放送される時代でもあった。昭和31年7月、敗戦後十年が経過して経済企画庁が初めて発表した「経済白書」のなかで、「回復を通じての経済の成長は終わった。国民所得や技術革新からみても、もはや戦後ではない」と結んだが（加藤迪男『20世紀のことばの年表』東京堂出版 2001）、その「戦後」とは想像を絶する困窮であった戦争直後と比べての話であって、戦後の傷跡、未決の問題は生活身辺のあち

こちにまだまだ充溢していたといってよかった。

　最初に記憶とも残影ともつかぬ私的回想から始めたのには、本章に登場する松永健哉が紙芝居の草分け的存在であったからである。

　作者を簡単に紹介すれば、昭和から平成時代にかけての教育運動家とされる。明治40（西暦1907）年8月16日朝鮮漢城（現ソウル）生まれ。東京帝大卒。東京で小学校教員となり校外教育活動を実践し、紙芝居をとりいれる。昭和12年日本教育紙芝居連盟を結成。戦後は長欠児童生徒援護会理事、名古屋保健衛生大教授などをつとめた。平成8（1996）年2月19日88歳で死去した[1]。

　創作「日語学校」は『日本教育』に掲載された。第1部、第2部の連載で、それぞれ昭和16年10月、11月であるが、この前に「若き兵隊―戦場は偉大な教室である―」という作品が載っている（『日本教育』昭和16年9月）。戦場のなかの日常を丁寧に描き、家族愛、教師愛を描き出したものである。内容的にみて、続く「日語学校」とは直接関係はないものの、作品としては延長線上にあったというつもりだろう。

　宣撫班の記録については、比較的目にふれるものとして、青江舜二郎『大日本宣撫官―ある青春の記録』、小島利八郎『宣撫官』があるが、この松永、青江に加えて想起されるのは国分一太郎であることに異論はないだろう。3者を結びつけるものは、戦後にいたる綴り方運動であるが、その淵源が「宣撫」という記憶にあることもあながち否定できない事実であろうと思われる。国分には『戦地の子供』（序文南支派遣軍報道部長陸軍歩兵中佐、吉田栄次郎、火野葦平、さし絵清水崑）という著作があり、1940年に中央公論社から出版され、文部省推薦となっている。1939年に南支派遣軍報道部に派遣され、広東の宣伝班に属して、軍が管理するラジオの「子どもの時間」の番組を作ったりしている。『戦地の子供』はこの時の体験を下敷きにしたものである。国分は30歳にならんとする多感な従軍戦士であった。なお、この国分の著作については、本書第4部第1章で詳しく述べる。

　戦時中の紙芝居は国策のための戦中メディアとして利用されることになった。日本教育紙芝居協会は「国策紙芝居」と称して、戦争に協力する国民教化を目的とした紙芝居を盛んに制作した。本章冒頭に述べた戦後から昭和

30年代にかけて続いた街頭紙芝居が、そうした歴史を背負っていたことを記憶しておく必要がある。なお、紙芝居の戦中史については、鬢櫛久美子・野崎真琴（2001）の研究がある。

　昭和13年に、松永健哉らが設立した「日本教育紙芝居協会」創設時のメンバーには、劇作家の青江舜二郎、「つづり方教育」の推進者として知られる国分一太郎（1911–1985）、児童文学作家の堀尾青史（1914–1991）、宗教学者の佐木秋夫（1906–1988）らがいた。当初は、紙芝居に関する基礎的研究と、「教育紙芝居」（「印刷紙芝居」とも呼ばれた）の出版・普及活動を行うことを目的にしていた。しかし、その直後に戦時下に入ったことで、教育紙芝居は、国策のための戦中マスメディアとして利用されることになる。日本教育紙芝居協会は「国策紙芝居」と称して、戦争に協力する国民教化を目的とした紙芝居を盛んに制作した。その感化力を高く評価された紙芝居を国が買い上げて全国に配布したため、印刷紙芝居の出版部数は、戦前の10倍程になったといわれる。その背景には本章で取り上げる宣撫班の影響が小さくなかった。なお、本書巻末附録に松永健哉『日語学校』の全文を収めた。

2. 宣撫官の誕生

　「銃なき平和の戦士」宣撫官はどのようにして誕生して、どのようなものであったか。いくつかの解説書からみてみよう。

　　　戦争及び事変の場合、占領地の人民に対し、その戦争及び事変の意義、占領国のこれからの意図などを宣伝し、私事的にこれを撫育する仕事に当たる団体を宣撫班というので、これは支那事変に於いて初めて使われた名称であり、その前にこの名称の使われた例はない。
　　　（新東亜研究会編『興亜ノート　新東亜の時事問題早わかり』1939　16頁）

　さらに具体的には次のように述べられている。

　　　事変に際し占領地の民衆に対し皇軍の真意を宣明し且つ愛撫する仕事をな

す人々。日本の目的は蒋介石政権打倒であって支那の良民を敵とするものではなき旨を知らしめ人心の安定に努め且つ給食給療をなして窮乏の民を救い或は抗日教育を是正し皇恩に浴せしめるように努力する。事変当初は満鉄関係者、大陸居住者によって行われ三百名位であったが、事変拡大と共に東京其の他にて募集し増員し多数の宣撫班が全線に亘って活動しつつある。現在は軍特務部に統括され命令一途に出でて其の効果を上げている。

(『時局認識辞典』日本書院 1939)

　宣撫官への採用試験も行われた。試験場に向かう応募者の写真があるが、会場入り口には「宣撫官採用試験場陸軍省」と書かれている[2]。
　盧溝橋事変勃発後、53名からなる「宣撫班」が密かに山海関から天津に入ったのが、その草分けとされる。八木沼丈夫を首領とする南満洲鉄道会社の社員一行で、当時一帯の凄惨な戦場の空気から前途容易ならざる事態を予想し、現地作戦軍において宣撫工作の必要性を認識するに至る。1ヵ月後の8月上旬には「北支宣撫班」が発足した。当初の簡単な組織から内地日本より要員を募集採用し、その結果、数千の青年宣撫官を収容することとなった。支那民衆宣撫の重大使命を遂行すべく、総本部を北京に設置、その下に「宣撫指揮班」「現地宣撫班」「分班」などの組織をもつが、なかでも「現地宣撫班」は第一線の各兵団に配属され、北支における班の数だけでも三百余に上った。文字通り「蜘蛛の巣」のように張り巡らされ、戦地では「大日本軍宣撫官」の純白の腕章を附した青年宣撫官が至る所に認められた。「皇軍」にとっては「よき女房役」、中国民衆にとっては「肉親もただならぬ慈母」のごとき存在となった。
　以上は陸軍省軍務局歩兵少佐福山芳夫の「宣撫工作の現況」によるが、その期するところは「今次聖戦の真義を徹底して民衆に宣撫教化し、興亜の禍根たる抗日反満思想を根絶し、後方治安の確保に協力せしめると同時に、掃共滅党の一翼たらしめて東亜新秩序の確立に邁進する」ことにあった。その任務を要約すれば「民心を掴む」ということになる。
　宣撫官の活動は広範雑多、多岐にわたるが、大別して軍隊の討伐に直接従軍する「従軍宣撫」と地方に居付いて宣撫工作にあたる「定着宣撫」があ

る。松永健哉『日語学校』に登場する宣撫班は前者であって、情報収集のために広東に出向いた機関が後者に相当する。両者は互いに連携するものの、一般に「従軍宣撫」の発展形が「定着宣撫」ということになる。いわば「従軍宣撫」は戦場の前線において敵軍（敵匪）に身を晒すことになるのだが、凄惨な戦場と隣り合わせで、その実態は例えば、発表当時発禁となった石川達三『生きている兵隊』にも一部描かれている。

　「従軍宣撫」の主要工作要目とは、前掲福山芳夫によれば、「工作戦協力」「兵站線確保」「警備協力」「敵組織体破壊工作」の４項目があり、さらにその下に具体的な調査、協力、斡旋、調達、募集、回収、訓練といった活動が仕組まれる。「衛生隊」や「警備隊」などの具体的工作については、山本和夫『我らは如何に闘ったか』、小池秋羊『北支宣撫行』（いずれも参考文献）などの報告手記に見ることができるが、日本側から記録した性格上、事実とは受け止め難い箇所もある。

　日本語教育をはじめとする民心掌握のための宣撫工作は、このうち「敵組織体破壊工作」の要目のうち、「宣伝により敵軍駐屯地区民心撹乱工作」「敵失陥地区における親日団体の組織指導訓練ならびに積極的闘争」に組まれるものと思われる。このなかには松永健哉『日語学校』に出てくる応急の日本語学校も少なくなく、組織的には萌芽的で宣撫官の創意に託されるケースもあったことがわかる。

　ちなみに、「定着宣撫」の工作要目は、民衆に対する純然たる教化指導業務が中心で、即ち「民心鎮定安撫工作」「新政工作」「新生工作」「救恤工作」「保護奨励工作」「経済工作」「教育文化工作」「団体指導」「一般調査」「特殊調査研究」の10項目に拡大増量される。従軍宣撫のそれぞれの要目をさらに徹底深化させたものである。日本語教育は「教育文化工作」のなかの「普通学校日語学校開設指導」に組まれる。さらには「各種新聞教材戯曲小説その他刊行物の発行頒布」「ラジオ放送指導」「映画その他民衆娯楽指導」などとも連携が図られたことであろう。この実態は、戦時下のメディア攻防の中で宣伝・宣撫工作がいかなる「学知」を育て、発揚していったかを戦術として巨視的、かつミクロ的に検証していかねばならない。それは、見方を変えれば、時代状況は無論大きく異なるといえども、文化や言語をいか

に戦術・戦略として国際舞台に積極活用するか、という構図にも繋がるところがあるからである。

　一方、吉見義明(1987)の言葉を借りればこうした「草の根のファシズム」は、一見民衆に奉仕する形ではあるが、侵略戦争のもう1つの姿であって、これを過大に美化、評価することはできない。

3.　宣撫官のみた戦場の日常

　日本でできなかったことを「外地」で実験する。その成果を国内に持ち帰る。さらに改良を加え海外に喧伝波及せしめる。これは文化政策の1つの結実のあり方であろう。否、戦争という非日常の時空環境では科学、医学、音楽などの芸術、学術一切が伝統と革新の渦中に投げ込まれ、時代精神の鮮烈な過渡期たり得る。航空機の発達、殺傷武器をはじめとする技術発展はその極致であるが、感化・同化異化教育としての日本語教育もまた例外ではなかった。国語から日本語への拡充は、現地住民を対象に言語を注入することで、何らかの犠牲を介在せざるを得なかった。戦場という特殊環境であればあるほど、その可能性への意識を無限大に膨張させたことだろう。「紙芝居」そのものにしても、宣撫的発想、効果の及ぼした影響は否定しえない。宣撫班の播いた種子とは何であったか。

　宣撫工作とは言ってみれば、「紙芝居」的な手段を大衆的な規模にまで拡大し、押し上げた形態ということができるだろう。村落にやってきて拍子木を打ち鳴らし、集まって来た退屈な善良なる村民(「良民」と称す)に新しい知識を娯楽の中で教え込む。そしてひもじい子供らに物を与える。純粋な紙芝居には見返りはなかったが、宣撫工作は純然たる目的があった。それは日本軍への思想的帰順である。宣撫官とは占領地において、占領軍の目的や方針などを知らせて、人心を安定させることを任務とする軍属で、宣撫工作とはそのための諸々の活動を意味し、行軍する部隊や担当地域毎に配置される宣撫班が基本単位である。

　日本は日中戦争勃発後から占領地政策のため、満州や中国において活動する宣撫班を組織した。その役割は日本の目的や方針を示し、そのことにより

占領地における人心を安定させ、治安の維持に寄与することであり、多岐にわたる作業が行われ、「武器なき戦士」とたたえられた。なお宣撫工作自体は宣撫班が結成させる前にも各部隊で実情に応じて行われていた。宣撫班による宣撫工作は、移動する部隊に同行して行われる「従軍宣撫」と地域に弁公処という拠点を用意して行われる「定着宣撫」とでは設備はじめ性質が異なった。松永の作品は「従軍宣撫」にまつわる逸話である。

　宣撫工作の「定義」をあげたが、具体的な活動として、『戦史叢書』には以下のように書かれている(『北支の治安戦(1)』94頁)。

　　　　親日陣営内ノ支那人ニ対シテハ、皇国ノ隆替ハ取リモ直サズ大東亜興廃ノ岐路ナルコトヲ強調シ、日支不可分ノ運命ニ在ルコトヲ自覚セシメ、特ニ北支ハ日支合作ノ模範地区ニシテ大東亜戦争遂行ノ為ノ兵站基地的任務ヲ分担スヘキコトヲ認識セシム。

また、望月衛(1941)は次のように記している。

　　　宣撫とは武力戦に依って自軍の勢力下に帰した地域に於ける住民に対し、自軍の戦争目的と戦果と戦力を知らしめ民衆の武装と反抗を最小限に抑止し、自発的に武力的反抗を抛棄せしめ、進んでは之に厚生的措置を施してその生活を保証し、自軍の企画・目的に協力せしめる施策を言う。時に住民のみならず、軍隊に対しても類似の方法を捕虜等に対して行い以て武力抵抗を抛棄せしめる事もある。即ち武力を背景としこの基底に立って宣伝を行い、民心の帰趨を調整して而して正常の且つ自軍に有利な生活に復帰せしめる工作を言う。　　　　　　　　　　　　　　　（「防諜・宣撫・文化工作」）

　長い引用になったが、かかる性格上、美化、演出されることも少なくない。啓蒙的な要素を喧伝するのが目的であるからして、勢い、住民と親しく交わる光景であったり日本語を教える長閑な光景が好まれたりする。メディア誌『写真週報』などでもこうした性格は十分に認識されていて、国民懐柔、感化洗脳に寄与したことは否定できまい[3]。

宣撫班の実態は、当時の『日本ニュース』にあるナレーションにもメディアを意識した過剰な表現がのぞく[4]（下線、引用者。以下同様）。

・『日本ニュース』第44号（1941.4.8）
　かげろう燃える丘のかなたから美しい笛と胡弓の調べが春風に乗って聞こえて来ました。これは漢口軍報道部園部部隊特務部、武漢特別市政府班共同の宣撫班の紙芝居の一行です。慰安と娯楽に乏しい奥地農村にこの歌劇団の訪れは農民達を非常に喜ばせております。農民の宣撫と教育を楽しい音楽と笑いのうちに教え込み、特に次の中国を背負って立つ少国民におもしろい紙芝居の実演を通して童心に訴え、新東亜建設の理想をふき込もうというのです。こうして大陸の町から村へ、野を越え山を越えて宣撫班の紙芝居は行きます

・『日本ニュース』第144号（1943.3.9）
　大東亜建設の大業に参加せよ。力強い標語を部落部落にまき散らす大陸宣撫班。中支一帯に始められた春季進攻の武力戦と並んで、重慶軍掃討の終わった地区にすぐさま宣撫班は突進して民衆の啓蒙に挺身する。中国の参戦により中国民衆の進むべき道がはっきりと決まった今日では、和平地区の宣撫はもちろん、対敵放送さえもこの大陸宣撫班が積極的に行っています。最近大陸戦線において非常に目立つ投降帰順の増加の現象にも、宣撫班は貴重な一役を買っています。

　地域の安定を示し、より一層の信頼関係を構築するために文化活動としての催し物も開催された。演芸会はもとより運動会や老人達のための敬老会も行われた。また宣撫官によらない映画、ラジオ、演劇による宣撫工作も行われた。都市部では、宣撫班がいて日本側につく中国人協力者＝（漢奸）を募集した。その際には、対日協力者に食糧や医薬を与えた。また、女子教育をするための学校などを利用して募集した。捕虜として見込みのある国民党軍の兵士は再訓練して「保安隊」を養成した。

　だが、宣撫官にも矛盾があった。懐柔した中国民衆たちは日本軍が移動すると、のちに日本軍協力者として処罰、処刑されることを恐れ、同行を求め

るようになったからである。その実態は、山西省で宣撫工作に従事した村上政則の手記『黄土の残照』に述べられている。

さらに吉見義明は『草の根のファシズム』の中で次のように述べている。

「無知なあるいは誤った考えを持つ中国民衆の迷いを打ち破らなければならない。」という宣撫官教育を受ける中で、かれは「民衆を戦禍から救出し、平和な新中国を建設しよう」という情熱をかき立てられていた。山西省の孝義県を始めとする各地で、主として八路軍を敵として、保安隊を率いて偵察や討伐を行い、民衆の帰順工作、治安維持会・新民会の組織、日本語学校の開設、食料収買工作などで、飛び回っていた。この活動は八路軍の反感を買い、宣撫官一人の首に五千元の懸賞金が付いていることは知っていた。

彼が、軍と占領地内の中国人との板挟みになって苦しむようになったのは四一年頃からのことである。この年の夏、日本軍は山西省工作の結果、孝義県を明け渡すことになった。するとこれまで日本軍に協力してきた県公署、新民会、合作社、保安隊、警察の中国人職員は漢奸として処刑されることを恐れて同行を求めた。彼の部下たちも軍用トラックにすがりついた。兵隊達は銃や軍靴で殴りつけ、蹴飛ばした。彼は「許してくれ。許してくれ。」と泣き伏すことしか出来なかった。

4. 松永健哉『日語学校』の記憶

宣撫班の実態を知るうえで、松永健哉の『日語学校』に描かれた内容は興味深い[5]。筆者がとくに関心を引かれた箇所を巻末附録の本文に傍線で示したが、以下順にそって解説を加えてみたい。『日語学校』では主人公である三木一等兵が浅見一等兵と「やろうぜ」といって日本語学校を開設する場面から始まる。そこには聖戦の使命が全身を覆ってはいても具体的な行動に移ろうとした時の妙な違和感も湧き起こる。

又、駐屯するあたりの住民にぶこつな仕草で日本語を教え、自らも妙な舌廻しで敵国の言葉を一語でも発音することに努力する心根は、一体何であろ

うか。

　日本語教育の訓練も受けずに「ぶっつけ」で教えるには情熱しかないのだろう。身ぶり手ぶりで教えるからこそ、一方で民衆には身体のぶつかりあいから生まれる人間的接点も生まれる可能性は期待された。兵士の妙な舌廻しの中国語もまた、簡易な「軍用支那語会話」を拾い読みする程度であった。
　三木は行軍の際にも日記を書き続ける。徒労と分かっていても生存を実感するために書き続ける。のちに前線で病に倒れ、帰らぬ身になってその日記が小説の最後で明らかにされるのだが、「日記」とは戦場に同居する無表情の本質を書き残す作業にほかならない。
　日本語学校の開設は急である。「日語学校というものが、どんなことをやればいいのか具体的には全然見当もつかないにせよ」、「この文化語の持つ意味には、三木、浅見等の全身を湧き立たせる、澎湃たる魅力があった」のである。だが、実際の戦場に遭遇する戦列からの負傷離脱などを見るにつけ、「近代戦においては、前線も銃後も、戦闘も、経済・文化戦も、何等区別はないというのは、こんな具体的なとっさの場合、一つの理屈に過ぎなかった」という不条理も抱かされた。
　日本語学校の開設を任された三木と浅見は、夜を徹して準備にかかるのだが、「純真な感激」と「爆発的な実行力」は「青春の誇り」でもあった。青年にとって戦場とは、最も恵まれた環境だったのである。

　　　二人の一等兵は、開校準備の着手を、明日まで延さなかった。新しい玩具を手にした子供が、寝床の中にまで持ち込まずにはいられないのと同様だった。責任というより喜びであった。

　生徒の募集、テキスト、校舎の設営、開校式の手順、校訓の作成などすべてが「文字通り白紙からの出発」である。
　さて「開校」したのはよいが、最初はなかなか姿を見せない。そのうち「一週間も経つと、目の前に実る穂の愛着に引かれるかのように」、次第に近づいてくる。「幼児が犬に馴れるように」近づいてくるのは、まずは子供で

ある。「ほほえましい情景」が生まれる。しかし、簡単な言語の交換教授ながら、兵隊達を教養の如何にかかわらず、ひとしく国語問題に関心を向けさせざるを得ない。「こっちへおいで」「あっちに行きなさい」。「来る」「行く」という指示。これが最初の手招きを交えた会話だった。
　三木たちは改めて教育的効果の本質を次のように考える。

　　　教育は自然的存在たる人間を素材とする価値の生産である。それはあらゆる創造の中で最も崇高な、最も価値高いものである。そんなことを意識するしないにかかわらず、この兵隊の、満足した、これまでのあらゆる苦悩も忘れた表情には、単なる善良さとは違った、深い幸福がある。

ここにはおそらくは一点の曇りも翳りもない。思えば筆者が初めて日本語教育を異国民である学習者に日本語を教え「共有」したときの「感動」もまた、これと等しい感情ではなかっただろうか。
　だが、「小孩、ここへ来い」と言えば、たちまち萎縮して近づかなくなる「ここへ来いよ」と怒鳴っても相手はまごつくばかりで、結局は日本人もめったに使わない、穏健な「こっちへおいで」に落ち着くのであった。
　こうして試行錯誤のうちに12頁の謄写刷りの『日本語第一巻』を作成するのだが、編纂にあたっての苦労は意外なところにあった。用意した教材を額面通りに教えることができないのだ。内地にいる時、何の疑いもなく使っていた「標準語」ということが、まるで正体を掴めなくなった。あらためて外国語としての日本語を知らされる。
　一方、子どもを学習者対象とすることについては、部隊長の意見でもあったし、誰が考えてもそうより考えられなかった。つまり、すでに純粋でなくなった大人には効果は期待できない。

　　　自国の青少年問題について、何等の関心を持たない人々でも、支那民衆の顔色を見ただけで、東亜新秩序が、全く子供に期待するより外に道のないことを痛感するのは、誰でもがそうである。

生徒募集には苦労した。悪質なデマがあり、日本軍は子どもを集めて教育し、あげくは日本へ連れ帰るという。紆余曲折を経て開校日には18名が集まった。開校式の儀式、修礼は日本の流儀にしたがう。「形式」から「精神」に入る。日本語を教えることの困惑が蠢き始める。

　　　君が代や宮城遥拝などの意味が今分からなくとも、厳粛な雰囲気だけは感ずるであろうし、形式から精神に入るというのも教育の一つの手段だからというので、そうなったのである。

三木は逡巡する。東方への最敬礼などの「修礼」は自分たちの任務の意義を誓う分には感激を極めるはずだが、他民族に対してはどうであったか。

　　　彼が最初に、こうした修礼をさけたがったのは、まだ聖戦の意識もわきまえぬ子供達に、押しつけがましいことを強いるようになり、目的と反対の冒瀆に陥ることを恐れたからであった。

儀式のあとでは「記念の日章旗の小旗」と「ゼリー一包み」が子供に配られる。その喜ぶ姿をみて、三木は自分は「児童教育者」としての道の選択こそが一番ふさわしいのではないか、と悟る。

日本語学校が開校すると、とたんにテキストの無力が露呈する。学習の態度も教養もない学習者にはなす術がない。行儀の悪さは最初から学級崩壊を呈する。遅刻や欠席も絶えない。よく報道写真で宣撫官や教員が現地人に日本語を教えている様子をみかけるが、計算された演出であると言わざるをえない。そこで効果があったのは歌から入ることである。「シロジニアカク」「モシモシカメヨ」などを習得させ、これを文字に直す。だが、簡単な単語はいいとして、複雑な文の習得となるともどかしい限りである。それは兵隊達の使用する発音不明瞭な片言の「軍用支那語」の実態とて同じであった。三木は何とか日本語学校を軌道に乗せるため、また「日語教育についてのより深い研究と広東語の習得にまで念願を起こし」て、部隊長に広東への出張を申し出る。そこでは日本語教材も充実しており、日本語学校の今後の経営

について、経験者から種々の意見を求めることができると思ったのだ。

　広東に着いて「報道部第一分室」に赴くと、街頭宣伝班に面会し、台湾総督府学務局編纂の「日粵会話」などを捲るのである。声を出して読んでいると、そばで聞いていた断髪の中国人女性がいた。陳芳蘭と名乗る女子宣伝隊員である。演説とニュース放送がその主たる任務である[6]。

　宣伝宣撫の効果が顕著に現れるのは帰還住民の数で示される。しかも数と同時に質が要求される。子どもや老人ばかりでは地味である。若い分子、とりわけ若い女達が帰還帰順するようになって初めて宣伝も実効をともなう。関係者はそう語る。若い女性が安心して帰れるようになったということが治安恢復のバロメーターになるというのだ。彼女達を連れて行くだけでも効果がある。美しい同胞を見て、安全に日本軍と行動を共にしていることを見せつけるのである。軍属はこうしたやり方を、三木に向かって「悪どいと思うか」と訊ねる。軍属は支那の女の積極性を苦労しているだけ堂々としていて日本人婦人よりも高く評価する。だが、これらの女子宣伝員の日本語能力にも限界があった。軍属は宣伝隊のなかに派遣すべき人員（「姑娘宣撫隊」）として、この美貌の陳芳蘭を入れることを申し出た。三木がこの女性に関心を抱いたのを見越してのことであった。

　それにしても容貌も十人並み以上の若い独身女性を、どうやって集めたのか。憲兵隊に頼んだと言うが、その「調達」の現場がいかに非人間的な行為であったかは語られない。果たして彼女たちの任務は宣撫というだけだったのだろうか。時空間は異なるが、田村泰次郎の山西省での従軍体験には新民会の活動、和平劇団の編成に現地女性が加わることになる。そこには人格までを蹂躙する悲劇もあった。苦力にまじって裸体で歩かされる若い支那女性。それは疲れ切った兵士を元気づけるためであったともされる（尾西康充『田村泰次郎の戦争文学』笠間書院 2008 など）。いくつかの文学作品にも同様の記述が見える。筆者にはこの陳芳蘭は例外的存在であって、多くの場合が性奴隷として辛酸を味わわされたとしか思えないのであるが。

　一方、三木は日本に残してきた妹のことが頭から離れない。自分の過失でビッコになった妹が陳芳蘭とだぶって見えるのだ。このあたりは、創作の工夫された箇所であろう。機会があれば妹のことを陳に話して文通でもさせて

友達になってほしいと願う。また陳が日本に行く機会があればとまで友情の接点を熱望してやまない。こうした人心の交流こそが精神的な東亜新秩序の建設の礎となるはずであった。

　日本語学校の経営、とりわけ教学方針については三木と浅見では意見が対立した。三木が穏健派であるのに対し、浅見は几帳面な挙手のしかたを教えるなど厳格派である。教育は愛であるか。規律であるか。兄弟のごとき生徒に接する三木の愛撫に対して浅見は鍛錬が一番で、主観的な感傷が一番の禁物だといって譲らない。危機や新しい事態に際して頼るべきはマニュアルかポリシーか、という議論も沸騰する。ロバート・オーエンやペスタロッチの教育原論まで持ち出して議論を重ねる。こうし切磋琢磨する活発な状況や情熱は内地では考えられないことであった。それは彼等の誇りでもあった。

　　　教師二人、生徒数二十数名のこの貧弱な日語学校が、内地のどんな堂々たる学校に較べても誇り得る唯一の特色は、<u>教育上の仮借なき批判精神</u>とでもいうべきものにあったろう。

　三木と浅見の議論で重要な箇所がある。三木は報道部の人の意見を引用し、聖戦の目的の矛盾性について浅見に語る。日本人が一般に支那人に対して「不遜」であり、それが「実力の伴わない形式的なもの」であって、それが徒に相手の反感や恐怖を抱かせる。街頭で見かける日本人の態度はそれを如実に物語っていた。

　　　日本という国柄はこれほど尊厳であり、又、国家としての対支政策は公正至純なものであるのに、日本人という個々の人間は、実に狭量で打算的で、結局支那民衆は、それと正反対の欧米人の方へ感情的に結び着いて行くと言うんだ。

　個人主義的な大衆の特徴といってしまえばそれまでだが、当時の日本人の中国民衆に対する感情的優位をここでは的確に語られている。三木はこれに続いて、英国と日本の教育施策の決定的な相違を述べる。すなわち、英国は

インドに 18 の大学を作ったが、印度人の 94 パーセントは無智文盲である、と。英国は 6 パーセントの印度人を教育し、さらに本国の大学まで行かせて完璧な英国紳士に育て上げ、自分の思うままに「残余の民衆」を支配させた。ところが、日本はすぐに小学校を作る。基礎教育を教える。これはどこから来るものなのか。確かに日本人は小学校や図書館や博物館は作ったが、大学は作らなかった（建国大学を始めとする「満洲国」高等教育については第 2 部第 3 章を参照）。

> 実に大御心の顕現だと思うね。日語学校だってそうだよ。ところが今言う通りさ。国家としては折角これだけの仁慈と苦心を払いながら、個々の教師は少しも支那人の心を捉え得ない。狭量に焦って、形式的に日本精神や習慣を強いるので、徹底した個人主義の支那人は嫌になってしまうと言うんだよ。

これは三木の意見であるが、ある意味で国民的感情の代弁であった。

天皇の大御心による慈愛は、確かに民衆の救済と直結したのであろう。この三木の意見は当時にあっては相当に進歩的である。全体主義時代にあってよく言論統制されずに済んだものと思う。

さて、今でも恵まれない辺境に小学校を作る、教材を送る、ピアノを贈るといった「慈善活動」を続けている篤志家がいる（寄付金が自家用車の購入や自宅の建設に回されるケースもあるようだが）。その発想は果たして三木の言う同じ根っ子のものであろうか。

宣伝班の活動は次第に拡大していき、群衆の感化は効力を呈しつつあった。19 歳の陳芳蘭も情熱的に、こまめに働いた。宣伝隊と民衆は少なくとも表面的には「友好」の輪を築いていったようである。

> 彼等は僅か半日の交渉で、心おきない親しみを感じ合うまでに打ち解けた。戦う民族同士の意識は、片影も起こらなかった。それを日本人の甘さとか、支那人の無節操だとか、皮肉な批判で片付けるのは、彼等は余りに、双方から自分をさらけ合っていたのである。

だが、三木と陳芳蘭の「交渉」は長くは続かなかった。三木達は急遽宣伝隊と離れて前進しなければならなくなったのである。そして予想をはるかに超える進撃の過酷さに直面する。結果、三木は悪性のマラリヤに罹り、手当ても空しく、ついに帰らぬ身となる。三木上等兵の日記にはこの数か月の精神生活が詳細に綴られ、遺書にはこの日記を陳芳蘭の手から郷里の妹へ送ってほしいこと、等が書かれてあった。

　三木上等兵が遺骨となって十数柱の戦友と船出する日、珠江の軍桟橋には多くの戦友、軍属、官民にまじって日本式の喪章をつけた陳芳蘭の姿があった。そして日語学校の代表の男女が立っていた。どの眼にも涙が溢れていた。感動的な別れである。

　こうして『日語学校』は主人公の三木の死によって悲劇的に終わるのだが、その後の陳芳蘭、そして日本語学校の少年少女の運命を知る術はない。

5.　宣撫工作の本質

　ここでは具体的な記憶としてもう１つの手記、「宣撫委員の記」を紹介する。作者の山本和夫は「呉淞に上陸し、主として湖南に転戦す。（歩兵科）陸軍少尉。現在、東京三省堂社員」とある。「あるいは作品中の三木二等兵との接点が興味もたれるのだが、昭和15年12月に寄稿。本篇のほか、計12篇を収録した山本和夫『我らは如何に闘ったか』は東亜新秩序建設に邁進し、斃れた戦友へ捧げられた鎮魂歌でもある。山本は手記の中で次のように書いている[7]。

　　　事実、第一線部隊の宣撫委員は、ある地点を占拠した翌日には、昨日の敵を今日は友とするのである。時には、今もって敵であると知っていても、その敵を友とするのである。もちろん、反抗する敵とは直ちに一騎打ちの勝負をする。しかし、心の中に敵意を持っていたとしても、従順の態度を示している敵ならば友とするのである。　　　　　　　　　　　　（130頁）

　討伐のあと、帰順した兵士や村民をいかに日本側に懐柔させるのかが宣撫

官に託された使命であった。数日前には同朋の死を目前にした記憶は拭い難い。それでも東亜新秩序建設のためなら、純粋に彼等と手を取り合おうという決意は強固である。愛憎半ばする前線では、何をもって喫緊の策としたのだろうか。

　　昨日まで、ひたむきに、戦友の死屍をふみ越えふみ越え、あふれる敵心を、更にふるいたてて闘い続けてきたものが、とたんに、青い服を着た敵側の国民に手を伸ばして握手するときの心理は、余り穏かではない。血みどろになって倒れた戦友の顔が、うかんで来ると、とたんに、心の中は複雑にかき乱れる。
　　しかし、左の腕に「宣撫委員」と書いた白布の腕章をつけると、その複雑な心を、じっとおさえ、下手な、おぼつかない支那語で、微笑をもって支那人に話しかけるのが宣撫委員の責務なのである。　　　　（同132頁）

　その時の状況によって部隊長が決定した宣撫委員には通訳がつく。「宣撫」は「宣伝」と「慰撫」を意味し、事変（日中戦争）が聖戦であることを宣伝し、良民（日本側につく村民）を慰撫するのである。ポスターを貼ったり、ビラを配ったり（紙の爆弾、「伝単」）新聞も作るという。村民を集めて演説するのだが、このとき威力を発揮するのはスピーカーという近代兵器である。設備のととのった地域ではラジオによる日本語の放送も行うようになる。宣撫委員の仕事は、小学校の開校、貧民の救済、医療、農作物種子の配布、購買組合の設立、その他（各種相談）といったものだが、一方では毒ガスや細菌戦という侵略戦争を展開しながら、一方ではこうした懐柔作戦を実施した攻勢は、戦争の持つ二面性をあらためて認識する。すなわち、人民に対する正義とは何か、という命題である。

　山本和夫の手記のなかに「小学校」という一節がある。日本語教授の苦心談が載っている。武漢の特務班から「日本語読本」を取りよせ、それを模範にして、謄写版の教科書をつくる。支那語を知らぬ先生が教壇に立つ。生徒の質問には先生は一切答えない。いや、答えられない。そのかわりに「耳に指をつめて、目をふさぎ、頭を左右に振る」のだ。「見ていると唖の先生」

のようであるという。

　こうした苦労のあとで、1ヶ月ほど経つと、少年たちは「ヘイタイサン、コンニチハ」「ヘイタイサン、サヨウナラ」と挨拶をするようになるという。また、暫くすれば「シロジニ赤ク　日ノ丸染メテ　アア美シイ　日本ノ旗ハ」など、歌い歩く。そうした光景を見ると、宣撫委員の目には「涙が浮かぶ」という。少年少女に期するものとはいかなる世界であったか。

　東亜新秩序建設は長い目で見て達成は数十年後である。ならば早い時期に種を播かねばならない。日本の青少年に期待するよりは、支那民衆の将来に期待するところが大きいというのは、1つの矛盾ではあった。

　日本語の教育だけではない。朝、授業の始めには東の空を遥拝する。

　　　普通、内地では、生徒が先生に敬礼をするわけだが、大陸では、先生が教壇を下り、生徒に背を向けて前に立ち、共に東の方をむいて、最敬礼をするのである。この号令は最初の一ヶ月くらいまで先生がかけるけれど、その後は、級長が「サイケイレイ」と叫ぶ。美しい一瞬といっていい。最敬礼をする彼等の頭上には、日章旗と支那の旗が、交叉され、ひらひらと翻っているのである。

これは松永健哉『日語学校』にも描かれている宮城遥拝である。日本語とともに皇民化教育が行われていたことは、今日、中国側では「奴化（奴隷化）教育」と称しているが、いかに宣撫員が平和の支柱となり、「愛」や「人情」に生きたといえども、その精神的刻印は決して小さくなかったことを知るべきであろう。山本は最後に「目的的な愛」を述べている。

　　　宣撫委員が「愛」を持つことは、拳銃に弾を装填するよりも大切である。（略）併し繰り返し言うが「国籍不明」というか「得体の知れぬ」というか、単にだらしのない自然発生的な「人情家」であってはならない。（略）無意識のために、人情を発露したとはいえ、東洋の理想に背を向けてはならぬのである。目的的な愛に拠らねばならぬ。

6. 岸田國士のみた日本語学校

　戦場では何もかも感傷の産物たり得るのだろうか。とりわけ演劇家の見た情景は過渡の感情移入が見られるような気がしてならない。岸田國士の『従軍五十日』(昭和 14 年 5 月)について荒井とみよが書いているが、いくつか見落としたと思われるなかで、ここではやはり日本語学校の見聞について見ておかねばなるまい。

　岸田は 1937 年 10 月、盧溝橋事変の 3 ヵ月後に文藝春秋特派員として北支戦線視察に赴く。同書はその見聞録だが、3 期を通じて 400 人ほどの生徒のいる日本語学校を見学したときの感動が、記されている。通訳する少年の日本語に感心した勢いで次のように述べる。

> 　更めて言うまでもなく、日本語の普及は、占領地区の重要な課題である。単に用を便じるのに必要であるとか、口が利ければ勢い日本人に馴れ親しむとかいう直接の効果も十分考えられるが、それだけならこっちが支那語を覚えさえすればおんなじ理屈である。
> 　私はそういう実用方面のことよりも、日本語を通じて日本を知らせるという遠大な抱負をもって進むことが、この際、文化的に見て新支那建設の基礎条件だと思う。　　　　　　　　　　　　　　　(『従軍五十日』161 頁)

　地代を隔てて今日、留学生に日本語を教え、日本文化を教授するのも、実利的な側面と同時に親日、知日の人材養成と言うバイプロダクトを大なり小なり念頭においてのことだろう。だが、それは戦時下においては遠大にすぎる希望であった。相互の文化交流自体、戦時下では望むべくもなかった。

　続けて、岸田は次のように提言する。

> 　これがためには、この種の日本語学校を一層完備充実させ、優秀な日本語教師を養成すると同時に、一般小学校、中等学校へも日本人教師を配属せしめ、かつ、主要な都市には日本人経営の義務教育機関、高等専門学校及び大学を速やかに設立し、かの欧米人が東洋諸国に於いてなした如く、宗教の名

により、或いはこれに代わる「理想主義的」イデオロギーによって、支那青少年に「親日的」教養を植え付けることを企てなければならぬ。（同162頁）

　ここに言う「親日的」であることは「嫌日的」であることと紙一重である。それは今日の留学生が帰国後に「親日」的な従属を嫌う土壌を形成しつつある現実を、我々は直視しなければならぬことでもあろう。
　岸田は同書の巻末において「直ちになし得ること二三」として次のように日本語の普及と文化普及の必要度を具体的に述べている。

　　　大学専門学校男女卒業生中、優秀な希望者を日本語教師として支那各地の中小学校に配属せしめること。そのために、教授法の講習を若干行うこと。少なくとも十年以上の契約を結ぶべきこと。支那人のための日本語教科書を速やかに編纂発行すること。直接日本政府の名によらない私立の小中学校を各地方の治安の程度によって徐々に設立すること。これがために、その経営、スタフ（スタッフのこと。引用者注）等を半官半民の機関によって統一的に研究指導すること。各地方に日支民間の協力による刊行物の普及を計ること。勿論、飽くまでも日本当局の許可と支持を必要とするものであるけれども、この形式は事変の性質からみて、国策遂行上、最も効果的だと信じる。これら刊行物は最初は漢字版のみによるのであるが、将来、日支両文の記事を同時に掲載することになるであろう。　　　　　　　　　　（同243-244頁）

これに図書館の整備や開業医の進出やらの文化交流を視野に入れた提言が2、3続くのだが、かように東亜新秩序の明日は「輝かしき」ものではあった。これらが「直ちになし得ること」かといえば、「絵に描いた餅」の如しで、これが書かれた昭和14年の時局を見れば無理からぬことではあるけれども、一方でここに述べられた智恵袋は今日の日本語教育とどれだけの隔たりと精神的共振を持つかを考えてみる必要がある。
　なお、岸田國士は後に大政翼賛会文化部長に就任、プロパガンダの文化普及書として『力としての文化』（河出書房、昭和18年6月）を刊行するが、その第三話「戦争と文化」には六年前の北支戦線視察が大きな影を落として

いたことを指摘しておきたい。

7. 宣撫官の歌にみる「人間愛」の虚実

　宣撫工作を鼓舞するために宣撫官の歌も作られた。ひとつは「武器なき戦士」で、宣撫官のことを指し、また「戦場の母」とも称している。もうひとつは「蘇北の戦士」で、「蘇北」は江蘇省の長江より北の地方を指す。いずれも制作年代、作曲譜面は不明である。共通しているのは「興亜」という理想である。「興亜の泉」「興亜の鐘」のように、東亜新秩序の代名詞でもある。新たな歴史を刻むという使命感を歌ったもので、「五色の旗」は偽政権の国民党政府を擁した維新政府を指す。いずれも著書最終頁に収録されているのも特徴である。ここには宣撫に仕組まれた「人間愛」がのぞく。

　　武器なき戦士(宣撫官)の歌　八木沼丈夫作詞
　　一　空に照る陽はひとつだぞ　ああ韻る韻る
　　　　国旗の下にわれ死なん　屍越えて乗り越えて
　　　　君大陸の柱たれ　武器なき戦士宣撫官
　　二　四億の民は待ちなんぞ　ああ誓い立ち奮い立ち
　　　　兵馬と倶にわれ征かん　充ちたる恵みさながらに
　　　　脈打てと君雄叫べよ　戦場の母宣撫官
　　三　残存匪団なにものぞ　ああたぎり来る赤き血を
　　　　夏草深き野に注ぎ　乾ける土を呼び醒まし
　　　　興亜の泉湧かしめん　武器なき戦士宣撫官
　　　　　　　　　（青江舜次郎『大日本宣撫官―ある青春の記録』芙蓉書房）
　　蘇北の戦士
　　一　見はるかす蘇北の曠野　黎明のさやけき空に
　　　　はためくは五色の旗ぞ　今ぞ鳴る興亜の鐘に
　　　　夢は飛ぶ揺籃去りて　わがいのち炎と燃ゆる
　　　　あゝ燃ゆる蘇北の戦士
　　二　みどり濃き蘇北の山河　草光る蔭にぞ眠る

はらからの墓に誓ひて　　熱涙にくもる眸を
白雲の流れに馳せば　　　紅の血潮ぞたぎる
あゝたぎる蘇北の戦士

三　豊かなる蘇北の大地　　満ち足りし地平の果に
轟くはわれらが凱歌　　今ぞ見よ世紀の空に
わが叫び聖火となりて　中原の青史を照らす
あゝ照らす蘇北の戦士

(小島利八郎『宣撫官』錦城出版社)

　宣撫の実態については、当時の満洲国政府から刊行された『宣撫月報』があるが、広大な中国大陸の点と点を結ぶ工作の状況までは詳細に記録されてはいない。歴史の空白部分ともいえる記憶の歴史を、我々はいかに復元すべきか。歴史研究、教育史研究家に課せられた重い課題である。
　現在、中国の各地に大学などの高等教育機関のほかに、民間の日本語学校があるが、直接的な系累はないにせよ、ここで述べた宣撫工作としての日本語教育が戦火の中で行われていたことの意味を、「負」の遺産として記憶にとどめておくことは重要であろう。

8.　宣撫班日本語教科書『日本語會話讀本』

　『日語学校』では教える日本語教材をどう調達するか、という議論から出発する。白紙の状態から何を拠り所に作成すべきか。若い日本軍の兵士が深更まで純粋に明日の教材を準備する姿は確かに戦時下とは思えない感動が伝わる。本文中に

　　十二頁の謄写刷の「日本語第一巻」を完成した。

とあるのは、何らかの教材、教科書をモデルにした可能性があるが、それには触れていない。管見の限りではこの『日本語』がいかなる教材だったのか検証する術もない。架空の教材とも思えないが、現実には「ヘイタイサン」

などの単語や挨拶文句ぐらいしか教えられなかったのではないか。作品には住民や子ども達との触れ合いが描かれているが、かなり美化されている印象は否めない。

　一方、岸田國士の『従軍五十日』には『日本語會話讀本』という教科書が紹介されている。この「読本」は「宣撫班本部編」となっていて奥付もなければ作者も明らかにされていない。前章でも紹介したように本書をめぐっては、すでに中村（2002 他）による分析があるが、これまでの調査では 2 巻の存在が確認されている。第一巻は総 53 頁で 50 課あり、上段に漢字カタカナ（表音式）交じり文（漢字にはルビ）、下段には中国語訳がある。第二巻は総 71 頁で表紙も名称が大きく印刷され、50 課までの目次も掲載され、内容は高度な会話もあり、相当程度進んだ学習者に対して普及されたものと察せられる。会話の文体、内容は例えば日本軍人及び軍属向けの「軍用支那語会話」などと比較すると、穏やかな（命令・禁止調、普通体の文が少ない）仕上がりになっている。

　この『日本語會話讀本』については前章で詳しく述べたが、宣撫日本語教育の実態については中村重穂の一連の研究がある[8]。ただ、これらの教材を中国語の知識がほとんどない、「にわか仕立て」の教師にとっては、岸田が述べているように、苦心惨憺たる状況ではなかっただろうか。今日、日本語教師たちが常識的に行っている直接法のドリルなど想像もつかなかったのではないか。実際の効果、進度は思ったほど達成できなかったのではないだろうか。一方、であればこそ、どのような教授法が工夫・試行されたのか、興味が持たれる。松永健哉の『日語学校』はその困難な使用実態の一部を描いている。

9. 「軍用支那語会話」と中国語学研究者の戦時協力

　中国大陸に従軍した日本軍兵士がどのような中国語を前線で用いていたのか。交渉や偵察に通ずる兵士に限られていたと思われるが、例えば次のような雑誌の広告が、当時の時局を反映したものとしてうかがうことができる。

　「言語は各民族の文化を開く鍵である！」「弊店が自信を以て大陸進出の戦

士に贈る語学書！」。そのあとに、次のような参考書が連なる。

 (1)『華語大辞典』陸軍大尉　権寧世著
 (2)『支那語自修読本』法大・立大講師　陳文著
 (3)『学修必携支那語カード』横浜商専教授　本田清人著
 (4)『熟語・慣用句支那語カード』同右
 (5)『警務支那語会話』元陸軍通訳　桜庭巌著
 (6)『かなつき広東語会話』江川金五著

とりわけ、(5)は「第一線の警務に携わる皇軍兵士、宣撫班の諸士になくてはならぬ武器」とある。(3)や(4)のような、カード式の会話集も実践的自習書として提供されていたことが分かる。(6)には「南進日本の先駆を為す人々よ、是非本書一冊を必携あれ」とある。さらに、(5)の関連として次のような会話書も出版された(詳細は本書第3部第3章を参照)。

 (7)中澤信三著(陸軍予科士官学校教官・陸軍憲兵学校教官)
  『憲兵支那語会話』(蛍雪書院)昭和17年2月

これは文字通り、憲兵の日常業務に関わる会話書で、実務に必要な会話をまとめたもので、発音入門、仮名を付して直ちに応用できるように苦心して材料を集めた、とある。検問、検索、検挙逮捕、押送、検証、訊問取調、警備、受付などの章立てになっているが、これらの会話書はまた侵略の鉄証でもあった。こうしたきわめて初歩的で不十分な会話によって不当な取調が行われたことは容易に想像できる。
　数ある中国語教本のなかで1点あげておきたい。『支那語基準会話』(上下巻)(宮越健太郎・杉武夫共著、外語学院出版部)は四六判83頁前後ながら昭和14年11月の初版から1年もたたない翌15年8月まで22版を発行している。明らかに宣撫を目的に使用されたと思われる挿絵がある。「燕湖瞥見」(燕湖は広東省清遠市の景勝地)と書かれ、左側の日本兵士が中国人親子を慰撫する情景が描かれている。宣撫の実態をあらわす貴重な「映像」であ

宮越健太郎・杉武夫共著『支那語基準会話』(上下巻)

ろう。

　なお、『支那語雑誌』(蛍雪書院、1 巻 9 号、昭和 16.9)には、「軍用語特集号」として 60 頁にわたって会話が収録されている。「行軍」「宿営」「巡察」「偵察」「輸送」「施療」、そして「宣撫」「雇用」「作業」「歩哨」「訊問」「購買」と単語と実用会話が続く。なかには明確に侵略を象徴する会話が収録されている。語学研究、語学教育者の戦争協力という実態は明らかであろう。こうした会話書については、日本人研究者よりも中国人研究者(陳珊珊・王宇宏、2006 など)において、より問題意識化されるであろうが、本考察が日本人側の研究の一布石となればと思う。それはまた、言語教育が精神文化的な侵略の道具として大きな感化勢力となるからである[9]。

10.　おわりに

　松永は『日語学校』執筆以前にその原型ともいうべき「戦区を行く(第一信)—南支教育ところどころ」を書いている。そのなかで現地人を「土民」とよび、老人と子どもは荷物の運搬を手伝う場面がある。日本軍の手伝いに

駆り出されたものだろう。少年(小孩)は常に彼等の宣撫の対象であった。

　　大人のおどおどした態度に比べて子供はとても明るい。兵隊に貰った乾麺包や缶詰をムシャムシャたべながら歌でも歌い出しそうに愉快に手伝っている。不思議な話である。手招きするとニコニコしてやってくる。その虚心な表情を見ると、言葉が通じない筈はないと思う。実際ニコニコし合って直ぐ仲良くなってしまう。しかし言葉は広東語の通訳にもよく通じない。ナマリが多いのである。
　　　　　　　　　　　　　　　　　　　　　（「戦区を行く」1939.1）

　同誌『教育』には第二信が見当たらないが、約 2 年後に発表された「日語学校」(昭和 16 年 10 月、11 月)がその肩替りをした可能性もある。ただ、こうした比較的長閑な宣撫班の行動が実態の全てであったわけではない。前章で挙げた石川達三の『生きている兵隊』にも宣撫官の行動が記されていたが、作家結城昌治は宣撫の限界を別の視点から次のように述べている。

　　日本軍は中国大陸の広大な地域にわたって占領政策を拡張したが、それは局部的な点の占領に過ぎず、例えば湘李村東方の分遣体の場合も、完全に占領したと言えるのは設営した陣地内に限られ、一歩外に出ればいつ襲撃されるか分からぬ危険を伴っていた。(中略)実際に村を支配する者は別に存在して、日本軍が離れた途端にそこはもう八路軍の支配下なのである。警備隊は全く役に立たないし、情報を提供する密偵はつねに「敵側に通じているとみなければならない。八路軍の支配は、日本軍の宣撫工作が不能といっていいほど住民の間に深くしみこんでいるのだ。だから討伐行は、日本軍の存在をしめす示威行動の意味しか持たず、またそれをしなければ、敵に侮られて分遣隊そのものが存在を脅かされるのだった。

　　　　　　　　　　　　（「敵前逃亡・奔敵」『軍旗はためく下に』所収）

　村長や村民が日本軍に対して笑顔で迎え、物資の徴発に応じたり進んで情報を提供したりするなど一応の協力をしながら表立った抵抗はなかったにせよ、それはあくまでは彼らの自衛のための日常戦術、便衣の仮装であった。

宣撫官が携わった日本語教育は、いわば草莽の歴史であった。だが、そこに民衆との触れ合いがあったことのみ強調することは許されない。侵略戦争下での宣撫もまた、苛酷な戦後を彼等、大衆人民に深い精神的傷痕を残したことも忘れてはならない。現在、中国の各都市、たとえば天津や山東省の済南などにも日本語学校がいくつも見られるのも、その淵源をたどれば過去の「草の根のファシズム」とまったく接点がないわけではない。

　一方、戦後から今日まで中国語教育、中国語研究に携わった人々は、戦時中の戦争協力、加担については重く口を閉ざした。この事実は、戦時日本語教育に殉じた人々の沈黙と合わせて、「負」の遺産として記憶に留めておかねばならない。同時に中国語教育を受けた宣撫班がどのような背景で日本語教科書の編集に関与したかについても今後の考察が俟たれる[10]。

注

1　『日本人名大辞典』(講談社 2001) などによる。1938 (昭和 13) 年に松永健哉らが設立した「日本教育紙芝居協会」創設時のメンバーには、劇作家の青江舜二郎、「つづり方教育」の推進者として知られる国分一太郎 (1911–1985)、児童文学作家の堀尾青史 (1914–1991)、宗教学者の佐木秋夫 (1906–1988) らがいた。当初は、紙芝居に関する基礎的研究と、「教育紙芝居」(「印刷紙芝居」とも呼ばれた) の出版・普及活動を行うことを目的にしていた。しかし、その直後に戦時下に入ったことで、教育紙芝居は、国策のための戦中マスメディアとして利用されることになる。日本教育紙芝居協会は「国策紙芝居」と称して、戦争に協力する国民教化を目的とした紙芝居を盛んに制作した。その感化力を高く評価された紙芝居を国が買い上げて全国に配布したため、印刷紙芝居の出版部数は、戦前の十倍程になったといわれる。なお、松永健哉の著作としては次のものがある。

　　　『教育の武器としての紙芝居の制作と実演』扶桑閣 (1936) ／『校外教育十講』第一書房 (1938) ／『教育紙芝居講座』元言館 (1940) ／『民族の母』四季書房 (1941)＊／『曙の子等に』大日本雄弁会講談社 (1942) ／『僕らの戦場』第一出版協会 (1943) ／『日語学校』帝教書房 (1943)

　　　　　　＊は長谷川啓監修『「帝国」戦争と文学 11』ゆまに書房復刻 (2004) 所収

2　朝日新聞社「写真が語る戦争」取材班(2009)、164 頁。
3　戦争にメディアがいかに加担したのか。戦争に突き進んだ背景に新聞やラジオといったメディアが民衆を熱狂させたという実態がある。(2010 年 2 月 27 日、NHK「日本人はなぜ戦争へと向かったのか」)。番組を通じて、宣撫もまた、聖戦遂行と戦意高揚へ貢献したことを再認識した。一方では武力抗日への殲滅戦を実行し、一方では武器なき戦士を投入した戦争をメディアは国益、国家的使命としての正義の絶叫のみ伝え、その結果、挙国一致体制、言論統制という道を突き進み、さらなる暴走を加速させた。軍、メディア、民衆というトライアングルの熱狂がもたらしたものは民衆の悲劇であった。日本を過信した宣撫の実態を、民衆の側からの視線によって、さらに検証していかねばならない。さらにペン部隊の中心人物であった火野葦平の活動を総括的に描いた「従軍作家」(NHK スペシャル 2013.8.5)もまた情報戦としての宣撫工作の実態を明らかにした。
4　「日本ニュース(NHK 戦前証言アーカイブス)」の 2 編はインターネットによって配信されている。王向遠(2005) 第八章に宣撫班の活動、宣撫文学について比較的詳しい紹介がある。宣撫工作についての包括的な研究はまだ進んでいないが、当時の日本文献を見ると下記のような一般雑誌にも現地の報告が掲載されている。
　　松岡孝児「北支民衆工作の基礎問題」、文藝春秋　1939.9
　　橋川時雄「日支文化工作の観点」、中央公論　1939.11
中国大陸では北支と中支、南支とでは宣撫工作の状況もそれぞれの地域性を反映していると思われるが、北支に限って見れば、その現況は福山芳夫(陸軍省軍務局歩兵少佐)の記述が比較的詳しい。それによれば、宣撫の主要工作要目は、「工作戦協力」「兵站線確保」「警備協力」「敵組織体破壊工作」「民心鑑定安撫工作」「新政工作」「新生工作」「救恤工作」「保護奨励工作」「経済工作」「教育文化工作」「団体指導」「一般調査」「特殊調査研究」の 10 項目があり、とくに「教育文化工作」のなかに、「普通学校日語学校開設指導」「ラヂオ放送指導」など 11 の小項目がある。
5　のちに『日語学校』(帝教書房 1943)として刊行された。戦死の間際に母を呼ぶ不良児の更生を扱った復活・若きインテリ兵隊の前線での日語学校・帰還した傷痍軍人の家庭などを描く。『青春の戎衣』(同)は若き兵隊の愛と死などを収録した姉妹書。
6　本書巻末附録 [2] に掲げた「姑娘宣撫行」にはその実態の一端が描かれている。
7　山本和夫(1941)「宣撫委員の記」、三省堂出版部『我らは如何に闘ったか』三省堂.
8　宣撫班による日本語教育、および華北を中心とする戦時下日本語教育の実態については中村重穂の以下の一連の研究がある。
　　中村重穂(2002)「大日本軍宣撫班と『日本語會話讀本』―日中十五年戦争期華北に

於ける日本語教育の一断面」『日本語教育』115 号

中村重穂（2002）「大日本軍宣撫班編『日本語會話讀本』の執筆者をめぐる一考察」『北海道大学留学生センター紀要』第 6 号　北海道大学留学生センター

中村重穂（2004）「宣撫工作としての日本語教育に関する一考察―元宣撫官への書面調査から」『日本語教育』120 号

中村重穂（2004）「宣撫班本部編『日本語會話讀本』の文献学的考察―その成立過程をめぐって」『北海道大学留学生センター紀要』8　北海道大学留学生センター

中村重穂（2005）「華北占領地治安工作に於ける日本語教育に関する一考察―杉山部隊本部編『㊙治安工作経験蒐録』を中心に」『日本語教育』127

中村重穂（2006）「宣撫班本部編『日本語會話讀本』の文献学的考察・その 2―南満洲教育会編纂教科書との比較を通して」『北海道大学留学生センター紀要』第 10 号　北海道大学留学生センター

中村重穂（2008）「興亜院派遣日本語教師の日本語教授法講義録に関する考察―資料：上野通久『日本語教授法講習会「」小学日本語読本巻四」教授法講義草集』」『北海道大学留学生センター紀要』(12) 1–25

中村重穂（2009）「日中戦争期華北占領地に於ける日本軍兵士による日本語教育の再構成の試み―公文書と戦争体験記に基づいて」『日本語教育』141

中村重穂（2014）「中華民国新民会と新民会中央指導部編『新民青年訓練所用日本語教本』：華北占領地日本語教育に於ける位置づけをめぐって」『日本語教育』158 81–96

9　「軍用支那語」のほぼ全貌については第 3 部第 3 章にて詳述する。

10　このほかにも出所記載不明の教材があるので紹介しておきたい。満洲教育史研究者の竹中憲一氏より譲り受けたものだが、「厳秘初歩日本語」巻二、と表紙に書かれた謄写版印刷の教材がある。巻一の続編であるが、目次はなく全文片仮名表記で丁寧体である。全 48 頁 B5 判で陸軍宣撫班作製のものと思われる。作成時期、入手経路は不明。

　　ハナガ　サキマシタ。
　　イクツ　サイテイマスカ。
　　ヤッツ　サイテイマス。

　　カミガ　アリマス。

イクマイ　アリマスカ。
イチ　ニ　サン　シ　ゴ
ゴマイ　アリマス。

イクマイ、ロク　シチ　ハチ　ク　ジュー

ドノ　イエニモ　ハタガ　タテテアリマス。
アレワ　ニッポンノ　コッキデス。

マンシューコク　チューカミンコク

また、表紙が無く【絵画】ではじまっている教材がある。家庭（食卓・茶碗・土瓶・箸等）、戸外（牛・馬・犬・羊・鶏・家鴨等）、動作（歩く・走る・字を書く・本を読む）であるが、これは挿絵が間に合わなかった草稿であろう。

コレワ　ホンデス　ソレワ　ツクエデス。

からはじまり、過去時制の文で終わっている（全46頁）。語彙も文例の提出順序についても一貫性にとぼしい。

キノーワ　サムイ　ヒデシタ。
ユキガ　フリマシタ。
キョーワ　ヨイ　テンキデス。

アツイ、アサ、ヒル、バン

　広東を中心とする宣撫班による中国南方日本語教育事情については、本書附録として南支派遣軍編輯部による雑誌『兵隊』掲載の「日語教師座談会」「宣撫姑娘行」などの一次史料を掲げたので参照されたい。また、松永健哉の「日語学校」のほかに中国大陸での日本語教師の日常を描いた下記文献が実藤文庫（東京都立日比谷図書館）に所蔵されているが未見である。矢部春（1943）『日語教師；日支を結ぶ婦人教師の手記』、東京柴山教育出版社．258p．［実1261］
　本章では宣撫文化工作について考察したが、これと対極にある中国側の「戦略とし

ての」日本語教育の実態がある。酒井順一郎「日中戦争期に於ける八路軍敵軍工作訓練隊の日本語教育」(日本語教育学会 2014 年度春季大会予稿集) は、抗日運動下の八路軍による日本語教育について中国現地の一次史料を用いた貴重な研究成果である。

参考文献

青江舜二郎 (1970)『大日本宣撫官―ある青春の記録』、芙蓉書房.
青木燕太郎 (1939)「対支文化工作に就て」『教育』7-4、岩波書店.
朝日新聞社「写真が語る戦争」取材班 (2009)『朝日新聞の秘蔵写真が語る戦争』、朝日新聞出版.
荒井とみよ (2007)『中国戦線はどう描かれたか―従軍記を読む』、岩波書店.
井上久士編・解説 (1989)『華中宣撫工作資料』十五年戦争極秘資料集 13、不二出版.
上田正昭、西澤潤一、平山郁夫、三浦朱門監修 (2001)『日本人名大辞典』、講談社.
王向遠 (2005)『"筆部隊" 和侵華戦争　対日本侵華文学的研究與批判』、中国昆崙出版社.
尾西康充 (2008)『田村泰次郎の戦争文学―中国山西省での従軍体験から』、笠間書院.
加藤迪男 (2001)『20 世紀のことばの年表』、東京堂出版.
笠原十九司 (2010)『日本軍の治安戦―日中戦争の実相』、岩波書店.
上泉秀信 (1939)「北支旅行者の傍白―対支文化工作の難かしさ」『教育』7-1 (1939.1).
鬘櫛久美子・野崎真琴 (2001)「戦時下における紙芝居に関する議論―雑誌『紙芝居』を中心に」、『名古屋柳城短期大学研究紀要』第 31 号 43-53.
関田生吉 (1943)『中支宣撫行』、報道出版社.
岸田國士 (1939)『従軍五十日』、創元社.
小池秋羊 (1939)『北支宣撫行』、第一出版社.
小島利八郎 (1942)『宣撫官』、錦城出版社.
五島慶一 (2006)「赤川武助『僕の戦場日記』論―手続き (プロセス) としての宣撫」、『三田国文』43、慶應義塾大学国文学研究室.
時局研究会 (代表福田俊雄) 編 (1939)『時局認識辞典』、日本書院. 日本図書センター復刻 (2002).
新東亜研究会編 (1939)『興亜ノート―新東亜の時事問題早わかり』、国民図書協会.
財団法人社会教育協会編 (1939)『平和の戦士宣撫班』、財団法人社会教育協会.
高倉テル (1939)「支那への文化工作と日本語」、『放送』第 9 巻 3 号、日本放送協会.
高沼順二 (1943)「中国に於ける日本語問題を論ず」『東亜文化圏』2-7. 東亜文化圏協会.
中尾七郎 (1939)「東亜指導民族の言語―正しき日本語の教授を如何にすべきか」、『帝国教

育』第 727 号　1939.5
中村重穂(2002)「大日本軍宣撫班と『日本語會話讀本』―日中十五年戦争期華北に於ける日本語教育の一断面」、『日本語教育』115 号.
福山芳夫(1940)「北支宣撫工作の現況」『社会教育』11 巻 127 号　1940.3 社会教育会　大空社復刻(1991)
防衛研修所戦史室編(1968)『北支の治安戦(1)(2)』戦史叢書第 18 巻、朝雲新聞社.
前田均(2001)「国分一太郎の従軍体験に基づく作品群」、前田富祺先生退官記念論集刊行会編『日本語日本文学の研究』、前田富祺先生退官記念論集刊行会.
松永健哉(1939)「戦区を行く(第一信)―南支教育ところどころ」、『教育』7-1 1939.1
松永健哉(1941a)「創作：日語学校　若き兵隊(二)」、『日本教育』1941.10 147–159
松永健哉(1941b)「創作：日語学校(完)」、『日本教育』1941.11 138–150
村上政則(1983)『黄土の残照　ある宣撫官の記録』、鉱脈社.
望月衛(1941)「防諜・宣撫・文化工作」現代心理学第 7 巻、『国防心理学』、河出書房.
文部省図書局(1939)「日本語の大陸進出」『週報』1939.5.22 号
山本和夫(1941)「宣撫委員の記」、三省堂出版部『我らは如何に闘ったか』、三省堂.
山本武利(2006)「日本軍のメディア戦術・戦略―中国戦線を中心に」岩波講座「帝国」日本の学知　第 4 巻　山本武利編『メディアのなかの「帝国」』、岩波書店.
結城昌治(2007)『軍旗はためく下に』、中公文庫.
吉見義明(1987)『草の根のファシズム　日本民衆の戦争体験』、東京大学出版会.

資料

『宣撫月報』十五年戦争極秘資料集補巻 25、不二出版　2005
『陣中便り第四輯　宣撫や討匪行』北支戦線片野部隊春日忠雄軍曹
華北広播無線電台編『初級日語広播教授課本』民国 26 年 11 月 8 日、天津・庸報社.

第 3 章
北京近代科学図書館における日本語普及事業
日本語教本を中心に

> 一般に二国家間の文化的提携親善が言葉を媒介と
> せざるべからざるは論を俟たず。而して一つの国
> 民の言葉の真実の理解は必然に言葉の背後なるも
> の、国民の生活と精神とまでに徹すべし。
> （『日文補充読本』巻一、「序」より）

1. はじめに

　第一次大戦終結後、混迷を深める日中関係の是正の一環として、文化交流の一大指標として浮上したのが、日本の対中国文化政策としての事業、いわゆる「東方文化事業」なる政策であった。これは義和団賠償金を資金とし、1923 年に制定・発布された「対支文化事業特別法」に基づいて施行されたもので、「東方文化事業総委員会」と称する機構を日中両国で組織し、共同して文化事業を推進していくことが目論まれた。本事業は日本側では「対支文化事業」とも称される。以後、「対支」という呼称は「対支文化工作」のように日中戦争後は頻繁に用いられるが、呼称の淵源はこの事業名にあった[1]。

　本事業の実態についてはすでに山根幸夫『東方文化事業の歴史―昭和前期における日中文化交流』(2005) があり、その全貌をほぼ正確に知ることが出来る。また、阿部洋『「対支文化事業」の研究』(2004) は、膨大な資料を駆使して克明に検証した大著である。その実態を解明し、具体的な内容を検証することは、当時の日本の文化政策にみる功罪を明らかにすることでもある。そして、その検証は現在の、そして将来の日本と隣国中国との意義ある関係性の構築にも少なからず知見をあたえるであろう。

　当事業は、具体的には北京人文科学研究所及び上海自然科学研究所の設立・運営、北京近代科学図書館及び上海日本近代科学図書館の開設、東亜同

文会及び同仁会への援助、東方文化学院の設立及び運営、中国留学生の受け入れをはじめ日中双方の人物交流など多方面にわたっていたが、底流する根幹は、政府レベルの外交と並行して広域なる日中の文化的な連繋を構築するものであった。同時にそこに日本が将来、大陸に進出、勢力拡大するための文化的言語的勢力拡大の野心もまた潜在（混在）していたともいえよう。

　戦時下における文化事業、学術交流とは何か。混迷する世界情勢、国際情勢の中で、いかに自国の文化を発信し、国際的連携と宥和関係を構築しうるか、といった命題は国益にも直接的間接的に反映するだけに、この過去の遺産から学ぶものは大きいといえよう。前2章では主として中国大陸に「進出」する日本語の末端の態様として宣撫班をはじめとする日本語の普及実態をみてきたが、本章では政府レベルで正式に日本語の「浸潤」がはかられていった実態を瞥見する。すなわち、当事業のなかで中心的役割を担っていた北京近代科学図書館の事業のひとつとして、そこに開設された日本語講座、および編集された日本語教科書を検分することによって、実施した日本語の移植による日本言語文化の発信の動態を検証するものである。図書館に所蔵された図書の傾向もさることながら、編纂された日本語教科書には少なからず日本文化発信の動態が看取されるであろう。北京近代科学図書館の事業については、上記諸研究の他にも小黒浩司「北京近代科学図書館史の研究（Ⅰ）（Ⅱ）」、岡村敬二「北京近代科学図書館の〈日本〉」などのすぐれた研究成果があり、本章でもこれらの蓄積をふまえながら、考察を進めていく[2]。

　日本は台湾、朝鮮をはじめ、占領地域の図書館を接収し、あるいは新たに開館した。中国では東方文化事業の延長に整備が進められていったが、図書館は日本帝国の「皇民化政策」と文化支配の重要な基地ともなった。「満洲国」における満鉄図書館、哈爾浜図書館などの果たした役割は極めて大きいものがある。以下では北京近代科学図書館における事業の1つであった日本語教育の実態、とりわけ編纂された各種日本語教本について、その内容を検分することによって、戦時下での言語文化発信の意味を問うものである。

2. 北京近代科学図書館の研究活動

上述したように「東方文化事業」は第二次世界大戦以前に 日本・中国共同運営で進められた文化事業の総称であったが、事業の代表的存在であった北京近代科学図書館は発足当初は「北京」を「北平」と称した。1936 年に北京（王府大街九号）に開館し、日本文化を中国に紹介することが設置目的であった。総合所報でもある『館刊』は昭和 12 年 9 月に創刊された。このほか月報『書滲』、さらに叢書があった。『館刊』が日本言語文化、文学の発信であったのに対して、月報『書滲』は毎月刊行された 10 数頁の事業紹介冊子である。編集・刊行は菊地租、木藤武俊、臼田潔、井上周介が当たった。日本語講座の授業内容も詳細に報告されており、同館の一次資料である[3]。

北京近代科学図書館編纂部では日本語教材の一環として日本文学の普及にも力を入れた。1 つは「館報」の刊行で、日本の古典文学、伝統文化の紹介につとめている。以下、収録主要記事を記す。括弧内は専門分野を示す。

・『館刊』創刊号　表紙題字張伯英
　昭和 12 年 9 月 22 日印刷、同年 9 月 25 日発行、総 205 頁。

日本古歌詮訳二則	銭稲孫	（文学）
日本精神と近代科学	永井潜	（自然科学）
日本国歌の由来	柯政和	（文学）
人工培養の腐朽の研究	十和田三郎	（生物学）
空中怪物航研長距離機	中正夫	（航空工学）
日本文学史書解題	塩田良平	（文学）
温泉治療の話	高安慎一	（一般教養）

このほか、日本の義務教育、日本の博物館一覧、また本館記事として成立経緯、本館開館式典祝辞、所蔵雑誌目録、日華事変中の本館日子、書誌を掲載した。日本の伝統文化、科学技術の紹介についての工夫が見られる。「空中怪物」と称する航研機は当時の東京帝国大学が設計し、陸軍の協力の下で、1938 年に当時の長距離飛行世界記録を樹立した、いわば日本の科学水

準の高さを紹介したものである。

・『館刊』第二号　表紙題字張伯英
　昭和12年11月27日印刷、同年12月5日発行、総232頁。

日本の風土と文学	久松潜一	（文学）
航空の生理	永井潜	（物理工学）
科学的精神と芸術	石原純	（自然科学）
華北の黒熱病	佐藤秀三	（生物学）
運命的問題	山室三良	（文学）

　このほか、本館記事として所蔵図書紹介、日本語講習会、日本語教科書編纂状況、本館刊行物紹介、および書誌を掲載している。

・『館刊』第三号　表紙題字張伯英
　昭和13年3月25日印刷、同年3月31日発行、総186頁。

絵巻物の芸術民俗学的意義	竹内勝太郎	（美術学）
琥珀と磁石の東洋科学雑史	桑木或雄	（物理学）
墨の物理的研究	中谷宇吉郎	（物理学）
都市と騒音	守田榮	（都市工学）
唐律令とその歴史的意義	仁井田隆	（歴史学）

　このほか、本館記事として雑誌目録、開館一周年記念事業報告、本館日本語講座学生作文、および書誌を掲載している。

・『館刊』第四号　表紙題字張伯英
　昭和13年7月5日印刷、同年12月10日発行、総158頁。

「潮音」講稿	銭稲孫	（文学）
黙照体験の科学的考察	佐久間鼎	（心理学）
近代絵画上の自然観	沢村専太郎	（美術学）

訳歌一小径	銭稲孫	（文学）
中世の文学	岡崎義恵	（文学）
中国文学と日本文学の交渉	鹽谷温	（文学）
日本絵画の特性	和辻哲郎	（美術学）

　このほか、島崎藤村、北原白秋、仁井田陞らの論考、および夏目漱石、志賀直哉、相馬御風の小品漢訳を掲載している。

・『館栞』第五号（開館二周年記念号）　表紙題字銭稲孫
　昭和13年12月5日印刷、同年12月10日発行、総194頁。

日本語と日本精神	谷川徹三	（文学・言語）
日本語の節読	戸塚武彦	（言語）
万葉集抄訳	銭稲孫	（文学）
三浦梅園の示唆	三枝博音	（思想哲学）
南画の位置	金原省吾	（美術学）

　『館刊』は第五号から『館栞』に改称した。表紙題字も銭稲孫となった。このほか青木正児、島崎藤村、佐々木信綱、佐藤弘らの論考、および島崎藤村、北原白秋、志賀直哉の小品漢訳を掲載している。

・『館栞』第六号　表紙題字銭稲孫
　昭和14年7月1日印刷、同年7月10日発行、総232頁。

日本思想史における否定の論理的発達	家永三郎	（歴史学）
北京の都市形態の概観	木内信蔵	（都市工学）
日本古歌詮訳（四）	銭稲孫訳	（文学）
孔子の東亜史における地位	宮崎市定	（歴史学）
東洋民族と日本文明	長谷川如是閑	（文明学）

　このほか、小宮豊隆、島木赤彦、田辺尚雄、加藤繁、布村一男、久松潜一らの論考、および北原白秋、芥川龍之介の小品漢訳を掲載している。

とりわけ第五号に収録された「日本語と日本精神」「日本語の節読」といった日本語論、歴史思想家の家永三郎、心理学研究者の佐久間鼎、歴史学者の宮崎市定、哲学者の和辻哲郎、文明評論家長谷川如是閑といった当代日本知が中国人にどのように受容されたかは定かではないが、戦時下においてこれだけの著名な知識人、学者による日本の近代文学をはじめ、学術研究の成果である論考を漢訳したことは日本学の貴重な発信であった。おしなべて日本民族、日本伝統文化の優秀性、先進性を鼓吹する内容である。このほか、日本語講座の受講者数、時間割、学習時間、教授科目などが彙報として報告されている。また、開講式、修了式のスピーチや学生の日本語作文も収録されており、当時の日本語講座の状況を知る意味で興味深い。

3. 日本語教本にみる日本及び日本語の思想

戦時下中国大陸における日本語教育は非常に広域に及ぶがゆえにその全貌を正確に把握するのは困難であるが、『㊙興亜院執務提要』(1940.5 興亜院政務部)、第四部「支那に於ける日本の文化施設」によれば、昭和15年5月の時点で、次の機関が正式機関としてあげられている。

> 東西文化協議会、東亜同文会、善隣協会、東亜振興会、東方文化事業総委員会、東方文化事業上海委員会、中国留日同学会、中国留日同学かい事業資金委員会、東亜同文書院、天津中日学院、崇貞学園、上海日語専修学校、財団法人愛善日文協会、淄川風井学校、北京同学会語学校、北京大学、北京大学農学院、など33の機関

このほか政府公認の日語学校の運営は次の4校だけであるとしているが、実際には民間学校を含めれば相当数が存在していたと思われる。

> 上海日語専修学校、北京同学会語学校、北京近代科学図書館、上海近代科学図書館

これらの運営の実態については資料が分散、ないし非公開のため今後の検証が俟たれるところである。

　東方文化事業は、初期には多岐にわたる事業をかかえていたが、日中事変が勃発するや、対支文化工作の具体的な展開が焦眉の急となった。とくに日本語の進出、普及をどのように展開していくかに力が注がれることになる。

　とりわけ図書館の事業のなかで大きな比重を占めたのが、日本語講座、日本語教育である。またこれと連動して、種々の日本語教科書が作成され、普及の役割を担った。北京近代科学図書館における日本語講座の実態については、川上尚恵（2006、2010）によって大要を知ることが出来るが、そこで用いられた教科書の内容についてはなお詳細な検証が必要である。教科書編纂において何を伝えたかったのか、何を学習者に涵養させたかったのか、その内容を見ることによって、当時の教育の「遺産」の一端が見えてくるかもしれない。

　北京近代科学図書館で編纂された日本語教科書は次の4点である。ここでは本章の副題に記したように、これらを「日本語教本」と総称する。

　　(1)『初級日文模範教科書』　巻一〜巻三　（以下、「初級」とも略す）
　　(2)『高級日文模範教科書』　巻一〜巻三　（以下、「高級」とも略す）
　　(3)『日文補充讀本』　巻一〜巻六　（以下、「補充」とも略す）
　　(4)『日本語入門篇』　（以下、「入門」とも称す）

　(1)、(2)はいわば正規の教科書で、(3)は初級から上級までの一貫した編集の副読本として位置づけられる。(4)は短期間で日本語の導入をはかるもので、(1)と並行して、あるいは短期講習向けに用いられたようである。

　大陸における日本語教科書教材の作製については多種多様な要求と現状をふまえた試みがなされたが、石黒修（1940）ではその現状の多難さを述べている[4]。また、当時国立北京師範大学の篠原利逸は一連の論考の中で表記上の問題を筆頭に教科書の比較検討をしながら改善策を述べている。とりわけ篠原（1943）では北京近代科学図書館編集の3種、すなわち『日文補充読本』、『初級日文模範教科書』、『高級日文模範教科書』をふくめ、平仮名・片

仮名、発音などをめぐって、18種の教科書を比較して、その整理の煩雑さを述べている[5]。仮名遣いについては、3種は「小学国語読本」の国定第四期、いわゆる"さくら読本"に準じており、「内地」向けのものであって、「外地」向けに独自に組まれたものとはいえない。3種以外は次のような日本語教本が挙げられている。多くが満洲国日本語教育からの「流・転用」である。

> 『小学日本語読本』、『正則日本語読本』、『初中日本語』、『階梯中等日本語読本（上）』、『速成日本語読本』、『対訳新体日語読本（入門編）』、『日本語話方入門』、『日本語入門』、『日本語初歩』、『正則日本語講座』、『中等日本語読本』、『標準日本語教科書（口語篇）』、『小学国語読本』、『ハナシコトバ』

原田直茂（1938）は支那事変以降、高まる大陸の日本語熱に呼応するためには文部当局は思い切って仮名遣いを改訂すべきとして、大陸向けの数種類の読本入門（大人向け、速成用、学校用、児童向け）を編纂すべし、と提言している。その際、とくに配慮すべしとの材料として、(1)「日本人の美質；国民性の優秀さを現すもの」、(2)「日本の国体の優秀卓越性を現すもの」、(3)「日本文化（精神的、物質的）の方面の紹介」を掲げた。こうした混沌とした教材環境のなか、効率の高い日本語教授、普及のためには講座用の、首尾一貫した教科書がぜひとも必要であった。そしてまたこれは近代科学図書館の存在を確たるものとするための最優先の事業であり、教科書の刊行がその教育機関の存在を広く知らしめる重要な道具であるとの認識であった。

　教科書名は明快で、文字通り「初級」は初学者から初中級向け、「高級」は中上級学習者に供するもので、「補充」の前半3巻は「初級」、後半3巻は「高級」の副読本的性格を有する。

　短期間の間に、しかも制約された環境のなかで開発された教材として不備はあるものの、いかに日本語講座の充実につとめていたかが判る。一方で、結論を先取りして述べれば、本文は読み物的な本文主体で、練習教材的な性格はどこにも見られない。学習者間の、あるいは日本人との伝達行為を想定したような構成も見あたらず、ただ内容を羅列した印象である。教師が教室

でどのように工夫していたかは想像するほかないが、少なくとも近代の外国語学習法、科学的教授法に依拠したものではない。このほかにも当然ながら副教材、臨時的な配布物もあったと思われるが、現存するものとして確認はできない。以下ではこれらの日本語教本について概観する。

4.『初級日文模範教科書』全 3 巻の概要

　この 3 冊の教科書のみ、表紙に「北京地方維持会文化組織審定」と記されているが、教科書検定を行った組織の実態、審定（審査決定）の経緯はここでは触れられない。「模範」とあるように、初級学習レベルの標準をしめしたもので、現代にならえば「標準日本語」ということになろう。序には「中等学校学生の日本語課程のための教科書」、とある[6]。

　巻一は昭和 12 年 10 月初版。全 56 課から構成され、目次はなく、片仮名のよる五十音と発音教習が 10 課まで続いた後、11 課から 19 課まで長音、複合音の教習、20 課の品詞解説と続く。発音教習では数語、語彙単位での修得・確認を行うよう配慮されている。表 1 に、21 課からの内容を概観する各課一頁の構成で、9 つ程度の文例を収める。漢字には総ルビが付されている。「〜してようございますか」などの敬体に特徴が見られる。本文は 66 頁、教授上の要点を記した「教授参考」は 17 頁、各課訳文は 14 頁が充てられ、教授・学習の便に供されている。巻一は昭和 12 年 10 月 17 日初版が刊行されたが、わずか 1 ヶ月の間に四版を重ねた。片仮名の導入は発音練習も兼ね、語彙単位での定着を目指した。

　次に巻二をみてみよう。昭和 12 年 11 月 10 日に刊行された。全 116 頁。巻一の基礎を終え、片仮名表記から平仮名表記に移行するも、数ヶ所に片仮名表記を 13 課分、すなわち 3 分の 1 を挿入せしめ、日本語表記の体系を習得させようとの試みが窺われる。表記体系の錬成はまた日本語の美の総和という狙いもあったものと思われる。「本文」「教授参考（文法解説）」「各課訳文」の構成に変わりはない。それぞれ 58 頁、28 頁、26 頁である。漢字のルビは巻二と同様に片仮名表記である。6 課以降、漢字平仮名混じり文と漢字片仮名混じり文は、それぞれ 16 課、17 課とほぼ同等の配分である。

表1 『初級日文模範教科書』巻一の目次と内容

課	内容	課	内容
21	「と」による名詞の組み合わせ	39	動詞命令形、なさい
22	「の」による名詞の組み合わせ	40	なさい、動詞勧誘文ませんか、
23	数字、助数詞「個」	41	時候の挨拶、天気、気象
24	助数詞と時間詞、月週日	42	年月、季節、起床時間
25	形容詞の修飾用法、複合名詞	43	動詞のナイ形、ないでください
26	動詞文、形容詞文、「は」と「が」	44	会話文と地の文、お遊び
27	動詞文、格助詞「を」、「に」	45	気象、「だす」「てくる」
28	存在文、指示詞、位置詞	46	動詞授受文、てくれる、やる
29	疑問文、指示詞「これ、この」	47	動詞授受文、てあげる、てくださる
30	指示詞、「である、でございます」	48	説明文、である文、私の学校
31	形容詞文の敬体、ございます	49	街の光景、描写表現
32	形容詞文の敬体、否定文	50	舌切り雀①、抜粋、丁寧体
33	常体、動詞タ形述語文、	51	舌切り雀②、抜粋、丁寧体
34	丁寧体、動詞述語文、テイル	52	許可願い、禁止文
35	丁寧体、動詞述語文、テヲル	53	果物、嗜好、最上級
36	丁寧体、動詞述語文、否定文	54	故事抜粋、テ形接続
37	動詞文「ましょう」、「でしょう」	55	故事抜粋、引用文
38	動詞文、日常の動作	56	買物、助数詞、値段

「能力句」、「被動句」などの用語は中国人学習者の理解を助ける配慮であろう。手紙や日記という実用文の書き方、昔話による日本文化紹介、挨拶、生活問答などの日常生活の規律などの理解を図ったところもある。会話構成は6課あり、北京見物のような異文化理解の内容も織り込んでいる。「桃太郎」は物語文であるが、「鬼(欧米)退治」にみる題材は、当時の大東亜共栄圏の拡張を象徴するものであった。総じて、この段階では丁寧体を使用している。

次に巻三をみてみよう。昭和13年1月1日初版が刊行され、編者としてはじめて山室三良の名前が見える。発行責任者は巻一、巻二と同じく同じく

表 2 『初級日文模範教科書』巻二の目次と内容

課	表題	備考	課	表題	備考
1	平仮名 一	あ、か、が行	22	被動句 二	漢字片仮名、丁寧体
2	平仮名 二	さ、ざ、た、だ行	23	蛙 一	漢字平仮名、丁寧体
3	平仮名 三	な、は、ば、ぱ行	24	蛙 二	同上
4	平仮名 四	ま、や、ら、わ行	25	蛙 三	同上
5	伊呂波歌	五十音のまとめ	26	時計	同上　会話丁寧体
6	山の上	普通体	27	学校で	同上　同上
7	考へ物 一	漢字片仮名、丁寧体	28	笹船	漢字片仮名、丁寧体
8	考へ物 二	漢字片仮名、丁寧体	29	私の家	漢字平仮名、丁寧体
9	春	漢字平仮名、丁寧体	30	生活問答	漢字片仮名、会話
10	お月さま	漢字片仮名、丁寧体	31	日記	漢字平仮名、丁寧体
11	能力句 一	漢字平仮名、丁寧体	32	鼠の智慧	漢字平仮名、丁寧体
12	能力句 二	漢字平仮名、丁寧体	33	途上	漢字平仮名、会話
13	桃太郎 一	漢字片仮名、丁寧体	34	手紙	漢字片仮名、会話
14	桃太郎 二	同上	35	月と雲	漢字平仮名、丁寧体
15	桃太郎 三	同上	36	金魚	漢字片仮名、丁寧体
16	桃太郎 四	同上	37	買物	漢字平仮名、会話
17	桃太郎 五	同上	38	中村君	漢字平仮名、丁寧体
18	桃太郎 六	同上	39	山雀の思出	同上
19	挨拶 一	漢字平仮名、丁寧体	40	北京見物	漢字片仮名、会話
20	挨拶 二	同上	41	北風と南風	漢字片仮名、丁寧体
21	被動句 一	漢字片仮名、丁寧体	—		

石倉善一である。全29課で「本文」「教授参考」「各課訳文」はそれぞれ63頁、18頁、32頁だが、巻一、巻二同様に練習問題はない。内容は豊富になり、日本人の発想、文化様式などを通じて、情操教育、自然科学的な知識教育を狙いとしていることがうかがわれる。日常会話では挨拶習慣など、日本人の「和」を基調とした内容が多い。2「鯉のぼり」、6「東京駅」、7「日本三景」、5.11「汽車で東京へ行く」は日本事情、12「郵便箱」、16「薬缶と鉄

表3 『初級日文模範教科書』巻三の目次と内容

課	表題	備考	課	表題	備考
1	朝(詩)	韻文、常体	16	薬缶と鉄瓶	丁寧体*
2	鯉のぼり	丁寧体	17	鍛冶屋	丁寧体*
3	燕	丁寧体*	18	マリーの機転	丁寧体
4	兄さんの入営	丁寧体*	19	馬	丁寧体
5	汽車で東京へ行く(上)	丁寧体	20	初対面	丁寧体*
6	東京駅	同上	21	航海の話	丁寧体
7	日本三景	同上	22	コロンブスの卵	丁寧体
8	熊の私語	同上	23	犬ころ	普通体
9	雨	丁寧体*	24	分業	普通体
10	水災見舞	丁寧体	25	胃と體	丁寧体
11	汽車で東京へ行く(下)	丁寧体	26	朝鮮人参	丁寧体
12	郵便箱	丁寧体	27	鷲	デアル体*
13	氷すべり	普通体	28	動物の色と形	デアル体*
14	虎と蟻	丁寧体	29	手紙	丁寧体、手紙文
15	汽車問答	丁寧体	—		

瓶」、25「胃と體」では擬人法を用いた表現を試みている。＊は漢字片仮名混じり文で8課、普通体は6課を数えるが、そのうちデアル体が二課後半に配置されている。内容としては日本紹介が多くなっている。13「氷すべり」は満洲事情。14「虎と蟻」、16「薬缶と鉄瓶」、25「胃と體」、28「動物の色と形」のように「と」で両者の特徴を対比する説明の仕方も考慮されている。19「馬」では軍馬の役割について述べており、戦争が題材の一部になっている。24「分業」はマッチ製造所の見学である「相持」は「協力」の大切さを意味する(下線、引用者)。

　　分業で仕事をする時、誰か一人の手際が悪いと、全体の出来までも悪くなる。やはり世は相持のものである。

4「兄さんの入営」は本課の中でも際立った内容である。国内の『小学国語読本』第4期にも収録されているもの。「入営」は「出征」の光景である。

　　八時ガ鳴ツタノデ、皆揃ツテ出カケマシタ。氏神様ヘオ参リヲシテ、ソレカラ停車場ヘ行キマシタ。停車場デハ、村長サン、校長サン、在郷軍人、青年学校ノ人達ガ大勢集マツテキマシタ。兄サンヲ見ルト、「オ芽出度ウ。」「オ芽出度ウ。」ト言イマシタ。兄サンハニコニコシテ、皆ニオ辞儀ヲシマシタ。
中略
　　私ガ大キナ声デ、「兄サン、御機嫌ヨウ。」ト言ウト、オ父サンモ続イテ、「シツカリヤツテ来イヨ」トオツシヤイマシタ。汽車ハ静カニ動キ出シマシタ。「万歳。万歳。」皆ハ、夢中ニナツテ叫ビマシタ。兄サンハ汽車ノ窓カラ顔ヲ出シテ、何遍モ帽子ヲ振リマシタ。

「シツカリヤツテ来イヨ」という父親の会話、「夢中ニナツテ叫ビマシタ」「何遍モ帽子ヲ振リマシタ」の情景説明は日本語学習者である被支配側の一般民衆にどのような感情で迎え入れられたのであろうか。同化教育の本質、典型ともいえる内容である。

5.　『高級日文模範教科書』全3巻の概要

　先に見た『初級日文模範教科書』の続編で、併せて6巻本とする。「高級」とあるように、中上級レベルの教科書である。日中戦争が全面戦争に突入した翌年、昭和13年2月から順次刊行された。全3巻とも編者は山室三良（北京近代科学図書館責任者）、発行兼印刷者は石倉善一（北京近代科学図書館内）である。定価は「金参拾銭　銀参角」などとあるように日本円価格と中国価格とに差額が見られる。本書の「例言」（序言）によれば初級中学三年間にこの6巻を修めるとある。本課は26篇を撰文し、そのうち文語文7篇を含む。全80頁で、56時間を充てるとある。内容『初級』よりも充実を目指し読解を重視して会話文は少ない。毎課の訳文は巻末に収録されているが、『初級』に見られた教授参考はなく、教員が自由に対応すべしとの説明

がある。また各課の訳文は直接法の講義により意訳も見られるが、教員は授業時での逐次説明が、また語法と句法(語彙)については教授の際の説明が求められる。『初級』各巻の文章は談話体であったが、本巻からは文章体を主体とし、読み書きの力を強化すること、ただし巻一は談話体を多少含むとある。さらに後述する既刊の『日文補充讀本』を併用して相補うことが提言されている。以下、巻一から巻三までの収録内容を瞥見する。

『高級日文模範教科書』巻一:全27課、120頁。本文80頁、各課訳文40頁。昭和13年2月19日印刷、昭和13年2月22日発行。価格は金拾四銭(日本人向け)、銀壱角四分(中国人向け)、とある。

漢字平仮名混じり文がほとんどで漢字片仮名混じり文(*)は五課である。

内容は書き下ろしを含め、出典不明のものが多い。漢字のルビは漢字平仮名混じり文では平仮名を、漢字片仮名混じり文では片仮名を附す。1頁は概ね30字×10行の構成となっている。巻末に各課訳文を収録する。

出典のないものは書き下ろしまたは典拠不明のものである。本巻内容については伝統的な日本人の心情、日常慣習、自然科学の知識、古今東西文化の成功譚、社会の仕組み、恩恵、人生訓、自然観、生命観が盛り込まれている。また、古今の伝記に加え、日本の各都市(横浜、大阪、名古屋)の事情、及び22「ヨーロッパの旅」のように欧州の各都市(ロンドン、パリ、ベルダン、ジュネーブ)の紹介では空間的、世界的視野を養う意図が窺われる。ベルダンでは独仏戦争の「ベルダンの丘」を紹介している。20「故郷」は「人間至る處青山あり」で結ばれている。19「雲のゆくへ」はわずか四行詩のように分量の差が大きい課がある。漢字片仮名混じり文と文語体は官公庁文書講読の養成を狙ったものであろう。西洋詩人や作家の文章、欧州紀行などの風物を採り入れたのもモダニズムの主張が看て取れる。

『高級日文模範教科書巻二』:全24課。本文97頁、中国語訳・註154頁。

巻一から3ヶ月後の昭和13年5月に刊行。巻一を踏襲しながらもより多くの名文を収録、読本的な色彩を強くしている。巻一にはなかった註を訳文とともに収録している。ペスタロッチなどの教育論、遺訓、教訓譚が比較的

表4 『高級日文模範教科書』巻一の目次

課	題目	分野	出典　文体など
1	潮の音	詩　韻文	島崎藤村「藤村詩集」漢字平仮名文
2	星の話	生活文	会話常体　漢字平仮名文　出典不明
3	灯台守の娘	物語文	常体　出典不明　漢字平仮名文
4	横浜(*)	説明文	文語文　漢字片仮名文　出典不明
5	伝書鳩	随筆	常体、デアル文　漢字平仮名文
6	春の朝	詩　韻文	ロバート・ブラウニング　上田敏訳
7	太陽	説明文	常体、漢字平仮名文
8	大阪(*)	説明文	文語文、漢字片仮名文　出典不明
9	裁判	解説文	常体、一部文語文　漢字平仮名文
10	若き人々へ	随筆	常体、漢字平仮名文、高村光太郎の文
11	名古屋市(*)	説明文	文語文、漢字片仮名文　出典不明
12	鱶	物語文	常体、漢字平仮名文、出典不明
13	人と火	説明文	常体、漢字平仮名文、出典不明
14	無言の行	故事	常体、漢字平仮名文、出典不明
15	社会奉仕の精神	解説文	文語文、漢字平仮名文、出典不明
16	虫の声・草の姿	随筆	常体、漢字平仮名文、相馬御風の文
17	手ノ働(*)	説明文	文語文、漢字片仮名文　出典不明
18	自治の精神	解説文	デアル常体、漢字平仮名文、出典不明
19	雲のゆくえ	詩、韻文	漢字平仮名文、島崎藤村
20	故郷	随筆	文語文、漢字平仮名文、出典不明
21	チャールズ・ダーウィン*	伝記	常体、漢字平仮名文、出典不明
22	ヨーロッパの旅	紀行文	丁寧体、漢字平仮名文、出典不明
23	法律	解説文	デアル常体、漢字平仮名文、出典不明
24	釈迦	物語故事	常体、漢字平仮名文、出典不明
25	商業	解説文	デアル常体、漢字平仮名文、出典不明
26	物ノ価(*)	説明文	デアル常体、漢字片仮名文、出典不明
27	輪踊り	詩、韻文	丁寧体　ポオル・フォール　堀口大学訳

表5　『高級日文模範教科書』巻二の目次と内容

課	題目	分野	文体、出典など
1	読書と交際	随筆	普通体　巖谷小波「桃太郎主義の教育」
2	ペスタロッチ	伝記	文語文　高等小学読本
3	短歌	韻文	相馬御風他9名の歌人の短歌
4	真理	随筆	文語文　高山樗牛「樗牛全集」
5	空中文学三篇	随筆	口語文　大仏次郎、久米正雄、小島政二郎
6	訓言一束	名言集	韻文、口語文　論語、など8篇
7	帰省	随筆	韻文、笹川臨風の文
8	足跡(詩)	詩	韻文、相馬御風
9	雀と人間との愛	童話	口語文、北原白秋「雀の生活」
10	達人の達観	伝記	韻文、黒岩周六「天人論」
11	蚊	随筆	口語文、荻原井泉水「山川行往」
12	俳句に就いて	説明文	口語文、高浜虚子講演筆記
13	俳句・川柳	韻文	俳句7句、川柳4句
14	南洲遺訓	名言集	韻文、西郷隆盛の文
15	史伝を読むべし	随筆	候文、大町桂月「新学生訓」
16	短歌	韻文	若山牧水他10首
17	胆力	随筆	口語文、嘉納治五郎「青年修養論」
18	月の世界	随筆	口語文、山本一清の文
19	嬉しさ	随筆	文語文、幸田露伴「長話」
20	やはらぎの心	随筆	口語文、生田春月「生命の道」
21	「まこと」と日本文学	説明文	口語文、久松潜一「上代日本文学の研究」
22	氷上競技(詩)	韻文	高村光太郎
23	賢母の教(1)	伝記	村井寛「近江聖人」
24	賢母の教(2)	伝記	同上

多く見られる。文体は口語文が多く見られるが、詩・韻文のほか、文語文、候文などを配置した点が特徴的である。

『高級日文模範教科書』巻三：本文 110 頁、中国語訳註 64 頁、全 24 課。

巻三は各課の本文の頁数が最も多く、内容は表の通り、文学作品を主体とする。同昭和 13 年 11 月に発行された。

表6 『高級日文模範教科書』巻三の目次と内容

課	題目	分野	文体、出典など
1	千曲川旅情の歌	韻文	島崎藤村「藤村詩集」
2	生きた言葉	随筆	口語文 「国語」(岩波書店)
3	啓国の宏達	神話	「女子国史教科書」(三省堂)
4	動力	説明文	口語文 中村康之助「工業読本」
5	麒麟(一)	伝記	口語文 谷崎潤一郎「麒麟」
6	麒麟(二)	伝記	口語文 同上
7	俳句	韻文	正岡子規他4名、計12句
8	無言の啓示	随筆	口語文、九條武子「無憂華」
9	線香花火	随筆	口語文、寺田寅彦
10	詩四首	韻文	太宰純、頼山陽、広瀬淡窓、頼醇
11	山頂の空	随筆	口語文、槇有恒
12	壺の手	伝記	口語文、柴田鳩翁「鳩翁道話」
13	和歌	韻文	在原業平他 15 句
14	土籠御書・歎異抄	名言集	韻文 日蓮、親鸞上人
15	屋根の上	小説	口語文、志賀直哉「暗夜行路」
16	言志四録抄	韻文	漢字片仮名交じり文 佐藤旦「言志四録」
17	元日	随筆	口語文、夏目漱石「永日小品」
18	朗詠	韻文	都有香他 6 名の漢詩、読み下し文
19	兼好のことば	随筆	文語文、吉田兼好「徒然草」
20	随筆の説	随筆	五十嵐力「国文学者一夕話」
21	春は曙	随筆	文語文、清少納言「枕草子」
22	必読の古典	説明文	口語文、文学史 三木露風「詩歌の道」
23	万葉集抄	韻文	柿本人麻呂他 5 名、漢文読み下し文
24	年中行事の興趣	伝記	口語文、吉澤義則

準備期間があったにせよ、1年という短期間にこれだけの教本を編纂し得たことは、あらためて同館の日本語普及に尽力した事業の大きさが窺われる。

書名にあるように「模範」となるものを意識したところに特色が見られるが、総じて日本語の美的感性を修養させる狙いが強く窺われ、同時に高踏的な内容を通して精神修養的な趣の強いものとなっている。訳注をつけても理解するのは甚だ困難を伴う。日本語の規範的な姿を追うあまり、実際の教授法については教授者任せの観があり、強制的一方的な紹介という印象が強い。

こうした日本言語文化の紹介を兼ねる日本語教本は第2部第3章で扱う満洲国建国大学における高級日本語教科書(『高等日語文範』)の編纂に影響を与えたことも十分考えられよう。

6.『日文補充讀本』巻一～巻三の概要

本日本語教本は、「補充」の名の示す通り、すでに刊行された『初級日文模範教科書』および『高級日文模範教科書』の副教材的な性格をもつ[7]。巻一の「序」には北京近代科学図書館の沿革、活動経緯とともに、日本語講座設置の意義が記されているので、全文を引用する(下線、引用者)。

わが北京近代図書館はここにその開館一周年を卜し、記念出版物の一として日文補充読本を発行す。時あたかも今回の日支事変の後、華北一帯の治安つとに回復し、日本・日本人および日本語に対する理解と知識獲得の熱情慰然たるを見る。館に職を奉じ一意日支両国の文化溝道提携親善に微力を竭し来れる我等として、この秋この日この書を世に送る、感転た深し。西哲謂えるあり、「一つの新しき言葉を知るは一つの新しき世界を知るなり」と。まことに言葉は単なる思想表現の道具に非ず、古き日本の「ことだま」なる観念の意味する如く、之を人間の「たましい」そのもの、「いのち」そのものと観じ、而して「いのち」が「場」的存在として生くるその場を「世界」と念ぜば、一つの新しき言葉の真実の理解とは実に一つの新しき「いのち」の世界の理解の謂にして、「いのち」の世界の理解とは二つの「いのち」の真実の

融合に他ならず。
　一般に二国家間の文化的提携親善が言葉を媒介とせざるべからざるは論を俟たず。而して一つの国民の言葉の真実の理解は必然に言葉の背後なるもの、国民の生活と精神とまでに徹すべし。近代日本の発達せる科学・産業・技術に関する図書を収蔵閲覧せしめ、乃至その他文化的諸事業を以って、中国学界及び一般社会に資するところあらむとして設立されたる本館は、此の設立の趣旨と言葉に関する彼の信念の下に、響に日文模範教科書巻一及び二を発行せるが、この書が教科書としての制約の下に言葉の概念的知識を主とせるに対し、学習者の日本語への親愛と習熟とを培い以って両々相補わしむとして、ここに日文補充読本の刊行を計れり。
　本読本は本館開館記念事業として、その第一巻を記念当日に発行し、以後一年間に全六巻を刊行せむとす。刊行の趣旨と信念とは前述のごとし。されども、日本内地を距る事遠き北京の地に在りては、資料の収集も編纂の人員も印刷の技術も意に任せぬことのみ多し。ただ願うところは先輩諸賢の批正と指導を得て、本書が第一巻と庶幾に近づかむことのみ。
　　　　　　　　昭和十二年十二月　北京近代科学図書館館長　山室三良

ここには精神文化を学び、吸収するツールとしての言語＝日本語の姿が鮮明に浮かび上がってくる。また、基礎学力としての「概念的知識」の函養を図った後、本教科書が「日本語への親愛、習熟」に力点を置いていることが特徴的である。「親愛」とは「親しみ」という心情である。「習熟」とはひたすら「慣れる」という行為である。この「心情」と「鍛練」を両輪として言語学習の牽引を図ろうとしたことに、他民族を教育し、函養せしめようとした言語教育の本質が通底した。「日語補充読本」は書名では「日文補充読本」であるが、「日文」「日語」は「中文」「漢語」の名称から来たものであろう。日本語への親しみと習熟を意図したものとも考えられる。
　次に目次をあげて特色を検討する。
　巻一は昭和 12 年 12 月 5 日発行（発行者：石倉善一）、全 30 課、全 62 頁全文、漢字片仮名混じり文。北京近代科学図書館編集部編、金十四銭、銀壱角四分で、日本人向け、中国人向けの別価格表示である。

表7 『日文補充讀本』巻一の目次と内容

課	題目	内容	体裁
1	春ガ来タ	唱歌	漢字片仮名表記、ルビ
2	運動会	会話文	漢字片仮名表記、ルビ
3	タンポポノ実	会話文	漢字片仮名、ルビ
4	ヒヨコ	会話・説明文	漢字片仮名、ルビ、丁寧体
5	猫	説明文	漢字片仮名、ルビ、丁寧体
6	一ビキ足リナイ	会話・説明文	漢字片仮名、ルビ
7	林檎	説明文	島崎藤村「おさなものがたり」
8	カナリヤ	韻文	唱歌(西条八十)
9	蟻ノ行列	説明文	漢字片仮名、ルビ、丁寧体
10	朝顔	会話文	漢字片仮名、ルビ、丁寧体
11	怠ケモノノ驢馬	説明文	漢字片仮名、ルビ、丁寧体
12	シリトリ	会話文	漢字片仮名、ルビ、丁寧体
13	ケンチャン	会話・説明文	漢字片仮名、ルビ、丁寧体
14	短文三篇	会話・説明文	(ままごと、おみやげ、凧あげ)
15	夕方	説明文	漢字片仮名、ルビ、丁寧体
16	考エモノ	説明文	漢字片仮名、ルビ、丁寧体
17	汽車	会話・説明文	漢字片仮名、ルビ、丁寧体
18	猿ト蟹	会話・説明文	漢字片仮名、ルビ、丁寧体
19	小サナ駅	描写文	漢字片仮名、ルビ、常体
20	旅ノ飴屋サン	会話・説明文	漢字片仮名、ルビ、丁寧体
21	金ノ斧	物語文	漢字片仮名、ルビ、丁寧体
22	長イ道	散文詩	漢字片仮名、ルビ、常体
23	短文三篇	会話・説明文	漢字片仮名、ルビ、丁寧体
24	猫ト狐	民話、昔話	漢字片仮名、ルビ、丁寧体
25	親馬子馬	民話	漢字片仮名、ルビ、丁寧体
26	赤い鶏	会話・説明文	漢字片仮名、ルビ、丁寧体
27	ウグイス	会話・説明文	漢字片仮名、ルビ、丁寧体

28	コブトリ	会話・説明文	民話、漢字片仮名、ルビ、丁寧体
29	花咲爺	昔話	漢字カタカナ、ルビ、丁寧体
30	幸福	物語文	藤村読本第一巻*

23「短文三篇」は「雪降り、鼠、アカチャン」という小文を載せている。唯一、30「幸福」のみ島崎藤村「おさなものがたり」(藤村読本第一巻)からの転載である。この目次を見る限り、イデオロギー的な読み物は見られない。道徳、修身的な内容が巧妙に設えられている。

巻二は全22課。昭和13年3月22日発行、全82頁。金十四銭(日本人向け)、銀一角四分(中国人向け)、発行者は同じく石倉善一である。巻一が全文が漢字片仮名混じり文であったのが第2課を除き、全文が漢字平仮名混じり文に移行している。ルビを多用している点も特徴的である。また、丁寧体がほとんどを占める。本文には出典物が増えている。

表8 『日文補充讀本』巻二の目次と内容

課	題目	内容	体裁、出典
1	梅	詩文・唱歌	漢字平仮名、ルビ
2	卵	会話・説明文	漢字平仮名、ルビ、丁寧体
3	一口話(目印、壺買)	会話・説明文	漢字平仮名、ルビ、丁寧体
4	一寸法師	会話・説明文	漢字平仮名、ルビ、丁寧体
5	香の国へ、光の世界へ	説明文　出典*	漢字平仮名、ルビ、丁寧体
6	二宮金次郎	会話・説明文	孝行、勤勉、学問
7	水の旅	説明文　出典*	漢字平仮名、ルビ、ます体
8	進一ちゃん	説明文　出典*	漢字平仮名、ルビ、ます体
9	逃げた駱駝	会話文　出典*	漢字平仮名、ルビ、ます体
10	日記	生活文	漢字平仮名、ルビ、常体
11	花火(唱歌)	韻文	漢字平仮名、ルビ、常体
12	角笛のひびき	生活文	吉江喬松の文による、丁寧体
13	雲の上	説明文　出典*	土田耕平「夕焼」より、丁寧体

14	幼きものに	訓話文　出典*	島崎藤村「幼きものに」より
15	笛の名人	逸話	漢字平仮名、ルビ、常体
16	沈着	生活文	漢字平仮名、ルビ、丁寧体
17	かぐや姫	昔話	漢字平仮名、ルビ、丁寧体
18	年ちゃんのピッチャー	丁寧体	小川未明「未明ひらかな童話読本」
19	掃除	生活文　出典*	岡倉覚三「茶の本」による、常体
20	祭に行く	手紙文	丁寧体
21	自然の治療	説明文	漢字平仮名、ルビ、丁寧体
22	羽衣	舞台劇台本	漢字平仮名、ルビ、丁寧体

5「香の国へ、光の世界へ」は島崎藤村「藤村少年読本」より、8「進一ちゃん」は野上弥生子「農村の母と子に」より、14「幼きものに」は「英吉利海峡、日本の船、銀色の魚、赤道、南十字星、金剛石の産地、波の上、再び新嘉坡へ、再び香港へ、カゲロウ、燕」などの読物をふくむ。

　次に巻三をみてみよう。昭和13年12月1日初版印刷、同年同月五日初版発行、全106頁。定価は「金拾四銭、銀壱角四分」とある。「編者」は同じく北京近代科学図書館責任者山室三良、「発行兼印刷者」は北京近代科学図書館内石倉善一である。

表9　『日文補充讀本』巻三の目次と内容

課	表題	内容	出典
1	をろち退治	劇、シナリオ	坪内逍遥「家庭用児童劇第一輯」
2	弟橘媛	訓話、故事	「小学国語読本」巻七
3	電報	親子の会話	「小学児童文学副読本」四年上巻
4	歩いた途(詩)	詩文	河井酔茗作
5	雀	自然観察	「女子高等小学読本」巻三
6	無蓋の大悲	訓話	暁烏敏「人生の矛盾とその解釈」
7	名誉の第二番	数学者の功績	「日本趣味読本」続編
8	図書館	図書館の利用	「小学国語読本」巻九

9	邯鄲の夢	中国故事	「日本現代趣味読本」続編
10	鉄工場	詩文	「小学国語読本」巻七
11	天幕生活の一日	紀行、自然観照	深田久彌「山岳展望」
12	秋のおとづれ	自然観照	「小学国語読本」巻九
13	呉鳳	台湾阿里山故事	「小学国語読本」巻八
14	空の旅	科学技術	「小学国語読本」巻九
15	宇宙の生成	科学技術	「小学国語読本」巻九
16	私たちの先生	学校生活　師弟関係	吉田絃二郎作
17	菊(詩)	詩文	「小学国語読本」巻八
18	鹿狩り	日常生活	国木田独歩「鹿狩」
19	南極海に鯨を追ふ	紀行、自然観照	「小学国語読本」巻十
20	生物問答	会話、観察	日本少国民文庫「世界の謎」
21	小さな帽子	劇、「青い鳥」	メーテルリンク作、第一幕より

　全体の約半分が『小學國語讀本』巻七から巻十に依っていることが特筆される。日常生活や学校生活、家族関係、師弟関係、自然観察など題材を幅広く配慮している。21「小さな帽子」は楠木正雄訳によるもので、「樵の小屋」の一節であるが、西洋の童話も広く紹介しようとする近代モダニズムの一端が垣間見える。

　以上の『日文補充讀本』巻一〜巻三について、松本金壽は大体において『小學國語讀本』の改稿であるとし、次のような不満を述べている[8]。

　　……本当の意味での補充読本に過ぎず、支那人に対する日本語の教科書としては適切なものとは云え難い。日本語への親しみと習熟とを持たせ得るかも疑問である。　　　　　（「外地に於ける国語教材の問題」より）

『小學國語讀本』が「国語教授上の代表的教材」であるとしながらも、「何を、どうしてという原理的構成が認められない」との批判である。また、こうした姿勢は、「近く我が国内に実施されようとする支那語の教授に関しても略略同じような考慮が必要になってくる」とも述べている。

この時期の日本語教科書は編纂に実際の教授が追いつかない状況が生まれている。前後して中国の日本語授業を参観した印象の１つとして、仮名遣い問題に苦慮すること、支那語が出来ないために日本語教師になれず、支那語ができる教師が日本語教師になっても国語国文に対する素養程度に問題あり、とする点は次のように深刻な問題であった。

　　故に大陸における日本語教育工作は、すでにそのスタートからして破綻を来しているのである。今や世界的に進出遷都している日本語は、特に大陸には決河の勢いで流出せんとしている矢先、日本語教育問題がかくも混沌としているようでは洵にもって遺憾の極みである。

（飯田利行「大陸の日本語教育管見」）

中国人学習者の日本語学習熱とは裏腹に教室運営、教授形態、教科書教材に於いて拙速を承知で運営せざるをえなかった実情が窺われる。ちなみに竹内好は当時北京で日本語教師をしていた時期があるが、その日記にも逡巡躊躇が見られるのも日本語講座の様々な事情を反映していたことが想像される[9]。

7.『日文補充讀本』巻四〜巻六の概要

　引き続き、『日文補充讀本』のうち、『高級日文模範教科書』と並行する後半の３巻の概要を見てみよう。仕様、体裁は前３巻と変わりはない。
『日文補充読本』巻四は全98頁。昭和14年２月に初版が刊行された。

表10　『日文補充讀本』巻四の目次と内容

課	表題	備考	文体	出典その他
1	恩師へ	手紙文	丁寧体	
2	手紙について	説明文	丁寧体	与謝野晶子
3	扇の的	物語	普通体	小学国語読本
4	映画の原理	説明文	普通体	子供に聞かせる科学の話 原田三夫
5	述懐	随筆	韻文	頼山陽読み下し文

6	吾輩は猫である	小説	普通体	夏目漱石
7	五月の土壌	詩	韻文	高村光太郎
8	夕立雲	常体	随筆	徳富健次郎「みゝずのたはごと」
9	日本の風土	常体	説明文	高等小学読本 巻三
10	再生の力	デアル文	訓話	日本少国民文庫「世界の謎」
11	凌花	常体	随筆	寺田寅彦「花物語」
12	椰子の実	詩、歌詞	韻文	島崎藤村
13	漁船帰る	常体	随筆	女子高等小学読本 巻一
14	昔の貨幣	丁寧体	訓話	子供に聞かせる発明発見の話
15	枝から食べる	デアル	随筆	荻原井泉水「現代随筆全集」
16	真の知己	常体	訓話	高等小学読本
17	西行と天龍の渡し場	常体	物語	武者小路実篤
18	塵埃	丁寧体	説明文	子供に聞かせる科学の話 原田三夫
19	独立自活	韻文	説諭	福沢諭吉
20	感謝の朝夕	（詩）	韻文	北原白秋
21	文字	漢字片仮名	文語	高等小学読本
22	小さな旅人	常体	随筆	薄田淳介「泣童文集」
23	蜜柑山	常体	随筆	小学国語読本 巻十二
24	月光の曲	常体	随筆	小学国語読本 巻十二
25	いろは俚諺	諺	韻文	児童年鑑
26	鐵眼の一切経	韻文	文語	小学国語読本 巻十一
27	冬の山から	常体	随筆	浦松佐美太郎「冬の山から」
28	興国の民	常体	文語	高等小学読本 巻三

註は日本語によるもので、語彙の対訳は一切ない。総じて出典に示した引用書目が多く見られるが、日本文学であれ日本文化であれ、短期間に享受せしめようとした意気込みだけは感じられる。

『日文補充讀本』巻五：昭和14年4月20日初版印刷、同年4月29日初版発行。定価は「金弐拾銭、銀弐角」。臨時定価「弐拾五銭」とある。編者は

北京近代科学図書館、発行兼印刷者は北京近代科学図書館内石倉善一である。本課本文は110頁、日本語による註は10頁である。

表11 『日文補充讀本』巻五の目次と内容

課	題目	内容	出典
1	万里の長城(詩)	韻文	土井晩翠「天地有情」
2	蘇州城内	紀行文	芥川龍之介「支那遊記」
3	春の魔術	随筆	薄田泣菫「草木虫魚」
4	昔の時計	説明文	原田三夫「子供に聞かせる発明発見の話」
5	潮待つ間	随筆	韻文、幸田露伴「露伴全集」
6	職業の選択	説明文	口語文、後藤新平「公民読本」
7	虫の命	随筆	口語文、水上龍太郎
8	東洋の詩境	小説	夏目漱石「草枕」
9	短歌	韻文	斎藤茂吉他10名10句
10	世に処する道	訓話	口語文、勝海舟「氷川清話」
11	人間が空を飛ぶまで	説明文	口語文、帝国読本巻三
12	日本神話と建国精神	説明文	口語文、次田潤
13	二宮翁夜話	訓話	文語文、二宮尊徳
14	俳句	韻文	正岡子規他12名の句集
15	身体に関する言い回し	説明文	芳賀矢一「筆のまにまに」
16	益軒文抄	訓話	文語文、貝原益軒「大和俗訓」
17	今	説明文	市島春城
18	落葉松(詩)	韻文	北原白秋
19	知と愛	評論	西田幾多郎「善の研究」
20	短歌	韻文	渡辺直己他10名10句
21	上代耕人の生活	説明文	口語文、武田祐吉
22	師の恩	伝記	文語文、柳沢其園「雲坪雑志」
23	ペンギン	随筆	口語文、杉村楚人冠「へちまのかは」
24	偉人野口英世	伝記	口語文、帝国読本巻三

『日文補充讀本』巻六：昭和14年12月4日初版印刷　同年12月10日初版発行、定価「金弐拾五銭、銀弐角五分、臨時定価産拾銭」とある。編者は北京近代科学図書館、発行兼印刷者は北京近代科学図書館内石倉善一である。日本語本文124頁、日本語による小註10頁がある。内容には編纂者の教養が多分に反映されている。

表12　『日文補充讀本』巻六の目次と内容

課	題目	内容	出典他
1	独神	韻文	北原白秋
2	形	逸話	菊池寛「極楽」
3	幾何学の説明	随筆	文語文、菊池大麓
4	小品二篇	随筆	島崎藤村「藤村随筆」、荻原井泉水「知命之書」
5	渡り鳥	説明文	口語文、松本亦太郎
6	松葉仙人	訓話	文語文、「十訓抄」
7	高瀬舟	小説	口語文、盛鷗外「高瀬舟」
8	自然と人生	随筆	徳富蘆花「自然と人生」
9	国土（詩）	韻文	斎藤茂吉他10名10句
10	藤の実	訓話	口語文、勝海舟「氷川清話」
11	学問の道	説明文	口語文、帝国読本巻三
12	人及び人の力	説明文	口語文、次田潤
13	橿園・也有文抄	訓話	文語文、二宮尊徳
14	俳句	韻文	正岡子規他12名の句集
15	清兵衛と瓢箪	小説	志賀直哉「志賀直哉全集」
16	四書抄	名言集	漢文読み下し文、大学、中庸、論語、孟子
17	民謡の話	説明文	和歌、日本の詩情、島木赤彦「赤彦全集」
18	和歌	韻文	良寛、西行ら13名の和歌16句
19	月の兎	逸話	文語文、良寛（出典不明）
20	随筆文学	古典	土佐日記抄、徒然草抄、方丈記抄、枕草子抄
21	陰翳礼讃	随筆	谷崎潤一郎「摂陽随筆」
22	奥の細道	紀行文	文語文、松尾芭蕉「奥の細道」

| 23 | 遊びをせむとや | 韻文 | 「梁塵秘抄」 |
| 24 | 八俣遠呂智 | 神話 | 文語文、「古事記」 |

　総じて日本の伝統文化、詩文の世界、日本美、日本の精神世界を表徴する古典文学を紹介して、東洋の精神を涵養せしめることに主眼を置いている。本文漢訳は勿論のこと、新出語彙の説明はなく最小限の人名地名など固有名詞の説明にとどまる。実際にこれを用いてどのように教授したのかは想像の域を出ないが、おそらく日本民族の文化の権威的位置づけを狙ったものと考えられる。16「四書抄」のように中国の漢籍古典を重視したものもあるが、これも中国の民衆生活を認識するというよりは普遍的な人間の価値観念を意識したものであろう。俳句や短歌の挿入はいわば「息抜き」のような感もあるが、日本語表現の形式美を強調したものともいえる。

　ここで山室三良(1905–1997)についてふれておく[10]。長野県に生まれ、昭和9年九大法文学部を卒業、同学副手を経て外務省留学生を拝命された。国際文化振興会北京委員、北京近代科学図書館長のほか、北京清華大学でも研究に従事した。戦後の経歴は、昭和23年より九州大学文学部助教授、のち教授となり、中国哲学史などの講義を担当した。定年退官後は福岡大学、東海大学などの教授を歴任した。

8.　その他の日本語教本、日中文学の紹介

　ここではその他の日本語教本、日中の文学を紹介した学習書を瞥見する。

8.1.　『日本語入門篇』

　これまで見てきた教本が四六判であったが、A5判の初級入門書である。従来の「日文」ではなく「日本語」と表記されている。総66頁で昭和14年9月に刊行された。冒頭の「序言」には日本語の表記、音声的特徴が中国語で簡潔に記されている。第1課から第13課までは発音と文字である。それぞれ音節使用単語の紹介と中国語訳がある。各課訳文は63–66頁に収録。

表13 『日本語入門篇』前半部分の構成

課	内容	課	内容
1	ア行、ナ行、ワ行	8	撥音、母音発音図
2	カ行、ガ行	9	練習
3	サ行、ザ行	10	促音
4	タ行、ダ行	11	長音
5	ナ行	12	拗音
6	ハ行、バ行、パ行	13	点呼音
7	マ行、ラ行	14, 15	平仮名、日本語の文字

16課からは単文の練習である。『日文補充讀本』に進む前段階に相当する。

表14 『日本語入門篇』後半部分の構成

16	単文、動詞文	漢字片仮名文	常体、係助詞ガ、格助詞デ
17	単文、動詞文	漢字片仮名文	丁寧体、テイル、テ形接続
18	単文、動詞文	漢字片仮名文	丁寧体、テイル/テヲル
19	単文、動詞文	漢字片仮名文	丁寧体、存在文、イル/ヲル
20	単文、動詞文	漢字平仮名文	丁寧体、動詞の語尾変化表
21	単文、動詞文	漢字平仮名文	丁寧体、問答文、学校生活
22	単文、命令文	漢字平仮名文	常体、ナサイ、教室言葉
23	単文、命令文	漢字平仮名文	丁寧体、ナサイ/テクダサイ,マセンカ

14課と15課は平仮名、文字の紹介、16課から26課までは短文構成による会話文である。それらの訳文も収録されている。

8.2. 日本文学・中国文学の紹介

　北京近代科学図書館編纂部では日本語教材の一環として日本文学の普及にも力を入れた。『館報』には日本の古典文学、伝統文化が紹介されたが、一方、日本文学の概説書として『日本詩歌選』が銭稲孫によって編訳された（文求堂書店、昭和16年）が、「萬葉集」、「和歌」、「俳句」、「歌謡」、「現代

詩」、「作者小考」などを収録した。なお、編著者である銭稲孫は『館報』などにも頻繁に執筆し、万葉集の中国語訳をはじめ、精力的に日本文学紹介に努めたが、戦後は「漢奸」として不幸な生涯を終えた[11]。

なお、「中国の児童に読ませたき図書についての座談会」(北京近代科学図書館編、1942.5) があるが、未見である。こうした中国の児童を対象とした教育配慮については国分一太郎の影響もあった[12]。また日本人に対する中国語読本として『中國現代文讀本』(山室三良、土井彦一郎編、白水社 1944) も編纂されたが、これは土井彦一郎訳註『西湖の夜―白話文学二十編』などとともに、日本人に対する中国の近現代文学を紹介した数少ない読本である。目次によれば、全20課の内容と作者は以下の通りである。

表15 『中國現代文讀本』(1944)の構成

課	内容・題目	作者	課	内容・題目	作者
1	一個慈藹的兵丁	冰心	11	呼寃	章衣萍
2	背影	朱自清	12	小品和蒼蠅	傅東華
3	寄給母親的信	呉曙天	13	秋夜	魯迅
4	半農談影	劉半農	14	幽默解	林語堂
5	老柏與野薔薇	陳衡哲	15	喫茶	周作人
6	貓	鄭振鐸	16	談趣味	朱光潛
7	學問之趣味	梁啓超	17	牛	沈從文
8	勝業	周作人	18	擡頭見喜	舒慶春
9	一個人在途上	郁達夫	19	無常	魯迅
10	書生的一週間	趙景深	20	西湖的六月十八夜	俞平伯

9. おわりに

国際交流は時局が戦局というキナ臭い一時期において、より尖鋭に推移する。本章考察の出発点はこうした国際交流とは何か、とりわけ戦時下の文化交流はどのような意味を持っていたのか、という点にあった。戦時下では表向きには都市部での文化事業、地域一般には前2章でみた民衆への宣撫工

作として日本語教育はその「歴史的使命」を果たすべく模索しつづけた。

　以上、北京近代科学図書館で編纂された 4 種類の教科書の内容を瞥見して来たが、その教習の位置づけは次のようになるだろう。括弧内は冊数。

〈入門・初級〉…………………………〈中級〉……………………………〈上級〉………
『日本語入門』(1)　⇒　『初級日文模範教科書』(3)　⇒　『高級日文模範教科書』(3)
　　　　　　　　　　　　『日語補充讀本』(3)前半　　　　『日語補充讀本』(3)後半

教授法については必要最小限の情報のみ、語彙や練習問題もなく、教室の現場では一方的な教習に終わることも多かったのではないだろうか。

　異民族と共存共栄することを念頭に組まれたはずの日本語教科書が本質的には日本の文化伝統を前面に培養しようとした姿勢が、これらの収録された内容の出典から推察される。自文化と多文化の共存共生は多様な視点と柔軟な思考によって取捨選択される。過去の遺構は今日、海外で日本語教科書、日本事情の講座を通じて、何を発信しうるかという命題にも通ずる。

　ところで、相互理解と自国文化の発信はいかにして調和可能であろうか。

　戦後 40 年目は 1982 年からの第一次教科書問題の余波を受けて、アジア各地から教科書問題への関心が沸き上がったが、それまで戦後の清算と並行して日本が高度成長を遂げたことがアジア各国から信頼を受けていないことが判然とした。柳条湖事件から 54 年目の 9 月 18 日では北京で反日デモが繰り広げられた。それから 10 年後の 1995 年の戦後 50 年目は当時の、いわゆる村山首相談話が「植民地支配と侵略についてアジア諸国にお詫びを表明」した。そして戦後 60 年目の 2005 年には、靖国問題、教科書問題が火種となって中国で反日デモが拡大したが、その余燼は消えることはなく、ここ数年来、尖閣問題、靖国問題をめぐって亀裂が大きくなっている。そして戦後 70 年目の 2015 年は、日本がどのような首相談話が表明されるかが世界から注目されている。日中問題は近年になく閉塞した状況が続いているが、その中で中国で日本語を勉強する若者たちが増えている。両国の関係悪化にもかかわらず、「中国人の日本語作文コンクール」では過去最多の応募数にのぼった。言語は、対立を超える魅力となっている。これに対して、日

本人のなかで中国語を学ぶ人口は頭打ち、もしくは漸減している。こうした言語交流のありかたは何を物語っているのだろうか。グローバル化が進む中、他者の多様性、多元的状況をさらに考える必要があるのではないか[13]。

　戦間期をはさんで戦時期、さらに戦時体制下と移行する非常時国際戦略に並走して、日本文化および日本語日本精神の発揚はそれが歴史の傍流であれ、一定の信義のもとに続けられた時期があった。北京近代科学図書館において収集された膨大な文献、日本語講座や日本語教科書の編纂はその事実を象徴してあまりある。本章ではとくに日中両民族の融和、融合を目指して創出せんとした日本語教科書の内実を見ることによって、日本語教育の指向性を再検討した。異民族が学ぶ異文化、異言語をどのように関心づけ、親和同化への土壌となすべきかは教本編者の腐心したところであろう。それは、現在もまた、国内内でさまざまな日本語教科書を編纂する際にも絶えず脳裏をかすめる課題ではないだろうか。

　言語を教授するだけにとどまらない自国文化の発信は、いわば思想なり文化なり、一種の領有権の主張のなかで着地点を求めようとする努力でもあるのだろう。そこには自文化への鋭角な問題提起も介在する。また、日本語、日本精神の精髄とも云うべき母体の再編という使命をも担うことになる。これはやがて南方戦線に向かう日本言語文化の膨張にも絶えず巨大な宿命の影となって長く落とされてゆく。短命に終わった事業とはいえ、北京近代科学図書館の時空間に交錯した人的鉱脈は、「文化漢奸」と刻印された銭稲孫らの足跡をもふくめ、さまざまな歴史的示唆を内包しているように思われる。そして、これらの事業の一部は中国における日本研究の端緒でもあった。

　なお、北京近代科学図書館では図書館の果たすべき役割をもまた提起する諸事業の展開にはなお紙面を費やす必要があるが、本章では同図書館の基本的な立ち位置と、その骨格をになった日本語教育事業、およびそこに組み込まれた日本思想、日本言語文化観を考察した。

第 3 章　北京近代科学図書館における日本語普及事業　147

注

1 とりわけ、月刊雑誌『教育』(岩波書店) には、1930 年代中葉から清水安三、下村海南、田川大吉郎などによる多くの対支文化事業・工作の教育論評が掲載された。
2 当時の資料として『図書館雑誌』(1938, 1941) にも北京近代科学図書館日本語学校の紹介記事が見える。
3 今回、参照した『館報』は早稲田大学所蔵の創刊号から第 5 号まで、および大東文化大学図書館所蔵の第 6 号である。以降の巻数は未確認。また、現在確認されている『月報』は第 1 号 (昭和 13 年 8 月) から第 46 号 (昭和 17 年 12 月号) までであるが、今回参照したのは早稲田大学中央図書館所蔵 (11, 12, 15–18, 20–22, 28–32, 41 欠号)。
4 石黒修 (1940)「支那に対する日本語普及と教科用書編纂」などを参照。たとえば、日本語教科書の類書の多さについては、たとえば資料『北京近代科学図書館書目』(新着図書目録) などによって知ることが出来る。書目 12 によれば、「購入・受贈日文図書」のうち、国語学・言語学が 40 数点、日本語教科書類は 90 数点にものぼる。
5 篠原利逸 (1943)「日本語教育と表記法」などを参照。
6 『初級日文模範教科書』、『高級日文模範教科書』は山口大学東亜経済研究所所蔵、東京大学東洋文化研究所所蔵を参照した。このほか、川上尚恵 (2010) によれば北京近代科学図書館編修以外の日本語教科書として下記のものが使用されたという。
　　岩井武男、李企堯共著 (1937)『日語常用会話公式』、東京文求堂　109p.
7 本冊は山口大学東亜経済研究所所蔵、および早稲田大学図書館 (巻一、巻二)、東京大学東洋文化研究所所蔵、東北大学図書館 (巻三) によった。
8 松本金壽 (1939)「外地に於ける国語教材の問題—日文補充読本巻一、三を読む」を参照。
9 竹内好年譜によれば盧溝橋事変の約 3 ヵ月後の 1937 年 10 月 17 日に北京留学に向け出発、27 日に北京に到着している。中国語の研修が主であったが翌年 1938 年 3 月 10 日、近代科学図書館の日本語講師を依頼されたとある。17 日より出講、月給 70 円であった。約 6 ヵ月後の 9 月 17 日、近代科学図書館を辞め、日本占領下の臨時政府によって設置された北京大学理学院の日本語講師を引き受ける。幼方 (1978) も参照。
10 山室の経歴については阿部洋『「対支文化事業」の研究』728–729 頁に詳しい。
11 銭稲孫の足跡については近年、日本文学研究の先駆者として再評価され始めている。鄒双双 (2014) などを参照。
12 たとえば、国分一太郎 (1941) などの現地報告。
13 朝日新聞 2014.12.18 朝刊、「対立超える魅力、言葉に」。

参考文献

阿部洋（2004）『「対支文化事業」の研究―戦前期日中教育文化交流の展開と挫折』、汲古書院．

飯田利行（1938）「大陸の日本語教育管見」、『教育・国語』8-9．岩波書店．

石黒修（1940）「支那に対する日本語普及と教科用書編纂」、『教育』8-2、岩波書店．

岡村敬二（1992）「北京近代科学図書館の〈日本〉」『日本研究』(7) 105-129．国際日本文化センター．

小黒浩司（1987a）「北京近代科学図書館史の研究 -1-」『図書館学会年報』33-3, 日本図書館情報学会　97-110．

小黒浩司（1987b）「北京近代科学図書館史の研究 -2-」『図書館学会年報』33-4, 日本図書館情報学会　157-172．

幼方直吉（1978）「北京・上海における竹内好の生活とその意味」、『思想の科学』1978.5 臨時増刊号、思想の科学社．

外務省情報部（1936）「対支文化事業の動向」、『週報』No.10　1936.12.16．

加藤一夫、河田いこひ、東條文規（2005）『日本の植民地図書館―アジアにおける近代図書館史』、社会評論社．

川上尚恵（2006）「占領下の中国華北地方における日本語学校―北京近代科学図書館付属日本語学校と新民教育館付属日本語学校」、『植民地教育史研究年報』(9), 103-122．

川上尚恵（2010）「北京近代科学図書館編纂日本語教科書分析からみた占領初期の中国華北地方における日本語教育の一側面―『初級日文模範教科書』から『日本語入門篇』へ」、『日本語教育』146．144-158．

熊本史雄（2013）『大戦間期の対中国文化外交　外務省記録にみる政策決定過程』、吉川弘文館．

興亜院政務部（1940）『㊙興亜院執務提要』(1940.5)（早稲田大学図書館所蔵）．

国分一太郎（1941）「支那に於ける国語教育と児童文化の問題」『国語文化』1-1　1941.11.01　55-66．育英書院．

篠原利逸（1941）「日本語教育に関する問題」、『教育』9-9．岩波書店．

篠原利逸（1942）「日本語教育に於ける教材作製の問題」、『教育』10-3．岩波書店．

篠原利逸（1943）「日本語教育と表記法」、『教育』11-9．岩波書店．

清水保三（1937）「対支文化事業の半生」、『教育』6-1．69-78．岩波書店．

鄒双双（2014）『「文化漢奸」と呼ばれた男　銭稲孫の生涯』、東方書店．

下村海南（1937）「対支文化工作とことば及び文字」、『教育』6-2．42-47．岩波書店．

田川大吉郎(1937)「対支文化事業の促進に就いて」、『教育』6-1. 90–97. 岩波書店.
竹内好(1981)『竹内好全集』15 巻 筑摩書房.
原田直茂(1938)「国語の大陸発展に際して」、『学校教育』1938.11 65–69 広島高等師範学校附属小学校・学校教育研究会編輯.
松本金壽(1939)「外地に於ける国語教材の問題―日文補充讀本巻一、三を読む」、『教育・国語教育』9-2.
松本慎一(1938)「大陸政策に於ける文化工作の位置」、『教育』6-10. 158–163 岩波書店.
山根幸夫(2005)『東方文化事業の歴史―昭和前期における日中文化交流』、汲古書院.
米内山庸夫(1939)「文化協力の諸機関を語る」、『週報』No.134. 1939.10.

資料

『館刊』創刊号〜第六号、『書滲』月報誌.
報告「北京近代科学図書館日語学校について」、『図書館雑誌』32-11. 1938.11 326 頁.
報告「北京の頁 北京市図書館概況」「北京近代科学図書館」『図書館雑誌』36-8. 1942.8 581–594.
『新着図書目録』北京近代科学図書館書目第 11 1938.2 127 頁・欧文 38 頁.
『北京近代科学図書館概況』1939.12. 51 頁.
『新着図書目録』161 頁・欧文 15 頁.
北京近代科学図書館書目第 12 1938.1–1938.6 の受け入れ分.
『北京近代科学図書館一週年報告』(『館刊』臨時号)47 頁. 1937.12
『初級日文模範教科書』巻一〜巻三、『高級日文模範教科書』巻一〜巻三、『日文補充讀本』巻一〜巻六、『日本語入門篇』(いずれも北京近代科学図書館編修)
北京近代科学図書館著、山室三良、土井彦一郎編(1944)『中國現代文讀本』、白水社.
岩井武男、李企堯共著(1937)『日語常用会話公式』、東京文求堂書店. 109p.
北京近代科学図書館著、錢稲孫訳(1941)『日本詩歌選』、東京文求堂書店.
土井彦一郎訳註(1939)『西湖の夜―白話文学二十編』、白水社.

写真1　北平(後に北京)近代科学図書館の正門(『館刊』創刊号)

第 3 章　北京近代科学図書館における日本語普及事業　151

写真 2　日語学校入学式―本館内庭園に於いて高級班と専修科と(『館刊』第四号)

写真 3　本館日語講座教室風景(『館刊』第三号)

第2部
「五族協和」「王道楽土」のなかの日本語

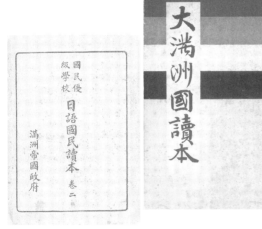

左右『國民優級學校日語國民讀本・滿語國民讀本』、中央『大滿洲國讀本』

現在日語の満洲国における地位は、単に国語のひとつたるにとどまらず、最重要の国語といふことになる。満語・蒙語も日語とおなじく、満洲国国語のひとつであり、この点においては三者同格であるが、実施上の実際的取扱においては、満語・蒙語は地域を局限され、原則上満人または蒙古人の地域をもつて、それぞれ満語または蒙語の教授地域とし、日語教授の全面的なるに比し、普遍に対する特殊の関係と見られる。すなはち教授地域を論拠とするかぎり、日語の普遍的国語なるに反し、満語・蒙語は特殊的国語である。普遍的国語たる日語の重要性が、特殊的国語たる満語・蒙語のそれに比し、まさつてゐるのは当然であらう。

　　　　　（江幡寛夫「満洲国における日語の地位」より．昭和15年4月）

第 1 章
『満洲補充讀本』にあらわれた帝国の言語思想と異文化認識

> 興れよ、起てよ、建国の
> 聲はあがれり、気は満ちぬ。
> 協和の楽土なごやかに
> 栄えよ、来れ、諸民族。
> 栄えよ、来れ、諸民族。
> （北原白秋「全貌」より[1]）

1. はじめに

　満洲国統治時代に出された夥しい日本語・国語教科書、読本の全貌はなお明らかにされたとはいえない。『「満州」植民地日本語教科書集成』（竹中憲一編全 7 巻、緑蔭書房 2002）には、「初級教材」、「中級教材」、「高級教材」、「速成教育教材」、「満洲国教科書」の各種教科書が収録されているが、この他に未収録のものも多いと思われる。一方、『在満日本人用教科書集成』（磯田一雄編全 10 巻、柏書房 2000）には国語以外の教科書において国語の涵養とともに、地理などの周辺科目についての教科書とも連携が見られ、対異民族向けと日本人向けの教科書との比較検討も視野に置く必要がある。また、それぞれの教科書教材の語彙的、自然観照などの素材的特徴、挿絵に描かれた風俗、さらにそれを通しての帝国日本の異民族統治認識、異文化観の態様を探る試みも緒についたばかりの感がある[2]。

　本章でとりあげる『満洲補充讀本』（全 6 巻）は満洲という異郷にあって、その風土を理解し、外地異民族との共同共生の社会生活の精神を培うため、また同時に内地流の教育の修正・補充を目的として満州で使用された教科書の副読本である。すなわち被支配者を囲繞する異文化との〈同化対峙〉と表裏一体の施政者側自文化の〈異化涵養〉を意図した。植民地下において今日でいう多文化、多言語社会での意思疎通を目ざした読本である。したがって生活読本的性格を併せ持つ。対象者は一の巻から六の巻までは小学 1 年か

ら6年に準じている。

　以下は各巻の内容を概観し、現地の風俗、民俗文化がどのように描かれ、日本人の意識がどのように反映されていたかを探る試みである。ただ単に今日風に「異文化理解」「異文化観」という次元とは時代状況も背景も異なることから、比較的観点に大きな制約もあることは事実であるものの、その本質への分析は現代の異文化観認識にも寄与するところがあると思われる。「異文化観」とはそれぞれの異文化認識の総体を指すとすれば、その具体的な認識のプロセスこそが重要である。『補充読本』は改訂を重ね、印刷数も多かったせいか保存は比較的良好であるが、本章では復刻版の2種、すなわち前掲『在満日本人用教科書集成』(2000)のうち第一巻、第二巻、および図書刊行会編(1979)を用いた[3]。

　この『満洲補充讀本』については、編集に深く関与した児童文学者石森延男の国語観もあわせ、すでに磯田一雄(1992)による考察があるが[4]、言語的分析というよりは比較文化、社会教育史的考察であり、本章はむしろその現れた言語表現から、言語思想を探る試みである。しかし、序言も編集趣旨も一切書かれていない以上、読む側、読ませる側の力学的観点に依拠されるという死角が生ずる。収録された内容については、編集者の意図もさることながら、統治する側の被支配者側への装置がいかに凝縮されていたかを明らかにする必要があるだろう。こうした作業はたとえば、他の植民地・占領地域（旧南洋群島など）で用いられた教科書教材との比較検証にも大きく寄与するであろう。以下では各巻の課ごとの表題、内容・素材、字体・文体、形式などを比較してみることによって、編集、教授の意図、背景といったものを考えてみたい。また、各巻各課に於いて、特徴的とされる本文の一部を引用しながら、異民族・異文化観、異国認識、帝国日本の意識といった言語思想を垣間見てみたい。資料は縦書きであるが、総て横書きに直して検討する。

2.　第一期各巻の目次と内容

　第一期は一の巻から六の巻まで1926年から1932年にかけて刊行された。以下に表にしたのは前掲磯田一雄他編復刻版にもとづくもので、版の統一は

なされていない。以下、各巻同様に「もくろく（目次）」、各課の表題、題材、表記、文体的特徴などをあげる[5]。

◇一の巻（大正13年10月20日初版、大正15年11月27日四版）
15字7行、総37頁。編集は南満洲教育会教科書編輯部。片仮名分かち書き。

課	表題（ ）は筆者注	題材	表記	頁数	挿絵（枚）	文体
1	デムカエ（出迎え）	家族、駅頭	片仮名	1–3	1	丁寧体
2	ハタケ（畠／畑）	植物、天気	片仮名	4–5	2	丁寧体
3	レングワ（煉瓦）	作業、仕事	片仮名	6–8	1	丁寧体
4	ユフヒ（夕陽）	気象、変化	片仮名	8–9	0	丁寧体
5	ユフガタ（夕方）	平原、大地	片仮名	10–11	2	詩文調
6	マント	季節、服装	片仮名	12–14	1	丁寧体
7	マドノコホリ（窓の氷）	気象、動物	片仮名	14–17	0	丁寧体
8	シヤシン（写真）	家族、撮影	片仮名	17–20	1	丁寧体
9	バクチク（爆竹）	正月、異文化	片仮名	21–24	1	丁寧体
10	コトリ（小鳥）	擬声語	片仮名	24–28	1	詩文調
11	シロイコブタ（白い子豚）	童話、昔話	片仮名	29–37	3	丁寧体

「チヒサイ」（小さい）「ヲヂサン」（おじさん）「カオリアン」（高粱）などの表記は当時国内の国定教科書に倣ったものである。9課などに見る擬音語の紹介も、5課、10課など詩文調の工夫とあいまって初学者に言語の妙味を提供する試みが感じられる。

◇二の巻（大正14年3月31日初版、昭和2年12月（不明日）四版）
21字8行で総69頁、編集は南満洲教育会教科書編輯部。分かち書きによる。

課	表題	題材	表記	頁数	挿絵数	文体
1	アサ（朝）	家族、駅頭	漢字片仮名、	1–3	1	丁寧体
2	タネマキ	植物、天気	片仮名、漢字	4–6	1	丁寧体
3	やなぎのわた	作業、仕事	平仮名、漢字	7–8	2	詩文調

4	ろばとかささぎ	気象、変化	平仮名、漢字	9–16	1	丁寧体
5	せんたく	農村生活	平仮名、漢字	17–21	1	丁寧体
6	きしゃ	旅行、車窓	平仮名、漢字	21–26	1	丁寧体
7	あいなめとごかい	擬人法、会話	平仮名、漢字	27–30	1	丁寧体
8	まちぼうけ(一)	故事	平仮名、漢字	31–39	1	丁寧体
9	まちぼうけ(二)	唱歌(歌詞)	平仮名、漢字	40–43	0	詩文調
10	うちのボーイ	美談、異民族	平仮名、漢字	44–53	0	丁寧体
11	スケート	季節、風物詩	平仮名、漢字	53–58	1	丁寧体
12	けがをした犬	ロシヤ人	平仮名、漢字	59–64	1	丁寧体
13	おぢいさんとおばあさん	内地と外地	平仮名、漢字	64–69	1	丁寧体

本巻途中から平仮名漢字混じりに移行したが、片仮名も含む。また、地の文が丁寧体、会話文が普通体という構成になっている。本巻でも詩文調の内容が挿入されるかたちで配置されている。1課「アサ」では苦力の姿が描かれている。苦力は他の課にも出てくるが「クーリ」と読ませている。「支那服」を着た異民族の紹介である。挿絵には数箇所、異民族の衣裳をつけた人物や当地の農村家屋の紹介がある。以下は異民族の生態描写である。

　　　　ブクブクナ シナフク ヲ キタ クリイ ガ、ナニカ 大ゴエ デ ハナシ ナガラ アルイテ イキマス。

5課「せんたく」にも異民族の生活描写が見られる。

　　　　よごれた もの を 水 に つけて は いし の 上 に のせて、みじかい ぼう で、とんとん と きなが に たたいてゐます。

◇三の巻(大正 15 年 2 月 28 日初版、大正 15 年 11 月 27 日再版)
21 字 8 行、総 105 頁。編集は南満洲教育会教科書編輯部。本巻から分かち書きを廃止した。

第1章　『満洲補充讀本』にあらわれた帝国の言語思想と異文化認識　159

課	目次、表題	題材	表記	頁数	絵(枚)	文体
1	春が来た	季節、生活	漢字平仮名	1–4	1	丁寧体
2	うちのひよこ	家族、日課	漢字平仮名	4–9	1	丁寧体
3	にれの花	植物、自然観照	漢字平仮名	9–12	0	丁寧体
4	望小山	旅行、故事	漢字平仮名	12–18	1	丁寧体
5	牛	農村生活	漢字平仮名	18–19	1	詩文調
6	町なみ木	自然、擬人法	漢字平仮名	20–24	0	丁寧体
7	マーシャさん	擬人法、会話	漢字平仮名	25–29	1	丁寧体
8	かおりやんと大豆	異民族共生共存	漢字平仮名	29–36	1	丁寧体
9	りんご畠	自然、労働	漢字平仮名	36–41	1	丁寧体
10	ちぬつり	家族、遊興	漢字平仮名	41–46	1	丁寧体
11	ろば	説話、教訓	漢字平仮名	47–50	1	丁寧体
12	ろばのすず	自然の風物	漢字平仮名	51–53	3	詩文調
13	猿まはし	娯楽、教訓	漢字平仮名	54–59	1	丁寧体
14	春聯	故事	漢字平仮名	60–68	1	丁寧体
15	張良	故事	漢字平仮名	68–75	1	丁寧体
16	汽車通学	日課、規則	漢字平仮名	75–79	1	丁寧体
17	夜汽車	無題	漢字平仮名	79–81	1	詩文調
18	黒いすずめ	生活、自然観照	漢字平仮名	82–85	1	丁寧体
19	杜子春	中国故事	漢字平仮名	85–94	0	丁寧体
20	ふしぎな玉	朝鮮故事	漢字平仮名	94–105	1	丁寧体

6課のように擬人法をとり入れた斬新な教材も見られた。異文化を背景にした素材が増え、中国、朝鮮の歴史文化事情の紹介にも頁を割いている。

◇四の巻(昭和2年3月25日初版、<u>昭和2年3月28日初版発行</u>)
各頁21字8行の仕様、総149頁。編集は南満洲教育会教科書編輯部。後半になると漢字語彙が急激に増えてくる。

課	表題	題材	表記	頁数	挿絵(枚)	文体
1	春のたより	季節、観照	漢字平仮名	1–5	1	丁寧体
2	種まき	植物、学校	漢字平仮名	6–14	0	普通体
3	大連埠頭	作業、生活	漢字平仮名	15–19	1	丁寧体
4	桃花源	中国故事	漢字平仮名	19–30	1	丁寧体
5	あかしや並木	自然、観照	漢字平仮名	31–32	1	詩文調
6	からたちの花	昔話、教訓	漢字平仮名	33–40	1	丁寧体
7	汽車スケッチ	旅行、車窓	漢字平仮名	41–48	0	普通体
8	小景二つ	日常生活	漢字平仮名	48–52	0	丁寧体
9	ばふんころがし	理科、観察	漢字平仮名	52–65	1	丁寧体
10	濱べ	自然、観照	漢字平仮名	66–69	0	丁寧体
11	トマト畑	季節、風物詩	漢字平仮名	70–71	2	詩文調
12	温泉行	旅行、戦跡	漢字平仮名	72–80	1	普通体
13	主のない梨	説話、教訓	漢字平仮名	81–85	1	丁寧体
14	鶉狩	自然、観照	漢字平仮名	86–93	0	普通体
15	布袋さん	伝統事情	漢字平仮名	93–97	0	丁寧体
16	新築	労働、観察	漢字平仮名	97–106	1	普通体
17	橋	戦争ごっこ	漢字平仮名	106–113	1	丁寧体
18	道	自然観照	漢字平仮名	113–115	1	詩文調
19	冬の七日	日課、日記	漢字平仮名	115–122	0	普通体
20	荷馬車	日常生活	漢字平仮名	122–126	1	丁寧体
21	こな雪	季節、擬態語	漢字平仮名	127–128	2	詩文調
22	忠義な下男	生活、忠義	漢字平仮名	129–137	1	普通体
23	矛と盾	市場、教訓	漢字平仮名	137–141	1	丁寧体
24	黄鶴楼	中国故事	漢字平仮名	141–149	1	丁寧体

総じて、暮らし、自然観照、季節や時候の観察が多いが、教訓的な内容（22課）、中国故事の紹介（4課、23課）に努めている。詩文調韻文は全4課あり、普通体と丁寧体の比率はほぼ均等である。

◇五の巻(昭和3年3月27日初版、昭和5年10月27日四版発行)
22字9行、総159頁。南満洲教育会教科書編輯部。全課漢字平仮名文。

課	表題	題材	表記	頁数	絵枚	／文体
1	春	自然、観照	漢字平仮名文	1–6	0	普通体
2	石の裁判	故事、教訓	漢字平仮名文	6–12	0	丁寧体
3	ぐちの漁場へ	作業、道徳	漢字平仮名文	12–17	1	普通体
4	五月一日	満洲の時候	漢字平仮名文	18–19	2	詩文調
5	崩れた砦	見学、戦跡	漢字平仮名文	20–33	1	丁寧体
6	鴨緑江の四季	朝鮮、自然	漢字平仮名文	33–38	1	普通体
7	朝の日本橋	生活、異民族	漢字平仮名文	38–42	5	詩文調
8	最後の一球	学校、友情	漢字平仮名文	42–48	0	普通体
9	逃水	自然、観察	漢字平仮名文	48–54	1	普通体
10	孝婦河	作業、美徳	漢字平仮名文	54–63	0	普通体
11	籠車	生活、風物	漢字平仮名文	63–64	2	詩文調
12	砂湯	紀行文	漢字平仮名文	65–69	1	普通体
13	テント生活	課外学習	漢字平仮名文	70–76	2	普通体
14	支那町	異文化事情	漢字平仮名文	76–82	0	普通体
15	窓ガラス工場	労働、見学	漢字平仮名文	82–89	1	普通体
16	郭槖駝のことば	中国故事	漢字平仮名文	90–96	0	普通体
17	千山登り	旅行、自然	漢字平仮名文	96–106	1	普通体
18	りんご	無題	漢字平仮名文	106–107	0	詩文調
19	蒙古の牧畜	蒙古事情	漢字平仮名文	107–111	0	普通体
20	愛馬熊野	日露戦役、美談	漢字平仮名文	111–120	1	普通体
21	大豆の出盛り	季節、風物詩	漢字平仮名文	120–124	0	普通体
22	馭者と鞭	労働、風物詩	漢字平仮名文	124–128	1	普通体
23	蘇武	中国故事	漢字平仮名文	128–137	0	普通体
24	満洲の冬	自然、季節	漢字平仮名文	137–141	0	丁寧体
25	支那年中行事	中国伝統文化	漢字平仮名文	142–147	0	普通体
26	大吹雪	自然	漢字平仮名文	147–152	1	普通体

| 27 | 二勇士 | | 日露戦役、美談 | 漢字平仮名文 | 152–159 | 1 | 普通体 |

文体では普通体による説明文が大部分を占めている。7課「朝の日本橋」は大連の「日本橋」である。12課「砂場」は夏目漱石「満韓ところどころ」から、20課「愛馬熊野」は櫻井忠温「銃後」による。日露戦役の紹介、回顧談が全2課におよぶなどの特徴が見られる。

◇六の巻（昭和4年2月25日初版、昭和7年年11月30日五版発行）
22字9行、総206頁。編集は同じく南満洲教育会教科書編輯部。

課	表題	題材	表記	頁	絵(枚)	文体
1	バインタラまで	紀行文	漢字平仮名	1–12	0	普通体
2	黒龍江の解氷	満洲事情	漢字平仮名	12–17	0	普通体
3	歓び	労働、仕事	漢字平仮名	17–19	2	文語体
4	蘇秦と張儀（上下）	故事、忠義	漢字平仮名	19–41	0	丁寧体
5	列車ボーイ	体験記	漢字平仮名	41–46	1	丁寧体
6	選鉱工場と熔鉱炉（上下）	説明文	漢字平仮名	46–60	2	デアル体
7	早朝散歩	日常光景	漢字平仮名	60–62	3	文語体
8	ほととぎすを聴く	文化事情	漢字平仮名	62–71	1	普通体
9	なつかしい家	実録	漢字平仮名	71–84	1	普通体
10	興安嶺を越えて	手紙文	漢字平仮名	84–92	0	丁寧体
11	塔影	季節、風物詩	漢字平仮名	92–97	6	文語体
12	少年（離散／愛国醵金／犠牲）	美談・美徳	漢字平仮名	97–127	0	丁寧体
13	外蒙古の駱駝隊	蒙古事情	漢字平仮名	127–138	1	普通体
14	日本人（桜の花／鯉幟）	紀行文	漢字平仮名	138–142	0	デアル体
15	奇仙左慈	中国故事	漢字平仮名	142–150	0	普通体
16	冬の夜明	自然賛歌	漢字平仮名	151–152	1	詩文調
17	牛と羊	中国故事	漢字平仮名	153–164	0	普通体
18	木花咲く朝	随筆、日常	漢字平仮名	165–174	0	普通体
19	支那町所見	中国事情	漢字平仮名	174–181	0	デアル体

| 20 | 鴻門の会(劇) | 中国劇 | 漢字平仮名 | 181–206 | 1 | 会話体 |

　3課「歡び」は「めぐまれし愛の光に、歡びは天地にみちたり」の一節に見られるように満洲に広がる曠野の賛歌である。本巻には出典が比較的多く、2課「黒竜江の解氷」は田北衣沙櫻「靴の跡」、5課「列車ボーイ」は小田切徳治「全国地歴教員総会報告書」、9課「なつかしい家」は櫻井忠温「草に祈る」、14課「桜の花／鯉幟」は芥川龍之介「支那遊記」による。

3. 第二期各巻の目次と内容(1)

　第二期の編纂についてやや詳しくみるために、一の巻から三の巻を(1)前半部分、四の巻から六の巻を(2)後半部分として、それぞれ考察する。柏書房復刻版を主とし、磯田一雄他復刻版を参考に比較検討する。奥付にあるように一、二、五の巻の編者は大連・南満洲教育会教科書編輯部、三、四、六の巻の編者は同在満日本教育会教科書編輯部とある。以下、各巻の目録(目次)をかかげながら、特徴的と思われる個所に焦点をあて、日本人の異文化観、言語思想の内在性を考察したいと思う。内容を精査する方法として、復刻版を通しての印象であるが、文字の字体など、必ずしも周到な体裁がほどこされているとは思えない。言語学的、語学教育的見地からも、使用語彙や文型、表記の実態など、観察すべき項目は少なくない。題材の選択配置のしかたもやや拙速の感がみられるまた、各課の題材の配列において、普通体、丁寧体、詩文などの混在も意味あるものとすれば、その意図をも明らかにする必要がある。以下の一覧表のなかで「その他」空欄は附記事項なしとする。

□一の巻　総64頁(昭和10年3月28日印刷・昭和10年3月31日発行)
　本文はすべてごく基本的な漢字以外は片仮名を用いて分かち書きである。すなわち詞辞を問わず、前後に1字分の余白をもうけ、語の習得に重きをおいたことが了解される。詩文や語句のみの構成が多いのは、口誦しやすくしたためであろう。以下、掲載頁は省いた。

課	表題	題材・内容	文体	その他／備考
1	マンシウ	満洲礼賛、詩文	丁寧体	挿絵カラー
2	サカミチ	日常生活、詩文	普通体	挿絵
3	アソビゴト	日常生活	語彙のみ	
4	ハタケ	農村	丁寧体	挿絵
5	エンソク	学校生活	詩文	
6	ランニング	学校生活	単語、文章	
7	デムカヘ	家庭生活	丁寧体、挨拶	
8	ユフガタ	日常生活	詩文	挿絵
9	ラヂオ	話題（科学技術）	詩文	
10	ガッカウアソビ	教室場面	対話文	
11	クダモノ	日常生活、果物	語句	挿絵カラー
12	コモリウタ	家庭生活	詩文	挿絵
13	バクチク	日常生活	丁寧体	擬音語
14	ペチカトスズメ	日常生活、説話	丁寧体	
15	ロシャパン	日常生活	詩文	異国文化
16	シャシン	日常生活、友達	丁寧体	写真
17	マドノコホリ	日常生活	丁寧体	
18	「ン」ノツイタマチ	知識、満洲の地理	対話、丁寧体	写真
19	フユトハル	知識、満洲の四季	丁寧体	
20	キコリトヲノ	物語文、説話	丁寧体	挿絵

印刷技術の向上により、カラーの挿絵が数点特記される。まず、頁をひらいた最初の1課「マンシウ」の本文は次のようになっている。

　　ソラ　ノ　ウツクシイ　マンシウ。
　　ヒロビロ　ト　シタ　マンシウ。
　　ワタクシドモ　ハ
　　マンシウ　ノ
　　コドモ　デス。

カラー口絵と見開きになっているこの一節はよく知られている。こどもを主体、主人公として登場させることにより、未来をになう満洲国の輝ける将来を確約したのであろう。本巻内容は概ね日常の話題であるが、1課のほか15課「ロシャパン」はロシアのパンを題材に異文化の注入が意図され、また18課では「旅順」「奉天」「哈爾濱」「鞍山」「大連」「新京」など「ン」のつく地名を挙げながら、写真挿絵とともに満洲の地理を親しませる配慮が見られる。そのほか9課「ラヂオ」は日本と満洲をつなぐ紐帯として、放送という科学技術の高峰を詩文調に綴っている。

「ジェー　オー　エー　ケー、コチラ　ハ　トウキャウ　ハウソウキョク　デス。」
クライ　ヨル　ヲ、ホシ　ノ　ソラ　ヲ、
トウキャウ　ノ　コエ　ガ　トンデクル。
「タダイマ　カラ　ドウエウ　ヲ　ハウソウ　イタシマス。」
ウミ　ヲ　ワタッテ、ノハラ　ヲ　コエテ、
カワイイ　コエ　ガ　トンデ　クル。

　東京放送局（JOAK）がテスト放送を開始したのは1925年3月1日である[6]。ラジオというメディアの役割が具体的に表れ始めたのはこの時期からであろう。「報道」は「報導」、すなわち「報せ導く」ことに重きが置かれた。ここにも「放送報国」の意図が見え隠れする。文化、文明の中心としての「東京」から「かわいい声」がとんでくるという設定は、被従属世界である満洲に暮らす人々の憧憬の念をかきたてる狙いがあった。
　19課「フユトハル」では長い春を終えた春の息吹きが、自然観照とともに描かれ、満洲という風土になじむべく身近な素材を提供している。これは日本人の自然観の投影というべきであろう。
　なお、全編に多く見られる反復重畳表現（3課「サクラサクラ」「カゴメカゴメ」など）、また並列対比的表現（5課「ヒロイノハラ、ホソイミチ」「オイシイオムスビ、ツメタイオミズ」「クタビレタアシ、アタタカイオフロ」ナド）、擬態語・擬声語、繰り返し表現、名詞止めの多用は読み手に日本語

の新鮮なリズム感をあたえ、口誦的効果を狙ったものと思われる。これは以降の巻においても継承されていく。

表記では「かもつれっしゃ」を「クヮモツレッシャ」などのように実際の話音とは隔たった旧仮名遣いとなっている。最初の紙面では文字も大きく行間も広く、A5 判で 15 字 6 行が後半では 20 字 7 行の体裁になっている。

□二の巻　総 104 頁（昭和 10 年 3 月 28 日印刷・昭和 10 年 4 月 1 日発行）

同じく A5 判でおおむね 22 字 8 行の構成である。詩文は行間が広く、余白が広い。最初の 3 課は片仮名を使用しているが、5 課以降は平仮名漢字混じり文となっている。素材も日常身辺のものが多い。文章は分かち書きになっている。内容によっては掲載意図がよくわからない、あるいはよく吟味されていない印象を受ける箇所が少なくないが、時間的な制約のゆえか、執筆者・編集者の経験によるのか判然としない。その半面、多種多彩な素材は学習者に複眼的観察心の注入、陶冶を意図している。

課	表題	内容・趣旨	字体・文体	その他／備考
1	アサ	日常生活	丁寧体	カラー挿絵
2	タネマキ	日常生活	対話	挿絵あり
3	ガン	家庭話題	対話	
4	やなぎ の わた	自然観照	詩文	挿絵あり
5	金 の 牛	物語文	漢字仮名混じり	
6	せんたく	日常生活	丁寧体	
7	ねぢあやめ	自然観照	詩文	挿絵あり
8	きしゃ	紀行	丁寧体	写真挿絵あり
9	ろば と かささぎ	物語文	丁寧体	
10	ぎす	家庭生活	丁寧体	
11	青いね	自然観照	詩文	形容詞語彙
12	こほろぎずまふ	自然観照	丁寧体	蟋蟀相撲の娯楽
13	りんご	風物詩	詩文	
14	はりねずみ	自然観照	丁寧体	挿絵

15	二人 の ちか目	説話	丁寧体	
16	子ども の うた	家庭生活	詩文	挿絵
17	まちぼうけ	寓話、故事	丁寧体	
18	スケート	スポーツ	丁寧体	日常生活
19	ぼくたちは	自由文	詩文	
20	けが を した 犬	寓話、訓話	丁寧体	
21	うち の ボーイ	家庭生活	丁寧体	会話文
22	まんしう の ゐなか で	満洲風俗	丁寧体	挿絵あり
23	おぢいさん と おばあさん	家庭生活	丁寧体	挿絵あり

（13課は北原白秋『コドモノクニ』による）

　自然観照は理科教育にも連なるもので科学的観察の精神を涵養する意図があったと思われる。その一方で日常生活、家庭生活を基盤とし、満洲風俗、故事を挿入する体裁をとっている。この比重は編者のもっとも意を用いたところではなかっただろうか。19課「ぼくたちは」の本文は特記すべきである。すでに一の巻の最初に「マンシウノコドモデス」として、ここには「日本の子どもだ、ぼくたちは」と、日本人を主体、主人公として押し出している。その結果、「マンシウノコドモデス」の「マンシウ」は、日本を盟主とする満洲であることを示唆している。そして、日本の子どもであるためには、形容詞を用いて「きれいな」「ただしい」「ををしい」こころをもった子どもになることを義務付ける。「だいじなところ」である「まんしう」を背負って立つ自覚を移植しようとしたのである。もし「五族協和」を真に志向したのであれば、「日本の花」「さくら」を高揚する以外の発想がありえた。テクスト的解釈でいえば、「マンシウ」から「まんしう」への表記的転移はそうした矛盾をまる呑みしながら心理的効果を委嘱したといえよう（下線、引用者。以下同様）。

　　さけよさくら、日本の花よ。
　　日本の子どもだ、ぼくたちは。
　　きれいなこころの子どもになれ。

のぼれ 朝日、東 の 空 に。
朝日 に 向かって ぼくたち は、
<u>ただしい</u> <u>こころ</u> の 子ども に なれ。
ここ は まんしう、<u>だいじな</u> <u>ところ</u>。
ここ の 子ども だ、 ぼくたち は。
<u>をゝしい</u> <u>こころ</u> の 子ども に なれ。

被修飾語「こころ」と「ところ」の押韻にも注意が払われている。
　21課の「うちのボーイ」では雇っていたボーイの気持ちの優しさを讃える内容になっている。家庭、日常からの「五族協和」の実践を示唆している。全体的に自然観照の内容が多くみられるのは、理科、自然科学への関心を向けさせる狙いがあったと思われる。

□三の巻　総120頁（昭和10年4月1日初版印刷　昭和15年10月20日6版発行）。同じくA5判でおおむね24字9行の構成になっている。本巻からは完全に漢字平仮名混じり文となり、分かち書きも廃されている。表記の面で言えば句読点が詰まりすぎているため、読みづらい印象を与える。2課では勇壮な海軍の艦隊の入港、飛行機の飛来を目にして、感動に溢れている少年の心情が描かれている。3課の「汽車通学」では規律正しい行動を奨励した内容である。4課「小さな駅」や9課「水びかり」にある詩文は編集者の好みであろうか、おそらくは教育生産的な内容ではない。13課「りんご」は二の巻13課の再掲であるが、描写表現は詩文から叙述体に移行している。三の巻も前巻同様に全体の19課が丁寧体で多くを占めている。ルビはほとんど付されていない。

課	表題	内容・趣旨	文字・文体	その他／備考
1	春が来た	日記風	丁寧体	カラー挿絵
2	艦隊入港	日記風	丁寧体	
3	汽車通学	日記風	丁寧体	挿絵あり
4	小さな駅	詩文	普通体	

5	うちのひよこ	日記風	丁寧体	自然観照
6	マーシャさん	日記風	丁寧体	挿絵あり
7	娘々廟	物語文	丁寧体	故事
8	たのしい慰安車	日記風	丁寧体	日常生活
9	水びかり	詩文	普通体	
10	米つきがに	寓話	丁寧体	自然観照
11	望小山	紀行文	丁寧体	地勢、挿絵あり
12	ちぬつり	日記風	普通体	自然観照
13	りんご	説明文	丁寧体	
14	月が出てくる	詩文	普通体	
15	こうりゃんと大豆	訓話、物語文	丁寧体	
16	猿まはし	日記風	丁寧体	異国情緒
17	町なみ木	物語文	丁寧体	
18	唐王殿	故事、訓話	丁寧体	道徳
19	ろば	故事、訓話	丁寧体	道徳
20	守備兵さん	詩文	普通体	挿絵あり
21	春聯	風習、文化	丁寧体	
22	ある犬の話	故事、訓話	丁寧体	中国文化
23	おかあさんへ	日記風	丁寧体	
24	夜汽車	詩文	普通体	挿絵あり
25	杜子春	故事、訓話	丁寧体	挿絵あり

　満洲事情としては、7課、11課、18課、21課、25課などで文化的地勢的紹介がある。6課「マーシャさん」は象徴的である。日本人と白系ロシア人との仲睦まじい関係を描いているのも、「王道楽土」、「五族協和」の演出であったようである。

　　歌がをはるとマーシャさんは、目をつぶって考へごとでもしているやうでしたが急にあらたまって、「ねえ、ほんたうにふしぎではありませんか。私はロシヤ人で、あなたは日本人でせう。それが同じ組で、仲よしでせう。ほん

たうにふしぎではありませんか。」
　　私はつい同じやうな心持になっていひました。
　　「ほんたうにふしぎですね」

この「ほんたうに」「ふしぎ」の反復は多民族共存への夢でもあったろう。
　8課「慰安車」は、移動販売車のことである。ときには幻燈や野外映画会を催した。活動写真は文明の象徴として新しい娯楽となった。

　　　　慰安車のおへやのすみに白い幕がはられて、そこに写真がうつるやうになっています。外ががやがやさわがしいのでちょっと見ると、外でも写真をうつす用意をしていました。それは満洲國人たちに見せるのです。これを見ようとして遠い村からさそひあはせて來るといふことです。

　20課「守備兵さん」は「鉄路工作隊」とも称された。匪賊の襲撃から同胞を守り、満洲国を支える守備隊への敬意賞揚がみられる。

　　　月がのぼるよ　この夕べ、
　　　こほるレールを　見張りして、
　　　おくにのために　守備兵さん
　　　銃もこほるよ　この夜ふけ
　　　長いレールが　つづいてる
　　　しっかりまもって　守備兵さん
　　　東がしらむよ　この夜明
　　　まもりあかした　このレール
　　　あらたな元気で　守備兵さん

4. 第二期各巻の目次と内容(2)

　本節では引き続き、第二期のうち後半3冊、四の巻、五の巻、六の巻について検討する。なお、四の巻と六の巻については他の修訂版と比較検討す

る。「もくろく」(表題)、題材、表記、量、挿絵、文体的特徴などを一覧化した。

◇四の巻(昭和 8 年 3 月 29 日初版、昭和 10 年 11 月 4 日四版発行)
　各頁 24 字 9 行の仕様で総 161 頁。南満洲教育会教科書編輯部編集、印刷発行は満洲日日新聞社印刷所である。

課	表題	題材	表記	頁数	絵(枚)	文体
1	春のたより	手紙文、時候	平仮名、漢字	1–3	1	丁寧体
2	世界の子ども	詩文、連帯	平仮名、漢字	4–5	2	普通体
3	種まき	学校、園芸	平仮名、漢字	6–12	0	普通体
4	石の裁判	故事、忠義	平仮名、漢字	13–18	0	丁寧体
5	大連埠頭	満洲事情	平仮名、漢字	18–21	2	丁寧体
6	傷病兵見送り	銃後の少年	平仮名、漢字	22–23	2	詩文調
7	桃花源	中国故事	平仮名、漢字	24–32	1	丁寧体
8	からたちの花	中国昔話	平仮名、漢字	32–38	0	丁寧体
9	塩田	休日、観察	平仮名、漢字	38–42	0	普通体
10	汽車スケッチ	旅行、風景	平仮名、漢字	43–48	0	普通体
11	ドッヂボール	遊戯、学校	平仮名、漢字	48–50	2	詩文調
12	大連盲唖学校参観記	参観、慰問	平仮名、漢字	50–65	1	丁寧体
13	ふんころがし	観察、友達	平仮名、漢字	65–75	0	丁寧体
14	満洲あげは	日露戦争	平仮名、漢字	75–80	1	丁寧体
15	太郎の博物館	見学、趣味	平仮名、漢字	80–86	0	普通体
16	トマト畠	自然賛歌	平仮名、漢字	86–88	3	詩文調
17	五龍背	紀行文	平仮名、漢字	88–95	1	普通体
18	主のない梨	随筆、教訓	平仮名、漢字	95–99	1	普通体
19	鶉狩	日常、自然	平仮名、漢字	99–105	1	普通体
20	布袋さん	文化事情	平仮名、漢字	105–108	0	丁寧体
21	新築	日常、仕事	平仮名、漢字	108–115	1	デアル体
22	鉄橋修理	銃後、仕事	平仮名、漢字	115–123	1	普通体

23	石持星と草持星	説話、教訓	平仮名、漢字	123–130	0	丁寧体
24	橋	戦争ごっこ	平仮名、漢字	130–135	0	丁寧体
25	冬の七日	日記、日常	平仮名、漢字	136–141	1	日記体
26	荷馬車	日常、労働	平仮名、漢字	141–144	1	丁寧体
27	こな雪	冬、擬態語	平仮名、漢字	145–146	2	詩文調
28	牡丹の花	昔話、友情	平仮名、漢字	147–151	0	丁寧体
29	矛と盾	故事、教訓	平仮名、漢字	152–154	1	丁寧体
30	黄鶴楼	故事、教訓	平仮名、漢字	155–161	1	丁寧体

6課「傷病兵見送り」では、内地に帰還する傷病兵を見送る少年少女の心情を歌った詩文調の構成である。「匪賊たいぢた」は「匪賊を退治した」「匪賊退治だ」のように読める。のちに「たまにあたつておきの毒」の表現はふさわしくないとして、この課は削除された。

  船のデッキにならんでいる、白い着物の兵隊さん。
  顔もやつれていたはしい。さようなら。みなさん。お大事に。
  うえや寒さをがまんして、匪賊たいぢた兵隊さん。
  たまにあたつてお気のどく。
  さよなら、みなさん、お大事に。
  内地にかへりお丈夫に、なつて下さい、兵隊さん。
  船ははなれる、しづしづと。
  さよなら、みなさん、お大事に。

10課「汽車スケッチ」では日本語を用いた異民族との交歓がある。

  …前に寝ていたりっぱななりをした満洲国人が目をさました。につこり笑つて、
  「お早う、あなた、何処へ行きますか。」
  とあいさつした。よほど日本語がうまいらしい。其の人は煙草を一ぷく吸つてから顔を洗ひに行つた。

22課「鉄橋修理」では、苦力たちと力を合わせて完成した鉄橋であるが、敵に破壊された鉄橋を今は「日章旗をひるがへした」日本軍の列車が走るという場面である。一方で投入された中国人・朝鮮人「労工」の苦難・悲哀が対照的である。文中の「りっぱに」「はなばなしく」「しづしづと」（6課にもある）などの副詞表現も特徴的である。

　　私たち三十名の外に、日本人五十名、苦力等四百名ばかりが、不眠不休で働いた為に、世界のどんな技師が来ても、二十日かからなければ修理は出来まいと、敵が廣言していた難工事を、まる九日で<u>りつぱに</u>完成することができて、十三日の朝には<u>はなばなしく</u>試運転を行つた。さわやかな朝の光の中に、数本の日章旗をひるがへした列車は、後に装甲列車をしたがへて私たちの修理した鉄橋の上を<u>しづしづと</u>進行し始めたのである。

これに対し昭和15年12月20日改訂版再版の四の巻を見てみよう。

□四の巻　総150頁（昭和8年3月29日初版発行　昭和15年12月20日改訂版再版）。三の巻と同じくA5判でおおむね24字9行の構成になっている。本巻では語彙、表現の向上にともない、内容では満洲事情が増えていくが、一方で強調しすぎない程度に訓話や故事が配置されている。説明文や故事等、様々な文章を収める。漢字にルビはほとんど付されていない。丁寧体と普通体の割合はほぼ同等となっている。

課	表題	内容・趣旨	字体・文体	その他／備考
1	庭の若松	説明文	丁寧体	満洲国事情
2	廣い畑	詩文	普通体	自然観照
3	種まき	観察文	普通体	協働生活
4	桃花源	故事	丁寧体	先祖を敬う
5	牡丹の花	故事	丁寧体	道徳心
6	大連埠頭	説明文	丁寧体	満洲事情
7	ドッヂボール	詩文	普通体	学校生活

8	満洲あげは	自然観照	丁寧体	写真挿絵
9	ふんころがし	日記風	普通体	自然観照
10	松花江	詩文	普通体	満洲事情
11	龍首山	故事	普通体	満洲事情
12	忠霊塔巡り	紀行文	普通体	満洲国昂揚
13	満洲里から	手紙文	丁寧体	満洲事情
14	国境の花	観察文、紀行文	普通体	満洲事情
15	空の勇士	記録文	普通体	満洲国昂揚
16	倒れた軍馬	訓話	丁寧体	挿絵あり
17	鶉狩（うづらがり）	日常生活	普通体	挿絵あり
18	秋の朝	日常生活	普通体	詩文
19	石持星と草持星	寓話、訓話	丁寧体	教訓
20	鉄橋修理	記録文	普通体	集団協力
21	こな雪	自然観照	普通体	詩文
22	冬の七日	日記風	普通体	日常生活
23	荷馬車	説明文	丁寧体	満洲事情
24	伸びゆく新京	説明文	丁寧体	満洲国礼賛
25	清水さん	感想文	普通体	日常生活

　1935年11月4日四版と比較すれば、6課「傷病兵見送り」、12課「大連盲唖学校参観記」の代わりに12課の「忠霊塔巡り」には「旅順」「大連」「遼陽」「奉天」「哈爾濱」の各地の忠霊塔が紹介されている。殊に「哈爾賓」の忠霊塔は日露戦争後の存在を強く意識させている。忠霊塔は軍国主義教育の精神的支柱となり、青少年の参観地となった。総じて満洲国事情がふえ、下線を附した箇所には編集者の評価的趣意が窺われる。

　「高いなあ。」
　と、思わず僕は叫んだ。案内して下さったをぢさんが、にこにこしながら、
　「どうだ、驚いたらう。いただきまで六十七米もあるのだよ。」
　とおっしゃった。

ゆるやかに動いている雲を切るやうに、いただきが」するどくとがつてゐる。夕日を受けた塔のかげが、長々と草の上に落ちている。いかにも護国の人柱といつた感じだ。あたりで、しきりに虫の声がする。
「よその忠霊塔とは、よほどかはつてゐますね」
にいさんの言葉に、をぢさんが、
「何のかざりもないところが、一番かはつてゐるだらうね。鉄筋コンクリート造で、下の方の人造石に、わづかに雲を形どつたばかりだ。<u>いかにもむざうさに見えるが、むだをはぶいた点に、一種の美しさがあるともいへよう。</u>」
とおつしやつた。をぢさんは、さらに言葉をついで、
「ごらん、北満の空高くすつくと立つた、この力強いすがたを。遠く国境をのぞんでいるやうでもあり、又新しい鍬を取る日本の拓士をじつと見守つていて下さるやうにも思はれるね。」
「<u>日本と満洲国とたがひに手を取り合つて、強く、まつすぐにのびて行くすがたを、其のまま見るやうな気もしますね。</u>」
にいさんも、ひどく心を動かされた様子であつた。（後略）

24課「伸びゆく新京」は満洲国国都の発展を讃美した内容である。

　　昔の長春が國都と定められ、新京と呼ばれるやうになつたのが昭和七年の三月で、其の年の秋、町から遠くはなれた荒野の真ん中に、今の市公署がぽつんと建つた時には、「まあ、あんな原つばに。」と、誰もがへんに思つたさうですが、今では、國都新京の中心となつてゐるのです。大同大街よりも六米廣い順天大街には、國務院を始め各官廳が立ち並んでゐます。（中略）人口百萬人を目ざす大新京の伸びゆく姿は、新興滿洲國の発展を其のまま見せてゐるやうに思はれます。

昭和7年3月1日に満洲国が建国されると同時に地名も改められた。計画都市、新京の発展の姿は満洲国の象徴でもあった。後半の内容には、皇国民錬成の意図がより強く打ち出されている。

□五の巻　総187頁（昭和8年3月31日初版発行　昭和9年9月25日四版発行）。同じくA5判で25字10行の構成になっている。数ヶ所、漢字にルビが見られる。丁寧体は数課で、普通体が圧倒的に増えている。

課	表題	内容・趣旨	字体／文体	その他／備考
1	月ごよみ	一年の風物詩	普通体	カラー挿絵
2	日本人	日本人の勤勉さ	丁寧体	逸話
3	鴨狩	自然観照	普通体	満洲の大地
4	ふかい霧	詩文	普通体	唱歌風
5	白鳩の精	故事、教訓	普通体	思い遣りの精神
6	崩れた堡塁	紀行文	丁寧体	日露戦争回顧
7	鴨緑江の四季	随筆	普通体	四季と暮らし
8	蒙古ひばり	随筆	丁寧体	地方文化
9	朝の大連日本橋	五族の風俗	普通体	五族共和の実情
10	最後の一球	日記風	普通体	友情、協力の精神
11	空の旅	紀行文	普通体	満洲の大地
12	軍用犬の話	随筆	普通体	英霊となった軍用犬
13	孝婦河	物語文	普通体	逸話、家族愛
14	鞍山製鉄所遠望	詩文	普通体	満洲事情
15	天幕生活	日記風	普通体	林間学校
16	採集の旅から	自然観照	丁寧体	成功談と失敗談
17	支那町	随筆	普通体	満洲事情
18	公主嶺の農事試験場	日記風	丁寧体	農牧畜への関心
19	十三重の塔	故事、逸話	普通体	忠孝の精神
20	千山登り	紀行文	普通体	中国事情
21	窓ガラス工場	日記風	普通体	職業の中の科学
22	たゝえよ満洲国	詩文	普通体	三千餘万の満洲賛美
23	天晴れ南部選手	感想文	普通体	愛国心、同胞愛
24	蒙古の牧畜	随筆	普通体	農牧畜への関心
25	愛馬熊野	物語文	普通体	動物愛

26	大豆の出盛り	観察文	普通体	中国文化事情
27	馭者と鞭	観察文	普通体	日常生活
28	支那年中行事	解説文	普通体	満洲文化事情
29	近道	逸話、随筆	普通体	民衆の智慧
30	二勇士	日露戦争	普通体	日本人俘虜の最後

9課「朝の大連日本橋」には、行きかう五族の人々の日常が対照的に描かれている。とくに苦力と日本人小学生の対照的な情景は、満洲国統治の象徴を表している。

　　どやどやと苦力の群が橋を渡る。
　　小ぶとんを丸めて背につけた男たち、
　　乳のみ子をふところにかかえた女たち、
　　ちょこちょこと親たちについて行く子供たち、
　　ごみごみしたよごれさけた着物・づきん・股引、
　　日にやけて黒く光る頬の色

　　苦力の長い列を横切って行く小学生、
　　水色の子供服に真白なエプロン、
　　背嚢をつけて、短いズボン。（後略）

すなわち「よごれた」衣服をまとった被支配者層底辺の象徴である苦力と、「真白な」文明国家日本との対比的図式は、複合民俗国家としての満洲国が日本を盟主とした実験的人工国家、傀儡国家で、国民の総意にもとづく国家ではなかったことを如実に表してはいないだろうか。

12課「軍用犬の話」は時局を反映した内容である。「独立守備隊」「匪賊」「討伐」といった時局をあらわす用語にも注目したい。

　　満洲は其の地域が非常に廣く、夏は高粱や雑草の為に見すかしがきかぬ程であるから、此所で鐵道守備にあたる独立守備隊や、匪賊の討伐にあたる将

兵は、其の守備や連絡が中々むづかしい。そこで軍用犬は物言わぬ戦士として大に利用されることになったのである。

「物言わぬ戦士」軍用犬も戦死を遂げると「英霊」として、「軍馬」「軍鳩」と同様に手厚く埋葬されたという。

　　戦がすんでから隊員一同は其の死体を収容して、ねんごろに埋葬し、其所に<u>物言わぬ戦士</u>ピックの墓碑を立てて英霊をなぐさめた。

22課「たゝえよ満洲国」も時局を反映した内容である。「自由の國」「たのしい國」「仁義の國」「あかるい國」「のびゆく國」「平和の國」「かゞやく國」は、満洲国の虚飾を表す美辞であり、王道楽土、五族協和をめざす満洲国を賛美した歌詞となっている。

　　三千餘萬　心一つに、
　のぞみいだいて　生れた國だ。
　<u>自由の</u>國だ。
　<u>たのしい</u>國だ。
　たゝえよ、たゝえよ、満洲国。

　　民のさかえは　國のさかえと、
　民をもとゐに　きづいた國だ。
　<u>仁義の</u>國だ。
　<u>あかるい</u>國だ。
　たゝえよ、たゝえよ、満洲国

　　日本ばかりか　世界の民と、
　ともに手をとり　のび行く國だ。
　<u>平和の</u>國だ。
　<u>かゞやく</u>國だ。

たえよ、たえよ、満洲国。

□六の巻　総161頁（昭和8年3月31日初版発行・昭和9年9月25日四版発行）。同じくA5判で全課漢字仮名混じり文、各頁は概ね26字11行の構成である。引き続き普通体の比重が増えている。なお、下線で示した本文は、昭和10年版との比較を示したものである。

課	表題	内容・趣旨	字体・文体	その他／備考
1	春	満洲の春、自然	普通体	観察文
2	楡若葉	自然観察	詩文	四行詩
3	野外研究	日常・生活学校	普通体・会話	植物挿絵
4	御恵の軍使	訓話、逸話	丁寧体	日露戦争
5	小村侯の偉業	史実回顧	普通体	日露戦争
6	関東神宮地鎮祭	満洲国称揚	普通体	写真あり
7	大露天掘りの一角に立ちて	満洲国称揚	詩文	機械力賛美
8	小さな花壇	紀行文	普通体	植物挿絵
9	林間学舎日記	日記	普通体	写真あり
10	牛と羊	故事	普通体	対話文が多い
11	新京	満洲国称揚	詩文	六行詩
12	殉国の女性	史実講話	普通体	匪賊討伐
13	大陸開拓の戦士を尋ねて	少年義勇隊訓練所	普通体	写真あり
14	報恩の苦力	日常生活	普通体	日露戦争
15	満人町の看板	満洲事情	普通体	写真あり
16	南京豆の畠	地方農村生活	丁寧体	挿絵あり
17	杏の花	詩文	短歌	事変歌二首
18	凍原に戦う	戦場	普通体	死闘と歓声
19	木花咲く朝	随筆	普通体	日常の観察
20	氷上の少女	競技大会	丁寧体	写真あり
21	総理大臣と鳩	満洲国事情	丁寧体	写真あり
22	あたたかさ	詩文	普通体	自然観照

| 23 | 鴻門の會 | | 故事 | | 脚本形式 | | 会話文多い |

　本巻では6課、7課、11課のように、満洲国を称揚した内容が際立つ。15課「満人町の看板」は五の巻の17課「支那町」の意識的な名称改変であり続編である。13課「大陸開拓の戦士を尋ねて」は満蒙開拓青少年義勇軍訓練所の訪問記で、義勇軍は当地では「義勇隊」と称された。なお、故事逸話が多いのは、戦時下の「尽忠報国」的思想の醇化を目的としたものである。11課「新京」の全文を挙げる。

　　満洲の空　光かがやき、
　　あかつきの　すがすがしさに、
　　雲はみな　ふきはらわれて、
　　あらた國　國はうまれぬ。
　　その首都　新京　國都　新京

　　満洲の原　つちはうるほひ、
　　草木みな　生々として、
　　いしずえの　ゆるがぬ上に、
　　うまし國　國はにぎはふ。
　　その首都　新京　國都　新京

　　空と原　續くはてまで。
　　人みなの　めぐみのために、
　　美しき　楽土ひろめて、
　　道の國　國はさかえん。
　　その首都　新京　國都　新京

「あらた國」「うまし國」「道の國」などの古風な表現を用いた満洲国の賛美は、さきにみた四の巻24課「伸びゆく新京」をうけ、さらに満洲国の威容を讃える内容となっている。「道」は「王道」であるが、これはまた「未

知」の国でもあった。14課「報恩の苦力」では三の巻「苦力」とは違った印象をあたえる。2人の苦力、張と李を登場させ、前者は日本に従い、後者は背いた結末、堕落した顛末とを対照的に述べている。

　　張は日本軍に投じて、或は諜報の勤務に従事したり、或は軍器の運搬を助けたり、或は糧食の調達をしたり、戦争の終るまで汗みどろになつて働いた。
　　翌年三月十日、皇軍は奉天の会戦で大勝を得た。張はそれを我が事のやうに喜んだ。其の頃、李はすつかり破産して上海方面に逃れてゐたが、張は多額の金品を送つて、其の旧恩に報いたさうである。

15課「満人町の看板」では日本語の普及浸透についてもふれている。日本語学校を一部「日語学院」と称していたことがわかる。「研究熱」とはおもに商売に関わる学習熱のことである。

　　満人間に於ける日本語の研究熱は年と共に高まって、各所に日語学院が設けられてゐるが、其の看板にも、「玉磨からざれば光なし」と書きそへられたものさへあるなど、ほほえましい光景のひとつである。

次に昭和10年版の六の巻を見てみよう。下線で示した本文は昭和9年版と比較して注意したい箇所である。

◇六の巻（昭和9年4月8日初版、昭和10年11月3日三版発行）
　26字11行の仕様で、総182頁。南満洲教育会教科書編輯部編集、印刷は満洲日日新聞社印刷所である。冒頭口絵にはカラーで製鉄所（製鋼所）が載っており、昭和9年版とは内容に変化が見られる。かつ1課増量されている。

課	表題	題材	表記	頁数	挿絵崇／文体	
1	春	随筆、観察	漢字平仮名	1–4	0	普通体
2	楡若葉	四季、異文化	漢字平仮名	5–6	4	詩文調
3	黒龍江の解氷	満洲の自然	漢字平仮名	7–11	0	普通体

4	鉄道の話	地理、新技術	漢字平仮名	11–21	1	丁寧体
5	開院の滝まで	旅行、自然	漢字平仮名	21–27	1	普通体
6	新京	満洲礼賛	漢字平仮名	27–29	2	詩文調
7	穀倉をめぐりて	鉄道、諸都市	漢字平仮名	30–39	2	普通体
8	なつかしい家	日露戦役記	漢字平仮名	39–49	1	普通体
9	林間学舎日記から	学び、自然	漢字平仮名	49–57	1	普通体
10	塔影	戦役回顧	漢字平仮名	58–62	5	詩文調
11	小さい実業家	異文化体験	漢字平仮名	62–69	0	普通体
12	殉国の女性	殉国、殉死	漢字平仮名	69–75	1	普通体
13	鞍山の製鉄所	満洲新科学	漢字平仮名	75–85	1	丁寧体
14	曠野	満洲風土	漢字平仮名	85–88	0	短歌12首
15	御恩の苦力	日本軍奉仕	漢字平仮名	89–99	0	普通体
16	南京豆の畑その他	自然賛歌	漢字平仮名	99–106	0	丁寧体
17	蒙古の駱駝隊	蒙古事情	漢字平仮名	106–114	1	普通体
18	牛と羊	中国故事	漢字平仮名	114–122	0	普通体
19	凍原に戦う	日露戦役	漢字平仮名	122–141	0	普通体
20	木花咲く朝	生活、随筆	漢字平仮名	141–148	1	普通体
21	氷上の少女	運動大会	漢字平仮名	148–155	1	丁寧体
22	満人町の看板	満洲生活事情	漢字平仮名	155–161	12	普通体
23	あたゝかさ	身辺生活	漢字平仮名	161–162	1	詩文調
24	鴻門の會	中国故事、劇	漢字平仮名	162–182	1	台本調

4課「鉄道の話」では、満洲国の鉄道事情とともに、満鉄の誇る先端技術の紹介である。挿絵には疾走する「あじあ号」の雄姿が掲載されている。

　…現在連京間を八時間半で走っている「あじあ」は、世界中にも珍しいぐらいの超特急旅客列車だ。これらの優秀な機関車は、皆沙河口の大連工場で制作されるんだから、愉快ではないか。純国産品だよ。

11課「小さい実業家」では商業学校生正雄と満洲国紳士との商交渉。日

第 1 章　『満洲補充讀本』にあらわれた帝国の言語思想と異文化認識　183

本人の信用が強調されている。12 課「殉国の女性」では現地の治安にあたる警察官の妻の献身的な死を素材にしている。「一死君国」「かしこくも」「芳魂」「靖国神社」といった表現語句が際立っている。

　…夫人が警察官の妻として、<u>一死君国に殉じた</u>健気さは、<u>かしこくも</u>天聴に達し、其の<u>芳魂</u>は永久に靖国神社に祀られることになつた。

　14 課「曠野」は「ひろの」と読み、佐々木信綱門下の歌人川田順の歌集「鵲（かささぎ）」からのもので、満洲を素材に大地の雄大さを次のように謳いあげ、情操効果をあげている。

　　曠野々々ひねもす来つゝ見ゆるもの　なにもなければ眼は疲れけり

5.　おわりに

　以上、『満洲補充讀本』第一期、第二期各巻の概要を見ながら、そこに織り込まれた帝国の言語思想を瞥見した。異国において教材、教科書を編纂する。そこには今も昔も自文化と異文化とがせめぎあう。自文化をどのように語り、異文化をそこに融合させる道筋をつくるのか。多くの試行錯誤をともなう。そこに言語文化、言語思想の原初的輪郭が現れる。本章ではその具体例を検討した。素材、文体をみても試行錯誤的な、編者の懊悩が垣間見える。それにしても一の巻 1 課の「美しい満洲」、六の巻 11 課の「美しき楽土」の「美しい」は何を意味したのだろうか。それは、今日でもしばしば政権によって使用される「美しい日本」に生き続けているようにも思われる。
　概観して『満洲補充讀本』と謳った通りに、日本語を学ぶ者を主体としつつも母語とする者もふくめ、双方ともに楽教授する副読本という性格から編まれた印象がある。異民族との協和をめざしつつも、そこには統治者としての帝国思想、言語観が素材の配列配置、言語表現に鏤められることになる。こうした構成に仕組まれた、あるいは行間に刷り込まれた言語発想様式の考究は、膨大な貴重な資料を外面から体系化するのみならず、地道な一篇一篇

の検討が不可欠である。マクロ的把握とミクロ的分析の両輪によってこそ、帝国としての言語思想の態様、実態が明らかにされよう。同時にこうした施政者側の思惑に対して、対象となった異民族の人々がこれをどう受け止め、異化・同化したのかも当時の植民地教育を受けた多くの人達の証言によって裏付けられなければならないだろう[7]。

　教科書を1つの生命体としてとらえるならば、その時代や時局を反映する素材をどう織り込むのかが腐心されるところであるが、戦時体制下という非常時の環境、また異国・異文化・異言語と言う環境下にあっては、国民の民意をいかに統括し、日本臣民としての涵養と同時に異民族支配の文化文明観を移植するという重大な任務をになうことになった。それはまた新しい教科書の創出と同時に言語教育の壮大稀有な実験場でもあり、来るべき東亜語の基盤となる日本語建設の希望でもあった。

　数度にわたり改訂修訂が行われたが、その内容の変遷を知ることにより、関心の所在、すなわち異文化観、異民族との接触の葛藤図が垣間見えてくる。第二期は戦時色とあいまって、満洲国建国の息吹を背景に編集されたことの象徴として、一の巻の口絵の示す満洲の曠野と本文「一　マンシウ」に再度注目したい。「ワタシクシドモ　ハ　マンシウ　ノ　コドモ　デス」は、全編に通底するプロパガンダであった。異国にあって、いかに自文化を発揚し、異文化と競合させ、調和させうるかという命題は、五族協和、王道楽土の新世界を構築するうえで不可欠な土壌となるものであったが、調和、協和がいつしか支配にすり替わっていく過程を看過してはならないだろう[8]。

　本章で考察した『満洲補充讀本』は、異民族との協和を求めるとともに、日本人のアイデンティティをも基幹において編集された移植の教科書であったといえる[9]。大正デモクラシーによる新しい教育思想の影響を背景に、満洲という風土に根差した教科書の検討は、試行錯誤のうちにやがて時局の推移とともに皇国民錬成を強く意識していくこととなった)。こうした変貌は現代の国語教育、日本語教育に何を語りかけるのだろうか。同時に、現在、日本が文化発信しようとしている際に過去の遺産として十分に考慮されねばならぬ性格をも内包している[10]。

注

1 『満洲補充讀本』第二期高二の巻 六「満洲興国の歌」より。北原白秋は戦時下、もっとも国民に愛唱された歌人の1人であった。
2 筆者は異文化観と異文化認識とを峻別する。いまだ形式にとらわれず、原初的形態のままの受容という意味で、現在いうところの異文化観という用語を用いず、異文化認識として位置付ける。『「皇国の姿」を追って』(磯田一雄1999) の「あとがき」で、磯田は植民地下において被抑圧者に対して異文化という用語を用いることの躊躇いについて述べている。
3 磯田一雄他による集成は、編纂・発行年度の異なる教科書を体系的に130冊を収録している。本章では各巻の前に磯田一雄他編復刻版を◇、柏書房復刻版を□で示した。また、本文の課は漢数字をアラビア数字になおした。
4 他民族に対する侵略・支配が日本人にとっては自由・解放だったように、他民族に対する皇民化教育は、日本人にとっての新教育と一体のものだった。とりわけ「満洲」でそれが顕現した。現地で編纂された教科書はこの矛盾を解き明かす鍵となる。磯田(1999)は「教科書にみる植民地教育文化史」である。第1部の石森国語の成立と「満洲」(在満日本人教育用補充教科書の開発と最初期の『満洲補充讀本』;石森延男の参加と『満洲補充讀本』の改訂；『満洲補充讀本』の廃止と「国民科大陸事情」の教科書の誕生ほか)等の収録章を参照。
5 下線は参照版。各巻各課の題材については筆者の主観的解釈によるもので、評価に多少の出入りがあることを断っておく。なお、旧仮名遣いについては触れない。
6 戦時下のラジオの役割については、竹山昭子(2013)などを参照されたい。
7 斉紅深・竹中憲一(2004)は斎紅深(2005)を抄訳編集したものである。
8 佐藤準三(1940)は『満洲補充讀本』を過渡的な存在として認め、満洲国建国の以前と以後、民族協和、大陸建設の気概といった抱擁的精神の涵養を意図しているという。かつ、これをもとに、「大陸国語読本」の出現を待望するとある。そこには、皇道精神、民族協和、大陸建設の気概は無論のこと、郷土的な話教材、国語愛を盛り込む必要があるという。最後に国語愛としたのは、この読本が引いては日本の小学国語読本の解体・創造につながることを述べている。

　なお、本章で扱ったほかにも『満洲補充讀本』には高学年向けの「高一の巻」「高二の巻」があり、それぞれ第一期、第二期の初版、再版・改訂版がある。より思考的、歴史的な内容が配慮されている。前掲復刻版に収録されているものは以下の通り。

	高一の巻	高二の巻
第一期	1932年四版	1932年再版
第二期	1935年再版	1936年改訂版

9 「読本」という形態には日本人を対象に満洲国の地勢、財政、経済産業の統計を国勢図会風に編集した『満洲讀本』(南満洲鉄道株式会社弘報課)や『新満洲讀本』といった概説書があるが、編集意図は異なっている。『満洲補充讀本』をはじめ、満洲国、さらに以後の中国大陸で使用された教科書に当時の文部省『小学国語読本(尋常科用)』の内容がどのように反映されたのかという検証も今後の重要な検証課題である。

10 吉松繁は「満洲補充讀本」にまつわる話として次のように述べている。

> 大連市立春日小学校の教育は、文字通り軍国主義教育一色であった。特に強調されたのは「満州」補充読本といって、「満洲国」は五族共和・王道楽土であると教えていた。我々少国民は、ほんの数年間だけの幻想をみることができた。だがこの「補充読本」にも、馬賊や匪賊が出没して楽土を脅かすと歪曲した記述が登場していた。ところが、実際は自分の畑や土地を強奪された農民たちの土地解放義勇軍であった。
>
> http://www5e.biglobe.ne.jp/~kitwomen/taiken_kioku_0/yosimatu03_20_26.htm
> (昭和ヒトケタ、「満」の戦争体験) 2014.7.4 閲覧

参考文献

石田淑霞(2013)「「満州」の『日本語読本』―満鉄と関東庁の比較を中心に」、『比較文化研究』109号、日本比較文化学会.

磯田一雄(1992)「石森国語成立と満洲：その基盤としての『満洲補充讀本』」、『成城文藝』141、成城大学文学部. 15–46.

磯田一雄(1999)『「皇国の姿」を追って―教科書に見る植民地教育文化史』、晧星社.

磯田一雄・槻木瑞生・竹中憲一・金美花編(2000)『在満日本人用教科書集成』(全十巻のうち1、2巻「満洲補充読本」)、柏書房.

江幡寛夫(1940)「満洲國における日語の地位」、『満洲國語』第4号 4–16.

斉紅深編、竹中憲一訳(2004)『「満洲」オーラルヒストリー―〈奴隷化教育〉に抗して』晧星社.

斉紅深編(2005)『見証 日本侵華殖民教育』、中国・遼海出版社.

佐藤準三（1940）「時局と満洲の読本」、『表現研究』1940.5　表現学会.
竹中憲一（2000）『満州における教育の基礎的研究』全 6 巻、柏書房.
竹中憲一（2002）『「満州」植民地日本語教科書集成』全 7 巻、緑蔭書房.
竹山昭子（2013）『太平洋戦争下、その時ラジオは』、朝日新聞出版.
玉野井麻利子編、山本武利監訳（2008）『満洲―交錯する歴史』、藤原書店.
『満洲補充讀本全六巻』（復刻版）　図書刊行会　1979　南満洲教育会教科書編輯部（1、2、5 の巻）、在満日本教育会教科書編輯部（3、4、6 の巻）

第 2 章
満洲帝国国民優級学校
『國民讀本』の日本語思想

> 都 ガ 出来マス。トンチン カンチン。
> リッパナ リッパナ 満洲国 ノ、
> 都 ガ、都 ガ、トンチン カンチン。
> （『日語国民読本』第五　国土建設より）

1.　はじめに

　ここに、表紙に『國民優級學校日語國民讀本』第二巻、『國民優級學校満語國民讀本』第二巻と刷られた教科書がある。A5判縦組みでいずれも「満洲帝国政府」という発行所の文字が印象的である。奥付に沿ってもう少し詳しくみていくと、『日語國民讀本』は康徳5年5月10日印刷、発行、定価一角二分、著作権所有著作者民生部となっており、印刷兼発行者、発行所は新京特別市西馬路十四号、満洲図書株式会社とある。

　一方、『満語國民讀本』のほうは印刷、発行日が同年同月2日となっているほかは『日語國民讀本』と同様の体裁である。いずれも中表紙の左肩に「民生部図書発行許可証」という切手大の模様紙が附されている。「国民」とは満洲国国民だが、日本人ではない。五族（日、満、漢、蒙、朝鮮）の中でも圧倒的な比率を占める満人、漢族中国人である。「満語」は満洲国の国語ではなく満人、すなわち中国人の言葉、中国語（当時は支那語）のことである。「読本」は読物であり、教科書である。こうした概念の体系として出来上がったものが大量に流布した。この読本はその代表的な産物である。異言語・異文化注入の具現的な姿態がここにある。

　以下ではこの「読本」の紹介とともに満洲国の日本語を基軸とした教育史の一端にふれてみることにしたい。

　1931年9月18日に柳条湖で勃発した満洲事変の実相を確かめるべくリットン調査団が到着するのに先立ち、「王道楽土」、「五族協和」を掲げ、清朝

最後の皇帝宣統帝溥儀を執政に迎えて建国されたのは翌年の 1932 年 3 月 1 日である。孫文の「五族共和」とは一線を画す意味で「五族協和」としたが、換骨奪胎、同床異夢の現実であったことはその後の帝国の崩壊が如実に物語っている[1]。満洲事変の勃発背景には昭和恐慌による日本資本主義の危機、中国の排日運動の激化、張学良による南満洲鉄道包囲の併行線敷設などがあり、これは閉塞化した現状打開を武力侵略に求めた結果であった。建国後、年号を「大同」と定めるも翌々年の 1934 年に帝政がしかれると、年号も「大同」から「康徳」へと変わっていった。康徳 5 年は西暦 1939 年に相当する。日中戦争も泥沼に入り、時局も戦時色の濃い時代となっていった。

2. 国民優級学校について

武強著『日本侵華時期殖民教育政策』(遼寧出版社 1994)によれば、1938 年 1 月 1 日に「新学制」がしかれ、それまでの初級小学校は「国民学校」、「国民学舎」「国民義塾」と改められた。5 月 2 日、新学制の発布とともに新制度は、建国精神および訪日宣詔の趣旨にもとづき、「日満一徳一心」不可分の関係および民族協和の精神を体認せしめ、東方道徳、特に忠孝の大義を明らかにして、旺盛なる国民精神を涵養、徳性を陶冶するとともに、国民生活安定に必要なる実学を基調とした知識技能を授け、身体健康の保護増進を図り、忠良なる国民養成を教育の基本精神とした」[2]のであった。しかしながら、学校体系においては教育の修業年限をかなり短縮して、民間の文化発達の水準に適応するように具体化をはかったが、内実は整備途上の案件も少なくなかった。

新学制の学校体系表(表 1)によれば、国民学校の修業年限は四年で、1938 年 6 月末の調査では「国民学校」の就学率はわずか 38% であった。地域的、設備上の問題を鑑み、封建思想道徳を高揚させるための「国民学舎」「国民義塾」を設けた。修業年限は 1 年から 3 年である。実務教育を主眼としたものだが、「国民学校」と比べると設備も簡素で、教学の質は必ずしも十全なものではなかった。

国民優級学級はこの国民学校を卒業した学生に設置された。『国優』と略

第 2 章 満洲帝国国民優級学校『國民讀本』の日本語思想　191

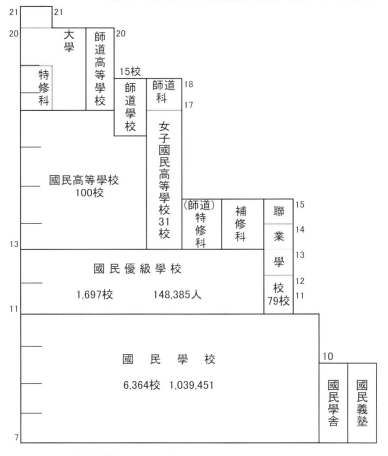

表 1　学校体系表（徳富正敬『満洲建国読本』1940 より）

（數次は年齡を表す）（學校數及生徒數は康德五年 1 月現在）

称される。国民道徳を涵養し、実務にたけた知識技能、労働習慣を授ける意図のもとに忠良なる国民の資質向上を高めた。修業年限は 2 年、卒業後は直接職業の従事可能な学生を培育したわけであるが、速成科という限界はあっても継続修業の道も開かれ、補修科なども並置された。同著には遼寧大学出版社『偽満教育興文化総検討』(1989)にある、「偽満初等教育統計表」

が引用されているが、1941年当時では総学校数 19,361 校、総学級数 39,905 級、総教師数 46,779 人、総学生数 2,404,924 名であった（前掲武強著、107–110頁）[3]。

当時の満洲国における教育を概観しておくと、たとえば徳富正敬『満洲建國讀本』(1940、日本電報通信社) の第5章、満洲国の現況のうち、「(四) 教育制度及び衛生施設の整備」では次のようである。

> 民生及び文化に就いては、第二期国家建設の段階に入った今日、国民生活の向上、民生の振興、文化政策の伸長を企画して積極的活動に着手し、漸次その成果を収めて居る。特に教育に関しては、一層の努力を払って居り、満洲国として独特の学制を以て、建国精神の明徴、国家観念の宣揚、日満一億一心の体得、民族共和精神の徹底を図っている。一方、修業年限の短縮、教育内容の弾力性、実学重点主義を強調して、少国民をして知、徳、体育の三方面より次代の満洲国を担うに足る、肉と魂とを錬成しつつある。学校体系及び学校生徒数は次表の通りで、初等学校の教師数三万四千人、推定学齢児童に対する就学率は約30％である。
>
> 現在当局に於いては、校舎の増設と、初等教員の養成に力を注ぎつつあり、之にして完成せば、今日満人児童の燃ゆる如き向学心の趨勢と共に、就学率は優に80％に達すべしと見込まれて居る。　　（現代仮名遣いに直して引用）

「内鮮一体」「(日満) 一億一心」「内外一如」の体得は、天皇を頂点とする民族の皇道思想統治である。朝鮮統治における「内鮮一体」を拡張具現したものでもあった。「建国精神の明徴」は「国体の明徴」に発したものであった。王野平は「初等教育―奴隷化の第一歩」(王智新編著 2000 所収) という論文で、次のように述べている。

> 国民優級学校は、1937年までは高級小学校と呼ばれていた。新学制施行後、次のような理由で設置されたものである。国民学校を卒業した学生のうち、若年者は11歳に満たず、社会に出るには若すぎた。心身ともに発達途中であり、実務訓練に入るにもまだ早いと思われた。一方、中等学校に入学で

きる児童はごく僅かであり、多くの児童は働いて生計を立てなければならなかった。このような理由から、国民優級学校を設置し、国民学校で身につけた基礎の上に、さらに二年間学習する道を設けたのである。今後の進学あるいは就職に備えて、「人格教育」を基礎に実務教育を施すのが目的である。

　これについて、「国民優級学校令」は、「国民優級学校は学生の心身の発達に留意して国民道徳を涵養し主として実務に関する普通の知識技能を授け労作の習慣を養い以て忠良なる国民たるの資質を「向上せしむるを其の目的とす」と定めている。一言でいえば、つまり偽満洲国の「忠良なる国民」をつくりあげることであった。入学資格は国民学校の卒業生、あるいは十一歳以上で同等の学歴を有するものに与えられた。その教育原則は国民学校と同じであった。（中略）日本語の授業は一週間に八時間あり、中国語とともに時間数の最も多い科目であった。さらに授業の45％から50％は日本語で行わなければならないと決められた。1943年以後、再び教育課程が改正され、科目は国民学校と同じものになり、ただ内容と程度が異なるだけになった。

（155–156頁）

日本語の授業の比率の高さからしても、道徳的、修養的色彩の強いものであった。ここでは国民学校、国民優級学校における科目編成、教科内容については詳しく立ち入らず、もっぱら上記教科書の一部であった『日語國民讀本』の中身について検討したい。

3.　『國民優級學校日語國民讀本』第二巻の概要

　総ページ数143頁、当時のいかにも国防色の強い時代背景が伝わってくる極めて簡便な製本である。「読本」という性格から、本文は概ね読み物風の素材からなっている。目次は以下の通りである。

表 2 『國民優級學校日語國民讀本』第二巻の内容

*〈漢字カタカナ書き〉、◎〈漢字仮名混じり書き〉

課	表題		課	表題	
1	*紀元節		19	◎胃と體	
2	*ホネオシミ	挿絵	20	◎米の話	挿絵
3	◎花咲爺	挿絵	21	◎コロンブス	挿絵
4	*シリ取リ	挿絵	22	◎遠足の相談	
5	*国都建設	挿絵	23	◎月	挿絵
6	◎ひろった財布		24	◎分業	
7	*法律		25	◎哈爾濱	写真
8	◎浦島太郎	挿絵	26	◎物のねだん	
9	◎東京の乗り物	挿絵	27	◎野口英世	挿絵
10	◎養鶏	挿絵	28	◎假名遣い	
11	◎村の停車場	挿絵	29	◎ねずみのちゑ	挿絵
12	◎御訪日(一)	写真	30	◎倹約と義捐	
13	◎御訪日(二)	写真	31	◎忠義	
14	◎人お招く手紙		32	◎假名	
15	*貨幣		33	◎一日一善日記	
16	*タナバタ	挿絵	34	◎年賀状	
17	◎岳飛		35	◎日本語	
18	◎蟲	挿絵			

文体についてみると、普通体は6課(24、25、30、32、33、35)で、あとは丁寧体である。対話文構成になっているのは、4課(4、18、22、34)である。道徳習慣に題材を求めたもの、故事、逸話、伝記もその範疇に属するものだろう。当時の日本事情、満洲現地事情、さらに皇民化教育の色彩が濃厚な2課にわたる「御訪日」では、皇帝溥儀の日本訪問の様子である。日本語の知識や行事、日常生活にちなんだものもいくつかある。第1課に「紀元節」についての文章が載せられているのはいかにも象徴的である。

第 2 章　満洲帝国国民優級学校『國民讀本』の日本語思想　195

　　　日本 ノ 第一代 ノ 天皇 オ、神武天皇 ト 申シ上ゲマス。

　表記はそれぞれの辞、詞を分かち書きにして、助詞なども名詞に直接後続させない。「飛んで来て」も「飛んで　来て」のように本動詞と補助動詞を分けて表す。これはどちらも実質的な意味があるからだが、一方、「悪者ども」のような「ども」は形式的な接尾辞として分離させない。なお〈漢字カタカナ書き〉と〈漢字仮名混じり書き〉とが、「課」が進むにつれて混在している。漢字にはすべてルビがふられている。〈漢字カタカナ書き〉の場合はルビをカタカナで付し、〈漢字仮名混じり書き〉の場合はルビを平仮名で付している。前者と後者の割合は 8 対 27 で、圧倒的に〈漢字仮名混じり書き〉の比重が大きい。むしろ、〈漢字カタカナ書き〉の中のカタカナ書きは補助的な印象でさえあるが、一連の教材におけるこうした比率が学習的効果にどのように影響したのか明らかではない。第 22 課からは分かち書きをやめ、普通の表記となっている。

　　　明るい月夜に子供が四・五人で遊んでいました。　　　　（第 23 課、97 頁）

　文体についてみると、第 24、25、32 が「デアル」体、第 30、33、35 が普通体である。会話文が登場するのは、11、23 である。語法的特徴では「行く」の尊敬語と可能形の混在(下線部分)がある。

　　　兄わ急がしいから行かれないでしょお。
　　　弟さんわ行けるでしょお。

また、動詞の活用の接続(下線部分)にもいくぶん、特徴がみられる。

　　　父に言はれない前にするのが善だと思ったから、…　　　　（134 頁）

普通はル形接続である「前に」だが、ここでは意識的にナイ形を用いている。日本語教科書としては異例である。当時の日本語教育の文法知識の整理

が不十分であった一例であろうか。

歴史的仮名遣いが第29課から微妙に変化している。対格の「お」は「を」に変わり、提題助詞「わ」は「は」に変わっている。長音の「そふ」は「さう」に、「こふ」は「かう」に変化している。一方、「使わない」は「使はない」のように、動詞終止形の「思う」は「思ふ」のように「ふ」に変わっている。

本文の内容にはいくつか興味を引く題材がある。第五の「国都建設」もその1つである。ほぼ〈7・3、4・4〉のフレーズの繰り返しで、口誦的に覚えられるようにリズミカルな工夫が配慮されている。

　　地ナラシ　シマス、　　　　ヨイコラ　ヨイコラ。
　　見渡ス　カギリ　ノ、　　　野原　ノ　マン中、
　　地ナラシ、　地ナラシ、　　ヨイコラ　ヨイコラ。

　　オ道　ガ　出来マス。　　　ヨイコラ　ヨイコラ
　　ドコ　カラ　ドコマデ、　　マッスグ　ツヅイタ
　　オ道　ガ　オ道　ガ、　　　ヨイコラ　ヨイコラ。

　　オ家　ガ　建チマス。　　　トンチン　カンチン。
　　オ役所、停車場、　　　　　ホテル　ガ、オ店　ガ、
　　オ店　ガ、オ店　ガ、　　　トンチン　カンチン。

　　都　ガ　出来マス。　　　　トンチン　カンチン。
　　リッパナ　リッパナ　　　　満洲国　ノ、
　　都　ガ、都　ガ、　　　　　トンチン　カンチン。

建設の音は、文明の象徴である。「りっぱな満洲国」が出来ていく過程を、「トンチン　カンチン」という擬音語で表している。挿絵には近代的な駅舎をはじめ、建設されていく様子とその下で黙々と鍬をもつ苦役の労務者の対比的な構図が描かれているのも印象的である。

第 2 章　満洲帝国国民優級学校『國民讀本』の日本語思想　　197

　第 12 課、13 課の「御訪日」では敬語の教授とともに、象徴の順化である。大満洲帝国皇帝の日本訪問とともに、日本の天皇制への理解を求める内容である。同時に歴史的出来事が教材として用いられている。昭和 10 年 4 月 6 日のことである。東京駅前の大奉迎門にもその日、日満両国の国旗が翻っていた。両国の国歌が奏でられていた。午前 11 時 30 分、「大満洲帝国」皇帝溥儀の乗ったお召列車が東京駅に到着する。汽笛と祝砲が構内に鳴り響く。

　　そおして、お出迎えの　天皇陛下　と　固い　御握手　お　お交し　遊ばされました。
　　これ　こそ、日満両国　が　いつ　まで　も　協力　する　しるし　として、両国民が　永く　紀念　しなければ　ならない　歴史的　盛事　であります。
　　　　　　　　　　　　　　　　　　　　　　　　　　　　（52-53 頁）

　第 13 課は、副題に「明治天皇聖徳記念絵画館行幸」とあるように、訪日した皇帝溥儀が明治神宮参拝の後に神宮外苑にある、明治天皇聖徳記念絵画館を訪れたときのことである。明治天皇を偲ぶ幾幅かの絵画を鑑賞しながら、

「君民一體　デ　アル」
「アア　君臣水魚」
「国民　ノ　至誠　ノ　アラワレ　デ　アル」

といった感想が述べられる。これを受けて、次のような場面で結ばれている。

　　この　時　皇帝陛下　に　したがって　いた　通訳官　わ、感激　の　涙　が　流れて、しばらくわ、御通訳　が　出来なかった　と　言う　事　です。
　　　　　　　　　　　　　　　　　　　　　　　　　　　　（61 頁）

「君民一體」はすなわち「君臣水魚」「日満一体」の演出というほかはないが、カタカナがここでは崇高な権威として表記されていることにも注視したい。
　第25課の「哈爾濱」の一節を紹介しておこう。「内地」の国都「東京」と対比して描かれる街の様子は「五族協和」の表徴である。

　　　夏の夜、キタイスカヤの大通りお散歩すれば、青い眼のロシア人が歩いているかと思うと、満洲人が行き、日本人が下駄おふみ鳴らして通る。日・満・露の三国人がまじって、まことに国際都市の名にふさわしい。（106–107頁）

哈爾濱の銀座通りキタイスカヤ（中央大街）。「北満第一」の大都会、哈爾濱の姿を四季の顔とともに紹介したもので、飛行機が飛び交い高架鉄道や地下鉄道が走る東京の紹介とくらべて開発途上であるが、ここには輝ける将来があり、風物詩をよく描いた題材である。
　さて、この『日語國民讀本』の最後をかざる第35課の本文について、どうしてもふれておかなければならない。この教科書がどのような教師によって使用され、教えられていたのか知る術もないが（実際には体罰もあったという証言も聞く）、少なくともこの行間から当時の日本語教育の道筋が浮かび上がってくるように思われるのである。

　　　諸君は四年間日本語を学んだ。
　　　もう、日常のやさしい会話や、簡単なお話は出来るはずである。
　　　平易な手紙ならどうやら書けるはずである。しかし、実際にやって見ると、なかなかむづかしいものだ。
　　　言語を勉強するのに特別な早道はない。努力が最上の方法である。覚えようとする努力と忘れまいとする努力が必要である。使わない鎌が錆びるのと同様に、言葉も使わなければすぐ忘れてしまふ。
　　　だから、怠ってはいけない。たえず本を勉強するばかりでなく、日本人と話をするやうに務めなければならない。
　　　どうせ、はじめから上手に話は出来ないが、気おくれしたり、恥かしがっ

てゐては、いつまでたっても上手にはなれない。
　学校では先生が親切に教えて下さるけれども卒業してしまったら、自分で努力するよりほかに方法はない。
　努力して覚え、何べんも使った言葉は、決して忘れないものである。かうして日本語に困らなくなれば、日本語で書いた本からいくらでも知識を求めることが出来る。さうしてやがては人々の指導者となり、立派な国民になれるのである。
　　　　　　　　　　　　　　　　　　　　　　（140–143 頁）

　学窓を去る学徒に贈る言葉である。学校で学んだ知識を基礎にしてこれからは進んで日本語に接するように努力せよ、との教えである。一に努力、二に努力。「努力」という言葉が忍耐の代名詞のように 5 回も用いられ、日本語を根気強く使うことの意識が強調される。4 年間の日本語の集大成がどのような到達であったかは分からない。ただ、このような訓示を垂れる側とは対照的に学徒の心中はいかほどであったか。精神教育である。一過性であれ異種言語への同化は異化を前提にしたもので、まる呑みをさせるほかなかった。日本人と話すのに気後れしたり恥ずかしがったりしてはならない。だが、実際に使える状況、環境であったかどうか。

　分からなくても心頭滅却、努力さえすれば不可能はない。修身道徳主義的学習のすすめは、まさに現地の人からみれば「奴隷化教育」そのものであった。当時、日本語教育を受けたことのある中国人は筆者の知る限り、日本語は一時的なもの、学んでもどうせ役には立たない、と批判的に思っていた証言を多く目にする。けっして懐郷的なノスタルジアなどではない。異言語を使用することの強制があり、植え付けられた屈辱感は次第に反日感情の土壌、温床を育んでいったのである。

4.　『國民優級學校滿語國民讀本』の概要

　つぎに、『國民優級學校滿語國民讀本』について簡単にふれておこう。これはおそらく上記の『國民優級學校日語國民讀本』と併用して使用されたテキストで、日本事情、満洲事情の読み物である。判型も頁数もほぼ『日語國

民讀本』に準じている。全文中国語で書かれていることから、学習対象者は満人(中国人)である。表紙に「満語」とあるのもその意識を際立たせている。本書はと同様の体裁であるが、全何巻あったのかは定かではない。だが、おそらく上記『國民優級學校日語國民讀本』の最終課における日本語の自己修練のことが書いてあるのに準ずれば、これも全2巻であった可能性が高い。

表3　『國民優級學校満語國民讀本』第二巻目次

課	表題	課	表題
1	国防	9	近體詩四首
2	防人歌	10	冬季之衛生
3	北満紀行	11	楽器
4	秋季之天空	12	孝道
5	蒙古旅行	13	茎鶴地
6	成吉思汗	14	乃木将軍及其夫人
7	燈火	15	忠君
8	日満交通之今昔	───	───

冒頭に「詔書」が記され、「御名御爾、康徳二年五月二日」に発布されたものである。巻末には習字資料として、時局標語、日記、簡易な手紙文などの書き方が紹介されている。副読本として、社会事情が学習者の母語である満語(中国語)を通して理解できるように配慮されたものである。とくに第一から「国防」「防人歌」という内容をかかげ、戦局の緊張を植え付けようとしているところは1939年の発行時点を考えても興味深い。「北満旅行」では広大な満洲の国土、風土、自然をとりあげながら、北満洲の都市紹介、蘇満国境の軍事的重要性についてふれている。「蒙古旅行」も同様の意図である。最後の2課は日露戦争を回顧しながら将軍と夫人の偉大さについて、また忠君忠臣の意味について強調したものである。

5.『大満洲國讀本』に描かれた現実

　満洲国の紹介を読本のかたちで紹介した書物は数多い。前掲『満洲建國讀本』はその１冊だが、昭和７年に一般書として出版された澁谷近蔵著『大満洲國讀本』をみてみよう。本書には満洲国の建国までの歴史、満洲国の輪郭および風土、各都市の鳥瞰図、無尽蔵の大宝庫として農産、畜産、鉱産、林産、工業事情、また満洲に住む人たちとして衣食住、言語、宗教などの紹介の頁がさかれている。「目標は共存共栄」として、そのためになされるべきこととして、「温かい手を以て」「国民性と風俗・習慣を理解して」「満洲語によく通じて」「自分の努力で立つ覚悟」「たよらず、自分の力で」「度量を世界的に」の６項目を掲げている。

　その一方で、「王道楽土」、「五族協和」は果たしてどう目に映ったのだろうか。巻末には「満洲風景点描」として様々な風物詩が紹介されているが、「王道楽土」と矛盾した光景がある。「労働の権化苦力」「白昼の泥棒市場」などだが、最後に記された「メーシ、メーシ、シンジヤウ」を見てみよう[4]。

　　夏の夜は明けるに早い。冬の夜は明けるに遅い。だが、いづれにせよ、東の空がほのぼの明るくなる。早起きの雀たちが囀り始める。その時分になると、毎日きまって印判で捺したやうに、街の一角から、
　「メーシ、メーシ、シンジヤウわあ、シンジョ、シンジョ、シンジヤウわア！」
　と、一種哀れな淋しい調子の声が聞えてくる。風が吹かうが、寒からうが、そんなことに一切お構ひなく、春夏秋冬やつて來る。（中略）十二三から十四五の子供、ぼろぼろの着物、破れた靴をはいて、時には彼等の一番嫌ひな跣足で、大きな買物籠の取手に片手を通して、顔・手・足、見るところ殆ど薄墨色の垢でうまつている。さて、「メシシンジヤウ」は、「飯進上」。進上は進呈、與へるの意だが、「くれ」といふのである。家々の残飯、副食物のあまりなど貰ひあつめて、それで貧しい食事の足しまへにしようといふのだ。夏はよくいろんな物が腐敗しがちだから、彼等は夏が書き入れだ。一家何人かの一日分の食料は、多くの時間をかけないで得られる。

　　日本の奥さんたちは、勝手の扉をあけて、彼等の籠の中へ、残った物をく

れてやる。或は新聞紙に包んで勝手口に出しておく。子供たちは喜んでそれらを貰つてゆく。(中略)

　哀れなルンペンに日本人の奥さんが食事の残りを与える。「進上」は、「シンジョ」「シンジヤウ」とも発せられ、盧溝橋事変以来、日本の兵隊が教えた言葉である。それが生活用語となってしまった。本書の第3部第1章の『戦地の子供』で詳しくみることになるが、南から北まで急速に浸透していった事実をどう受け止めればよいのだろうか。

　　このメーシ進上は、それがただメーシ進上である間は、いかにも可憐なものだが、彼等は次第にその仕事をふやす。即ち、貰う食べ物ばかりでなく、そこらにある物をちょいちょい失敬する。(中略)盗み癖さへ無いと、メーシシンジヤウは確かに朝まだき街上の可憐な抒情詩である。

「盗み癖さへ無いと(無ければ)」「可憐な抒情詩」とはどのような状況を意味するのだろうか。ここにも日本人の優位、豊かさと底辺の民衆が描かれているが、底辺の民衆に対する憐れみというより階級差別の本質が看て取れ、その対照的な構図からは「共存共栄」の虚飾だけが浮き彫りにされる。

6. ［補説(1)］日本語教科書版図の実相

　満洲国で出版された日本語教科書の大要は竹中憲一編『「満州」植民地日本語教科書集成』に収められているが、そのほかにも多くの日本語教科書・学習書が出版されている。各種優良書籍の紹介と銘打った広告(大亜印書局：北京崇文大街)には、以下のような教科書が見える。以下順不同で書名のみ。著者名、刊行年月日は不明。

　　『新撰日本語讀本正編・續編』
　　『新刊 効果的速成式標準日本語讀本』巻一・巻二
　　『新刊 日語研究宝鑑』、『民衆日本語讀本全』

『簡易日本語讀本全』、『學生自習日文模範辭典』
『漢字索引 模範日語辭典』、『漢訳 日文尺編辭典』
『新刊 初級中學校日本語教科書(訳註本)』上冊・中冊・下冊
『高級小學校日本語教科書(訳註本)』上冊・下冊
『警察日語會話』『鉄路日語會話全』『日支對訳實用日語會話全』
『新刊 對訳明解女子實用日語辭典』
『日支對訳解註 日本語趣味讀本』正編・續編
『初等日語讀本訳註本』巻一・巻二・巻三・巻四
『中等日語讀本訳註本』巻一・巻二・巻三・巻四

　警察、鉄道に関する専門の会話集も見られる。書名に「模範」「民衆」「趣味」のほか、「新撰」「実用」「自習・自修」「訳註本」といった特徴も附された。中国語の対訳本は「日支対訳」とも「中日対訳」「漢訳」とも冠して自習・自修書として重宝された。「読本」も同様の意図を有する。
　中国で日本語教科書の相当数を手がけた飯河道雄の読本の一例をみてみよう。『中日對訳速修日本語讀本』（大阪屋号書店・大連）は奥付によれば大正一三年に初版、大正一五年に第四版を重ねている。書名の「速修」も「簡易」と同じく広く使用されたが、当書は第一編から第四編まで表音的仮名遣いとともに漢字片仮名混じり文を用い、第五編の「文章」からは歴史的仮名遣いとともに、漢字平仮名混じり文を主体としている。1冊の中に初級から上級まで、すなわち第一編「片仮名・単語」、第二編「単語・単文」、第三編「平仮名」、第四編「会話」、第五編「文章」という総合教科書的構成で、第五編には「書簡文の心得」まで講じている。また文体も「口語崇敬体」（丁寧体）、「口語常態」、「候文」、「文語文」のように多様である。道徳訓話に関するものは少なく、日本事情の紹介（日本の行事、行政組織、日本見物、富士山など）が多いのは、中国全土への普及も視野に入れてのことと思われる。
　しかし、満洲国建国以後は、内容にも趣が変わってくる。飯河道雄と同様、日本語教科書の多くの編纂に携わった大出正篤の編著の一部を比較してみよう。『初等日語讀本訳註本』（昭和12年、北京）では訳註本という体裁を生かし、中段本文は巻一から巻三まで漢字片仮名混じり文が、巻四から漢字

平仮名混じり文が用いられ、上段に新出語訳註、下段のスペースに中国語による訳文を載せている。南満洲教育会教科書編輯部発行(「第二種」とある)によるもので、別に教科書原本があり、これは自習用である。各課の終わりには「練習」として要約、関連文例、問答式の練習などである。教室では教師は訳注と訳文は学生に任せ、教師は日本文の話し方、応用に力を注ぐべし、とある。自習用でもあり、教授参考書用でもあった。

　ちなみに巻三の「二十六満洲国」、「三十新京」をみてみよう。「善イ政治」:「王道政治」、「平和オ重ンジ」「サカヘテイク」のように、満洲国の統治体制、政治理念を正当化する内容となっている。

　　　満洲国ワ、新シク出来タ国デ、平和オ重ンジ、善イ政治オシヨウトシヨウトツトメテイマス。ソシテ、日ニ月ニサカエテイキマス。
　[練習]　満洲国ハドンナ国デスカ。
　　　満洲国ワ新シク出来タ国デ、平和オ重ンジ、王道政治ヲ取ッテイル国デス。ソシテ日ニ月ニサカエテイク国デス。

　　　新京ワ、昔サビシイ一農村デシタガ、百年程前カラ次第ニサカヘ、満洲国ノ首府トナッテカラワ、一ソオニギヤカニナリマシタ。
　[練習]
　新京ワ昔カラニギヤカデシタカ。
　イヽエ、昔ハサビシイ一農村デシタ。ソレガ、今カラ百年前カラ、ダンダンニサカヘ、トリワケ、満洲国ノ首府トナッテカラハ、一ソウニギヤカニナッタノデス。

このように練習は本文を言いかえ、説明する力を養成する意図が窺われる。当時にあっては概して丁寧な体裁となっている。同じく大出正篤による『日支對訳解註日本語趣味讀本』(菊版1937.12)は正編(92頁)が漢字片仮名混じり文、続編(108頁)が漢字平仮名混じり文のように差別化している。上段に語註、中段に日本語本文、下段に中国語訳をおき、「教科書」「副読本」「自習書」「お話しの本」として供された。

7．［補説(2)］中国呼称「侵華奴化教育」をめぐって

　日本語教科書の一端を2章にわたってみたが、一時代にこれだけの質量の日本語教科書が編纂され、流布したことは見方を変えれば、広範な言語侵略の様相を見せていたことは瞭然である。ここで日本語教育史研究における焦点のひとつとなるのが、「強制」と「共生」である。台湾では「日治」が客観的な「日本統治」、「日拠」が「日本占領」と使い分けられている様相とも重なるが、中国では教育史研究においてとくに満洲国では諸機関名に「偽」を冠したり、「日寇」といった名称が用いられたりする。とりわけ「奴化教育」の「奴化」の内実については歴史認識の視点もあり、これをどう評価検討するかは日中双方の共同研究がぜひとも望まれる。筆者はこの名称の内実を否定するものではないが、その内実をできるだけ透明性のある客観的事象として検討、議論する必要があろう。
　以下、参考までに中国側の文献（1990年代からの主要成果）を挙げる。

　　(1)『東北淪陥十四年教育史』吉林教育出版社　1989
　　　主編：王野平　副主編：王魁武、黄利群　四六判　315頁
　　(2)『東北淪陥十四年教育史料第一集』吉林教育出版社　1989
　　　主編：武強　副主編：任興、趙家驥(内部発行)四六判　704頁
　　(3)『東北淪陥十四年教育史料第二集』吉林教育出版社　1993
　　　主編：武強　副主編：任興、趙家驥、沙宝祥　548頁
　　　社会科学院研究員が中心となって「淪陥」時期を十四年とした教育史研究の出発点となった研究書。
　　(4)『日本侵華時期殖民教育政策』中国・遼寧教育出版社　1994
　　　主編：武強　なお、これは次の邦訳がある。
　　　『日本の中国侵略期における植民地教育政策』台湾・致良出版社
　　　宮脇弘幸監修、蘇林・竜英子訳　334頁　2010
　　　台湾を含む侵略教育史については次の全四冊の叢書がある。中国人民教育出版社(2005.7)。宋恩榮・金子俠主編。各巻著者は下記に記す。
　　(5)『日本侵華教育史』第一巻(東北巻)A5拡大版　2010

曲鉄華、梁清著　514頁

中国東北地における初等教育、高等教育、職業教育、社会教育、新学制の実態、各教育機関の特徴、関東州、満鉄附属地教育を含む。冒頭「総序」には宋恩栄主編による「善政」か「侵略」か、「現代化」か「殖民化」か、「文化輸出」か「武化輸出」か、「国語同化」か「文化統制」かの解説があり、日本語教育史の研究面からも貴重な提言がある。各巻末には基本資料、主要参考文献、大事記(歴史事件)を収録している。この中には日本語文献も含まれている。日本語教育史の資料も少なくなく参照すべき文献。

(6)『日本侵華教育史』第二巻(華北巻)A5拡大版　2010

宋恩榮、金子俠著　622頁

華北地区における教育組織、機関、留日派遣事業の実態、蒙疆(現内蒙古・新疆自治区)政権下の教育機関の実態を考察。

(7)『日本侵華教育史』第三巻(華東華中華南巻)A5拡大版　2010

曹必宏、夏軍、沈嵐著　503頁

汪兆銘政権下の教育政策及び行政管理政策、華東華中華南地区における初等教育、中等・高等教育の実態。附録に香港植民統治を収める。

(8)『日本侵華教育史』第四巻(台湾巻)A5拡大版　庄明水著　2010

日本占拠、教育行政体系、就学以前教育、初等教育、普通教育、大学専修、師範教育、職業教育、高等教育の各章を詳述。とくに社会教育と皇民化教育、「国語同化論」と日本語普及が詳しい。巻末に主要参考文献を附す。一方で、大量の聞き取り調査を行った記念碑的な成果がある。503頁

(9)『見証日本侵華殖民教育』遼海出版社　斉紅深主編　2005

1,248名の体験者の聞き取り、4,000件の図表写真を収める。B5判、823頁

(10)『日本侵華教育史』人民教育出版社　斉紅深主編 2002　574頁

(11)『日本対華教育侵略　対日本侵華教育的研究與批判』斉紅深主編　2005

A5判、234頁　昆崙出版社

第一部は侵略の第二戦場としての「教育侵略」、第二部は歴史記録として体験者11名の口述実録を収録。

(12)『抹殺不了的罪証　日本侵華教育口述史』斉紅深主編　2005

552頁　(13)の邦訳がある。(9)、(10)、(11)、(12)のダイジェスト版。50

名の実体験者の口述記録で、歴史の空白を埋める労作である。
(13) 竹中憲一訳『「満州」オーラルヒストリー〈奴隷化教育〉に抗して』
　　2004　晧星社

　これらの証言のなかには証言者が受けた日本語教育の実態が記録されている。植民地教育史における日本語教育の位置づけを知る基本文献である。このように、中国では「侵華」という苛酷な民族の危機状況において日本語教育が位置づけされている。ここ数年、多文化共生、多文化交流、異文化理解という用語が独り歩きしている観があるが、当時の歴史的経緯を再検証することによってはじめて共有できる対象となろう。

8.　おわりに

　日本語教育の国際化がさけばれてかまびすしい。一方、ともすれば共時的関心に目がいき、歴史的生存の事実、通時的視野を通しての考察は疎んじられる傾向を禁じ得ない。近年、日本語教育界において歴史の空白を埋めるべく、日本語教育史関係の研究が見られるようになったことは歓迎すべきことである。日本語教育史の発掘、記述にあたっては、内外の文献の収集はもちろん、外国語教育の面から、施策、政策面から軍事史、近現代史研究者の成果を連携しつつ進められるべきであろう。また、使用された教科書教材の比較検討、教壇に立った教師の教育思想及び教授形態、なども視野に入れるならば、加えて地域、時代的性格による区分にもとづく記述を指向するならば、それはまさに学際的な「日本語教育史学」という体系的な取り組みを要請する。植民地教育という土俵のうえで、異文化接触、比較文化論としての考究も期待される。当時のおびただしい日本語の教科書、読み物は何を遺したのだろうか。それはまた、日本語という言語の一時期であったにせよ、「負」の遺産といえよう。

　戦時期にアジアで展開された日本語教育をめぐっては、広大な地域と長い時間軸を併せ持ち、研究はいまなお緒についたばかりの感をぬぐえない。海外においても今日の植民地研究、ポストコロニアルの研究では、とりわけ対

中国文化政策の解明に強い関心が注がれている[5]。満洲国における日本語教育はマクロ的視点とミクロ的視点の交錯する磁場で考察していく必要がある。

附記（1）
2014年8月、筆者は中国東北部黒龍江省安達県を訪ねた。ここは日本関東軍731部隊が野外実験場を設置した場所として知られている。当時の歴史を記した『安達県志』（安達市地方志辨公室編、黒竜江人民出版社1992）収録の「大事記」をみると、この地方の一都市にも満洲国時代、日本語教育の強制が行われていたことが記されている。1933年3月に日本領事館安達分署設置。1936年3月、日本憲兵分遣隊安達市配備。同年4月日本国内より移民10戸、37人到着。日本守備隊、抗日連合軍を「討伐」。1937年3月、満洲国文教部発令により日本語の徹底普及が施行される。安達市内小学3年以上に日本語科目が増設、翌年、日本は教員を派遣。（以下省略）
　こうした中国の各地方の「県志」に見える日本語教育の実態も検証する必要があろう。

附記（2）
2014年10月25日、大東文化大学板橋校舎において日本植民地教育史研究会例会特別講演会が催され、大連より来日の斉紅深氏（中国遼寧省教育庁研究員）による講演「満洲国教科書と"産業開発"の関連性」が行われた。斉氏は植民地教育史の観点から、満洲国における侵略教育が学制改革と産業開発とが一体化し、その素材内容が教科書編纂に大きな影響力を持ったことを指摘された。同時に国民道徳の涵養実践が色濃く刷り込まれていく過程を解明した。戦時教育のなかで果たした満洲国下での教育体系の研究は日本語教科書を含む多種多様な教科書による分析が俟たれる。

注
1　「五族協和」は「五族共和」を換骨奪胎したものとされる。英訳も参照。
　「五族共和」：Five races under one union; founding principle of the Republic of China 中国、辛亥革命直後の1911–12年以降、孫文らが提唱したスローガン。五族とは漢族、満州族、モンゴル族、回族、チベット族で、中国の主要民族を指す。各民族の平等、融和を主張し、多民族国家としての中国を擁護したもの。〈滅満興漢〉の漢族中

心主義からの脱却をはかったものであるが、なお漢族への同化も主張するなど、漢族中心的色彩も残存し、孫文はその後もその弱点の克服に努めた。「共和」は共和制を意味する。

「五族協和」：Harmony of the five races; official policy of Manchukuo

五族協和は、戦前の日本が中国東北地方に建国し、牛耳った傀儡国家、満州国の国家イデオロギーとしてのそれである。日本は、満州国を表面的には多民族国家として運営していくことを構想した。〈五族〉は満州事変前から満州に居住していた〈漢族、満州族、蒙古族、日本人、朝鮮族〉を指すが、現実には白系ロシア人、回族も存在した。五民族の協調は建前で、日本が盟主であることは明らかであった。「共和」は満洲国の帝政にはそぐわず、「協和」とした。

2　『教育』1937.5（岩波書店）所収「教育時事」131頁。
3　小学校は、修業年限は6年で、初級小学校4年＋高級小学校2年とするのが本体であったが、初級小学校のみを設けることも認められた。教育科目は、初級小学校は修身、国語、算術、手工、図画、体操および唱歌であり、高等小学校は、初級小学校のそれのほかに歴史、地理および自然の3科目が加えられ、その地方の特状によっては日本語をも加えられた。後に、初級小学校は国民学校、高級小学校は国民優級学校にそれぞれ改称された。初等・中等教育機関の実情については、本章末の表4および表5の統計表を参照。
4　「シンジヤウ」（進上：シンジョウ）が幼年者をはじめ広く使用されていたことは国分一太郎『戦地の子供』にも紹介されている。「メシ」と共に日本兵が広めた日本語の一つである。中国人の発音では「ミシ」になることが多い。こうした「ピジン語」現象については張（2009）などを参照。また、第3部第1章も参照。
5　とくにTeow, See Heng（1999）『日本の対中国文化政策：1918–1931』は対支文化事業の内実を、Young, L（1999）ヤングの『満洲国建設の社会・文化史（1931–1945）』は総力戦体制下の満洲帝国の実像を浮き彫りにしている。

参考文献

王希亮（2008）『東北淪陥区殖民教育史』、中国・黒竜江人民出版社．

王智新編著（2000）『日本の植民地教育―中国からの視点』、社会評論社．

王野平主編（1989）『東北淪陥十四年教育史』、中国・吉林教育出版社．

国分一太郎（1938）『戦地の子供』、中央公論社．

澁谷近蔵（1932）『大満洲國讀本』、育英書院目黒書店．

竹中憲一編(2002)『「満州」植民地日本語教科書集成』全7巻、緑蔭書房.
張守祥(2011)「「満洲国」における言語接触―新資料に見られる言語接触の実態」、『人文』
　　　10、51-68　首都大学東京.
塚瀬進(1998)『満洲国―「民族協和」の実像』、吉川弘文館.
徳富正敬(1940)『満洲建國讀本』、日本電報通信社.
武強(1994)『日本侵華時期殖民教育政策』、中国・遼寧出版社.
徐敏民(1996)『戦前中国における日本語教育―台湾・満洲・大陸での展開と変容に関する
　　　比較考察』、エムティ出版.
森かをる(2008)「石森延男と「満洲文庫」―国定国語教科書における満州教材」、『名古屋
　　　近代文学研究』⒁　81-97.
Teow, See Heng (1999) *"Japanese Cultural Policy toward China 1918–1931: A Comparative*"『日
　　　本の対中国文化政策：1918–1931』
　　　Harvard East Asian monographa. 175. (Harvard UP/A)
Young, L (1999) . *"Japan's Total Empire:Manchuria and the Culture of Wartime Imperialism*"『満
　　　洲国建設の社会・文化史(1931–1945)』
　　　(Twentieth-Century Japan: The Emergence of a World Power. 8) (Calif UP/A)
　　　邦訳：L・ヤング著、加藤陽子・川島真他訳(2001)『総動員帝国　満洲と戦時帝国
　　　主義の文化』、岩波書店.

表 4　満洲国初等教育統計表（1941 年）

（武強『日本侵華時期殖民教育政策』1994.）

省別	学校数	学級数	教師数	学生数
新京特別市	52	398	579	24,565
吉林省	2,711	4,858	5,205	247,827
龍江省	979	1,987	2,261	87,350
北安省	932	1,861	1,999	88,718
黒河省	119	276	210	6,571
三江省	691	1,380	1,456	68,099
錦州省	2,671	5,023	5,949	247,965
熱河省	366	723	837	104,108
東安省	―	―	―	―
牡丹江省	358	747	884	44,086
濱江省	1,754	3,808	4,356	182,358
間島省	466	1,351	1,453	69,81
通化省	602	1,351	2,004	59,110
四平省	1,535	3,181	3,970	160,262
安東省	1,046	2,413	2,841	125,141
奉天省	4,028	8,624	10,785	503,307
興安西省	198	378	438	15,670
興安南省	671	1,215	1,104	356,128
興安東省	115	205	278	7,896
興安北省	67	164	170	5,082
総計	19,361	39,905	46,779	2,403,924

原載『偽満教育輿文化総検討』（『偽満洲国教育と文化総検討』）遼寧大学出版社　1989.

表5 満洲国中等教育統計表（1941年）

（武強『日本侵華時期殖民教育政策』1994.）

省別（特別市）	学校数	学級数	教師数	学生数
新京特別市	10	74	160	4,096
吉林省	26	116	265	5,896
龍江省	16	72	173	3,625
北安省	11	50	110	2,537
黒河省	2	7	18	332
三江省	7	30	65	1,484
東安省	3	18	27	325
牡丹江省	4	17	40	951
濱江省	28	163	303	8,039
間島省	11	69	124	3,643
通化省	11	132	67	1,553
安東省	17	803	209	4,977
奉天省	85	528	117	25,932
錦州省	24	122	250	6,211
熱河省	11	41	116	1,751
興安西省	3	10	24	389
興安南省	8	25	67	1,130
興安東省	3	7	17	334
興安北省	3	12	28	372
総計	284	1,486	3,200	73,480

原載『偽満教育興文化総検討』（『偽満洲国教育と文化総検討』）遼寧大学出版社　1989.

第 3 章
建国大学における理念と実相
皇道主義教育思想とその言語政策論をめぐって

> 日本文化理解の問題としての読書は日本語以外の
> ものによることがほとんどできない現在、さらに
> 一層強化されなければならない。生活意識の改善
> を予想した文化財としての日本語はもっともっと
> 生活化されるものであらねばならぬのである。
>
> （中村忠一『日本語教授の実践』）

1. はじめに

　1931 年 9 月 18 日に奉天（現瀋陽）駅北 8 キロの柳条湖で関東軍の満鉄線爆破という謀略によって発動された満洲事変（中国呼称「九一八事変」）の後、年来の満蒙領有計画は一気に胎動、翌年の 1932 年 3 月 1 日 には日本帝国主義は清朝最後の皇帝溥儀を執政に迎えて「満洲国」を建国した。中国では現在もなおこの「満洲国」を傀儡国家として、「偽満洲国」のように「偽」の字を冠して用い、1945 年 8 月 18 日の皇帝溥儀の退位宣言をもって「満洲国」が消滅するまでの占領下 14 年間を「東北淪陥十四年」のように称する[1]。「淪」は「沈む、没落する」を、「淪陥」は「陥落する、敵に占領される」を意味するが、各地に眠る戦争遺跡・遺構とともに、その内実は言葉の意味するもの以上に甚大な民族の屈辱、「国恥」という歴史記憶が刻まれている。

　1990 年代以降、満洲国時代の歴史的検証が間歇的ブームとなっているが、中でもポストコロニアル研究として教育史関連の研究が進められてきた[2]。これは 1 つには近代以降の「欧米列強への過剰な模倣と擬態」から生じた「自己植民地化」の結果、産み落とされた「植民地的無意識と植民地主義的意識」の残滓を現代の内なる意識として検証する作業の一環として位置付けられるように思われる[3]。一方、日本植民地政策における同化統治がアジア諸国に対して多大な精神的苦痛と物質的被害を齎したことの反省に立ち、戦後から今日まで日本が一貫して国際化を標榜するにあたって、多文化社会の

中に日本をどう位置づけるのかを模索してきた経緯と有契的関係を教育史的見地から内省しようとする立場で、過去の「負の遺産」を検証しつつ、自文化の主張と異文化の受容もしくは双文化接触の政治的文化的構図の縮図に求めようとするものであろう。そこには今日、多用される共生、多文化の本質をとらえる姿勢にも関わる。

　本章では満洲国の最高学府であり、国策大学であった建国大学の存亡について考察し、併せて日本と中国との今日的評価を対照させながら、建国精神として、また同化政策理念として掲げた「王道楽土」と「五族協和」の内包する、その光と影の部分に迫ろうとするものである。

　建国大学の創設と終焉、存亡の解釈をめぐってはこれまで夥しい研究の蓄積がある。山根幸夫氏、志々田文明氏の一連の研究、中久郎氏、斎藤利彦氏などの研究はその出発点となるものである。また宮沢恵理子氏の研究(1998)がそれまでの研究を体系的に詳述したものとして江湖に供された。また、山根幸夫氏の研究(2003)は現在、建国大学の研究の到達点を示すものだが、建国大学の掲げた理想と実相についてはなお解釈の齟齬もあり、また、近年、中国側の研究、日本側の研究が公にされるにともない、日中双方の研究の突き合わせが望まれるところである。「建国大学があって満洲国があり、建国大学なくして満洲国なし」とも、あるいは「建国大学の存亡を明らかにすることは満洲国の意義を明らかにする」とさえも喧伝される[4]。その評価、位置付けをめぐっては研究者のみならず、現代史に関心を持つ者に歴史の真実とは何かを問い質さずにはおかない。

　これまで建国大学については、個人的回想にもとづきながらその特異な塾教育の実践が全人的教育の範として語られることが多く、総力戦下における思想戦略機構としての位置付けについては十分な検証がなされていない[5]。客観的な史実とその評価を批判的に構築していく過程においてこそ、建国大学の果たした歴史的真価が明らかにされるであろう。以下、具体的には前半部分では建国大学研究院の活動の中で満洲国の文教政策の理念を象徴すると思われる西晋一郎の『文教論』を例に、皇道主義教育思想に法った建国大学の教育理念の実態の一端を明らかにする。また後半部分では建国大学の学術誌『研究院月報』などにあらわれた日本語論、日本語教授理論を通して、満

洲国における言語政策論をとりあげ、建国精神の理論的構築を担った皇道主義教育思想と、その実践を文脈的に補強した言語政策論について考察する。本章で主として研究院の諸活動に焦点をあてるのは、建国大学の理想が最も尖鋭な言説で具現されており、満洲国の文教面における同化統治の指標が明確にみてとれると思うからである。考察の前に建国大学の実態について主要な史実を確認しておく。

2. 建国大学の創設と建学精神

2.1. 建国大学にみる浪漫と野望

日本人にとって「満洲」と聞いてなぜか自然に思い浮かぶ歌詞がある。

> 窓は　夜露に　濡れて
> 都　すでに　遠のく
> 北へ帰る　旅人ひとり
> 涙　流れてやまず　　　　　　　　　　（JASRAC077–0199–3）

　小林旭やボニー・ジャックスの歌ったヒット曲「北帰行」（昭和36年）であるが、これらの歌詞の中に日本人の対外拡張的な野望とともに、日本人特有の叙情、哀愁といったものを感じとるのは筆者だけではないだろう。果てしなく続く曠野への憧憬は、南洋群島を南の生命線とすれば、満洲は北の生命線と位置づけられたように、当時の島国日本の閉塞的な時代状況に射した一筋の光芒でもあったが、それはまた一面で他民族との相克、陵辱をともなう試練をそこに生きるもろもろの人々に課したのであった。どこか無国籍風の旅情と浪漫は、日本の対外戦略と同根のものでもあったのである。実はこの歌は原歌は旧制旅順高等学校や建国大学の寮歌で、これを作詞作曲した宇田博もかつて建国大学予科で学んだ1人であった[6]。建国大学（正式名称は満洲建国大学、以下、「建大」とも略称）は当時、次のように紹介されている。

　　満洲國最高の國立大學であつて、國都新京の南郊である建國廟に近接する

歡喜嶺を中心とする廣旁六十五万坪の地を劃して康徳四年(昭和十二年)八月五日に創設された。建國精神の神髄を體得し、學問の蘊奥を究め、身を以て之を踐し、道義世界建設の先覺的指導者たる人材を養成するを以て目的とし、日・満・鮮・蒙・露の各民族の中より選抜した優秀なる青年を入學せしめ、卒業の上は官吏その他國家重要の機關に配属服務せしめる。課程はこれを前期と後期との二期に分ち、修業年限は各々三年、なお大學院を設けて、各般の専門事項について深い研究をなさしめる。前期の教育はこれを訓練と學科とに二大別し、建國精神の體得、心身の鍛練、人格の陶冶及び後期の學習に必要なる高等普通教育を授けることを主眼とし、これがため勤労的実習、軍事教練に力を須ひ、全員を塾に収容し、厳格なる規律生活と自治訓練とを体得せしめる。後期に於ても訓練と學科とに二大別され、學科は共通科目と選択科目とに分れ、選択科目は第一類(文教)、第二類(法政)、第三類(経済)の三類に分れてゐる。國家の根幹として必要なる基本原理の外、各々専門に分ちて、文教、法政、経済に関する學問の蘊奥を究めしめ、なお實践的道義的人格の完成を期して、塾的共同生活及び諸般の訓練を施す。前期は國民高等學校卒業者、又はこれと同等実力者もしくは日本の中等學校四学年修了程度以上の実力を有する者を選抜入学せしめ、後期は前期修了生、又は他の国立大学もしくは専門程度の日本留學を卒えたる者の中より選抜入學せしめる。必要なる學資は國家に於て一切負担し、學生はすべてこれを塾に収容して厳格明朗なる訓練を通して建國精神に貫かれたる實践的道義的人格の陶冶を期してゐるところに、建國大學の著しい特徴があるのである[7]。

いささか引用が長くなったが、これだけ読めば誰しもが理想的な学術研究教育機関という印象を懐くであろう。今日謳われるところの国際化顔負けの鼓吹が滲み出ている。しかも多文化・多言語・多民族の共存、共栄は今日で言う「異文化間理解」の国際化教育の理念に近いものがあるかもしれないし、戦後一貫して掲げられてきた「国際協力」の理念の「定礎」も建学の精神に謳われた美辞麗句の文脈の延長でとらえることもできそうである。一方、「建国精神の神髄を体得」し、「学問の蘊奥を究め」、「道義世界建設の先覚的指導者たる人材を養成」、「実践的道義的な人格の陶冶」などといった目的の

実質性については、「新国家」建設の熱情ばかりが先行し、難解な言説と夜郎自大的な論調が目立つのも否めない事実である。

2.2. 学生募集の実態

建国大学は設立前夜からその存在に高い関心が寄せられていた。設立大綱として入学資格、修業年限、収容人員は次のようであった募集・応募状況については昭和12年6月から11月時点では次のようであった[8]。

> 満洲国では新たに官吏養成機関として、「建国大学」を設立、新国家建設の同士養成を行うこととなった。建国大学立案の大綱左の如し。
> 　一、入学資格　　中等学校卒業程度
> 　一、修業年限　　予科三箇年、本科三箇年
> 　一、収容人員　　予科150名、本科100名
> 而して予科150名は日人60名、満人60名、鮮人15名、蒙古人10名、白系露人5名の比率で採用する筈で大学内には研究所を置き、王道精神の探究に努めしめる。学校開設は命年度に予定し、既に新京郊外南嶺の建国廟建設予定地の隣接地を卜して35、6万坪を内定済みで、初代校長としては満洲に縁故の深い本庄将軍に白羽の矢を立て、目下交渉中である。
> 　　　　　　　　　　　　　（『教育』昭和12年6月、「教育時事」より）

その後、学生選抜要綱、試験日程が発表される。

> 七月十六日満洲国建国大学創設準備委員会は左の如き建国大学創設要綱および同大学前期第一期学生選抜要綱を発表した。本大学は本科前期三年、後期三年間学生を教育し卒業生は大学院または研究院に入学せしめる。第一回前期採用数は百五十名で、日本人は満18歳以下の日本中等学校(中学、師範、実業、高等普通学校)四年修了者にして各府県、朝鮮、台湾、樺太庁、関東庁推薦の候補者を試験の上入学せしむ。試験は本科12月25日から28日まで行われ、右合格者のうち在日本合格者に対しては明年2月12日より17日まで人物試験を行う。　　　（『教育』昭和12年8月、「教育時事」より）

募集人員に対して、応募者数は次の様であった（下線、引用者。以下同様）。

> 明年 5 月 2 日同校の満洲国「建国大学」生徒募集は、10 月 20 日を以て締め切ったが、定員百五十名に対し応募者は<u>一万余名</u>、約七十倍という盛況である。この中満洲国大使館並びに道府県の銓衡によって日本人八百三十名、満蒙露台湾人六百七十名、計千五百名を選び、更に 12 月初旬の第一次並びに来春二月の第二次試験に<u>入学者百五十名</u>を決定する。
>
> （『教育』昭和 12 年 11 月「教育時事」より）

2.3. 建国大学の教学実践

建国大学は関東軍参謀の石原莞爾、京都帝国大学教授作田荘一らが中心となって、満洲国国務総理の直轄学校として設立された。創設の立案者は関東軍参謀部の辻政信大尉であった。まず 1937 年 2 月に首都新京において当時の関東軍参謀長官東條英機を委員長、国務院総務庁長官星野直樹を副委員長とする「建国大学創設委員会」委員 15 名が発足、同年 7 月 15 日から 17 日までの創設委員会席上、「建国大学創設綱要」および「建国大学令」を制定し、8 月 5 日に正式公布された。上記の解説文ではこの 8 月 5 日をもって創設日とするが、実際の開学は翌 1938 年 5 月 2 日であった。新京特別市（当時の首都、現在の吉林省省都長春）の歓喜嶺の丘の一角に開学した文科系最高学府、満洲建国大学は、「民族協和」を目指すといいながらも、実はその建設にあたっては広大な敷地を確保するために居住していた中国人を排除することによって誕生したのであった[9]。

総長には国務総理大臣張景恵が兼任、副総長には作田荘一（のちに尾高亀蔵）が就任した。校務は副総長の下に参議会、評議会を諮問機関として審理遂行され、行政方面には教務科、軍教科、訓育科、図書科が置かれた。日本にも連絡所として「東京弁事所」を設け、毎年 150 名前後を募集した。『満洲現勢』(1939) 記載によれば第 1 期生 150 名で日本人 70 人名、「半島人」（朝鮮人）10 名、「台湾人」3 名、「蒙古人」7 名、「白系露西亜人」5 名、そして「満洲人（中国人）」55 名で、日本人の比率が圧倒的に高く、以降その比率は漸増した。1938 年開学から 1945 年の閉学まで 8 期続き、約 1,400 名が在

籍、うち3期が卒業した[10]。国務総理直轄の高等教育機関としてはすでに高級官吏訓練養成のための大同学院があったが、建国大学は文科大学と士官学校と農学校とを合せた観があった。建国大学、大同学院に加えて重点学府としては、新京・拉拉屯に建てられた「満洲国軍官学校」があった。中国側から言えば、「皇帝の股肱」養成の通称「同徳台陸軍士官学校」である。

建国大学の創設にあたり、石原完爾は8項目を提案したが、これがほぼ建国大学の建学精神となっている。そのうち重要なのは満洲国の建国理念である「民族協和」（「五族協和」）を建学精神としてもりこんだ次の第一項、二項、三項であろう。

1. 建国精神、民族協和を大学の中心理念とする。
2. 日本の既成の大学の模倣をせず、日本の大学教授を建国大学の教授にしない。現地で中国人社会に入って働いている参事官をリーダーにする。将来、卒業生は大学の指導者、教官になる。
3. 各民族の学生が寝食をともにし、各民族語で互いに意志疎通をはかるようにする。日本人は日本人教官から中国人は中国人教官から学ぶことのないようにする。

建学精神には「五族協和」を掲げ、日本、中国、朝鮮、蒙古、白系ロシアの優秀な学生を募集、その目的は将来の満洲国の指導者を養成することであった。全寮制、授業料免除など、軍関係の学校の好条件であったため、1学年の定員150名のところに2万人以上の応募が殺到したという。多民族の共生のなか、同じ釜の飯を食うことで国造りに貢献しようというものであった。だが、その教学精神は個々の回想録、証言に語られるように民族的差別と偏見の中で少なからず歪曲化し、その理想とは裏腹に現実には厳しい誤算と差別があり、次第に反日抗日的な土壌を生み出していく。実際の教授編制にしても現実的には満洲国で内部"調達"することは不可能であった。また他民族の学生にとっても学費免除などの好条件を目的に入学こそすれ、日本主導の建学精神の心奥に自ら共鳴しての参画実践であったか否かについても少なからず疑念が残る。

建国大学の創設が準備された1937年は思想上の転回点にあった。満洲国自らの教育制度の樹立は、同年5月の「新学制」公布にもとづくが、これは同年12月の行政権の移譲への大いなる階梯であった。「新学制」は「回鑾訓民証書」の趣旨にもとづくもので、すなわち「日満一徳一心」を建前とし、日本を「親」、満洲国を「子」であるとして、日本語を満洲国の共通語とし、日本の紀元節、天長節、明治節を式日に加え、日本国歌の斉唱、東方遥拝などを強いる超国家主義思想を具現したもので、当然のことながら、建国大学はその権威表徴的な存在として目される重大使命をおびることになったのである。

　その教育要領を要約すれば、塾、研究院、教場教室及び訓練場の三者の合作で、すなわち、建国精神を体得し、指導者たる性格を陶冶するために、塾において日常的に行われる「性格教育」、国家負荷の重任にあたるべき資質を訓練するために、軍事、武道、作業の各訓練によって行われる「資質教育」、さらに、国家の統治、経営のための学術を修得させ、道義世界建設のために学科教授によって行われる「勤労教育」の、3部教育によって実現されるとした。建国大学の高峰に位置する研究院の設置はこのなかの「勤労教育」を総合的に体系化するものであった[11]。

「性格教育」＜＋「資質教育」＜＋「勤労教育」⇒「エリート人材養成」

　「建国大学要覧」によれば前期は各専攻科にわかたず、精神訓練、軍事訓練、武道訓練、作業訓練、精神講話、自然科学、数学、倫理など22の課程があって各学年の履修時間数は1200時間前後であった。後期は法政、経済、文教の3学科にわかたれ、共通科目として数学、哲学、地理学、国家学など8科目30講座があり、教学科目として建国精神、神道及び皇道、儒教、諸教概説、修養論、公務論など6講座があった。法政学科では一般政治論、国際政治論など6科目32講座、経済学科では国民経済総論、世界経済論など5科目27講座、文教学科では国民文化論、国民教化論など6科目31講座がおかれた[12]。

　前期後期ともに教学内容は自然科学系科目を除けば理論上は後述のように

日本帝国主義の侵略政策の拡大・安定を理論的側面から補強するもので、最終的には「満洲国」政権の強化とそれを支える高級官僚を養成し、軍国主義者の手先、漢奸候補の輩出にあることは明らかであった[13]。とりわけ中国側からみれば政治経済、文教各方面において日本帝国主義統治に服務する「肯定の股肱（；手足）」、即ち高級奴隷の養成機関と見なされるものであった。

　ここで満洲国の高等教育機関を瞥見すると、大学と高等専門学校に相当する準大学があり、なかでも「偽大学」と呼ばれたものは、吉林師道大学、奉天農業大学、新京工業大学、新京法政大学、哈爾濱工業大学、私立盛京医科大学など1945年までに23校を数えたが、その中には民国期から継続したものと、満洲国成立以降の新設校とがあった。諸大学の法規、大学令、大学官制、学制、履修課程などについては省略するが[14]、年別による校数の変動を見ると、康徳7年（1940年）の満洲国教育機関（民生部調べ）によれば、大学および専門教育の機関は官立14、私立4となっている。当時の教育事情を紹介した「満洲帝国学事要覧」選によれば、その変遷は下記のようである。いずれも教員学生数は「日系」（日本人）が大部分を占めた[15]。

表1　大学および専門教育の機関（康徳7年）

	大元	大2	康元	康2	康3	康4	康5	康6	康7	康8	康9	康10
学校数	3	3	5	9	10	10	11	14	18	18	20	20
教職員数	3	35	95	248	258	264	286	596	693	513	814	1056
学生数	171	160	544	1203	1842	2240	2927	4372	4819	6176	7007	6792

「大」は「大同」、「康」は「康徳」の年号　（「満洲国」教育機関民生部調べ）

「満洲帝国学事要覧」では康徳10年の設立別で国立16、私立4とある。なお、これらの中には建国大学と大同学院は「満洲国」国務院の直轄の機関という点で別格として含まれないのが普通である。とりわけ建国大学は研究院を併置するなどの研究的性格を強化すると同時に、卒業後は政府機関などへの採用の途が開かれるなど、待遇は他の大学よりもはるかに恵まれていた。厳格な「塾規定」に基く全寮制を強いたのも大きな特徴である。学業期間については、法政、師範、農科が3年制、工科、医科が4年制であったのに

対して、建国大学の予科の前期3年、本科の後期3年の全6年制となっており、これが教学の内包する使命の大きさを示している。なお、建国大学と並び称される大陸科学院については、同じく新京に建てられ、鈴木梅太郎博士を院長とし、「国務大臣ノ管理ニ属シ資源ノ開発利用ヲ目的トスル科学的研究ニ関スル事項ヲ掌ル」（大陸科学院官制第一条）とあるように、農業化学、林産化学、畜産化学、生物化学、有機化学、電気化学などの13の研究室を有する、大学とは異なる学術研究センター的な機関であった[16]。

3. 建国大学研究院の機構と研究活動

3.1. 建国大学研究院の設置目的と『研究院月報』

　建国大学研究院は建国大学の最高学術機関として、開学の翌年、1939年1月より活動を開始した。翌年康徳7年（1940年）9月に創刊され、1945年の終焉まで、45号が刊行された『研究院月報』は建大の全貌を知る貴重な一次資料である[17]。創刊号には建国大学副学長兼研究院院長の作田荘一による「月報刊行に当りて」、「建国大学研究院令」、「研究院開設の趣旨」等を収めており、研究院設置の趣旨が明確に述べられている。

　研究院の設置の趣旨はまず、「大学の教学を深め整える」ためであるとし、「建国大学は満洲建国の大業経営に参与する人材を養成する」もの、「大学の授ける学問はその創設目的に相応する」ものでなければならないとする以上、「大学の教授者は単に近世の専門学を究明するを以って足れりとせず、進んで国家の要請に応ずべき現代の学問を打ち建てる志向と熱情とを懐いて相会同し、その研鑽の方途に勇往せざるべからず」との指向性を明確に打ち出したものであった。趣旨の第二は「満洲国運の開頏に貢献する実際問題を解明する」ことにあり、「国家の基本組織即ち諸民族の協和による民族的全体の結成を始めとし、防衛政治・経済・文教等の諸般にいたる国家的諸問題を究明して国策の確立に資する」ことであるとした。いわば、大学と附設の各種情報調査研究所との連携によって、満洲国存命の理論的バックボーンの構築を担おうとしたのである。

　研究院は共同研究によって学問の新境地を開拓し、文化発展に寄与すると

同時に、これによって建国大学の学科教育をより向上させることを期した。したがって研究院長以下、部員職員の精神的団結を鞏固なものにし、皇道、儒教、仏教、回教の一流研究者を迎える一方、日本の各研究所との密接な連携により、アジア各地や諸外国に教授を派遣（現実的には各種資料調査のため「国内」および日本出張が大部分を占めた）し、研究を図ることが期待された。その研究内容は建国原理、共産主義批判、民族・国民構成、満洲経済の実態及び実相、公社企業、支那政治経済、思想国防、経済原理などと定めた。とくに、「建国大学研究院令」の第1条には、「建国大学研究院は建国原理を闡明し、国家に須要なる学問の薀奥を究め、以て国民思想の涵養教学の根本精神の確立、国家政策の根本原理の樹立に寄与し、併せて東方教化の興隆を図るところとす」と謳い、建国の精神的支柱の確立を強く意図した背景が記されている。研究院の機構については「建国大学研究院と其の貢献」が簡潔にして要を得ていると思われるので、以下、同文に沿って概述する[18]。

研究院は満洲国の人文科学方面における最高の学術的総合研究機関として位置付けられた建国大学内に康徳5年（1938年）9月勅令第223号によって創設され、初代院長には当時の副総長作田荘一が特任した。しかし、当時は建国大学草創の時期であり、大学としてはまずその教育体制を整備することに急であり、適当な研究員を得ることも困難な状況にあったので、当初はその業績にほとんど見るべきものはなかった。康徳8年（1941年）2月から第1回の前期修了生が後期に進学するにつれて、後期授業担当の有能なる教官達が続々と着任し、研究院の活動も軌道に乗り出すことになる。

研究院の創設は既存の理工系最高学術研究機関としての大陸科学院と双肩すべく人文科学方面の最高学術研究機構として従前より渇望されていたもので、これの創設以前と以後では人文科学研究の性格の変遷においても一線を画すべき特色を有することとなった。ちなみに創設以前には、次のような人文科学系の学術団体があった。植民地における旧慣調査は、植民地権力機構の政策立案に不可欠とされる先鞭であった[19]。

・満洲学会：考古学方面における現地学徒の研究団体。大連、奉天（現瀋陽）において満洲事変（昭和6年）当初に設立。大同元年に『満洲学報』第一輯

を発刊。
- 満洲中央銀行調査課：金融経済の研究調査を目的とする。大同元年に設立。
- 満日文化協会：満洲文化の保存、振興の助成機関。大同2年に設立。康徳元年より日満学者の協同により研究調査を着手。
- 法曹会：各自の研究調査による立法資料、慣習調査、法律解釈などに関する研究機関で大同2年に創設。『法曹雑誌』を公刊。
- 王道学会：初代総理鄭孝胥を中心として王道の研究および宣布を目的とする。康徳元年3月に設立。康徳四年に機関誌『明道』第一輯を創刊。
- 満洲史学会：康徳4年に創設。研究機関誌として『満洲史学』を創刊。

これに対して研究院創設には以下の学術団体を誕生させている。即ち、満洲法制懇談会（康徳6年）、師道大学研究会（康徳7年）、満洲法理研究会（康徳8年）、国本学会、満洲心理学会、満洲民族学会（いずれも康徳9年）などで、これらの旺盛な研究活動の中枢に建国大学研究院の果たすべき役割が据えられたのである。ここには既成の「学風」として近世人文科学に対する態度、方法を批判し、現代人文科学の態度、方法を新しく樹立し、やがて人文科学の新たな側面を開拓するという展望があった。とりわけ、研究院の政治学、経済学、教学方面においては国家機構の研究と共に「国家意志なる研究主態」をもって応じようとするところに、新体制国家を支える「満洲国学」の創立基盤が明らかにされた。同時に「精緻な反省と洗練」によって、将来において世界に喧伝する資質を陶冶せんとしたものであった。こうした学風は京都帝大の中国学派にリベラルな王道思想研究の機会を提供した[20]。一方、経済学原論では作田荘一の唱導によるところが大きいが、反マルクス主義の性急で観念的な主張に傾いており、いずれにしても、全体的な研究の統合を見るには相応の無理があったといえよう。

こうして研究院の研究活動は建国大学のみならず、満洲国の、いわば"シンクタンク"としての期待を一身に集めて順調に滑り出したかにみえた。「建国大学研究院月報」が康徳7年9月に創刊されたのに続き、研究院の発表機関誌『研究院研究期報』が康徳8年5月に創刊された。研究院院長の最高諮問機関である研究院総務委員会も康徳8年9月に創設、同年10月に

は研究院規定にもとづき、研究院部員 102 名の任命があった。

　研究院の主務とするところは上述した通りであるが、研究院部員は建国大学教官、大同学院その他の大学教官、中央陸軍訓練所教官、政府および協和会職員、民間有為の学者から国務総理大臣の選任、委嘱によることとなった。

　ところで、『研究院月報』はまとまった学術報告よりも時局を反映しながら、国営国策、理念的なイデオロギー的内容が多いことが特徴的である。たとえば、第一面に掲載された内容を瞥見してみると、総力戦下における産学協同的な紹介、国防関係記事が多くを占めている。

　　「北辺振興計画における指向的内在性」須永秀弥：第 4 号
　　「建国節訓詞」作田荘一：第 7 号
　　「広域体制と民族政策」松山茂二郎：第 8 号
　　「宣詔記念並開学記念式訓詞」作田荘一：第 9 号
　　「『民族自決』の限界」中野精一：第 10 号
　　「元神祭並に国本奠定詔書宣布記念日訓詞」作田荘一：第 12 号
　　「国防心理学について」薄田司：第 13 号
　　「建国精神―満洲建国の原理及び本義―」作田荘一：第 16 号
　　「戦時工業経済の性格」黒松巌：第 18 号
　　「共栄的広域法秩序の構造原理」村井藤十郎：第 19 号

『研究院月報』はこうした研究院の決定事項、研究の進行状況、各研究部部員の動静、研究資料入手の速報など、研究院の現状を報告するもので、院内各方面と大学本部との連結を円満にすると同時に、大学以外の研究期間との連絡を計ることにあった。なお、研究院には以下の 5 つの研究部による構成が康徳 7 年（1940 年）5 月 17 日の第 1 回部会総会で決定された。

　・基礎研究部：建国原理班、日本精神班、哲学班、歴史班、民族班、国家社会班、国土班、武教班、図表班
　・文教研究部：言語班（国語政策分班、日語分班、漢語分班、東方言語分班）、

日本文化班、支那文化班、満蒙文化班、西洋文化班、芸術班、宗教班、国民教育班、国民教化班、東西文教班
・政治研究部：政治班、法律班、法律史班、東西政治班、厚生政治班、国民構成及び編成班
・経済研究部：経済原理班、満洲経済実態班、公社企業班、経済組織及び制度班、計画経済班、開拓班、支那経済実態班、東亜経済班
・総合研究部：思想国防班、共産主義思想批判班、東亜及び世界新秩序班

　基礎研究部は建国原理および文科系統に属する基礎学的諸学の研究を行い、文教研究部、政治研究部、経済研究部はそれぞれ文教、法政、経済に関する専門的研究を行い、かつ大学における教授および指導の資源となる研究を行い、総合研究部は専門的研究を総合的関連において討究し、これを通じて実践的方策の考究をなし、ひいては国策に寄与すべき研究を行う、とされた。5つの研究部の下にそれぞれ9班、10班、6班、8班、3班の計36班が構成され、未定もあるが、それぞれ班長1名と班員3名から12名前後を揃えた。中でも文教研究部は規模も大きく、充実した講師陣容、組織を擁している。後述する言語政策、言語文化教育の中枢的機構であった。
　劉第謙「我所了解的偽満建国大学」によれば、基礎研究部部長に千葉胤成、文教研究部部長に福島政雄、法政研究部部長に総務庁次長長松木俠、経済研究部部長に作田荘一（のちに尾高亀蔵）、総合研究部部長に協和会中央本部総務部長官原達郎が就任した。研究員数は1941年には66人、1942年には120人と激増するも中国人研究員は10名にも満たなかったという。これは行政部門下での日本人優位が研究方面にも及んでいた事実を示している。また刊行物に見られる論文は、反動政治的性格が濃厚で、専門学術的なものは「作田時代」にのみ僅かに見られるにすぎなかった。
　『研究院月報』のほぼ毎号に「研究院彙報」が収録されており、定期的な活動の様子をうかがうことができる。たとえば、33号には「在満諸民族の実態総合研究計画」のほか、経済研究部会、西方言語班研究会、日本文化班研究会、国民・興亜教育班研究会、総力戦研究班会、法理研究会などの研究会活動の記録が、また35号には国民精神研究班例会、満蒙文化班研究会、

支那文化班研究会などの活動が紹介されている。また、満洲百科事典編纂会の彙報として、編纂委員会の記録が遺されているが、その成果の実態はつかめない。また、41号によれば、夏季大学講座なども開催されている。建国大学研究院は純粋学問の培養に加えて、総力戦の進展にともなう国策的事業にも大きく関与していくことになる。38号には重要政策の企画立案調査研究に研究部員の動員が行われることを報告している記事は象徴的である。それによれば、建国大学研究院は創設の趣旨により、従来も国策に寄与する研究を続けて来たが、戦時下政府の企画立案と研究院の調査研究との一層緊密な連絡をとる必要から、康徳10年（1943年）12月8日に総務長官より研究院宛の要領が示され、研究院部員に対する積極的な支持協力を求める依頼がなされている。研究課題は「統制経済機構問題」、「炭鉱労務管理」、「国有産業の構造」、「東三省時代の経済政策」、「複合民族教化政策」、「土地制度問題」、「国民動員対策」など、国防色の強い傾向が見られる。

3.2. 『研究期報』にみる研究成果

　もうひとつ、建国大学研究院の事業で特筆されるのは『研究期報』の刊行である[21]。これは前述の『研究院月報』が文字通り、研究院の動向や活動の彙報を簡潔に報告するものであったのに対して、研究院内部の各研究班の学術成果、研究業績の発表の場として、純粋に学術誌としての体裁をそなえたものであった。創刊は康徳8年で、年2回の刊行をめざしたが、現在、第一輯から第五輯までの存在が明らかになっている。以下、目次（研究論文名、執筆者名）を挙げる。

```
　　第一輯　康徳 8 年（1941 年）11 月刊行　　A5 版 624 頁
　　　　発刊の辞―現代の国学に就て―　　　　作田荘一
　　　　満洲国民族政策への諸要請　　　　　　中野清一
　　　　世界経済と広域経済と満洲経済　　　　松山茂二郎
　　　　協和会論序説　　　　　　　　　　　　田川博明
　　　　わが国土の地位　　　　　　　　　　　宮川善造
　　　　日・渤官制の比較　　　　　　　　　　滝川政次郎
```

	成吉思汗談話録の研究	山本　守
	満洲開拓の発展に関する覚書	天澤不二郎
	満洲国歳出財政の研究	岡野鑑記
	満洲大豆の研究	満洲経済実態研究班
	満洲国定期刊行物一覧［其一］	資料室
第二輯	康徳 8 年(1941 年)11 月刊行　　A5 版 462 頁	
	全体精神と全体心理学	千葉胤成
	神命世界史観	森　信三
	三礎定の民族世界観と東亜民族生命関連	
	―実存哲学的考察―	福富一郎
	魏志倭人伝の構造	大森志朗
	蘇子河流域に於ける高句麗と後女真の遺跡	高橋匡四郎
	満洲国法学の基礎観念	村井藤十郎
	統制経済下の経営統計	黄道淵
	満洲国定期刊行物一覧［其二］	資料室
	―附 関東局・満鉄関係―	
	Vom Geist und Charakter der deutschen	C. H. Eickert
	Sprache Dante et Petranque	森下辰夫
第三輯	康徳 9 年(1942 年)4 月刊行　　A5 版 580 頁	
	満洲建国の原理	作田荘一
	建国精神と王道	西晋一郎
	国本惟神の道考	重松信弘
	満洲建国と日本―日本の対満行動に関する	
	若干の歴史的回顧―	小野壽人
	国民編成企画の中枢的課題	村　教三
	比較国民組織論序説	
	―日満総合国民組織への途―	伊藤　照
	満洲国計画経済の発展	大上末廣
	満洲鉄鋼業の発達	黒松　巌
	道院・紅卍字会の研究	大山彦一

| | 協和会関係資料 | 資料室 |

第四輯　康徳9年(1942年)11月刊行　　A5版336頁
　　　　満洲建国の本義　　　　　　　　　　作田荘一
　　　　在満諸民族の民族性格の研究(第一報告)
　　　　―淡路氏向性検査法にあらはれたる在満蒙古
　　　　　民族の向性について―　　　　　安倍三郎
　　　　支那思想としての儒学　　　　　　佐藤匡玄
　　　　漢語構造論概説　　　　　　　　　石田武夫
　　　　満洲国の交通組織とその発達　　　須永秀弥
第五輯　康徳10年(1943年)9月刊行　　A5版324頁(基礎・文教研究部編)
　　　　儒教の世界―儒教的存在論―　　　小糸夏次郎
　　　　祝詞に現れたる神人の道交に就いて　重松信弘
　　　　在満諸民族の性格構造―類型学的一研究―　薄田　司
　　　　日本武道の美と力
　　　　―惟神道の体現としての武道―　　富木謙治
　　　　満洲国民の性別構成　　　　　　　伊藤博助
　　　　アルタイ諸族研究文献(欧文之部)

とくに第三輯は「建国十周年慶祝記念号」と銘打ち、作田、西、重松の各論文は「満洲国学」の建国原理を強く打ち出したもので、研究院におけるこの研究の絶頂期を彷彿させる。人文科学、社会科学の渾然一体となった観がある。また、第五輯のみ「基礎・文教研究部編」としたところにも文教研究班の比重の大きさが窺われる。第一輯から第三輯まで建国大学の所蔵する定期刊行物、文献資料を調査資料目録として収録していることが特筆される。さらに研究院の事業成果としては「各班研究報告」、「全体研究報告書」が単著として印刷、発表されているが、萌芽的研究もふくめ、未公刊となったものも多いと思われる。

　『研究院月報』にしても『研究期報』にしても、内容はもちろん、記述も用語自体難解であり、対訳版も考慮の外に置かれていたとなれば、他民族との共有理解を意図したものでないことは明らかであった。また満洲帝国協和

会建国大学分会出版部より満洲国民教化の意図から組まれた「新秩序建設叢書」(B5版60-210頁)として、作田荘一『大東亜戦の意義』をはじめ11冊が刊行され、また、同出版部より後述する西晋一郎『文教論』など、数種の研究叢書(東京弘文堂)が刊行されている。建国大学の思想的基盤には協和会のイデオロギーが濃厚に仕組まれていたことが了解される。

以上の活動状況から、研究院における研究状況の実態を検分した。

4. 皇道主義教育思想の嚮導

これまで建国大学研究院をめぐっては、山室信一(1993)による「建国大道を体得究明して満洲国民文化の発展に資する『満洲国学』の確立による民族協和の実現が企画されていた」と言及あるのみであったが[22]、その「実現」はどのように意図されていたのであろうか。本節では建国大学の掲げた建国精神の陶冶が具体的にどのように推進されていったかを、『研究期報』にあらわれた緒論、および西晋一郎の文教思想などを中心に検討する。

4.1. 「国体」としての皇道主義教育思想

『研究期報』創刊号には、発刊の辞として、作田荘一の「現代の国学に就て」という文章を載せ、「満洲国学」の創始をかかげた。作田によれば、近世人文科学は時代性、場所性を超越して抽象性を高めることが科学に至ることになると考えられているが、現代の「国学」は逆に時代性、場所性を探求する。これは理論に想定されている「主体」が、時代性と場所性に想定されていることによる。この「主体」こそが「国体」の血肉化をうながすとする。「国体」の把握は感覚的、感情的にして可能になる。つまり宗教的霊感の重視と国家の権力機構の根本にあるものとの重視である。国家は国家観念、すなわち「国体」を意味している。

作田は現代学問の進むべき道が、「理を究め、道を明らかにする」ことにあるとし、「知行合一」の間に国運の開顕に貢献することを意図した。こうした道理に普遍性を求める具体的実践は同三輯の「満洲建国の原理」、四輯の「満洲建国の本義」に具現される。

第三輯の「満洲建国の原理」は「緒言」に始まり、「満洲建国の発起及び決定」、「〈経国日本〉の企画」、「〈保境満洲〉の企画」、「現代世界の動向」、「天運神命の道引」、「諸縁族の協和」、「日満の不可分関係」、「現代新興帝国」、「結語」と構成されており、日本を「経国」(安寧が保てるように国を治める)、満洲を「保境」(未開の開拓地)と見なし、国際情勢の中での「満洲国」建国の不可避性を論述した。ついで「満洲建国の本義」には「緒言」に続き、「国家の創造」、「全体性の固成」、「邦族への団結」、「日本国との協同」、「国本の確立」、「民生の安定」、「国業の経営」、「アジア復興の據場」、「結論」から構成され、「満洲建国の原理」とあわせて、「満洲建国精神の理義」を正そうというものであった。

　『研究期報』三輯に掲載された重松信弘の「国本惟神の道考」も、皇道主義思想の体現を修めるための重要な論考となっている。論文は「第一部　惟神の道の本義」と「第二部　国本としての惟神の道」に分かれ、第一部では「神道および惟神の道」の解釈、本義、性格について述べ、第二部では「建国当初の国家精神」、「国本奠定とその意義」、「惟神の道国本たるの義」、および「惟神の道と王道」について解釈を加えている。「建国神廟」の創建と同時に「国本奠定」の詔書が煥発されるや、国家価値の存在を建国精神に結びつけるところの国家道を明らかにする必要に迫られた。ここにその詳細の紹介は省くが、要約すれば、「惟神の道」は「天皇治国の道」であり、同時に「臣民翼賛の道」である。要するに国家の存立根本原理となるもので、「国家精神ないし国家の指導原理」ともいうべき最高の国家価値であり、こうした地位の体認こそが「国本」(国家の基礎)の義であるとした。ここに「一徳一心」の真義が生れ、具体的には「五族協和」の団結を以って根幹とする。

　しかし、「五族協和」の本義は満洲国内の諸民族が相協和し、進歩進展に寄与するといった平衡的なものではなく、あくまで日本人を指導者とし核心として行われなければならぬことが強調された。次の白川今朝晴(1941)の説明は象徴的である[23]。

　　この事情を金平糖によって説明し、在満諸民族の突起に比し、太陽系に譬え、

日本民族を其の中心たる太陽に比している学者もあれば、更に之を日本人を其の芯である罌粟の実に譬える学者もある。又満州国の発展も在満諸民族の福祉も一に其の中心であり、基底をなす日本民族の発展に依存してゐる事実から、五族の関係を上図の如き正三角形に依つて説明してゐる学者もある。

　ここで時代的背景を補足するならば、1940年は 日本の紀元2600年にあたり、慶祝のため皇帝溥儀の再訪日を機会に、関東軍はかねてからの国家宗教の制度化に着手した。満洲国のいわば国教として、中国人には無縁の日本の国家神道が奉戴され、皇帝の帰国とともに天照を祭神とする「建国神廟」が設立された。皇帝の法的権勢として「国の祭祀を行う」ことが条文化され、そのための官庁として「祭祀府」が創設された。同時に皇帝に伊勢神宮に参拝させた際に表明させた「日満一神一崇」をもとに「国本奠定証書」を提し、満洲国は「天照大神の神休天皇陛下の保佑に頼らざるはな」く、今後満洲国の「国本」を「惟神の道」と定めた。ここに満洲国を天皇制イデオロギーに編入しようとする方針が完成したのである。以後、満洲国の全土に神社が建立された。ちなみに「満洲国」における神社創設は 日露戦争後の1905年明治38年11月に天照大神を祭神とする安東神社に始まり、以降1932年の「建国」まで44社（関東洲9社を含む）が、「建国」以後は1932年9月の敦化神社に始まって1942年までの10年間に232社（関東洲11社を含む）が建立された[24]。

　「建国神廟」は皇帝の帰国後、新京帝宮内の一角を神域と定め1940年7月15日に鎮座祭が行われた。祭祀にあたって日本古代の「神祇官」にならって「祭祀府」が置かれた。「祭祀府」は皇帝直属、国務院、参議府に並ぶ大官庁で、その総裁は元関東軍参謀長橋本虎之助が就任した。3月1日の建国祭、7月15日の元神祭を大祭と定めることで、国家神道下の創建神社の中でも特異な性格をもち、「満洲国」の存在を象徴的に示すことになった。こうした「象徴」言説を定理化する装置として、以後皇道主義教育思想

の顕揚が急速に進むことになる。

4.2. 西晋一郎の『文教論』

「満洲国」の建国原理の構築は建国大学における教授実践において顕著に具現された。その具体例を以下に見てみることにしよう。

西晋一郎の『文教論』[25]は康徳8年8月に建国大学研究院から刊行された。西は広島文理科大学名誉教授で皇道主義思想の理論的中核であった筧克彦とともに建国大学の名誉教授という肩書きをもち、『研究期報』の第三輯にも「建国精神と王道」という論文を執筆するなど、建国精神の理論的なイデオローグの1人であった。『文教論』は194頁、序論と本論に分かれ、本論はさらに「名教論其一」、「名教論其二」、「敬天崇祖─教化の源泉」、「性理の論─真妄善悪の弁」、「歴史の教訓」、「文教と文学」、「王道楽土」の全7章からなる。

序論では「文教」の意味をことさら強調しているが、これは文武対立を持ち出すことによって、武力による支配を穏便に包み込む働きを有しているように思われる。「名教論其一」では、「父子」を「生命の道」と説き、「忠孝」を明徳とする精神の涵養が唱道される。君臣の道は「一徳一心」の意義を生み出し、「名教論其二」では、相互扶助、自由平等主義が確認される。つまりこれらは五族協和の下地作りである。次の「教化の源泉」においては国家道徳の要を支那経典を引きながら、「敬神崇祖」の意義を説く。すなわち、神道に基づく統治の明文化である。最終章の「王道楽土」には「王道」の説明が結論付けられているので、本文（186–194頁）を重点的に引用しておく。

> 王道とは他なし天下を家とし万民を子とする王者の心が行われるところなり。その行われる所、家国各々其の所を得各々其の生に安んずる、これ楽土に外ならず。（後略）

王者とは施政者にほかならないが、皇帝に限定することなく、密接に連携する日本の天皇による精神的な統治を意味している。王者の実態を明かさな

くとも、それを知るための勉めが強調される。

> されば王道とは真正の王者の心の行われることなれば、真正の王者の心というものを明かに知って、その心の通りが実現せられるよう勉めねばならぬ。(後略)

　一方、これは被統治民族にとっては木に竹を継ぐようなものである。それだけでは具体的な成果が見えて来ない。その具現の実体に「五族協和」なる精神的な紐帯が必要になる。単なる共存共栄や「協和」は極めて世俗的、通俗的概念であり、「五族協和」は前述の契約精神によってこれと厳しく一線を劃すものと説く。その中枢は「君」(「大君」)への絶対的忠孝である。

> 共存共栄、協和は、<u>喩えば株式会社の如きもので、協同事業によって皆の株主が利するという行き方なり</u>。若し五族協和と言うことを誤ってかかる行き方と心得たならば、王道楽土は空言であって、権力均衡による隣邦組織の性質のものに堕するおそれがある。君に事えて其の身を致し、其の力を竭し、親に事えて其の身を致し其の力を尽すことが、東洋道徳の神髄にして王道の中に必然的に籠れることなり。

「協和は株式会社の如きもの」といった俗的な表現を交えているところも興味深い。そして、王者の民となるには、共通の王を抱くことにより五族間の親睦も可能となる。そこでは次の滅私奉公の忠義がその精神的支柱となる。

> 一個人の私を去り、一家の私を去り、一民族の私を去り、凡て私心を克ち去りて下一家万民一子の王者の心を體するを王者の民とする。(後略)

しかるにその実践体としての五族協和への実現にあっては、最終章にある次の「大和魂」の発揚が必須前提となる。

> 日本人は大和魂をいよいよ涵養して満洲国の為めに尽すなり。大和魂とは

他族を圧して大和民族のみの利を図る魂にはあらず。世界の諸族をして各々其のところを得させ其の生を安んぜしめんとの大御心を心とする精神気迫を大和魂と云う也。内地にあってもこの精神で内地に働き，満洲にあってもこの精神で満洲に尽すを大和魂と云う。これ大和魂の持主が五族繁栄将来の先導者たるべき意味なり。（後略）

こうした「大和魂」の発揚、「忠孝」の実践のもと、「日満一徳一心」は日本と「満洲国」の一体化のうえに結実することが確約される。

故に満洲国の国民道徳の根本は五族協和、共存共栄の精神にあらずして忠孝にあり。共存共栄を目指すときは共存共栄を得ずして勢力の対立均衡を事とし、利権の折衝を能となすに了わる。忠孝の道徳を本とするときは五族の協和共存共栄その中にありて、然かも人間の真楽地たる天人合一の境に進む事を得る也。利権の獲得を以て楽土を得たりとなすは迷妄なり。唯まことを以て相交わるときは長楽の国を現んずべし。これ満洲国の理想たるべし。

臣民の思想は一種の呪文の如く繰返し唱道される。皇道教育の重要性は「日満一体」「内外一如」を宣揚させるための「和」という"統合的機能"にあった。ここには一貫して単一民族を原理として同化を強く推し進めようとする志向性が明らかである。すなわち、五族も日本人と１つであると認識する。なぜなら五族も日本人と同じ「臣民の思想」を持つ限り日本人であるからだ。日本人として育ったか以上は日本人であると運命づけられる。そこに精神聚落体としての倫理的なアジア的共同体が構築されるとした。いかなる具体的な内容も抜きにしてひたすら一体感を与え続ける、恰も「循環論法」的な公理を注入することのみを至上目的としたのである。

西晋一郎はさらに『研究期報』第三輯に論文「建国精神と王道」を載せている。それによれば「王道楽土」の「王道」は「道義国家」の象徴とし、さらに孔子の『春秋左志伝』から『公羊伝』にいたる王道の端始を繙き、「王道」こそが治平を求める「仁政」であるとして、「人倫の立つ本に王道あり、王道の行われる処、上に天子を奉戴する処以外に、真正の道義国家は無

し」と説く。

　　王道は一王が禮制を立てて人生を綱紀して以て一天下をなす道であつて、其主意はこの外に道義立たず、人生成らず、国家無しといふにある。禮制とは国家組織の綱目、人生の規範であつて、人生を人生たらしめるものであつて、而してその禮制は一王が天下を天下たらしめる、即ち人生を統一する統一形式であり、それ故に同時に人間としての内容である。王者人之始也とは是れである。真正の国家は道義国家であり、道義国家ならざる国家は似而非なる国家である。而して道義国家は王道の行はれる国家に外ならぬ。楽土とは王道の下に、人倫上に明らかにして小人下に親しみ、孝悌行はれる裡衣食足る處に外ならぬ。王道の精華は一王の下一天下なるにある、主体的に一王である處始て客体的に一天下であり、一王の下に一天下の臣民として始て人が成立する。一王につながるでなければ物皆真実を得ない。　　　　　（28頁）

中国古来の典籍をいわば「換骨奪胎」的に引用した記述は被施政者側に正統的な倫理的論拠を持つものとされたが、王道政治への夢想は現実とは大きな乖離をもつものであった。したがって皇帝を統治の象徴としながらもその「王道」を具体的に教導思想として実現するには天皇崇拝の「皇道」思想への覚醒、注入をおいてほかにないとする。

　　今満洲国は皇帝を戴く帝国であつて、固より五族協和の共和国ではない。五族が互に協和して楽土を立てようとするのではなく、一視同仁の皇帝に忠誠なることによつて等しく皇帝の赤子である所の諸族が相親しみ共に栄えんとするのである。恰も兄弟が互に親睦する根本は衆子に一視同仁である父母の心を心とするにあるが如くであつて、忠君を缺いて五族協和といふは遂に妥協に陥り、甚だしきは権力の平衡に依る外なきに至るであらう。満洲国に真王の出現するは、歴史的日本の天皇の中に、天皇と共に、存することによつて存する皇帝の即位を意味するので、満洲といふ諸民族群でなくして満洲国といふ国の生れ出たのは天皇からであり、満洲国の存続は天皇の中に天皇と共にある皇帝の位の厳然たるによる。かく厳然であるは満洲国民の皇帝に

対する忠誠にある。君の仁民の忠を欠いて人に道義無く、世に楽土は無い。

(30–31 頁)

ここには皇帝と天皇との力学的関係が見事なまでに表徴されており、楽土の実現はまさに皇帝の赤子となり、天皇の赤子たるを以って存立を意味する。五族協和の「五族」は「兄弟」であって、父母を慕うが如き忠誠を強いるのが「仁政」の真実の姿であった。中国革命に王道の実現を見たにせよ、「王道」とは畢竟、被治者に臨む態度を意味した。王道の実現にあたっては既存の機構、現有勢力に拠るしかなく、王道は「横道」に陥る限界を有した。この言説を以ってしても現実とは大きく隔たりをもつ同化統治の本質を露呈するものであった。日本の中国学が侵略政策のお先棒を担いで展開した王道主義は皇道主義の衣をまとい、最も凶悪な覇道(侵略主義)の髪飾りとなるほかなかった[26]。

4.3.「王道楽土」の虚構性

本節では満洲国を表徴する「王道楽土」「五族協和」「一徳一心」といったスローガンは被侵略、被統治側にとっては武力侵略を隠蔽するための美辞麗句の言説としてしか映らなかった。以下では数種の漫画を手掛かりにその虚構性を検証する。

石子順 (1995: 63–65) には宝宗洛「王道楽土」の漫画が紹介されている。1936 年 11 月に上海で行われた漫画展示会に出品されたもので、当時のもっとも端的に、日本が支配する「満洲国」の実態を描いたものとして知られる。左右から突き出た、血塗られた銃剣に拝むようにしておびえる母親とすがりつく子供達の足元には死体が転がっている。見かけは綺麗事をならべても実際はかくの惨状であることを如実に描いている。「頭隠して尻隠さず」の如き、この無節操な体質は合理なき「道理」を強権行使したことの象徴であった。

また、同書には日本人の漫画家今井一郎「王道楽土・一徳一心」の四コマ漫画も紹介されている (123–124 頁)。満洲漫画協会のメンバーであった今井は 1937 年 9 月号の『満洲旅行』という雑誌に発表するのだが、内容はこう

である。和服姿の日本人女性が千人針をしているところを見かけた満洲人のおじいさんが、我家へ飛んで帰って、娘たちを引き連れて街頭にとって返し、布を広げるとそこには千人針。日本人と同様に満洲人も千人針に積極的に参加しようとした姿勢を描いたもので、千人針どころか万人針を作ろうと、3人で万人にお願いをしようという場面である。総力決戦下では満洲人の心も日本人の心と同じく皇国のために尽そうとする心情を描き出したもので、言葉や習慣は違っても王道楽土建設のためには心を1つにすべきだとする気概が風刺されている。しかしこれは先の中国人の漫画とは正反対で、日本人漫画家から見た一方的な倒錯の政治戯画であった。

また阪本雅城は満洲建設勤労奉仕隊とともに開拓村や満洲の現地に赴き、その様子を伝えたが、「一徳一心」の四コマ漫画ではキビ一苗を通じて日満の交流の美談を描いている。開拓政策の強引さを覆い隠すかのような雰囲気は、「一つの徳をもって一つの心にまとめる」といった当時の見せかけの欺瞞的スローガンを如実にあらわしている（130–132頁）。「五族協和」「王道楽土」の世界では民族間の差別はないとする主張が繰返しなされること自体、差別が恒常的であったことの「逆証」にもなりえた[27]。

5. 『研究院月報』にみる日本語論、言語観

5.1. 文教政策の〈要諦〉としての言語政策

満洲国においては建国精神の陶冶は皇道思想と日本語精神の涵養によって陶冶されることが指標とされた。その具体的な言語観を検証するにあたり、以下では前掲各研究班構成の中で、本節の考察で重要となる文教研究部をとりあげて詳しくみておこう。言語班の班長は丸山林平で、その下の各分班は以下の通りであった。丸山林平は後述する建国大学の日本語教科書『高等日語文範』の編纂にも尽力している満洲国日本語教育界の代表的人物である。

- 国語政策分班：重松信弘、丸山林平、戸泉憲瞑、池田良太郎、佐藤喜代治、岩本幸吉、高山照治、瀬古確
- 日語分班：丸山林平、佐藤喜代治、上原久、岩本幸吉、高山照治、重松信

弘、瀬古確
・漢語分班：高起元、朱松生、池田良太郎、阿部亮一、岩本幸吉
・東方言語分班：山本守、丸山林平、大関知篤三、佐藤喜代治、戸泉憲瞑、
　岩間徳也、上原久

「国語政策分班」「日語分班」「東方言語分班」には担当者の重複がある。
　この構成を見ると、重松信弘、丸山林平、佐藤喜代治が3班のメンバーで中心的存在である。高山照治、岩間徳也、上原久も当代の日本語政策者として論陣を張った人物である。とくに岩間徳也は南京書院民立小学堂にも加わった中国人教育の経験者である。『研究院月報』には、日本語関係の文章を数篇見ることができる。日本語学教員の多くは山田孝雄の推薦を受けて赴任しているが、1つは佐藤喜代治が創刊号に発表した「満洲国と日本語」という一文、1つは第7号の重松信弘「日本文化と日本語の問題」という一文、さらに第10号に掲載された丸山林平「満洲国における日本語」という文章、第22号に佐藤喜代治「日本語教授と文法の問題」、第32号に重松信弘「現代の国語改革問題とその批判」の論文が掲載されている。このほか上原久「文法学の立場(1)－(3)」が第12号から第14号にかけて、また第40号に佐藤彰「国語問題の歴史」と題する明治以来の国語国字問題の変遷についての論考、第45号には森下辰夫「児童と言語」と題する言語習得論が掲載されているが、内容紹介については割愛する。
　言語班の活動内容の一端を康徳7年5月23日に行われた第1回研究会の研究発表の記録に見てみよう。国語関係の研究題目と発表者(役職は当時)は次の通りである。

　　国語政策分班
　　　「満洲国における国語政策」　　　　　　　　丸山林平教授
　　日語分班
　　　「日本語表記法の研究」　　　　　　　　　　丸山林平教授
　　　「日本語の史的研究」　　　　　　　　　　　佐藤喜代治助教授
　　　「満人に対する日語教育の音声学的研究」　　上原久講師

「国民学校読本と日系小学校読本に現われたる語法の比較研究」

高山照二助手

「日語教授法の歴史的研究」　　　　　　　　　　　岩本幸吉助手

こうしてみると特段新しい体系的研究ではなく、文字表記法や音声、教授法などの従前の知識の集約とともに民族精神としての日本語学の陶冶に比重が置かれていたことがうかがわれる。

5.2. 建国大学を囲繞する日本語の言説

　ここでは、佐藤喜代治、丸山林平、重松信弘の3人によって記された日本語論、言語観について見ていくことにする。まず、佐藤喜代治の「満洲国と日本語」[28]についてであるが、佐藤は「大陸における日本語の問題は単独では問題となり得ず、必ず日本国内の国語問題として取り扱われるべき性質を有する」と説く。それは、「大陸における日本語は単に実用的な会話の程度に止まってはならない」ことの、基本的な「修身理念として還元」されなければならないからである。「日本語は常に日本人の心を宿す」以上は、「日本語を通して日本の文化、歴史を知りうるのでなければならぬ」。こうした理想のもとでは何よりも国語の規範的整備こそが肝要となる。「建国の源に遡って日満の一億一心に思いを致す時、日本の文化を明らかにし、日本の真精神を広めるにあたってはあくまでも日本の正しき伝統を重んずることが積極的に唱えられなければならない」。そのためには「まず、日本人が真正の日本人になり切ること」である。満洲国でのこうした国語認識の実践がひいては国内の日本語の純化を加速することにつながる、という佐藤の見解は一見、慎重な懐柔策のようでもあるが、一貫して日本語の背後に日本精神の涵養が意図されていた主張は明晰である。さらに「日本語教授と文法の問題」では日本語を教授する立場から文法を見た場合、「言語は思想の表現であって事実そのものの表現ではなく、又思想そのものでもない。従つて研究はあくまで日本語の組織的事実に即して行るべき」であることを反芻する[29]。これは被治者である学習者には日本語に依って思考することの一方的な強制にほかならない。さらに佐藤は昭和16年当時、ハルビン満鉄図書館雑誌に

日本語普及の「日本の道」、「日本精神」との一体化として次のような一文を記している。

> 日本語を広めるということは正しい日本の道を広めるためであると同時に、そのことがすでに日本の道を広めることに外ならぬ。日本の精神は日本人の行為を通じて伝えられると共に、日本人の言葉を通じて伝えられる。それ故日本語を語る者、教える者は自ら慎んで正しきを養うことに努めねばならぬ。

一方で自己撞着も見られる。外地での日本語普及にあたっては2つの留意点を提起する。1つは「日本語を無理強いしてはいないか」という心配であり、一方、「日本語を覚える必要を痛感させることである」ことを喚起する。

> <u>少しく程度の高いことを話すには日本語でなければ出来ないというに至る時、日本語の力の強まるべきは</u>推して知り得るであろう。日本人は日本語を他の民族に教えることを急ぐ前に、自己の文化を高めることを考えねばならぬと思う。

つまり日本語の地位を傘にきて、「高度な知識は日本語をもって説明されるべき」であって、必要とされれば、自然に淘汰されていくであろうと権威づけるのである。ここには日本語の唯一絶対的で高邁なる地位が明確に自覚されている[30]。

佐藤喜代治は満洲国から帰国後、昭和19年に『日本語の精神』を著した。当時、国語に対する正しい観念の確立は、日本精神の結集と高揚の支柱となるものであった。その序説の「国語の観念と研究の態度」において、古来日本人の思想的精神的基盤であった「言挙げ」思想と「言霊」の自覚をとりあげ、

> 国語学はその本来の使命からいって、国民精神の表現たる点に着目して国語を研究せねばならぬと共に、直接に国民精神を研究するために、国語の実

際問題、更に国語と文芸もしくは哲学とに関する問題に答えるためにも、ここに力点をおいて研究する必要を特に感ぜしめられ（後略）

と述べ、国語の自覚が国民精神の涵養につながることを力説した[31]。

こうした見解の土壌を形成したのは、満洲国における教学の実践が少なからず影響力を持っていたことと、前述の皇道思想との文脈的連環において求められた「言霊」思想をあげることができる。

以下、当時、影響力の大きかった国語学者山田孝雄の省察をみてみよう。

山田孝雄は「言霊のたすくる国」のなかで、「大東亜戦争という偉大なる事実遂行中にあって、自ら吾々の銘々のなし得る仕業」を「言論戦」として位置付け、そこにおいて過般軍人に対して発せられた「戦陣訓」を想起し、「信は力なり」の一句をもって、言論戦に勝ち得る根源を思想の力に求めようとした。すなわち「言論を起せる思想」そのものの基底には「（建築或いは土木の如き）正しい、真直」という力を最重要視する。武者言葉を引き合いにし、戦争と言葉の関係の深さを指摘する。一例であるが、「風に吹かれる」を「風に吹かせる」といい、「負けた」といわずに「背進、転進」という。更に「撃ちてし已まむ」の理解について「天佑」の大御心を奉戴する精神の昂揚を縷縷述べ、言葉１つで士気を昂揚させも沈滞させもすることを強調する。日本語による精神紐帯の言語思想は満洲国統治において最大にして不可欠であった。山田はのちに「国体擁護の根基」において、「国語は実に国家の精神が宿る」ものであり、「我が国民思想の具現化したもの」である以上、その根幹には「伝統」＝天皇が存在し、国語の乱れは「君」をも危うくするとの警鐘を発したが、ここにも一貫して「言霊」を重んじる思想が明らかである[32]。山田の薫陶をうけた佐藤の日本語論にはこうした「言霊」言説の形象が部分的に看取されるのも自然なことであった[33]。

次に丸山林平の「満洲国における日本語」を見てみよう[34]。丸山は複合民族国家と国語問題に比較的客観的に注目し、満洲国もまた複合民族の国家であることを見据えて「国語」のあり方について論じている。「国語」が単一の言語でありえないことを前提に、国民学校規定（第３章第15条）にある、

第 3 章　建国大学における理念と実相　243

　　　国民科の教育書は県制施行の地域においては日語に依るもの及び満語に依
　　るものを採定し、旗制施行の地域内においては日語に依るもの及び蒙古語に
　　依るものを採定し、県旗併置の地域内においては日語に依るもの及び省長の
　　定むるところに依り満語に依るもの又は蒙古語に依るものを採定すべし。

などの教育に関する諸法規の内容記載を概観した後、「国語」の中の日本語
の地位を次のように位置付けた。

　1. 現在の満洲国の国語は日本語、満語、蒙古語の三種であること。
　2. 日本語は満系居住地域及び蒙系居住地域の両者、即ち、全満洲国におけ
　　る共通語たる位置に置かれている。然るに、満語は満系居住地域にのみ、
　　蒙古語は蒙系居住地域にのみ認められていること。

特に「国語」をわざわざ 3 種あることを明記したところに日本語の位置を共
通基盤とする作為が看取される。こうした日本語の共通語的優位性の確証、
自覚にもとづき、「満洲国」国内の各種印刷物をはじめ、日常の書言葉、話
言葉を通じて正しく美しい日本語の構築が刻下の急務であるとしている。
　丸山はさらに「満洲国における日本語教育」の中でも日本語は満洲におけ
る共通語として最も重視されていることを確認するために、

　　　法令文や公文書や布告文や掲示の類も、縣制施行の地域内に於ては、日文
　　と満文、旗制施行の地域内に於ては日文と蒙古文とで示されるのが常である。

と述べ、日本語普及の実際と「実際的勢力」を語学検定試験の状況を例に紹
介している[35]。また、康徳 7 年に設立された満洲国語学会の功績についても
高く評価している。本会主催の日語朗読のラジオコンクールの実施は普及効
果の一例であった。実際、公用文書における言語は満文（中国語）が幾分併用
されているとはいえ、言語の「棲み分け」には厳然たるものがあり、圧倒的
に日本語の占める比重は高いことが明らかになった。
　最後に重松信弘の「日本文化と日本語の問題」を見てみよう[36]。

重松は「現実の満洲国における言語問題の立場から統一的にして鞏固なる国家文化を建設する方途」として、次の主要事項3点をあげている。

1. 言語形象の多様を問題としないで、只其内部に共通せる国家文化を培育する。
2. 相互に他の言語を理解することによる思想感情の疎通を基礎として、国家文化の統一を企画する。
3. 国家文化の培育に最も重要な言語を特に普及せしめ、それを中心として文化的統一を図る。

かかる言語の実質は明記されていないが、前後に「国家の立場からは言語は国家文化の母胎たる意味において重要なのであり、日本語が満洲国における重要な国語とされる所以も、亦日本文化の母胎となっているからである」と述べて、日本語の国家語としての地位を表徴する主張となっている。

さらに、「現時の国語改革問題とその批判」と題する論文において、重松は高度国防国家建設のためには国語を国体と結びつける方向を明記し、同時に国民教育擁護の上からも漢字制限案、字音仮名遣案に対する批判を述べているが、国内の国語国字混乱の問題にのみ目を向け、満州国の国語改革の意識までには至っていない[37]。

戦局が激しさを増すにつれ、「民族協和」も平衡的な共属関係ではなく、指導民族である日本人を頂点とする階級的追従関係へと質的な変化を余儀なくされてくる。当然、その力学関係は彼等の言語観にも影響をおよぼす。重松は「満洲国の建国精神に照らして日本的なものを拒否する事は満洲国の自殺にも等しい。かくの如く考えることによつて日本語が満洲国の国語としての資格を得ることは、極めて自然であると云わねばならぬ」ことを説きながら、満洲国が「日本の指導により現地民族の上に日本的なるものの加わることによって発展する」必然性を、「指導」(「師道」と同音)という言説によって展開した[38]。やがて日本精神、日本文化と一体化した日本語は自らを「指導体」として顕揚し、「満洲語」「蒙古語」などを「存在体」として生み出す満洲国の国民文化、国民精神は、「現地文化が指導体の方向に沿ひつつ、自

ら発達していく新形象でなければならぬ」と結論づける。ここに生ずる言語的交流とは「指導体」を主、「存在体」を従とし、「指導体」を絶対的な価値として認めるに至るのである。相互理解のための対等な言語学習は崩壊し、日本語浸潤を前面に出して、本来互恵的と認識された「現地語」学習はその補助的、副次的手段としてしかとらえられていなかった。

　1937年に満洲国の公布した「学制要綱」及び「国民学校規定」で定められた言語教育の基本方針には「日本語は日満一徳一心の精神に基き国語の一つとして重視す」とされ、満洲国総人口に占める日本人の人口がわずかに3%にも満たなかったにも拘わらず、日本語は満洲語とともに、国語の1つとされ、すべての地域で習得を課せられる第一国語と定められた[39]。日本語の歴史の中で唯一国家語として据えられたのである。言語教育の目的が単に言語能力獲得だけでなく、言語に付随した民族精神、民族文化（神社参拝なども含めて）を体得することを特別に喚起し、教師も生徒もあらゆる場面で日本語を使用する、という日本語浸けを奨励したことは、世界の言語政策の中でもきわめて無謀な試みであった[40]。相互の学習とは裏腹に、非日系には日本語のみの学習を奨励した。だが、強制された学習者達には「再有両三年、学日語也没用了」（2、3年すれば日本語を学んでも役に立たなくなる）という風潮も強かった[41]。満洲国経営の基幹としては、日本語優位の体制を確立することが要であったが、広大な地域に浸透させることは、日本人教師の不足など体制制度の整備に運用の実質がともなわないケースのほうが現実には多かったのである[42]。

5.3.「国民錬成」としての日本語教育

　植民地帝国日本の文化統合に必要とされた政策の1つは植民地での日本語の強制による「同文性」の担保であり、拡張であった。すなわち、日本人の「精神的血液」（上田万年）である国語の均質的波及という言語ナショナリズムは対外的にも忠実に、植民地の言語、母語を抑圧抹消する同化政策として推進された。満洲国はその壮大な実験場たりえた。「同祖論」から「同文同種」が強調され、とりわけ1937年以降は満洲国内各民族の連合体としての性格を志向するようになる。

これまで当時の満洲国日本語教育界のいわばイデオローグ的存在を『研究院月報』に執筆した佐藤、丸山、重松らの日本語論を引きながら概観してきたが、さらにその背景にあった、当時の「満洲国」における日本語論、日本語観を森田孝、中村忠一、堀敏夫らの主張も一通り見ておく必要があろう。

森田孝（対満事務局事務官兼文部事務官）は「満洲国の国語政策と日本語の地位」のなかで、「共通語たるべき日本語は、新生満洲国の建国精神たる惟神の大道を履践し来つた日本文化、日本精神を理解する上に極めて必要なものである」とし、その一環として、「満州の建国精神をよく諒解した日本語文化読本がドシドシ編纂され、満州に頒布されんことを希望する」と述べて、日本語教科書・学習書の普及をことさら強調した[43]。

同様の指摘は堀敏夫（南満中学堂教諭、奉天視学委員）の「満洲国における日本語教育の動向」の中でも繰り返されている。ここでは二極的方向性の正しい振興についての課題がとり上げられる。堀はさきに「満洲国語」で述べた趣旨、すなわち「満洲国における日本語教育は単なる外国語教授ではなく日本語を通して日本文化を理解確認し、日本および日本人の善さ、偉さ、強さを知り、これによって生活全体を再認識する」ことを確認、一方、その教授の実際としては形式的方面の陶冶が軽視されてはならぬこと、「国語としての日本語」と「外国語的取扱を以ってする日本語」の双方の融和協調の上に日本語教育という生きた精神活動が営まれることを強調した。前者の精神的効用と後者の実利的効用も対立は教授法の選択にもかかわるものであるが、二元的対立としてとらえるのではなく、表裏一体をなす本質で、目標としては日本精神、日本文化の体認で、到達手段としては実利的手法を重視する道がとられる。とくに「満人」には日本語と系統を異にする点から下級学校、低学年からの日本語学習の強化を強調するが、これは満洲国構成民族の比率からして当然のことであった。さらに、大学における日本語の重視については、「その教員組織が殆ど日系を主とし教授用語が主に日本語である外、必須科目として別に日本語を教授している点からも想像できる」としている。つまり単に日本語で講義されている実状を以って、日本語の強化・重視ととらえたのである[44]。

日本語教育を「国民錬成」という視点でとらえたのは中村忠一（ハルビン

師道学校教授）である。中村忠一は前述の森田孝、堀敏夫、さらにここでは言及しなかった福井優（「満洲国」文教部教学官）らの中で、もっとも精力的に日本語論、日本語教授論を展開している。彼は報告「国民錬成への日本語教育」、及び著書『日本語教授の領域』の中の「満洲及び満洲国の日本語教授」の章において、「錬成」を頻用しつつ次のように述べている。

　　日本語教育者自身は国民性格錬成上の教育的営為に対して、日本語教育の意義を自覚したる後に、日本語教育は「日本語の理解力と表現力の錬成」を積み結局は「国民の錬成を達成するものである」といふことになるのである。日本語教育において錬成を要するものは、まづ「言語活動を基底としての日本語の話言葉」がある。その外「読字力」「書字力」「言葉の解釈力」「文章の解釈力」等などの錬成を要請される。そしてこれはまた直ちに、国語国字の問題になつて来る。外形的な形式教育によって少々うまく話したところがそれはただ空々しく模倣されているにすぎない。日本語を覚えるということは、在来の意義通り、自分で体験するといふことであるならば、それは生活の一部であるから、単なる記憶とちがって重荷にはならないが、外地の日本語教育はさうばかりではないのであるから、一応方法学的立場において考えてみることが必要である。

すなわち音声、文字、語彙、語法の学問的科学性をそれぞれの要素として規定し、次のような構造を提案した[45]。「日本語の純正化」と「単一化」の要請は、現地日本語教育が方言を含んだ未整理の標準語化教育が行われていたことを示すものであるが、とりわけ「音声」と「文字」の純化・統一が日本語習得の基底にあり、その上に四技能が互いに連関し合って初めて「国民的錬成」に到達可能となるというのである。

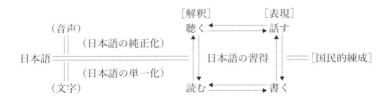

そしてこうした方法学的な構造認識の上に立ち、第二に「日本語を覚える必要を痛感させること」であるという。これはきわめて主観的で強制的な言語政策論であるといえよう。中村忠一は次のように続けている。

> 満洲国はもともと民族協和を理想として建国され、勤労の道を教育の本道としてゐる。日満の一徳一心は抽象論ではなく、日本語によるものの観方、日本精神、日本文化の摂取による満系知識層の全生活理念の改善はもはや理論の時代はすぎてゐるのである。<u>日本文化理解の問題としての読書は日本語以外のものによることがほとんどできない現在、さらに一層強化されなければならない。生活意識の改善を予想した文化財としての日本語はもつともつと生活化されるものであらねばならぬのである。</u>かうした点を考へると民族性格学といふやうなものも一応とりあげなければならない。この点日本文化そのものである日本の言語文学を教へると同時に満洲の季節風土を適格に表現した教材をもつともつと教へ込みそれによつて日本語の表現性、表現型をのみこませることをなさなければならない。

それにしてもはなはだ疑念が拭えないのは、建国精神をはじめ、かかる難解な言説を日本人学生はいな、他民族の学生が十分に理解し得たかどうか、という点である。「日系」が大部分を占めたとはいえ、満洲国で無理やり国語にされたとしても、外国語である日本語による授業を受けることを余儀なくされたわけで、その修得の困難、厳しさは想像を絶して余りある。彼等の中から中途で脱落する者が出ても不思議ではなかった。しかも平等を謳いながらも現実には厳然たる差別待遇があったればこそ必要以上に喧伝されなければならない事情があった。教学研究のなかには対照言語学的な研究もなければ、各種対訳辞典の編纂も視野にはなかったと想像される。すべて日本語の力で押しきろうとしたところにも「協和」の限界性が見て取れる。

澤潟久孝は満支の日本語教育を視察する過程で、建国大学の日本語教育についてふれている。それによると、予科(前期)では「やっと半年、一年位しか日本語を学んでいない露人にはじめから内地の国定教科書の巻の三を与え、半年あまりを経たこの九月にわたくしの参観した時には既に巻六を教え

ていたが、さうした仮名遣いの問題については、彼等は何の困難も感じていなかった」と述べている。そして実際の彼等の作文を例に日本語の難しさは（仮名遣いよりも）他の面にあることを指摘する[46]。

　私は決して學問的、心理的知識を以って此の作文を書いたのではない。此れが中學校卒業當時の「人間の弱點として嘘」と言ふ宿題の作文の思ひ出と其の後の處世の経験上の思想である。中學校時代の事が思い浮べると必然と其の當時の深慮のある宿題が思出される。嘘は言ふ迄もなく人間の道徳に對して兇惡な刺激である。友達同志の冗談にも、施政に没頭する政治家の言葉にも、全く全世界の何處にも其の嘘が出て来ない時がないのであらう。

（下線部は引用原文のまま）

作文の訂正もまた言語の涵養手段として認識されたことは言うまでもない。下線部分は朱筆の施された部分で仮名遣いは1箇所も間違いがないことは初めから正しい仮名遣いに馴れさえしていれば問題は困難ではないと述べているが、上記の「嘘」をテーマにした思わせぶり的な作文を見た限りでは、ある程度の日本語力は有しても、個々の語彙運用については相応の障碍があったことが想像される。堀敏夫が「満洲国日本語教育の概況」において指摘した、「日本語教育の目標につき、満洲国では単なる日常会話に上達するだけでは飽き足らずとし、日本語を通して日本人の優秀性、日本のよさ、健全性を体得させ、日本的な物の見方、感じ方をさせようとしている」という現状指摘とは裏腹に「満洲国の日本語教育は多くが初等方面にかかっている」事情から生じる矛盾は依然として大きく残されていった[47]。

　満洲國各大學（國民高等學校卒業者を収容、多くは日本の専門學校程度）における日本語は、各大學とも必須科目となっているが、その教材教授は各校に一任されているやうである。（建國大學などでは教材を編纂して公にされた）大學は各教授が殆ど日系であり、その意味で日本語科にとって有利のやうであるが、又一面、各國民高等學校卒業者の日本語力の不揃いが大學の講義を阻害すること夥しく、各校の日本語科は、何とかして短期間に他の専門科

の講義が理解でき、ノートが取れるやうにしてくれといふ早急な注文に想像以上の負担を負はされているやうである。

ここには大学機関などでの日本語学習、習得、伝達が思いのほか成功にはほど遠い現実が浮き彫りにされている。満洲国の大学が「専門学校程度」と位置付けられているのも「粗製」の実状を反映するものではあるが、この報告にもあるように実際の専門科目の講義についても他民族向けの配慮はほとんどなされていなかったことが十分にうかがわれる。

建国大学の日語教育の成果を誇大視する向きもある。山田孝雄（1942）は日本語の難解さは決して克服できぬものではないとし、短期間でのロシア人学生の日本語修練の成果を紹介している[48]。

　　日本語がむつかしくないものであるといふ実例は、既に私が何回も所々で言っている。近頃満洲にできた建国大学に於いて、ロシア人を入学せしめた。建国大学の前期生つまり日本の大学予科に当るものに入学せしめた。そこで、それを日本語によって教育を受けさせねばならぬので、僅かの間に、日本語を日本人の学生と同じように出来るまで教育しなければならぬ。その際にそのロシア人は四月に入学して十二月に試験を受けた。四月に入学したときには平仮名とカタカナだけしか知らなかった。それが十二月に試験を受けた時には、日本の中学校卒業生よりも、むしろ正しい。（中略）半年でこれ位のことが出来ることを考えてみれば、どこに日本語のむつかしさがあるか。日本人として、自分の国の言葉をむつかしいなどと言うことは、一つの反逆であると私は断言するに憚らない。のみならず、その建国大学のロシア人の学生に対して、面目もない話であると考えなければならぬ。（後略）

山田は１つには国語の力を彼らの死活問題に支えられている現実に拠るとする。幾分精神教育的な論調が漂うが、即ち、白系ロシア人が安住の地を満洲国に求め、安定した身分を得るには建国大学の教育を受けるほかない。建国大学の教育を受けるには、日本語を知らなければならない。こうして彼らは死に物狂いで日本語を物にした、というのである。つまり、ここには建国

大学が大きな人生の目標、生きるための死活問題としてとらえられていたことが察せられる。非常に極限的な状況下での日本語の錬成であった。この最高学府における教育観が周囲の日本語学習の環境に波及せしめた影響度は決して小さくなかった。異民族間にあっては生きるための日本語こそが日本語の錬成であった。そこでは難解さを強調すべきではなかった。

建国大学を創設するにあたって掲げられた「各民族語で互いに意思疎通をはかり、日本人は日本人教官から中国人は中国人教官から学ぶことのないようにする」とされた理想と実態とは大きな乖離を深め、当初期待された「満洲日本語」の理想にはほど遠い現状にあった[49]。

6. 対極する歴史見解—「異文化間教育」の可能性をめぐって—

満洲国の建設は基本的には東アジア諸民族の共存共栄の「王道楽土」の建設を志向する一方で、東アジアの安定に当時重大な脅威を与えつつあったソ連への防衛態勢を整備するためと、これにともなう欧米連合勢力の中軸となる米国との将来の戦争に備えて日本を盟主とする東アジア地域の統合戦力強化につながるものとして意図されたが、他民族他文化を圧迫し続ける大東亜共栄圏への膨張と相俟って、アジア諸民族の理解や協力を得られるまでには至らなかった。また日本の目指す自強手段は理念と現実の懸隔をさらに際立たせ、現象自体は欧米列強の植民地政策や帝国主義政策とさして変わらず、さらに異民族と接する国際的視野の未熟な日本人の軽侮行動によって、結果的に排日、抗日、侮日、反日の気運を醸成してしまうこととなった。

日本の満洲支配の本質の１つは満洲の広大な資源をいかに正当なる事由をつけて収奪するか、という経済侵略が大きな支柱であったが、同時にその背景に同化政策としての思想的文化的正統性を国家的規模で移植する際の国家機構をもって権威づける必要があった。その絶頂期は僅かで日中戦争に続き連合国を相手に太平洋戦争に突入した日本にとって、以後満洲国は軍事上のみの重要な補填基地となり、軍の南方供出と相俟って実体は空洞化が進んでいき、もはや理想と実相の乖離は覆い隠す術もなかった[50]。

縷々述べてきたが、満洲国の歴史研究につきまとう宿命について再検討し

てみたい。即ち「美談」と「他者」という2つの対立する視点である[51]。とりわけ建国大学の帰趨をめぐるこれまでの評価の対立である。そこで焦点となるのはおそらくは「民族協和」の実存性についてであろう。

　康徳11年（1944年）3月6日に挙行された第7期学生入学式に臨んで、尾高亀蔵副総長が次のように訓示しているのは、総力戦下における建国大学の本質を象徴しているように思われる[52]。

> 諸子は常に思いを刻下の戦局と本大学設立の本旨とに致し、「我は建国大学生なり」との自覚を堅持し、特に左の三項を遵守せむことを望む。
> 　第一　満洲建国精神の体得
> 　　本学教育の主眼は、満洲建国精神の真髄を体得せしむるに在り。故に学生は特に厚く惟神の道を信奉し、深く日本の仗義援助を肝銘し、日満一徳一心、死生存亡断じて分携せざるの大儀に徹するを要す。
> 　第二　学問の修得及其実践の合一
> 　　学問の薀奥を極め、以て道を明らかにし、業を修め高邁なる識見、不退転の勇気、特に旺盛なる実行力を涵養するを要す。
> 　第三　自ら仰がるる指導者たれ
> 　　滅私君国に奉ずるを第一義とし、喜びて規律を守り、進んで統制に服し、率先範を垂れ、他に対しては、仁愛・寛容・謙仰・小心以て自ら五族協和団結の中核となり、求め図して自ら仰がるる指導者たるを期するを要す。

この期にいたっても「惟神の道を信奉」し、「深く日本の仗義援助を肝銘し、日満一徳一心、死生存亡断じて分携せざるの大儀に徹するを要す」べく、「建国精神の真髄」の体得、「滅私君国に奉ずる」涵養、および「五族協和団結の中核」的指導者への精進が強調されたわけであるが、これもいわば、「悠久の大儀」の外地版であり、他民族にとっては、敗色濃い大戦下での悲壮なまでの唱導はもはや空文化したものとなった。

　本質的には侵略国家であり傀儡政権であった満洲国は建国以降、「北の生命線」と謳われたように日本の大東亜共栄圏支配の要として戦略上の重要な拠点、資源の不可欠な供給地であり、同時に異民族支配や日本の社会的構造

の実験場の役割まで果たしたのである。そこでの「五族協和」や「王道楽土」のプロパガンダによる一定の同化政策は、太平洋戦争以降、大東亜共栄圏建設のための「八紘一宇」の文教政策へと継承・拡張されていく[53]。

満洲国でのもろもろの試行は以降、より広域な世界制覇へと膨張すべく、同化・皇民化を目指す興亜教育への一大布石とされたのである。建国大学における実践はその歴史潮流の正統化を担う壮大な実験ではあったが、その理想は実際の他民族の文化風土的、心情的同意を得られないまま、性急かつ遠大なものに肥大し続けるばかりであった。「功罪」相半ばする建国大学の内実は「辺幅を飾る」もの、ないし「御為ごかし」にすぎなかった。この「うわべを立派に見せかけ、人の為にするように見せかけて、本当は自分の利益の為にする」双面性においては、「五族協和」は"姑息"なる協和というべきであった。「王道楽土」を建設するための徹底した皇道主義教育思想の深化、「五族協和」を遂行するための「言霊」のたゆたう日本語精神の唱導、いわばその縦糸と横糸の糾えるところに満州国の存在が象徴化されたが、このキー概念の融合はあまりに高遠であり、作為に充ちたものであった。

建国大学をめぐる2つの立場をここで確認しておこう。1つは日本が主導して満州に複合民族国家の理想的なモデル―当時のキーワードで言う「五族協和」、「王道楽土」―を実現するための人材養成機関であったという肯定的なものである。宮沢恵理子(1998)はそのユニークな組織とそこではぐくまれた全人間性を賞賛し、可能性を高く評価している。塾生活、他民族の共生という大学に今日のありうべき大学教育の姿までを見出そうとするのである。「美しき友情」、「青春の謳歌」というセンチメンタリズムは懐旧的回顧主義を否定しえない。肯定的側面に積極的可能性を見い出そうとするものであった。

これに対して建国大学とは日本が旧満洲を植民地として支配するためにでっちあげた傀儡国家の御用学者、官僚養成のための機関であったというきわめて否定的な見方がある。前者のほとんどが施政者側の主張であるのに対し、後者は体験者側の主張であるといえる。例えば、建国大学の出身生であった聶長林は建国大学を政治悪としての「選抜制」をもって欺瞞性、「奴化教育」の最高学府として位置づけながら、次のように述べている[54]。

「建大」の日本同学には、すでに覚醒し、正しく「建大」を評価している人も少なくはないが、なお相当部分の同学は、改めて「建大」の本質を再認識する必要があると思う。「建大」は日本ファッショ軍人と御用学者が、共謀して育成した怪胎であった。募集された学生たちは、体力的にも良い素質にめぐまれ、優秀な遺伝因子を持ち、頭が明晰で、免疫力が強い人たちであった。でなければ、あれほど強い外圧を受けたら、奇形児となるよりほかなかったであろう。

聶長林のエリートへのこのアイロニカルな証言ほど本質をついたものはない。聶は建国大学の威信を日本ファシズムの象徴ともいうべき、あの忌まわしき悪魔の巣窟「七三一部隊」との本質的な類似性を指摘するのである。

「建大」は、本質においては、臭名を世界に拡げた七三一(石井)部隊と、何らの区別もなかった。七三一部隊はペスト、コレラ、チフスなど、バクテリアを培うのであって、「建大」は思想的麻薬を宣伝する宣教師を養成するのであった。バクテリアは人間の命を死なせるのだが、思想麻薬は人間の霊魂を麻酔させ、侵略者に支配される奴隷を作り、人間を生きた道具とし、奴隷を繁殖させる有力な手段となるのである。その害するところは七三一部隊にくらべて、少しも見劣りしなかった。

研究院に複数の共同研究班を整然と配したのは、あたかも「七三一部隊」に置かれた「吉村班(凍傷)」、「笠原班(病毒)」、「二木班(結核)」、「田中班(昆虫)」などの実験班を彷彿させる。研究班の諸活動は生物化学兵器ではないが、長期的には精神思想兵器としての役目を担うものであった。聶は手記の末尾において「私の真意は『建大』という一側面から、日本帝国主義の侵略犯罪を暴露して、歴史を改竄しようとする企てを批判することにあった」と述べている。聶の手記が戦後50年を経て、1990年代なかばを過ぎて公にされたのが、日本において新しい歴史回帰、復古主義の台頭の時期であったことを思うとき指摘の重大さがあらためて認識される。しかし、この手記の日本人編集者の1人である桑原亮人は「私は満州国が『偽国』であったとい

う立場に理解を持つ者であるが、建国大学肯定、否定の論議は、国際政治の影響が風化したあとまで待って欲しいと思う」と歴史的清算は残しながらも、直後「その意味で建国大学礼賛論に真っ向から立ち向かった聶証言の価値は高い」といった苦渋の矛盾を呈している。

同じく建国大学卒業生の水口春喜は『大いなる幻影―満州建国大学』において、むしろ個人的な感慨を披歴する[55]。

> …建国大学は日本帝国主義の植民地支配に抗して民族自決を求めた進歩的中国人を多数輩出し、また中国人学生の反満抗日運動に同情を寄せ、日中学生間の深い友情を生み出した学園であった。

と肯定して、上記の双方の立場を客観的見地から内省しつつ、

> 建大の反動的性格を批判するあまり、その輝かしい中国人同学の革命的行動と日中両建大生の友情を忘却の彼方へ追いやってはなるまい。

と述べ、人間的側面に重心をおいた心情的総括にとどまっている。

建国大学の実態を探るなかで森崎湊の次の言説がしばしばとりあげられる。民族協和の実践とは、実は多くの周囲への反発と隣り合わせにあった。

> 彼ら（満人）が民族協和というとき、彼らはただ「日系も満系も仲良くゆかないと塾が楽しくない。せっかくの楽しい青春を楽しむことができない」ということでしかないような気がする。……建大へ入って日本人とうまくやり、あわよくば……などと考える一種の便乗主義者が建大へ集まってきたということなのか。こういう人間ばかり集めて何をしたって民族協和などということにはなるまい。本当に漢民族の未来を考えている青年たちは、みんな延安か重慶に逃げてしまったのだろうか。　　　　　　（『遺書』62頁）

森崎はやがて建国大学に失望し、退学を決意する。帰国して特攻要員に志願するも出撃の機会なく敗戦を迎え、自害する[56]。

一方、磯田一雄 (1999) は「『満洲』における植民地教育は、本来『異文化間教育』として発展すべき可能性を豊かにもっていたのではないか」とも指摘する。加えて、「植民地教育を『奴化教育』と規定する現在の中国側の立場ではこうした研究方法は到底認められないだろうが」としながらも、「異文化間教育として植民地教育を研究していくことは必ずしも植民地支配の正当化にはつながらないだろう」としてその研究指向の可能性を留保する[57]。しかしながら、14年間にわたる占領支配の現実は手放しで一面だけを照射することを許さないであろうし、容器 (機構組織) の制約のなかで、その中身自体には「偽りがなかった」という言説はしばしば曲解を招く恐れなしとしない。

　こうした両面の総括の逡巡には歴史考察の限界性があらわれてはいないだろうか。「公と私」の苦渋に決裁を見ないのは、筆者には、1つは建国大学に集った人々が高遠な理想とエリート意識に縛られ、草莽としての人民の視座から歴史を正視しえなかったところに矛盾の根源があるように思われる。

　満洲国の虚飾、虚構を表すいくつかの述懐の中でとりわけ印象的な場面を見てみよう。日満中央協会の肝いりで満洲国を訪れた橘外男は「曠野の中に蜃気楼のごとくに忽然として湧き出たような近代都市」新京をめぐり、ガイド富崎鹿子の説明に耳を傾け、建国大学を遠望するのだが、次のように傀儡国家満洲国の擬制を衝く粉飾燦然たる形容に「気恥ずかしく」「冷汗をかく」有様は、満洲建国大学の虚実を浮き彫りにしている[58]。

　　「右に見ゆるは国務院！ 左に聳ゆるは合同法衙！ オーライオーライ！」ストップ、ストップ！ では皆様！ 遥かに見ゆるあの建物は…遠くこれを眺むれば牡丹に戯るう唐獅子が、近くに寄って眺むれば、菜の花に集う胡蝶の群か、とも見えますものはあれは何でございましょうか？ <u>これぞ将来は東亜の興隆を双肩に担って立たんとする意気燃ゆる六百の若人が孜々として勉学弛みもない建国大学の屋根でございます！</u>」というあたりに至ってはいくら冷汗を流しても流し甲斐のないことであったから私の脇の下の汗は止まってしまった。その代りにこの寒空に私は気恥ずかしくて御苦労千万にも鹿子の代りに頭からポッポと湯気を立てながら、もうすっかり観念の臍を固めて

いたのである。 (11–12 頁)

7. 建国大学編纂日本語教科書にみる日本語観

　建国大学における日本語観を考える時、同研究院日語分班編の日本語教科書『高等日語文範』巻一〜巻六（東京・株式会社健文社1942.2）がその手掛かりになる。総力戦下における唯一の日本語上級教科書といえよう[59]。

　編者代表は新京特別市歓喜嶺建国大学研究院日語分院、丸山林平である。以下に序文を挙げる（現代仮名遣いにした）。

　　凡そ東亜大陸に於ける大学または高等専門学校の学生が日本語を学ぶ目的は、高度なる日本文化の理会乃至体得にある。会話の熟達や普通文の読解の如きはすでに修了している筈だからである。

　　併しながら、もともと母語を異にする大陸の学生が、直ちに<u>高度なる日本文化の神髄</u>を言語・文字を通して把握することは、かなりに至難のことに属する。随って、日本に於ける同程度の学校の日本語教科書をそのまま採用することは不可能である。これ、<u>大陸の学生には大陸の学生に適する特殊の日本語教科書</u>を必要とする所以である。

　　然るに、これまで、如上の条件を満たす日本語教科書の存在しなかったことは、我々の久しく遺憾としたところであった。

　　今般、本院言語班日語分班に於いて、建国大学前期・満洲国各種大学または中華民国における相当学校に於ける日本語教科書たらしめる目的を以て本書を編纂したことは、我々の久しき渇望を充たしたものというべきである。

　　惟うに、<u>東方精神文化の宣揚</u>が今日ほど急を要する時代は稀である。東亜新秩序の建設といい、東亜共栄圏の確立というも、それがただ政治的乃至経済的方面にのみとどまっているならば、それは決して真の意義をなすものではない。当方精神文化の宣揚と相俟って、はじめてその意義を完うすること言を俟たざるところである。我等は、<u>悠久なる東方精神文化の伝統の上に立って、更に新しく深く且つ高き東方精神文化を築き上げるべく</u>、悉く文化の闘士を以て自ら任じ、飽くまで戦い抜く強気覚悟を必要とする。本書は、その

血からの基礎を与えるであろう。
　日語分班員は、本書の編纂に当たり、かなり長期間に亘って研究・努力を続けて来たのであるが、尚不備の点は他日の補正を俟つこととし、一先ず本書の刊行を見たことは欣快に堪えざるところである。
　一言以て序とする。

　　　　　　　　　　　康徳九年一月　建国大学研究院長　作田荘一

序文に謳う「東方精神文化」は「日本伝統文化」であり、日本を盟主とする五族協和、王道楽土の精神文化でもあった。この涵養のためには「大陸の学生には大陸の学生に適する特殊の日本語教科書」の編纂、もって「文化の闘士」を養成することが喫緊の課題となったのは当然のことであった。
　凡例には言語観の骨子が見られる。長くなるが引用する。

　一、本書は、建国大学前期・満洲国各種大学及び高等専門学校または中華民国に於ける大学・高等専門学校等における大陸学生用日本語教科書たらしめんがために編纂したものである。
　一、本書は之を六巻に分かち、奇数巻を短篇文集とし、偶数巻を長篇文集とし、一か年に二巻ずつ三か年間に亘って教授する方針の下に編纂した。但し、奇数・偶数の両巻は寧ろ同一学年に併行的に教授する方が望ましく、必ずしも奇数巻を第一学期に、偶数巻を第二学期に教授する必要はない。
　一、第一巻・第二巻は全部口語文とし、第三巻から漸次文語文を加味した。文語文にあっては、漢文直訳体・純和文体・和漢混淆体・候文体等の各種に亘って採用したが、その分量は口語文に比して遥かに少量である。また、文語文の多くは明治以後のものとし、江戸時代のものも若干採用したが、それ以上の時代に遡ることは避けた。
　一、内容にあっては、文藝的作品に偏することを避け、広く各種の文献を読破する力をつけることに目的を置き、材料の蒐集・排列に力めた。
　一、文藝的作品にあっては、小説・戯曲・随筆・紀行・詩・和歌・俳句等の各種に亘って採用し、それによって<u>日本的なるものの把握</u>に供するように力めた。

一、満洲建国精神の体得は勿論、日本肇国精神、武士道の神髄、儒教的精神等、ひろく東方精神に関する内容を盛ることに力めた。
　一、世界情勢の変転、東亜新秩序の建設、東亜共栄圏の確立などに処する識見と気魄とを養成するに足る文献を多く加えた。
　一、言語に関する理解と興味を惹起せしめ、且つ日本語の本質を理解せしめるため、言語と文章、満洲国と言葉、説話の種類、ことばの変遷等の諸篇を採った。
　一、挨拶・祝辞・弔辞等を自由ならしむる目的の下に、それらに関する参考文献を掲げた。
　一、本書における漢字の用い方、仮名遣い、送り仮名、句読点、その他の表記法は大体に老いて、日本文部省発行の所謂国定教科書の表記法に準じた。
　一、振り仮名は、所謂パラルビの方針を採った。それも、巻を追うに従い、ルビを減少する方針を採った。即ち、読みを知らなければ辞書を引くに不便であるから若干施したが、当然知っていなければならぬような漢字にまでルビを施すことは避けた。
　一、頭註は、地名・人名・件名等の主なるものに限り之を施し、「語」の註釈は之を避けた．蓋し、言語学習にあっては、絶えず辞書を利用せしむべきであり、「語」の註釈を施すことは学習力を減殺せしめるからである。（後略）
　　　　　　　　　康徳九年一月　　建国大学研究院言語班日語分班識

序文及び凡例は一巻から六巻まで共通している。日語分班の編集になるのは「俳句」「和歌」「川柳」「狂言」といった韻文関係の紹介であり（「能」「歌舞伎」がないのは特殊階級の文化の故か）、唯一編者の丸山林平「満洲国の言葉」があるが、これも概説風の内容で大部分が著名著書からの抄録である。
　なお、本文のみを掲げて最小限度の頭註にとどめたのは、辞書の活用を促すもので、「「語」の註釈を施すことは学習力を減殺せしめる」との指南は本書が副読本的な性格を有していることを示している。
　以下、全6巻各巻に収録された内容を一覧化し、そこに織りこめられた日本言語文化思想の底流を検証してみたい。（＊は日語分班の編集による）

巻一 163頁　目次と内容、作者、出典、分野・文体

課	題目・内容	作者	出典	分野・文体
1	亜細亜の力	江口隼人	興亜行進曲	詩／韻文
2	青年よ偉大なれ	永田秀次郎	随筆読本	常体／論説文
3	和歌の話(*)	日語分班	書き下ろし	丁寧体
4	言語と文章	谷崎潤一郎	文章読本	丁寧体
5	満洲魚譜	佐藤惣之助	釣するこころ	常体
6	オロチョン族をたづねて	秋葉隆	満洲民族誌	常体
7	俳句の話(*)	日語分班	書き下ろし	丁寧体
8	蜜柑	芥川龍之介	芥川龍之介集	小説
9	北京	吉川英治	支那紀行	常体／紀行文
10	夏の海景	新居格	生活の錆	常体
11	長安盛夏小夏	石田幹之助	長安の春	丁寧体
12	川柳の話(*)	日語分班	書き下ろし	丁寧体
13	南京	杉山平助	支那紀行	常体
14	ペッカストリエ	松村武雄	標準国語読本	常体／デアル体
15	演説を頼む	巌谷小波	現代名家書簡集	敬体
16	説話の種類	五十嵐力	国語の愛護	丁寧体
17	蠅	野口米次郎	我が手を見よ	詩／丁寧体
18	面の皮	村上波六	出放題	常体
19	狂歌の話(*)	日語分班	書き下ろし	常体
20	古城のほとり	島崎藤村	藤村詩集	詩／韻文
21	日本の秋	吉田絃二郎	小鳥の来る頃	敬体
22	姉崎嘲風へ	高山樗牛	樗牛全集	常体／手紙文
23	愛の力	三木露風	我が歩める道	常体
24	断想	中勘助	街路樹（日記）	常体／韻文

巻二 157頁　目次と内容、作者、出典、分野・文体

| 1 | 満洲国と言葉 | 丸山林平 | 放送 | 敬体 |

2	遊学	二葉亭四迷	平凡	常体
3	「吾輩は猫である」抄	夏目漱石	夏目漱石全集	小説
4	笑	寺田寅彦	寺田寅彦全集	随筆、常体
5	聖戦三部曲	火野葦平	土と兵隊	小説
6	鶯	荻原井泉水	春秋草紙	随筆、常体

巻三 174頁 目次と内容、作者、出典、分野・文体

1	世界史の転換	文部省	臣民の道	常体
2	富士の歌	西條八十	国民詩集	詩／韻文
3	桜の歌	佐藤惣之助	愛国詩集	詩／韻文
4	梅花	三好学	俗文講話	常体
5	フォルガー沙翁図書館	小泉信三	アメリカ紀行	常体／紀行文
6	求道	橋田邦彦	空月集	常体
7	田舎にて	千家元麿	野天の空	詩／常体
8	英雄の特性	三宅雄二郎	三宅雪嶺集	常体／韻文
9	随筆いろいろ	五十嵐力	六一筆集	常体／随筆
10	京城の五月	安倍能成	静夜集	常体／紀行文
11	「猫」の序文	夏目漱石	漱石全集	常体／小説
12	朔北紀行	諸橋轍次	遊支随筆	常体／随筆
13	寒山拾得	森鷗外	鷗外全集	常体／小説
14	ことばの変遷	佐々醒雪	修辞法講話	常体／随筆
15	日本一と日本晴	新村出	南蛮記	常体／随筆
16	船の旗	武者小路実篤	欧州見聞録	常体／紀行文
17	文鳥	戸川秋骨	紀行随筆集	常体／随筆
18	死中再生	櫻井忠温	肉弾	小説
19	金剛山	若山牧水	若山牧水全集	常体／紀行文
20	寒山竹	中勘助	沼のほとり	常体／日記
21	汽車に乗りて	上田敏	上田敏詩集	詩　韻文
22	支那趣味	谷崎潤一郎	芸術一家言	常体／随筆

23	古句の解説	正岡子規	正岡子規全集	常体／文語文
24	芥川・久米両君へ	夏目漱石	百城を落とす	敬体／手紙文
25	黄河	中勘助	中勘助全集	詩
26	雲萍	柳澤淇園	雲萍雑志	文語文
27	風	吉江孤雁	霜月	常体／随筆
28	旅信一束	五十嵐力	中島園書簡集	敬体／紀行文

巻四　149頁　目次と内容、作者、出典、分野・文体

1	躍進満洲国	朝日新聞	1941.9.16, 17 掲載記事	常体
2	論語	林語堂	孔子論	常体／説明文
3	草枕	夏目漱石	草枕	小説
4	修禅寺物語	岡本綺堂	修禅寺物語	演劇／文語文
5	武士道の神髄	紀平正美	知と行	常体、デアル
6	夏の山小屋生活	志賀直哉	志賀直哉全集	常体／随筆
7	鼻	芥川龍之介	芥川龍之介全集	小説
8	「滑稽」の研究	成瀬無極	文學に現われたる笑の研究	常体／随筆
9	寂光院	高濱虚子	俳諧師	常体／随筆

巻五　172頁　目次と内容、作者、出典、分野・文体

1	国本奠定の詔書を拝承して	作田荘一	同左	敬体
2	記念日の挨拶	李紹庚	1941年9月18日	敬体
3	祝賀会の祝辞	永田秀次郎	九十五点主義	敬体／演説
4	万里の長城	土井晩翠	現代日本詩集	詩／韻文
5	根本の生命	北村透谷	内部生命論	文語文
6	日蓮聖人辻説法	森鷗外	森鷗外集	文語文
7	知と愛	西田幾太郎	善の研究	常体
8	世界の四聖	高山樗牛	樗牛全集	文語文
9	生存競争	丘浅二郎	進化論講和	文語文
10	士道	諸橋轍次	論語・孔子の言行	敬体

11	孔子研究	蟹江義丸	同左	文語文漢文
12	武士道の復活	平泉澄	同左	常体／随筆
13	平安京	藤岡作太郎	国文学全集	文語文
14	東圃を弔う	大町桂月	ちび筆	文語文
15	日本文学と和歌	芳賀矢一	心の花	常体／随筆
16	歌よみに与うる書	正岡子規	子規全集	候文
17	和歌(*)	日語分班	書き下ろし	常体／敬体
18	俳句(*)	日語分班	書き下ろし	常体
19	熊手と提灯	正岡子規	正岡子規全集	常体／随筆
20	「自然と人生」抄	徳富蘆花	同左	文語文
21	焚火	国木田独歩	国木田独歩全集	常体／随筆
22	陰翳礼賛	谷崎潤一郎	同左	常体／随筆
23	紙鷲の賦	幸田露伴	長話	文語文
24	霊山の蛇	新井白石	折焚く柴の記	文語文

巻六 169頁　目次と内容、作者、出典、分野・文体

1	内より見たる国家	作田荘一	国家論	常体／説明文
2	高瀬舟	森鷗外	高瀬舟	小説
3	「手首」の問題	吉村冬彦	続冬彦集	常体
4	父帰る	菊池寛	心の王国	小説
5	月夜の美威	高山樗牛	高山樗牛全集	文語文／韻文含む
6	教学と学芸	西晋一郎	同左	常体／評論
7	我が国体に於ける和	紀平正美	同左	常体／論説

　まず各巻の冒頭に注目したい。巻一「亜細亜の力」、巻二「満洲国の言葉」、巻三「世界史の転換」、巻四「躍進満洲国」は時局を視野に意識高揚を意図したものである。巻五「国本奠定の詔書を拝承して」、巻六「内より見たる国家」に至っては専ら満洲国の「国体」にふれた抽象度の高い精神訓話的色彩を帯びている。全巻を通じて「和歌」「川柳」「俳句」といった文芸鑑賞については研究院日語分班の編になるが、あとは日本文学、日本文化の名

著からの抜粋である。全体的に文芸趣味に傾いた趣があるが、これだけの日本語の模範となる「名文」を収録したのは日本語教科書編纂史上極めて異例のことであった。国文学者、歌人、詩人、作家の文章が主体となっている。人文科学系が多く、社会科学系、自然科学系は少ない。これは客観的な批判精神を醸成しようとするのではなく、上からの唱導こそが五族を協和させ、協和を強化するもので、道義性、精神性を紹介した内容が多いのは、当然ながら東方文化精神の涵養を意図しているものと思われる。

それにしてもこうした難解な内容をいかにして異民族に理解せしめようとしたのだろうか。いわば最初から器を提示して、それに当て嵌めようとする隷属服従的な感化の姿態が看て取れる。読物を与え、そこから享受する方法は教授側、学ぶ側に任せる、という本心も見え隠れする。本文に沿った「課題」「練習」もない。あるのは徹底した伝統的文化精神の涵養である。

こうした高級（上級）者向け日本語教科書は日本の古典、中国の古典事情にも関心を持たせる配慮はむしろ、日本人学生に対する教養的知識の提供にあるように思われる。編纂に見られる日本言語文化の発信は、本書の第1部第3章にみた北京近代科学図書館編纂による高級日本語教本を踏襲している観がある。上級日本語学習者のための日本語教科書の編纂は、所詮見果てぬ夢、浪漫かもしれぬが、時代を越え、空間を越え、今日においても視点的、内容的示唆を与えるものと思われる。

8.　おわりに―"歴史の共有"という観点―

日本帝国主義による大陸侵略は3つの特徴を発揮したとされる。すなわち「領土侵略」、「経済侵略」、「思想侵略」である。「領土侵略」は軍事力による領土蹂躙、「経済侵略」は各種経済資源の収奪掠奪、「思想侵略」は具体的には「日本言語文化侵略」であり、東亜のアウタルキー、後の「八紘一宇」の大東亜共栄圏の思想的表徴に連なる「王道楽土」「五族協和」の浸透であった。

ところで、満洲国で試行された戦時統制国家の経験が戦後日本の官僚支配による統制経済の基本ともなった点、そして日本の戦後高度経済成長にまで

結びついている事実を考える視点があるが、果たして共有の理解を得るだろうか。確かに満洲国での壮大な「実験」は戦後日本経済の発展の基礎となった部分はあるかもしれない。かの「超特急あじあ号」を走らせた満鉄の技術は戦時下の「弾丸列車」の構想をうながし、その青写真と海軍の高速爆撃機「銀河」の機首までをヒントにして誕生した世界に誇る新幹線も日本の技術的文化的象徴と讃える前に、その"プレ"実験場の一所産であったことを、我々はもう一度確認しておく必要があるかもしれない。だが、そうした「遺産」「遺構」の再生を時代を越えて享受するとしても、「実験」の対象となった側の人民の塗炭の苦渋を外部に追いやるわけにはいかない。建国大学の夢をグローバル化の現代に甦らせようとする夢想ほどアナクロニズムなものはない。建国大学の試行の数々を連続体としてとらえるにしても、事実を性急に誤認するようなことがあってはならないだろう。

「戦争中は悪いこともしたけれども良いこともした」「侵略には理があった」「侵略戦争かそうでなかったかは後世の歴史が決めること」などといった言説がこの数年、日本国内で一定の主張を形成して、アジアの民衆の顰蹙を買う事態が公然と起きている。満洲国の実態についても同じトーンで言われることがある。建国大学も傀儡政権下で造られた大学ではあったが、全人的寮生活を通じて各民族の友誼を実践する貴重な機会であったとする、一種の歴史懐旧的な主張などがそうである。「非情な時代にも青春の熱血があった」、「大戦前夜の国際状況は神出鬼没で右も左も東も西も後で出来たので、現代のように情報収集にも多くの障碍があって、教科書のように整理できていなかった」、そうした状況下で満州国も建国大学も揉まれていったのであり、「単純な侵略ではなく純粋にモノを考えていた」など、庶民的な一般感情は押しなべてこのような基底音がある。それはまた「満洲をとりまく情勢の複雑さ、植民地にありがちな浪漫、貧乏な日本は新天地を目指して驚くほどの貪欲さで都市や法律、産業を興した」ことへの称賛ともなっている[60]。

しかし、ここには巧妙な論理のすり替えがあると思われる。侵略された側にとっては日本人は「闖入者」であり、中国残留孤児問題であれ、中国に遺棄した旧日本軍の遺棄化学兵器の問題にしろ、「日本人は中国で好きなことをしに来て帰っていった」という苦渋と悔恨の記憶しか残さなかった。例え

ば、日中戦争中、大陸の各地で日本軍が現地の小学校や中学校を武力で強制的に接収して陸軍病院を建て、日本軍の戦病兵や負傷兵を治療する一方で、中国民衆に給食・給療を施し、多くの人命を救ったなどという美談にも見られるだろう。そこには強制連行や従軍慰安婦問題も封印されかねない。

　またこれは悪名高い「七三一部隊」の蛮行をめぐって、その膨大な生体実験蓄積の上に現代医学の恩恵があるのだとする議論のすり替えにも似ていなくもない。戦争は多くの技術の進歩や制度的な実験を行い、それが今日の先端技術や工業経済の振興にも受け継がれているという事実は一部にはあろうが、そのことを誇大評価して過去の罪悪に眼を瞑ることはできない。「大ばくち　元も子もなく　すつてんてん」（甘粕正彦辞世の句）に見られるような感情を植民地下に翻弄された人々はどう受けとめるのであろうか。

　高井有一の小説『時の潮』にかつての満洲体験者に自分史を主人公がインタビューする場面があって、きわめて示唆的と思える下りがある。明らかな「文化侵略活動」の史的証憑[61]であった「満映」時代の頃を回顧し、「撮影所に限つての事だが、満洲建国の理想の五族協和は、曲がりなりにも実現してゐたと私は思ふね」という瓜生昌良の話は主人公には「思い出を理屈で整理するような」言い方で何とも空々しく聞こえるのである[62]。

　　　撮影所の五族協和なんぞ、お笑ひ草に等しい。撮影現場に、働く者同士の親密感が生まれたとしても、それはその場限りのものでしかなく、日本人が全権を握つてすべてを主導する国策会社のなかで、中国人との間にまつたく対等な人間関係があり得たとは信じ難い。若しかすると、瓜生の時代には、かなり後暗い部分があつて、それを消し去る目的で、己れに都合のいい記録を遺そうとしてゐるのではないか、と疑念が泛んだ。だが、それならば、自分の会社に康徳と満洲の年号に因んだ名を付けたのは何故だらう。　　（p. 241）

この「満映」での五族協和に建国大学の五族協和を当てはめてみることはあながち不自然なことではないだろう。

　わずか13年余しか存命しえなかった「満洲国」の最後の切札として、まさに大東亜決戦の砦に相応しく、期待を一身に集めて華々しく創成された建

国大学も大学令の発布から約 8 年、開学から 7 年 3 ヶ月の齢にして忽然と消滅した。「同床異夢」的な、あるいは「面従服背」の実態をよそに、一方では来るべき「帝国」の破局の予兆を察知しつつ、「帝国」自らの歴史的正統を後世に遺さんとして、まさに百科辞書的な壮大な「思想兵器」の開発に向けて、ありうべきすべての高邁なるものの燃焼を求め続けた。とはいえ、「臭いものに蓋をする」式の虚妄の正義はついに実現することはなく、所詮、砂上に築かれた「五族協和」と「王道楽土」を"双頭の鳩"とするバビロンの塔は、幻の楼閣としてあえなく崩れ去る運命しか残されてはいなかったのである。皇道は臣民の道、天皇の道、皇国の道であったが、そこに根を張ろうとした日本語教育・教習は「語」を空洞化した「日本教育」であったといえよう。

今日、日本はアジアの諸国から多くの留学生を迎えているが、国や民族を超えて掛け橋となるべき人材を育てて行くには多くの矛盾と問題点を抱えている。また、東アジア世界の急速な緊密化にともない、日本が今後、相も変らず真直ぐな国際正義としての「万国津梁」の精神（小泉純一郎 2001.6.23.談）をもってアジアの盟主的イニシアティブを掲げるにしても、歴史共有の視点こそが大前提となるはずである。同時進行した歴史の事実を正確に把握、認識し、そこで産み落とされた共感、共苦を共有することは、アジア諸国から信頼を得、アジアにおける共生の空間を指向していく過程で、任意に選択される道ではない。かつての傀儡国家満洲国に設立された建国大学の理想と実相を検証し、またそこに鼓吹された植民地支配の倫理的言説の擬態を今日的視点から批判的に学ぶことは、これからのアジアとのまっとうな関係を確立していくための貴重な礎石となるであろう。

これまで建国大学について様々な視角から研究が重ねられてきたが、その総括については筆者も次の山根幸夫 (2003) の総括と意を同じくする[63]。

> 然し、最も基本的なことは、建国大学は日本軍部＝関東軍が東北支配の手段として設立したものだということである。どれだけ美辞麗句をつらねても、この事実を否定することはできぬ。
>
> （山根幸夫『建国大学の研究』あとがき）

建国大学は大学という名の下にアジア諸民族の新しい共学を志向したが、その体制は戦時下にあって拙速を免れず、台湾における台北帝国大学、韓国における京城帝国大学のような植民地大学の創設にはいたらなかった。各所に設けられた師道大学・学院もその予備的な機関として機能した[64]。

本章ではこれまで光の当てられなかった建国大学研究院の活動、研究体系を皇道思想と言語観をめぐって検証してみたが、こうした思想的土壌を産み出した協和会との思想的連繋、人的交流、さらに高等教育機関である大同学院、哈爾浜学院、大陸科学院などに見る教学実践との比較考察等もこれからの課題である。

かつて建国大学のあった敷地は現在は長春大学のキャンパスとなっている。建国大学出身者の中から、大学へ図書などの寄贈が今も地道に続けられているという[65]。愛憎なかばする建国大学の数奇な運命をめぐっては、これからも日中の"知の共同"がいかにあるべきかを問い続けるであろう。そこには歴史を共有するという視点から、日中双方の研究から率直に意見を交わし、多くのものを吸収していく姿勢が必要とされる。

戦後70年を経ながら、満洲国の「遺産」についての検証はいまだに清算されていない。それどころか一部では歴史の修正、改竄が行われようとしている。建国大学に対する評価をこうした渦中に置き去ってはならない。反歴史的潮流の跋扈を許すにいたった戦前戦後の歴史教育のありかたを反省すると同時に、植民地教育史研究の今日的意義の重大さをあらためて認識せざるをえない。最近の中国における学術成果を含めトータルに研究する時期が訪れようとしている[66]。歴史の二面性としての建国大学の「光」と「影」の縮図も、こうした歴史的潮流の中でこそ相対主義に陥ることなく考察されるべきであろう。

建国大学は傀儡国家満洲国の高級官僚養成と「帝国」存命の精神的支柱として君臨するために創設された国策大学であった。本章ではその権威表徴としての研究院の諸活動を、主たる刊行物である『月報』、『期報』に依って検証し、そこに具現された皇道主義教育思想、および日本語論、日本語教授をめぐる文化同化政策の言語観、言説原理の実相を見ることによって、前章および前々章に続いて「王道楽土」「五族（民族）協和」の内包する虚構性を明

らかにした。植民地支配のなかで増殖し続けたこの 2 つのキー概念もまた、「帝国」の「負の遺産」であった。さらに皇道思想とそれを文脈化する日本語論、日本語教授に係る方法論、言語観について、理念と実相との懸隔を明らかにした。これらの論考は皇道国体思想と精神訓話とを基調にした抽象的かつ難解なもので、しかも皇道思想と王道を結びつけるにあたっては、漢学の王道思想を「換骨奪胎」した、論理的にも整合性の乏しく、もとより他民族の理解を共有するものではなかった。さらに嚮導された異民族間の異文化理解が「建国精神」の宣揚を図るうえでの擬態的方略であったことを指摘した。建国大学における研究実践は、結果として「五族協和」の錦の御旗としての擬制にすぎなかった。本章冒頭にも記したが、中国文学者の杉野要吉は次のように述べている[67]。

　　日本が強制した占領／被占領の歪んだ構図の中に推移していった中国東北の歴史は、日本が犯した巨大な罪過と、中国の無数の民衆を落とし込んだ悲しみや苦しみを刻み込み、その深い傷痕はこんにちに至るもなお消えることはない。

中国との関係修復、正常な関係を構築していくためにも、建国大学の遺した遺産を直視し、批判的に継承し、双方から歴史を共有する可能性をさぐる努力がもとめられる。

附記

本章の初稿は 2000 年 8 月 4 日―6 日に行われたシンポジウム「日中、知の共同」に参加し、パネリストである酒井直樹氏、高橋哲哉氏、孫歌氏、載錦華氏、小森陽一氏、故溝口雄三氏らから多くの示唆を受け、日頃の省察をまとめたものである、その後再構成し、日本殖民地教育史研究会第 2 回研究例会（於．早稲田大学）にてほぼ同名のタイトルで発表した原稿に補正、修正を加えた。発表の席上、貴重なご意見、ご批評を受け賜った。また、資料の一部については東京女子大学聶莉莉教授から提供を受けた。併せて感謝申上げる。今回、本書収録に当たり、修訂および増補を行った。

注

1. 今日の日本では「旧満州(中国東北部)」と称するのが一般である。本文では歴史的記名を尊重して原則として「満洲国」のように記す。なお、「満州」と「満洲」の表記については引用文献によっては必ずしも統一されてはいない。以下、煩雑さを避けるため、「満洲国」の括弧を外した。
2. 日本植民地教育史研究会、日本植民地研究会、日本植民地文化研究会、アジア教育史学会などの活動を指す。なお、中国では東北淪陥 14 年史研究の研究プロジェクトが知られる。また学術誌『東北淪陥史研究』(吉林省社会科学院編輯)が 1996 年に創刊され、その後、季刊『抗日戦争』(中国社会科学院近代史研究所)に吸収された。
3. 小森陽一(2001)。とくに第 2 章「植民地無意識への対抗言説」を参照。『社会文学』13 号特集「ポストコロニアリズムへの視点」(日本社会文学会 1999)では冷戦後のグローバリズムとナショナリズムの相矛盾する勢力の確執のなかで抬頭する特権的な「国民国家」「民族」の再編言説への批判として、「帝国」の「拘束するシステム」を問い直し、ポストコロニアリズムの担うべき主体的課題として、「帝国」が併行して推し進めた「内地」の再編と「外地」の獲得・支配の構図の批判的考察を提起している。
4. 山田昌治『興亡の嵐』あとがき(253 頁)による。
5. 朝日新聞『五族協和の夢　満洲建国大学卒業生のたどった数奇な運命』朝日新聞デジタル SELECT2014 などがその代表的な手記(2010.10.12 朝日新聞夕刊)である。なお、朝日新聞には下記の記事が掲載された。「理想と現実の狭間で　満州建国大学、8 日に最後の同窓会(2010.6.6)
6. 佐高信(1999)「建国大学の現実」、144–153. 宇田博(1992)など。
7. 『興亜ノート—新東亜の時事問題早わかり』33–34 頁.「創設」と「開学」の経緯については宮沢(1998)第 1 章第 5 節を参照。なお、建国大学の編年的記述については『建国大学年表』が唯一詳しい。回想録として片倉衷(1978: 238–243)「建国大学と建国神廟」などがある。
8. 以下は月刊誌『教育』(岩波書店)掲載の「教育時事」による。
9. この事実は「七三一部隊」が平房に細菌戦基地を設立した経緯と酷似している。関成和『七三一部隊がやってきた村』の第 1 章「七三一部隊の進駐」を参照。
10. 前掲『建国大学年表』などの記載による。
11. 建国大学の教育の実態については竹山増太郎「塾教育を中核とせる建国大学指導者教育」(『興亜教育』1942.2)に比較的詳しい。
12. 『建国大学要覧』康徳 8 年(1941 年)版による。

13 孫継英他(1996)「東北淪陥時期長春殖民地奴化教育」を主として参照。
14 顔震華著、大森直樹訳「『満洲国』の高等教育」62–85. なお、原文は『東北淪陥十四年教育史』(王野平編、吉林教育出版社、1989)に収録されている。
15 武強主編『東北淪陥十四年教育史料』第二輯 1993 384 頁
16 池島信平(1939)は大陸科学院を建国大学と比較して簡潔に紹介している。
17 『研究院月報』は保存状態が良好ではなく、現在、その全貌を詳しく把握することは困難である。早稲田大学には創刊号から 19 号まで(3, 5, 15 号欠落)、および 33 号から 45 号まで(42 号欠落)を所蔵する。東洋文庫には創刊号から 14 号、16 号から 21 号、42 号を所蔵。本章では早稲田大学所蔵のものを用いた。早稲田大学中央図書館所蔵のものに限れば、創刊号から 19 号までは A4 タブロイド版縦組み、33 号からは B5 版縦組み。NACSIS Webnet による検索では『月報』の所蔵図書館は次の通り。
アジア経済研究所 31–34 号、一橋大学経済研究所 31–37, 39–41, 43–45 号、京都大学文学部図書館 31, 33–34, 36–37, 39–41, 43–45 号、京都大学法学部図書館 33–41, 43–45 号、高野山大学図書館 1–2 号、東京大学史料館 35, 37–38 号、東北大学本館 1–2, 4–14, 16–19, 21–30 号、大分大学経済学部図書館 22–41, 43–45 号、労働研究所 31–41, 43–45 号。
建国大学研究院の刊行物としては『月報』や後述の『研究期報』のほかに、「満洲国定期刊行物一覧［其一］」(『建国大学研究院調査資料目録Ⅰ』、『研究期報』第二号所収)によれば、日文による年刊『建国大学研究院要報』(創刊康徳六年三月一日)があるが、刊行号数なども未確認。なお、佐藤喜代治、重松信弘の論文掲載の『月報』の一部については一橋大学、東北大学からコピー資料複写を得た。
18 『満洲建国十年史』(1969) 909–914. を参照。
19 馬場公彦(2000)「植民地帝国日本が刻んだ〈ネーション〉の記憶」274–277. を参照。
20 ルイーズ・ヤング(2001) p. 164 矢野仁一、稲葉岩吉など京都帝大出身の右翼知識人も建国大学において王道擁護の論陣を張った。
21 早稲田大学中央図書館所蔵のものを参照した。
22 山室信一(1997)「民族協和の幻像—満洲帝国の逆説」246.
23 白川今朝晴「満洲に於ける現代の教育」1941.7.
24 高橋一郎(1995)「にせ『満州国』における皇民化政策」。「満州国」の神社創建の実態については嵯峨井建(1998)を参照。
25 大東文化大学図書館所蔵のものを参照した。
26 小野信爾(1974)「西原亀蔵と矢野仁一」339–340. こうした建国大学精神の内包する天皇制ファシズムのイデオロギーについて、野村章は「満洲建国の本義」(『研究期報』

第四輯)にある「天照大神は日本国を創め給ふたが、この同じ神意が満洲国を創め給ひ、神意を直視せられる天皇が満洲国を保佑し給ふのである」の一節を引き、こうした「論理」がアジア諸民族の地に対する侵略をささえていたこと、および小学校から最高学府に至るまでの皇民化教育体制が一層強化されたことを指摘している(1995: 75–76)。また、「満洲国」建国精神理念の時代による変容(拡大解釈)は、「満洲国」における教科書編纂にも困惑な障碍をもたらした。建国直後の「建国精神」「執政宣言」から「回鑾訓民詔書」の煥発となり、「日満一徳一心」が強調されると、民族協和、王道楽土、道義世界の建設、八紘一宇のごとき言葉が次々に使用され、「編審上の立場としては単なる文字の羅列のみでは空しさと無意味を感ずることを避けることはできなかった」という。ことに1940年7月の国本奠定詔書の煥発によって「惟神の道」が国本と定められて以来、いっそうこの感を強め、このような高遠なる哲学を理解させるように翻訳すること自体、困難な状況であった。(『満洲国史』各論1108 傍点、引用者)

27 筆者は「満洲国」時代に教育を受けた中国人聞き取り調査(2005.8)から、当時日本人がいかに綺麗で、立派なことを言おうと、陰でいかに悪いことをしているかはちゃんと分かっていたという話を幾度となく聞いたことが強く印象に残っている。それは精神的抑圧を象徴的にあらわす言葉でもあったし、「人の心は力では決して支配できない」という現実の裏返しでもあった。

28 『研究院月報』創刊号(康徳7年〈1940年〉9月15日)掲載。

29 『研究院月報』第22号(康徳9年〈1942年〉9月25日)掲載。

30 佐藤喜代治「東亜共栄と日本語の問題」2–14.『北窓』第5号 1941.9.

31 佐藤喜代治『日本語の精神』1944. 3–16. 佐藤喜代治は帰国後、1942年に神宮皇学館大学助教授となり、以後、東北大学助教授、同教授を歴任し、関東州で日本語教育に携わった大石初太郎などとともに、戦後の日本国語学界の重鎮となった。東北帝国大学を卒業後、僅か27歳にして中学校嘱託教員から建国大学助教授という地位に就任していることからも、建国大学における「人材供給」の実態の一端が窺える。なお、退官記念論集の末尾に掲載された著作目録には建国大学時代から敗戦までの間、『日本口語法』(満日文化協会、1940年1月)、「日本の文字及び文章」(建国大学研究院、同年11月)、『日本語の精神』(畝傍書房1944)の3点しか挙げられておらず、本章で言及した諸論文の記載は見られない。年譜を見る限り、佐藤はその後、建国大学での教学について公に語ることはなかった。

32 山田孝雄「言霊のたすくる国」、『現代』1943.4.

33 山田孝雄「国体擁護の根基」、『改造』1943.3.

34　『研究院月報』第 10 号(康徳 8 年 6 月 25 日)掲載。
35　丸山林平「満洲国に於ける日本語」1942.1.　丸山林平は満洲国全域にわたる日本語教育をも視野に入れ、『日語総合講座』(新京芸文書房 1942–1943)、『日本敬語法』(健文社 1943)、『標準日語読本』(満洲図書株式会社 1943)などを著している。
36　『研究院月報』第 7 号(康徳 8 年 3 月 25 日)掲載。
37　『研究院月報』第 32 号(康徳 9 年 12 月号)掲載。
38　重松信弘「満洲国に於ける日本語の地位」1940.4.
39　山室信一(1993)299.
40　宮脇弘幸(1998)121–122.
41　中国黒竜江省社会科学院歩平副院長(当時)との談話(2000.8.2.)による。
42　安田敏朗(1997)53–60.
43　森田孝「満洲国の国語政策と日本語の地位」1942.5.
44　堀敏夫「満洲国に於ける日本語教育の動向」1941.4.　なお、堀はすでに昭和 11 年当時に「従来は日本語の浸潤普及といふことに急であつて、如何なる日本語を以てすべきかといふことに対する注意が缺徐してゐた」ことを指摘している。「満・支に於ける日本語の将来」1936.7.
45　中村忠一「国民練成への日本語教育」1943.4.
46　澤潟久孝「伝統の尊重—満支の日本語教育を視て感じたこと」1941.1.
47　堀敏夫「満洲国日本語教育の概況」1942.12.
48　山田孝雄は「日本語の本質」(『文藝春秋』1942.9).においても白系露西亜人の日本語習熟の状況について述べている。
49　小林藤次郎「満洲国語教育界の歩むべき道」1938.8.　このほか建国大学における日本語教育については断片的ながらいくつかの報告がある。間下長一は「満洲日本語ばなし」の中で、「新京の建国大学で活躍している丸山林平氏が一般満人の日語研究者のために日語講座を始めている」ことを紹介している。このほか、建国大学の日本語教授の実情として「建国大学授業報告第一号」(菊版 51 頁、非売品)に「露人学生に対する日本語教授の報告」が掲載されているが、未見である。これは『国語運動』第二巻第十号(昭和 14 年 10 月号)に掲載された山口喜一郎の論文「わが国の外地に於ける日本語教授の変遷」の欄外の記事にみられるもので、「康徳 5 年度入学の建国大学のロシア人学生 5 名についての 8 ヶ月の教授報告(佐藤喜代治、原田種臣、森下辰夫、江原節之助)、所見(大森志郎、佐藤喜代治)、業績(作文 5 篇、塾生日誌)からなる。その中最も興味のあるのは所見で大森志郎氏の大陸における日本語の問題、佐藤喜代治氏の日本語教授管見である。この問題に関心を持ち、研究をしている者に色々な示唆

を与えてくれる。露人学生の日本語作文、日誌も面白い。更に第二の報告、蒙古人、満洲人についての報告も出してほしいものである」と紹介されている。なお、建国大学関係の刊行物として「日本語表記法の混乱とその救済策」(丸山林平著、建国大学研究院1940、40頁)、教科書として『高等日語文範(巻一～巻六)』(建国大学日語分班1942)がある。高度な講義体系を理解するための日本語の教授形態、教材の実態はいかようであったか―、これこそが筆者の建国大学研究の動機の1つであったが、この方面の資料・記録が容易に確認できないことは、あるいは建国大学の最も閉鎖的な本質の側面を物語ってはいないだろうか。建国大学における在満白系ロシア人に対する日本語教育については、1938年の事例を紹介した祝利(2014)を参照。

50 河野収(1995)「満洲国の建国と発展」99頁.

51 大森(1998)44–58.

52 『建国大学研究院月報』38号 康徳11年(1944年)3月号

53 「満洲国」成立から大東亜共栄圏建設への文教政策拡大の過程については、早くには小山毅(1971)の考察がある。

54 聶長林(1997: 55–56). なお、王智新(1999a: 191)「高等教育―建国大学の場合」においてもこの主張は継承されている。王智新(1999b)も宮沢(1998)の書評において同様の主張を引用している。

55 水口春喜(1998)68–71. ほぼ同様の指摘に山室(1993)がある。「…建国大学がその内部で、満洲国崩壊と日本の敗退とをひたすら望みつつ思想の刃を研ぐ学生を育んでいたことは、教育の失敗といえるかもしれない。…逆説的にいえば、建国大学はこうした学生を育んできたことにおいて成功し、"無残に崩壊"したことによってはじめて建学の目的を達することが出来たといえるかもしれない」(303–304)

56 森崎湊(1971)62頁. 同様の指摘は塚瀬進(1998)にも見られる。122–123.

57 磯田一雄(1999)「序にかえて」及び「あとがき」参照。

58 「新京・哈爾浜赤毛毛布」より。『ワンダーランド 満洲放浪』には橘の「忘れ得ぬ苦い話」がユーモアとペーソスで語られている。

59 『建国大学高等日語文範』については国立教育政策研究所図書館所蔵を参照した。複写の便宜を図っていただいた関係者に感謝申し上げる。2014.9.8閲覧。

60 安彦良和(1994)などの紹介記事による。このほか学術文献ではないが、黄文雄『満洲国の遺産―歪められた日本近代史の精神―』(光文社2001)、同『満洲国は日本の植民地ではなかった』(ワック2005)、原子昭三『「満州国」再考』(展転社2000)など。諸雑誌の特集をはじめ、いわゆる「満洲国もの」の出版は続いている。なお、「『満洲国』に関係することは無条件にすべて悪と断じた時代が終わろうとしている今、建国

大学を歴史の中に埋没させず、未来への教訓として生かし、多角的に分析・研究されるべき」宮沢(1995)、水口(2000)ではあるが、事実の記録よりも感情記憶が優位に立ち、過剰評価の感を否定し得ない。
61 「満映」については胡昶他(1999)を参照。
62 『群像』2001.7. 講談社. のちに単行本(2003)、講談社文芸文庫(2007)。
63 山根幸夫(2003)は「あとがき」において建国大学の評価に関して、「最も基本的なこと」として、「日本軍部＝関東軍が東北支配の手段として設立したもの」であって、「どれだけ美辞麗句をつらねてもこの事実を否定することはできぬ」と断言する。研究院に設けられた諸機構はまさに五族統治のための機関であった。
64 満洲国最高学府と謳いつつも、決戦下での人材錬成、政治教育が主目的で、台湾の台北帝国大学や朝鮮における京城帝国大学と比肩しうるような学知の規模も質的量的体制も不十分であった。酒井哲哉、松田利彦編(2014)。
65 宮沢恵理子(1998)257–258.
66 満洲国への洞察は続くアジア太平洋十五年戦争の起点ともなった点で、日本人の戦争責任認識を問い続ける。歩平(2011)などを参照。
67 杉野要吉監修『日本植民地文学精選集』(満洲編 2000)刊行序言より。

参考文献

1) 五十音順(なお本文及び注記で言及したものは一部省略した)。ただし、中国側資料については発表順とした。
2) 文献目録については、宮沢恵理子(1998)の巻末掲載のものがもっとも詳しい。遺漏を含め、以下では新しく公刊された文献を加えながら、多くは重複を恐れずに掲げることにした。未参照の文献も少なくない。劉世沢「偽満建国大学」遼寧社会科学院『瀋陽文史資料』9(1985年)は未見。また、建国大学研究の基礎資料である『建大史資料』、『塾月報』、『塾生日誌』、『同窓会会報』なども内容の性格上、参照していない。

《一般・周辺研究文献》
岡部牧夫(1978)『満洲国』、三省堂選書48.
小野信爾(1974)「西原亀三と矢野仁一」竹内好、橋本文三編『近代日本と中国(上)』、朝日新聞社.
石子順(1995)『日本の侵略中国の抵抗―漫画に見る日中戦争時代』、大月書店.
磯田一雄(1999)『「皇国の姿」を追って―教科書に見る植民地教育文化史』、皓星社.

大森直樹(1998)「日本における『満洲国』教育史像の検証―『美談』から『他者』の視点へ」『植民地教育史研究年報』第一巻、皓星社.

岡村敬三(2012)『満洲出版史』、吉川弘文館.

川端康成ほか編(1942,1944)『満洲国各民族創作選集(1)(2)』、創元社.日本植民地文学精選集満洲編監修:杉野要吉(ゆまに書房復刻2000).

貴志俊彦(2010)『満洲国のビジョアル・メディア ポスター・絵はがき・切手』、吉川弘文館.

貴志俊彦・松村史紀・松重充浩編(2012)『二〇世紀満洲歴史事典』、吉川弘文館.

黄文雄(2001)『満州国の遺産―歪められた日本近代史の精神』、光文社.

黄文雄(2005)『満州国は日本の植民地ではなかった』、ワック.

小森陽一(2001)『思考のフロンティア ポストコロニアル』、岩波書店.

小山毅(1971)「日本軍政下の興亜教育」世界の教科書を読む会編『軍国主義』、合同出版.

片倉衷(1978)『回想の満洲国』、経済往来社.

河野収(1995)「満洲国の建国と発展」、『近代日本戦争史第3編―満州事変・支那事変』同台経済懇話会、98-122.

川村湊(2011)『満洲国 砂上の楼閣「満洲国」に抱いた野望』、現代書館.

『環【歴史・環境・文明】』特集:満洲とは何だったのか、藤原書店、2002.10.

後藤春吉(1976)「満洲国の文教政策と人」、『季刊満洲と日本人』第4号 満州と日本人編集委員会編、大湊書房、1976.12.

駒込武(1996)『植民地帝国日本の文化統合』、岩波書店.

斉紅深編著、竹中憲一訳(2004)『「満州」オーラルヒストリー〈奴隷化教育〉に抗して』、皓星社.

酒井哲哉・松田利彦(2014)『帝国日本と植民地大学』、ゆまに書房.

嵯峨井建(1998)『満州の神社興亡史―日本人の行くところ神社あり』、芙蓉書房.

阪本秀昭(2013)『満洲におけるロシア人の社会と生活 日本人との接触と交流』、ミネルヴァ書房.

佐高信(2000)『黄沙の楽土―石原莞爾と日本人が見た夢』、朝日新聞社.

植民地文化学会・東北淪陥14年史総編室共編(2008)『〈日中共同研究〉「満洲国」とは何だったのか』、小学館.

鈴木隆史(1992)『日本帝国主義と満州1900-1945(下)』、塙書房.

竹中憲一(2014)『人名事典 満州に渡った一万人』、皓星社.

高橋一郎(1995)「にせ『満洲国』における皇民化政策」、『増補改訂版中国の大地は忘れない』、社会評論社.149-175.

山下武責任編集(1995)『橘外男ワンダーランド　満州放浪』、中央書院.
塚瀬進(1998)『満洲国―「民族協和」の実像』、吉川弘文館.
日本社会文学会編(1997)『近代日本と「偽満洲国」』、不二出版.
野村章(1995)『「満洲・満洲国」教育史研究序説　遺稿集』、エムテイ出版.
花輪莞爾(2000)『石原莞爾独走す　昭和維新とは何だったのか』、新潮社.
馬場公彦(2000)「植民地帝国日本が刻んだ〈ネーション〉の記憶」、『中国 21』Vol. 8. 愛知大学現代中国学会編、風媒社、2000.5.
原子昭三(2000)『「満州国」再考』、展転社.
満洲国史編纂刊行会(1971)『満洲国史総論編各論』満蒙同胞援護会　第二節　建国大学の創立、592–611.
『満洲開発四十年史』補巻、謙光社. 昭和 40 年 1 月　99–109.
三谷太一郎(1992)「満洲国国家体制と日本の国内政治」『岩波講座　近代日本と植民地 2　帝国統治の構造』、岩波書店、174–214.
山口重次(1976)『満洲建国と民族協和思想の原点』満洲文庫、大湊書房.
山口猛(1999)『哀愁の満洲映画 満洲国に咲いた活動屋たちの世界』、三天書房.
山室信一(1993)『キメラ―満洲国の肖像』、中央公論新社(増補版 2004).
山室信一(1997)「民族協和の幻像―満洲帝国の逆説」山内昌之他編『帝国とは何か』、岩波書店.
読売新聞社編(1999)『20 世紀どんな時代だったのか　戦争編　日本の戦争』、読売新聞社、日本の誤算　名ばかりの民族協和、132–139.
ルイーズ・ヤング著、加藤陽子他訳(2001)『総動員帝国　満洲と戦時帝国主義の文化』第 5 章　すばらしき新帝国―ユートピアと知識人、岩波書店.
『歴史読本』特集：満洲国を動かした謎の人脈、中経出版、2013.8.
『歴史読本』特集：石原莞爾と満洲帝国、新人物往来社、2009.9.
讀賣新聞昭和時代プロジェクト(2014)『昭和時代戦前・戦中期』、中央公論社.

《建国大学関係》
朝日新聞(2014)『五族協和の夢　満洲建国大学卒業生のたどった数奇な運命』、朝日新聞デジタル SELECT.
池島信平(1939)「大陸科学院と建国大学―新しい満洲国の文化的施設を観る」、『文藝春秋』1939.12. 184–191.
宇田博(1992)『大連・旅順はいま』、六法出版社.
大塚豊(1992)「「満州国」高等教育への日本の関与―哈爾濱工業大学の事例を中心に」、国

立教育研究所紀要121集 戦前日本のアジアへの教育関与 1992.3.
岡部牧夫(2007)「いま満州国をどう見るか」、『中帰連』39. 3–11「中帰連」発行所.
楓元夫(1983)「世にも不思議な満州建国大学」、『諸君！』1983年10月号. 文藝春秋.
河田宏(2002)『満洲建国大学物語 時代を引き受けようとした若者たち』、原書房.
小林金三(2002)『白塔 満洲国建国大学』、新人物往来社.
斎藤利彦(1990)「『満洲国』建国大学の創設と展開─『総力戦』下における高等教育の『革新』」、『調査研究報告』No. 29. 学習院大学東洋文化研究所 1990.3.
志々田文明(1992)「建国大学の教育と石原莞爾」、『人間科学研究』第6巻第1号. 早稲田大学人間科学部.
志々田文明(1993)「『民族協和』と建国大学の教育」、『社会科学討究』第114号 早稲田大学社会科学研究所.
志々田文明(1994)「孫群(孫宝玲)氏、建国大学時代を語る」、『「満州国」教育史研究』1994.
志々田文明(2005)『武道の教育力─満洲国・建国大学における武道教育』、日本図書センター.
寺田剛(2007)「建国大学の生活を顧みて」、『中帰連』39. 28–33「中帰連」発行所.
中司和宗(1978)「建国大学・尾高副総長と終戦」、『満洲と日本人』第6号 1978.12.
中久郎(1992)「『民族協和』の理想─『満洲国』建国大学の実験」、戦時下日本社会研究会『戦時下の日本─昭和前期の歴史社会学』、行路社.
西村十郎(1991)『楽久我記 満洲建国大学 わが学生時代の思ひ出』、まろうど社.
前川恵司(2008)『帰郷 満州建国大学朝鮮人学徒青春と戦争』、三一書房.
水口春喜(1998)『大いなる幻影─満州建国大学』、光陽出版社.
宮沢恵理子(1995)「満洲国における青年組織化と建国大学の創設」、『国際基督教大学学報 Ⅲ─A アジア文化研究』No. 21. 1995.3.
宮沢恵理子(1998)『建国大学と民族協和』、風間書房.
安彦良和(1994)「『満州建国大学』の青春、『マルコポーロ』1994年2月号.
山田昌治(1980)『満州・建国大学崩壊の手記 興亡の嵐』、かんき出版.
山根幸夫(1987)「『満州』建国大学の一考察」、『社会科学討究』第32巻第3号、早稲田大学社会科学研究所.
山根幸夫(1993)「『満州』建国大学再考、『駿台史学』第89号 駿台史学会.
山根幸夫(1996)「『満州』建国大学に関する書誌」、『近代中国研究彙報』東洋文庫 18.
山根幸夫(2003)『建国大学の研究 日本帝国主義の一断面』、汲古叢書49 汲古書院.

《日本語論・言語論(1)》

秋田喜三郎(1942)「日本語意識の昂揚」、『日本教育』1942.7.

上原久(1940)「満洲国に於ける日本語教育」、『学習研究』19-8　1940.8　78-84

大岡保三(1942)「日本語の海外発展に就いて」、『文部時報』749 号　1942.7.1.

大西雅雄(1944)「満鮮の日本語教室」、『日本語』4-12　1944.12.

小林藤次郎(1938)「満洲国語教育界の歩むべき道」、『コトバ』2-8　1938.8.

佐藤喜代治(1941)「東亜共栄と日本語の問題、『北窓』第 5 号 1941.9.　哈爾浜満鉄図書館.

佐藤喜代治(1944)『日本語の精神』、畝傍書房 1944.1.

佐藤準三(1940)「時局と満洲の国語読本、『国語教育』25-6　1940.6.

澤潟久孝(1941)「伝統の尊重―満支の日本語教育を視て感じたこと」、『国語国文』11-1
　　　1941.1. 京都帝国大学国語学研究室.

重松信弘(1940)「満洲国に於ける日本語の地位」、『文学』8-4 岩波書店 1940.4.

高須芳次郎(1942)「大東亜建設と日本語」、『日本教育』1942.8.

高萩精玄(1939)「満洲国に於ける日本語教授の現状」、『コトバ』2-8　1939.8.

中村忠一(1941)「日本語教授の方法的実践」、『日本語』1-3　1941.6.

中村忠一(1943a)「国民錬成への日本語教育」、国語文化学会『外地・大陸・南方・日本語
　　　教授実践』東京国語文化研究所 1943. 日本語教育基本文献(二)日本語教育史資料叢
　　　書　冬至書房復刻.

中村忠一(1943b)「満洲及び満洲国の日本語教授」、『日本語教授の領域』1943.4. 日本語教
　　　育基本文献(二)日本語教育史資料叢書　冬至書房復刻.

福井優(1943)「満洲国に於ける日本語普及の状況」、国語文化学会『外地・大陸・南方・
　　　日本語教授実践』東京国語文化研究所 1943. 日本語教育基本文献(二)日本語教育史
　　　資料叢書、冬至書房復刻.

堀敏夫(1936)「満・支に於ける日本語の将来」、『国語教育』21-7　1936.7.

堀敏夫(1941)「満洲国に於ける日本語教授の動向」、『日本語』創刊号 1941.4.

堀敏夫(1942a)「日本語教育に関する感想二つ」、『日本語』2-2　1942.1

堀敏夫(1942b)「速成日本語教育私見」、『日本語』2-9　1942.8.

堀敏夫(1942c)「満洲国日本語教育の概況」、『コトバ』4-12　1942.12.

堀敏夫(1944)「満洲国に於ける国語」、『コトバ』6-4　1944.4.

前田熙胤(1941)「満洲に於ける日本語教育の私見」、『日本語』1-5　1941.8.

間下長一(1942)「満洲日本語ばなし」、『国語文化講座第 6 巻国語進出篇月報 6』朝日新聞
　　　社.

益田芳夫(1940)「北満に於ける日本人の言葉に就て」、『国語教育』25-4　1940.5.

松尾茂(1944)「満洲国に於ける日本語教育の実状」、『日本語』4-5　1944.5.
丸山林平(1942)「満洲国に於ける日本語」、『国語文化講座第6巻国語進出篇』、朝日新聞社.
宮井一郎(1940)「満洲には国語が二つある—奉天からの通信」、『文藝春秋時局増刊』30号　1940.3.
森田孝(1942)「満洲国の国語政策と日本語の地位」、『日本語』2-5　1942.5.
保井克巳(1942)「満洲の日本語」、『日本語』2-8　1942.8.
山田孝雄(1942)「國語の本質」、『文藝春秋』1942.9.
山田孝雄(1943)「国体擁護の根基」、『改造』1943.3.
山田孝雄(1943)「言霊のたすくる国」、『現代』1943.4.

《日本語論・言語論(2)》
川村湊(1994)『海を渡った日本語—植民の「国語」の時間』、青土社.
柄谷行人(2000)「言語と国家」、『文學界』2000.6. 文藝春秋社 10-29.
武田徹(1995)『偽満州国論』、河出書房新社.
宮脇弘幸(1998)「日本の満州国・大陸占領地における教育関与—日本語教育を受けた人達からの聞き取り調査をもとに」、『研究年報』第20集 成城学園教育研究所.
安田敏朗(1995)「『満洲国』の『国語』政策」上・下、『しにか』1995.10., 11 大修館書店.
安田敏朗(1996)「『王道楽土』と諸言語の地位—『満洲国』の言語政策・試論」、『アジア研究』アジア政経学会42巻2号 1996.4.
安田敏朗(1997)「戦前・戦中期日本の言語政策—『満洲国』における多言語政策の内実」、『立命館言語文化研究』9巻2号 立命館大学国際言語文化研究所 1997-12.
安田敏朗(1997)『帝国日本の言語編制』、世織書房.
安田敏朗(1999)「日本語論のなかのアジア像」、西川長夫・渡辺公三編『世紀転換期の国際秩序と国民文化の形成』、柏書房.
安田敏朗(2000)「帝国日本の言語編制 植民地期朝鮮・「満洲国」・「大東亜共栄圏」」、三浦信孝・糟谷啓介編『言語帝国主義とは何か』、藤原書店.

《建国大学及び「満洲国」教育関係・一次資料を含む》
小山貞知(1937)「建国大学の要綱成る」、『満洲評論』13-5　満洲国協和会編 1937.7.
小山貞知(1939)「建国大学と協和会」、『満洲評論』16-16 同 1939.4.22.
江原節之助(1989, 1990, 1991)「民族の苦悩—創設期の建国大学をめぐって(1)(2)(3)」解説：岡崎精郎『東洋文化学科年報』第4, 5, 6号 追手門学院大学文学部東洋文化学会編.

大高常彦（1940）「満洲の現況と其教育精神、『研究評論・歴史教育』15–7　1940.10.
鹿児島登左（1942）「東亜教育大会と満洲視察記」、『帝国教育』769　1942.9.
建国大学同窓会（1991）『歓喜嶺遥か：建国大学同窓会文集』上・下、「歓喜嶺遥か」編集委員会.
『建国大学要覧』建国大学刊、康徳8年（1942年）度版.
『建国大学研究院月報』創刊号〜19号、33号〜45号（いずれも欠落あり、注参照）.
『建国大学研究期報』第1輯〜第5輯（注参照）.
作田荘一（1937）「満洲国建国大学創立の精神と組織」、『文部時報』604. 12–26
「座談会：満洲建国の教育を語る」、『日本教育』1942.4. 国民教育図書株式会社.
祝利（2014）「在満白系ロシア人に対する日本語教育―1938年建国大学の事例を中心に」『ことばと文字』第2号、日本のローマ字社.
白川今朝春（1939）「満洲に於ける現代の教育」教育思潮研究第15巻第1輯　海外教育の動向　東京帝国大学教育学研究室教育思潮研究会編、105–121.
新東亜研究会編（1939）『興亜ノート―新東亜の時事問題早分かり』、国民図書協会.
竹田浩一郎（1939）「満州国教育とは何か」、『国語教育』24–4　1939.4.
竹山増太郎（1942）「塾教育を中核とせる建国大学指導者教育」、『興亜教育』東亜教育協会　1942.2.
田村敏雄（1942）「満洲国教育と日本」、『現代』1942.11.　92–114.
西晋一郎（1941）『文教論』建国大学研究院（非売品）、康徳8年8月.
西山政猪（1942）「満洲建国当時の教育を顧みて」、『帝国教育』762 1942.4. 雄松堂復刻.
保科孝一他7名（1939）「座談会：新東亜建設と国語教育座談会」、『国語教育』24–2 1939.2.
湯治万蔵編（1981）『建国大学年表』、建国大学同窓会建大史編纂委員会
『満洲国政治指導総覧』第三版　満洲産業調査会　満洲国の教育方針と学校体系　教学の振興　満洲国の教化行政 333–359（康徳11年3月10日）
『満洲建国十年史』満洲帝国政府編　明治百年史叢書　第六章「学芸」第一節　909–929　原書房 1969.
森崎湊（1971）『遺書　海軍予備学生　森崎湊』、図書出版社.
森田孝（1942）「満洲国の教ふるもの」、『日本教育』1942.8.

《中国側文献①》（日本語文）
林懐秋・石上正夫編（1985）『中国少年の見た日本軍　日本語で綴る10人の証言』、青木書店
聶長林記・岩崎宏日文校訂（1997）『幻の学園・建国大学――一中国人学生の証言』建国大学

4期生会誌、『楊柳』別冊.

顔震華著、大森直樹訳(1998)「『満洲国』の高等教育」、巨大情報システムを考える会編『〈知〉の植民地支配』、社会評論社.

斉紅深(1999)「皇民化教育・同化教育と奴化教育―日本植民地教育の性格を反映する概念の異同に対する比較」、『植民地教育史研究年報』第二巻 皓星社.

胡昶・古泉著、横地剛・間ふさ子訳(1999)『満映―国策映画の諸相』、現代書館.

沈潔(1996)『「満州国」社会事業史』、ミネルヴァ書房.

王智新(1999)「高等教育の場合―建国大学の場合」、王智新編著『日本の植民地教育・中国からの視点』、社会評論社収録.

王智新(1999)「書評:殖民地の歴史に何を学ぶか―宮沢恵理子『建国大学と民族協和』『日本植民地研究』第11号、日本植民地研究会.

関成和著、松村高夫・江田いずみ・江田憲治編訳(2000)『七三一部隊がやってきた村―平房の社会史』、こうち書房.

聶長林記・岩崎宏日文校訂(2000)『続「幻の学園・建国大学」抗日曲折行―建大を出てから』、学伸社.

《中国側文献②》(中国語文)

姜念東・伊文成・解学詩・呂元明・張輔麟(1980)『偽満州国史』、中国・吉林人民出版社.

武強主編(1989)『東北淪陥十四年教育史料』第一輯、中国・吉林教育出版社 45–48.

王希亮(2008)『東北淪陥区殖民教育史』、中国・黒竜江人民出版社.

王野平主編(1989)『東北淪陥十四年教育史』、中国・吉林教育出版社 145–147.

王承礼主偏(1991)『中国東北淪陥十四年史綱要』、中国大百科全書出版社.

武強主編(1993)『東北淪陥十四年教育史料』第二輯 中国・吉林教育出版社.

劉第謙(1993)「我所了解的偽満建国大学」、孫邦・乎海鷹・李少伯編『偽満文化』、吉林出版社.

武強(1994)『日本侵華時期殖民教育政策』、中国・遼寧教育出版社.
　　日本語訳:宮脇弘幸監修、蘇林・竜英子訳(民国99)『日本の中国侵略期における植民地教育政策』、台湾・致民出版社.

王承礼・常城・孫継武総主偏(1995)『苦難與闘争十四年』上巻 第八章 殖民主義的文教統治 465–489　中巻 第七章 強化殖民主義的文化統治 356–412　下巻 第四章 戦時体制下的思想統治與文化教育、第一節 思想統治和神道教育的強化 第二節 戦時体制下的奴化教育 150–174　中国大百科全書出版社 1995.7.

張洪祥(1996)『近代日本在中国的殖民統治』中国・天津人民出版社 1996.

孫継英・孫中文・李明旭(1994)「東北淪陥時期長春殖民地奴化教育」、郭素美・張鳳鳴主編『東北淪陥十四年史研究第三輯』黒龍江人民出版社収録　日本社会文学会編(1997)『近代日本と「偽満州国」』不二出版に日本語訳文収録．なお、本書は植民地文化学会編(2014)『近代日本と「満州国」』(不二出版)として増訂刊行されているが、書名の変更についての説明はない。

王希亮・王鳳賢(1996)「偽満的殖民地奴化教育」、同上収録．

肖炳竜・季淑芬(1997)「偽満"建国精神"評析」、『東北淪陥史研究』1997 第 4 期．

王智新(1998)「関于日本帝国主義侵華時期教育政策的考察―以偽満州建国大学為例」『北京教育史志叢刊』1998 年第 1–2 期　北京教育史志編纂委員会主編．

龔咏梅(2001)「試論近現代日本中国学與日本侵華政策的関係」、『中国現代史』2001 年第 5 期　原載『湖南社会科学』(長沙)2001.1．

歩平(2011)『跨越戦後　日本的戦争責任』、中国・社会科学文献出版社．

第3部
戦場の日本語、銃後の国語

国務院壁画「五族協和・日満一体」(岡田三郎助画伯)の絵葉書
函館市中央図書館所蔵

…新しい日本が、自由主義を揚棄しても、独伊の全体主義と軌を一にするものではない。そして肇国の精神に立ち返って、皇道の何たるかを体得して、その実現を期するものと思われる。世界無二の有難い国体と精神は、自らにして人類を救済するに足りる。／われら国民は、この精神の語らざる発揚を期すべきであって、所詮、政治、経済、教育、文芸もこの道徳的基礎の上に、立脚しなければならぬのである。／日本の特異性はかくの如きものであれば、日本の子供はまた、特異なる日本の子供でなくてはならぬ。従来主に英米の教育方針によって、教導せられたるところの日本の子供には、そこに英米その他の子供と習性の上において大義は見いだされなかった。しかし、日本の子供は、飽くまで日本的性格を有した子供でなければならぬ。／道義日本の子供は、物質力よりも精神力によって指導されなければならぬし、また本性をそこに置いている。

(小川未明『新日本童話』冒頭の「日本的童話の提唱」．竹村書房 1940)
山中恒『戦時児童文学論』大月書店 2010 より

第 1 章
『満洲國の私たち』に描かれた真実
同化政策のなかの作文集から

> 自分は今日まで何箇所かで協和の花を、つぼみを見た日本人の満語が、満人の日本語が、互いに少しづつ知つてみた言葉によつて花と咲く機会を作つたのに違いない。
>
> （関根弘「満語によつて」）

1. はじめに

　個人的な感懐でもあるが、「満洲国」といえば、まず思い浮かぶ有名な 1 点の絵がある。岡田三郎助（1869–1939）画伯の筆によるもので「満洲国」国務院大ホールに掲げられた。「五族協和」「王道楽土」のシンボルのように野原に仲睦まじく腕を組んで楽しそうに踊っている 5 人の少女。中央には着物姿の日本人、右には漢族、満州族、左には朝鮮族、蒙古族と思われる少女が手を取り合っている。向かって左手遠方には「満洲国」の新たな都市計画に沿って建設の進む中央市街の建物が聳え立ち、右手には農夫が鍬を担ぎ、林檎か葡萄らしき収穫物、それに魚をたずさえ、ともに語らうのどかな姿がある。空には瑞雲がたなびいて小鳥の囀りも聞こえてきそうである。おそらく作者は苦心に苦心を重ねたうえ、こうした"理想郷"のモチーフに行き着いたのであろう。その光景はいかにも牧歌的で平和に見えはするが、一方でどことなく欺瞞的な、粉飾された虚妄を漂わせているのである。さまざまな想念、情景を思い起こさせる壁画は「満洲国」の虚構を象徴しているように見える[1]。

　また、こういう写真もある。昭和 13（1938）年に開設され、当時の満洲国最高学府と謳われた建国大学。「五族協和」の旗印のもと、寮生活や勤労奉仕に日本人、白系ロシア人、朝鮮人、満人、蒙古人が肩を寄せ合い、規律整然として統率の取れた団体生活や塾生活の光景を見て感じることがある。そ

れが真実であったにせよ、1枚の絵なり写真なりを幾度も眺めるうちに、「協和」の裡に仕組まれた虚構が見え隠れする。輝ける未来の「満洲国」発展のための、国境、人種を超えた「同期の桜」。

　だが、一方で、「果たして、そこに描かれ、映し出された真実の世界とは何であったのか」という問いも等しく発せざるを得ないのである。民族の同化という現実は、理想以上に過酷な精神的抑圧を強いたのではなかったか。これらの絵や写真からは失われた時代の決して風化させてはならない日本人の、癒しがたいペイソスとディレンマの世界が垣間見えてくる[2]。

　かつて中国東北部に打ちたてられた傀儡国家「満洲国」。その実態は当時の日本人一般国民の目に、そして「満洲国」に渡った人々の目にどのように映ったのであろうか。「北の生命線」「内外一如」「日満一体」という当時の時代風潮に他国の領土への「侵略」という自覚はあったのだろうか。迫り来るファシズムの跫に脅えながら、言論統制も厳しくなる日常生活にあって、一部の人々には「都落ち」であり、また迫る米軍の日本本土への空襲を怖れての逃避行。「未開の曠野」は、ただ無限の救済と可能性を秘めた世界としてのみ彼らの眼前に開かれていたのだろうか。

　大戦が敗戦濃厚になりながらも未だ「満洲」への希望を捨てきれずに大陸へ渡り、そこで凄惨な末路をたどる開拓移民の極限状況はこれまでにも多くの文学作品や映画の中に見出すことが出来る[3]。当時の「満洲」入植の「魅力」には「満洲へ行けば日本より安全」と言われていた一方で、「満洲に行けば一旗あげられる、いい職につける、内地よりも豊富な食糧事情」といった、当時の時代閉塞の状況を打開する、一攫千金の夢と期待感も根強くあった。

　「混み合いますから満洲へ」という国内の掛け声は、「満洲国」という擬制の国家に封印された現地の人たちにとっては侵略の以外の何ものでもなかった。そして、かの地での栄華、安寧の生活は一瞬のひとときにすぎなかった。その酸鼻の結末については、おびただしい手記や記録、証言が残されている。当時はだれもがその終焉を予期し得なかったからこそ、入植した人々の精魂込めて生きる姿をありのままに日本の同胞に伝えることは、今次の戦争が「正しい戦争」であることを偽りなく、過不足なく内外に知らしめるた

めの「帝国」の重要施策ともなりえたのである。

　一方、日本を離れての大戦下の"理想郷"、"ユートピア"は現実との齟齬にも翻弄されつつ、どのように発信され、受信されたのであろうか。当時書かれた記録、手記は果たして現実社会をリアルに抉り取ったものであっただろうか。厳しい言論統制下にあったとしても、それらの手記や報告の行間に、複雑に去来する時代の空気や心情を汲み取ることは可能かもしれない。当時は気付かなかったことも現時点から客観的に、冷静に見つめ直すことによって、少しずつ全容が見えてくるということもあるのではないだろうか。

　『満洲國の私たち』と題する作文集が中央公論社から出版されたのは、「満洲国」建国十周年を記念する昭和17年12月のことであった。時局の厳しいなか、総286頁、ハードカバーの豪華本で、3,000部印刷された。

　本章ではこの作文集に描かれた当時の生活、社会空間を少年少女の目を通して検証してみよう。「帝国」という擬制の下に棲息する無垢な生命の咆哮がどのように聞こえてくるだろうか。

2.「生活記」の意図したもの

　当時、年少者教育に効力のあった作文、綴り方教育は、「書くこと」によって精神の錬成をはかるという狙いがあった。その精神とは総力戦下の「挙国一致」であり、天皇を絶対忠誠とする「八紘一宇」精神の発揚であった。「満洲国」においては「東亜新秩序建設」の強固たる連繋のうえに、「王道楽土」「五族協和」の具現が指向されたのである。作文教育はこうした「小国民」精神教育の醇化推進に大きく関与した。

　『満洲國の私たち』は、第一回全満洲男女青少年「生活記」に応募された作品をもとに編まれた。関東軍司令部報道部と国務院総務庁弘報処の賛助により、編集は主催の「満洲國協和青少年團中央統監部」とある。「協和青少年團」とは政党の存在しなかった「満洲国」における「大政翼賛会」的な組織であった「協和会」の青少年組織である。『満洲国史』からの引用にしたがえば、次のようである[4]。

　1941年（康徳8年）の協和会運動方針の二大目標として、国民隣保組織の

確立と青少年の教化訓練が掲げられ、青少年団運動指導部の充実強化が急ぎ図られていくことになった。協和会外局の機関として青少年団統監部の設立が決定され、同年3月に公布された。青少年団の訓練は、その置かれた地域、職域の性格に応じた翼賛奉公を枢軸とし、各種団体の系統別指導力を発揮し、国家的要請に対応する特殊訓練などを通じて心身の鍛錬を行った。中央統監部では全国の中堅青年団員を選抜し、1942年には茨城県内原にあった満蒙開拓青少年義勇軍訓練所に入所させ、合同訓練を通して日本精神を体得させるなど、日満青年の相互理解を深めたほか、協和義勇奉公隊などの強化も進められた。その組織についてみてみると、「協和青年団は（協和会）各分会の線に沿って、漸次全国に組織されつつあり、之が指導的中核分子の養成機関として、各県（旗）市本部は青年訓練所を附設して16歳から19歳までの青年50名乃至100名を三ヶ月乃至一ヵ年訓練して居り、今日まで訓練せられた青年とは既に三万に達してある。また全国に協和少年団を結成し、幼児より協和会精神に基づき、諸科の訓練を実施し、次の世代を担う国民を教育鍛錬し、之を組織化し、協和会に送り込まんとしている。協和青少年団は康徳6年（昭和14年）3月1日組織を完了し、その数40万となり、全国的に統制された青少年団が実現するわけであ」った[5]。いわば建国精神の紐帯を生活の基盤から確立しようとする、植民地下での文化侵略政策であったわけである。「作文」コンクールはこうした背景の下、一大宣布運動としてタイムリーに実施された。中国大陸の文化宣撫工作、さらに南方共栄圏においても青少年の作文はイデオロギーの正統化のために教育上、日常生活においても奨励されていくのであるが、「満洲国」における実践はその典範となったといえよう。

　ところで、この「生活記」については一部ではあるが、川村湊（1998）の紹介を唯一参考とする。『文学から見る「満洲」―「五族協和」の夢と現実』のプロローグに「生活記」コンクール、作文の中の「満洲」、という文章があり、第3回の募集要綱を紹介しているが、そこには、50人の作者による50篇の作文の題名があり、入選作百篇から16篇を謄写版で印刷したものであるという。日本語文以外の満文（中国語）、蒙文、露文の入選作は収録されていない。同書によれば、「生活記」募集は1941年の第1回の応募

総数は不明とするも、第 2 回が総数 8,000 篇、第 3 回が 7,000 篇の多数の応募数があったという。第 3 回は日文だけでも 2,500 篇が寄せられたとされる。

『満洲國の私たち』はその第 1 回の応募作品を収録したもので[6]、第 1 回でもあることから編集にも力が注がれたことがその体裁からも窺える。本章ではここに紹介された「生活記」を通して、前掲川村湊（1998）の記述を補完することとしたい。

募集要領の「趣旨」として、「あとがき」（大村次信）に次のように書かれている。

> 吾が國には皆さんもご承知の様に沢山の民族が協和して暮らして居ます。ところがこれらの民族は言葉ばかりでなく、生活風俗、習慣、宗教もちがってゐますので、お互いの生活を知り合ふことが容易ではありません。それで今度協和青少年團中央統監部では皆さんの生活を綴っていただき、それを通して、お互ひの生活を知り合つていただくことに致しました。（後略）
> 　　　　　　　　　　　　　　（旧仮名遣い、字体はほぼ原文のまま）

応募作品からの入選作は朗読の放送やレコードに使ったり、あるいは脚本化してラジオドラマや映画にしたりすることも考えられていた。以降、「年中行事の一つ」として実施されることになるが、このコンクールは当時の作文教育の「集大成」的意味をも有した。満洲国協和青少年団中央統監部が全国各民族の青少年の「生活記」を募集したのは、綴り方の国家的な一大盛事であった。10 歳から 20 歳までの男女青少年の文章には、以下に見るように綴り方の精神の発育が具現されている。集まった作品は全部で 5,000 篇、そのうち日文が 3,000 篇、満文（支那語）が 1,500 篇、露文が 300 篇、蒙古文が 200 篇、これを原稿用紙の枚数にすれば日文は約 21,000 枚、満文は約 9,000 枚にのぼったという（川端康成「満洲の本」）。

「内容」は、「皆さんの日頃の生活の中で特に心に深くひびひた事柄を正直に、明らかに綴り、余りむづかしすぎる言葉を使つたり、理屈ばかりを並べることは避ける」ようにとのことであった。「選考基準」として、編者の大村次信（協和会青少年部第一指導班員）は年齢に相応した表現の「らしくある

こと」を挙げている。そして内容は「生活における心構え」、「青少年らしい純心さと良き反省を掲げた、建設的な健全たる生活態度の漲る作品」が対象とされた。素材は、随意な生活に関する自由な綴りであった。応募資格は「在満各民族男女青少年で満十歳より満二十歳まで」とされた。入選作には統監から賞品として表彰状と特製賞牌、日満両国旗が贈られた。作文の各編の最初の頁には、少年少女らが描いた絵が挿絵として掲載されたのも「異国情緒」を演出するのに効を奏した。「生活記」募集の目的は互いに異民族の生活の現場を知ること、そしてその純粋な心情を内地に喧伝することにあった。この試みが大きな期待を寄せられていたことは、主編の川端康成による本書の冒頭の、次のような「賛辞」にも窺える[7]。

> これは満洲国の少年少女達自身が書いた生活記である。…（中略）…協和青年団のこの企ては、年々続けて行はれる。…（中略）…その第一巻が満洲国の建国十周年の秋に、また大東亜戦争の開戦一周年の近くに、出るといふことは、私達の新しい歴史の確証とも見られる。<u>新しい国を建てた五つの民族の青少年が、自分達の生活記を綴つて、年鑑の文集を組むなどといふ美しさは、満洲国のほかに、現代世界のどこにあらうか。</u>
> <u>この書は、ひとり日本人にとどまらず、大東亜の諸民族にも広く読ませたいと、おのづから考へ進むところにも、今日の日本がある。さうして、日本と戦いつつある敵国もまた、この書を尊敬しなければならぬ日は、やがて来るであろう。激動の世界のなかに、最も清純な象徴としても、この書は愛戴すべきである。</u>
> 　　　　　　　　　　　　　　　　　　　　　（下線、引用者。以下同様）

「満洲」という異空間は、異民族が「切磋琢磨」するユートピア的な世界の創出を目指す、異文化接触、理解の壮大な実験場と見なし得たのだろう。だが、現実には日本民族の絶対的な君臨のもとで、他民族は著しく低い位置に置かれていたのである。上記川端の「日本と戦いつつある敵国もまた、この書を尊敬しなければならぬ日は、やがて来るであろう」という、扇情的、挑発的ともいえる陶酔的、自我自賛的な感慨は不運にも実現しなかったわけだが、この文集に込められた思いには並々ならぬものがあった。川端は続けて

言う。

> 満洲に生育し、或ひは移民した、日本民族の子供や若者が、今このやうに生きていると、彼等自身の文章で、年々書き伝えてくれるのは、この書である。満洲国の百般を紹介する文字は多いけれども、日本内地人の満洲に対する認識と理解とは、なお身につかぬありさまの時、<u>満洲を親身に知る書として、これらの生活記は尊い</u>。

川端はこの文集が決して政治的意図の横溢した作為的な「御用作文」ではないことを強調し、精神と生活の記録には「日本の綴方の恩恵がある」、とも述べている。

> 日本の綴方の進歩は、世界に誇るべき文化的成果として、すでに知られてゐる。それが海を渡つて、満洲国でも、日系児童の綴方が生育してゐることに、私はかねてから感動があつた。また例へば、満洲国の綴方使節などにも見られるように、この日本の綴り方は他民族の子供の心をも開発している。

「満洲国綴方使節」（作文コンクールに入選した小学生の満洲訪問使節）なる具体的な活動の実態については詳細を省くが、恐らく各種の日本語による朗読会、スピーチ発表会などもこれに含まれていたのであろう[8]。「作文集」の編集には当時の日本国民の「満洲」に対する暗鬱なイメージ、不毛な大地という偏見を拭い去ろうという目論見もあった。だが、一方で現実を直視する必要があることも忘れてはいなかった。ふたたび大村次信による「あとがき」の一部を引用する。

> …即ち満洲國は王道楽土で、あらゆる客観条件が快適そのものであるが如く書いてゐる本も少なくないといふことで、これは満洲國に対する好意からであるにしても、かうした見方は正しい認識からおよそ縁遠いことで、真に満洲國を思ひ満洲國を育くまんとする所以ではないと思ひます。若き國満洲國は未だ完成の域には程遠いのであります。建國理想達成のため今後たゆまざ

る努力を続けねばなりませんし、あらゆる角度から検討もし、強い反省をも持たねばならぬのであります。それには當然正しい認識の上に立つてでなければならぬことは言を俟たないのであります。

文中に頻出する「なければならぬ」調の自戒もまた、清く美しい「八紘一宇」の理想が何の翳りもなく明朗な人材を育くむ呼吸の原点であることを吐露してはいないだろうか。ともあれ、「生活記」の面目躍如として建国のための刻苦奮闘を記すことが何より肝要とされた。だが、ここにある「正しい認識」の限界、自民族の優位性については、表面的な感傷、感慨に封印されることなく、ひるがえって深い内省と省察を要することは、言うまでもない。

3.　綴り方教育と「アジア的人間像」の創成

　では、この綴り方の精神の意図するところとは何であろうか。川村湊は『作文のなかの大日本帝国』のなかで、作文にこそ「皇国臣民としての自覚」が具体的に内面化されていたことを指摘している。植民地を覆い尽くした日本語の教育浸透は実は日本人自身の総力戦体制の均質的陶冶のためにも絶えず課せられていたのである。ここには、おそらく「文を書く」ことの営為には「帝国」繁栄の美学が脈動していることを示唆している。そもそも「綴り方」「読み方」の「方（カタ）」とはそもそも施政者側に奉仕する精神生活の「型」の注入であり、肇国精神、皇国精神の陶冶につながるものであったといえよう[9]。
　高倉テルは日本の作文教育について、次のように述べている。

　　　現在、普通教育で、綴り方ほど大きな問題となっているものわない。そして、それわ非常によい事だと思われる。恐らく日本の国語教育わ、それお重大なモメントとして、大きく発展するに違いない。

（「綴り方教育の基本」より）

綴り方教育は国語教育の一環で、芸術教育、それも「自由画」の主張ではない。従前の根本的な欠点は芸術的傾向を重んじ、「天才教育」であり、文法教育を考慮しないものであった。その結果、「普通教育」としての実践を欠き、あたかも「音階を無視した邦楽の教授法」の如き結果を産んだという。現在の国語の混乱と不備を是正し、標準語としての正しい日本語の確立、国語の醇化のためにも綴り方教育の使命は大きいことを説く。さらに、「大東亜共栄圏」の確立は「大東亜教育圏」の構想（倉澤剛 1943）へと拡張される。精神的運命の一体関係の確立には「国語（精神）」の昂揚こそが焦眉の急とされたのである。とりわけ国民学校国民科国語綴り方は、百田宗治（1941）の説明を借りれば「國民學校制度の根本趣旨であるところの皇國國民としての基礎的錬成に資するための、一教育分子としての建前を堅持するもの」であった。つまり、国民学校の綴り方は、在来の指導者任せの観のあった無拘束の指導から一歩を進めて、国民科の重要な使命として教えられる「國體の精華を明らかにし、國民精神を涵養し、皇國の使命を自覚せしめる」ための国語指導の一翼として、その積極的な倫理性の上に指導を進めていくことが最大目標とされた。百田は、その帰結するところに国語による発表力（自己表現）の啓発をあげ、次のように述べる。

> 児童個々に於ける「自分」の問題も、「自分」と自分を圍繞する家、社會、國家との関係も、「自分」の内容批判も、すべては前に述べたとほりにその見方皇國民としての博大な倫理性と創造性の相抱擁する境地に於て行はれるべきであつて、<u>たとへば「わたしのおうち」、「ぼくのおとうさん、おかあさん」を書かせるにしても、単なる人間的眞實、人間的關係に於いてのみ「くはしく、見たまま」を羅列させることが目的ではなく、わが国の家庭生活（ひいては社會生活・國家生活）がどういふ目的のもとに、またどういふ精神で営まれ、築かれて行かねばならぬかといふ根本の理念の適當な指導の上に立つて、少なくともさういふ建設的・積極的方圖のも、考へ方を指導し、その獨個の観察力、創造力、表現力を引き出して行くことなどが求められるのである。</u>
> （「国民学校の綴り方」より）

百田の趣旨は「満洲国」にあって、忠実に実践、推進されていくことになるが、同時に日本語内部の問題も山積していた。一つは「純化」(醇化)の問題である。一方で、日本語の「権威」は日本語の海外進出とあいまって語法・話法・語彙の整理整頓をも押し進め、「新日本語」の課題として、口語体が広く提唱されるようになった。それら植民地国語同化における「功利性」の問題の意識化はやがて「アジア的人間像」の創成へとより尖鋭化してゆく。

こうした背景をもって、コトバはときとして事実を隠蔽し、巧妙に仕組まれた「真実」へと「粉飾」される。当時の国民学校初等科国語教科書『ヨミカタ（二）』に、規範化の明確な方向付け、象徴として、「ラジオノコトバ」の題下に次の本文がある。

　　日本ノラジオハ、
　　日本ノコトバヲハナシマス

　　正シイコトバガ、
　　キレイナコトバガ、
　　日本中ニキコエマス。

　　マンシウニモトドキマス。
　　シナニモトドキマス。
　　セカイ中ニヒビキマス。

秋田喜三郎は「日本語意識の昂揚」(1942)という文章のなかでこの一節をとりあげ、初等科1年の国語教材としては「雄渾無比、まさに大東亜いな世界の共通語たらんとする気迫を孕んだ詩」であると述べる。少し長くなるが重要な個所なので引用する。

　　…国民学校の児童は一年生の時にすでに、かふした詩によつて日本語を意識することが出来るのである。しかもそのことばは科学の高峰ラジオを通し

た「正シイ」「キレイ」なことばであり、「日本中ニキコエマス」はわが話しことばの統一を豫示するがやうである。この詩句によって、日本語の意識を確實に植ゑつけ、正しい綺麗なことばを使用して國語を統一させようとする指導意識が詩の背後に動いていることが直感せられるであろう。

更に第三聯においては、ラジオのことばが、満洲にも支那にもとどき世界中にもひびきますと、ラジオのことばによつて日本語が大東亜にも世界中にも進出する現勢を象徴してゐるやうで、大東亜戦争を豫想して制作せられたやうな感じさへ起こさせられるのである。

また「よみかた四」「支那の子ども」には、「兵たいさん」「兵たいさん」と呼びかける支那の子どもを捉へ、「子どもたちは、ちやんと兵たいさんといふ日本語を、おぼえてゐるのです。」とここに「日本語」といふことばをも提出して、その日本語が支那の子供に使用せられ行く現状を描き出し、國語の意識を深め、國語が海外に進出して行くことを具現化してゐる。しかも文末に於いて支那の子供らが「日の丸」の唱歌を高唱することによつて如上の事實が一そう生かされてゐるのである。

「生活記」にもこうした意図が込められていたことは想像に難くない。

作文教育の背景に白人社会からの大東亜解放の真実と幸福、純粋であることを訴えるのに、清純なる青少年、少女の「生きた文章」をして語らせるという周到な目論見があったことは否めない。それは、閉塞した日本国内での平板な涵養よりも、開放的で起伏にとんだ「外地」での実践において、より大きな効果が期待された。文を綴る営為には書き手自身の率直な態度と同時に、自我を遮蔽する「滅私奉公」の精神を刷り込むことをも可能にした。そこには現場の指導も当然大きく関与することとなった。日本人以外の他民族の作文においても、そうした並々ならぬ「熱意」の指導がより大きく介在したことは否定できない事実であろう。

4. 「生活記」の中の真実(1)―「協和」の日常―

さて、第1回応募作文は日本語文が3,000余篇、満文(中国語)が1,500余

篇、露西亜文が 300 余篇、蒙古文が 200 余篇で、総数 5,000 余篇であった。満文、露西亜文、蒙古文は日本語に訳され、将来はその入選作を満文、露西亜文、蒙古文にも訳して「内地版と呼応」することが期待されたが、果たして実現されたかどうかは確認できない。

　この『満洲國の私たち』に実際に集録された作文は、日本語文が 27 篇、満洲語（中国語）文が 11 篇、露西亜語文が 2 篇、蒙古語文が 2 篇、計 42 篇（当初は入選作は 50 篇とされていた）である。ここには朝鮮語文を収録しておらず、「四族」協和である。朝鮮語がコンクールの使用言語に含まれていないのは、川村湊（1998）の指摘するように当時、朝鮮半島は日本の植民地支配下にあり、朝鮮人は日本人である（内鮮一体）として、「日本語」を使用することが強制されていたからである。「満洲国」の「国語」は日本語と満語（中国語）と蒙古語で、白系露西亜人に対しては露西亜語の使用を認めていたが、朝鮮人は日本人の中に、朝鮮語は日本語の中に同化されたものという考えがあった。「日系」は「半島人」（朝鮮人）を含む意味で用いられていたのである。この事実一つとっても「五族協和」は口先だけの掛け声にすぎなかった。また、日本語文が全体の半数以上をしめ、日本語文のみで紹介したところにも日本民族の優位性、主流を誇示する結果が映し出されている。

　なお、日本語文の選者は川端康成、満洲語（中国語）文の選者が中国語学者奥野信太郎、露西亜語文の選者が上田進、そして蒙古文の選者が言語学者として気鋭の服部四郎ということである。日本語への翻訳にあたっても、あたかも日本の少年少女が観察し、呼吸し、会話するように言葉を選択して設えたものであろうことは容易に察せられる。そこには日本語による翻訳の「優位性」がのぞくのは必然的であった。

　まず、日本語による作文（日本人の書いた作文）のタイトルは次の通りである。下線の作文を以下考察の対象とする。

　　　夏のある朝、<u>渾河行</u>、福鉄号、うちのひよこ、夏の日記、となりの家、<u>春から夏まで</u>、冬の生活、裏のきみちやん、私の研究、校内野営、<u>溝帮子の思ひ出</u>、廃品回収、模型地図作製、わらび取り、<u>生活記</u>（同題、二篇）、<u>柳</u>、ジャンケン、電話交換局の人々、龍鳳坑見学記、<u>フサ</u>、盆をどり、愛馬と共の生

活、トーピーズ、満語によつて、特別警備の一日

男女別では、少年16名、少女10名である。高学年には満蒙開拓青少年義勇隊隊員が4名含まれているのも時局を反映した象徴的なことであるが、これは義勇軍(当地では「義勇隊」と称した)の貢献を身近なものとして紹介するという試みもあった。

表1　年齢別構成執筆者数

年齢	10	11	12	13	14	15	16	17	18	19	20
人数	1	5	2	3	3	1	4	4	2	1	1

15歳までは「国民学校」、16歳からは中学校、17歳の三名は高等女学校である。義勇隊訓練所所属が1名、訓練所所属が2名である。なお、先に朝鮮人は「日本人」の中に収められていることを述べたが、16歳の1名は国民優級学校生徒で朝鮮人であることが本文中に記されている。

次にいくつかの作品を紹介してみることにしよう。まず、日本人の少年少女による作品から。「生活記」の入選の基準かとも思われるが、日本人少年少女と満人(中国人)、半島人(朝鮮人)との交友経験が美しく叙情的に描かれたものが数点ある。

「裏のきみちやん」新京春光在満国民学校　佐藤悦子(13歳)
　私の家の裏に、満人の女ボーイがゐます。顔は丸くて髪はとても長くゆつて、赤いリボンでむすんでゐます。年は十四、五歳くらゐです。そこの家の人達は、この女ボーイのことをきみちやんと名前をつけてよんでゐます。
　このきみちやんが、初めてきた時は、お父さんと、妹みたいな小さい人と三人で来ました。お父さん達とわかれる時は、泣いてゐました。私は、「きみちやんはどうしてこんな奉公なんかに来たのだらう」と思ひました。
　きみちやんはよく働きます。さうして、いつも赤ちやんをおぶつてゐます。時々外へ出て、くしで髪をすきながら、しらみを取つてゐます。
　この間、私が窓から「きみちやん」と呼んで、かげでかくれて見てゐます

と、きみちやんは、「はい」と大きな聲で返事をしました。私はきみちやんと友達になりたいので、「あとで一しよに遊びませうね」と言ひますと、「んゝ、あとならあそぶわ」とたしかでない日本語を使つて答へました。
　<u>私は時々日本語のまちがつてゐるのをなほして上げます。さうすると、きみちやんは、「どうもありがたう」といつも言ひます。</u>
　又或時こんなことがありました。私は、酒保へお使ひに行きましたが、買ふ品物がなかつたので走つて歸つてくると、途中できみちやんはばけつにお水をくんで歸るところでした。新京ではだん水なので、毎日井戸からお水を汲んでくるのでした。
　私はきみちやんのばけつをいきなりもつてやつたので、きみちやんはびつくりして、「いゝよいゝよ」と言ひましたが、私はもつてやりました。するときみちやんはよろこんで、「どうも有難う」と言つてゐました。
　このことを晩御飯の時、お母さんに言つたらお母さんは、<u>「誰にでも親切にして上げたら、みんなからすかれますよ。ことに滿人には、親切にして上げなさいね」</u>とおつしやいました。
　次の日は日曜日でした。私が窓から裏をみたら、きみちやんが四、五歳の人と遊んでゐましたので、私は外へ出て、「きみちやん一しよに遊びませう」と言ひますと、きみちやんは「日本のあそう方は、とうやつてあそうか私は知らないのよ」と答へました。
　私は「あそうと言ふのじやないのよ、あそぶと言つてごらん」と言ひましたが、どうしてもあそうと言ひます。
　私がきみちやんに、石けりや、おはじきや、その他の日本の遊びを色々と教へて上げながら遊んでゐたら、そこのをじさんが、「きみ子、なにをしてゐるのか。掃除はしたのか」とおおこりになりました。
　きみちやんは私と遊んでゐたので掃除をするのをわすれたのだから、私は、私がわるいのだと思つたので「きみちやん、私もお掃除手傳ふから」と言ふと、きみちやんは、「いゝよいゝよ、私がわるいのよ」と半分泣いてゐました。をじさんがあんまりおこつたのでこはかつたのでせう。
　<u>私はきみちやんと一しよに掃除をしました。</u>掃除をしてゐても、きみちやんの氣づかないことがたくさんあつたので、一つ一つ教へて上げました。す

るときみちやんは、うれしさうに、一つ一つねつしんにやつてゐました。
　掃除が終つたので家の中でお手玉をして遊びました。いつも私が勝つので、きみちやんに氣の毒だつたので、わざとまけてやりました。するときみちやんは、とても喜んでうれしさうでした。<u>私は、今までうれしい事がたくさんありましたけれども、きみちやんのうれしさうな顔が一番うれしく思はれました。</u>
　さうしてきみちやんとお手玉をしてゐると、赤ちやんが二年生の修身の本をもちながら、はひはひをしてきました。するときみちやんは、修身の本をおきなり取つて、両手で本を持つておじぎをしました。
　<u>私はこんなに満人が日本の本を大切にしてゐるので、有難いやらうれしいやら、なんて言つてよいかわからない感じがしました。</u>
　それから後私ときみちやんとは、とても仲よしになりました。私はきみちやんに、なるだけ親切にしてやらうと思ひます。さうしてきみちやんに満語を教へてもらひ、満語でもお話が出来るやうにならうと思ひます。

約 800 字からなる全文である。ボーイとは「使用人」のことで、男女を問わず奉公に来た人たちのことを指したようである。「日本人」少女と奉公に来た「満人」少女との出会い。日本語を通して友達になり、「同情」から「友情」を深めていく過程。日本人少女の母親は誰にでも親切にすれば人に好かれることを教え、「とくに満人には親切に」してあげるようにさとす。実際に「てあげる」「てやる」の恩恵授受表現が効果的に用いられている。近所の日本人に叱られた「満人」少女を労わる日本人少女。「満人」少女の日本語の修身の本を大切にあつかう光景に心を暖める日本人少女。そしていつか「日本人」少女は満語で話ができるようになることを思い描く。これが 13 歳の少女の自らの目で観察体験した作文であろうか。この文章の流れには日常の行為から高い理想構築への人為的な構成が強く働いているように見える。一方で、「とくに満人には親切に」してあげることを強調する裏には、「満人」に対し人間的な扱いをしていなかった日常もまた浮き彫りにされてくるのである[10]。

「異邦人」との出会いと別れは「溝帮子の思い出」(坂本光生 14 歳)にも見

られる。作者の7歳のときの思い出。ある日、靴修理の満人の「李」と言う子供と知合いになる。

> 僕が七歳の頃、溝幇子にゐた時の話です。撫順から始めて移つて来た僕には友達が一人もいませんでした。(中略)
> 李君は日本語を知らない、僕は満語を知らないがとにかく気があつて仲がよかつた。(中略)こうした日がだんだん続くにしたがって友達もふえてきた。皆満人ばかりである。もう僕も満語は大分話せるようになり李君も日本語をだいぶおぼえた。その時の事を思い出すとなんとなくうれしいやうな気がする。

1年すぎて、「僕」の父親が急死する。悲しみのあまり声がかれるまで泣き続けた翌日、李君のお父さんが葬式に見える。やがて、また撫順に戻らなければならなくなり、李君との別れの日が来る。母親は「満人と仲良くしなければなりませんよ」と言う。「僕」は、「これからも後も日満一体になつて大満洲帝国をりつぱにして行くことに力をつくしたい」と誓う。ここにも少年のさりげない交友の一幕をもって、「日満一体」的な友好が語られている。むしろ結論として筆者に最後に語らせているのではないか、と思わず疑ってしまいたくなるような構成である。

「フサ」(山下珠子17歳)という作品では「半島人」との交友を描いている。「満人」、「半島人」をことさら「汚い」「汚れている」と日常的に表現している。

> 約束してゐた半島人の母親が子供を四五人連れてきた。皆申し合わせたやうに鼻をたらして眞黒な顔をしてゐた。でもそれは健康さうな黒さではなく汚れてゐるのだ。もしきれいに汚れを洗ひ落としたらきつと真青な病人のやうな顔が浮び出て来るだらう。(中略)
> <u>朝鮮の名前じゃわからないから日本の名前をつけてやりませうといふので皆で考へた。けどなかなかきまらない。「タケ、ウメ、フサ、ユキ、アキ」なんてどれもこれも感じの出ない名前ばかりだ。結局「フサ」とつけてしまつ</u>

た。「今日からフサと呼んだらハイッて返事をするのよ」と言へば「ハイッ」
と張り切つてゐる可愛い子。

ある日、フサの様子がおかしい。食べ物がなくなる。お金をこっそり持ち出そうとして、「私」にみつかり、「私」は白状しないフサの頬を思わず叩いてしまう。その直後、「私」はひどく反省する。

　「フサ、私はとうとうフサをたたいてしまつたわ。フサは何時かお父さんがフサをたたいたりけつたりしていじめたと言つたわね。私はふさが憎らしくてたたいたのじやないのよ。私の言つていることがわかる？　私はフサが可愛いからこそ、ふさを泥坊なんかにしたくないからこそ、少しのお金でもフサに本当の事を言つて貰いたかつたのに、とうとうフサは言つてくれなかったのね。私はフサをも少し良い子だと思つてたのよ。フサ、私はもう何も言はないわ」
　じつと私の眼を睨み付けて聞いてゐたフサは、だんだんと頭を下げてシクシクと泣いてゐたが、しまひにはワンワンと聲を張り上げて泣き出した。そしてとぎれとぎれに、
「珠子さん、フサ悪い子デシタ、フサ悪イ子デシタ。珠子サンノオ金フサガトリマシタ。コメンナサイコメンナサイ」

フサの会話文で、漢字平仮名混文が事実内容、漢字片仮名文が発話文というように区別されている表記にも注意したい。「コメンナサイコメンナサイ」のように「コ」を清音のまま載せているのも差別化の一端が覗く。こうしたことがあって、「私」はフサをいとしく思うようになり、まるで親のようなお姉さんのような、あたたかく抱擁する気持ちになって、フサの将来のことまで思いを馳せるのである。

　この年端も行かない女の子の苦しい茨の道をふみ続けて生きて行く姿を見せつけられ、何不自由なく両親の愛に守られながら学びの道に励む事の出来る私は自分の生甲斐のある生活をつくづく幸福に感じた。

ここには「日本人」が「他民族」の中心的母胎となって、抱擁し、安寧をもたらすことを暗に述べさせている。「私」は母なる「日本人」であり、「フサ」は貧乏な生活から光明を求めようと励む「他民族」の象徴として、対置せられている。

5.「生活記」の中の真実(2)―「協和」のつぼみ―

　少年少女の生活は多様であった。そこには幼いながらも未知の風習、文化との遭遇、日常の発見に満ちていた。「渾河行」(津山和彦 11 歳)の文章に河に泳ぎに行く一日が書かれている。途中の「くさくてたまらない」朝鮮部落。「きたない水の中で泳ぐ」満人たち。ときとして彼等の視線は非日常的なものを日常的なものへと映し出す。

　　<u>三米位前の木かげに人間の頭がいこつがあつたが何でもない</u>。箱の中のキリギリスがギギと鳴いたので弟と顔を見合わせて笑った。

だが、その「頭がいこつ」の正体に視線を停め、考えを深く思い巡らすことはない。土葬の習慣のある当地のことではあったが、異郷の地では、無自覚、無感覚な感性がいつしか彼等の裡に芽生えていたとしても不思議ではなかった。
　次には初めて見る異国の大地、「満洲」での感激を「春から夏まで」の移り行く季節の中でとらえた前山茂子(14 歳)の文章である。

　　　朝九時半に乗ると夜十時にハルビンに着くといふ特別急行のアジア号でハルビンへ行く。汽車の北へ進むのにつれて一時間に一度づゝ温度が下がる、とお父さんがおつしやつた。四月といふのにまだ雪、氷がある。だんだんそれが厚くなる。目のとゞく限り廣い平野。すつくと立つたはだかの木。その木の枝の間に何かこしやこしやと付いている黒いもの、何かと思つたら、烏の巣ださうだ。
　　　赤い赤い眞赤な夕日。廣い地平線に沈む様子が長い時間眺められる。大き

な大陸の景色。日が沈んで夜が深くなるとハルビンへ着く。(中略)

　五月がすぎると六月だ。農園の芽がぐんぐんのびる。私の組のはうれん草も、緑の葉が円く太つてのびる。大きい木の枝もぐんぐんのびる。高いロシア式建物もいつのまにか埋まって緑の葉にかくれてしまふ。緑の葉の上は空が高くて美しい。

　その頃遠足がある。初めはハルビンの南東の忠靈塔。志士の墓に連れて行つて頂いた。遠足と言つても、忠靈塔のまはりをきれいに大掃除をする。さうして、日清日露戦争からこつち、日本のために忠義をつくした兵隊さんの靈におまゐりした。<u>廣い廣い満洲の奥地へ進んで苦労をされた兵隊さんや志士を忘れることは出来ない</u>。(中略)

　東京から遠いハルビンは不安だった。しかし、来て、くらしてみると、たのしいところだつた。<u>こんなりっぱなところに来たのだから、私たちは修養しなければいけないと思ふ</u>。

忠霊塔の見学はきわめて重要な行事であった。その昔、勇敢に戦って亡くなった兵士、志士に哀悼の意を表し、立派に「修養」しようと誓う健気な心境。その一方で、異国での不安を掻き消すように「たのしく」「こんなりつぱなところ」に来たという感慨が少女自らの自然な発露であったとは！[11]

　12歳のときに朝鮮から「満洲」にやってきた安田鐘哲（16歳）は「半島人」であるが、日本人の名前で作品がおさめられている。貧しい朝鮮での生活を思い起こしながら、少しずつ「新しい生活」に溶け込んでいく様子が描かれている。音楽大会、蹴球大会、合宿、野営など、……。学校は楽しくてしかたがない。

　　私は今後、一層勉強や運動に励んで先生や父母を喜ばせたいと思ふ。それから、級長として立派にその任務を果し、そして<u>ますます仕事にも勵んで、天皇陛下の御為、お国の為に、又一方一家の為、十分に尽して我が大日本帝国及び大満洲帝国をますます盛にしたいものだと常に考へてゐる</u>。

　安田鐘哲の「生活記」は他の作文が平均して5頁ないし6頁であるのに

対し、9頁におよぶ長さで、内容構成もさることながら、手を加えたとも思われるほどに、その整然とした記述の日本語力の高さに驚かされる。

義勇隊隊員の文章はさらに卓越している。岩崎充(17歳)の「柳」には「土と戦う」日々が綴られている。しかし、その世界は現実をありのままに映し出したものであったろうか。むしろ厳しさ、寂しさを押し隠すように慄然として書かれた心中が察せられるのである[12]。

> そちこちする中に、木の芽草の芽が出初める。始めのなかには、枯枝や枯草の陰に隠れる様にして遠慮勝ちだつたのが、時が来て一斉に出揃う頃はグングン萌え出る。丁度、緑色の水が大地一面に吹出したかと思はれるほどだ。老ひた柳も何時の間にか若々しい草にかこまれて、「我春は来れり」と言はぬばかりに、水面近くまで垂れた枝々を春風になぶらせてゆるく動かしてゐる。雪はまだ、山かげや谷あひに僅かばかり、長い冬の名残の様に……それも日増しに小さくなる。やがてそれがスッカリ消えてなくなる頃には、少年達の動きは愈々活発になり、一斉に大地を踏まえて鍬を振るのだ。太陽は愈々暖かく大地を恵み、草木はスクスクと伸びる。少年達は一鍬一鍬に力をこめて土と人間の戦ひを叫ぶ。

そして「内地」の生活の多難さを聞くに付け、「満洲」に生きる自分たちの聖戦によせる思いも自ずと高まっていく。古川和子(17歳)の「生活記」にはそうした銃後の緊張感が漲る。

> <u>実際日本人は現在戦争をしてゐるのであるから、どんなにでもきりつめた生活をしなければならない事はわかりきつた事である。</u>だからいくら物資が足りなくても私達がそれに應じてどこまでもきりつめた生活をしてゆかねばならぬ事はきまりきつた話で、長い行列を作つて配給を待つているのにも、スフの着物を着て節約するのにも何の不思議はない。<u>私達はもつともつとしまつてゆかなければならないと思ふ。</u>(中略)
> 神社に参拝すべく朝早く家を出ると、家より少し先の三階建の隣組が道路掃除をしてゐた。子供から老人まで、お母さん達はカッポウ着をつけて、せ

つせと道路の清掃作業をしてゐる。私は初めて見るこの風景に思はずほーと目をみはると、しばらく立ち止まつてながめた。なんだか頬の筋肉がむずむずして、眼の奥がずーんと熱くなる。私は御苦労様で御座いますと、恥かしくなかつたら大きな聲で言ひたかつた。掃除してゐる人は嬉しさうに高聲で話してゐる。満人が不思議さうなな顔をしてぽかんと見てゐる。私はだまつて禮をして通りすぎた。

「一德一心」の光景。それを遠めにながめる「満人」とのコントラストな場面が印象的である。団結心を鼓舞していく心境が朝のすがすがしい光景の中に語られている。少女はこうした日々に小国民精神を錬成され、陶冶され、勤労の意味をかみしめる。

　　…私はこれからもつといゝ子にならう。さうして、うそでなく本當に安心してもらえるやうにしよう、私はやつと考へつくとほつとして眠に落ちた。
　　ふだんはせはしいのを口實に、一つも慰問袋を作らなかつた。それがラジオの「今日の献金」を聞くたびに、私一代ではとても背負ひきれない様な重い過失を犯した様に心の奥にづきづきひびいて来る。私は夏休みになつてその過失をつぐなふ爲にも、慰問袋を作らうと思つた。私の班の生徒は五十人餘りゐる、だから皆で相談して作らう。私は慰問袋をあげる兵隊さんの顔を思い浮かべて、思はずにつこりした。

「慰問袋」を作る日課も、銃後の小国民の尊き労働であり。最後の「思はずにつこりした」場面こそは、この文章の狙つた最大の効果であつた。
　日本人作文の最後に関根弘（19歳）の「満語によつて」をあげる。言葉こそが民族間の最大の理解の掛け橋であるべきであった。他の作文にも「満語」を学ぶ姿が数ヶ所挿入されているが、以下の作文は「満語」を生活手段として内省した作品である。

　　満語を習ふ心算で苦力の中に入つている中に色々と日頃の疑問が解けて来た。自分は満語そのものに対して趣味を感じてゐるが、満語によつて満人と

の交際を廣くして行くといふ楽しみもある。満州に永住しようとするものにとつて満人の友達が出来る程気強いものはない。会社にゐても満語を習ふ必要はあるし、日本人町にゐるから満語を覚える必要はないといふことはないと思ふ。<u>自分は今日まで何箇所かで協和の花の、つぼみを見た。日本人の満語が、満人の日本語が、互に少しづつ知つてゐた言葉によつて花と咲く機会を作つたのに違ない。</u>

「苦力」の中へ入って行くうちに、生きた言葉を体得しようとする熱情とともに、満人との共存を願う姿が描かれている。「満洲国」の公然たる公用語としての「日本語」だけでは、「協和」の道を拓くことは出来ない。日本人の作文の最後にこうした相互理解の文言を掲げたのも、また効果的な配慮ではなかっただろうか。

6. 「生活記」の中の真実(3) ―高邁なる「協和」―

日本人以外の「生活記」(15篇)をみてみよう。満洲語(中国語)による満人(中国人)の作品以外はほとんど"つけたし"の観を呈している。目次は次の通りである。

　満洲語(11篇)
　植樹節、入営した兄へ、暑中休暇、昨年とは打つて変わつた生活、わが家の豚、入営した兄へ、思ひ出すことなど、生活日記、生活記(同題、三篇)

　ロシア語(2篇)：野営、カルイブチ老人の話
　蒙古語(2篇)：私の日常生活、生活記

前述の安田鐘哲の作文がそうであったように、このなかのいくつかの作品、例えば、満洲語で書かれた「生活記」(呉宣和、興隆村公立台子後国民学校、16歳)の作品は18頁、「思ひ出すことなど」(裴素雲、所属無記入四年生)の作品は13頁で、不自然と思えるほどに「長編」である(翻訳した場

合、日本語が長くなることはある）。日本語文についで多い満洲語（中国語）で書かれた田岳梅（鉄嶺県催陣堡村国民優級学校、15歳）の「昨年とはうって変わった生活」を紹介する。

　　國民學校を卒業して今年國民優級學校に入學した。入學して見ると今までの學校とはがらりと違つてゐた。特に変つてゐたのは一週に一時づつ教練があることだ。優級學校はいふまでもなく、國民學校三年以上の生徒は全部参加する。そして二百人餘りを一つの大隊に編成し、また男生女生をそれぞれ一つづつの中隊に、中隊はいくつかの小隊に分けられ、各隊に隊長がおかれる。（中略）
　　<u>日がたつにつれて、いつの間にか僕は教練の時間が一番楽しみになつてきた。教練場の周囲には村の人が大勢見物しながら、昔の学校にはこんなことは全然見られなかったなどと話し合つている。僕は愈々得意である。</u>友達もやはり得意になつて一層元氣を出してやつた。査閲が終つた時校長はまた、「大変よろしい、一生懸命やり給へ」といはれた。

「がらりと」「査閲」等の語彙、「僕は愈々得意である」などの表現は訳語日本語の気分である。総力戦を期して日常化する教練がここではむしろ高揚した気分で述べられているが、果して彼等の内心はいかほどであったか。「得意」になる様子は日本人の眼だけに映ったのではなかっただろうか。

　　或朝、朝礼の時に校長から、「県の命令により国民三年生以上から協和少年團を結成する。教練の時と同じやうな編隊である。結成式のことは追つて知らせる」といふ申渡しがあつた。<u>協和少年團が編成されたら、教練学課のほかにどんなことをやることになるのであらうか。僕はそれを楽しみにしてゐる。</u>

満洲語で書かれたものを日本語に訳した（奥野信太郎訳）とはいえ、これが真実の声、真実のまなざしであったろうか。ここでも結語の「僕はそれを楽しみにしてゐる」の一部こそが、施政者の偽らざる心情であったというべき

であろう。

　紙面の関係から、最後に蒙古人、王爺廟興安学院４年生のエルデムグス（年齢不詳）の「私の日常生活」を紹介する。以下はそのなかの「学課のある日の生活」の一部。

　　　学校生活ですから非常に規則正しいです。朝五時頃（四季によつて多少変ります）陽がまだのぼらない暗がりのなかに、起床ラッパの音が朝の空気をつんざいて聞こえて来ます。この頃まだ夢路を辿つてゐる私達は、すばやくはね起きて十分間に顔をあらひ着服着帽して、次の合図がなるやいなやならんで外に出て、点呼をうけ感謝のことばを誦します。その言葉は次のやうです。

日本帝国の御恩を感謝いたします。
満洲帝国の御恩を感謝いたします。
父母の御恩を感謝いたします。
恩師の御恩を感謝いたします。

　次に誓ふ言葉は、
今日一日御国のために身命を捧げて働きます。
と祈りをはつて、直に運動場で体操をし、最後に任務を復誦するために集まつて、わが満洲国の建設はすべて我々青年の双肩にかかつてゐる。
と叫びます。これらのことを約一時間のうちにすませ、六時から掃除と食事です。
（中略）
九時になつて学課がはじまります。学課の重点は日本語と蒙古文語及び農業で、また実業と軍事教練もあり、畠もかなりありますから、夏秋の頃には私達は自然の美を味わい自分らの作つたものを自分でたべるたのしみも享けてをります。
（中略）
まとまりのない生活記を書きました。本当は書きたくなかつたのです。なんとなればもう二十歳にもなつてこんな生活をしているのは人間と生まれた価

値がありません。ただかういふ風に書いて、一つの思い出の鏡とし、今後の本当の道を求めるための記念としよう、まことに拙いものですけれど、ささやかな結びとしました。康徳八年八月一日午後八時書き終る。

若き言語学者服部四郎の記念すべき訳文である。日本語の強制と東方遥拝は建国精神を高揚させ、皇民同化を進める奴隷化教育の象徴であった[13]。その苦悶、屈辱は文中にはいささかも窺い知れない。ただ、最後の「結びの言葉」として、作者は「本当は書きたくなかった」として、「もう二十歳にもなってこんな生活をしているのは人間と生まれた価値がない」と述べ、それでも「一つの思い出の鏡とし、今後の本当の道を求めるための記念としよう」と思って書いたことを告白している。「思い出の鏡」という一言も正直な吐露であるが、抑圧された状況の中で、作者の「本当の道」とは果たして何を意味したのであろうか。

7. おわりに

　冒頭に述べた岡田三郎助の絵に戻ろう。吟味すべきはこの絵の構図である。日本人に馴染み深い「花いちもんめ」の子供の遊技を表徴するものとすれば、これは悲しい売り手側と嬉しい買い手側との対照を歌ったものである。つまり、ここには買い手側が日本で売り手側が他民族という象徴的な解釈が成り立つ。歌を歌いながら歩いているが、その内実はメンバーのやりとりで、当時の日本の貧しい子買い、人身売買を意味していたとすれば、この構図の意味するものは実に複雑多岐である。一見表面的な太平とは裏腹にここには隠蔽された別世界が跋扈していたというべきであろう。

　ところで戦後70年を経て、なお日本人の無意識に去来するいくつかの「満洲国」の幻影、郷愁がある。例えば、宮本輝の小説『泥の河』の中に幼い少年が直立不動で軍歌を唄うシーンがある。

　　ここは御国を何百里　はなれて遠き満洲の
　　　赤い夕日に照らされて　友は野末の石のした

思えば悲し昨日まで　まっさき駆けて突進し
　　敵をさんざん懲らしたる　勇士はここに眠れるか
　　　　　　　　　　　　　　　　（三善和気作詞、真下飛泉作曲　『戦友』）

　こうした戦時下の歌曲にも日本人は過去の苦難の慰藉とするところがあるようだ。無自覚のうちに現代社会の皮層にも深く刻まれ、挿入された「満洲」、あるいは「帝国」という名の記憶の情景。そうした心情的風土の原景が、これまで見てきた「生活記」に読み取れないだろうか。だが、それは罪の自覚なき、真空地帯でのひとたびの郷愁として埋もれていく運命にもあった。そして、そこに生きる彼らの身に刷り込まれた「国際性」（東亜共存）という覚悟[14]も、きわめて外発的に仕組まれた擬制の象徴であったことを忘れてはならないだろう。

　『満洲國の私たち』に登場する「少国民」の少年少女は銃後の結束と国家への忠孝を純粋に美しく演じて見せた。しかし、その背後の世界、人々の暮らしにはほとんど無自覚、無関心たりえた。描かれた題材は「自己中心」的で外部世界との確執は不自然なまでに閉ざされたのである。そこには少年少女の「異文化」接触のまなざしも発見の感動も伝わってこない、ただモノトーンの映像が映し出されているだけである。

　ここには遅れた満人、蒙古人、朝鮮人たちをアジアの盟主たらんとする日本人が直接、間接的に指導し、啓蒙を実践する美徳が綴られている。「五族協和」は決して対等な関係を意味する共同体ではなく、日本人の日本語、日本精神による紐帯を指向したものであった。日本人の先導的叡智のもとで、他の４つの民族が平等に共存共栄するという意味であり、その延長に「八紘一宇」の構想が目論まれていたことは見え透いていた。そうした高邁なる態度から生まれる日本人の善意、社会正義、合理性は、他の民族にとって強圧的であり、不信感を募らせ、無理解としか映らなかった。

　それにしても、「満洲国」で日本語の教育を受けた当時の満人、蒙古人、朝鮮人の少年少女たちのどれほどが、これらの作品を読むことが出来たというのだろうか。まして、作文を「書く」学習レベルにあったかどうかもす甚だ疑問の持たれるところである。中には日本人のように「見せかけて」書か

れたと思われる個所も少なくない。事実、「すぐれた日本語」で書かれたものが1篇ならずあったにせよ、大方は選者自身の手（または翻訳）によるところが大であったとみるべきであろう。日本語を中心として、他言語（多言語）の「共生」を指向しえなかったところに、対訳による各民族母語別版の実現を見るべくもなかった。これもまた「協和」の限界でありえた。

　この「生活記」の書かれた時代から半世紀以上経とうと、それら深淵の現代的意義は少しも色あせるものではない。否、ここに描かれた「五族協和」の理想と実践の姿は、今日の国際化社会において異文化理解や「共生」「共存」を目指す文化的指向と無縁ではないようにさえ思われるのである。その証拠として、戦後日本は経済の高度成長後、国際化、異文化理解を一貫して掲げながらも、はたしてアジアの周辺諸国から真の信頼を依然として得ているのかどうか、再考し続ける義務がある。

　『満洲国の私たち』の作文の多くは日常生活を綴りながら、輝かしき未来の到達点に「五族協和」の理想が掲げられ、他民族と交わりながら成長していく姿がいわばステレオタイプ的に描かれているが、その趣旨は日本が母となって他民族を隷属させ教え導くといった、独善的姿態が貫かれている。少年少女の純粋な観察の目を借りて、こうした政策的意図を巧みに刻印した事実は、「満洲国」の将来に希望を託すのに一定の貢献をなすものではあったが、とくに他民族の作品を日本語に翻訳し、日本の植民地政策を正統化するように語らせているのは、当時の文化方面における日本植民地支配の酷悪な象徴ともなっている[15]。

　「理念国家」の現実が「異郷」の幻像となって、そこに生きる（生きた）人々（当然日本人だけではない）にもたらした相克相反した真実は今後も語り継がれなくてはならない。「異郷」に生活した彼等の運命がその後、どのように流転したか知るすべはない。うたかたのようについえた、「帝国」の日常を通して、私たちがそれらの中から受け継ぐべき課題を考えていかなければならない。

附記

　本章のもととなった原稿について附記しておく。原文は 2001 年 7 月 7 日、早稲田大学

で行われた日本植民地教育史研究会の席上、配布した発表資料に若干の補正、訂正を加えたものである。また、同年8月14日に中国ハルビンで行われた「"9.18"事変学術研討会」において内容の一部を報告した。『大東文化大学紀要』に掲載後、中国黒龍江省社会科学院歩平副院長（当時）の推薦により中国語に翻訳され、「《生活在満洲国的我們》所描写的"真実"―従作文集来看日本在東北的同化政策―」と題して『東北淪陥史研究』（吉林省社会科学院）2002年第4期（総第25期）に掲載された。

注

1　貴志（2010: 205–207）によれば、この「民族協和」図は絵葉書に利用されたほか、建国10周年記念切手（1942）や、察南自治政府成立記念ポスター（1937）の「民族協和」の唱導にも広く用いられた。詳細については千葉慶（2008）を参照

2　たとえば、別冊一億人の昭和史『日本植民地史⑵⑷満洲』（毎日新聞社1978, 1980）などの各種「満洲」関係雑誌特集の口絵グラビアなどを参照。

3　宮尾登美子『朱夏』（1985 新潮社）、山崎豊子『大地の子』（1991 文藝春秋社）等。

4　『満洲国史』（各編）「協和青少年団の運動」pp. 138–140を参照。

5　『史料 週報』（大空社復刻1988）第139号（昭和14年6月14日）。「満州帝国協和会とは何か」（部弘報科長、呂作新）による。現代語表記に直した。協和会に関する資料、研究も膨大であるが、ここでは小川貞知『協和会とは何ぞや』（満洲評論社、昭和12年1月29日）を挙げておく。

6　大東文化大学東松山校舎図書館所蔵のものを用いた。

7　川端康成は「満洲国の今日の芸文のうちでは、おそらく子供の綴り方が最もすぐれたものであろう」と述べている。川端は当時、「満洲国各民族創作選集」（創元社1942, 1944）の編集にも携わっている。それらの作品は「日本植民地文学精選集」（満洲編）として復刻されている（杉野要吉他編、ゆまに書房2009）。川端の満洲との関わりについては奥出（2004）を参照。

8　「綴り方使節」については日満綴り方使節昭和14年、小学校5,6年生の男女10名の生徒が親善訪問した記録（満鉄記録映画集⑼昭和15年製作）が公開されており、閲覧することができる。

　　我が皇紀2600年を御祝いすると同時に、僕ら私たち日本の学童とつづり方を通じて仲良くしましょうと、はるばる満洲からかわいいつづり方使節が参りました。

7月9日、一行は京都に入り、市内見物をしてから、憧れの日本の小学生と楽しい交歓のひとときを送りました。(「週間報告」日本ニュース第6号 1940.7.16)

9　当時の国民学校における国語教育の実践を紹介したものとして、米田政栄 (1942) があげられる。「新東亜建設」にあたって、大陸の文化を広く理解させることも国語教育の重要な眼目の1つとされた。戦時下における国語教育の実状については今後、「大東亜 (新東亜) 建設」の課題とのかかわりの中での解明が必要とされる。また、総力戦下にあって、川端康成や服部四郎に見られるような、当時の文学者、言語学者の「文化政策」への「協力」の実態についても、今後の掘り起こしが俟たれる。

10　少年少女らの作品のなかに「大人のような作品」があることは既に指摘されていた (松原至大「子供の言葉」1942)。純粋な世代言語を尊重しながらも「早く大人に　する」という、時局下の国民教育の背景があった。少年少女たちの満人観察のステレオタイプは、実は多くの作品にも現われている。例えば、遠藤周作『海と毒薬』(角川文庫1994) には、「満人」の日常が具体的に記されている。当時の日本人による「満人」(中国人) に対する差別が日常茶飯事であったことが分かる。

　　「満人はどこに住んどるの」と上田にたずねると、
　　「街のはずれで」と彼は笑いながら、「そらあ、汚い所だぜ。大蒜臭うて、お前にゃとても通れんぜ」(中略)
　　上田の言う通りこの街に来て二ヶ月もたたぬ内、わたしは日本人として一番はじめに覚えねばならぬことが満人にたいする態度だとわかってきました。たとえばわたし達の隣りにいる雑賀さんの家では十五、六歳のボーイを使っています。庭一つ隔てて、雑賀さんや奥さんがそのボーイを罵ったり、叩いたりする音が聞こえます。わたしは始めの頃、その罵声を聞くのが怖かったのですが、やがてそれも馴れていきました。叩かねばすぐ怠けるのが満人の性格だと上田も言っていました。一週に三度、わたしの家に女中代りにアマが来るようになると、やがてわたしも彼女を理由もないのに撲るようになれました。(後略)(79頁)(下線、引用者)

また、宮尾登美子『朱夏』にも作者分身である日本人女性の満人 (中国人) の印象が語られている。こうした文学作品にみられる描写も異文化観として植民地意識を見る有意な手がかりとなる。

11　忠霊塔の見学は軍国主義教育の一環でもあり、各地で行われた。ちなみにハルビンのそれはひときわ大きく、解放後は解放軍の落下傘部隊の訓練に使われていたというが、現在 (2014.8.26) 敷地は自動車訓練学校になっている。

12 「満蒙開拓青少年義勇軍」隊員による「義勇軍文学」については、田中(2004)を参照。
13 「満洲国」下での「奴隷化教育」については第2部第2章でふれている。
14 「対談"満洲体験"がわたしの人生を形成した」なかにし礼・藤原作弥『潮』2000年10月号。対談中、藤原は「満洲国」出身の文化人として、小沢征爾、安部公房、池田満寿夫、五木寛之らの名をあげ、そこに通底するものとして、幼年時にはぐくまれた国際性(コスモポリタニズム)について述べている。
15 以後、日本の南方進出につれ、東南アジア現地からの「作文」が大東亜共栄圏に共鳴するプロパガンダとして雑誌『日本語』(日本語教育振興会)などに紹介されるようになるが、その原型は「満洲国」における異民族の「綴り方」教育にさかのぼる。入江曜子(2001)が述べるように国民学校教科書にあらわれた一連の国粋主義的動向がこうした「外地」の子供の作文にどのように反映されたのかも、今後の考察の課題である。

参考文献

秋田喜三郎(1942)「日本語意識の昂揚」、『日本教育』1942.7

入江曜子(2001)『日本が「神の国」だった時代—国民学校教科書をよむ』、岩波新書.

遠藤周作(1984)『海と毒薬』、角川文庫.

小川貞知(1937)『協和会とは何ぞや』、満洲評論社.

奥出健(2004)「川端康成—戦時下満洲の旅をめぐって」、『國學院雑誌』pp. 251–263

川端康成(1942)「満洲の本」、『文學界』9–3. 1942.3 文藝春秋社.

川端康成編集代表(1942, 1944)『満洲国各民族創作選集』第一巻(1942)、第二巻(1944)、創元社.

川村湊(1998)『文学から見る「満洲」』、吉川弘文館.

川村湊(2000)『作文のなかの大日本帝国』、岩波書店.

貴志俊彦(2010)『満洲国のビジュアル・メディア』、吉川弘文館.

倉澤剛(1942)「大東亜教育圏の構想」、『現代』1942.9 講談社.

国語研究会「座談会:新東亜建設と国語教育」、『国語教育』24–2 1939.2

国分一太郎(1940)「アジア的人間像の創成」、『教育』1940.9 岩波書店.

『史料 週報』(藤原彰監修)大空社復刻 1988

杉野要吉監修『日本植民地文学精選集』002, 003 満洲編 ゆまに書房復刻(2000)

高倉テル(1938)「綴り方教育の本質」、『教育』1938.6 岩波書店.

田中寛(2004)「『満蒙開拓青少年義勇軍』の生成と終焉—戦時下の青雲の志の涯てに」『大東文化大学紀要』社会科学編41 2004 同『「負」の遺産を越えて』(私家版2004)

に収録.

千葉慶(2008)『不安と幻想 官展における〈満州〉の表象』(千葉大学人文社会科学研究プロジェクト報告書、第175集)18-53

なかにし礼・藤原作弥対談「満洲体験がわたしの人生を形成した」、『潮』2001年10月号 潮出版社.

西原和海・川俣優編(2005)『満洲国の文化―中国東北のひとつの時代』、せらび書房.

原田勝正(2000)「大アジア主義思想から『大東亜共栄圏』論へ」、『東西南北』26 和光大学総合文化研究所年報.

百田宗治(1941)「国民学校の綴り方」『国語文化講座第3巻』国語教育篇、朝日新聞社.

毎日出版企画社(1978, 1980)『一億人の昭和史 日本植民地史(2)(4)満洲』、毎日新聞社.

松原至大(1942)「子供の言葉―大東亜建設途上の一反省として」『日本語』1942.10 日本語教育振興会.

満洲國協和会青少年團中央統監部編(1942)『満洲國の私たち』、中央公論社.

満洲國史編纂委員会編(1971)『満洲国史』各論 満蒙同胞援護会.

宮本輝(1994)『蛍川・泥の河』、新潮文庫.

米田政栄(1942)『国民学校 国語の修練実践』、東京啓文社出版.

宮尾登美子(1985)『朱夏』、新潮文庫.

『満洲國の私たち』の挿絵とイラスト

　川端康成の冒頭「序」によれば、協和青年団が国内諸民族の青少年から募集した作品が作文の各所に挿絵として掲載された。なお、各章扉にある下のイラストは戦前戦後を通じ、童話の挿絵などを多く手がけた深澤紅子(1903–1993)による。「五族協和」を構成するはずの朝鮮族、朝鮮語が描かれていない。

第 2 章
戦争が遺した日本語（1）
「少国民綴り方」と戦時童話の世界

> 支那の子供たちは、近頃日本の兵隊さん達によくなれて、兵隊さんと仲好く遊んでいます。支那人のたくさんいる杭州で、まだ戦争をしているのに、毎日学校へ来て勉強ができますのも、日本の兵隊さんのおかげです。
> 　　　　　　（『支那在留日本人小学生綴方現地報告』）

1. はじめに

　平穏な日常に対極する極限的非日常といえば戦争という大事態である。人類はなぜ戦争をし、戦争は人類に何を遺すのか。科学や医学の進歩は一方で戦争と切り離せない側面がある。航空機の発達、交通手段の飛躍的向上、核兵器開発ひとつとっても戦争は質的転換を遂げた。一方、対外文化交流、言語・文化政策そのものも戦争の時代において、プロパガンダの発揚とあいまって突出した形態を創出する。だが、そこには埋もれた歴史が存在する。本章と次章では、戦時体制下における日本語論研究の一環として、2つの産み落とされた原質について考えてみたい。

　一般に日本人の戦争体験の常として太平洋戦争をもって象徴とする傾向がある[1]。だが、言うまでもなくアジアを巻きこんだ長期的かつ広域な空間を占めた戦争は「アジア太平洋十五年戦争」というスパン、さらに戦時下にいたる（戦間期をも含めた）前史まで射程に入れることで、戦争の内実を確かなものとすることができる。

　本章で扱うのは続く太平洋戦争をもたらした日中戦争下の言語的事象である。これらはいわば歴史の表層に残らない、もう1つの歴史発掘であり、正史に埋もれた言語的媚態への探訪である。すなわち、日中戦争期に書かれた少国民の綴り方、すなわち作文である。そこには銃後の少国民や従軍報道班員の戦争意識、世界観のほかに、異文化との遭遇がみてとれる。

2. 戦争と少国民の「綴り方」

　前章では『満洲國の私たち』という作文集をとりあげ、当時の満洲国の五族協和、王道楽土の理想のもと、少年少女らの異国での生活観を検証したが、さらに満洲国から日中戦争へ、少国民の意識がどう変わっていったのか、考察する必要があろう。本章で扱うのは、その時代と並走する日中戦争期において現地で書かれた少年少女の作文である。

　銃後の少国民の国家観、民族意識、世界観とはどのようなものであったか。山中恒『子どもたちの太平洋戦争』(1986) は大戦の一時期を活写記録したものだが、いわゆる戦時下に突入して以降は、国民精神総動員運動の開始 (1937)、国家総動員法 (1938) の制定などによって大幅に歪曲化されていった。本章では銃後の少国民がどのような国家観、異文化観をもっていたのかを知る資料として現地 (中国) 在留の小学生らの作文集を検証する[2]。

2.1. 『支那在留日本人小学生綴方現地報告』

　本書は東京第一書房より昭和14年10月に刊行された (次章末写真①)。四六判471頁もの大部で、編纂者は新居格である[3]。奥付には戦時体制版で初版2万部発行とある。内容は日中戦争当時、中国大陸で暮した日本人少年少女の作文集で、目次によれば1年生が3名、2年生が18名、3年生が25名、4年生が27名、5年生が22名、6年生が31名、高等科8名の作文134篇が収録されている。さらに、附録の「満洲篇」では1年生が8名、2年生が19名、3年生が14名、4年生が11名、5年生が12名、6年生が10名、高等科が7名の計81名である。総数215篇が収められている。

　序文には刊行の趣旨を次のように謳ってある (下線、引用者。以下同様)。

　　　日支事変がはじまってから現在の建設期にいたるまでの、ここにあつめられた綴り方約二百数十篇はこれまでの大人たちによってなされたさまざまの現地報告とちがった、新しく且つ大切な示唆を与えてくれるものと信じます。…(中略)…いってみれば、<u>この綴り方集は国民全体が戦争を知り、支那の真の姿を知りうる「国民読本」</u>と称すべきものと思います。

「支那のお友だち」「礼儀を知らない支那人」「日本のへいたいさん」「目の当たりに見た戦争」「有難い日本の国」「にくい支那のたま」「英霊を見送る」など題材も多岐にわたる。これらの作文を通して、銃後の少国民の国家観、日本軍国主義下の中国観などを窺い知ることができる。

　このなかであきらかに中国人（満洲人）、朝鮮人といった日本人以外の児童が10名前後含まれている。作文の内容は戦局を反映したもの、異文化体験、日常生活、家族紹介などさまざまである。とくに戦争に関するものが多い。また、「日本に生まれた有難さ」と題した作文も多く見られる。このなかから、当時の時局、生活を描いたものを拾ってみよう。次の「ピクニック」（上海西部日本尋常小学校二年、浅野純生）には忠霊塔の参観が描かれ、同時に異民族、異文化社会への日常的な眼差しがみてとれる。占領下の中国人の話す日本語はほとんどが兵隊さんに教わったものだという。抑圧者と被抑圧者の構図も対照的である。なお、以下は現代語表記に直して再掲した。

　　　この前のにちようびは、ぼくらの会社のピクニックでした。みんなで　あさ早くから用意をして　やっと会社のバスに　乗ることが出来て、一番はじめに　大場鎮につきました。
　　このあたりは、こんどのせんそうで　一番はげしい　いくさ　のあった所で　せんしをなさった日本のへいたいさん　を　おまつりしてある　大きな大きな忠霊塔がたってあります。僕たちは　一番のりで　かけ上がって、おまいりをしました。それから　よそのおじさんに　いろいろせんそうのおはなしをききました。ききながら泣いている人もありました。
　　わけていただいた　おかしをたべながら高い塔の所から向こうを見ると、この前　あたらしく出来た　ひこうじょうが見えました。僕たちが見ているあいだに五だいも　とび上がりました。
「廟行鎮に行く人は、このバスに乗って下さい。」
といったので　僕はそのバスに乗りました。年棋君も一しょでした。
　　行く道は　がたがた道で、バスが　ぐらぐらゆれるので　ほうり出されそうになりました。ぼくらの車が　いよいよつくと、<u>きたない</u>、<u>きものを着た支那人</u>が　どやどやと車のまわりにあつまって来ました。そして、

「シイサン　カラメル　シンジョ」(おじさん　キャラメル　を　下さい)と
いったり、
「シイサン　オカネ　アリガト」(おじさん　おかね　ありがとう〈「下さい」
ということ〉)
と、やかましくいいながら　わいわいさわいでいます。はじめ　ぼくが　バスから下りる時は、おきょうでもあげているのかと思いました。それがまるで　うたをうたうようにちょうしよく、いうのですから、みんな　わらいました。

<u>あとでわかったのですが</u>、<u>こんな日本語は</u>　みな、<u>日本の兵隊さんに</u>　<u>ならったのだそうです。</u>

はっとりのおじさんが　支那人に、うたをうたってごらん、というと、
「天にかわりて　ふぎをうつ。」
と　へんな　ふしで　うたい出しましたので、みんなは　また　わらいましたが、しらんかおして、こんどは
「白じに赤く。」
とうたいます。はっとりのおじさんが　おかねをやると、よろこんで
「シャシャノ　シャシャノ」(「謝々謝々」ありがとう、ありがとう)
といいながら、向こうへ行ってしまいました。

ぼくらは、ばくだん三勇士　のおまつりしてある　ところへおまいりして、しきしまのにわまで、バスに乗りました。

ここで、おひるのおべんとうを　いただきました。

ぼくが　サイダーをのんでいると、ここでもまた　支那の子どもが大ぜいあつまって来ました。ヤンビン(洋瓶)がほしいのです。

ぼくは　こんなに　ごはんをたべるのを見てはずかしくないのだろうか、と思いました。(後略)

後にものべるが、「シイサン」「シャシャノ」は中国語の「先生」「謝々」で、「シャシャノ」の「ノ」はこれが日本語式中国語であることの演出である。「シンジョ」は「進上」で、元の意味は「さしあげる」が「ください」という依頼、懇願の表現として定着した[3]。貧しい身なりをして物乞いをす

第 2 章　戦争が遺した日本語(1)　323

る中国人やおかしな日本語を話したり歌ったりする中国人。「天に代わって不義をうつ」は軍歌「日本陸軍」、「白じに赤く」は唱歌「日の丸の旗」である[4]。これも日本の兵隊が教えた日本語であった。

　次に挙げるのは「日本人に生れた有難さ」(杭州日本尋常高等小学校四年、道明光子)。この種の内容は本書に数点見られた。

　　私は、始めてこの杭州に来てありがたく思った事は、日本人に生れて来たことであります。もし私が、日本人に生れていなければ、今の様な幸福な月日を送る事が出来なかったでしょう。
　　四月二十九日は、天長節でした。杭州でも、観兵式がありました。私たちは、喜んで観兵式を見に行きました。支那人の子供も、たくさん来ていましたが、みんなうらやましそうに、又、さびしそうな顔をしていました。どんな気持ちだったのでしょう。私達は、日本の兵隊さんのたくさんいられるのを見て、うれしくてたまりませんでした。
　　雨の降る日、学校に来るとちゅうを見ると、支那の子供が傘もささず、ずぶぬれになって道を歩いています。ほんとうに可愛そうでした。支那人の子供は日本の歌を、おかしなふしで歌いながら、お金をもらって公園などを歩いています。支那の子供たちは、近頃日本の兵隊さん達によくなれて、兵隊さんと仲好く遊んでいます。支那人のたくさんいる杭州で、まだ戦争をしているのに、毎日学校へ来て勉強ができますのも、日本の兵隊さんのおかげです。校長先生も、
　「この第一線に来て勉強が出来るのは、みな天皇陛下のおぼしめしでございます」とおっしゃっています。だから、私達は日本人に生れた事を喜んで、毎日先生のおいいつけを守って、勉強しています。

ここでも特に後半部分で日本人と中国人との対照的な観察も投写されている。同様の観察を「日本人と支那人」(天津第二日本尋常小学校五年、武智保之助)で見てみよう。「苦力」の日常である。

　　…川のそばでは、苦力が赤銅色のはだを見せて、働いているのを見かける。

何十人とも知れぬ苦力、中には親子が、働いているのも見かける。何だかか
　わいそうに思われるものもおる。それは昼が非常に暑く、木々が少なく、我々
　が外に出れば急に暑くなり、頭がぼうっとする位なので、苦力のくろうが非
　常に大きかろうと思われるからだ。苦力とちがって、金持ちの支那人は、町
　の木かげで、うちわなどを持って町を通る人々を眺めている。又電車・車に
　乗って、のんきそうにすわっているのもおり、中には、半ばはだかで家の中
　にねころんでいるのもある。
　　商人でも、のんきなもので、外人そ界の道端の木々の下でねころんでいる。
　それが、五六人よって、ねているのだからあきれる。
　　支那人は一方ではくろうをして夏をすごし、一方はのんきですごす。この
　さは、非常なものだと思う。それに引きかえ、日本人は貧ぼうでも、金持ち
　でも、同じように働いて居る。<u>僕はつくづく</u>、<u>日本人に生れて</u>、<u>幸福だなあ</u>
　<u>と感じられた</u>。

　苦力の話題は日常的であるが、対比させることで働く日本人、のんきな支
那人という見方が敷衍され、前掲の「日本人に生れた有難さ」にもあったよ
うに、つまりは「日本人に生れて、幸福だ」という感慨にいたらしめる。目
の前の社会構造の現実に目を向けることはなく、ひたすら人間の格差社会に
のみ目をそそぎ、日本人の現在のあるべき姿に傾斜してゆくのである。

2.2. 満洲語ピジン中国語の実態

　すでに見てきたように作文には日本語式の支那語(中国語)が登場する。
　本書には附録として「満洲編」があるので、その中の1篇「満人のボー
イ」(濱江省隻城堡尋常高等小学校六年、内山アサ子)を紹介する。

　　……「アイウエオ、カキクケコ。」と、お庭で大声を出して、何か読んでい
　るのにびっくりしまして、外に出てみると、今年十七歳になる、わんぱく盛
　りの、満人のボーイさんが、花だんのそばに、あんぺらを引っぱり出して、
　四五日前に買って来た、日本語読本を、はらばいになって、ありったけの声
　を出して、読んでいるのである。

私も、丁度、その時、算術をしていたが、その問題が、中々出来ないので、気がいらいらしていた。
　ボーイは、私が来たことを知ると、あまりよくもない声を一層はりあげて、
「アサチャンガキマシタ。アサチャンハ、ワルイヒトデス。」
と、本にも書いてない　出たらめな事を、いい始めた。
　私は、しゃくにさわったので、
「にーで、しょま。（何だお前！）おーで、たーたー（私はたいへん）やかましい、やかましいじゃないか。」
と、後のほうは、わからないから、日本語でいってやると、ボーイは、にやっと笑って、言うことが憎らしい。
「オーデ日本人ブス。（私は日本人ではない）、日本語プチドウ、（日本語はわからない）。」と言って相手にしない。私は、ぐっと、しゃくにさわって、
「あたしだって、満人とちがうんだからね、満語なんか、一つだってわからないよ。」と、いって向こうへ行こうとすると、
「アサチャン、バカダネ、アッチヘイキナサイ。」
と、此の頃、習い覚えた、日本語で、言って、私の背中を、「ぽん。」と、たたいて逃げていった。私は此の間から、このボーイにどれだけいじめられているかわからないので、何だか日本人が、馬鹿にされているような気がして、夢中で、ボーイを追いかけた。……（中略）
　ボーイは、なおも、はやすのをやめないで、しまいには、愛国行進曲の曲になって、
「アサチャン、ヨロシイテンハオ（「大変いい」の意味）ヨ、オーデブチドウ、ヨロシーナー。」と、
　少ししか知らない日本語をまぜて、面白そうに歌う。私は、大層、腹がたったが、その日はそれで終わった。今でも、何かして貰いたい、と思って、ボーイを呼んでも、この事を思い出すと、急にたのみたくなくなって、
「しん、ゆうす、めいゆう」（よろしい、用事がない）
と、知らん顔をしてやる。すると、ボーイは、
「シン、ユウスメイヨウデ、オーデ、カンホージ（仕事をする）、メイヨウ（無い）」

と、言って、行ってしまう。けれども、子供同志のことだから、又すぐ忘れたようになって、仲よく、石けりや、ピンポンなどをする。

　ほんとうに、仲よくしたいと思うけれど、今のところ、中々それが出来ないで、時々口争いをしたり、又すぐ仲直りをしたりしている。

（下線、変則的な中国語は引用者）

「ターター」（大大）「シン」（行）「メイヨウ」（没有）「テンハオ」（挺好）「カンホージ」（干活事）といった中国語（満洲国では「満洲語」と称した）に「ヨロシイ」「ヨロシーナー」のほか、「やかましい」などの日本語のほか、「ゆうす／ユウス」（「有事」か）「おーで／オーデ」（我的）「にーで」（你的）「しゃま」（什麼）「たーたー」（大大）といった日本式の訛りの満洲語の単語も使われる。注意したいのは語彙だけではない。「オーデ日本人ブス」（私は日本人ではない）は「オーデ」は「我的」、「ブス」は「不是」のことで、これは日本語の語順にそった混合発話文である。また「日本語プチドウ」（日本語はわからない）の「プチドウ」は「不知道」で、これも同じく日本語の語順にそった混合発話文である。また、ボーイとは使用人のことで、作文集には雇用女中の「アマサン」との生活ぶりも紹介されているが、少女の視点は総じてこうした距離をおいた観察に占められる。

　ここには「満洲国」という多民族世界のなかでのピジン言語の日常的流通の一端が窺われる[5]。当時、満洲国では「協和語」と称された類であるが、あくまで日本語を基調とし中国語を添えた限りのもので外国語としての意識は希薄であった。なお桜井隆（2012a, b）は、満洲国下のさまざまな言語現象を精査しているが[6]、こうした少年少女の目線からの観察も重要である。

　僅かな記載によってもこうした言語環境がうかがわれるのだが、これで対等な意思疎通が行われていたとは想像しがたい。ただ、末文の「ほんとうに、仲よくしたいと思うけれど、今のところ、中々それが出来ないで、時々口争いをしたり、又すぐ仲直りをしたりしている」といった感慨は、当時の異文化接触・理解のみならず、今日の日本と中国、韓国といったアジア世界との確執、軋轢を象徴しているようにさえ思われる。このほか「日本人と支那人」「ひぞくのこと」など取り上げるべき素材は少なくないが、割愛する。

これらの作文を通して、銃後の少国民の国家観、軍国主義下の日本人の中国観などをうかがい知ることができる。「満洲国」から日中戦争の時代へ、現地少国民の意識がどう変わっていったのか、引き続き、内外に残る綴方集を通して考察を続けたい[7]。

3. 『戦地の子供』に描かれた戦場の虚実

さて、少年少女の書いた戦時下での社会、生活と並行するかたちで、大人は現地少年少女をどう見ていたのであろうか。ここでは従軍報道班員の典型的な記録を検証する。

3.1. 国分一太郎の戦場体験

昭和14年1月、国分一太郎は松永健哉の口添えで、南支派遣軍報道班員として中国・広東に渡った[8]。宣伝班、つまり宣撫班に属し、軍が管理するラジオの「子どもの時間」の番組をつくる。また「小先生運動」、「作文教学法」などの紹介・翻訳原稿を内地に送り続けた。それらの記録『戦地の子供』は中央公論社から四六版450頁のルポルタージュとして翌昭和15年6月に出版された(次章末写真②)。異例の速さである。装丁も立派で清水崑の絵のほか多くの写真やイラストも挿入されている。国分は中国広東の子供たちに、「いまだ日本軍の慈愛をしらぬ」重慶の子供たちへむけての「生活綴り方」を書かせた。南支派遣軍報道部長陸軍歩兵中佐吉田栄治郎の序文を一部ひく。

> われわれ日本軍は、けっして支那の人民を相手にして戦をしているのではない、まして可愛い子供たちなどは、われわれが慈しんでやらなければならないものだ。こう考えると、われわれの目の前にいる、何らの罪もない支那の子供というものが、一層かわいそうになります。又、これからの日本の子供たちは、この子供たちと、手をにぎって行かなければならない。こう考えると、そんなら、今、支那の子供はどうしているかを、日本の子供もよく知っていなくてはならないと思っています。

同じく陸軍報道班員であった火野葦平は次のように序文を書いている。

　…百田宗治氏が、信用していい男、と書いてきたとおり、国分君の真摯な努力は誰の心をもうち、国分君は報道部ではなくてはならぬ人となった。国分君の仕事は相当多忙で会って、私達の眼からはほとんど休息の時間すらないごとく見えた。国分君はたちまち多くの支那人達や支那の子供達の間に人気を獲得した。　　　　　　　　　　　　　　　　　　　（「国分君のこと」）

紹介者の言葉通りの印象の国分に接した火野は、国分の著書『教室の記録』をもちだして教師、教育者のあるべき姿を「自分の身体にあるだけの情熱と良心とを傾けて、形式的な穏やかさでなく、生活に即し、子供の心奥にふれて生きたいと願う心はたぐいのない精神の美しさ」と称賛し、このような真摯な熱情が『戦地の子供』を生んだのだという。

　支那に関する無数の本がある。現在この聖戦のさなかにあって真に支那を理解し、支那人を知ることが最大の仕事とされる。しかも支那人をあたたかい目で凝視してゆくということは言葉ではいえるが、なかなか容易に出来ないことである。そういう仕事を国分君は立派に実践してゆける人である。この本は子供のことを書いているので子供のことに限られているというのでは決してない。<u>支那を知る上にこの本が是非読まれなければならぬ書物の一つである</u>ということは疑いないことである。

次に国分は「序にかえて」で次のように読者に対する述べている。（現代仮名遣いに直した。以下同様。「／」は改行）

　…日本のみなさん、子供のみなさん。もしもあなたが、私のこの本をよんで、／このアジア大陸を、決して戦地になどいたしません。／支那の子供たちを、もう決して二度と「戦地の子供」などにはいたしません。こう心にきめ、大きくなってからの考を胸にいだいて下さるなら、私はどんなにうれしいことでしょう。今こちらの大陸でも、天皇陛下の軍隊はもう二度とこの東

洋を戦地にしたくないために、最後の戦争をしているのです。命を捧げて働いているのです。

言い訳・弁解じみた言葉を並べ、そこに「支那の子供」を配した国分の工夫は巧妙でもあるのだが、実際の社会日常の暮らしの観察は微に入り細に入る。

3.2.『戦地の子供』の明朗とアジアの純真

靴磨きの子供、残飯もらい、子供の商人、きのどくな人達（このなかには「日本語を知っている少年」が興味深い）、広東の子供達の遊び、村の親子、支那の子供の知りたいこと、などの読み物がスケッチ風に収められている。宣撫の仕事の内実があぶり出され、思わず引き込まれる箇所も少なくないが、一方で、これは厳然たる占領地下での実践報告記録であることを忘れてはならない。称揚されればされるほどに日本軍の進軍の実相が封印され、銃後の明るさばかりが残る。「日本語を知っている子供」の頁を紹介する。

夕飯がすんだので、私は漢民路という通りをぶらぶら歩いていました。そこへ三輪車を踏んで、十歳ばかりの子供がやってきました。ハンドルのまん中には、紙でつくった日の丸の旗を立てています。りこうそうな子供です。
「サイロウコ！」と私はよびかけました。子供という広東語です。するとその子は、
「ハイ」と返事をしました。それから、「私ハコドモデス」と日本語で答えました。日本語を知っているので、私はびっくりしました。
「いくつですか」
「十サイデス」
「うちはどこですか」
「アソコデス」と十字路の方を指さしました。（中略）

少年と会話するうちに父親が死に、母と暮らしていると言う。広州日語学校で日本語を習っていると言って差し出した教科書は台湾総督府作成の『日語

捷径（日本語早分かり）』。だが、15歳以上でないと許可されないというので学校には正式に入れないらしい。後日、私（国分）は広州日語学校を訪ねると、次のような授業風景が目に入ってくる。

「今日ハ暑イカラ、ウチワガイリマス」
「寒イカラ火ガイリマス」
というような「…ダカラ…ガ要リマス」の言葉の練習をしていました。…まだ、日本語学校をはじめたばかりなので、誰も彼もはいりたがってたまらないので、こんな小さな子供までたくさん来ているのです。…先生が、「十五歳以上でなくてはなりません」というと、
「十五歳デス。十五歳デス」
こういって、七歳か八歳くらいの子供まで紙をもらおうとしています。その中に、この間、私に本を見せてくれた男の子もいました。あの時は私に十歳といいましたが、ここでは、「十五歳デス。ワタクシ十五歳デス」といって、紙をもらおうとしています。
　先生が「ダメです。ダメです」というと、「ダメデハアリマセン。アリマセン」といっています。私は声を立てて笑いました。（後略）

そして、「日本語をならう本」として『日語捷径』の本のページが紹介されている。国分は現地の日本語学校の盛況ぶりを少年の熱心な勉学ぶりとともに紹介している。ここには文化宣伝としての日本語教習の長閑な実態が述べられているが、侵略者の目はどこにも感じられない[9]。

3.3. 国分一太郎の見た「日本語を学ぶ人々」

国分は報道班員のかたわら日本語教師として子供達に日本語を教え、その様子を母親に書き送る。「ハハウエサマ　エ――センチノ日本語学校ノコト」の一節をみてみよう。全文片仮名で書かれ、一部漢字を使用している。

ハハウエサマ。コノアイダワ、オテガミヲアリガトオゴザイマシタ。ウマレテハジメテ、ハハウエカラノテガミヲイタダイテ、ワタクシワ、ナミダヲ

ボロボロコボシマシタ。
　カントンニキテ、日本ノタメニ、ハタライテイルダケデモ、ウレシイノニ、コンドワ、ハハウエカラノ、カタカナノテガミヲイタダイテ、私ワウレシクテ、タマリマセンデシタ。ドウシテワラツタリスルモノデスカ。
　<u>ヒトツカイテアル字カラワ</u>、<u>五ツノ心モヨマネバナラナイトオモツテ</u>、イクヘンモヨミカエシマシタ。(後略)

　母親から届いた「カタカナ」の手紙を紹介し、近況の報告とともに、今、広東の日本語学校で元気に日本語を教えている様子を報告する。戦地にあっても母親を忘れることのない孝行を述べている。

　　私ワ、カントンノヒトタチト、イツシヨニ、アタラシイ、シナノクニヲツクリ、日本ト、ハヤクナカヨクスルタメノ、タイセツナシゴトヲシテヰマス。
　オトコノ人ヤ、オンナノヒトニ、ニツポンゴモオシエテヰマス。
　イツモ、コクバンニ、カタカナデ字ヲカイテ、「コレハヒヨコデス」ナドト、オシエテヰマスカラ、コノタビノハハウエノテガミモ、スコシモヨドマズ、スラスラトヨムコトガデキマシタ。
　ヤツパリ日本人ワ、日本ノコトバヲ、生マレタトキカラツカツテ、シツテヰマスカラ、アイウエオ、カキクケコナドノ字サエオボエレバ、ハウエノヨウニ、スグニカクコトガデキマス。ケレドモ、カントンノヒトビトワ、イママデ、ジブンタチノスコシモシラナカツタコトバヲ、オボエルノデスカラ、日本語ヲナラウニワハ、大ヘンナンギヲシナケレバナリマセン。(後略)

　カタカナしか書けない無学な母親の手紙を引き合いに出しながら、広東で日本語を教えている苦労を語る。カタカナで教えるのは漢字の構成要素と似た部分があり、曲線を多用する日本独自の平仮名よりは親しみやすいし書きやすい。カタカナを覚えれば次は平仮名、そして漢字仮名交じり文へと高度な日本語になっていく。カタカナはいわば段階的に日本語に順化させる過程での工夫、「道具」である。(以下、傍点は原文のまま)

ソレデ、イチイチ、カントンゴデ、ナントユウコトカヲオボエテカラ、
　　「ニッポンヘイタイサンワ、ヨイヘイタイサンデス」トカクノデス。…(略)
　　　ニツポンノ「カタカナ」ヤ「ヒラガナ」ワ、ナントユウ、ベンリナ、<u>ドオ</u>
　<u>グ</u>デシヨオ。マルデ、ゴハンヲタベルトキノハシノヨオデス。
　　　ケレドモ、カントンノコドモヤ、オトナヤ、アキンドワ、ニツポンノヒト
　ト、ハナシヲシタイシ、日本ノイロイロナ本ヲヨミタイノデ、ネツシンニベ
　ンキヨオヲシテキマス。日本語学校ニワ、六十クライニナルオヂイサンモキ
　テキマス。ジンリキヒキノ人モキテキマス。オカアサントコドモガ、テヲツ
　ナイデキテキマス。ナランデコシヲカケテ、ハハトコドモガ、オナジ、ベン
　キヨオヲ、シテキマス。
　　　カントンノヒトビトワ、ミンナ日本語ノ一年生デス。
　　　コレカラ日本語ヲヨクオボエテ、日本トナカヨクスル、大セツナドオグニ
　シヨオトユウノデス。
　　　コノ一年生ワ、タトエ「カタカナ」ヲオボエテモ、コトバヲタクサンシラ
　ナイノデ、オモツタコトヲカケマセン、マタイエマセン。
　　　ソレデモ、ネツシンニ、ベンキヨオヲ、シテイイルノデス。(後略)

広東の人々が仲むつまじく、熱心に日本語を勉強し、日本と仲良くする大切な「道具」にしようと言っている。日本語はますます大陸にひろがって、日本語を話す人も増えていくことを想像する。日本人は当地の「広東の言葉」を覚える必要はない。やがて子どもたちは「母上に負けない」ような上手な日本語を書くようになることを期待する。それにしても日本語を書きはじめた母親と中国人の習い始めた日本語をだぶらせた心根とは何だろうか。

　　　日本ノヒトワ、カントンノコトバヲ、オボエナクテモヨイノデス。カント
　ンノヒトガ、日本語ヲネツシンニオボエヨウトシテイルノデス。日本語ガ、
　グングント支那ヤ満洲ニヒロガツテ、日本語ヲハナス人ガマスマスタクサン
　ニナルデシヨオ。
　　　ソシテ、日本トナカヨシニナリ、ホントノココロガワカルヤウニナレバ、
　コンドワ、センソオナドモ、シナイコトニナリデシヨオ。

センチノコチラワ、ドンナ小サナ、マチニモ、ムラニモ、カナラズ日本語学校ガヒラカレテイマス。

　ワタクシノイツタ海南島ニモ、三月マエニセメタ汕頭ニモ、リツパナ日語学校ガデキテキマス。（中略）

　私ノオシエテキルコドモタチヤ、オトナタチモ、ソノウチニワ、ハハウエニマケナイ、テガミガ、カケルヨウニナルカモシレマセン。

　ハハウエモ、マケナイデ、ワタクシニオテガミヲクダサイマセ。

同頁には「日本語をならう親と子」「広州日語学校の入口」の写真もある。日本のカタカナがいかに便利な発明品かを賛美して手紙は終わるのだが、ここには日本はアジアの盟主であって他国の文化や言語を相互に学ぶという視点はなく、占領地下の人々は日本語を学ぶべしといった、暗黙の強制が見られないだろうか[10]。

4.「大義としての戦争」観の美化

　戦時下少国民錬成の一環として作文教育が重視されたことはよく知られている。その契機は大きくは2つの事変があって、その1つが日支事変（満洲事変）（1931.9.18）、もう1つが支那事変（1937.7.7）であった。ここでは前者の作文手記を見て見たい。ここに紹介する1次史料は『日支事変感想録』（学習資料第五集時事問題、甲南高等女学校1938.5）である。第4編とあるように作文手記は相応の量にのぼると思われるが、同書には、冒頭に「新満洲国」（表甚六）と題して昭和7年3月に建国された満洲国を言祝ぐ文章が寄せられている。次に「所感」（足立長）と続き、本文として3月1日からはじまって3月26日まで、総勢101名の作文が載せられている。1年生が33名、2年生15名、3年生20名、4年生19名、5年生14名である。

　巻末の「感想録を読みて」には全編を通しての認識と感想が整理されているが、これはどのような題目を意識して書いた（書かせた）かを知る手がかりとなる。

　まず「認識」では「事変に関して」は「事変の原因」「皇軍の目的」「国

防」について、また「外交問題」に関しては「国際連盟並びに他列強の対日態度」「支那政府」「我が代表」について、また「満蒙・上海」に関しては「国防的見地」「経済的見地」「新満洲国建設」について分類されている。

　次に「感想」についてみてみると、「将士に対して」では、「将士の辛苦の推察」、「大和魂の謳歌」、「陣中美談の感動」が、また「挙国一致の精神」に関しては、「在留邦人の努力」、「軍馬・軍用犬・伝書鳩等の忠死」、「銃後の国民の熱誠」について、また「覚悟の披歴」としては、「怠慢の答責」、「節約生活」、「本分の自覚」について分類が行われている。戦時下の心情を共有する鼓舞、美談の陳列は当時の軍国主義教育の具体例として参考になる。その一編をあげておこう。旧仮名遣い・表記を現代仮名遣いに直した。

　　我が皇軍が東洋平和のため、我が大日本帝国の為に、極寒の北満の野に重大な守備の任にあたられました賜としてこの度大満洲国が建設されましたが、私達日本国民にとってはまことに喜ばしい事でございます。
　　満洲と我が国は日清、日露の戦争によって極めて深い関係を生じたのであります。日露戦争では十万の英霊が満洲の野の土となり、二十億の国幣を費やしました。その後十五億の資本をこの地に投じました。このようにしてわが国が横益を得た満洲に、何故支那は乗り出して無茶をするのでしょうか。正義をわきまえなさすぎると思います。
　　此の度の事変の結果光明が満洲人の頭の上にかがやいてまいりました。
　　此れから後、私達は力を合わせて此の若き満洲国の発展をはかり、東洋を輝かしいものにしてゆきましょう。　　　　　（第一学年　山岡まさえ）

　低学年の年齢にこうした時局の文章を書かせることが、銃後の国民精神動員につながったということであれば、これらの日本語もまたまぎれもなく戦争が遺した日本語である。

5.　小川未明の戦場描写と少国民錬成

　本章の最後に、戦時期において児童文学がどのような意義を担ったかを、

小川未明を例に検証してみたい[11]。少国民錬成にとってかれの戦場描写はどのように移植されたのだろうか。「村へ帰った傷兵」では、戦場から帰還した負傷兵が、癒されぬ「傷口」から異国で斃れ、傷ついた戦友を想い、戦線と銃後をひとつにして、「聖戦」のためには道は遠くても「東洋永遠の平和のために、じゃまになるものは、いっさいをのぞく」ことを誓うのである。

> 　靖国神社の神殿の前へひざまずいて、清作さんは、低く頭をたれたときには、すでに討ち死にして護国の英霊となった、戦友の気高い面影がありありと眼前にうかんできて、熱い涙が玉砂利の上にあふれ落ちるのを禁じえませんでした。この瞬間こそ、心に悲しみもなく、憤りもなく、自分の体じゅうが明るく、とうとく感ぜられて、このまま神の世界へのぼっていくのではないかとさえ思われたのであります。(中略)
> 　清作さんは、自分よりは、もっと大きな負傷をしたり、また手術をうけたりした傷兵のことが、思い出されたのでした。あの人たちは、いまごろ、どこにどうして日を送っているだろうか。このごろの寒さに、傷口がひきつって、さぞ痛むことであろうと、案じられたのでありました。
> 　清作さんが、村へ帰ると、さすがに村のものは、温かい心をもってむかえてくれました。そして、清作さんの喜びは、それだけではなかったのでした。みんなが今度の聖戦は、東洋永遠の平和のために、じゃまになるものは、いっさいをのぞくのであるから、簡単にいくわけがなく、<u>戦線と銃後を問わず、心を一つにして、ともに苦しみ、相助け合い、最後の勝利を得るまでは、戦わなければならぬということを、よく知っているからでした。</u>
>
> （「村へ帰った傷兵」）

「赤土にくる子供たち」は中国大陸での宣撫班の活動を明快に移植する。「支那」の子供に日本の子供の良さをしっかりと伝えるのだ、という。集まる子供たちの前方には、大陸の子供たちの姿が目に浮かんだことだろう。

> 「ね、黒めがねのおじさんが、支那へいくんだって」と、三人の顔を見ると、小山はいいました。

「ほんとう？　黒めがねのおじさんが、支那へ行くの」と、武夫が、おじさんにききました。
「ほんとうだとも、こんど宣撫班になって支那へいくのだ」と、紙しばいのおじさんは、答えました。（中略）
「宣撫班って、支那人のせわをしてあげるの」と、とみ子さんがたずねました。
「ああ、そうだ。そして、支那の子供におもしろいお話をきかせてやるのさ。どんなに喜ぶだろうな」
「どんなお話？」
「その話か、あのおじさんのことだから、日本の子供のことさ。きっと君たちのお話をして、日本の子供は、みんなしょうじきで、やさしくて、いい子ばかりだということだろう」と、おじさんは、笑いました。

（「赤土にくる子供たち」）

「少女と老兵士」では、慰問におとずれた少女が、傷兵に出征した兄のゆくえを尋ねる場面である。少女と戦友の目が重なり、生命の統一体を感じるのだが、こうした感動は戦場と銃後の国民を一体化させることになった。

「おじさんは、うちの兄さんを知らないでしょう。」
またしても、こういって、自分を見上げた、少女のぱっちりとした目が浮かびました。その目は、清らかなうちに、どこか悲しみに傷んだところがあった。
「おお、あのときの青年の目と、さっきの少女の目と同じでなかったか。」と、老兵士は、おどろきました。さらに、彼は、二人が、兄妹でないのかとさえ考えられるのでした。
それは、あまりにも空想的な考えようであったでしょう。しかし、たとえ兄と妹でなくても、その澄みきったかがやく目の中に、相通ずるものを見ました。人間であって、人間以上のものを感じたのです。
「いったい、それはなんであろうか。」と、彼は、考えました。そして、ついに、悟りました。生命というものは、はかないが、真実は、なんらかの形で永久に残るということでした。

（「少女と老兵士」）

「夜の進軍ラッパ」では出征した息子を愛おしみながら、はるか大陸からきこえてくるラジオ放送に耳を傾け、「国に捧げた倅」に思いを馳せる。そして、帰りの雪道でラジオ放送を思い出しながら、熱い涙を流し、一方で出征兵士を見送る人の群に手を合わす。闇に木霊する進軍ラッパに続いて、「露営の歌」が聞こえてくる。「お国のためにつくす」息子に老人は熱い涙を流す場面である（○は伏字）。

> 「さあ、おじいさん、ここへいらっしゃい、もうすぐあちらから、きこえてくるから。」と、主人がいったので、おじいさんは、ラジオの前にすわって、耳を傾けていました。
> 「おじいさん、息子さんの声がきこえるわけではないが、ただあちらのようすがわかるというだけですよ」と、主人は、あまりおじいさんが、真剣な顔つきをしているので、息子の声でもきくつもりでいるかと思って、いいました。
> （中略）
> 　このとき、アナウンサーの声が、電波に送られてきたのです。
> 「こちらは、○○野戦放送局です。いま○○部隊が、○○へ向かって、進軍の準備に忙しいのであります。その状況をおききとりください」（中略）
> 　町をはなれると、さすがに、町から村の方へいく人影は見えなかったのです。おじいさんは、独り雪道を月の明かりで、とぼとぼと歩いて帰りました。（略）<u>おじいさんは、いましがたラジオできいた、兵隊さんたちの歌が耳について、思い出されて、熱い涙が、ほろほろと流れてきました。</u>
> 　　　　　　　　　　　　　　　　　　　　　　（「夜の進軍ラッパ」）

銃後の少国民を対象に、各雑誌では特集も組まれた。『国語文化』第1巻第1号（特輯：言語と児童文化）、同第2巻第8号「特輯：少国民文化と伝統」、同第2巻第10号「特輯：大東亜文化圏と児童生活」等が特記される[12]。また、日本童話協会からはとくに支那事変以後になると雑誌『教育行童話研究』は時局に対応する講習会などを積極的に奨励、石森延男、三村良輔等が戦場を題材にした作品を掲載した。日本童話協会理事長である蘆谷蘆村の責任編集『軍国少年読本』（実業之日本社）や、日本童話協会編『軍国名

話選集』(文昭社)などは、「軍国話材のなかで非常時日本が生んだ燦然たる児童文学の宝塔」とまで称賛されたのである。

本節では小川未明のいくつかの「戦争」作品を瞥見したが、こうした日本語は児童文学の世界観、生命観は戦場と銃後の一体感を創出し、少年少女には明朗な少国民であり続けることを約束したのである。皇軍の進軍を、銃後の少年少女がどう受け止めたか、遺された日本語を通じて、その行間から再考していかなければならない。

6. おわりに

戦時期には単行本、書籍となったものから、雑誌に掲載されたものまで、少国民による夥しい数の作文が生産された。これは明らかに戦争の裏面史であろう。これらにあらわれた戦争観、異民族観、異文化観の検証は、現代の社会比較文化論にも示唆するところが少なくないはずである。「東洋平和のための正義の戦い」という講談調のメッセージは戦争賛美物語で、言葉が増殖していく過程を描いてやまない。

戦時下の日本語、戦場、戦争の言語および言語生活とはいかなるものであったか。これは過去形だけでなく、現在形としても語り継がれなくてはならない。本稿では少年の眼差しと同時に少年への視点を垣間見た。また、これらにみる〈観察〉の態度とは対照的に軍事的要請から民衆・大衆を〈管理・監視〉する道具としての日本語の実態を見てきた。

戦争が少年少女らの少国民に植え付けた戦時下の日本語は、決して遠い時代のことではない。国語教育、とりわけ作文教育が果たした「綴り方」という精神教育の歴史を記憶にとどめておく必要があるのではないだろうか。戦時下では教育が極端な視野に狭められ自由な表現を奪う一方で、銃後の覚悟を培養していった事実は、今日もアジアとの友好関係を結んで行く際にも忘れてはならないことである[13]。

今後の研究課題としては、さらに戦時下に行われた綴り方教育、しかも内地と外地での相違点を検証すること、とくに外地においては「異文化」との接触がどのように意識されていたのかを探っていきたい。同時に「この道を

まっすぐ行きます、この道を行きます、あらし吹く日も」という純粋さ、一徹さを徹底して唱導した、国分一太郎のような国語教師の戦中から戦後の軌跡についても関心をはらっていく必要があろう。

注

1 例えば『文藝春秋』2012年9月号の特集は「太平洋戦争：知られざる証言」であった。以後も、例年各種の種の雑誌で関連特集が組まれている。
2 昭和15年9月2日、「児童文化協会設立準備会」の正式名が「日本少国民文化協会」（略称「少文協」）と決まった。「少国民」とは戦時下の子どもたち、「国民学校」に通学する生徒たちのこと。国民学校は「皇国の道に則りて初等普通教育を施し、国民の基礎的錬成をなす」ことを目的とした。国家主義的色彩の強い教育方針が採用された。三國一朗(1985)、山中恒(1975, 1986)等を参照。
3 新居格は1888.3.9～1951.11.15。徳島県生まれ。東京帝国大学政治学科卒。読売新聞、東京朝日新聞の記者を経て文筆業となる。本書については小川(2009)の考察がある。なお、『支那在留日本人小学生綴方現地報告』および『戦地の子供』は早稲田大学中央図書館所蔵のものを参照した。扉写真掲載に関して関係当局のご厚意に感謝申し上げる。
4 軍歌「日本陸軍」は大和田建樹作詞、深沢登代吉作曲で、「出征」から「勝利」まで10番あり、1904年に発表された。唱歌「日の丸の旗」は高野辰之作詞、岡野真一作曲により1911年に発表された。辻田真佐憲(2014)などを参照。
5 「シイサン」または「シンサン」は「先生」の広東語発音。ここでは「旦那」と言った親しい呼び掛け語として用いた。「シンジョ」または「シンジョウ」は「進上」のこと。国分は同書『戦地の子供』の中で次のように述べている。（／は段落。下線は引用者）

　　シンジョウというのは、南支那ばかりでなく、北支那、中支那、海南島にわたってひろく使われている日本語です。<u>この度の事変が、支那人に教えためずらしいことばです。</u>／まだびくびくとおびえている人々や子供たちを安心させるために、兵隊さんは第一に物を与えました。菓子を与えたり、残った飯を与えたり、日の丸の旗を与えたり、いろいろの物を惜しげもなく与えました。その時、どの兵隊さんも、「進上（シンジョウ）」といいました。（中略）／それを度々聞き慣れた子供たち

は——タバコを下さい、というかわりに、——タバコ進上！　というようになったのです。シンジョウは「下さい」のことだと思ってしまったのです。このシンジョウは、乞食や今日食う飯にも困る戦地の人々の間に、電気のようにつたわりました。誰も彼も、シンジョウ、シンジョウをくりかえすようになりました。／シンジョウにつきものの言葉は「アリガト」です。シンジョウ、シンジョウとせがまれて、何かをやれば、きまって「アリガト」というようになりました。そしてしまいには、もらわぬうちから、——アリガト、シンジョウ、——たばこシンジョウ、アリガト、シンジョウ、こういうようになりました。　　　　　　（『戦地の子供』32–35）

6　ピジン、或いはピジン語とは異言語間の意思疎通のために自然に作られた混成語のこと。前田（2003）にも本書中に描かれた場面について、ほぼ同様の指摘がある。

7　このほか、少年少女の書いた作文集では国際連盟協会児童部編輯『現地で見た日支事変—在満支那人児童の感想文』（国際連盟協会発行、昭和7年12. 115頁）がある。筆者はこれを英国ロンドン大学SOAS図書館で閲覧した（田中 2007）。

8　国分一太郎の研究については前田均（1998, 2001）の研究に負うところが大きい。なお、国分についての最近の研究では津田（2010）のほか、1959年に出版された著作の復刻（国分 2012）が出されるなど、再評価の兆しもある。

9　国分一太郎の派遣にからんだ松永健哉については「日語学校」という創作がある。登場人物のなかには国分がいたことも想像される。宣撫班編集による『日本語会話読本』の本文もカタカナ漢字混じり表記であった。なお、宣撫班による日本語教育普及については第1部の各章を参照。

10　川村湊は『作文の中の大日本帝国』（2000）で次のように指摘している。「『戦地の子供』は、国分一太郎の生活綴り方の論理を裏切っている。それは単に転向とか戦争協力といったことだけではない。内発的で、真実の生活を見ようという生活綴り方の精神そのものが損なわれている」。ここには「書かせる」ことの本質的な問題が提起されている。川村の指摘は現代の国語教育、日本語教育の内省的批判としても受け止めるべきであろう。なお、佐藤正人（2012）は海南島における日本軍侵略の史実を国分の足跡と対比させながら報告している。

11　全集第12巻には「夜の進軍ラッパ」、「とびよ鳴け」、「赤土へくる子供たち」、「少女と老兵士」、「村へ帰った傷兵」など日中戦争中に刊行された童話集の作品をほぼ網羅する。巻末には小川未明自ら「日本的童話の提唱」の一文、日中戦争当時の社会的状況について續橋達雄による解説を収録する。

12　例えば『国語文化』1–1 特輯：言語と児童文化（1941.11）は以下のようなものであった。国分一太郎、石森延男らの名前が見える。詳細は巻末附録を参照。

「国語問題と少国民文学」吉田甲子太郎／「支那に於ける国語教育と児童文化の問題」国分一太郎／「朝鮮児童の場合」金素雲／「航空日の朝」石森延男／「文化言語・文化国語」河野伊三郎

13　本章では戦時下に書かれた「軍国童話」を「戦時童話」と称して検証したが、反戦文学の立場から書かれた「戦争童話」では野坂昭如(2003)をはじめ一連の著作や今江祥智(2011)などがある。

参考文献

今井祥智(2011)『戦争童話集』、小学館文庫.
岡田英樹(1997)「歪んだ言語風景―「満州国」における言語の相互浸透」、『近代日本と「偽満州国」』、不二出版. 130–141.
小川直美(2009)「大陸の幻想―『支那在留日本人小学生綴り方現地報告』から」、『大阪経大論集(人間科学部特集号)』58–7　大阪経済大学.
小川未明(1977)『小川未明童話全集』第12巻、講談社、解説：續橋達雄.
川村湊(2000)『作文のなかの大日本帝国』、岩波書店.
国分一太郎(1940)『戦地の子供』、中央公論社出版.
国分一太郎(1941)「支那に於ける国語教育と児童文化の問題」、『国語文化』1–1　55-66　国語文化協会、育英書院.
国分一太郎(1959)『君ひとの子の師であれば』、新評論(復刻版2012)東洋館(1951).
桜井隆(2012a)「満州ピジン中国語と協和語」、『明海日本語』第17号、明海大学.
桜井隆(2012b)「日中語ピジン―「協和語」への序章」、『明海大学外国語学部論集』24.
佐藤正人(2012)「海南島における非軍人日本人の侵略犯罪7」、『海南島史研究』2012.3.4
　　(http://blog.goo.ne.jp/kisyuhankukhainan/e/5174158532ee4725cff2fddebefd64c8)
高橋隆治(1975)『戦争文学通信』、風媒社.
田中寛(2007)「英国ロンドン大学SOASに所蔵されたる稀少文献」、日本植民地教育史研究会編『植民地教育史年報』第10号、皓星社.
辻田真佐憲(2014)『日本の軍歌　国民的音楽の歴史』、幻冬舎新書.
津田道夫(2010)『国分一太郎―抵抗としての生活綴方運動』(新版)、社会評論社.
中村重穂(2004)「宣撫班本部編『日本語会話読本』の文献学的考察―その成立過程をめぐって」、『北海道大学留学生センター紀要』第8号、北海道大学留学生センター.
野坂昭如(2003)『戦争童話集』、中公文庫.

前田均(1998)「国分一太郎の戦時下の作品について」、『天理大学学報』49–2.
前田均(2001)「国分一太郎の従軍体験に基づく作品群」、前田富祺先生退官記念論集刊行会編『前田富祺先生退官記念論集日本語日本文学の研究』、非売品.
前田均(2003)「在外児童作文集に見る言語混用の実態―日本語と中国語を主にして」小島勝編『在外子弟教育の研究』、玉川大学出版部.
松永健哉(1940)「日語学校　若き兵隊(二)(三)」、『日本教育』昭和16年10月、11月掲載、本書附録に収録.
三國一朗(1985)『戦中用語集』、岩波新書.
山中恒(1975)『ボクラ少国民』、辺境社(講談社文庫1989).
山中恒(1986)『子どもたちの太平洋戦争　国民学校の時代』、岩波新書.
山中恒(1989)『暮らしの中の太平洋戦争　欲シガリマセン勝ツマデハ』、岩波新書.
山中恒(2001)『新聞は戦争を美化せよ！　戦時国家情報機構史』、小学館
山中恒(2005)『アジア太平洋戦争史　同時代人はどう見ていたか』、岩波書店.
山中恒(2010)『戦時児童文学論　小川未明、浜田広介、坪田譲治に沿って』、大月書店.
山中恒(2013)『少国民戦争文化史』、辺境社.

第3章
戦争が遺した日本語(2)
「憲兵支那語」「軍用支那語」を中心に

> 幸いに皇軍将士は支那語の研究に、最も大切な対象に恵まれている。日常の雰囲気が支那語の研究に持って来いである。私は皇軍将士大胆に機に対して会を掴んで実際に語学の練磨をせられんことを切望して止まないものである。
> （『軍人必携　実用支那語会話』序文）

1. はじめに

　本章では戦時下に作成され、使用された中国語の会話書のうち、「警務・警察支那語」、「憲兵支那語」、「軍用支那語」の概要、特徴について考察する。警察官、憲兵、さらに前線での兵士および現地対人接触に用いられた、中国語教育史の空白部分ともいうべき具体的な言語資料である。同時にこれらの「支那語」の対訳に記された日本語もまた「負」の遺産となった実態を検証する。

2. 「警務・憲兵支那語」、「陣中会話」から「軍用支那語」へ

　会話には種々の目的と場面が考えられるが、本章で扱うのは警務上、または軍務上、警察や兵士が携行し、必要なコミュニケーションをとるための会話集である。その一貫した特徴とは一方的に相手に問いただし、訊問するといったもので、必ずしも双方向の意思疎通を意図したものではない。さらに会話本文は多くの場合、日本人が発する質問にはぞんざいな普通体が、対する現地中国人の応答文には丁寧体が用いられるなど、力関係が明確に表されている。端的にいえば、支配勢力が非支配勢力に対して上から隷属させるための会話集である。「軍用支那語」はその最も具現化された形態であるが、その前身は、以下にあげる警察官や憲兵が訊問や取調べに使用した場面別の

会話集であった[1]。これらもまた植民地化、侵略の「鉄証」（確証）として記憶にとどめるべき負の遺産であろう。これまでこれらの存在や会話本文の表現的特徴、語彙的特性など、その実態については言及されることが少なかった。

　筆者が「軍用支那語」に関心をもったきっかけは、中国の抗日ドラマに登場する日本兵士の発話もそうであったが、偶然、都内の古書店で『支那語早わかり』（後述）を入手したことが大きい。以下、主要なもの数点を発行順にあげ、要約する。その他、雑誌連載の関連記事、教材も紹介する。本文は中国語が主体であるが、訳文の日本語の語彙表現、文体にも着目する。

2.1.　『満洲警察用支那語会話』

　渡会貞輔著。昭和3年5月。大連・日清印刷所発行。サイズは18.2×10.5センチ。恭親王題字「善隣源本」1頁、序3頁、例言（凡例）2頁、目次3頁、本文は287頁となっている。上下2編から成り、上編は主として日常の一般会話、下編では警察用語を採録。上半分が中国語会話、下半分が新出字の発音をウェード式ローマ字綴りで示し、中国語の日本語訳文があり、注を設けて単語の意味解説が附されている[2]。上編の一般会話はごく簡単な表現から高度な会話へと進む。内容が高度になるにつれて新出語彙のみの注がつく。下編の会話は「調査戸口」「巡察警」「警戒防備」「取締営業」「取締娼窯（上）」「取締娼窯（下）」「取締当質」「取締車馬」の8課から成る。「娼窯」は「貸座敷業」とある。新出漢字の注音はなくなり語注もない。内容はかなり高度であり、これを自在に使用するには相応の訓練を要することが推察される。著者は東京外国語学校清語学科専修科第13期修了生。六角（1995）によれば「佐藤留雄・秩父固太郎・武田寧信・米田祐太郎らと同期で、「満洲」中国語界で活躍した一人」でという。次に序を一部引く。支那語修得が民心安定に如何に必要かを強調している。

　　　我が警察権を行使する地域は南満洲鉄道沿線及附属地をも包含して居るを以て実質に於いて警備区域が広汎であり、居住民か邦人のみでなく多くの中国人其の他の外国人が雑居して居る為、内地の警察に比して特異な点が多

く、其処に国際警察官としての困難を加重せられ、従って一層の努力を払っている次第である。即ち支那語の修得は其の一であって、居住民の大多数を占めて居る中国人に対し、接遇を能くし又我が官憲の真意を解せしめ、且つ我が警察を完全に行使するに最も緊要であることは敢えて贅言を要せない所である。

ほかに「警察」と銘打ったものでは『対訳警察日語会話指南』（文化普及会編、満洲図書文具株式会社）が『北京近代科学図書館新着図書目録』に見えるが、発行年は不明である。

2.2. 『警務支那語会話』

桜庭巌著。大阪屋号書店発行。昭和15年8月。サイズは15.1×8.7センチ。東京憲兵隊加藤泊次郎による序文2頁、北支派遣軍部隊長憲兵大佐土砂勝七による序文2頁と、青島特別市警察局副局長対馬百之による序文3頁、青島総務局長周家彦による序2頁がある。こうした「序文」の多さは本書が大きな期待を以て迎えられたことを意味している。さらに再発行について3頁、目次が6頁、本文520頁、附録10頁となっている。

本文は前編・中編・後編と附録から成る。前編は「支那語普通会話ノ一部」として2部から成る。第1節は挨拶用語他、常用一般挨拶語。第2節では第1章から第6章まで訪問、初対面、紹介、謝礼、相談、訣別。中編は「雑ノ部」として「警察用語としての散語（壱千語）」と記してある。後編は「会話ノ部」として本書の中心部分で、33章にわたり警務の各種の場面を設定した会話である。附録は掲示文例として役所の公示文や一般道路、公共の場での掲示文を収録。各編とも全頁上下2段に分け、上段に中国文、下段にその日本語訳を配する。中国語は前編「支那語普通会話ノ一部」のみカタカナで注音、日本語の訳文も漢字カタカナによる表記である。著者は明治45年3月東京外国語学校清語学科専修科第14期修了生、元陸軍通訳とある。

なお、この前身とも思われるものが『支那語警務会話』（東京外国語学校教授岡本正文閲、青島憲兵隊通訳桜庭巌編、大阪屋号書店、大正11年）である。「支那語」と「警務」が入れ替わっただけだが、サイズもほとんど変

わらず、目次構成もほぼ同一と見てよい[3]。序は青島警務部大橋常三郎が記した。本文は 372 頁、附録は 46 頁であった。「大正本」と比べて「昭和本」は百頁以上の増修訂となっている。ちなみに大阪屋号書店は当時最も多くの語学書を出版した。前掲書ともいずれも中編、後編ともに紙面の制約上本文中国語の注音もないことから、通訳困難時には「指差し」による手段も執られたのではないかとも推察される。

2.3. 『憲兵支那語会話』

　中澤信三著。昭和 17 年 2 月。螢雪書院発行。定価 85 銭。サイズは 12.8×9.0 センチ。陸軍憲兵学校校長陸軍少尉三浦三郎序 2 頁、緒言 4 頁、目次 8 頁、本文 252 頁となっている。定価 85 銭とある。「会話材料を主として中支の憲兵二十数氏の実際の体験に求めた簡明なる支那語会話集」とある。

　最初に発音略解が 12 頁にわたって簡単な説明がある。この後、検問、検索、検挙・逮捕・押送・検証・訊問取調・警備・受付の 8 項にわけて会話が収められている。各頁とも上段部分が日本語、下段部分に中国語訳があり、中国語にはカタカナと圏点で音と声調が示されている。必要に応じて単語の説明がある。「現地携行携帯至便」を重視したサイズである。

　「警察」「警務」を主務とする「支那語」会話本は満洲から関外、とりわけ租借地を優先して山東省青島に浸透拡大したのち、中国大陸全般での使用にいたったもので、名称も改称していくことになる。内容として「著者は多年の経験に基づき現地憲兵警察の実務に必要なる会話を 1 冊に纏めて編纂、発音入門及び総てに仮名を附して直ちに応用出来るように苦心し多くの材料を集めた」とある。具体的な材料として次のように緒言で述べられている。実務的色彩が強い（下線、引用者。以下同様）。

　　　本書所載の会話材料は主として中支の憲兵二十数氏の実際の体験に基づくもの及び私自身の経験したものから取捨選択した。為之憲兵支那語と称するも現地各部隊の幹部及び通訳官並びに警察官各位の実務上にも共通する点が多々あると信ずる。

目次は以下のようになっている。第四「押送」(犯人や捕虜の護送)は「検証」「訊問取調」とともに憲兵支那語の中枢部分である。

第一　検問(路上検問・城門検問・停車場検問・埠頭検問)
第二　検索(民家検索・旅館検索・飲食店検索・妓楼検索・鴉片館検索)
第三　検挙逮捕
第四　押送
第五　検証(鉄道爆破現状検証・強盗事件検証・殺人事件検証・放火事件検証)
第六　訊問取調(司法訊問・高等訊問)
第七　警備(戒厳・御警衛・列車警乗・船舶警乗)
第八　受付(面会人・出頭人・出入商人許可証受領者・陳情・報告)

　著者は東京外国語学校支那語学科文科を昭和4年3月に卒業した第30回生。後述の『支那語雑誌』にも憲兵会話、陣中会話を連載している。緒言によれば満洲事変から支那事変と続いて陸軍通訳として約8年満洲と華中で勤務。陸軍通訳を終わる最後の1年余の間、中支憲兵隊司令部に在職。この時期に本書を執筆した。帰国後は陸軍予科士官学校教官陸軍憲兵学校の教官となる。こうした関係から巻頭に陸軍憲兵学校校長陸軍少将三浦三郎の推薦の序がある。中澤は後述するように以後、多くの軍用支那語を著すことになる。

2.4.　『支那語雑誌』掲載の戦時支那語

　雑誌『支那語雑誌』(主幹　宮原民平)に掲載された中国語情報も当時の中国語学習隆盛の状況を具体的に示している。本誌は昭和16年に螢雪書院から月刊学習書として刊行され、毎号充実した中国語教習の記事を掲載したが、そのなかに軍事語学、戦時語学についての話題提供も少なくなかった。以下、掲載記事について、この観点からふれておこう。

2.4.1.　「陣中会話」(1)の実態

　昭和16年5月号から8月号まで掲載された。執筆者は梅村三郎。(1)宿

泊、(2) 行軍、(3) 訊問、(4) 輸送。中国語にカタカナと圏点による発音表記のほか、不完全ながらローマ字表記も添えてある。中国語の隣には日本語訳がある。注には語彙、文法の説明がほどこされ、それぞれ、使用頻度の高いと思われる文例が 2〜3 頁にわたり 10 個前後収録されている。文例は総計 52 を収める。

2.4.2. 「憲警実務会話」の実態

昭和 16 年 10 月号から 12 月号まで掲載された。執筆者は後述する東京外国語学校出身の中澤信三。「検問」「検索」「押送」の関連句を収録。「市民証を見せろ」「上衣をぬげ」「憲兵隊まで来い」といった命令形短句を多用した日本語文例に中国語とカタカナ、圏点による発音表記が附されている。各号に 30〜50 文例ほどが掲載されている。文例は総計 142 例を収める。

「押送」では以下のような文がある。「今日お前を他処へ連行する」「他処へ行くとしても別に心配せんでもよい」「そのかはり途中で逃げやうとしたらすぐ打ち殺すぞ」「旦那、私はお肚がすきました」「もう少し待て、食べさせる時期になったら食べさせてやる」「旦那、煙草をのみたいですが買ってください」「贅沢を言ふな」「お前しよつ中、身体をもぢもぢさせてるがどうしたのか」「虱がたかって痒くてたまらないのです」「旦那、家にはおふくろがゐるのです、一目会いたいです」「後でゆつくり会はしてやるよ」等々。上段に日本語、下段に中国語を配して右傍にカタカナによる発音表記が付されている。著者の中澤信三は同雑誌において「兵隊支那語より一歩前進」というコラムでこれまでの片言の中国語の弊害を説き、通用する「支那語」を提唱しているが、従来と五十歩百歩の内容・レベルであった。呼称語に「旦那」の使用が多く見られるのは興味深い。

2.4.3. 「陣中会話」(2) の実態

昭和 17 年 1 月号から昭和 18 年 3 月号まで掲載された。2.4.1 よりも内容は実践的である。執筆者は同じく中澤信三。これまでの「憲警実務会話」をさらに「汎用性を濃く」、「範囲を広く」して連載が始まった。体裁はほぼ従来を踏襲、日本語、中国語(カタカナ、圏点による発音表記)、語彙、説明か

ら成る。「訊問に際しての会話」「戒厳に際して」「苦力使用」「買物」「宣撫（一）」「宣撫（二）」「宣撫（三）」「宣撫（四）」「宣撫（五）」「伝令」「野天風呂」「偵察（通行人に敵情を訊く）」「苦力使用（室内掃除）」の計 13 回、提出文数は計 233 である。

　ここではとりわけ「宣撫」についての会話文が豊富である。「宣撫（一）」では「我々日本軍が来たのだ。お前たち安心しろ」「もし敵に加担し我軍の行動を邪魔すれば断然処分するぞ」などの会話文のほか、「宣撫（三）」では「これは何ですか」「日本語読本です」「みなさん、日本語を習いなさい」、「宣撫（四）」では「誰か日本語の出来る者はいないか」、「宣撫（五）」では「子供と遊ぶ」という会話があり、「日本の唄、歌えるか」「僕達は愛国行進曲を歌える」といったやりとりが見られる。「日本語読本」など、具体的な教材名が示されているのも興味深い。

2.4.4.「軍用語特集号」の文例と軍用語彙

　同雑誌には昭和 17 年 9 月号特集号として、60 余頁にわたり次のように分担執筆により掲載された。この時期には相当、整備されてきたと思われる。

・「軍の布告」執筆者は木村愛香。公用文の実例三例を挙げて説明。
・「行軍」執筆者は中澤信三。26 の常用句を挙げて説明。
・「宿営」執筆者は木村愛香。52 の常用句を挙げて説明。
・「巡察」執筆者は木村愛香。70 の常用句を挙げて説明。
・「偵察」執筆者は湯山昇。28 の常用句を挙げて説明。
・「輸送」執筆者は湯山昇。41 の常用句を挙げて説明。
・「施察」執筆者は中澤信三。32 の常用句を挙げて説明。

いずれも 2～3 頁の分量。このあとの「軍用単語会話集」（編集部）には「宣撫」「雇用」「作業」「歩哨」「訊問」「購買」の各項につき、(1) 単語と (2) 会話を収録。単語のほか短句常用句を挙げている。日本語、中国語（カタカナ、圏点による発音表記、ローマ字表記）の順。

2.4.5. 中国語ブームのなかの「憲兵支那語」の侵略性

　こうした会話書、および次章で述べる軍用支那語を用いて、或いは検挙された諜報員や不当に扱われた人民をきわめて簡便に、不正確な中国語によって訊問、取り調べをした結果、中には「特移扱」としてハルビン平房の関東軍「七三一部隊」の特殊監獄に移送され、人体実験に処せられたケースもあったかもしれない事態を想う時、こうした軍用支那語の果たした役割について、深く記憶にとどめておかねばならない[4]。

　これらの連載がのちに後述する『憲兵支那語』(1942)、『軍用支那語大全』(1943) に集大成されていくことは想像に難くない。こうして戦時色の強い「学習書」が広く出版されていったが、当時、学術的な成果がまったくなかったわけではない。倉石武四郎『支那語教育の理論と実際』(1941) のほか、カールグレンの著作が翻訳されたりしたことはその一例である[5]。

　なお、『支那語雑誌』出版の螢雪書院は「支那語」のほかにも『馬来語会話教本』(南方連盟編、拓大教授宇治武夫、東京外語ラデン・スヂョノ)、『安南語会話』(安藤信一・高橋常雄著) などを出版し、戦時下の語学書出版の大手であった。日本語の普及を目的とした『月刊日語指南』(主幹東京外語教授神谷衡平、編集長善隣高商教授岩井武男) なども発行した。

　このころ中国大陸進出にともない、空前の支那語ブームが湧き起った[6]。これを反映してか、『支那語雑誌』(宮原民平主幹) は昭和 16 年から昭和 19 年まで続いた。執筆陣も多彩、読者の欄も充実して、読者の意見と編者との忌憚ない議論や、時には中国人を含めた論争にまで発展している。後に福建語・広東語・蒙古語・馬来語・上海語会話講座も掲載された。

　一方、日本語と中国語を入れ替えることで、双用会話集も量産された。珍袖版『日語指南』(川瀬侍郎、大阪屋號書店、昭和 8 年 10 月) は出色である。現地日本語学習者に供するもので、著者は黒竜江省嘱託とあるが、詳細は記載されていない。冒頭の注音符号に続いて (1) 単語篇 (第一～第十八)、(2) 単句篇、(3) 散語篇、(4) 語尾変化篇、(5) 感嘆辞篇、(6) 陪伴辞篇、(7) 動辞・形容辞篇、(第 1 ～第 108) を収録し総 294 頁。奥付広告によれば一般の日本語教科書、学習書のほかに鉄道警備や警護のための『鉄路日語会話』、『警察日語会話』(いずれも北京・大亜印書局) なども出版されている。

3. 「軍用支那語」の実相と展開

　以上述べてきた軍事語学の進化した語学書の形態として、数点をあげて検証する。警務・憲兵支那語から断続的に掲載され出した陣中会話を経て、次第に「軍事中国語」の輪郭が形成されていった。軍事支那語、或いは軍用中国語については、中国語教育史からの考察で鮎澤（1995）、内田（2001）、小林（2004）等の研究において断片的に記されている。会話本文の表現的特徴、語彙的特性等、その実態については言及が少ないのが現状である。ここでは筆者が渉猟した以下の 7 点の著作（刊行順）について略述する。六角恒廣編『中国語教本類集成』（第 10 集第 2 巻）未収は B、D、E、G の 4 点である[7]。

　　A：『陣中速成軍用日支会話』軍事普及会編　1938.1　武揚堂書店発行
　　B：『皇軍必携実用支那語』代表者保々隆矢　1938.9　日満教育協会編纂
　　C：『現地携行支那語軍用会話』杉武夫編　1940.9　外語学院出版部発行
　　D：『軍人必携実用支那語会話』杉武夫著　1942.7　大修館書店発行
　　E：『現代実用支那語講座第 14 巻陣中会話篇』陳白秋編　1942.9　文求堂書店
　　F：『軍用支那語大全』武田寧信、中沢信三編　1943.9　帝国書院発行
　　G：『昭和十九年印刷　支那語学教程』著者、発行日、出版社とも不明。

3.1. 『陣中速成軍用日支会話』

　軍事普及会編、昭和 13 年 1 月発行、武揚堂書店。サイズは 12.8×9.6 センチ。序 4 頁、目次 3 頁、本文 182 頁、奥付 1 頁。ポケット判の小型本。序に「満洲国或は支那の現地で、朝夕彼の国の人達に接する軍人が使用する語句のなかで必要最小限を集め、勤務上の便を図ったもの」とある。3 章から成り、そのうち数項を設ける。第一章単語は其一から其十三まであり、主要国名と地名など関連単語も収める。第二章短句は其一から其四まで、常用句、禁制句、看板類用語、同句異義を収める。常用句は一般会話で対句形式をとり、上段に日本語、下段に中国語を配してカタカナ発音をそえる。第三章会話は其一から其十まであり、問路、宿営、購買、工事、斥候、

歩哨、訊問、演習、看病、宣撫の項がある。序をみてみよう。

　　本書は満洲国或は支那の現地で、朝夕彼の国の人達に接する軍人が使用する語や句の中で、必要最小限を集め、以て勤務上の便を図ったものである。軍用の名は此処から来たのだ。附言するが、満洲国語と支那語とは実質上は全く同一である。

として「軍用」の所以を説明する。発音に関しては説明は簡略、カタカナ発音のみで「書いてある通りに話す」ほか、「日常接する学生らに読んでも貰い真似ること」との都合のよい説明がある。速成である以上、やむを得ない措置ではあった。同書は前年7月の盧溝橋事件をとらえて浸透し始めた軍用支那語の走りであったといえよう。

3.2. 『皇軍必携 実用支那語』

　著者兼発行者は保々隆矣（代表者）。昭和13年9月。日満教育協会編纂。127頁。110版。サイズは12.8 × 9.0センチ。御挨拶2頁、編者のことば2頁、目次2頁、本文116頁、奥付1頁から成る。最小型の珍袖本で、表紙には赤の二色刷り、軍歌「日本陸軍」（「天に代わりて不義をうつ」）の楽譜と歌詞が背景に描かれている。上段に日本語、下段に中国語を配している（章末写真③）。中国語にはカタカナで発音表記がなされている。どれほどの部数が出版されたか判明しないが、奥付の110版とあるように相当数であったことが想像される。定価は特製15銭。表紙を開けると中表紙の代わりに「御挨拶」（以下、謹啓、敬具を省略）がある。当書が「慰問」用としても作成されたことがわかる。

　　我が皇軍将兵各位が尽忠報国の念に燃えて、砲煙弾雨をも物ともせず、日夜御奮闘遊さるるのを見聞します毎に、私等銃後の国民は感謝、感激の念に胸が迫ります。せめて皆さんに後顧の憂いなきようにと、官民上下一致協力して努力致して居りますから、此の点は御安心下さって、益々祖国の為め御活躍願います。

本書は些々たるものではありますが、御役に立つだろうと思いますから何卒御受納下さい。茲に謹んで貴下の武運長久を祈り、一言御挨拶とします。

　このあとに、「日付」「住所」「姓名」、宛名「殿」の記入欄がある。これを書き送った国民、そして受け取った「将士」はどのくらいいたのだろうか。「編者のことば」には「便利第一主義」として「どうしても通じない場合は文字を指で示す」ように書かれている。その最後に次のように書かれている。

　　<u>本書は多少とも皇軍勇士達の慰問になるよう考案した</u>。ダカラ語学書より少し遊離しているが致し方ない。此の点は大方の諒察を乞う。

本書の構成を見てみよう。第1篇から第5篇までは以下のようである。

　第1篇　必要なる軍用語
　　歩哨、訊問、斥候、宿営、行軍、輸送、作業、宣撫に関する会話文、
　第2篇　単語
　　人称、位置方向、地理、皇軍占領及び爆撃地名、支那の主要人物名、軍隊名、兵器
　第3篇　「基本的の語句について」
　　数の呼び方、物の数え方、年月日、金銭の呼び方、代名詞、疑問詞、肯定否定詞、接続詞の二三、動詞の主なるもの、其の他形容詞・助詞・助動詞・副詞の中主なるもの
　第4篇　普通会話
　　問い方答え方、買物、乗物、食事、旅館、道を尋ねる、写真を撮る、風呂、調髪、訪問
　第5篇　支那事情一班
　　支那兵、支那人気質、陣中笑い草（同文異義）、支那料理の種類鑑別法、支那人とその趣味、社会相さまざま

第 5 篇は予備知識的なメモであるが、「社会相さまざま」を例に取れば男娼、賭博、貯妾など、偏見に満ちた内容である。

軍用支那語の本質は第 1 篇の「必要なる軍用語」の「はしがき」に如実に述べられている。長くなるが、類書の共通した特徴でもあるのでそのまま引用する。ここでも後半に「指差し」指示の励行が書かれている。

　　皇軍将士の大部分の方は支那語の素養を持って居られぬ。「言う口」も「聞く耳」も持たれぬ。然し前線でも後方勤務でも多少の支那語は必要である。<u>就中自分の意思を先方のへ伝えることが何よりでその返事が耳に入らなくても先方の行動で結果は得らるるから不充分でも効果はある訳である。</u>／本編は斯かる見地から「語学研究」の態度より離れ、<u>実用を旨とし一方的の言葉のみを多く掲ぐる</u>ことにした。又発音が悪くどうしても通ぜぬ場合は此の書中の文字を指示すればよい。（／は改行）

「将兵」には漢字が読めない場合も想定されるとして、第 5 篇のみ漢字にはすべてルビが振られている。

3.3. 『現地携行 支那語軍用会話』

杉武夫編。昭和 15 年 9 月。外語学院出版部発行。サイズは 13.1×9.4 センチ。例言 1 頁、陸軍省情報部長陸軍大佐松村秀逸序 1 頁、目次 8 頁、本文 286 頁、奥付 1 頁。編者例言に「大陸の第一千に於いて或は警備に或は治安宣撫工作に当たり、必要欠くべからざる会話、演説、布告、伝単等を納めたもの」とある。目次は「支那語発音について」、第一篇「日常会話」は第一章から第十四章までの入門的な会話。第二篇が主要部分で「軍用会話」となって 28 章からなる。上段が日本語、下段が中国語であるが、発音はカタカナ表記のみである。第三篇「軍用演説」は、主として一般中国人に対する軍からの「安民布告」や「治安維持」などで 14 件を収めるが、発音表記はない。第五篇「伝単」は一般住民向けの宣伝ビラの文類 13 件を日本語、中国語の順で収める。編者は東京外国語学校支那語学科を大正 13 年に卒業した第 20 回生。関東軍司令部の通訳官をした経歴をもつ。杉武夫は後述の

『軍人必携実用支那語会話』も手がけた軍人支那語編纂の第一人者であった。

3.4. 『軍人必携 実用支那語会話』

東京・大修館書店。前関東軍司令部通訳官、現東京外国語学校教授杉武夫著。昭和17年7月再版。サイズは14.7×8.2センチ。198頁。2,000部とあるが、正確な印刷数は不明(章末写真④)。陸軍省人事局長陸軍中将冨永恭次序文のほか、大本営陸軍報道部長、陸軍省報道部長陸軍大佐大平秀雄の序など冒頭には賑々しい文言が続く。目次は以下の通りである。

【第一篇】　緒言　軍事支那語研究法について
【第二篇】　軍用会話
第一課　歩哨誰何と訊問、第二課　不審訊問(1)、第三課　不審訊問(2)、第四課　鉄道警備、第五課　巡察、第六課　警乗(1)、第七課　警乗(2)、第八課　行軍(1)、第九課　行軍(2)、第十課　行軍(3)、第十一課　昼食準備、第十二課　設営(1)、第十三課　設営(2)、第十四課　宿営地における使役、第十五課　物資調弁、第十六課　苦役の使役、第十七課　前線への輸送、第十八課　作業(1)、第十九課　作業(2)、第二十課　通匪者の訊問、第二十一課　軍情の訊問(1)、第二十二課　軍情の訊問(2)、第二十三課　敵情の捜索、第二十四課　村落の偵察、第二十五課　土民への宣撫、第二十六課　土民への威嚇、第二十七課　俘虜に対する訊問(1)、第二十八課　俘虜に対する訊問(2)
【第三篇】　普通会話
第一課　日常の挨拶(1)、第二課　日常の挨拶(2)、第三課　職業状態、第四課　財産収入、第五課　家庭の状態、第六課　健康、第七課　人力車に乗る、第八課　人力車を雇う、第九課　飲食物、第十課　買物(1)、第十一課　買物(2)、第十二課　ボーイの雇い入れ、第十三課　道を聞く、第十四課　電話をかける、第十五課　食事、第十六課　旅行、第十七課　旅館、第十八課　宴会(1)、第十九課　宴会(2)、第二十課　支那料理

第二篇「軍用会話」は120頁、第三篇「日常会話」は60頁の分量である。著者は自序において、本書の刊行する意義を「作戦遂行上、治安維持上、支

那人を理解し愛撫し協力し、指導する際に支那語の知識が不可欠であるとして、皇軍将士が実際に運用できる平易な語句表現を収めた。「軍用会話」に「普通実用会話」を加え「軍事会話」の体系を完成した。

　　この著が支那満洲国における皇軍将士のための軍事支那語入門の書として、敢えて進まんとする高度の軍事支那語への死馬の骨ともならば、著者望外の幸である。

　日中戦争から太平洋戦争に拡大する過程で、支那語の需要を唱道したものだが、目指すべき「高度の軍事支那語」がいかなるものであったかは想像の域を出ない。さらに、緒言において、著者は「皇軍将士と支那語」と題して、次のように述べている。

　　…又、皇軍将士にとって作戦上治安維持上支那語の必要なことは申すまでもない。そして今日では徒らに通訳にのみ依頼する時ではない。将士自ら支那語を以て支那人に呼びかけねばならぬ時代である。従って支那語に対する態度は、彼のただ漠然と支那語をやってみようと言うような酔興的な人とは確然とした相違がなければならない。

　ついで著者はこうした目的に沿った「軍用支那語研究法」について持論を披歴する。長くなるが、全文を記す。ここでいう「研究」とは「工夫」といった実用的な意味である。

　　<u>軍用支那語は皇軍将士が日常その職務遂行上即ち実用の為に研究さるべきものであるから、支那語の理論的研究に没頭する必要はない</u>。兵馬腔惚（引用者注：戦争のために忙しく慌しいこと）の間かかる暇は許されないから、先ず支那語の語句を暗記してそれを実際会話の上に応用することが第一歩である。ところが支那語学習者にとっては、この暗記が最も困難らしく見受けられる。かの子供を見よ、人間には何人でも通達し得る一つの技術がある。それは即ち言語の術である。吾吾は生まれながらにして言語を物にする性能を

賦与されている、幼児はこの性能を顕在の状態で備えている。子供は母国語をものにしたと同じ態度で第二第三の外国語を容易にものにする。大人もこの性能を持っているのだが、概して之を潜在の状態で持っているから大人と雖も努力次第ではこの暗記力を元に返すことは決して困難ではない。旬も外国語を修得せんとするものが努力せずして上達しようなどと思うのは間違いで、暗記しては之を実際に応用するに当たっては、やはり勇気が必要であり大胆でなければ上達は期し難い。<u>幸いに皇軍将士は支那語の研究に、最も大切な対象に恵まれている。日常の雰囲気が支那語の研究に持って来いである。</u>私は皇軍将士に対して大胆に機会を掴んで実際に語学の練磨をせられんことを切望して止まないものである。

暗記主義の徹底と、積極的な民衆への接近を説く。さらに「日本を諒解せしめ」、「意思を疎通し感情の融和を図る」には、言語の運用が不可欠であり、真の宣撫工作の実をあげることができるとする。外国語学習書でありながら、本文は日本語の対訳である。特筆すべき点は本書によって初めて従来の縦書きから横書きに組版が変わり、即ち各頁には日本語を中央から左側に、中国語を右側に配した。日本語文の漢字にはルビをふり、中国語には各字につきカタカナで発音表記し、声調は圏点、すなわち字音の四隅に「○」の記号を附して示した（左肩：第二声：下平、左下：第一声：上声、右肩：第三声：上声、右下：第四声：去声）。さらに本文の後には索引があり日本語の語彙から検索できるようにしてある。942 語を収録。こうした配慮は軍用支那語会話書として最も「進化」した形態であるといえよう。

3.5. 『軍用支那語大全』

　武田寧信・中澤信三編。昭和 18 年 9 月、帝国書院発行。B6 判 600 頁。サイズは 18.4 × 12.5 センチ。緒言 2 頁、序 3 頁、目次 7 頁、本文 602 頁、奥付 1 頁となっている（章末写真⑤）。分量といい内容の豊富さといい、軍用支那語の総合的便覧である。陸軍大将岡部直三郎閣下推奨序、著者は陸軍大学校教官武田寧信、及び陸軍予科士官学校教官中澤信三で帝国書院発行。序には「本書は軍用支那語と会話・文章・単語の 3 篇に分ち、出来るだけ

平易な支那語を以って会話体に編成し、文章篇は日常目に触れる支那文を正しく解釈し、且つ軍用文の簡単なものは自ら書くことが出来るように、単語篇はもっぱら会話に応用すべき単語も分類蒐集した」とある。内容は以下の通りである。

> 発音釈解・<u>第一篇</u>会話篇(行軍、宿営調弁、輸送、偵察、戦闘、訊問、歩哨、巡察、作業、宣撫、施療、受付、外出)<u>第二篇</u>文章篇(傳単、通告、告示、祝詞、禁札、立札、告示、布告、通告、式辞、招待状)、<u>第三篇</u>単語篇(数、単位、日時、……職業、店舗、衣服……娯楽、交通、政治、軍事など)

第1篇「会話篇」は数句の対話からなり、上段に日本語、下段に中国語、必要に応じて短い語注がある。会話部分は全頁のおよそ7割を占める。第2篇「文章篇」の「白話」は傳単、通告、告示、祝詞の4部、「文話」は書面語で禁札、立札、布告、告示、通告、式辞、招待状の7項。第3篇「単語篇」は関連語を配列して24項にわたる。中国語には片仮名で発音が付されている。

ここでも顕著な特徴は日本語文の普通体と丁寧体の使用である。会話文では「皇軍将士」の日本語が普通体で終助詞「ぞ」「か」の多用である。命令形「しろ」「するな」も非常に多いのは、情報の一方的伝達によるからである。もっとも現地住民は日本語を解さないわけだから丁寧体も普通体も問わないはずであるが、ここには占領者と被占領者の厳格な区分が意識されている。

3.6. 『現代実用支那語講座第14巻 陣中会話篇』

陳白秋編、四六判、平装206頁、文求堂書店、昭和17年9月(章末写真⑥)。

現代実用支那語講座の1冊として組まれたもので「陣中」、即ち前線で活用可能な語彙、表現を整理したものである。第一編から第五編の構成による。

> 第一編　発音に関する注意(発音符号、四声)

第二編　基本語法（主語と述語、目的語、尋ねる言葉(1)、「有」と「没有」、「過去」と「完了」、「否定」、尋ねる言葉(2)、数詞と動詞、禁止、形容詞①、形容詞の動詞化、形容詞の過去と比較、動詞と名詞の接続法、動詞形容詞の名詞化、尋ねる言葉(3)、時間の継続、命令、依頼、予定と希望、可能、不可能、推量、受身、使役、「もし」「から」、「ても」「けれども」）

第三編　陣中会話（購買、作業、宿泊、雇用、輸送、行軍、施療看病、訊問、使令、偵察、宣撫）

第四編　単語と用語（分類一般単語、将校兵士と兵種、兵器兵種と攻防用語、教練用語、支那の度量衡）

第五編　基本単語の使用法

発音表記はすべて縦書き中国語にルビをうつ要領で記されている。紙面の関係で「陣中会話」のうち、「宣撫」の日本語文のみあげる。

　　俺達はお前達を騒がし害を加えることはしない。
　　俺達は勝手にお前達の品物を持って行ったりしない。
　　俺達はお前達を保護して上げる。
　　我々はお前達に損をさせることはしない。
　　元通りに商売をしなさい。
　　我々日本軍は全力を挙げて汪先生の政府を援助する。
　　俺達は日本の診療班だ。
　　病気になった者や怪我したものは無料で診察して治療して上げる。
　　今日本は東亜の民族と共同一致して白人種の圧迫と搾取から亜細亜を解放しなくてはならない。
　　皆は病気を早く直して一生懸命に家業に励んで沢山物を作り出して亜細亜民族解放の戦いに手伝いをしなければならぬ。……

第五編は五十音順に基本単語（日本語中国語対照）を収録する。収録語数は約700語である。見出し語はカタカナ表記。「アタマ」には「アタマヲ洗フ」など、連語も収めている。「基本単語の使用法」では、単語を組み合わせて

使用することを奨励している。

3.7. 『昭和一九年印刷 支那語教程全』

A5判全178頁。発行日、出版社、著者不明。サイズは21.0×14.7センチ。序1頁、目次4頁、本文133頁、附録48頁に支那語音韻組織一覧表折込1枚を収める。中表紙には右肩に「第八四五号」とあり中央に、「本書ニ據リ支那語学ヲ修習スベシ」「昭和一九年四月」「陸軍士官学校長　牛島満」と記されている。明らかに学習者たる対象は中国人以外の日本人ということになるが、目次には本書書名に「留学生隊用」と記されているのは、「留学生」を指揮する組織機関において使用されたものであることが窺われる。紙質は劣悪で奥付もないところから内部関係者用資料として用いられたものであろう。『支那語教程』とあるも、目次からも実質的内容からも紛れもなく軍用支那語教本である。前篇、中篇、後篇に分かれ、それぞれ次のような構成である。「白文」は実用的な文章演説、〈文読〉はさらに一般の文章類型をおさめる。

　　前篇　陣中会話：一　行軍、二　宿泊、三　巡察、四　警察、五　看護、六　施療、七　購買、八　雇用、九　作業、十　輸送、十一　偵察、十二　参観、十三　宣伝、十四　交渉
　　中篇　白文：第一　演説、第二　遊撃戦争、第三　軍事問答
　　後篇　文読：第一　詔勅、第二　榜示、第三　電文、第四　尺属、第五　公文（令、訓令、呈、批、布告）第六　典範例、第七　記事、第八　雑件（軍用命令、軍用報告、松灌作戦紀要）

筆者の手元（日本イスラム協会図書とある）に参照した本書には中国語による書き込みが随所にあり、使用した形跡から中国人学習者であることが窺われる。前篇では各課に中国語本文と日文中訳の作文練習題が10題ほど付せられている。附録(45頁)には単語便覧(日文対訳)、教練用語、簡体字表、支那・満洲各省名主要都市名及びその異称、世界主要国名・及び都市名、支那度量衡、電報日付韻字表、大字と蘇州嗎字、公文呈式、支那語音韻組織一

覧表を収録する。

　このほか、『馬事華語捷径』(辻章吉著、昭和 18 年 3 月、明治堂書店発行。17.2 × 10.2 センチで、馬体図 2 頁、緒言 2 頁、目次 4 頁を含み、本文 194 頁) がある。六角の引用した緒言によれば「我が皇軍の獣医各位が、満洲乃至支那大陸の地に於て、その職務遂行の際、馬事に関する事項を、是非とも相手に支那語を以て命令し、或いは説明し、又理解徹底せしむる場合、役立たしめんが為め」に編纂したものとある。これもまた、紛れもなく「軍事支那語」の範疇に含まれるものである[8]。

　以上挙げたもののほかにも、以下の「軍用支那語」関連物がある。

- 『軍用支那語会話』橋本泰次郎　尚平館　1941.6　190 頁
  陸軍発行新聞「つはもの」連載の支那語講座を実用本位に編纂したもの。
- 『軍事日満露会話』遠藤正一・アヤヌセフスキー・吉田薫
  大坂屋号書店　1941.7　236 頁

　こうして、〈軍用支那語〉は、〈警務・警察支那語〉、〈憲兵支那語〉と〈陣中会話〉の試行を漸次採り入れながら整備されていった。

　　警務／警察支那語会話集：警察官が使用する会話集
　　　　⇓
　　憲兵支那語会話集：警察官や憲兵が使用する会話集
　　　　⇓
　　陣中会話：訊問など実際の前線の場面に沿った実用文例
　　　　⇓
　　軍用支那語会話：陣中会話をさらに精選、特に携行用に集約したもの。

　占領地や戦場での使用を重ねながらより場面を限定、効果があがるように改良を続けた過程がみられるが、これだけでは一般中国民衆との接点は制約されている。ここに、これと並行する形で一般向けの会話集の需要が浮上する。次章ではその代表的な会話集を検証する。

4. 『支那語早わかり』の実相と展開

　日中戦争が火ぶたを切って落とされると日本国内では中国語ブームが席巻し、多くの学習書が生まれたことはすでに述べた。その過程で戦時語学ともいうべき会話書が編纂されたことは長い中国語教育のなかでも特筆されねばならない。その一方で、戦時語学の色を薄め、一般学習書との境界が希薄になって行く様子もみてとれる。以下では『支那語早わかり』が日本国民に中国語を身近に使用させるものとして普及した実態を検証する。

4.1. 『支那語早わかり』について

　大阪朝日新聞社東亜部編。朝日新聞社。141頁。昭和12年10月、定価10銭、横9×縦12.7センチ。日中戦争が全面戦争に突入した盧溝橋事件から数ヵ月後にこうした携行版が出されたことは相応の需要があったことを示唆している。奥付によれば編輯者・発行者は大道弘雄とある（章末写真⑦）。
　構成はまえがき（支那語とは、支那語の発音について）6頁、目次2頁に続き、本文の第一篇〈単語〉では「数」から「代名詞その他」まで32項目ある。項目には「官職」「軍事」がある。動作では簡単で実用的な動詞表現が多く収められている。第二篇〈会話〉では「問い方と答え方」から始まって「宣撫」まで21の項目を数える。以下は憲兵支那語などにも登場する常用句である。「軍事」では「日本軍は世界中で一番強い」「便衣隊は租界に出現す」「敵陣地を砲撃す」、「偵察」では「おい、止まれ」「お前は本当のことを言わないと命を取るぞ」「この村に兵が来たことがあるか」、「訊問」では「お前は何処へ行くか」「早く自白しろ」「お前は真実を言えばお前を帰してやる」「お前をこの部屋に監禁する」、「徴発」では「村の有力者を呼んでこい」「あるだけ持ってきてくれ」「宣撫」では「日本軍は正義の使徒だ」「我々は決して強奪しない」「東洋平和のために我々は提携しよう」などの会話文がある。2段組みの上段には中国語と右傍らにはカタカナによる発音表記、下段には日本語訳がある。小ぶりながら相当数の語彙、会話文を収録している。本文日本人側の会話文ではいきおい命令文が多く、それがのちに日本語の印象として定着していったことが想像される。

まえがき ——支那語とは、支那語の発音について
第一篇　単語：1.数、2.度量衡、3.貨幣、4.日時、5.人称、6.身体、7.病気、8.薬、9.方角、10.天文、11.地理、12.地名、13.飲食物、14.衣服、15.建物、16.家具、17.文房具、18.文書、19.店舗・商業、20.色彩、21.楽器、22.動物、23.植物、24.鉱物、25.交通、26.教育、27.官衙・官職、28.軍事、29.人名、30.動作、31.形容、32.代名詞其の他
第二篇　会話：1.問い方と答え方、2.日常の挨拶、3.天候について、4.日時について、5.食事について、6.衣服について、7.買物について、8.商業について、9.家について、10.苦力、従僕を使う、11.衛生について、12.交際について、13.旅行について、14.乗物について、15.道を聞く、16.軍事について、17.偵察、18.訊問、19.徴発、20.宿営、21.宣撫

　中国語のカタカナ表記については、冊子の冒頭に簡単な発音指南が記されているものの最小限度の説明にとどまり、発音補助というべきもので、相手が分からなければ指差しで示せばよいといった指南である。完全に発音することが目的ではなく、また友好を優先するのではなく権力によって相手から必要な情報を引き出すことのみが眼目であった。第一篇も第二篇も「軍事」は後半部分である。第二篇では「苦力、従僕を使う」もその中に入れてもよいだろう。「偵察」「訊問」「徴発」「宣撫」に最も侵略的色彩が濃厚である。
　いわゆる戦時語学には、戦争に語学がどのように加担したかという歴史の負の遺産の一側面があるが、なかでも当書は一般会話集ながら戦時色が強いことは明白である。こうした携行用の会話集がどのくらい出されたか分からないが、その体裁から見て相当数の発行部数であったと思われる。この実績の上に、のちに本書第六部の各章に見るように、東南アジアに進出する兵士はじめ日本人に対する携行用会話集のひな型が形成されていったことは想像に難くない。同時に南進する日本語教育と両輪となっていく伏線があった。
　なお、興味深いことではあるが、六角収録の表紙には中央に『支那語早わかり』として右肩には「大阪朝日新聞東亜部編」あるのみだが、田中所蔵ではさらに左下に「朝日新聞社発行」と記されている[9]。ここで2種類の『支那語早わかり』の奥付を見てみよう。本文内容、頁数はほぼ同じである。頁

数もサイズも同じながら、六角収録本では定価が30銭と、僅かな期間に田中所蔵本の10銭の3倍に「値上がり」している。需要が多いので急ぎ価格修正したものであろうか。いずれも刷数及び印刷部数は不明である。

	発行年月日	定価
田中所蔵本	昭和12年10月5日	十銭
六角収録本	昭和12年10月10日	三十銭

なお、発行元の朝日新聞社はのちに南方諸地域への日本語小冊子の編纂、さらに「国語研究考察の最新の一大金字塔」たらんとした『国語文化講座』(1942)の刊行などに積極的に加担したことも注記しておきたい。

4.2. 『標準支那語早わかり』について

長引く中国戦線において、需要度を増していく「支那語」をいかに普及させるかが焦眉の急となっていった。『支那語早わかり』の改良版ないし普及版とも思われる『標準支那語早分かり』(支那語速成研究会編、須藤雄鳳堂発行)は昭和13年1月に出版されている(章末写真⑧)。編纂兼発行者として須藤次雄とある。これは六角編教本類には収められていない。サイズも表紙の色、デザインも『支那語早わかり』とほとんど変わらないが、『標準』には右に龍の絵柄を配しているのは「武運長久」の意味であろうか。『標準』は『支那語早わかり』の需要に鑑み語彙を増やすと同時に単語編では実用的なものを追加した。『標準』は144頁。『支那語早わかり』に比して3頁増量。目次は以下の通りで、『支那語早わかり』と比べてみると単語篇、会話篇の提示順にも工夫が見られる。

  まえがき
  一、<u>単語篇</u>：1. 数、2. 度量衡、3. 貨幣、4. 日時、5. 人称、6. 身体、7. 病気、8. 医薬、9. 衣服、10. 飲食物、11. 文具、12. 日用具、13. 方角、14. 天文・気象、15. 地理、16. 地名、17. 農業・工業、18. 貿易、19. 職業・店舗、20. 建物、21. 色彩、22. 楽器、23. 交通、24. 警務、25. 動物、26. 植物、27. 鉱物、

28. 教育、29. 官衙・官職、30. 軍事、31. 人名
二、会話基礎篇：代名詞、疑問詞、肯定・否定、接続詞、動詞、形容詞、助詞、助動詞、副詞
三、会話篇：1. 問い方と答え方、2. 挨拶の場合、3. 天候について、4. 日時について、5. 飲食の場合、6. 衣服について、7. 宿泊の場合、8. 買物の場合、9. 苦力、従僕を使う場合、10. 衛生の場合、11. 交際について、12. 旅行の場合、13. 乗物の場合、14. 道を聞く場合、15. 軍事に関する場合、16. 偵察、17. 訊問、18. 徴発、19. 宿営、20. 宣撫

　『支那語早わかり』にはなかった会話基礎編が20頁にわたってもうけられ、簡単な発話文とともに重要語彙を収録している。最大の特徴は、『支那語早わかり』が上段に中国語、下段に日本語であったのが、『標準支那語早わかり』では逆に上段に日本語、下段に中国語となっている。これは〈中国語から日本語へ〉から〈日本語から中国語へ〉という発想の切り替えである。すなわち日本語を主、中国語を従とする意識の宣揚とも受け取られる。なお、中国語にはいずれもカタカナによる発音表記が附されている。
　さらに『標準支那語早わかり』の「まえがき」には『支那語早分かり』にはない、次のような「まえがき」がある（／は改行）。

　　満洲帝国の発祥に端を発して我等の正義精神は漸次隣人支那にも理解され北支中支は既に明朗、今や東亜の天地は全く東亜に住むもののみの和合協力に拠って飛躍せんとしています。この際に当たってこの指導者たる立場にある我々が支那語を体得する事は寧ろ国民としての義務であると言っても過言ではあるまいと信じます。況や大陸に歩を踏み出さんとする人にとって支那語の修得こそは何を置いても先ずなさねばならない緊急時であります。／本書はこれ等の人々に先ず差し当たり必要な簡単な支那語を要領よく会得出来るよう編纂したもので、特に旅行、日常会話、軍事、治安、宣撫等の場合を重視してあります。…　　　　　　　　　（傍点、原文のまま）

「先ず差し当たり必要な簡単な」語彙表現を習得させようとした意図が分か

る。宣撫班のプロパガンダ「北支中支は既に明朗」、「この指導者たる立場にある我々が支那語を体得する事は寧ろ国民としての義務である」といった文言は東亜の盟主と名乗ってはばからない帝国日本の立場を宣揚している。

『支那語早わかり』には「まえがき」として発音の説明があり、本文にも有気音、無気音の区別、四声の表記があったのが、『標準支那語早分かり』ではこれがさほど効を奏しないからか省略し、代わりに傍線をもってアクセントを表している。「この部分は特にゆっくり幾分大声で且つはっきり発音」(傍点、原文のまま)するようにとの注意書きがある。なお、『標準支那語早分かり』は定価20銭、昭和15年11月の時点で初版の昭和13年1月から64版もの版を重ねていることから相当数の需要があったとみられる。

紙幅の都合で一部しかあげられないが、これらの文例の比較検討は興味深い。『支那語早わかり』と次に〈徴発〉の項から『標準支那語早わかり』の例文を比較する。提出順にも異同が見られる。

表1 二種類の『支那語早わかり』の比較対照(一部)

A:『支那語早わかり』(十九、徴発)	B:『標準支那語早わかり』(徴発)
(1)村の有力者を呼んでこい	(1)村の有力者を呼んで来い
(2)彼に少し頼むことがある	(2)彼に少し頼むことがある
(3)有るだけ持って来てくれ	(3)私等は牛、豚、鶏、家鴨が入用だ
(4)今どんな野菜があるか	(4)何が何でも、幾頭か世話してくれ
(5)葱、大根、ほうれん草、白菜等　皆有ります	(5)有るだけ持って来てくれ
(6)皆百斤づつ届けてくれ	(6)お前都合してさがしてくれ
(7)明日荷車二十台入用だ	(7)私等はただで使ふのではない
(8)若しやらなければ	(8)お前らに金を支払ふ
(9)兵を出して無理に持って来てる(ママ)	(9)それでは私は何とかして見ませう
(10)それでも仕方がないぞ	(10)明日必ず兵站部へ挽いてこい
(11)馬料を挑発(ママ)する	(11)黒豆、ふすま高粱柄などです
(12)馬にどんな馬料を興へるか	(12)各種類を十担つゝ(ママ)届けろ
(13)乾草、燕麦	──

A, B とも (1)、(2)、A (3) と B (5) は共通している。A (5)、B (9)、B (11) は中国民衆 (村民) の応答文であろう。A (8)、(9)、(10) は B (7)、(8) などと比べて強行的であり、A のほうが前線での使用に供されたことが推測されるが、いずれにしても前線の状況に応じて僅かずつではあるが「改訂」されていったと思われる。なお、早川タダノリ (2014) には「日本軍標準会話」として『単語と会話　標準支那語早学』(支那語研究会編、浩文社、昭和 13 年) が紹介されているが[10]、写真によれば表紙右 3 分の幅に龍の絵模様があるのは『標準支那語早わかり』の模倣であり、サイズも内容もほぼ同一のものと思われる。書名に「単語と会話」と明記した。前掲 2 冊の「早わかり」が「早学」となっているのは「ソウガク」という愛称で呼ばれたものだろう。いずれもポケット版が広く浸透したことを表している。日本語が上段、中国語が下段にあるのは『標準支那語早わかり』(支那語速成研究会編) を踏襲しているが、『支那語早わかり』『標準支那語早わかり』の前掲比較に照らせば若干の文例の相違が見られる (例えば「自白」が「白状」になっている)。

　　「訊問」
　　「お前は何という名だ？」「何をしてゐるか？身体検査をする」「お前は人夫に変装して軍状を偵察に来たのだろう」「早く<u>白状</u>しろ。でないと銃殺するぞ」「お前は真実を言へばお前を帰してやる」…

　所詮カタカナによる発音ではたどたどしい発話になり、最後は日本語式の中国語で怒鳴る。そうした光景がこれらの場面からつたわってくる。

4.3.　その他の『支那語早分かり』会話集

　この他、『支那語早わかり』の前身として下記の 2 点があげられる。

　(1)『支那語早分かり』外国語学校教授宮越憲太郎校閲、佐々木微笑著　320 頁　大正 12 年 3 月。東京・日進堂。タテ 15.0×ヨコ 8.3 センチ。緒言 4 頁、目次 4 頁、本文 324 頁。奥付 1 頁。

表紙に THE Chinese Language Course B.Sasaki の表記があるように入門書用に編集したとあるので、オリジナルなものではないらしい。また、「早分かり」とあるが、総合的な入門書である。後続の携行用会話集ではない。第一篇「説話篇」では、発音、単語、動詞語彙、会話を、第二篇「文法篇」では品詞別の用法解説、第三編「書翰文篇」では実例に即した解説がある。

 (2)『初歩独習最新日支会話の早分かり』(附)字引　鈴江萬太郎著　107頁　大正14年4月初刷、昭和9年3月　11版　井上書店刊　タテ14.9×ヨコ8.9センチ。凡例4頁、目次4頁、本文41頁。附字引66頁。奥付1頁。

　第一編として会話が17課、第二編として字引、語彙。附録には度量衡、軍隊の名称などがある。日本語の文体はすべて丁寧体、漢字にはルビがふられている。発音解説はわずか2頁、漢字の4隅に小さな「○」を配して4声調を表記、このほか「●」をもって有気音を表す。会話は一般向けとはいえ、第13課からは「情報」「斥候」「偵察」「訊問」「徴発」といった軍事面での場面が加えられる。

　以上2点は六角(1998)第10集第1巻、第3巻に収録されているものだが、ほかにも同類のものがあった可能性が高い。盧溝橋事件を契機に、携行簡便にして実践的な会話集の需要が見込まれ、「早分かり」の刊行が進んでいく。朝日新聞社刊行という、いわば国民的目線で編集された『支那語早わかり』はソノシートも別売され、一世を風靡した感がある。

　これらの会話集の形態、ことに「早わかり」の体裁は太平洋戦争期、大東亜共栄圏の拡大につれ、各種会話集や基本語彙集などに引き継がれていく[11]。

5.　おわりに―言語の〈観察〉と〈監視〉の姿態―

　中国に滞在していると抗日戦争をテーマとするドラマを放映している場面にしばしば遭遇する。内容は愛国心を高揚する目的であるが、その中で演じられる侵略日本軍は風貌といい挙動といい野卑で横暴な画一化された人物像

として描かれる。中には極端に戯画化されたものもあり視聴者の目に焼きつけられる。つまり、善玉悪玉の勧善懲悪式の極端な図式であり、そこで交わされる日本軍の会話にも一定の特徴が看取される。「バカヤロ」「メシメシ」「スラスラ」(死了死了) といった日本語 (一部中国語) はこうした影響から一般大衆にもなじみの深いものという。こうして「抗日」という意識は中国人の心中に移植され続けることになる[12]。

戦時体制下において出版された語学書の中で、とりわけ際立ったものが大陸進出に向けて時局的要請にもとづいて編集された簡便な会話書であった。その全貌はいまだつかめていないが、当時の日本が文化侵略として日本語の普及と同時にアジアの諸言語をいかに同化・吸収するのか、という言語政策の一端を示している。軍用会話にくくられる会話集には帝国の隣国に対する言語的優勢を示す一方で、対話行動のありかたにおいても特徴が見出される。本章ではこれまで詳しく論じられなかった「軍用支那語」の淵源から実態までを具体的な会話書を通して考察した。「軍事語学」「戦時語学」の典型としての「軍用支那語」の包括的研究は本来中国語教育史のなかでの空白とされる研究対象であるが、それぞれの詳細な個別的検討は今後の課題である[13]。

本章では軍用支那語の実態がほぼ明らかにされたが、この延長線上に、つまり日本の軍事侵略が大東亜共栄圏へと拡大していく中で、日本語が「大東亜」共通語として認識されていく過程において、言語技術としての「早わかり」スタイルの教授技術がどのように深化していったのか、具体的には第6部で考察するベトナム(安南)語、マレー(馬来)語、タイ語、ビルマ語などの会話文法教本の作成に、本章で考察した「軍用支那語会話」の編纂経験がどのように継承されていったか、を検証する必要がある。

戦時下の日本語、戦場、戦争の言語および言語生活とはいかなるものであったか。これは過去形だけでなく、現在形としても語り継がれなくてはならない。前章では少年の眼差しと同時に少年への視点を垣間見た。本章では、これらにみる〈観察〉の態度とは対照的に軍事的要請から民衆・大衆を〈管理・監視〉する道具としての日本語の実態を見た。

附記

　本章の初出原稿執筆中、いわゆる尖閣問題をきっかけとした、近年最も懸念される日中問題が発生した。その余波は今なお続き(2014.12 現在)、全面的な回復の兆しが見えない。再び不幸な道を歩まぬよう、両国の相互理解、歴史理解、友好親善を願ってやまない。

注

1　軍用語学、軍事語学、戦時語学の名称については、日清戦争、日露戦争にさかのぼる。水野村政徳編『日清会話附軍用会話』(日清協会発行 1894 年 9 月)、瀬沼格三郎編『軍用日露会話』(東京・正教神学校 1905.5)はその嚆矢ともいうべきものである。なお、日中戦争以降は〈兵隊支那語〉とも称された。以下は六角恒廣編の解説に多くを負う。

2　恭親王は清代の皇族。名は奕訢。道光帝の第六子。北京条約の際清の代表となり、のち皇族中の筆頭者として政権を握った。清末乱世の収拾に当たり、隠退後も日清戦争など大事があれば西太后の顧問となった。光緒 24 年(明治 31)歿、67 才。ここになぜ恭親王の題字があるのかは不明。注意すべきは後の軍用支那語まで一貫して〈日本語⇒中国語〉の提示順であるのが『警務支那語会話』と『満洲警察官用支那語会話集』の 2 冊が〈中国語⇒日本語〉になっている点である。これは中国語使用が主たる目的であることを示し、使用者も相応の中国語熟練者を対象としていることがうかがわれる。

3　『支那語警務会話』は国立国会図書館、東京・三康図書館所蔵。

4　『憲兵支那語会話』は『警務支那語会話』『満洲警察官用支那語会話集』に比べて文章も平易であり、短いものがほとんどである。実用性を重んじたもので詳細な表現については前掲 2 冊にゆだねたことが想像される。同時に最も侵略性の高い会話書で「路上検問」では「止まれ」「逃げるでない」で始まる。「高等訊問」の項では「おい、これだけ証拠があるのにまだ隠しだてをするのか」「はやく白状しろ」「どのようなことがあっても白状させるぞ」「どうだ、云え、云え」「早く白状すれば、こんな目にはあわないですむのに」「よし、後悔するな」「来い、目にもの見せてくれるぞ」などがあり、中国人に対する当時の非情な取り締まりの様子をうかがわせる「鉄証」(確証)である。陳珊珊・王宇宏(2006)は中国研究者の分析である。

5　たとえば、魚返善雄(1910 〜 1966)には以下の翻訳がある。

・『支那言語学概論』カールグレン著、岩村忍共訳 文求堂書店 1937
・『現代支那語科学』デンツエル・カー著、文求堂書店 1939
・『北京語の発音』カールグレン著、文求堂書店 1941
・『広東語の発音』ダニエル・ヂョウンズ著、文求堂書店 1942
・『支那文法講話』劉復著、中野昭麿共訳 三省堂 1943
・『東洋語の声調』ジョージ・グリアスン著、竜文書局 1945

6 　当時の中国語ブームを受け各種会話書、教科書のほか雑誌が発刊された。外語学院出版部『支那語』(宮越健太郎主幹)、開隆堂『支那語と時文』(奥平定世編輯) などである。途中 (昭和 18 年第 3 巻 4 号) から主幹の死去とともに戦時下の統制により『支那語月刊』に一本化され帝國書院発行となった。一方、学術雑誌『華語集刊』(螢雪書院) や自習書『中国報紙研究法支那新聞の読み方』(入江啓四郎、タイムス出版社、昭和 10 年、338 頁)、『時文研究支那新聞の読み方』(清水元助・有馬健之助共著、昭和 10 年、220 頁) などの刊行物も出回った。

7 　B および F は早稲田大学中央図書館所蔵、D、E、F は大東文化大学図書館書庫所蔵。本書写真掲載に当たり、関係当局のご承諾を得たことに感謝する。

8 　六角恒廣編『中国語教本類集成第 5 集第 3 巻』(1995) に収録。

9 　筆者中所蔵『支那語早わかり』は 2012 年 7 月に東京都内の古書店で入手。『標準支那語早わかり』は 2012 年 8 月に同じく東京都内の古書店で入手した。『支那語早わかり』は六角編 (1995) 第 5 集第 4 巻に収録。

10 　早川タダノリ (2014)、136–137.

11 　大東亜共栄圏下での会話書「早わかり」は、以下の 2 点に代表される。
・『大東亜共栄圏語早わかり』南方経済研究会編。日本語、支那語、タイ語、安南語、マレー語の手引書で立命館出版部編　1942.4　90 頁. 六角 (1995) 第 5 集第 4 巻収録.
・『大東亜共栄圏日用語早ワカリ』日本語、支那語、蒙古語、馬来語、泰語、印度語、西班牙語、和蘭語、英語による語彙一覧書、玉木共蔵編　国防同志会　1942.6　155 頁. 六角 (1998) 第 10 集第 3 巻収録.

12 　中国で放映される「抗日ドラマ」については愛国主義の高揚を主目的とし、年間に相当数量産されているという。2011 年は確認されただけでも 12 シリーズ、計 396 回が制作されたという報告がある (朝日新聞「抗日ドラマ若者染める」2012 年 10 月 24 日)。メディアの宣伝を通じて植え付けられた世界観は「愛国無罪」という暴徒化する反日運動の背景にもなりやすいとされる。一方、こうした抗日ドラマに描かれた日本軍兵士の言葉も「戦争が遺した日本語」であった。

13 　本章では鮎澤 (2005) の問題提起した「侵略中国語」の用語については詳しく言及せ

ず、軍用支那語という実態について考察した。軍用／軍事語学、戦争／戦時語学、侵略語学といった名称の厳密な定義についても再考が俟たれる。

参考文献

安藤彦太郎(1988)『中国語と近代日本』、岩波新書.
内田慶市(2001)「中国語教育の歴史と現状」
　　http://www2.ipcku.kansai-u.ac.jp/~keiuchid/Gogaku.html（2012.10．28 検索）.
倉石武四郎(1972)『中国語五十年』岩波新書.
小林立(2004)「敗戦までの中国語教育」（報告ノート）『香川大学一般教育研究』No. 2 37–53
竹中憲一(2004)『「満州」における中国語教育』、柏書房.
陳珊珊・王宇宏(2006)「《支那語軍用会話》研究―日本"軍用"中国語教科書鉄証」、『延辺大学学報』3
早川タダノリ(2014)『神国日本のトンデモ決戦生活』ちくま文庫、筑摩書房.
藤井省三(1992)『東京外語支那語部　交流と侵略のはざまで』、朝日選書、朝日新聞社.
鱒澤彰夫(1996)「軍隊における中國語―視点と変遷」、『中國文學研究』第 22 期.
鱒澤彰夫(2005)「日本造語『侵略中國語』考」、『中國文學研究』第 31 期.
劉文兵(2013)『中国抗日映画・ドラマの世界』、祥伝社新書.
六角恒廣(1987)『中国語教育史の研究』、東方書店.
六角恒廣編・解説(1995)『中国語教本類集成』第五集第三、四巻　不二出版.
六角恒廣編・解説(1998)『中国語教本類集成』第十集第一、三巻　不二出版.

第 3 章　戦争が遺した日本語(2)

写真①　新居格編集　東京・第一書房
　　　　1939　『支那在留日本人小学生　綴
　　　　方現地報告』　四六判

写真②　国分一太郎著　中央公論社版
　　　　1940　『戦地の子供』　四六判

写真③　保々隆矣(代表)満洲教育協会編
　　　　1938　『皇軍必携　実用支那語』
　　　　12.8 ｾﾝ × 9.0 ｾﾝ

写真④　杉武夫著　東京・大修館書店
　　　　1942　『軍人必携　実用支那語会話』
　　　　14.7 ｾﾝ × 8.2 ｾﾝ

写真⑤　武田寧信・中澤信三著　帝国書院 1943　『軍用支那語大全』18.4ｾﾝ×12.5ｾﾝ

写真⑥　陳白秋編　文求堂印行　1942.9 『現代実用支那語講座　陣中会話篇』13.0ｾﾝ×18.5ｾﾝ

写真⑦　大阪朝日新聞社東亜部編　朝日新聞社　1937　『支那語早わかり』9ｾﾝ×12.5ｾﾝ

写真⑧　支那語速成研究会編　須藤雄鳳堂 1937　『標準支那語早わかり』9ｾﾝ×12.5ｾﾝ

第4部
「大東亜共栄圏」下の日本語普及政策

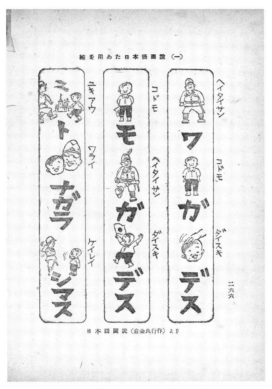

神保光太郎『昭南日本学園』愛之事業社 1943.8 より

天長の佳節に方り、馬来及びスマトラ島住民の行くべき道は明らかになつた。軍司令官閣下の談話に示された通り、両地区の住民は悉く天皇陛下の赤子に加へられたのである。／大日本帝国の有難き国体を彼等住民に理解させることは、新領土に駐屯する全皇軍兵士にとつて尊き責務である。そのためには、先づ国民たるの資格として、彼等に日本語を学ばしめ、日本語を使わせなければならない。天長の佳節を期し、軍司令官閣下の談話の趣旨に基き、我等は此処に国語普及運動を起さんととするものである。（中略）／新秩序建設の手はじめとして、日本語を真に普及せしめることこそ、天長の佳節を迎へ、聖壽の万歳を壽ぎ奉る佳日に最も意義ある運動である。国旗のひらめく所、言葉も亦日本語に満ち溢れなければならぬ。かくして馬来もスマトラ島も真底から日本の一角となるのである。
　　［中島健蔵記］「日本語普及運動宣言」（陣中新聞・昭和17年4月29日）
　　　　　　　神保光太郎『昭南日本学園』愛之事業社 1943.8 より

第 1 章
「大東亜共栄圏」下の植民地文化政策
胡蝶の夢の虚構と実相

テンノウヘイカノ オンタメニ、
ニツポンジンハ ヨロコンデ シヌ
テンノウヘイカノ オンタメニ、
アジヤノタミハ イサマシク タタカフ
（浅野晃『ニッポンゴノホン』より）

1. 信頼と不信―歴史感情の交錯する時空間―

　21世紀に入りグローバル化の時代と言われて久しいが、交錯する多言語・多文化社会の中でいかに相互の文化を尊重し、生きていくのかといった模索はなお五里霧中の感がある。文化の「発信」が「受容」以上に国益に具体的に反映されることを念頭に置くとするならば、日本文化をいかに対外的に発信していくか―は日本がいかなる魅力を持っているかを示すバロメーターでもあろう。ことは近年海外で高まるアニメ・漫画といったサブカルチャーに代表されるクールジャパンの発信する一元的、表層的な領域に止まらない本質的な課題である[1]。

　一方、先頃日本と中国の有力メディアの調査したところによれば、日本と中国は両国関係が重要としながらも、ともに約3割が両国民に信頼関係がないと感じている―との結果が明らかにされている[2]。相手国に対する印象では「どちらかといえば良くない」「良くない」の合計が56％、日本では72％。将来においてもなお和解が困難だということが判る。この背景には靖国問題をはじめ歴史認識の相違、両国民のナショナリズムと反日・反中の感情の高まりが挙げられる。これは2010年の調査だが、2014年には尖閣問題などを反映して、中韓の「嫌日」、日本の「嫌中」「嫌韓」意識はさらに高まり、歴史認識をめぐって相互信頼の基軸は大きくゆらいでいる。戦後半世紀以上を経ても侵略された側の痛みはなお消え去らないという感情が根底に

あると思われる。同時に日本がいまだに隣国から真の信頼を得ていないことをも表している。戦後、自民党による50年体制が民主党政権にとって代わり、歴史的転換と称されたものの、再び保守政権に還流し、中韓との和平創出は停滞したままである。政府の隣国、アジアに対する基本姿勢も変わっていない。一方、中韓との距離をおくかのように、大々的に東南アジアへの文化発信を打出している。アジアパートナーシップの諸政策もその一環である[3]。アジア重視外交を掲げ、「友愛友好」路線を標榜しながらも、アジアは日本にとって日米同盟の米国追従外交から見れば、依然として次点的、副次的存在であり続ける。その底流にはアジアでいち早く近代化をなしとげ、その犠牲となったアジアに対する偏見、侮蔑が築いた脱亜論の残滓が色濃く流れている。

　一方、アジアが世界経済を先導する中、とりわけタイは東南アジア諸国連合最大の製造業基地となって、各国企業は殺到し、日本の中小工場は生産拠点をタイに移すなど、世界最高峰の技術力を誇っていた日本企業がタイ企業に買収される現象も起きている[4]。「脱日入亜」と言われるように日本の若者もアジアで就職活動をする時代となっている。日本の優位性は崩され、グローバル化の波は均質社会への液状化を加速させている。その一方で中韓日の観光客をはじめとする人的往来は年間3,000万に達する勢いであるという。将来のアジアでの共生を考えた場合、否応なく相互の往来は加速して行くが、果して彼我の意識は並走して行けるのか。そこにはいくつかの越えなければならない問題が立ちはだかっている。

　いわゆるメディアで言われる「韓流」「華流」と同時に「嫌韓」「嫌中」の本質的な信頼の接点の模索もその1つである[5]。日本の対外姿勢、とりわけアジアに向けるまなざしを根底から検証するには、いかなる作業が必要であろうか。アジアに拘わった人々の足跡、思想をたどると同時に、歴史認識を直線的に論じる前に日本人のアジア観、アジア主義、アジア認識の系譜を客観的に分析することが日本の「立ち位置」を知る手掛かりとなる。それはまさに日本の自己同一性の行く末を再認識する過程でもあろう。

2. 多文化・多言語社会における共生の歴史的意味

　2010年は韓国併合から100年目の節目を迎え、各地でさまざまな集会、シンポジウムが行われた[6]。NHKが日韓百年の歴史を追うドキュメントをシリーズで放送していたが、改めて植民地化の時代情況を学ぶ重要性が認識された。その韓国で日本と韓国のイメージ調査というのがあった。韓国人にとってまず想起される日本人といえば伊藤博文であり、日本人にとって韓国人といえば韓流ブームの火付け役となったペン・ヨンジュンというのである。韓国は一度は行ってみたい外国であり、日本人にとって韓国はかつてない身近さにあるという。だが韓国が好きという日本人が7割近くいるのに対して、日本人が嫌いという韓国人は6割もいるという。日本は日中関係とともに、日韓関係においても歴史的な課題をなお背負い続けている。

　日本人の価値観が依然として西洋に向いている以上、その対外政策にも優劣が存在する。ここで、現在のアジアを主舞台に国際交流のありかたを検討するにあたり、その源流ともいえる戦前戦中の日本語普及を含む対外文化事業の実態を検証してみる必要がある。

　そもそも対外文化事業とは何か。時代を戦時下に戻して考えてみたい。日中戦争が勃発するや、中国大陸においては宣撫工作という活動が民衆の末端において展開された。現地住民の所謂懐柔同化政策である。満洲国で文化政策に深く関与した「協和会」の延長としての「新民会」の活動によって日本語教育、文化建設事業が展開された。これにはそれまで台湾や朝鮮、また満洲国で培われた植民地経営の経験が醸成され、増幅していく。さらに加速した情況では末端の兵士や著名作家までが報道・従軍作家としてさまざまな紀行文や小説を書き、ルポルタージュを日本に書き送った[7]。満洲国の建国理念とされた「王道楽土」「五族協和」はやがて中国大陸への進出を正当化すべく「東亜新秩序建設」に拡張し、さらに東南アジアの資源を確保するための進出の正当化とする「大東亜共栄圏」「南方共栄圏」の思想文化運動が展開される。その過程で各地でさまざまな形態で日本語教育が奨励され、あるいは強制され、皇民化教育が施行された。

　この時期は日本語、日本文化が世界史上はじめて、いわば文化の輸出と同

時に外部世界(欧米世界)との対峙という構図で内外に喧伝された未曾有の時代でもあった[8]。一般に非常時下においては自国文化の高揚とそれにともなうプロパガンダとしての文化伝播は思想戦の様相を色濃く帯び、突出した形態をとる傾向がある。一方では熾烈な戦争を繰り広げ、一方では文化侵略、つまり威嚇と懐柔を繰り返す。あたかもこの前者の非日常と後者の日常とをあざなえる縄の如く織りなして行くのが歴史の実態でもあるわけだが、その規模と程度は時空間の伸張とともに増幅する。非日常は非現実的発想の下に現実化し、日常化する。かくて双者はあたかもヤヌスのような面貌を帯びてゆく。しかし、よく考えてみれば「文化侵略」という言葉が表すように、これもまた戦争遂行の偽らざる実態でありえた。彼我の民意の掌握こそが銃後の護りとなったからである。

　戦時体制下、あるいは「準」戦時体制下における対外文化事業は常時体制下でのそれとは著しく性格を異にするのは必然的であろう。日常的な交流活動においては文化輸出は特化したものではないが、非常時下では自らの国際的な位置を正当化すべくプロパガンダ的な色彩の強い、いってみれば煽動的、国粋的な傾向が随所に仕組まれることになる。国際的孤立化を深める当時の日本としてはより一層の偽装的な美辞麗句を必要としたはずであった。この場合注意したいことは、「大東亜共栄圏建設」というように「建設」という用語が用いられた点である。これは１つの新世界の創出を意味する。「工作」は材料を調達して目標とするものを組み立てていく具体的な末端の活動をあらわし、それらの有機的な運動統合体として「建設」が用いられる。意味するところは過程でもあり結果＝目標でもある。

　以下、戦時体制下における対外文化事業の実態を大東亜共栄圏内の文化運動形態のいくつかの側面において考察を試みる。

3. 〈宣撫・文化工作〉から〈文化建設事業〉へ

　しばしば目にするかつての戦時報道写真のなかに、中国大陸での宣撫工作では日本語を教える兵士と中国の子どもを紹介した場面がある。また現地での日の丸の掲揚や青少年らの宮城遥拝を写したフィルム(日本ニュースな

ど）があるが、そこには実際に行われた「教育」実態とはかけ離れた美化され、演出された映像も少なくなかった[9]。

　前述のように当初は現地での末端の個々の「工作」という制約的活動から、総体的組織活動としての「建設」への舵取りは、植民地支配の思想文化運動としての色彩を強めていき、とくに「南方建設」が軍政下で行われたケースでは、上からの強制的色彩を濃くした。

　例えば『東亜文化圏』という雑誌がある。財団法人青年文化協会編集、東亜文化圏社から出された昭和18年1月号（第2巻第1号）を見ると「宣伝戦現地報告号」が特集されており、陸軍省提供の写真が冒頭に掲げられ、「軍事」「新東亜建設譜」として、

　　皇軍指導下の印度兵（マライ）、皇軍に協力する義勇軍（ビルマ）皇軍報道部宗教班の活躍（比島）、皇軍の難民施療（同）、新生国民政府軍（支那）、青年団入場式（東印度）、巡回日本語教育（スマトラ）、皇軍の指導下豊かに稔った移植日本米の刈入れ（比島）、

といった写真と説明が、また「軍政明朗風景」と題して、

　　日の丸の旗を立てて力漕する原住民（スマトラ）、猿芝居に興じる皇軍兵士とビルマ人（ラングーン）、陸軍病院に皇軍慰問の比島娘（マニラ）

といった写真が掲載されている。さらに、ジャワにおいて日本語教材として特に編纂された「ジャワ夜明け物語」が数ページに亙って紹介されている[10]。昭和17年に印刷発行されたもので、表紙には『ニッポンゴノホン』（BOEKOE BATJAAN BAHASA NIPPON）と書かれ、著者は浅野晃とある。ジャワ語による対訳と共に各頁4〜5行の本文がある。本文日本語は縦書きで片仮名表記のみだが、次に参考までに漢字仮名交じり文を併記した（括弧内は挿絵）。

　　アジヤノヒカリ、ダイニツポン.　　　　アジアの光　大日本

アジアノチカラ、ダイニッポン.　　　　アジアの力　大日本
アジアノサカエ、ダイニッポン.　　　　アジアの栄　大日本
　　　　（日本の皇居）

ヒカリハ　ノボル、ヒガシ　カラ.　　　光は昇る　東から
ヒカリハ　ノボル、アジヤ　カラ.　　　光は昇る　アジアから
ヒカリハ　ノボル、ニッポン　カラ.　　光は昇る　日本から
ダイニッポンハ、アサヒノタイヨウ.　　大日本は　朝日の太陽
　　　　（現地の密林）

ダイニッポンハ　カミノクニ.　　　　　大日本は　神の国
フルイ　フルイ　カミノクニ.　　　　　古い古い　神の国
イマモカハラヌ　カミノクニ.　　　　　今も変わらぬ　神の国
ツネニアラタナ　カミノクニ.　　　　　常に新たな神の国
　　　　（日本の富士山と桜）

アジヤヲ　ヒキヰテ、ニッポンハススム　　アジアを率いて日本は進む
アジヤヲ　ヒキヰテ、ニッポンハタタカウ　アジアを率いて　日本は戦う
アジヤノタメニ　ダイアジヤノタメニ　　　アジアの為に　大アジアの為に

スメラミイクサ　アジヤノホコリ.　　　すめらみ戦　アジアの誇り
ムカフトコロニ　テキハナイ.　　　　　向かうところに　敵はない
スメラミイクサ　アジヤノホコリ.　　　すめらみ戦　アジアの誇り
ミイヅカガヤク　ヒノミハタ.　　　　　御稜威輝く　日の御旗
　　　　（戦車の編隊）

ヒイヅルクニノ　テンノウヘイカ、　　　日出る国の　天皇陛下
ミイヅアマネク　アジヤヲオモフ　　　　御稜威遍く　アジアを想う
ヒガシニオハス　テンノウヘイカ、　　　東におわす　天皇陛下
アジヤノタミラ　ヨロコビオホク　　　　アジアの民ら　歓び多く

(鶴の飛翔)

オホミココロハ、ソラヨリヒロイ．	大御心は空より広い
オホミココロハ、ウミヨリフカイ．	大御心は海より深い
オホミココロハ、ヤマヨリタカイ．	大御心は山より高い

(現地の住居風景)

テンノウヘイカノ　オンタメニ、	天皇陛下の御ために
ニツポンジンハ　ヨロコンデ　シヌ	日本人は　喜んで死ぬ
テンノウヘイカノ　オンタメニ、	天皇陛下の御ために
アジヤノタミハ　イサマシク　タタカフ	アジアの民は　勇ましく戦う

(前進する戦車)

アヲイソラニ、コトリガウタフ、	青い空に　小鳥が歌う
ミドリノハカゲニ、ハナガニホフ、	緑の葉蔭に　花が咲く
ウミノウヘニ、ヒガカガヤク、	海の上に　日が輝く
ミイヅノモトニ、アジヤハアケル、	御稜威の下に　アジアは明ける

(現地の住居風景)

イマ　ウナバラノ　ヨガアケル	今　海原の夜が明ける
ジヤバ　スマトラノ　ヨガアケル	ジャバスマトラの　夜が明ける
ダイニツポンノ　タイヨウガ　ノボレバ	大日本の　太陽が昇れば
ダイアジヤノ　ヨガアケル	大アジアの　夜が明ける

(連合艦隊の絵)

ここには「大日本」「大アジア」の唱導とともに、日本語教材とは言いながら、韻文による効果とともに、精神教育的な色彩が極めて強い。日本語を強制的に暗誦教育させることによって皇民化を徹底的に推し進める意図が明確に表されている。スメラミ（「皇」天皇に敬意をこめる意味）やミイツ（「御稜威」天皇や神などの威光）やオホミココロ（「大御心」天皇の心、叡慮）といっ

た独特の神道用語をそのまま暗誦させることは精神教育以外の何物でもない。しかもこの各文にはあくまで「近似的意味」としてのジャワ語訳が併記されており、純粋な幼少者は母語と同時に教え込まされることになる。

図1　浅野晃編集『ジャワ夜明け物語』より。
キャプションには「現地日本語教育の優れた指針」とある。『東亜文化圏』2-1　宣伝戦現地報告号口絵　財団法人青年文化協会東亜文化圏社．1943.1 掲載．早稲田大学中央図書館所蔵．

さらに、この雑誌の中表紙には明治天皇御製として「おのつから仇の心なひくまて　まことの道をふめよ国民」という歌が「皇軍」兵士の行軍の絵とともに載っている。現地の人々にとっての苦痛、屈辱、忍従を考えるとき、想像を絶するものがある。こうした言辞、言説の押しつけが将来に亘って過酷な心的外傷となって生き続けることを、当局、また現場にいた日本人は察することができなかったのだろうか。紹介文にある「現地日語教育の優れた指針」という根拠はどこにあったのだろうか。

　また本号には次のような報告記事が掲載されている[11]。

　　ジャワにおける日本語教育（浅野晃）、マレー文化工作の実状と南方文化一般に就いて（伊地知進）、ジャワに於ける宣撫班活動（冨澤有為男）

いわゆるプロパガンダ戦において、映像（報道写真・フィルム）は臨場感を伝えるのに大きな力を発揮する。これらの解析もまた重要な作業になろう。

4.　日本語の「大陸進出」から「南方進出」へ

　言語文化の接触と摩擦を考えるときの主題はいうまでもなく、日本語普及の事情とそれにまつわる諸施策である。日本語の進出、とりわけ南方進出については昭和16年前後から活発化し、緒戦で勝利をおさめた太平洋戦争の開戦後においてピークを迎える。ちなみに当時の『日本読書新聞』には次のような「日本語進出」関連の記事が掲載されている。

　　「大東亜文化圏に進め──ニッポン語」、昭和17年1月12日号
　　「大東亜と言語」石黒修、昭和17年2月9日号
　　「南方語研究文献──馬来語、安南語、西班牙語」、昭和17年2月9日号
　　「日本語と在来語」山田文雄、昭和17年4月6日号
　　「特輯南へゆく　ニッポン語、昭和17年4月6日号
　　「南へ行く本6　日本のことば、ニッポンのウタ」、昭和19年3月11日号

この時期、頻用された用語に「南方建設」がある。当時の「文化建設」（南方文化工作）に関する主要な論評を瞥見してみると、「時務対談：大東亜建設と日本文化」（大本兎夫夫、山崎清純『文藝春秋』1942.5）が目につく。これに先立って、「外地の日本語問題を語る」（『文藝春秋』(1939.12)には、現場の日本語教育関係従事者を集めてそれぞれの教科書を持ち寄って検討し合っている。出席者は、庄司徳太郎（アモイ旭瀛書院長、アモイ日本小学校校長）、福井優（満洲国民生部教育教育司編審官）、宮島英男（厚和蒙古学院）、森田梧郎（朝鮮総督府編修官）、山口喜一郎（北京臨時政府新民学院教授）、渡邊正（台湾三峡公学校長）といったメンバーで、司会は石黒修（国際国語協会）であった。さらに、関係者をまじえた「南方建設現地報告」座談会が、雑誌『太平洋』（1942.9. 太平洋協会）に掲載されている。

　大東亜共栄圏建設をめぐる論評はさまざまな雑誌において展開され、一種の国民思想運動と化していった。とくに注目されるのは、松宮一也「大東亜共栄圏と日本語―特に南方共栄圏に対して―」（『興亜』第3巻第6号、昭和17年6月号、大日本興亜同盟）であろう。日本語普及の使命、共栄圏文化の拡充と日本語、即応的処置、内外一如の日本語普及機構、実施に当たって考慮すべき点、の5章にわたって日本語普及のあるべき姿について詳述している。後に『日本語の世界的進出』に収録されるが、初出では具体的な諸策が強調されている。当時の戦時体制下における日本論、日本語論、日本語普及・教育論に関する著述には夥しいものがある。以下ではその中の端緒的でもあり、代表的なものでもある数点をとりあげたい。

　昭和15年に南進政策として第二次近衛文麿内閣が打ち出した基本国策要綱の根本方針のなかで「東亜新秩序」を南方方面に拡大して「大東亜の新秩序建設」を掲げたが、そもそもこの大東亜共栄圏構想は昭和13年当時に建議された「国防国策案」をもとにしている。その内容を要約すれば、東亜共栄圏防衛を国防目的とし、自存圏、防衛圏、経済圏から成り、この前二者の権益、安全を護るために東亜共栄圏を賄うための生産的資源供給地域としての性格を必然とする。この完成は昭和25年を予定とし、これらの地域経済を最高度に発展せしめると同時に思想および政治形態の完整に努めることとした。そして「施策の完遂に当たっては平和的手段によるべきも、已むを得

ざる場合には武力行使を辞さない」として、この政策が軍事軍政的色彩を持つことを示唆している。このなかの思想の完整に文化思想運動としての大東亜共栄圏がクローズアップされ、とりわけ日本語の普及が焦眉の急となっていくのであるが、そこには一定の階梯が見られる。

日本語論はまず満洲国における実践から肥大、膨張していく。いまそれを順に追ってみていこう[12]。

(1) 中島利一郎「新東亜建設に対する東方言語学的用意」
（『月刊日本及日本人』360号　昭和13年4月）
(2) 中島利一郎「言語学上より見たる日満蒙提携」
（『月刊日本及日本人』361号　昭和13年5月）
(3) 中尾七郎「東亜指導民族の言語―正しき日本語の教授を如何にすべきか」
（『帝国教育』727号　昭和14年5月）
(4) 石黒修「興亜教育と国語の問題」（『社会教育』昭和16年3月）
(5) 岩永三省「大東亜共栄圏の確立と国語の改善」
（『月刊日本及日本人』406号　昭和17年3月）
(6) 松宮一也「大東亜共栄圏と日本語―特に南方共栄圏に対して」
（『興亜』3-6　昭和17年6月）
(7) 徳澤龍潭「日本語と大東亜政策(一)」、「同(二)」
（『興亜教育』1-6　昭和17年6月、同第1巻8号　昭和17年8月）
(8) 三尾砂「共栄圏における新日本語の問題」
（『帝国教育』765号　昭和17年7月）
(9) 長沼直兄「大東亜共栄圏の言語問題」（『興亜教育』1-8　昭和17年8月）
(10) 徳澤龍潭「日本語大東亜文化建設論」
（『興亜教育』2-11　昭和17年10月）
(11) 高沼順三「中国に於ける日本語問題を論ず」
（『東亜文化圏』2-7　昭和18年7月）
(12) 三尾砂「日本語の海外進出と語法の改善」
（『帝国教育』昭和19年2月号　784号）
(13) 大岡保三「日本語の海外発展に就いて」（『文部時報』747号）

まとまった著作では次のものがある[13]。

 (14)平松誉資事著『大東亜共通語としての日本語教授法の建設』
 (15)保科孝一『大東亜共栄圏と国語政策』

国際文化振興会の機関誌、『国際交流』19号（昭和17年5月号）には次の二つの特集が組まれている。文化政策を特化した意味で注目に値する[14]。ここでは方言問題を含め国語の醇化、生理整頓の諸策が打ち出されている。

 (16)特集：現代日本文化の諸問題
   「今日の対外文化事業」箕輪三郎（情報局情報官）
 (17)特集：日本語の共栄圏進出
   「土着語に関連して」神保格（東京文理大学教授）
   「音声学の立場から」千葉勉（東京外国語学校教授）
   「文字と語彙の問題」石黒修（法政大学講師・国語協会主事）

「大東亜共栄圏」の構想下、とりわけ「南方日本語教育」の方針が決定されたのは、太平洋戦争勃発を睨んだ、昭和17年9月であった。以下は『興亜教育』（第1巻第9号、昭和17年9月）からの引用による。日本語教員の養成、派遣などについての基本方針が具体的に打ち出されている。

  皇軍の勢力下に帰した南方諸地域の諸住民に対する日本語教育並びに日本語の普及は大東亜建設の達成上極めて喫緊の重要問題であり、政府はこれが対策を樹立すべく文部省を中心に考究中であったが、今回これが取扱い方に関し成案を得たので十八日の定例閣議において橋田文相からこれを説明異議なく決定した、即ち日本語教育並びに日本語普及に関する諸方策は陸海軍の要求に基づき文部省においてこれを企画立案することとし、これがため日本語普及協議会（仮称）を文部省に設置し、南方諸地域のために日本語教育用図書の編纂発行、南方諸地域に派遣せられる日本語教育要員の養成は陸海軍の要求に基づき文部省で行うもので、現に南方諸地域において日本語教育は原

住民間に進められつつあるが今回の決定によって、その取扱上の基本方針が確定されたものである。
南方諸地域日本語教育並びに普及に関する件
南方諸地域に対する日本語教育並びに日本語普及は東亜共栄圏建設上極めて喫緊の事なり、故に政府はその取扱方に関し左の決定をなす
一、日本語教育並びに日本語普及に関する諸方策は陸海軍の要求に基づき文部省に　おいてこれを企画立案すること。なお右に関し日本語普及協議会（仮称、訓令による）を文部省に設置し右方策に関する諸般の具体的事項を審議すること
二、南方諸地域の諸学校に於いて日本語教育のため使用する教科用図書は陸海軍の要求に基づき文部省に於いて之を編纂発行すること
三、南方諸地域に派遣せられる日本語教育要員の養成は陸海軍の要求に基づき文部省に於いて之を養成すること

　一方、海外においては日本語教育の発展、国内においては国語教育の醇化という両側面を運命づけられた言語政策は種々の矛盾を抱えながらも、国内における銃後の錬成教育との連携もまた焦眉の急とされ、主要な民間雑誌にも共栄圏思潮が多方面で企画特集され、思想運動としての役割を果たして行く。その１つ『日本教育』（国民教育図書株式会社から発行された月刊誌）には大東亜共栄圏にまつわる主要論調のほか、思想文化運動としての役割、意義が日常的意識として強調された。また、文化精神の発揚と両輪の関係にある国語の改革においても(18)、(19)のような特集が組まれた。

(18)「大東亜共栄圏文化の理念」泉三郎(昭和16年7月)
(19)特集：国語の成長(昭和17年8月)
　　「大東亜建設と日本語」高須芳次郎、「国語審議会の活動」保科孝一、「国語教育の建設」松田武夫、「日本語教師の進出」長沼直兄、「新しき国語の創造」魚返善雄

　また『社会教育』（社会教育会）には大東亜共栄圏思想の喧伝が見られる。

『日本教育』『帝国教育』とあわせて「国語教育」の強力な後ろ盾でもあった。

 (20)「興亜時言―南方統治策と文化工作」安倍四郎　第 13 巻 9 号（昭和 17 年 9 月）
 (21)「興亜、教育と国語の問題」石黒修　第 12 巻 3 号（昭和 16 年 3 月）

　南方建設については、政府刊行物においても積極的に唱導、嚮導された。『週報』279（1942.2.11）には論評記事「大東亜戦争と教育」（文部省）の後段に「東亜教育」（興亜教育）を呼びかけ、

 かかる共栄圏の第一線において他の民族と協働する者に対しては、真に日本人らしい教育を徹底しなければならぬからである。

として、教育者の要請を待望している。また、同誌には「大東亜共栄圏への教育職員派遣」が示され、日本語教員の明記は無いものの、外地（朝鮮、台湾、樺太、南洋群島、関東州）と外国（満洲国、中華民国、外南洋：佛領印度支那、蘭領東印度、泰、フィリピン、英領マレー）とに分けて銓衡、派遣方法についての告示がある。また、『週報』289（1942.4.22）では「南方軍政建設の方針」が定められ、統治上の著意としての 10 か条の最後に

 現地住民に対し日本語の普及に努めること
  日常の簡単な日本語会話と仮名文字は、統治を容易ならしめる有効な手段であるから、学校その他各種の機関を利用して普及を図る方針である。しかし共生して却って弊害を起こすようなことは避ける。

の諸留意を呼びかけている。その背景には従来の欧米教育下にあった桎梏からの解放を十分吟味する指針があり、『週報』303（1942.7.29）には「南方諸地域の教育はどう行われて来たか」が掲載され、国民に対して共栄圏教育の指針を示すと同時に、南方諸地域各国の教育事情を紹介している。

戦局が敗戦濃厚になっても、日本語論は一定の文化的プロパガンダの役割を担った。それは日本の「聖戦」の正当性を主張する意味でも重要な施策であったからである[15]。

5. 興亜の虚構と現実―「アジヤ」讃歌の果てにあるもの―

今次の戦争を聖戦と意義づけ、西欧列強の桎梏からアジアの解放を謳うというプロパガンダは、戦時体制下の大きな精神的支柱となり、民意に徹底させるための様々な施策が内外でとられた。日本国内でも「東亜建設」「興亜建設」の呼び声は高く、東亜の曙を讃美する歌がつくられた。

日本が海外侵略をするに当たり、それを正当化するには精神的な紐帯を必要とした。この標語として神武紀の「八紘をおほひて宇とせむ」を引き合いにし、全世界を一つの家と見立てることによって大同団結の精神たらんとしたのである。八紘とは「八荒」「八極」とも言い、国の隅々を意味する。「八紘一宇は岡倉天心の「東洋の理想」に唱えた「アジアは一つ」にも脈絡する。

まず、国民歌「興亜行進曲」について見てみよう。興亜行進曲は 1940 年（昭和 15 年）朝日新聞社懸賞入選したものを大阪毎日新聞が陸軍省、海軍省、文部省の三省後援によって公募し、詞は山梨県の 25 歳の女性「今沢ふきこ」が選ばれ、曲は藤原義江のピアノ伴奏をしていた福井文彦が選ばれた。レコード会社各六社から競作で発売された軍歌である。編曲は各社の作曲家・編曲者が担当し、間奏部分は各社の独自となっている。吹き込み歌手は伊藤久雄、藤山一郎ら総勢 18 名であった。日本を中心にすえて「興亜」をめざす偉業を讃えた歌である。「協和」が「興亜」に転進、拡張した過程がよくわかる。「とよさか」「あめつち」といった神話的用語をちりばめたところにも「大アジア」の未来にたくす日本の思惑がみてとれる[16]。

1. 今ぞ世紀の　朝ぼらけ
　　豊栄のぼる　旭日の
　　四海に燦と　輝けば

　　　　興亜の使命　双肩に
　　　　担ひてたてり　民五億
　　2.　聴け天地に　こだまして
　　　　あぐる興亜の　雄叫びを
　　　　理想は熱き　血と燃えて
　　　　アジアの民の　行くところ
　　　　希望はあふる　海陸に
　　3.　ひびけ歓喜の　この調べ
　　　　輝く首途　ことほぎて
　　　　協和の徴いや高く
　　　　桜よ蘭よ　花　牡丹
　　　　嵐に堪へて　咲き香れ
　　4.　いざ諸共に　打ち建てん
　　　　永久の栄えの　大アジア
　　　　かはらぬ盟ひ　かんばしく
　　　　興亜の実り　豊けくも
　　　　世界に示せ　この偉業

「興亜」と「協和」はここで一体化し、大アジアの基盤とする。なお、『興亜行進曲』にはもうひとつある。作詞佐藤惣之助、作曲奥山貞吉で、「興亜」はこの時点では「日満支」締盟を強調したものとなっている。「新世紀」の「聖戦」「亜細亜の覇業」のほかに「産業資源」が謳われている点は注目されてよい。一方では「協和」を掲げながら現実には「亜細亜の覇業」、つまり盟主となって「亜細亜」に君臨しようとする野望が見え隠れする。

　　1.　東天高く　澄みわたり
　　　　光も匂ふ　新世紀
　　　　興亜の意気ぞ　高らかに
　　　　民族われら　日満支
　　　　締盟強く　起たん哉

　　　　起たん哉
2. 文化は挙る　海国に
　　みどりは登る　大陸に
　　進取の鋭気　たうたうと
　　産業資源　打拓く
　　希望の鐘ぞ　今響く
　　今響く
3. 富嶽に桜　映る時
　　迎へて諭し友われら
　　溢るる歓呼　日の丸よ
　　聖戦　国の春を見よ
　　春を見よ
4. 雲こそ響け　　日は新た
　　溌剌起ちて　我等みな
　　世界に臨む　此の時代
　　協和の力　永久に
　　亜細亜の覇業　遂げん哉
　　遂げん哉

東京日日新聞・大阪毎日新聞が陸軍省、海軍省、文部省のバックアップによって公募し、詞は、山梨県の今沢ふきこという25歳の女性が選ばれ、曲は、藤原義江のピアノ伴奏をしていた福井文彦が選ばれた。ちなみに、編曲は各社の作曲家・編曲者が担当し、間奏部分は各社の独自となっている。各社競作となり、吹き込み歌手は次のようであった。

　　コロムビアレコード：伊藤久男、藤山一郎、二葉あき子
　　ビクターレコード：波岡惣一郎、灰田勝彦、藤原亮子、水原美也子
　　キングレコード：永田絃次郎、長門美保
　　ポリドールレコード：奥田良三、関種子
　　テイチクレコード：鬼俊英、服部富子

タイヘイレコード：井田照夫、立花ひろし、有島通男、三原純子、渡辺光子

次は雑誌『興亜』第3巻第11号（昭和17年1月）に掲載された「アジヤの友」である。作詞勝承夫、作曲堀内敬三で、これも大日本興亜同盟選定曲である。ここではじめて「共栄圏」が四回登場する。「亜細亜」は「アジヤ」と片仮名で表記され、「共栄圏」体制下の連帯を呼びかける内容になっている。

1. 明ける南の　水平線に　　響く　船出の銅鑼の音
   海を越えれば　共栄圏の　　国は常夏　宝島
   若いアジヤの　友が呼ぶ
2. 雲は茜に　地平はみどり　　鞭を当てれば　勇む馬
   共に励んで　共栄圏は　　みのる野の幸　山の幸
   結ぶアジヤの　友が呼ぶ
3. 月の広野に　ラッパが響く　　北のアジヤは　雲の国
   どこへ行っても　共栄圏の　　国の護りは　今固い
   強いアジヤの　友が呼ぶ
4. 北も南も　アジヤは一つ　　みんな仲間だ　仲良しだ
   共に進んで　共栄圏は　　明けるアジヤの　友が呼ぶ

最後に挙げる「アジヤの青雲」は『興亜』第3巻第10号、昭和17年10月に掲載された。同じく大日本興亜同盟制定、作詞は北原白秋、作曲は信時潔である。「アジヤ」は計24回も使用されている。天皇の「御稜威」のもとに「共存共栄」が織り込まれ、アジアの豊かな「資源」が示されている。前掲『興亜行進曲』での民「5億」がここでは「10億」になっている。

1. 仰げよ、この空　アジヤの青雲
   今こそ輝け、御稜威は涯なく
   アジヤ、アジヤ
   すなわち日本、光に被へば

　　　　立ちたり十億、挙って奮はむ
　　　　アジヤ、アジヤ　アジヤの青雲
　2.　乗り切れ、この潮　アジヤの海原
　　　　資源は豊けし、水天はるかに
　　　　アジヤ、アジヤ
　　　　世紀の国生み、船満ちつづけて
　　　　崎々島々、隈なく拓かむ
　　　　アジヤ、アジヤ　アジヤの海原
　3.　文化よ、華咲け　アジヤの大陸
　　　　東に道あり、これ我が伝統
　　　　アジヤ、アジヤ
　　　　興亜の大業、敢へてし遂げなば
　　　　秩序と平和は、呼ばずも来らむ
　　　　アジヤ、アジヤ　アジヤの大陸
　4.　集まれ、新たに　アジヤの民族
　　　　歓呼よどよもせ、誓へよ善隣
　　　　アジヤ　アジヤ
　　　　すなはち万邦、所を得しめて
　　　　共存共栄、われひと歌はむ
　　　　アジヤ、アジヤ　アジヤの民族

　軍歌、国民歌に見られるアジアはこうした日本の盾となり、防波堤となった。まさに日本の覇業の及ぶ「圏」となったのである[17]。

6.　おわりに―歴史「共和」の問題提起として―

　山田孝雄は大東亜に拡がる日本語の覚悟を次のように述べた[18]。ここには日本語の「矜持」が被抑圧者の心情を顧みぬままに純粋に謳歌されている。

　　日本語が大東亜の共栄圏に滔々として拡がつてゆくことは、われわれ望ま

しいことだと思ふ。日本語がヒリツピン（引用者注：フィリピン）とかジャバ、ニューギニア等々に行つて、小さく縮こまつて、そして彼らの鼻息を窺つて、これでもおわかりになりませうかといふやうな態度で行くといふことでは、天皇の御稜威をばどうするつもりであるか。軍人が僅か十日か一ヶ月の間に、世界を震撼せしめるほどの威力を発揮してをるに拘らず、文字に携つてをる人間が、卑屈きはまる態度を執つて、日本語をして、彼ら新しく附いた人民の鼻息を窺ふ道具にしようなどといふことは、実に怪しからぬ考へ方である。／若しさういふやうに、彼らの鼻息を窺つて、そしてこれが日本語であるといふやうなことをして教へて置いたなら、彼らがわが内地に来た時に、そんな変な使ひ方は本国ではしてをらないといふことを彼らが見たならば、必ずそこに二つの大きな問題が生ずるであらう。／一つは、自分らが騙されたといふ考へである。これが本当の日本語だと言つて教へて貰つたのに、実はさうでなかつたといふわけで騙されたといふ感じをもつ。も一つは、日本人はわれわれの機嫌をとり、われわれにおべつかを使つているのだと彼らが考へるであらうことである。この二つとも、わが天皇の大御稜威を害ひ奉ること夥しいものである。（傍点、原文のまま）

（山田孝雄「日本語の本質」『文藝春秋』1942.9）

　近代日本の、いわば自己アイデンティティを求める壮大な夢であった「大東亜共栄圏」は、また「同床異夢」の現実を看過し、自らの夢の儚さを結局は「絶対国防圏」とせざるをえなかったように、ついに太平洋の藻屑となって消え去った。そこに払われた膨大な犠牲と精神的な痛手はなお傷深きものがある。本章副題として「胡蝶の夢」としたのは、羽化し得ない日本の化身的意味、自己存在の矛先に見立てたかった意味を問わんがためであった。

　大東亜共栄圏下の諸々の施策はついには建設途上でついえた。だが、その底流は完全に歴史的糸を断ち切ったであろうか。また、かつての胡蝶の夢は夢として、「同床異夢」と裁断するほどに単純明快なものであっただろうか。当時の某大な記述はまだ完全に蒐集分析されてない以上、未曾有の文化接触（侵略）の顕現であった諸策についてはなお、綿密な考究が必要とされることを確認したい。近年の大東亜共栄圏下の文化建設に関する研究の今後に

期するところは大きい。それは過去の教訓から今後日本が世界とどのように共存し対峙していくかの大指針が潜んでいると考えるからである。

　昨今の日本の対アジア外交をみるにつけ、この思いを一層強くする。さまざまな軋轢のなかで、日本は果たしてアジアから真の信頼を得ることができるのだろうか。また、そのためには我々は何をなすべきだろうか。その一つとして「大東亜共栄圏」建設の虚実を検証する作業が有る。だが、こうした歴史検証はポストコロニアルの、脱植民地主義の名の下に歴史修正主義の亡霊を招く危険性もはらんでいる。一時期提起された東アジア共同体の構想をめぐっても、誰が「アジアの盟主」かといった不安は依然と消えることはない。1970年代の東南アジアにおける反日感情（とりわけタイ・バンコクやインドネシア・ジャカルタ）のなかで経済進出を「黄禍」と批判したのも、植民地支配のトラウマが色濃く影を落としていたといえよう[19]。

　今また、日本人が広く海外に赴き、海外進出を目指す企業も少なくない。日系企業のなかには勤務する現地社員は日本語能力試験の3、4級取得を義務付けたところも少なくないという。言語文化の共存といいながら、こうした国力格差による言語強要は過去の言語文化の輸出と無縁であると果たして言いきれるであろうか。歴史を正視し、正しい共存の道を歩むためにも、過去の遺産を総体的に討究する義務があろう。

　さらに昨今の海外旅行熱は高まりの反面、海外留学は落ち込んでいるという報告がある。反対に日本経済の活性化を狙って観光立国日本を掲げて観光客を誘致する動きが活発化している。日本を訪れる中国人も増加の一途を辿っているが、これも外交の影をひきずり、経済効果は薄氷を踏むがごとき推移をきざむ。文化、言語の均等な共存への道は、グローバル化した時代であればこそ、ますますその探究の意義を強くするに違いない。

　冒頭の問題提起に戻るが、文化をいかに効率よく輸出し、国益に結びつけるかは時代を問わず、当事国の外交上の喫緊の課題、施策である。大戦期の未曾有の文化接触と摩擦から教訓を学ぶことは歴史研究の重要な課題であるばかりでなく、比較文化、語学教育にかかわる研究者、教育者の作業でもある。これを「負」の遺産として葬るかどうかの議論はさておき、当時の議論の残されたデータを集積し、考察を進めることが求められる[20]。

注

1 いわゆる「クール・ジャパン」の世界的動向については三原龍太郎「クール・ジャパン世界進出、熱狂せず冷笑もせず」(朝日新聞 2010.9.3 夕刊)、東浩紀編 (2010) などを参照。

2 日本の NPO 法人「言論 NPO」と中国メディアの中国日報社が実施した「日中共同世論調査」。対日感情と国民感情の改善の課題が明示されている。詳細は『日本と中国』(2010 年 9 月 15 日、社団法人日本中国友好協会) を参照。また、2010 年 12 月に行われた世論調査では中国・日本に対するそれぞれの親近感が非常に低いことが報告されている。最近の内閣府調査(3000 人を対象に調査)では中国に親しみを感じない、韓国に親しみを感じない日本国民はそれぞれ 83.1%、66.4%に達している (2014.12.21 朝日新聞朝刊)。

3 例えば、独立行政法人国際交流基金アジアセンターの事業「日本語パートナーズ」はアセアン各国への日本語普及を担うため公募で約 3000 人の日本語パートナーズの派遣準備を進めている。
参考ネット掲載記事:「日本語パートナーズ」第一陣バンコクに到着.
http://www.excite.co.jp/News/world_g/20140915/Global_news_asia_85.html
(2014.12.10 閲覧)

4 NHK スペシャル「沸騰アジア」(2010/08/22 放送)で紹介された。

5 日中韓の和解問題については、田中 (2010) 等を参照。「韓流」「華流」ブームにはいくぶん愛玩的な撞着、もしくは一元的な親近感のうえに漂流している。それは歴史の推移、原点から見直し、過去から現在、未来を照射するというよりも、ひたすら「現」文化を享受しようとする感興に彩られている。その一方で近年では、所謂「ヘイトスピーチ」も表面化し、社会問題現象にもなっている。

6 「日韓併合」百年の催しの中での最大規模の 1 つが東京大学で行われた国際シンポジウム (主催:国立歴史民俗博物館、共催:「韓国併合」100 年を問う会、後援:岩波書店・朝日新聞社) であった。戦後日本と植民地支配の問題、歴史認識の問題、世界史の中の「韓国併合」のセッションにおいて 15 名の日韓の研究者が問題提起と発表を行った。ドキュメンタリーとしては、NHK スペシャル JAPAN　日本と朝鮮半島　第三回「戦争と動員された人々─皇民化政策の時代」2010 年 6 月 20 日放送等が特筆される。

7 いわゆるペン部隊、南方徴用作家の活動については多くの研究の実績がある。主なものとして櫻本富雄 (1993)、神谷忠孝・木村一信 (1996, 2007) を参照。

8 当時の彫大なプロパガンダとしてのメディア雑誌群の中でも『国際文化』、『FRONT』

『Japan To-day』などに収められた日本文化論の発信は、今日の文化戦略においても示唆的な意味をもつ。『FRONT』については多川（2000）を参照。『Japan To-day』については鈴木（2011）を参照．

9 こうした「演出された」映像は戦時報道の本質でもあり、とりわけ NHK の配信した「日本ニュース」はその顕著なものである。なお、戦時下における写真報道の実態については、国策グラフ誌『写真週報』を分析した玉井清編（2008）を参照。

10 とりわけ前述『ニッポンゴノホン』の作者、浅野晃の報告は数少ないジャワにおける日本語教育の具体的な施策を知る上で貴重である。

11 『家の光』昭和17年7月号の附録「大東亜の仲良し国めぐり」、『少年倶楽部』附録の「大東亜共栄圏パノラマ地図」（昭和16年）等にみるように、「大東亜共栄圏」は、アジア解放という理念の陰に、明確な資源獲得の戦略があったことは明白である。興亜教育については関口（1940）等の一般書がある。共栄圏成立の背景については鈴木（1993）、栄沢（1996）、池田編（2007）等。中国における近年の研究では林慶元他（2009）を参照。

12 ちなみに（1）（2）の中島利一郎は当時、東京文理大学教授で言語学専攻．中島は「言語学上から見たる仏印と日本との関係（一）（二）」（『書物展望』12-1, 12-2 1942.1, 2 東京堂）等も著わしている。著書に『東洋言語学の建設』（古今書院1941.6）がある。

13 このほかまとまった書物として、志田延義『大東亜言語建設の基本』（畝傍書房1943）、乾輝雄『大東亜言論論』（富山房1944）、寺川喜四男『大東亜諸言語と日本語』（大雅堂1945）、同『東亜日本語論（第一出版社1945）』など。詳細は本書巻末附録を参照。

14 同特集のコラムには「映画タイトルと日本語」と題する記事があり、南方に進出する日本映画に簡単な日本語を附して「南方の人種の耳や眼」に親しませようとの呼びかけがある。たとえば「大東亜」という言葉でこれの表記をめぐる議論を取り上げ、横書きか縦書きか、ローマ字綴りでも訓令式か発音式か、など単なる映像タイトルとしてではなく、文化事業の総力戦的態勢の一環として指摘している。

15 この前の石黒の『教育・国語教育』特集（1939.5）における「国語の世界的進出・海外地の日本語読本の紹介」は、当時の普及の趨勢を示すデータとなっている。石黒修のこの時期における足跡については駒井裕子（2001）を参照。以後日語文化協会内に「日本語教育振興会」を設置（1940.12）、同会の機関誌『日本語』の創刊（1941.4）など、大東亜共栄圏における言語施策は加速化していく。中国におけるその概要については川島真（2002）を参照。

16 天皇に関する事柄を表わす語について敬意をこめ褒めたたえる意味を表す（『大辞泉』

　　　　小学館 2008)「すめら」を附した「すめらあじあ」はその最も象徴的思想であった。鹿子木員信『すめらあじあ』(昭和 12 年、同文書院)等の啓蒙書も出された。
17　戦時体制下に作られた「国民歌」において、アジアがどのように謳われたのか、上からの戦意高揚のためにつくられ、政府・軍から大衆メディアまでを席捲したアジア認識の象徴として、大東亜共栄圏研究の課題である。「国民歌」については戸ノ下達也 (2010)等を参照。
18　山田孝雄「日本語の本質」『文藝春秋』(1942.9). 当時の第一線国語学者による大東亜共栄圏日本語進出論の論説として金田一京助(1942)、佐久間鼎(1943)などを挙げておく。
19　近代日本の言語文化接触と摩擦の大事記を筆者は「アジア十五年戦争期」、「1970 年代の日本資本主義の南進」、「現代のサブカルチャーをはじめとする文化輸出・政策」の三時期に注目する。1970 年代東南アジア(タイ)の反日感情下での言語文化接触の一端については、田中(2011b)等を参照。
20　大東亜共栄圏内の文化事業を考える時、軍政下での「威圧的」施策と非軍政下での「懐柔的」事業とに分けて考察する必要がある。前者ではインドネシア、シンガポール・マレーシア、ビルマ、後者ではタイ国等での展開(とりわけ松宮一也、柳澤健らの足跡)があげられる。戦時下のプロパガンダとして、たとえば同盟関係に置かれていたタイ国に向けての懐柔的な文化政策の実態を考察した加納(2009)等を参照。また当時の大東亜南方留学生の動向についても再検討が必要である。田中(2011a)等を参照。

参考文献

東浩紀編(2010)『日本的想像力の未来』、NHK 出版
池田浩士編(2007)『大東亜共栄圏の文化建設』、人文書院.
大江志乃夫他編(1993)『文化のなかの植民地』岩波講座近代日本と植民地 7、岩波書店.
加納寛(2009)「戦時下日本による対タイ文化宣伝の一断面」、愛知大学現代中国学会編『中国 21』Vol. 31. 蒼貌社.
神谷忠孝・木村一信編(1996)『南方徴用作家　戦争と文学』、世界思想社.
神谷忠孝・木村一信編(2007)『〈外地〉日本語文学論』、世界思想社.
川島真「戦時体制と日本語・日本研究」近現代日本社会的国際研討会(2006.3.16–17. 於中央研究院) http://bdl.handle.net/2115/11308 (2014.12.10 閲覧)
金田一京助(1942)「大東亜建設と国語問題」、『イタリア』1942.4　イタリア友の会　46–51

倉沢愛子編(2001)『東南アジア史のなかの日本占領』、早稲田大学出版部.
後藤幹一(1994)「『大東亜共栄圏』の実像」、浅田喬二編『「帝国」日本とアジア』近代日本の軌跡 10　吉川弘文館.
駒井裕子(2001)「アジア・太平洋戦争期の日本語教育者石黒修の足跡」、『日本語・日本文化研究』8　京都外国語大学.
佐久間鼎(1942)「図南政策と日本語の問題」、『イタリア』1943.2　イタリア友の会　49–63.
櫻本富雄(1993)『文化人たちの大東亜戦争』、青木書店.
佐藤広美(2001)「大東亜共栄圏と『興亜教育』―教育学とアジア侵略との関係を問う」解説『興亜教育』(『教育維新』改題)復刻版　東亜教育協会　緑陰書房より復刻(2000).
鈴木麻雄(1998)「大東亜共栄圏の思想」、岡本幸治編著『近代日本のアジア観』、ミネルヴァ書房.
鈴木貞美編(2011)『「Japan To-day」研究　戦時期「文藝春秋」の海外発信』、作品社.
関口泰(1940)『興亜教育論』、三省堂.
多川精一(2000)『戦争のグラフィズム『FRONT』を創った人々』、平凡社ライブラリー.
竹松良明(2000)「喪失された〈遥かな〉南方―少国民向け南方案内書を中心に」木村一信責任編集『文学史を読みかえる④　戦時下の文学　拡大する戦争空間』、インパクト出版会.
田中寛(2010)「『歴史和解』とナショナリズム―日中韓の対話の視座を求めて」同『戦争記憶と歴史認識』(私家版)に収録。中国語訳は"歴史和解"興民族主義―尋求日、中、韓的対話視点"として李卓主編《近代化過程中東亜三国的相互認識》(中国・天津人民出版社 2009)に収録
田中寛(2011a)「戦時体制下の日タイ間における文化接触とその摩擦―タイ人留学生をめぐる言語文化の状況(資料解説その①)」、『外国語学研究』第 12 号　大東文化大学大学院外国語学研究科.
田中寛(2011b)「一九七〇年代におけるタイの日本語教育―言語文化接触における"順逆と混沌"(その私的回顧)」、『語学教育フォーラム』第 21 号　特集：外国語教育と異文化理解の接点を求めて　大東文化大学語学教育研究所.
多仁安代(2000)『大東亜共栄圏と日本語』、勁草書房.
玉井清編(2008)『戦時日本の国民意識　国策グラフ誌「写真週報」とその時代』、慶應義塾大学出版会.
戸ノ下達也(2010)『国民歌を唱和した時代』、吉川弘文館.
マーク・ピーティー著、浅野豊美訳(1996)『植民地―帝国 50 年の興亡(20 世紀の日本)』、讀賣新聞社.

松宮一也(1942)『日本語の世界的進出』、婦女界社(原載『教育・国語』「日本語の世界的進展とその対策」、1938.6　45–51 同承前　1938.7　19–25)

文部省「大東亜戦争と教育」「大東亜共栄圏への教育職員派遣」、『週報』279　2–16 (1942.2.11)内閣情報局.

文部省「南方軍政建設の方針」『週報』289　7–12(1942.4.22)内閣情報局

柳澤健(1943)『泰国と日本文化』、不二書房.

山田孝雄(1942)「国語の本質」『文藝春秋』1942.9　38–52

讀賣新聞 20 世紀取材班(2002)『20 世紀大東亜共栄圏』、中公文庫.

林慶元・楊斉福(2006)《"大東亜共栄圏" 源流》、中国・社会科学文献社.

第 2 章
南方諸地域における日本語教育の展開
「大東亜通用語」への眺望

ここほれわんわん
ここほれわんわん
マライの夜明け
マライの朝だ
（神保光太郎「マライの春」）

1. はじめに

　日本語が世界標準を目指すべく、世界ともっとも至近距離において対峙した時代があった。具体的には1930年代からの戦時体制下における日本語論、日本語教育論は、内外にむけての一大言語政策の体現であった。この時期には日本語についての夥しい議論が噴出し、文化戦略の目的を具体的に担った。戦略的国際競争を見据えながら、文化防衛論、文化工作論、また異文化理解論として、日本が戦争を遂行する合理的精神的なプロパガンダ、支柱として時代を席捲した観がある。しかしながら、その膨大な地層の内実—日本語論の二重構造、すなわち日本語に内在する内部構造、本質と外在する外部構造（周辺環境）という二極の歴史的関係性—は今なお明らかにされてはいない。本章で着目するのは言語のとりわけ歴史的、時局的展開の一断面である。

　現在、日本文化を世界に発信していくことが国益にもつながるという議論がある。クールジャパンやサブカルチャーといった観光、消費文化が日本経済をどう活性化させるのか、一方で、日本の伝統文化の衰退をどうつなぎとめるのか、その両者にも確かな指針は得られていないように思われる。日本語の普及は日本をよく理解するための重要な施策であり、それは近代国家の形成を通じて常に意識されてきた。今後、日本語が国民の紐帯を自覚する容器のみならず、世界の1言語として活性化し勢力権を保持していくために

も、過去の一時期を振り返り、何がどのように主張されたかを検証、精査することは極めて時宜にかなった作業であるといえよう。

日本語論に潜む国民感情の本質の解明は筆者が日本語学、日本語教育の実践に向い合うなかで常に関心を抱き続けてきた命題の1つであった。そもそも上述のような日本語論の内包する曖昧性、多層性にも依拠するものであるが、「国際交流」「文化方略」の狭間で揺れ続けた過去におけるもっとも濃密な対外言語施策の時代を検証することはその本質にせまる一里塚であろう。本章では戦時下において日本語論がどのように醸成され、展開していったかを再検証し、あわせて国民感情、精神の「涵養にどう組み込まれていったのか、を考察するものであるが、そこから日本語論の今日的本質にも連なっていくものがあるとすれば、壮大な文化社会現象論としての日本語論の指向性を占うことも可能となるだろう[1]。

2. 近代日本における言語観と世界認識

日本語論の歴史構造的研究は、一方で日本語学の書誌的研究の一大作業である。その手法と体系化、射程はより精密さを要求されるが、共時的軸とともに通時的な軸に寄り添って結ばれる日本語像、日本語観が日本語論を議論する思想的両輪となる。これまで日本語論の思想史的アプローチとしては少なくない蓄積がある。20世紀後半から近代日本語の通時的な言語戦略に関する著作が相次いだ。イ・ヨンスク『国語の思想　近代日本の言語認識』(1997)、駒井武『植民地帝国日本の文化統合』(1998)、安田敏朗『帝国日本の言語統制』(1997)、同『近代日本言語史再考—帝国化する「日本語」と「言語問題」』(2000)、長志珠絵『近代日本と国語ナショナリズム』(1998)、小森陽一『日本語の近代』(2000)、酒井直樹『死産される日本語・日本人—「日本」の歴史・地勢的配置』(1996)などはその代表的な成果である。

かつて国語学者上田万年は「日本語は日本人の精神的血液なり」(1903)と述べ、日本語と日本人の精神との本質的紐帯を唱えた[2]。この延長線上に言語によって国民国家の共同性を確保しようとする思想が戦時下において異民族へと適用された時期があった。現在、混迷する日本社会にあって、また国

内外で日本語の国際的位置を再考する時期にあって、この歴史的源流をたどる試みは極めて重要である。

　1990年代の初頭、『日本語論』という雑誌が刊行された[3]。「国語」から「日本語」への架橋はグローバル化にとって避けられない戦略として再浮上したのである。それは、一方で戦時下における日本語論の再検証というベクトルをも再認識させた。前述の学究的成果はこうした背景、内政の下に産み落とされたともいえよう。「国語」か「日本語」という議論は、「国語教育」と「日本語教育」の乖離よりもなお深層的であり続ける。上部構造から規定された多文化多言語社会のなかで、末端の日本語がどのような立ち位置を獲得していくのか、この用語が意味するよりも格段に複雑な状況が現出している。あらゆる国語が国民統制、文民統制の強力な装置である以上、現象の含み込む「国語」か「日本語」かをめぐる相克は今後も喫緊の研究対象、関心であり続けるだろう。第2巻第7号の特集は「国際化する日本語」であったが、これはまた時代を遡れば戦時下の掛け声でもあった。その記事のなかに今井邦彦「日本語の海外進出の要諦は富国強兵にあり」という提言があったが、英文学者である著者は自ら時代錯誤とは言いながらも、本音で日本のあるべき言語政策の要を説こうとした。いつの時代にあっても、言語の趨勢はとくに経済力の振幅のうえに針路を定められる。だが、富国強兵は必ずしも文化力と両輪の関係にはない。

　こうしたなか、日本語教育史研究は近年、新たな展開を見せている。日本語教育史研究会、植民地教育史研究会、アジア教育史研究会等の活動はその具体的な取り組みである。また、戦前戦中の夥しい日本語論、日本語教育論に関する代表的な著作が一次史料として復刻が進んでいることは、当該研究者への尊い慈雨となっている[4]。今後はあわせて当時の論脈を読み解き、レガシーとしての日本語論を詳細に検討し、どのように克服し、止揚していったかを検証することが求められる。

3.　日本語論にみるアジア認識

　大東亜共栄圏建設を思想的命題として掲げながら日本語が進出していくに

ともない、日本語の規範化が持ち出され、方言論の活性をもたらす一方で、比較対照的手法も交えながら、日本語の独自性と普遍性の策定が急務となっていった。そこでは当時のアジア主義の昂揚とあいまって近代日本にとってもアジア像、アジア観からアジア認識への質的転換が施行された。それはほかならぬ日本を盟主とする位置づけであった[5]。

ちなみに次のような日本語論の展開を概観すれば、その多様性には瞭然たるものがある。『台湾時報』は発行元が台湾総督府内という限定的に刊行された「時報」で、『教育・国語』（厚生閣）は一般の教育関係者に広く読まれた雑誌、『満蒙』は中国大陸で発行された雑誌である。特殊、一般、地域を問わずこうした論壇に共通して見られるのは日本語の発信である。後者には、佐久間鼎『現代日本語法』が長期にわたって連載されるなど、日本語そのものに対する内省の深化が見て取れる。

- 「小学読本より見たる日中両国」山田儀四郎、『台湾時報』137　1931.4
- 「日本精神の発揚と日本語」岡本新市、『台湾時報』159　1933.2
- 「台湾に於ける国語運動」佐々木亀雄、『台湾時報』161　1933.4
- 「社会時評：国語の普及は家庭から―本島人インテリ階級の諸君に望む」谷河梅人、『台湾時報』169　1933.12
- 「満洲国へ日本片仮名採用を提唱す」高山謹一、『満蒙』113　1935.8
- 「満洲国における国語国字問題」黒川薫、『満蒙』116　1938.4
- 「大陸の日本語教育管見」飯田利行、『教育・国語』9-9　1939.9
- 「新国評論：輸出用日本語」(不明)、『教育・国語』10-2　1940.2
- 「台湾に於ける教科書の編修について」三屋静、『台湾時報』210　1937.4
- 「国語普及用　基礎国語六百五十」国府種武、『台湾時報』214　1937.9
- 「国語普及の新段階」慶谷隆夫、『台湾時報』236　1938.1
- 「国語普及上に於ける常用語の地位：皇民化と常用語の効果」山崎睦雄、『台湾時報』239　1939.11
- 「皇民化の再検討　言葉について」中美春治、『台湾時報』253　1941.1
- 「南方諸地域に対する言語政策」伊藤博夫、『台湾時報』268　1942.4
- 「日本語の南方進出に対する諸問題」都留長彦、『台湾時報』269　1942.5

・「国語問題に対する時局の要請」白神徹、『台湾時報』276　1942.12
・「国語講習所　習作」李栽、『台湾時報』284　1943.8
・「徴兵制と国語の問題」塩田良輔、『台湾時報』287　1943.11
・「国語で考へる生活」堀池重雄、『台湾時報』290　1944.3

　言語関係の雑誌は無論、教育・文化政策の雑誌に限らず、総合雑誌、文芸雑誌、放送・映画関係、旅行・観光関係の雑誌においても広く日本語論が展開された。これらの文献書史的研究は、戦時体制下の日本語論を検証するうえで重要な指標となる[6]。

4.　「大東亜通用語」としての日本語

　国語文化学会編『外地・大陸・南方　日本語教授実践』(東京・国語文化研究所、昭和18年9月)は、「序」にあるように、「南方日本語普及」の現状に触発されて刊行された。同書の刊行は「大東亜共栄圏の全域に、我が国語がなるべく速やかに普及することは国民の熱望であり、国家の要諦である」とする。多様化、広域化にともなう日本語教授法の規範的見解をまとめようとした試みで、総説にはまず「五十年国語政策確立を叫んできた本会(国語文化学会)顧問」の保科孝一の論文を掲げ、「日本語教育についてこれだけの原稿が集まったということは曾てどこにもなかった」とする。「国語教育」と「日本語教育」についても明確な指針をしめし、「台湾、朝鮮は我が範囲内のことであり、満洲国に於いても日本語が国語の1つであるから、これを正式に呼べばやはり「国語教育」である。しかし、その教育対象は、我が国語とは別の言葉で育ってきているから、教育営為としては「日本語教育」である」と喝破した(いずれも「序」より抜粋)。

　同書には総説、留学生篇に続き、「朝鮮篇」「台湾篇」「関東州篇」「満洲国篇」「支那篇」「南方篇」があるが、「支那篇」「南方篇」はいかにも手薄の観が強く、「南方圏」にいたっては、泰国事情一篇のみである。掛け声とは裏腹に広域を統括することがいかに困難であったかが分かる。書名の「実践」というイメージからは遠い印象である。以下にその内容、執筆者を記す。

〈総説〉「大東亜通用語としての日本語」保科孝一、「日本語普及に於ける日本的自覚」興水實、「日本語教授と日本語教師」松宮彌平、「教授の実際と工夫創造」大出正篤
〈留学生篇〉「日本語総合力の養成法」有賀憲三、「日本語教授法上の音声問題」黒野政市
〈朝鮮篇〉「併合以前の日語読本をめぐりて」大槻芳廣、「朝鮮に於ける国語指導の問題」鈴木隆盛、「朝鮮に於ける国語普及」岡本好次
〈台湾篇〉「台湾における言葉をめぐって」齋藤義七郎、「南方の辨」松本龍朗
〈関東州篇〉「日本語読本編纂の思い出」今永茂、「日本語教師の人格」大石初太郎、「日本語教育の教材に関する一考察」前田熙胤、「民族陶冶としての日本語教育」加藤福一
〈満洲国篇〉「満洲国に於ける日本語普及の状況」福井優、「国民錬成への日本語教育」中村忠一、「満鉄の日本語教育」堀敏夫
〈支那篇〉「文化理解のための日本語教授」(国府種武)、「環境と対象」(秦純乗)、「南支の日本語」高沼順二
〈南方篇〉「泰国における日本語教授法」平等通照
〈総括〉「日本語の直接法教育について」山口喜一郎、「日本語教育の新しい出発」石黒修

　附録として「公刊日本語教授書十一種解題」(書名、著者、発行年、発行所、判頁)を収録するが、内外の発行所を見ても百花争乱的意図が垣間見える。書名、著者、発行所、判／頁、刊行年／月を示す。

- ・『外国語としての日本語教授法』山口喜一郎、旅順著者発行　A5/567　1933.3
- ・『日本語教授法』松宮彌平、東京教文館　B6/312　1936.6
- ・『支那人に対する日本語の教ヘ方』阿部正直、東亜同文会　B6/582　1939.7
- ・『日本語教授法概説』山口喜一郎、北京新民印書館　A5/164　1941.11
- ・『日本語教授法』興水實、国語文化研究所　A5/323　1942.11
- ・『日本語教授法の出発点』松宮彌平、日語文化協会　B5/56　1942.11

- 『日本語教授指針』日語文化協会日本語教授研究所編　B5/171　1942.7
- 『最新日本語許いう樹法精義』工藤哲四郎、東京帝教書院　B6/229　1942.2
- 『日本語指導篇』前田煕胤、大連市初等教育会　A5/388　1942.10
- 『大東亜共通語としての日本語教授の建設』平松譽資事、台北第一師範光照会　A5/363　1942.10
- 『日本語教授の領域』中村忠一、東京目黒書店　B6/229　1943.4

　なお、これらに並行して、「支那国民」に対する日本語教育についての強化、深化が図られていったことにも留意したい。これは大東亜共栄圏の大多数を「支那語」国民が占めることに拠っている。例えば、以下のものでは、誤用例、混同の諸例を挙げながら、発音の指導とともに文法教授に比較的詳しい実地にもとづく教授工夫が見られる。

- 『支那語国民に対する日本語の教育』野村瑞峯著、財団法人啓明会事務所発行、北隆館発売　1942.3
- 『中国人に対する日本語教授』鈴木正蔵、育英書院　1943.7

　一方、昭和15年9月には中国における日本語教育の理論的教授の開拓を試みるべく中目覚を所長とする華北日本語研究所が設置されている。

5. 「日本語基本文型」と「日本語基本語彙」への傾斜

　日本語が世界進出するにあたっては、より簡便な規範化を進める必要があったが、これは日本語の近代が複雑な経路をもって増殖して来た現実を再統合する必然性をもたらした。一方では国民錬成のため、いま1つは日本語海外普及のためである。戦時下の日本語は前者に、日本語教育論は後者に組み込まれ、両輪となって、糾える縄の如く捉られていくこととなった。

　文型に関しては『日本語練習用日本語基本文型』(財団法人青年文化協会編、東京・国語文化研究所　昭和17年10月)は、268頁、B5判で2000部刊行された。本体の『日本語基本文型』は同年9月に刊行されている。「編

集趣意」には、外国人に日本語の構造、特性をよく理解させ、日本語の上達を計るにはこれまでの文典のように定義や説明を主にしたものでは実用的ではない。日本語そのものの説明が分からないこともあるし、かりに翻訳されたものでも、知識に留まってしまうことから、「学習用文典」としては典型的な実例を示して反復練習させる以外にないとする。当時、「未開拓」であった「表現の型」を調査し、具体的には昭和 16 年 1 月以降に日本語科学研究委員会を発足させ、その調査にもとづく一部分を編纂したものである。保科孝一、今泉忠義、大西雅雄らの名前が挙がっている。刊行された昭和 17 年 9 月は日本語が海外に大きく舵を切った時期であった。同書には約 800 の文型が収録された。骨格と同時に例文は典型的な実例とはいえ、作例である以上、十分に吟味されたものとはいえず、例文の数が少ないものもある。下段には文法事項の説明が略記され、教授者の便を図っている。まえがきにもあるように文例は標準的とされる「話し言葉」とし、漢字は国語審議会の標準漢字 1134 字をほぼ目安として、その他は仮名書きか漢字にルビを附している[7]。

　もう 1 冊の『日本語基本語彙』は『日本語基本文型』に遅れること 1 年、東京・国際文化振興会から刊行された。B5 判 597 頁で、まえがきには次のように書かれている。

　　本会は日本文化を海外に宣揚するため、日本語普及の必要を認め、昭和 12 年 9 月以来、数次にわたり、その協議会を催し、また日本語辞典の編纂を試みようとしたこともあったが、その後満洲事変・支那事変と共に、益々日本語普及の急務であることを痛感したので、昭和 14 年 12 月、委員を委嘱して、日本語文典、日本語読本、日本語辞典などの編纂事業を計画すると共に、まずその基礎として、特に読本、辞典編纂の前提として、必要な基本語彙の調査、選定に着手した。この「日本語基本語彙」はその委員会の調査報告の主要部分をなすものである。昭和 18 年 10 月

　同書には、「基本語彙策定の方針が述べられ、語彙調査の目的、価値、採用した方法、調査経過、調査関係者、参考書目が挙げられている。関係者で

は官庁関係（情報局、企画院、文部省）17名のほか、顧問として新村出、土居光知、橋本進吉、柳田国男ら5名の名がつらなる。事業は石黒修（国語協会理事）、松宮一也（日語文化協会主事、日本語教育振興会理事）などもっぱら日本語教育の第一線で活躍する5名に委嘱された。基本語彙については、土居光知『日本語基本語彙』（六星館1933）の調査が基本となっている。この二種の成果をもとに、湯沢幸吉郎を主担当とする『日本語表現文典』（岡本舜一編、国際文化振興会　1944.4）が出されるのは一年後のことであった。

6. 言語ユートピアとしての「文化言語」への眺望

　海外への日本語普及はあらためて日本語を世界の立ち位置に定める輪郭を求めた。おびただしいアジア語学書の発汗はその必然的な顕現であった。その一例として『日・支・馬・比・英対照　大東亜の基本用語集』（長沼直兄編、大東亜出版社、昭和18年5月）をみてみよう。A6判の見開きサイズ165頁の携行用で一万部数印刷された。本書は日本語、中国語、マレー語、スペイン語、英語の5ヵ国語対照により、用語、語彙を収録する。各言語の担当著者は以下の通りである。

```
日本語　長沼直兄　　日本語教育振興会総主事
中国語　張　学勤　　日本放送協会国際局嘱託
馬来語　齋藤栄三郎　通信官吏練習所講師
英語　　長沼直兄　　日本語教育振興会総主事
```

長くなるが、編集意図を述べた「はしがき」を全文再掲する。

　　昨年の春から夏にかけて内閣情報局に於いてマライ語、泰語、安南語その他の使用者のための日本語約三百語の選定のことがあった。自分もその委員の一人としてその会議に参加した。その関係からであろう、今度、大東亜出版株式会社に於いて約六百の必要語彙による会話用単語集を作るに際し、その選定の依頼を受けたのであった。

凡そ、語彙の選定をする場合には、その目的をはっきりとして置かなくてはならない。その目的が異なるにしたがって選ばれる語彙も異なってくるからである。本書では現地で日常生活に使い得ることを主とし、かたがた内地でも三項になるようにとの趣意で選定した。

　尚実際生活における会話では場面即ちその環境が重要な働きをする。随って、単に一語を用いても場面の力によって理解されていくことが少なくない。然しながら単語だけでは理解の不可能な場合も多いので、第一編に於いて単語の運用に必要と思われる最小限度の規則を述べ、第二編に於いて暗記すべき単語、短句、短文などを示した。第三編の単語集が本書の主目的であるけれども単語の運協に関する基礎的な知識を有たなくては単語だけを覚えてもあまり効果がないからである。読者諸君は之をきっかけに各語の本格的研究に入られんことを希望して已まない。昭和18年3月　長沼直兄

「三百語」から「六百語」に拡張された背景、選定基準については明らかではない。本書は第一編、第二編、第三編から構成される。第一編は各語の「語法大要」で、5か国語の文法の概要を示す。第二編は「簡単な語句」として「質問に用いるもの」「返事に用いるもの」「短い意志表示」「命令形」「挨拶」の5項目からなる。第三編「単語」は約百頁で、全体の3分の2の分量をなし分類語彙表的体裁を示す。以下の25項目からなる

　　数、月、日、週、時、代名詞・疑問詞その他、空間・関係、自然・方向、動植物、金属・物質、人・家族関係、身体・健康、家、家具・家庭用品、衣服・身の回り品、飲食物・料理、交通・通信・旅行、学校・学用品・書籍、社会・職業・売買、交際・仕事・生活、軍事、形容詞、動詞、副詞、雑

「雑」は「けれども」「〜なら」「そして」「と」の四語のみである。選定基準もさることながら、いかに拙速な産物であったかが窺われる。これをもとに「本格的研究」を望むのは時間的にも相応の困難をきたしたと思われる。

　編者の長沼直兄（1895–1973）はパーマー（H.E.Palmer）の直接法を取り入れ、『標準日本語読本』を完成（1933頃）、日本語教育振興会（1940発足）の

理事も務めた。東京高等商業学校(現一橋大学)を卒業した後、1922年に文部省英語教育顧問として来日した英国人言語学者ハロルド・E・パーマーの講演を聴いて感銘を受けたのを機に親交を結ぶ。パーマーの「外国語としての英語教育」の教授法を日本語教育に取り入れる。パーマーは文部省内に英語教授研究所を設立、所長に就任、直兄は幹事となる。その後、パーマーの推薦により、米国大使館の日本語教寛も務める。1931年から1934年にわたり、成人の語学教育用教材として『標準日本語讀本』全7巻を刊行。遺構、米国・欧州・豪州の大学や教育機関絵も使用され、ナガヌマ読本の名が世界に広まった。日本文学研究家、翻訳家であるエドワード・サイデンステッカーやドナルド・キーンもこの教材で日本語を学んだ[8]。こうした言語教育の背景を持つ長沼も短時間で長期的展望を持つことはできなかった。

一方、敗戦色濃厚となった時期に刊行された乾輝雄『大東亜言語論』(富山房、昭和19年9月、262頁)もまた、当時の日本語認識を見るうえで欠かせない。序言を抜粋する(下線、引用者)。

> 昭和十六年十二月八日米英に対する宣戦の大詔の渙発せられてより、皇軍の向かうところ敵なく、武力的には東亜の諸民族は米英蘭の支配から解放せられるに至った。併し、東亜の諸民族を文化的に米英の支配から脱せしむることは、主として将来の問題として残されて居る。文化力の伴わぬ武力のみの支配は、恰も地上のあらゆるものを根こそぎ浚ってしまう嵐のようなものである。台風一過、後には何も残さない。(中略)元来、言語は文化の運搬者であり、媒介者である。文化的支配には必ず言語的支配が伴う(中略)大東亜共栄圏の建設は、武力的・文化的建設が表裏一体となって初めて可能であるが、文化的建設に欠くべからざるものは、文化言語の建設である。此の如き見地から、今日大東亜に住む民族の文化程度を検討し、其の民族の話して居る言語を知り以て<u>大東亜に於ける将来の文化言語</u>はどの言語であるべきかを結論する事は、今日喫緊の課題であろうと確信する。
>
> 昭和十九年六月

同書は第一章「大東亜の民族と言語との概観」、第二章「ウラル・アルタ

イ語族」、第三章「支那・チベット語族」、第四章「オーストラリヤ・アジヤ語族」、第五章「オーストロネシア語族」、第六章「パプア語」、第七章「オーストラリア語」と続き、第八章の最終章では「大東亜の三大共通語」となっている。はしがきにある「文化言語」の基軸が日本語にあることを確認したうえで、拡大発展をはかる言語的視野を策定する。この「三大共通言語」については以下のように述べている。

> 東亜共栄圏に於いては、過去に於いて文化言語たる名声を有した支那語と、将来に於いて文化言語たる名声を担うべき日本語との外に、いま一つ第三有力言語たるマライ語の存在を忘れてはならない。(中略)将来、大東亜共栄圏には、三大共通言語—日本語・支那語・マライ語が存在するであろう。アメリカの如く新しい共通言語を決定する理想的状態に在ってさえ尚英語・スペイン語・ポルトガル語の三つの言語の存在を容認しなければならなかったことを思えば、数億の諸民族の既存する東亜共栄圏に三つの共通言語の存在するのは、蓋しやむを得ない事であろう。

当時、連合国側の英語・スペイン語・ポルトガル語に対抗すべき枢軸言語として、日本語・支那語・マライ語を策定したことは、今次の戦争が世界構図に於いて文化言語の覇権戦争という意味を担っていることを示した[9]。

支那語でいえば、すでに中国語学習者向け『支那語雑誌』、日本語学習者向け『月刊日語指南』を刊行していた螢雪書院は、昭和17年には「大東亜共栄圏に編入された南方各地域に生活し、旅行し、或は研究する者のための言語文化交流の具」として『南方語雑誌』(宇治武夫主幹)を創刊した。マライ語、ジャワ語、タガログ語、タイ語などの連載が始まる。巻頭言を飾るのははまさにユートピアを眺望する「十億一心」(石黒修)であった[10]。

このほか、この時期には次の刊行物が出された。

『日本語の世界化』石黒修、修文館　1941
『日本語の世界的進出』松宮一也、婦女界社　1942
『大東亜共栄圏と国語政策』保科孝一、統正社　1942

『戦争と日本語』釘本久春、竜文書局　1944

『日本語―共栄圏標準口語法』藤原與一、目黒書店　1944

　藤原與一の著作は現代日本語の語法を平易に述べたもので、「大陸叢書」の1冊。現場に立つ日本語教師向けに実用的教授法を提供した。保科孝一の著作は民族固有の精神が融けこんでいる国語を他の民族に移植し、文化を普及させるために標準語統一の必要性を同化政策の観点から主張した[11]。

7.　資料［1］　南方圏における日本語普及の実態

　以上の日本語進出論に支えられる過程で、具体的に南方圏ではどのように日本語が普及していったのだろうか。そのいくつかを検証する。

　まず、当時の国策グラフ雑誌として代表的な『写真週報』に掲載された日本語普及の状況を報じた記事を6点紹介する。『写真週報』は昭和13年2月に内閣情報部（のちに情報局）によって創刊され、敗戦直後の昭和20年7月まで375号が発行され、戦時下日本における戦争遂行のプロパガンダとして機能した。「映画を宣伝戦の機関銃とするならば、写真は短刀、よく人の心に直入する銃剣であり、何十万何百万と印刷されて配布される毒瓦斯である」（第2号）と述べている。毎号巻頭に国民に呼びかけるこうした戦時発揚のメッセージが掲載され、宣伝という文化戦争の一翼を担った[12]。

7.1.　「マレー女とニッポン語」227号　昭和17年7月12日

　『どうぞ中へお掛けになりませんか──』とつぜん本当にとつぜん、流暢なにっぽん語で話しかけられた。誰だかわからない。兵隊でないということと、女だということだけは声で分かった。そこには、シンガポールやジョホールバルから避難してきたマレー人、インド人それに支那人たちが一杯で、今着いたばかりの私たちの方を向いて、何か小声で訳の分からないことをぺちゃぺちゃ話しまくっているだけだった。戦場からのがれ得たという、ほっとした安堵の色が群衆のどの顔にも現われているのを、ぼんやり私は眺めていた。『お掛けになりませんか』再び流暢なにっぽん語をきいたとき、はじめて

我に返った私は、その瞬間、声の主をやっと群衆のなかに発見した。としははっきり分からないが、黒いマレーの女だ。四つか五つくらいの子どもを左手で紀要に抱いて、にっこり笑っている。女はマレー人特有のすぽっと腰まで入る腰巻のような、だぶだぶの服を着て、眼が光って見えた。
　唇は口紅をつけたように真っ赤で、あとで分かった二六という年の割には更けていた。短い言葉であったが、アクセントは完全な標準語だと分かると、私はまったく妙ちくりんな気持ちがして、「はあ、ありがとうございます」と答礼は申し述べたものの、とってつけたようで我ながら錯覚を起こし、しげしげと女の顔をみつめるばかりだ。
　無理もない話で、ずいぶん各地の戦場を歩いてここマレー半島の南部まで来たものの、住民で、しかもこれほど流暢に日本語を話せるものは全くはじめてだった。「あんた、にっぽん語、話せるんですか」わかり切っていたが、突然で話題も浮かばずついそう口走ると、「はあ」と簡単ではあるが、自身たっぷり微笑んだ。外国人でもよほど日本語を話せるものでも、この「はあ」とか、「あの」というのは、長く日本人と接していない限り、やすやすと口に出るものではない。戦友どもがぞろり集まってきた。何処で日本語を覚えたのかと訊くと、「わたし、日本人の経営していたゴム園に居たんです。わたしは十年居りましたが、わたしの夫はそこで十五年働いて居りました」と女は答えた。
　その日本人はもちろん拉致され、しかも彼女の話だと「私の夫も日本語が話せるために、イギリスの兵隊に連れてゆかれました。もう帰って来れないでしょう」と抱いている子供に目を落とした。しんみりことばを切るのだった。「坊やいくつ…」可愛い頭を撫ででやりながら聞くと、子供ははにかみながら、小さな声で「四っちゅ」と四つの指を出して見せた。女はうしろを振り返って「これが六つで、この子が八つなんです。みな日本語を話せますよ」と母親にすがりつく子供たちをかえりみる。
　私は何だかふっと故郷を思い出し、信州の山や河や、そして美しい初雪のアルプスなど、瞬間とりとめもなく甦って、いつか気持ちがほぐれるのをおぼえた。関兵長が大きな手に一つかみ、ビスケットを出してきて子供に与えると、子供は「おじちゃん、ありがと」と愛らしいお礼を云う。『今はもう乞

食のようなものですから何でもいただきますわ』さびしげに微苦笑する若い母親の瞳は戦火に疲れてはいるが、子どもを守る力強い輝きが感じとられ、ふびんでならなかった。

　やがて、小隊長から「出発準備」の命令が来た。女は「では失礼いたします」と小腰をかがめて子供たちと家の中へ入って行ったが、その後姿がいつまでも我々の眼の底にこびりついて、今もありありと浮かぶのである。

（陸軍上等兵寺崎五郎）

7.2.「バタヴィアの千早学校」227 号　昭和 17 年 7 月 12 日

「お早う、ジャヴァの子どもたち。他の思想に君たちはどこへ行くの」

「チハヤ学校へ勉強に」

　びっくりするほど上手な日本語のご返事です。▽バタヴィアの千早学校は軍の宣伝班で開いたものですが、ここにはいまあの目のくりくりした可愛いジャヴァの子供たちが比一日と数を増し、少しでも早くお話しができるようにと涼しい木陰で毎日一生懸命に日本語の勉強をしています。▽またこのチハヤ学校の隣には三A運動の附属学校も設けられて、三A、即ちアジアの先命日本、アジアの母体日本、アジアの指導者日本を旗印に、チハヤ学校で勉強する子供たちのお兄さん、お姉さんたちがこれまでの旧い生活から立ち上がる逞しい姿も見られます。▽地球の隣のジャヴァ島もいまはもう植民地王国オランダの領土ではありません。そしてジャヴァの子どもたちも僕たち私たちと手を取ってゆく祝福された共栄圏の子どもたちです。▽やがて今年の秋が来たら南へかえる燕に美しい日本のお話しをどっさり伝えてもらいましょう。注：日本映画社による撮影写真に次のキャプションが載る。

　▽お口を揃えて『アイウエオ』お目をくるくる『カキクケコ』▽縦書きのカタカナは一寸勝手がちがうようですね。でももうすぐに馴れましょう。▽ラジオ体操が始まります。ボクラの国民学校とちっとも変わらない楽しい朝のひと時です。（下線、引用者。以下同様）

7.3.「ニッポンゴで埋め尽す昭南島」230 号　昭和 17 年 7 月 22 日

戦争前には四十種以上もの言葉が雑然と使われていたといわれるここ昭南

市も、今日では日常生活には日本語で事欠かないほどに日本語が普及され、帝国領土マレーの中枢拠点として遺憾のない建設ぶりを示しています。▽これは——劇場や映画館等で日本語劇や日本語映画が現地人によって上演されたり、各学校等でこぞって日本語教育や軍報道班の開いている日本学園等の努力によるところもちろんですが、何といっても現地の住民一同が、一日も早く日本語を使いこなすこと、これが日本人になる一番の早道なのだという気暴徒努力のあらわれということができます。いま昭南島の人たちは老人も子供も、男も女も日本語の勉強に一生懸命になっているのです。この結果、最近では軍報道班の手で日本語片仮名新聞『サクラ』を発行するようにもなり、更に日本語の普及に拍車をかけています。日本語を学ぶ彼ら現地住民の真摯な姿と日本語に塗り替えられた近頃の昭南市民の表情をお目にかけましょう[13]。(注：陸軍報道班による写真に次のキャプションが載る。)

▽『オハヨウ、オハヨウ、コンニチワ』マレーの子も華僑の子姐もインド人の子も、皆な上手な日本語で朝の挨拶です。嬉々として校門をくぐる姿に朝の光が明るくほほえんでいます。▽『昭南日本学園』の門標、この門をくぐることがボクラの誇りなのだ。先生の訓示の一語一語をしっかりと頭にたたきこんでおくのだ。▽インド人の娘も▽コムーレシャンの若奥さんも▽カソリックの尼さんも▽フジハニッポンデ一バン、ナダカイヤマデス。ソシテボクタチノキョウシツノナマエデス。ケフハソウジトウバンデス。▽授業が終わってからも、先生をつかまえて熱心に質問する生徒たち。

7.4.「日本語講習会は超満員マニラ」237 号　昭和 17 年 9 月 9 日

マニラ市の鉄道省観光局事務所に開かれている日本語講習会では毎日の二百五十人からの市民が初等、中等、高等の各科に分かれて、日本語の勉強に熱中しています。「比島の将来はまず日本語を識ることから」——そうした気運は新比島建設に挺身する現地日本軍や在留日本人を見るにつけ、日とともに高まって、どこの講習会も超満員、講習生も各自職場の必要に迫られての講習だけに、その上達ぶりも驚くほどです。(注：在マニラ　久宗・深尾両特派員による写真と次のキャプションが載る)

▽モウスグ　ボクダッテ　コノクライカケルヨ▽アイウエオ、カキクケコ、

サシスセソ——だいぶ上手になりました▽いいですか、わたしはの「ワ」ハイッ——「ワーアッ」

7.5. 現地社会生活の中での言語接触

　次に挙げるのは、現地の人々の日本語使用の実際である。社会生活のなかでの日本人との接触とは別に、兵士と現地人との接触があったが、外面だけの隆盛で、日本語の活力を享受している素朴な感情のみが残る。

　　市場を歩く。『ジョウトジョウト　クツユミガク』『ナニカウカ？、コレカ！』▽散髪屋へ入る。『ココヘ、オカケ、クダサイ。頭カルカ？　ヤー、アンマカ？　ツカレタカ！』
　　爪哇に日本語の時代が来た。昨年六月五日から、ジャカルタ市内に三校日本語学校開校の運びとなつて、新聞紙、アシャ・ラヤ誌上に生徒募集広告を掲載したところ、申込受付日初日の午後三時頃迄に、既に募集人員六百名を遙に超過して九百八十名の入学申込を受けた。▽中等学校入学以来、勉強するといえば、その大半を英語に消費させられた我々は愉快でたまらなかつた。
　　爪哇よりの帰途、昭南島で一ヶ月程滞在する機会を与えられたが、此処でも、又、同じ日本語熱の旺盛なのに驚かされた。
『ツー、バス、イズ、ランニング、ユク、カヘル、』
明瞭至極、これは昭南の或るバスの停留所での中年の印度人の説明である。先生の英語も文法を超越しているところ、大したことはないようだ。(略)占領各地に日本語熱が高まつているということは頻りに報道され、自分も実際、爪哇、昭南等で体験したことであるが、特別なる者を除き一般原住民の使用する日本語とは、大体右のようなしろものである。大いに反省される可きである。▽各地軍政監部の方々も正しい日本語普及のため懸命な努力をされて居られる様であるが、私は、一日も早く現地で働いて居られる人々の御家族も向こうへ渡られて、<u>在住の日本人のすべてが、日本語の良き先生となられる様</u>切望してやまない。
　　　　（宮村亜鳩「(ジャワ通信)ぐんぞく・じゃわがしま・まんご」1943.5）

7.6. 「わしゃかなわんよ」

　　言葉の判らないのは鍵の合わない錠前のようなもので、もどかしいものである。兵隊はみんな日本語の普及に苦心しているが、ラバウルは、我軍の占領前は英濠の治下にあったものだから、原住民の間には多少の英語が通じるので兵隊はそこを要領よく、／「おーいボーイ、ウォーターだ」と叫ぶと、／「ハーイ、水汲むか」と双方の言葉を交換するところまで実績を挙げている。／年配の下士官あたりになると、／「おういナンバーワン、アイカム……快々的」などと、つい支那仕込みが出てくる。(略)／ナンバーワンは原住民には相当広く流用出来て、上等だとか、旨いとか、大将旦那にまで通じるので、ナンバーワンと呼ぶのは、おだてた意味でもある。／そうすると「ノー、ナンバーワン」と、ひねくれて出るのもある。／原住民でも子供は覚えが速いので、「もしもし亀よ」だの「白地に赤く」などは内地の子供と変わらない位に歌っており、子供が歌うのは自然でいいが、大きな黒い男が「モシモシ亀サンヨ」と澄まして往来を歌って歩く図は、つい噴き出してしまう。／そうかと思うと、誰かが巫山戯て教えたのだろう。／「あのネおっさん、わしゃかなわんよ」と御愛嬌をふりまいて歩く剽軽者もある。

　　　　　　(林唯一『爆下に描く　戦火のラバウルスケッチ紀行』中公文庫 2000)
　　　　　　　林唯一(1985–1972)は当時、徴用報道班画家　原書は 1943.12 出版

　以上、マレー、ジャヴァ、昭南、マニラ、ラバウルにおける四つの記事から日本人と日本語と現地住民との仕組まれた関係性が浮かび上がってくる。7–1 はひとりの日本軍兵士が日本語を話すマレー人女性の身辺について三文小説風に語ったものである。日本語によるわずかな接触で「流暢な日本語」と評するあたり、誇張した表現が見られるが、前線で見聞する日本語の日常の一端が記録されている。7–2 はバタヴィアの現地小学校で日本語を学ぶ児童の日常を伝えたもので、軍政下に敷かれた日本語教育の実態が紹介されている。今もインドネシアの国民のなかには日本の歌謡(五輪真弓「心の友」は第二の国歌とも云われる)には根強い人気があるという。7–3 で紹介されている「昭南日本学園」はシンガポールにおける日本の皇民化政策を象徴する日本語学校として設置された。文化工作の最前線で、井伏鱒二は昭和 16

年、陸軍徴用作家として従軍、翌年 2 月にシンガポールに入り、昭南タイムズ、昭南日本学園等に勤務。市内の一家族の動向を丹念に描いた長閑で滑稽で奇妙に平和な戦時中の異色作「花の町」をはじめ、「軍歌『戦友』」、「昭南タイムズ発刊の頃」、「シンガポールで見た藤田嗣治」、「或る少女の戦時日記」、「悪夢」などを残した。なお、校長の神保光太郎は、この時期、保田與重郎、亀井勝一郎らと『日本浪曼派』の創刊に携わり、国粋主義への傾斜を強めていく。戦後は日本大学芸術学部の教授となった。7–4 では日本語による英西の言語支配からの解放の息吹を伝えている。7–5 では市井での接触の現場である。7–6 では前線の兵士と現地人との日常に日本語が行きかう。

　ある日突然、海のかなたからやってきて別の国語をもって新しい教育が始まる。そうした事態の到来を想像しうるだろうか。当事者の環境に置かれたとしたら、どのような心理的対処ができるのだろう。日本式教育はそうした現地住民の思惑を否定し、ジャワやジャカルタでは鯉のぼりを立て、日本の節句を祝う光景が見られた。日本軍は 1942 年になると石油などの資源確保のため蘭領東印度（インドネシア）に侵攻、軍政を敷いた。民心把握、協力者にするために文化工作を進めるため、宣撫班・宣伝班が組織された。陸軍第 16 師軍はモデル校として「千早学校」を開学した。独自に編纂された教科書で日本語の授業がはじまり、毎日校庭に整列して、日の丸掲揚、君が代斉唱の後、「サイケイレイ」の号令とともに宮城遥拝が強制された。

　　　テンノウヘイカノ　オンタメニ　ニッポンジンハ　ヨロコンデシヌ
　　　テンノウヘイカノ　オンタメニ　ジャワノタミハ　イサマシクタタカウ
　　　　　　　　　　　　　　　　　　　　　　　　（『ニッポンゴノホン』）

その一方で、日本の占領下、何百万という農民が動員させられ、鉄道や飛行場建設に当たった。重労働と飢餓の体験は、日本語の「ロームシャ」（「労務者」：romusha）の苦難を伝える外来語として記憶は生き続けている[14]。

8. 資料［2］ 新聞記事に見る日本語進出の実態

　日本語の進出は中国大陸から南方へ移行する経緯が新聞記事を通して見ることが出来る。ここでは月刊「満洲読書新報」を手掛かりにその一部を紹介する[15]。

8.1. 満洲国、中国大陸での地ならし

・**文化国策「東亜仮名」誕生**（大連日日新聞 1941.1.14）
　東亜の一環として満洲国の正しい発展のためには満洲語を改め、新しい文字を創造すべきであるとして、民生部をはじめ満語調査委員会、協和会等各方面で研究中であったが、愈々"東亜仮名"として登場、近くその実験に取り掛かることになった。

・**満洲国の識字運動が片仮名採用を決定**（大連日日新聞 1941.2.8）
　建国日なお浅き満洲国が識字運動の武器として片仮名を採りあげ、3、4月頃片仮名による満洲語表現の決定案を公布する運びに至ったことを発表した。これによって満洲国人口の過半を占める満人層を漢字を教育の負担から救おうとするもので、大いに注目されている。

・**満洲国の国語"東亜仮名"を創造**（大連日日新聞、1941.2.10）
　複合民族国家である満洲国にとって言語文字の統一が痛感されているのに鑑み、民生部満語調査委員会と協和会ではこの国独特の新しい文字を創造すべく研究中であったが、この程漸く日本語を基礎とした基本文字東亜仮名を編出した。

・**満州語の表音文字に日本仮名**（大連日日新聞、1942.11.6）
　満語に関する諸種の問題を研究する満洲国民生部満語調査委員会ではその研究の1つとして満語の表音文字の研究に着手し、幾多の方法につき研究を行った結果、日本仮名を採用することに決定、更に実施方法につき委員会を開き、検討することになった。

・**「正しい日本語の海外進出」**（満州日日新聞／東京朝日新聞 1940.2.29）
　最近、日本語を通じて直接日本に触れたいという熱意が海外の知識階級間に相当力強く動き始めた機運に際し、国際文化振興会では2600年の今年か

ら8年の計画でかねて懸案の「日本語辞典」「日本語文典」「日本語読本」の編纂に第一歩を踏み出すことになった。この事業は純粋民間の手になり現代日本語の再整理と云う点から画期的な文化事業として注目さる、全般の指揮指導に当たる委員長には京大教授新村出博士が選ばれている。

・**日本語の大陸進出**（大阪毎日新聞 1941.1.16）

東亜諸民族に日本語を普及するため文部省では一昨年国語対策協議会を開いた結果に基づいて大陸の日本語教科書として初等用のハナシコトバをはじめ、日本語教本、同指導書、文化読本、辞書、会話書などを編纂することになり、ハナシコトバ、同教師用上中下3冊は既に出来、今月中にも現地へ発送さるる筈である。

・**前線へ"カナモジ宣撫読本"**（東京朝日新聞 1941.1.27）

支那民衆に聖戦の意義を深く理解させるためには速やかに日本語を普及させねばならないと、一帰還勇士（カナモジカイ主事"火の赤十字"の作者、旧内田部隊松坂忠則准尉）が一年有余支那児童用カナ文字「日本語読本」及び「日本語辞典」の編纂に血のにじむ努力を続けた結果、この程出版数日中に各地の支那児童に贈ることになった。

・**"漱石"を読む中国女性**（大連日日新聞 1941.1.28）

徒に欧米化された北京人に、日本文化を紹介し、日支共栄精神を注入する北京近代科学図書館で若い中国女性の閲覧図書は大部分は日本語の参考書で、社会科学、自然科学、歴史、医学書等も相当読まれ、日本文学書では菊池寛や夏目漱石の支那訳本が愛読され、時局の進展と共に膨湃たる日本研究熱が繁栄している。

・**「ハナシコトバ」を発行**（東京朝日新聞　1941.2.19）

東亜共栄圏内に日本語を普及させるため文部省国語課で編纂した日語教科書「ハナシコトバ」上中下3冊はうち上巻だけが印刷を終り、18日東亜同文会から発行早速30万部を北、中支に発送した。四六判48頁、表紙に桜花を配した絵本という感じである。

8.2. 南方進出の実態

・**南方の出版物**(東京新聞、昭和17年12月10日)

　…南方各地のうち、一番出版物が出て居ったのはマニラであったようである。茲には一流の面々がかつやくしているからであろう。南十字星、新世紀、これは立派なグラフ雑誌である。日本語教育のパンフレット類も若干あった。次はジャワである。ジャワは戦前蘭印当局が観光客誘致のためなかなか綺麗なグラフ類を出して居った。印刷も立派なものが出来る。私の行った時はウナバラ・カホウ(引用者注、海原画報か)やニッポンゴノホンが出て居った。ポスター類は沢山あった。紙がよいし、インキがよいのが目に立った。比島とジャワに関する限り、日本内地でわざわざ造って送らなくても現地で十分よいものが出来る。ただ資料を送ればよい。昭南は案外貧弱である。僅かに昭南画報があっただけであった。ビルマもまだなかった。その他タイ仏印では外務省系統、国際観光局から送られたものが数種類あったが極めて貧弱なもので問題にならない。(中略)南方人は一体に日本の出版物を必ず喜んで読んで呉れると云う予感がした。

・**南方占領地新聞政策決定**(東京新聞1942.10.20、大連日日新聞1942.10.21)

　陸軍では南方占領地における建設戦の一翼として各種文化工作に就き、過般来研究調査をなし、具体的準備を進めていたが、文化工作の魁としてまず邦字新聞の急速な進出が要請されているに鑑み、この程、南方陸軍軍政地域に於ける新聞政策を決定した。右によれば内地四大新聞社に担任地域を定め、邦字新聞発行を行うものである。

・**仏印へ日本紹介誌**(東京朝日1941.2.1)

　旧臘仏印通商代表一行と共に日本をハノイの元新聞雑誌検閲官仏国レイモン・ヴァダネル氏は日支事変従軍記者参加が日本研究の機縁となり日本事情紹介の雑誌「トレジュニオン」を国際文化振興会の肝煎りで編集中であるが、第1号は日仏印会商の記念特集号菊版120頁近く仏印に向け発送される。

・**「南方ヘニッポンノコトバ五万部」**(東京新聞1943.8.15)

　財団法人「カナモジカイ」では昭和13年以来皇軍の日常生活を盛った手帳型の「ニッポンノコトバ」と題する小冊子を発行、日本精神の理解はまず

日本語の理解からと呼びかけているが、更に山本元帥の戦死やアッツ島の玉砕等の事実を書き加えた挿絵入り美本5版、5万部を作製南方各地に発送する。

・**感激の翻訳マライ語「戦陣訓」**（大連日日新聞、1942.11.28）

　皇軍将兵の聖典「戦陣訓」のマライ語版が一インドネシア青年によって翻訳され、軍政部市来嘱託の校訂を受け、一般に発売された。翻訳者ユリー君は本年26歳、スマトラのパターン出身、同師範学校卒業後昭和13年渡日愛知窯業学校に学ぶうち、戦陣訓を知り大いに感激、インドネシア人に教える日本精神の書として翻訳に着手した。

・**ビルマ語になる「日本小史」**（大連日日新聞、1942.11.5）

　ビルマ中央行政機関の情報宣伝部では最近ビルマ人知識階級の間に日本に関する紹介し凌を求める声が高まりつつあるのに応えるため、その第一着手として東亜旅行社発行の「日本小史」をビルマ語に翻訳、近く発刊する。

・**「ジャワ新聞」も創刊さる**（朝日新聞、1942.12.29）

　朝日新聞社がジャワ軍政地区において軍の委託により発行する邦字新聞は「ジャワ新聞」と命名され、12月8日の記念日を期し、ジャカルタで発刊された。当分、日刊2頁、さらに同紙とともに、グラビヤ月刊画報「ジャワ・バル―」（新ジャワ）も併せて創刊された。

・**マニラ新聞社設立さる**（大連日日新聞、1942.11.3）

　マニラ唯一の邦字紙マニラ日々は、昨年10月31日を以て廃刊、新たに毎日新聞社経営のマニラ新聞社が設立され、11月1日付けより邦字紙マニラ新聞を創刊する外従来の英字紙トリビュン・タガログ紙、タリバ・スペイン紙、ラ・ヴァンガルデイアの各紙並びに週刊雑誌リワイワイ及び月刊写真画報「新世紀」を継続発行する。

・**日本精神把握運動の一翼、共栄圏へ「日本文学」**（東京朝日新聞1943.5.14）

　古典を通じて日本精神の淵源を極めるべく、日本文学報国会では既報の通り国民古典全書の刊行を決定、これに並行して大東亜共栄圏各国を対象とする「日本文学撰」「日本文学史」を上梓し、アジア民族の文学を通じての正しい日本精神把握を期することにした。

9. 「明朗アジアの建設」

　神保光太郎は「われは知らず、昭南日本学園長就任の日に」と題して次のような感傷的な詩を詠んだ(『南方詩集』、明治美術研究所、1944)。

　　われは知らず

　　これが学び舎
　　あたらしきはらから集め
　　父祖の国大和のこころを
　　つたへんと纜を解く
　　船長のわれにはあれど
　　たよりなくて
　　手をば拱ねつ

　　われは知らず
　　もとむる手何をか與ふ
　　ただ祈る
　　祈るのみなり
　　大君のみひかりの空
　　あけて行く
　　東亜の春よ

「あたらしきはらから」は現地住民で、「父祖の国大和」はアジアの盟主日本である。「纜(ともづな)」は日本語であり、「船長(ふなおさ)」は日本人を意味しよう。だが、「もとむる手」に何を与えるかは「我知らず」、唯「東亜の春」を祈るのみ。こうした感性、観照に流れる精神は、「明朗」なユートピア的眺望に粉飾されたものといえようが、明治以来の南進、「図南」の夢の発現、具現でもあった。「学び舎」の「手を拱く」一面も見られたのである。
　建設という世界制覇への手段概念は、対米英決戦の火蓋が切られた翌年に

具体的な方針となって明らかにされた。すなわち、「南方軍政建設の方針」である。軍政の重要性を十分に認識したあと、「統治上の著意」として十か条をあげ、その最後に「現地住民に対し日本語の普及に努めること」として、

> 日常の簡単な日本語会話と假名文字は、統治を容易ならしめる有効な手段であるから、学校その他各種の機関を利用して普及を図る方針である。しかし強制して却って弊害を起すようなことは避ける。
>
> （『週報』289 号、1942.4.22）

ことを強調している。「假名文字」はカタカナである。現地人、原住民への配慮を行う一方で、「新東亜建設」はアジア全民族、のためでもあるとして、「応分の負担」を負わせるべきだとする。「明朗アジア建設」の「明朗」の意味は「ともに苦しみ、協力する」よう指導することを主眼とした。

10. おわりに

1920 年代後半から 1930 年代半ば頃まで太平洋問題調査会日本支部の中心メンバーとして日米間の民間外交に大きく貢献し、1938 年に設立された国策機関・太平洋協会においても運営の中心となった鶴見祐輔は雑誌『文學』に「日本語を世界語と為す運動」と題する一文を書いた[16]。現行の日本語の発音やアクセントが方言の未整理も含めバラバラであること、辞典の整備もできていない現状を論じつつ、次のように述べている。

> 日本文化を世界文化の殿堂の中に祭る為から云っても、どうしても日本語を世界語にしなければならない。…現に新東亜の建設にしてみたところで、一体何語によって新しい「東亜の良心」は作られようとするのか。…全東亜の人々が日本語を共通語とする時代を作ることでなければならない。

ここでは日本語が世界語、共通語として眺望されているが、そこには東亜

自身の覚醒と日本人、日本の覚醒が求められるとする。だが、現実には日本は戦時体制に入るやアジア民衆の人心を懐柔し、アジア進出をはじめるにあたっては拙速な言語建設を展開し、世界の中の日本語を指向した運動、世界語としての日本語普及という戦略的課題を深化させるには、ほど遠い障碍があった。これはまた日本語の難解さを、国語醇化思想とする精神運動のすり替えである以上、より一層の困難が生じるのは避けられなかった。それは、「大東亜」の「共通語」よりも「通用語」を目指した限界性でもあった。

日本語の海外普及論は以後、敗戦間近まで昭和17年から18年をピークにしてさまざまな言説を生産し続けた。時間を隔てて、今日また日本の国策、国益をになう日本語普及が叫ばれている。戦時体制下における日本語普及運動の全体像を検証することは、過去から現在、未来に向けての健全な日本語論の活性化をもたらすことになろう。

注

1 本研究では戦時下に刊行された雑誌、文献にみられる諸記事に限定されている。当時のポスター、メディア、詩歌、唱歌軍歌、標語などにみられる日本語、さらに文学、絵画芸術においても日本語論に抵触する要素が介在する(例えば白山真理『〈報道写真〉と戦争』吉川弘文館 2014 など)が、ここでは対象外とする。

2 上田万年(1903)『国語のために』、富山房.

3 日本語の国際的位置を議論する企画として山本書房から刊行された。

4 2014年現在、日本語教授法基本文献など「日本語教育史資料叢書」として第1期から第8期までを刊行(冬至書房)。

5 日本語論を議論するうえで、思想史的アプローチとして、本居宣長をはじめとする子安宣邦の次の2点の考察は極めて示唆に富む。
・子安宣邦(2003a)『漢字論　不可避の他者』、岩波書店.
・子安宣邦(2003b)『「アジア」はどう語られてきたか―近代日本のオリエンタリズム』、藤原書店.

6 日本語の海外戦略の節目となったのは、国語文化振興会が日本語海外普及に関する第一階協議会を開催した1937年9月である。中国大陸で戦火があがるや、日本はその

先の戦略を考えていたのである。これを受けて、外務省編「世界に伸びゆく日本語」（1939.9）、文部省図書局『国語対策協議会議事録』（1939）が出された。戦時色が濃くなると、1940年12月に日本語教育振興会が日語文化協会内に設置される。これは青年文化協会設立（日語学院の運営1939.8）、国語文化学会設立（国語文化研究所1939.8）へと発展する。日本語教育振興会から雑誌『日本語』が創刊されるのは1941年4月であった。

7 『大東亜の基本用語集』については前田均「（資料）長沼直兄『大東亜の基本用語集』と情報局『ニッポンゴ』の収録語彙の比較」『第二次大戦期日本語教育振興会の活動に関する再評価についての基礎的研究』（研究代表者：長谷川恒雄　報告3　2010)参照。

8 長沼直兄については下記の文献を参照。
　・言語文化研究所(1981)『長沼直兄と日本語教育』1981
　・高見沢猛(2003)「草創期の日本語教育理論：長沼直兄の理論と背景」、『学苑』749　昭和女子大学

9 戦時下に編纂された南方語の実態については本書第6部を参照。

10 石黒修はこのほか、次のような言語政策論を展開している。詳細は本書附録を参照。
　・『国語の世界的進出　海外地の日本語読本の紹介』『教育・国語教育』特集　1939
　・「日本語と南方共栄圏」、『現代』23-3　1943.2
　・「大東亜の言語政策」、『中央公論』51-8　1942.8

11 方言との関係をも視野に入れた日本語論については安田敏朗『近代日本言語史再考』収録の第4章「日本語論のなかのアジア像」を参照。

12 内閣情報部（のち情報局）により編集・刊行された、国内向けの週刊の国策グラフ雑誌。1938年2月16日号（創刊第1号）から1945年7月11日号（第374・375合併号）まで刊行。価格は10銭・A4判・20頁、内閣印刷局印刷・製本。最大で20万部発刊された。大空社から『フォトグラフ戦時下の日本』(1989)として復刻されている。一部は国立公文書館アジア歴史資料センターでWEB公開（「『写真週報』にみる昭和の世相」）。なお、戦時下のグラフについては次の文献を参照。
　・多川精一(2000)『戦争のグラフィズム「FRONT」を創った人々』、平凡社.
　・玉井清編(2008)『戦時日本の国民意識―国策グラフ誌『写真週報』とその時代』、慶應義塾大学出版会.
　・井上祐子(2009)『戦時グラフ誌の宣伝戦―十五年戦争下の「日本」イメージ』、青弓社.
　・太平洋戦争研究会編、保阪正康監修(2011)『「写真週報」に見る戦時下の日本』、世界文化社.

13 ペン部隊の井伏鱒二、神保光太郎、及び「昭南日本学園」、シンガポールの日本語教育については次の文献を参照。
- 前田貞昭「井伏鱒二の占領体験―異民族支配と文学（シンガポールの場合）」、『岐阜大学国語国文学』18　43–57　1987
- 前田貞昭「井伏鱒二の戦時下抵抗のかたち」、磯貝英夫編『井伏鱒二研究』渓水社所収、1984
- 前田貞昭「井伏鱒二―戦争を拒絶する文体」、神谷忠孝・木村一信編『南方徴用作家　戦争と文学』、世界思想社　117–136　1996
- 柴田幹夫「戦前のシンガポールにおける日本語学校について」、『新潟大学国際センター紀要』第3号　pp12–23　2007
- 西原大輔「日本人のシンガポール体験〈35〉詩人神保光太郎の昭南日本学園」、『シンガポール』2009　社団法人日本シンガポール協会
- 清水知子「軍政下シンガポールの公立日本語学校（Queen Street School）をめぐる一考察」、『横浜国立大学留学生センター紀要』7　2003.3
- シンガポール・ヘリテージ・ソサエティ編、リー・ギョク・ボイ著、越田稜訳『日本のシンガポール占領　証言＝「昭南島」の三年半』、凱風社　2007
- 浦和義和「神保光太郎『昭南日本学園』論」、『国文学解釈と鑑賞』2002.5
- 渡辺洋介「シンガポールにおける皇民化教育の実相―日本語学校と華語学校の比較を中心に」、池田浩士編『大東亜共栄圏の文化建設』、人文書院　75–136　2007
- 楠井清文「マラヤにおける日本語教育―軍政下シンガポールの神保光太郎と井伏鱒二」、神谷忠孝・木村一信編『〈外地〉日本語文学論』世界思想社　284–303　2007
- 川端美樹「第二次世界大戦中の日本植民地・占領地における日本語教育―マレー地域を中心として」、『日本語と日本語教育』17　109–122．慶應義塾大学国際センター　1989.3
- 宮脇弘幸「南方占領地における日本語教育と教科書―マレーシア・シンガポールの場合(1942–1945)」、『成城文芸』126　171–212．1989.3
- 宮脇弘幸「マラヤ、シンガポールの皇民化と日本語教育」大江志乃夫＋浅田喬二ほか(編)『岩波講座・近代日本と植民地 7―文化のなかの植民地』、東京：岩波書店　193–208．1993
- 黒古一夫(2014)『井伏鱒二と戦争―「花の街」から「黒い雨」まで』、彩流社．

ペン部隊および戦時下の文学者の実態については次の文献を参照。
- 櫻本富雄『文化人たちの大東亜戦争』、青木書店、1993
- 同上『日本文学報国会　大東亜戦争下の文学者たち』、青木書店、1995

日本語の普及には従軍歌謡慰問団などの果たした役割も検討されなければならない。南方では藤山一郎、古関裕而、西條八十らが戦線を慰問した。馬場(2012)等参照。
14 朝日新聞社「写真が語る戦争」取材班(2009)『朝日新聞の秘蔵写真が語る戦争』朝日新聞社.160–165 参照。「ニッポンゴノホン」については、前章の浅野晃を参照。
15 同紙は編集人高橋一二、発行人勝家清勝、大連市に本部を置く発行所満洲読書同好会の満洲読書同好会報として毎月 15 日発行されたもの(昭和 12 年 4 月 21 日第三種〒物認可)で、第一面に〈大陸読書界便り、大東亜文化新聞〉のコラムがあり、「大陸各地の読書界、出版界の消息を募る。写真の添付を希望す」との唱導のもと、時局に呼応した記事が紹介された(緑蔭書房 1993 復刻)。
16 『文學』特集:「東亜における日本語」1940.4　文学関係の雑誌においても、国語論、日本語論の提唱が掲載された。以下はその一部。詳細は巻末附録を参照。
- 「日本語の安定」中島健蔵、『文學界』1941.4
- 「国語の普及運動について」保田與重郎、『文學界』1941.5
- 「文化の本質(対談)南方文化工作について」北原武夫・中島健蔵、『文學界』1941.6
- 「国語問題の所在」浅野晃、『文學界』1941.7

参考文献(一部、注で触れたものを除く)

朝日新聞社「写真が語る戦争」取材班(2009)『朝日新聞の秘蔵写真が語る戦争』、朝日新聞社.
池田浩士編(2007)『大東亜共栄圏の文化建設』、人文書院.
井伏鱒二(1996)『徴用中のこと』、講談社.
栄沢幸二(1995)『「大東亜共栄圏」の思想』、講談社現代新書.
河西晃祐(2012)『帝国日本の拡張と崩壊―「大東亜共栄圏」への歴史的展開』、法政大学出版局.
神谷忠孝・木村一信(1996)『南方徴用作家』、世界思想社.
神谷忠孝・木村一信(2007)『〈外地〉日本語文学』、世界思想社.
倉沢愛子(2012)『資源の戦争―「大東亜共栄圏」の人流・物流』、岩波書店.
小林英夫(1998)『大東亜共栄圏』岩波ブックレットシリーズ昭和史 7　岩波書店.
小林英夫(2006)『「大東亜共栄圏」の形成と崩壊増補版』、御茶の水書房.
笹沼俊暁(2012)『「国文学」の戦後空間―大東亜共栄圏から冷戦へ』、学術出版社.
長岡新太郎、秦邦彦、福田茂夫(1963)『太平洋戦争への道第 6 巻南方進出』、朝日新聞社.
NHK 取材班(1995)『太平洋戦争日本の敗因 5　レイテに沈んだ大東亜共栄圏』、角川文庫.

馬場マコト(2012)『従軍歌謡慰問団』、白水社.
ピーター・ドウス、小林英夫編(1998)『帝国という幻想 「大東亜共栄圏」の思想と現実』、青木書店.
別冊宝島2152(2014)『大東亜共栄圏の真実 アジア主義から始まる「大構想」の盛衰』、宝島社.
和田春樹編(2011)『「アジア太平洋戦争と『大東亜共栄圏』」岩波講座東アジア近現代史6、1935–1945』、岩波書店.

第5部
戦時期の諸雑誌にみる日本語・日本語教育論

```
大正11年2月13日 第3種郵便物認可（毎月1回1日発行）
昭和16年 2月 2日 印刷納本 昭和16年 2月 5日発行
```

カナノヒカリ

2 ススメ ヒノマル
　　 ユケ ニッポンゴ

キゲン 2601ネン 2ガツ ・ ダイ 234ゴゥ

懸賞映畫筋書 當選發表……………………… 表紙ウラ
中央協力會議ノ 報告………………オコノギ サマタ　1
漢字タイピスト ノ 一日 ………………………………　5
發音記號ト 文字 ……………………マツサカ タダノリ　6
カナヅカイ ノ 眞ニ 日本的 ナ トワ……遠藤 正美　8
万古不斷論ノ 思イチガイ ……………百瀬 千俊 13
國語國字問題 講演會ノ 報告………………………… 16
ミダシモジ ノ ケンキュゥ……………トミサワ イサオ 22
コダマ（18）　　ジタイ ノ ケンキュゥ（24）　　カナーコトバ ノ ケンキュゥ（26）
カナモジ トナリグミ（28）　　　アシアミ（30）　　　オシラセ（32）

カナモジカイ

『カナノヒカリ』第234号の表紙（早稲田大学図書館所蔵）

…文化工作の一翼として如何なるニュース放送をやるかということであるが、それにはまず取材範囲を考究しなければならない、その取材範囲としては結局、日本における産業団体、学術団体、文化団体、宗教団体等につき、特に支那に関係ある建設的方面、研究的方面、外交的方面について折に触れての価値あるニュースを選択し、それを極めて平易に放送することである。

(村田孜郎「対支文化工作と報道放送」)

　書かれる文学も語られる文学も、同様言葉から成っている。しかし語られる文学にあっては読まれる文学以上に言葉についての特別な注意が必要である。
　最近の日本語というものが甚だ乱雑なものになっていることは周知のところであるが、現在書かれているような文章をそのままラジオで語っても中々完全に理解することは困難であろう。ラジオで語られる言葉は良い言葉であることを必要とする。正しい言葉であることを必要とする。

(大内隆雄「放送と文学」)

いずれも満州国国務院広報処編輯『宣撫月報』4-8 1939.9 放送特集号

第 1 章
放送が果した日本語普及・日本語政策論の一断面
雑誌『放送／放送研究』にみる戦時下日本語論の展開

> 今ぞ興亜の空青く　電波は冴えて海外に
> 八紘一宇日本の　理想を高く　進めゆく
> おお、ラジオ　ラジオ　われらの光
> 　　　　　　　　　　（西元静男「ラジオの歌」）

1. はじめに

　放送（ラジオ）が戦争に、戦争が放送（ラジオ）に多大な影響を与えたことは、戦争におけるメディアの役割といった視点からこれまでさまざまな研究が行われている[1]。本研究では戦前戦中期に日本の国営放送である日本放送協会が発行した月刊誌『調査時報』『放送』『放送研究』（当誌は発足当初『調査月報』であったが、すぐに『調査時報』に改め、昭和8年に『放送』、さらに昭和13年に『放送研究』と改称[2]）にあらわれた日本語論、言語政策論をとりあげながら、そこに現われた国民に対する涵養としての国語、対外文化政策としての日本語および文化政策の内実を検証する。

　戦前戦中期における日本語論、国語論と日本精神作興論、および日本語の海外普及策について多くの論評が展開されたが、本章は日本の国益を強く意図した論評を数多く掲載した当雑誌『放送』を例に、諸雑誌出版メディアがいかに戦争と関わったかを知るための研究の一環である[3]。

　以下、刊行の時期を前期（昭和3年～昭和11年）、中期（昭和12年～昭和15年）、後期（昭和16年～昭和18年）に分けて、掲載された主要記事を中心に概観する。重要と思われる記事は濃字で示した。雑誌『放送』『放送研究』の果した日本語論、日本語普及政策を軸とした戦時プロパガンダの一端を明らかにする。

2. 前期(昭和 3 年〜昭和 11 年)にみる国語・日本語論の生成

　本節では創刊から昭和 11 年（盧溝橋事変以前）までに掲載された記事を追うことにする。ラジオは大正 14 年 3 月 22 日、芝浦の東京高等工芸学校の建物の一部を借りての発信に始まる[4]。現在の多メディア時代から考えれば、当時の放送による情報の提供には絶大なる権威と信頼があったことが想像される。これに 3 年遅れて日本放送協会は『調査時報』を昭和 3 年 4 月に創刊した。B5 判横組みで平均 20 〜 30 頁程度で、当初はとくに啓蒙的な内容は見あたらず、放送局の設置場所・時期などの記録的な役割を担っている。各地の事業状況、受信技術、聴取加入、内外の放送技術についての研究の断片的な紹介にとどまる。以後、月刊誌として順調に刊行が続き、昭和 6 年、第 4 巻第 1 号から B5 判縦組みに変更した。放送文化面、技術面に関する記事が多くなっていくと同時に、外国語教授に対する関心も高まった。本誌の性格について次のような謳い文句がある[5]。

　　　ラジオと家庭を結ぶ全国民の雑誌、本誌を読めばラジオも益々有意義に聴け、家庭が一層明るくなる。面白く有益な家庭向読み物、翌月の放送番組紹介、絶賛を博した講演放送の掲載、家庭婦人その他講座のテキスト、放送文藝懸賞募集、有名作家の小説とラジオドラマ、放送批評と外国の放送事情、其の他放送・家庭記事満載、……

「本邦唯一の権威ある放送研究雑誌」として、「近代科学文化に厳然と光芒を放つラジオジャーナリズムの金字塔」を意図した。この時期は特に時局を意識した記事はなく、ラジオによる国語意識、音声を含む標準語の諸問題、外国語教授の問題などが取り上げられる程度である。そのなかでラジオを国語問題として位置づけた矢部謙次郎、馬淵冷佑の記事が注目される（以下、S6.6 は昭和 6 年 6 月号、1–4 は第 1 巻第 1 号をさす。出版年月と巻号数字は必ずしも一致しない）。下線の記事はとくに注目した関連記事である。

　　・「ラジオに依る外国語教授に就いて：邦訳」（エー・エフ・トーマス）S6.6

第 1 章　放送が果した日本語普及・日本語政策論の一断面　437

　　（1–4）
・「国語統一に於ける役割」（矢部謙次郎）S6.6（1–5）
・「ラジオと国語統一」（馬淵冷佑）S6.6（1–5）
・「ラジオに依る外国語教授に就いて：原文」（エー・エフ・トーマス）S6.6
　　（1–5）
・「ラジオと国語統一（つづき）」（馬淵冷佑）S6.7（1–6）
・「勝手なこと二三」（土岐善麿）S6.7（1–6）
・「放送と外国語教授（一）」（堀尾浩一）S6.11（1–13）
・「放送と外国語教授（二）」（堀尾浩一）S6.12（1–15）

　9月号（1–11）、10月号（1–12）は未確認であるが、1931年の満洲事変勃発を受けて、一定の報道規制がかかったことも考えられる。
　翌昭和 7 年もさしたる変化は見られない。増田幸一（2–17, 2–18）の報告「国語とラジオ放送」は前述の矢部、馬淵の主張の流れを組むものであった。

・「アナウンサーを悩ます支那語の読み方」（仲木卓一）S7.2.15（2–4）
・「国語教育の為に」（柳田國男）S7.4（2–7）
・「ラジオと国語及び国語学」（藤村作）S7.5（2–10）
・「日本語の新しい美を」（高村光太郎）S7.5（2–10）
・「ラジオと外国語の教授」（岡倉由三郎）S7.5（2–10）
・「ラジオの感想」（三宅雪嶺）S7.5（2–10）
・「ラジオと国語教育」（八波則吉）S7.9.1（2–17）
・「国語とラジオ放送（一）」（増田幸一）S7.9（2–17）
・「国語とラジオ放送（二）」（増田幸一）S7.9（2–18）
・「英国に於ける国語統一問題―主としてラジオと標準語の問題に就いて」（崎山正毅）S7.10（2–20）
・「ラジオと言語」（金田一京助）S7.10（2–19）
・「言葉の統一とアクセントの問題（一）」（神保格）S7.11.15（2–22）
・「言葉の統一とアクセントの問題（二）」（神保格）S7.12.1（2–23）
・「標準語と方言・講演と講座」（佐久間鼎）S7.12.1（2–23）

一方、時局を反映した記事では、「満洲国」における放送事情も紹介される。

- 「奉天の放送」(満満謙吾)S7.9.1(2–17)
- 「日満ラジオ雑記」(相原菊)S7.9(2–18)
- 「満洲だより」(加藤誠之他)S7.9(2–18)

翌年昭和8年は引き続き国語教育に関するもの、とくに標準語の確立と言った国民意識の統制に関わる議論、それにかかわるラジオの役割についての論評が特色である。そのなかで池田(3–1)が国語教育の全国的機関としての役割を強調した。このころから前述神保格(2–22, 2–23)や高橋正一(3–9, 3–11)らの考察により日本語のアクセント、音声学に関する研究が高まった。科学的な見地の表明でもあり、実験音声学の先駆といえよう。教育機関としてのラジオを用いた国語教育の伸張、標準語と方言などの議論を通して国語統一の意識が高まっていく。対外接触を意識して日本語という表記も少しずつ出てくる。音声学はその契機だったといえる。以下、主要記事を列記する。

- 「放送用語について」(保科孝一)S8.1(3–1)
- 「ラジオと語学教授」(市河三喜)S8.1(3–1)
- 「国語教育機関としてのラジオ」(池田亀鑑)S8.1(3–1)
- 「電気音響学より見たる日本語母音及び子音の組成(上)」(高橋正一)S8.9(3–9)
- 「同上(下)」(高橋正一)S8.11(3–11)
- 「防空演習に於けるラジオ施設」(大野煥乎)S8.9(3–15)
- 「ラジオ言語学建設の議」(石黒魯平)S8.10(3–19)
- 「話し手と聞き手の問題」(土岐善麿)S8.11(3–24)

大野のような戦時下におけるラジオ普及を意図した記事も見られるようになった。ちなみに日本放送協会が刊行した『ラジオ年鑑』の巻末には各種家電・音響メーカー、電池や真空管、無線機などの広告が目立つのも興味深い。以下はその主要なものである。

興亜建設の報道機関、無線日本の誇る精華ラジオ、「海の彼方へも懐かしの故郷の声、肉声そのまま御取次申し上げ候、正しい音、必死の研究　努力の結晶(マツダ真空管)、南に北にゆくところ第一線でご奉公、「ニュースを聴きましょう」(コロンビア)、大東亜の地図(日本電業社)、「屠れ！米英　我等の敵だ、進め一億火の玉だ！」(山中電気)…

ここには、科学日本の犠牲的精神、統制ある国体訓練、指令通達のための装備が宣伝された。「音」の忠実性は、いわば国民統合に歩調を合わせ芸術性、精密性を意識化させる機会ともなった。また、航空機にも無線、ラジオ機器の装備などが必需となり、海軍の最新爆撃機一式陸攻の絵柄を用いた東京電機株式会社など、広告にも軍用機が使われたりする。ラジオの発展はアジアにおける日本の覇権拡張とともに喧伝されていったことが分かる。ラジオ放送は次第に国家の戦時下体制を代弁する声となっていく。
　引き続き、昭和9年の関連記事をみてみよう。

- 「標準語奨励の精神」(石黒魯平)S9.1(4-1)
- 「日本精神と国語意識」(無記名)S9.2(4-2)
- 「国民意識と標準語」(長谷川誠也)S9.4(4-4)
- 「基礎日本語」(土居光知)S9.5(4-5)
- 「ラジオを通して聞く言葉の問題」(飯塚友一郎)S9.6(4-6)
- 「満洲国皇帝即位祈念、英米満日国際放送」(頼母木真六)S9.6(4-6)

ラジオの果すコトバの役割が意識化され始めたものの、この時期に於いては対外的な日本語論は登場しない。国語の鈍化、標準語についての論評が数点見られるだけである。中には将来の海外日本語普及を意図した「基礎日本語」のような資料も紹介された。また「満洲国皇帝即位祈念」のような世界に発信する日本帝国の偉業についてもラジオは大きく貢献したといえよう。このほか、「ラジオと文化」(戸田貞三)などが見られる。
　『調査時報』は昭和9年4月から『放送』と誌名を変え、質的量的にも充実を増してくる。「農村における経済状態とラジオ文化」などにみるように

地方でのラジオの役割も注目され始める。以下、主要な掲載号を検討する。
・昭和9年5月号(4-8)掲載の「慰安放送の新生活面」(須永克巳)のように、「慰安放送」という用語が出始めるのもこの頃からである。慰安という概念は娯楽を精神化したものとして単に娯楽と位置づけるよりも詩吟・詩歌の朗読一つとっても精神文化としての意識化がなされるようになった。当号には「最近のシャム放送事業」の紹介もあり、友邦泰国への関心が見られる。
・昭和9年6月号(4-9)では国際放送に焦点が当てられる。廣田外務大臣のほか各国(米国、独国、満洲国、英国)大使、公使クラスのメッセージが掲載されている。特に、柳澤健「国際文化事業と国際放送」はラジオによる国際化を本格的に論じた最初の論考であろう。
・昭和9年7月号(4-10)にはラジオ芸術、ラジオと近代精神などのほか、みるべき記事は見当たらない。昭和9年10月号(4-13)には農村(文化)とラジオ教育、ラジオ娯楽の特集が掲載された。昭和9年11月号(4-14)には、「日本精神とラジオ」(高須芳次郎)、「人と其の声」(桑田芳蔵)、「ラジオ小説論」(小田嶽夫)などのほか、とくにみるべき記事はない。
・昭和9年12月号(4-15)には言語心理学者である佐久間鼎「標準語と方言の問題」が掲載され、再び標準語論が出始める。放送事業についての多角的な論評がみられる。
・昭和10年代に入るとラジオ事業の整備も一段と進み、学校放送についての議論が活発化する。即ち、ラジオ・テキスト論、学校放送における各教科教授の問題点、ラジオ教育と教師などである。「ラジオと国体式智能検査」(千葉胤成・田中秀雄)の論評のように、ラジオが国体に関わる機構としての役割が意識化され、同時にラジオの心理的研究も進む。昭和10年2月号(5-2)には宗教放送の内容と形式では、放送内容に関する管理的指向が現われはじめる。こうした状況に対して、「放送言語と"二枚舌"主義」(石黒魯平)などの啓蒙記事も掲載された。
・昭和10年4月号(5-4)は事業組織経営十周年の記念号で、報道放送、教養放送、慰安放送の回顧記事が掲載される。このころ、10周年をむかえると聴取加入者は200万を超え、「ラジオの使命愈々重し」の時代となる。同時に海外放送の意義についても再論される。

・昭和10年6月号 (5–6)「国際文化事業としての"海外放送"」(柳澤健) は、前論 (柳澤健「国際文化事業と国際放送」) に続き国際文化事業としての意義づけが進むことになる。
・同年8月号 (5–8) は実況放送の特集で、材料、表現、技術の面から報告されている。言語関係では「放送に因む英米語」(山本修三) があり、英米語に対する意識が垣間見える。
・同年10月号 (5–10) では「慰安放送とその対象」と題した特集がなされた。知識層、商業者層、労務者層、農業者層、青年層、児童層、婦人層における放送の意義が明白化された。また、演劇、演芸、音楽などの形態におよぼす心理的問題や影響も議論された。慰安放送に対する注文として投書、葉書回答なども載った。
・同年11月号 (5–11) では前号をうけて放送番組における郷土性が強調される。言語では東條操「放送用語と郷土性」が注目される。「慰安放送の新生面」として懸賞募集された入選作の紹介もなされた。「挙国一致のラジオ体操の会」も注目される。

この頃から、「慰安放送」についての実情が毎号報告されるようになる。

年明けて昭和11年、国民文化の基準と放送の主導性、国民演劇の創造などの記事が載る。国民音楽などのように、「放送における国民概念の指導性」が創出される。とりわけ、「国体聴取の展開」(西本三十二、2、3、4月号) についての議論が注目される。文化感覚の契機に関して、ラジオ普及のための基礎的要件についての省察がなされた。

・昭和11年4月号では「ラジオ国策論」としてアナウンスの用語、形式、マイクについての議論 (座談会) も催される。諸外国との比較、紹介もなされた。同年5月号では「ラジオと児童文化」についてであるが、一方、中国に関する文化紹介もこの頃から見られるようになる。同年同号では「礼楽の再吟味」として「上代支那における礼楽の思想」(青木正爾)「上代支那における礼楽の実際」(石井文雄) が載った。
・昭和11年6月号では海外放送1周年と題して「国策と海外放送の功績」(佐藤敏人) が載った。中国関係では「最近支那の放送活動」(横山秀三郎) がある。同年7月号では「言語美学より観たアナウンス」(佐久間鼎) のほか、

当時開催されたベルリンオリンピックの実況放送(「前畑ガンバレ」など)の記事が目立つ。聴取加入者も増え、ラジオはオリンピックを境に国際文化的視野を移植されることになった。同年9月号では12年目の「語学放送」について英語学者岡倉由三郎による随想などが載った。

・昭和11年10月号は、(「慰安放送とその対象」5-10に続いて)慰安放送の大特集である。根本問題、指導性、大衆性について多くの頁が割かれた。陸軍大演習放送記など、軍の実態についての紹介も載った。同年11月号では資料集として「常用外国地名表」が掲載された。放送用語の整備の中で国際化への指向性がますます顕著になる[6]。

3. 中期(昭和12年～昭和15年)の日本語政策論

本節では昭和12年7月の盧溝橋事件勃発から昭和15年までの日本語関係記事を扱う。昭和12年1月号は近衛文麿の年頭の辞「日独防共協定の国際的意義」から始まる。「日本文化と放送」の特集がなされ、日本精神、日本文化と放送について長谷川如是閑、海後宗臣などによる識者の議論がある。言語関連では<u>「現代語の行方」(丸山林平)</u>が掲載された。

・同年2月号では「満洲の広告放送」(美濃谷善三郎)が特筆される。同年4月号は学校放送の特集、各教科の指導についての報告がなされた。オリンピックでの日本選手の活躍により、この頃聴取加入は300万を突破した。「靖国神社の歌」決定も報道される。

・昭和12年7月1日、盧橋溝事件が勃発すると、7月号ではいちはやく「戦線から祖国へ〈陣中放送〉」(香月清司)、「北支事変と海外放送」(横山精)が掲載された。

・同年8月号(7-8)では<u>「支那の放送事情〈南支〉」(河原猛夫)</u>、「支那事変と協会の対策」(総務局計画部)が載った。

・同年9月号(7-9)も<u>「支那の放送事情」</u>として上海、南京の現況が報告される。盧溝橋事件(北支事変)はこの時期、支那事変と呼称されるとともにラジオ聴取加入者数は一段と進むことになった。「国家非常時の放送への注文」として葉書回答も掲載された。

・同年 10 月号（7–10）は「国民精神総動員」についての話題である。時局、国民精神、日本精神と日本文化、国民音楽の涵養が高揚される。
・同年 11 月号（7–11）はこれをうけて、「我が国策と海外放送」「日本文化宣揚と海外放送」のほか、「支那事変をめぐる海外放送の反響」（業務局国際化）が連載される。
・同年 12 月号（7–12）は「戦時宣伝の国家的意義と放送」（小山栄三）、「対外宣伝私観」（近衛文麿）、「擬音および伴奏効果上の一研究」（村瀬宜行）、「支那事変放送対処一覧」（業務局査閲課）などが載った（以後随時連載）。
・翌年昭和 13 年から文化工作上の諸問題が議論され始める。1 月号（8–1）ではまず、「文化事業の国家的機能性」（新明正造）、「支那文化工作と放送」（岡部長景）のほか、特集として「ラジオは支那に何を与うべきか」（宇野哲人、石橋湛山など 23 名の識者による）、「放送抗日戦線」（園地与四松）が注目される。
・同年 2 月号（8–2）では「我が国語政策の現在と将来」（小倉進平）のほか、「最近朝鮮の放送事業」「最近台湾の放送事業」が載った。同年 3 月号では「対支文化工作と支那語」（竹田復）が載った。「聴取加入 350 万突破と支那事変」も当時の関心を物語る。
・同年 6 月号（8–6）は「九州空襲と警報放送」、「徐州陥落」の特集である。同年 7 月号（8–7）では「現下の国語問題と放送」（石黒修）が載った。「ナチ独逸の放送事業」、「欧米放送技術の趨勢」、「支那事変放送対処一覧（その二）」（業務局査閲課）なども注目される。
・同年 9 月号（8–9）では「国民精神総動員の史的意義と理念」（小島威彦）、10 月号（8–10）では「支那事変と"コドモの新聞"」（長谷耕作）が掲載された。
・同年 11 月号（8–11）では「新東亜の建設と国民の覚悟」（近衛文麿）、12 月号では「日独文化協定の真義と放送」「国民精神作興の実践的意義」が掲載された。
・昭和 14 年 1 月号（9–1）では「東亜共同体の文化的意義と放送事業」（船山信一）、放送座談会「国語と現代人の言葉」（土岐善麿、保科孝一、谷川徹三、横光利一ら）、2 月号（9–2）では「東亜新秩序建設の意義」（蠟山政道）が掲載された。

・同年3月号では「放送用語と語感」(佐藤孝)、「戦線・ラジオ・銃後」(金丸重嶺)などが注目される。同年4月号では「対支文化工作」が大々的に報じられる。「対支文化」と講演、音楽、報道のありかた、そして「支那への文化工作と日本語」(高倉テル)は大陸に進出した日本語について。「実習日本語講座の試み」も掲載された。

・同年5月号では「放送を通じての日支親善」(周大文)、「列強の対外言語政策」、「各国の対外宣伝放送」、「列国の対外文化宣揚政策」が掲載された。同年6月号では「日本語の大陸進出」(無記名)、「が行鼻濁音の本質と発音法則」(三宅武郎)が掲載された。

・同年7月号では「南洋をめぐる各国の対外放送」(小野孝)が掲載された。同年9月号では「世界に於ける言語の分布系統」(宇井英俊)、「日本語の外地普及とその教科書」(藤村作)、「放送による対満支日本語普及の具体案」(近藤壽治、石黒修、一谷清昭、竹田復)、「国語改善と放送」(中村寅市)、「外国人の日本語放送」(西海太郎)、

・同年10月号では特集「標準日本語の理想的要件」(佐久間鼎、東條操、石黒修、輿水実)がきわだっている。基礎日本語の要訣についても触れている。

・同年12月号では「戦線から職場へ」(門倉廣夫)が掲載された。

・昭和15年1月号では葉書回答「現下の海外・満支へ何を放送すべきか？」が国民の声を反映する記事として紹介されたことは特筆すべきことであった。

・同年4月号では「日本語海外発展の組織化」(無記名)、同年6月号では「東亜新秩序の世界的意義」(蠟山政道)、同年7月号では「新東亜建設と聴取者五百万の意義」にあるようにラジオ聴取加入者が事変を境に一段と進むようになった。「新東亜建設と放送」、「対支放送の方策」として朝鮮、台湾、満洲、対外放送の局面について放送事業が報告された。

・同年10月号、11月号では「南洋の文化状態と列強の文化工作(上下)：蘭領印度、タイ、仏領印度、ビルマ」が特筆される。

　この時期の最大の関心事は、何と言っても中国大陸での戦線と銃後国民意識の統合化であった。とくに「支那への文化工作と日本語」(高倉テル)、「日本語の外地普及とその教科書」(藤村作)、「放送による対満支日本語普及の

具体案」(近藤壽治、石黒修、一谷清昭、竹田復)などの報告は、一般雑誌においての情報浸透の意味を果たしたといえよう。大陸進出と日本語が日常的な関心事となった。一方で次節で述べる後期の布石として、「世界に於ける言語の分布系統」(宇井英俊)、「南洋の文化状態と列強の文化工作(上下)——蘭領印度、タイ、仏領印度、ビルマ——」などの紹介も出始めるようになる[7]。

4. 後期(昭和16年〜昭和18年)にみる日本語論の展開と消長

　昭和16年になると、掲載記事はより時局的色彩を濃くしていく。本節では日本語論、日本文化政策論を対象に主要記事を拾っていくことにする。
・昭和16年1・2月号には「東亜文化の基調」(小森会長)、「時局と対外ニュース放送」(森勝治)が載った。ラジオ体操の普及による「国民体育の再編成と放送」(栗本義彦)なども見られる。柳田國男が司会役となり「放送座談会：現下の国語問題」(岸田國士、新村出など4名)は当時の国語の抱える問題を俯瞰したものである。「国語国字統一国策の確立へ」は、戦時情報を適切に伝えるための、いわばインフラ整備であった。「日伊放送協定締結」、「東亜放送協議会台北会議」の紹介記事など、各国の放送事情を伝える記事も多くなる。海外放送を特化した「東亜放送」の概要紹介もこの頃から始まる。

　連載記事〈放送海外踏査報告〉では、「外南洋」(穴沢忠平)、「北・中・南米」(佐藤泰一郎)、「近代の泰」(伊藤豊)などの紹介が始まる。とくに「近代の泰」は8回にわたってもっとも長く連載され、当時の友邦泰国に対する強い関心が見てとれる。
・同16年3月号は地方文化の振興と放送の果す役割を扱っている。農村演劇、村芝居の放送などラジオを通して「国民芸術」の育成を政策化する動きが見られる。
・同16年4月号は前号の流れを受けて国民学校教育における学校放送という、放送事業の末端の機能の重大性について、教科書との連携を報じている。「ヨイコドモ」「ヨミカタ」「自然観察」「うたのほん」などが重視されたが、この「ヨミカタ」の精神は後に日本語教科書(国際学友会)の書名にも採

用されていくのは興味深い。「少国民錬成」のための基幹としては、まず音感教育、聴覚訓練の要請があったことが注目される。本号には「海外進出の国語戦士養成」のコラム記事がある。日本語教師ではなく「国語戦士」と名付けたのは意味深い。

・同16年5月号では「国家宣伝と放送」(小山栄三)、「東亜の言語政策と放送」(石黒修)が重要である。40頁にわたる記述は日本がいかに放送による教育を重視していたかを知る手掛かりとなろう。中国との放送連繋については、「中放(中国放送)成立記念日支交歓放送」がなされるなど、「日華合作の強化へ」(林柏生)、「新秩序建設の楔」(小森七郎)の記事に注目したい。

・同16年6月号ではとくに目立った記事はないが、「国語国策と放送」(倉野憲司)、「国民学校の国語指導と放送」(松田武夫)といったこれまでの基調を確認する記事、さらに放送用語、標準語の採定(新村出)などの啓蒙記事がある。さらに「国語問題の国家的処理」(倉野憲司)も重要である。「放送用語関係文献目録」の詳細は当時の放送関係事情を知る貴重な資料であろう。

一方、前線から帰還した兵士の戦争体験をラジオは担うことになったことも留意しなければならない。「座談会：帰還将士に〈前線放送〉を訊く」「前線放送に憶う」(牧野英二)等のほか、「前線将士に何を送るべきか」(白根孝之)といった慰問袋の勧めも国民の戦争参加に拍車をかけるものであった。

・同16年7月号は「放送宣伝論」(山中利幸)のほか、「重慶政権の対外宣伝放送」(森勝治)、「東亜放送協議会第四回会議」の紹介などがある。

・同16年8月号はふたたび「地方文化再建運動と放送」に関する特集が組まれた。ローカル放送に乗せる地方文化の作興は総力戦の一環であった。

・同9月号、10月号も国民時間の調査をはじめ、各地方局の「放送資材」を特集している。厚生音楽、教育音楽もその重要な項目となっていった。

昭和16年10月号(第1巻第1号)より誌名を『放送』から『放送研究』に改称した。「南洋紀行」(小尾範治)、「パラオ開局の記」(久保田公平)のような海外文化事情の紹介もなされるようになる。本号では「紀元二千六百年奉祝番組一覧」が掲載された(同年11月号、12月号に続篇)。

・同16年11月号では「時局下の慰安放送を語る座談会」をはじめ、「慰安放送」についての3度目の特集である。なお、本号よりほぼ毎号にわたり、

海外放送を特化した「東亜放送」の頁が取り上げられるようになる。「ラジオと戦線」(久保雄次郎)もまた、戦場と聴衆者をつなぐ提言であった。
・同12月号では「支那の旅思い出すまま」(島浦精二)の一方で、「爆撃放送」「対米英開戦臨時番組抄」は時局の緊迫を伝えた。支那事変を機にラジオ聴取者が激増したように、太平洋戦争は聴取加入者をさらに増加させると同時に、「大東亜戦争を電波に聞く」意義を一段と高揚させることとなった。
・翌年の昭和17年1月号は戦時下における放送の性格がいよいよ問われることになり、「大東亜戦争と国際宣伝戦」(岩本清)、「大東亜戦争と海外放送」(澤田進之丞)などの記事、特集「決戦下放送番組への一提案」では15名の文化人の提言を載せたが、この中には松前重義、信時潔、河上徹次郎の名も見える。「宣伝戦覚書」(和田邦友)では近代戦争の情報戦の意義について、さらに<u>「特殊外国語放送従事者の養成」(佐藤良)</u>の記事も見える。

　戦時初期の日本の連勝気運に乗って、「放送における反復の問題」が意図され、戦時放送宣伝の重要性が国民の涵養につながるとの意識が強化される。「戦時下集団聴取運動の展開」(岡嶋輝夫)のほか、「研究座談会：大東亜放送圏の建設を語る」では共栄圏確立の要諦としてのラジオ放送の意義が確認された。文化人らのアンケート「南方圏にどんな番組を送るべきか」では当時の対外文化事業の実状を探る上で具体的な資料となっている。また、蘭印の放送、対アメリカ外局の増設なども行われている。ラジオは海外における日本の戦局を伝える不可欠の媒体となっていった。
・同年3月号ではさらに戦時放送の具体的な問題が取り上げられる。すなわち、心理的基調であるとか、地方番組の性格規定、講演、ニュース報道のありかた、東亜中継放送などである。同時に銃後の国民に対しては「愛国詩の朗読」(岩佐東一郎)といった記事も載った。「皇軍へ感謝：米俘虜の放送」「勝利日本へドイツ歓声」「電波の光被近き新生昭南島」「蘭印降伏の劇的放送」といった時局番組企画もあった。
・同年4月号には「決死宣撫行」(常世田久吉)の報告が載った。戦時色がますます強まるなか、少国民放送、婦人・家庭放送のありかたにも変化が見られる。放送アナウンスの心理的側面や文藝放送の芸術性と娯楽性に関しても一定の圧力がかかっていく。

・同年5月号にはさらに大東亜圏における放送の役割が強調され、「大東亜放送政策の基調」(内田繁隆)のほか、「大東亜の言語政策と放送」(長沼直兄)、「南方圏の文化状態と米英蘭の文化政策」(池田華)などの報告、特集として「大東亜戦と東亜放送陣の活動」が朝鮮、台湾、満洲、北支、中支の放送協会の実態が報告されているが、外南洋や内南洋への言及はない。やっと「サイゴン放送局」(高橋邦太郎)の報告がなされた程度であった。
・同年6月号は「戦時放送番組の諸問題」のほかは、とくに際立った記事は見当たらないが、仏印、ジャワの放送紹介が見られた。
・同年7月号では5月号の記事を敷衍して「大東亜戦争と放送企画」(崎山正毅)、「大東亜戦争と放送用語」(佐藤孝)のほか、4年遅れで、「支那事変勃発記念特集番組」、「放送で住民の日本語教育」の記事が注目される。
・同年8月号では座談会が2件掲載された。「闘う前線録音」「愛国詩放送の展望」である。
・同年9月号では「大東亜戦争と放送技術」(溝上肇)のほか、「北支放送建設五周年」(華北広播協会)、「旧蘭印の生活」(海田源之助)等の記事が注目される。「録音：前線と銃後を結ぶ」企画も進められた。「ラジオ体操の仏印進出」は、諸地域でラジオ体操がどのように普及したかを報じた記事である。
・同年10月号では「長期戦と海外放送」「放送による国語教育の建設」という内外の問題を並行的に掲載した。「満洲建国記念番組」は建国10周年を記念しての企画であった。
・同年12月号では「開戦一ヶ年の放送」(関正雄)を振り返り、講演、教養、演芸、音楽などのジャンル、さらに「東亜中継放送」についての報告があった。同時に敵国の放送陣についての分析も見られた。

昭和18年に入ると1月号に「放送による国語教育の建設」の続編が掲載された。同年2月号では聴取指導、国民皆聴についての啓蒙記事が見られた。同年3月号では「座談会：南方演芸慰問行」が掲載され、マレー、ビルマ、昭南での報告がなされた。
・同年4月号では「米英文化との戦い」と題する論調、また「南方放送一巡記」(森勝治)などの記事が掲載された。同年5月号では「放送に依る時代育成」、同年6月号では「決戦と放送」「決戦への東亜放送」が掲載された。

ラジオによる「国民的場」の形成がますます重要視された。同年7、8月号では「座談会：戦争下の放送文化（上下）」のほか、「大東亜の言語（上下）」（宇井英俊）が注目される。9月号では「特集：決戦下の海外放送」、同年10月号ではさらに決戦下の国内思想宣伝と放送のほか、「陣中新聞と陣中放送」（石原裕光）と題して、前線将士への慰問記事、放送についての記事が最後となった。同年11月号では「特集：決戦下の婦人と放送」のほか、「南太平洋従軍報告」（石原裕光）が注目される。同年12月号では「特集：開戦第二年の放送」のほか、「南太平洋従軍報告：俘虜の話」（石原裕光）、さらに戦意高揚のための「戦力増強に資する放送文藝募集」が載った[8]。

以上、主要記事を中心に、南方諸地域に対する日本言語文化政策の高揚期であった昭和18年前後までを見てきた。

5. おわりに

以上みて来た記事の内容には、およそ4点の主張が看取される。

（1） 日本精神・日本文化の高揚と放送事業の役割
（2） 慰安放送の形態と目的、その内容
（3） 国民の国語意識の涵養について：国語生活、国語問題関連
（4） 対外（対支から南方へ）文化放送事業としての日本語普及政策、言語政策関連

（1）については、戦時体制下、思想戦・情報戦・心理戦・神経戦を担う母体としての放送の機能として、発信すべき第1の要目として意識化された。（2）は時事報道とあいまって国民に提供する生活・娯楽番組の大枠が示された。（3）では放送技術の進展によって標準語、正しい且つきれいな日本語が一段と強調されるようになる。放送用語、標準語、アクセントについても音響学の発達によって議論が進んでいった。これはさらに（4）に見られる東亜語、共栄圏語としての日本語盟主論の基層をなしていく。（4）では日中戦争が勃発すると、宣撫工作としての日本文化、日本語普及策が展開され、放送

事業でもまた、日本語教育政策の一環として教科書教材の編集動向も勘案された。昭和17年以降になると、南方の教育文化に配慮した政策へと伸長していく。本調査によれば、(3)、(4)の関連記事の比重の大きさが明らかになった。放送事業における日本言語文化政策の重要性が看取される。

紀元2600年および放送開始15周年を記念して、日本放送協会総務部普及課ではラジオの使命を昂揚させるためにラジオが戦時下国民生活のあらゆる領域に、いかに活躍しているかという趣旨で「ラジオの歌」の歌詞を懸賞募集した。3700編を通観すると「東亜新秩序建設に於けるラジオの重大使命」を強調したものが殆どであった。入選作は西元静男の作ともう一つは次の榎並仙峰の作であった。審査決定にあたっては「ラジオの歌の恒久性に鑑み、あまり時局的なものは避けて日々愛唱してラジオの威力を獲得し、かつ十分に国民生活の進軍譜たりうるに足るものという点」に主眼を置いたというものの、「八紘一宇」「興亜」「東亜建設」の文言は明確に挿入された。

　　八紘一宇日の本の　国の気迫を奏でつつ
　　栄えて東亜の大空に　建設の声呼び交わす
　　ラジオの使命　また新た
　　　　　　　　　　　　　　　（榎並仙峰「ラジオの歌」入選作より）

電波が内外に大志を届ける使命を高らかに謳っている。国防、希望、文化の栄えを時局とともに「時の潮」のごとく響かせた時代があったことを、あらためて想起する。異国の地に日本語放送が伝わる喜び、科学日本の威信がここにはみなぎっている[9]。

戦時下における日本の対外文化事業の展開にラジオ放送の果した役割を検証するのが本研究の目的であったが、これはまた放送が戦争に加担した負の遺産でもあった。多文化主義、国民統合、多言語放送、放送文化政策の原初的形態がうかがわれる。メディアが大衆、聴取者に何を伝えるかは、時代こそ異なれ本質的な問題であることは論をまたない。今回、資料の面では昭和19年、20年の雑誌を見ることはできなかったため、「終息」状況についてはいずれ修訂する必要がある。また、同時期に出版された放送、メディア関

係の雑誌記事もあわせてみていく必要がある。慰安放送、海外での放送事情など、不鮮明な点は数多くあるが、時間的な制約もあり、本章では主として日本語普及策の面から、主たる記事の概要を追った。今後の課題としては戦時期におけるラジオメディアがいかに日本語進出、日本文化進出に影響を与えたか、その地域性、たとえば満洲国などの外地と日本国内での動向、実態の比較調査、検討である[10]。

注

1 「戦争とラジオ」に関しては、最近次のテレビ放送があった。
　・NHK・ETV特集 「戦争とラジオ」第1回 「放送は国民に何を伝えたのか」（2009/8/16 放送）同上第2回 「日米電波戦争―国際放送は何を伝えたのか」（2009/8/26 放送）
　・BS朝日「戦いが聴こえた―ラジオが伝えた太平洋戦争―」(2013/2/16 放送)
　当時の多くの国民にとって、戦争はラジオに始まり、ラジオに終わった（坂本 2008）。
2 早稲田大学中央図書館は昭和3年11月号（7号）から昭和18年6月号迄を所蔵している。今回、時間的制約もあり、敗戦までの巻数を精査することができなかった。後日、補充検討を行う予定である（全巻は早稲田大学演劇博物館所蔵）。竹下（2005）第三章には『放送』についての比較的詳しい考察がある。
3 戦時下における放送メディアについての先行研究では竹下の一連の研究、上田崇仁の語学ラジオ講座の果たした役割、また近年では川島他（2008）などの研究が見られるが、日本語論の展開にどう関わったかという視点からの考察は未整理のままである。
4 竹下（2002）p. 7 など
5 昭和16年当時。『昭和16年ラジオ年鑑』（日本放送協会）の広告より。
6 このほかこの時期にはラジオ、放送と日本語についての記事が以下の刊行物に見られる。
　・金田一京助「ラジオと標準語」『言語研究』4–2(1933.11)
　・佐久間鼎「ラヂオと国語問題」『教育』4–12(1936.12)
　この号には以下の記事が掲載された。城戸幡太郎「児童文化と放送教育」、吉本明光「ラヂオの機能と制度」、学校教育とラヂオ、社会生活とラヂオ、家庭生活とラヂオ、工場とラヂオ、ラヂオと農村生活、ラヂオの普及性と普及方法、など。なお、『宣撫

月報』には満洲国、中国大陸に関する放送事業の様相が掲載されている。「満洲国に於ける放送事業」(無記名)2-6(1937.6)　39-58

4-8(1939-9-15)は放送特集号。総頁392頁、以下の記事を掲載。定期放送「政策の時間及び国民の時間」放送開始記念写真、放送の理想及び現実、「ラジオの原理」(秋田稲)、「ラジオの受信から放送まで」(河野政治)「国家と放送―ラジオ普及の国家的必要」(宮本吉夫)、「東亜新体制と満洲の放送」(杉山勲)、「満洲の放送に対する要望」(岸本俊治)、「ラヂオを聴くことと聴かすこと―満洲放送文化政策の基調要件を中心として」(金沢覚太郎)、「満洲放送事業の現状に就いて」(前田直造)など、満洲に関する記事が6本、「対支文化政策と報道放送」(村田孜朗)などの報告がある。また随筆として作家島木健作「満洲の旅から還って」がある。当時の放送事業を知る貴重な一次史料である。このほか、『宣撫月報』には次の関連記事がある。

・「満洲国に於ける放送事業」2-6(1937.6)　39-58
・「日本文化の海外進出」(後藤末雄)3-5(1938.5)　135-145
・「東洋放送聯盟の結成を望む」(坂根春雄)3-12(1938.12)　68-74
・「ラジオの文化的使命」(金沢覚太郎)5-1(1940.1)　31-37
・「放送と新聞と民衆」(弘報処宣化第二班)5-2(1940.2)　82-90

『宣撫月報』は宣伝戦の最前線＝「満洲国」で内部資料として発行されていたプロパガンダ誌。戦時宣伝活動の具体的状況を知る重要資料。1936年7月、満洲国の中央宣撫小委員会から発行され、満洲国の宣伝担当職員に配布された無料の政府刊行物。非売品であったため、政府内部の活動や本音の話題等がかなり率直に掲載され、各地方からの宣撫・公報実績報告等の宣伝資料の類が充実している点に資料的価値がある。発刊当初は少数の編集部員が執筆していたが、号を重ねるごとに満洲国政府やメディア関係者、さらには本土の論客などが寄稿するようになった。『宣撫月報』は満洲国の情報担当者が作成したものであり、特にナチスドイツの"情報戦"の研究成果を参考にした記事が随所に見られる。不二出版編集復刻がある。

7　このほかこの時期にはラジオ、放送と日本語についての記事が以下の刊行物に見られる。

・「放送日本語」(望月百合子)『文藝』1937.5
・「ラジオと国語尊重」(神保格)『学校放送』1938.1
・「文化とラジオ」(西本三十二)『教育』6-10　1938.10
・「ラジオと国語問題」(石黒修)『書窓』1939.2　後に同『日本語の問題　国語と国語教育』(1940.12 修文館)に収録。
・「ラヂオと標準語」(小尾範治)国語教育学会編『標準語と国語教育』岩波書店 1940

8　このほかこの時期にはラジオ、放送と日本語についての記事が以下の刊行物に見られる。
　・「共栄圏文化工作の目標」(幣原坦)『東洋経済新報』1942.2.28
　・「大東亜文化戦線とラジオ」(澤田進之丞)『教育』10–4　1942.4　9–16
9　社団法人日本放送協会から『ラジオ年鑑』が毎年出版された。以下は参照したもののみ。
　・『昭和15年ラジオ年鑑』1940.1　本文488頁
　　全国放送局分布図、世界主要放送局分布図、54葉の口絵写真
　　特集：日本の放送事業、東亜新秩序の建設と放送、対外放送の躍進
　・『昭和16年ラジオ年鑑』1940.12　本文602頁
　　「東亜放送局分布図」1940.10現在、「南方亜細亜放送局分布図」1940.10現在
　　「世界に示す科学文化」「光は東亜より」など68葉の口絵写真
　　特集：時局と放送事業、紀元二千六百年奉祝放送、最近の我が放送事業
　・『昭和17年ラジオ年鑑』1941.12　本文551頁
　　「営まれ行く大東亜の歴史」「興亜の雄叫び」「文化に深し三国の交わり」など30葉の口絵写真、特集：戦争と放送(第二次世界大戦と放送、総力戦における放送、戦争と放送、放送の国家的管理、仏の敗因と放送の重要性、放送宣伝による作戦の展開、占領地タイにおける放送工作、宣伝中隊放送班の活動、我が国の放送)
　・『昭和18年ラジオ年鑑』1943.1　本文368頁
　　49葉の口絵写真、特集：「大東亜戦争と放送　対外放送」など。
10　戦時期におけるラジオの役割については近年、近藤(2013)、竹山(2013)などの成果が注目される。当時の諸雑誌におけるラジオ関連の資料の調査が俟たれる。

参考文献

秋田喜三郎(1942)「日本語意識の高揚」、『日本教育』1942.7

井上祐子(2009)『戦時グラフ雑誌の宣伝戦　十五年戦争下の「日本」イメージ』(越境する近代7)、青弓社.

川島真(2006)「『帝国』とラジオ—満洲国において『政治を生活すること』」、山本武利他編(岩波講座)『「帝国」日本の学知　第四巻メディアのなかの「帝国」』、岩波書店.

貴志俊彦・川島真・孫安石(2006)『戦争・ラジオ・記憶』、勉誠出版.

北山節郎(1996)『ピーストーク　日米電波戦争』、ゆまに書房.

紅野謙介(1999)『書物の近代　メディアの文学史』、ちくま学芸文庫.

近藤冨枝(2013)『大本営発表のマイク』、河出書房新社.
坂本慎一(2008)『ラジオの戦争責任』、PHP新書.
竹山昭子(1994)『戦争と放送　史料が語る戦時下情報操作とプロパガンダ』、社会思想社.
竹山昭子(2002)『ラジオの時代　ラジオは茶の間の主役だった』、世界思想社.
竹山昭子(2005)『史料が語る太平洋戦争下の放送』、世界思想社.
竹山昭子(2013)『太平洋戦争下その時ラジオは』、朝日新聞出版.
多田精一(2000)『戦争のグラフィズム　「FRONT」を創った人々』、平凡社ライブラリー.
馬淵逸雄(1941)『報道戦線』、改造社.
『満州放送年鑑』昭和14年版、昭和15年版　満州電信電話株式会社(復刻版　緑蔭書房1997年)
安田敏朗(2000)『近代日本言語史再考　帝国化する「日本語」と「言語問題」』、三元社.
山中恒(1976)「大東亜共栄圏語」、『現代詩手帖』1976-6　思潮社　133-138
山本武利(2004)「満洲における日本のラジオ戦略」、『インテリジェンス』(4)　NPO法人インテリジェンス研究所.

第 2 章
『RŌMAJI-SEKAI』(『ローマ字世界』)にみる 海外日本語進出論の展開
〈大東亜共通文字〉への指向性

> 大東亜共栄圏においても大きな民族を連ねるためには、全く同じ道理から単音文字でなければならない。カナのような音節文字ではその役目は務まらないわけである。
> (「大東亜共栄圏」の共通文字 1942.3)

1. はじめに

　戦時下に展開された国語・日本語論の実態を検証する過程で、大きな流れとしては国内の国語国字問題、国外においては日本語普及、日本語教授論に分かたれるが、その最高潮が太平洋戦争期の昭和16年から18年にかけての時期であった。当時雑誌その他に発表された夥しい日本語論はこの時期にピークを示している。さらに詳細に見るならば、2つのベクトルの熾烈な相克、すなわち国内においては日本語と日本精神の錬成、日本文化の根幹をなす古典への回帰があげられるであろうし、国外においては中国大陸、南方におけるさまざまな日本語普及のあり方をめぐって、現地に適応するための教授法、教科書教材論の陶冶にまで及ぶ。

　当時の帝国日本の南方への進出が勢いを増すや、中国大陸における日本語進出論をいかに適用するかが当地の言語政策、文化教育工作に直面する喫緊の課題となった。長く欧米の支配下におかれた植民地下では中国大陸で展開された教授法や教科書を転用することは難しく、しかも軍政下における住民の皇民化政策をも視野に入れた言語教育を短期間かつ広域において施すには、とくに文字教育においてこれまでとは異なる工夫を要した。そこで懸案されたのがローマ字でありカタカナであった。

　本章ではこうした戦時下国語・日本語論検証の一環としてローマ字による

海外、とりわけ南方への日本語普及を趣旨とする雑誌として一翼を担った雑誌『RŌMAJI-SEKAI』(以下、『ローマ字世界』と表記)をとりあげ、そこで論評された議論、プロパガンダ性を考察することで、次章のカタカナ(カナモジ)による日本語普及・進出論と並行して大東亜共栄圏、南方共栄圏において指向された日本語普及のあり方を再検証するものである[1]。

なお、表記の便宜をはかるため、原文ではローマ字で表記されたものを現代語表記になおして引用提示する。また、資料文中「日本語」は「ニホンゴ(Nihon-go)」ではなく、「大日本帝国」を受けて「ニッポンゴ(Nippon-go)」と表記発音されていたことを附記しておく。

2. 『RŌMAJI-SEKAI(ローマ字世界)』にみる日本語進出論

ローマ字による日本語普及は東南アジアのマレーシア(馬来)、シンガポール(昭南)、インドネシア(蘭印)、仏印(印度支那)など英語やオランダ語、スペイン語、フランス語という欧米語の表記に親しんだ歴史を考えると、平仮名や漢字を用いた普及より遥かに負担が少なく、浸透力もあろうとする見解は自然な発想でもあった。

昭和になって政府はローマ字表記の混乱のために統一が必要となり、昭和5年に「臨時ローマ字調査会」を設立した。激しい議論を経て、昭和12 (1937) 年に「訓令式ローマ字」が制定されたが、日中戦争の勃発と軌を一にしていることはその背景を詳細に見る必要がある。すなわち、ここに日本国内のみならず海外への本格的な日本語普及を視野にいれた動きが顕著になってきた。その一方で、軍国主義的思潮の高まりが欧米文化排外主義に沿って、ローマ字運動を非国民的思想として弾圧されていく矛盾の側面もあった。

日本のローマ字社が発行した月刊誌『ローマ字世界』のなかで、とりわけ戦時下の昭和12年前後から昭和18年にかけての掲載記事を瞥見する。昭和18年の後半以降、急速に日本語普及熱は後退することから、上記の実質的な動向の期間までに限定した。

まず、昭和10年前後から誌上に現れた日本語論をみてみよう。すでに

「やさしい日本語」という海外に向けての具体的な論評が始まっている。日本語進出論関連には＊印を付した（以下、同様）。同時に国内の国体明徴としての国語論、国字論も併行して議論された。なお、全文ローマ字で書かれたものは記事見出し後に◎印を付した。

・昭和9年12月（第24巻–第12号）
　＊「世界でやさしい日本語」（波多野正）
・昭和11年1月（26–1）
　「国語と言葉（1）」（田中館愛橘）、「国語の成長について」（柳田國男）
・昭和11年2月（26–2）
　「国語と言葉（2）」（田中館愛橘）、「国語の成長について（2）」（柳田國男）
・昭和11年3月（26–3）
　＊「弟民族と日本語」（高柴金一郎）
・昭和11年8月（26–8）
　＊「世界に乗り出した日本語」（田中館秀三）

さらに活発化するのは、日中戦争が勃発した翌年、昭和13年頃からである。ただ、この時期としてはまだローマ字そのものの具体的な普及策は見られない。中国大陸においてもカタカナと並行してローマ字の工夫も視野に入れられているのは、文化工作の新しい潮流を意識したものであろうが、実施の現状、実際の効果のほどは定かではない。以下の括弧内は巻号数を示す。

・昭和13年3月（28–3）
　＊「日本語の海外進出を図れ！」
・昭和13年12月（28–12）
　＊「内南洋群島での日本語教育とローマ字」（田原口貞邦）
・昭和14年5月（29–5）
　日本語の海外発展特集6編の特集記事を収める。執筆者も多岐にわたる。
　＊「伸びゆく日本語」◎（弘中廣志：福岡工業学校長）
　＊「国語のひろめについて」◎（田中館愛橘：日本ローマ字会会長）

＊「大陸における日本語教育の問題」◎（若山超関：北京国立師範学院）
　　「出来ない相談？」◎（多田青司：姫路高等学校教授）
　　「この仕事についてのわれわれの役割」◎（福永恭助：海軍少佐）
　　「国語の客観化」◎（三枝博音：評論家）
・昭和 15 年 1 月（30–1）
　　＊「中支那を訪れて」（田中館愛橘）
・昭和 16 年 5 月（31–5）
　　＊「大陸における日本語教育と文字」◎（松坂忠則）

　太平洋戦争が勃発すると、さらに南方を中心とした日本語進出論が叫ばれるようになる。とくに昭和 17 年から 18 年にかけて最高潮を迎えた。

・昭和 16 年 12 月（31–12）
　　＊「日本語の海外発展（巻頭言）」◎

　真珠湾攻撃を皮切りに太平洋戦争に突入した日本は南方資源確保と勢力図伸長のため、日本語の普及という言語政策に迫られることとなった。この論評はまさにその起点となるべく草されたもので興味深い。

・昭和 17 年 3 月（32–3）
　　＊「大東亜共栄圏の共通文字（巻頭言）」◎
・昭和 17 年 5 月（32–5）
　　＊「大東亜とローマ字(1)」◎ 昭和 17 年 9 月まで計 5 回連載．
・昭和 17 年 5 月（32–5）
　　＊「南へ延びよう（巻頭言）」◎
　　＊「正しい日本語を速やかに拡めよう」◎（的場浩三）
・昭和 17 年 6 月（32–6）
　　＊「南の国語国策を建てよ」
・昭和 17 年 7 月（32–7）
　　＊「大東亜の共通文字（巻頭言）」◎

・昭和 17 年 8 月(32–8)
　＊「連載：南洋語と日本語」(中澤完治)
　＊「日本語の普及について　満洲人と日本語」(田川昇)
　＊「国内問題としての解決を図れ！大東亜と国字問題(北支那の戦地で)」
　　(M・H)
　　「ヘボン式の賛成者に告ぐ　共栄圏のローマ字綴り」(林長彦)
　　「思いやりを生かせ　ローマ字の統一」(吉村生)
　＊「現地語本位に！　南方のローマ字」(福永恭助)
・昭和 17 年 8 月(32–8)
　＊「南方国語政策」(財団法人日本ローマ字会社)
　＊「南方新占領地に対する国語普及の問題―羅馬字の日本流の新秩序と読み方の必要」(長谷部言人)
　　「国字の問題」(荻原井泉水)「マニラにローマ字‼」
　＊「ローマ字でのびる日本語」「南洋語と日本語」◎(菊澤末雄)
　＊「共栄圏とローマ字圏」(星田晋五)
　＊「日本語の南方進出とローマ字」(石黒修)
　＊「大アジアの共通語と共通文字」(立野四郎)
　＊「占領地に於けるローマ字使用法に関し進言」(田中館愛橘)
　＊「文化・言葉・文字　日本語進出についての一提言」(啓明社同人)
・昭和 17 年 9 月(32–9)
　＊「大東亜の産声」◎(川田茂)
　＊「南洋と日本語(2)」◎(菊澤末雄)
　＊「共栄圏への文化工作」(山田宗三郎)
　　「国語国字の問題再び」(荻原井泉水)
・昭和 17 年 12 月(32–12)
　＊「日本語研究熱の勃興」(加納久郎)、＊「南方のローマ字」(福永恭助)
・昭和 18 年 6 月(33–6)
　　「指導される日本」(立部四郎)

多くの論評のなかで、絶頂期に連載された「大東亜とローマ字」(龍岡博)

に注目したい。支那語、マレイ語、タガログ語、安南語、タイ語である。昭和17年4月（32-4（1））から昭和17年9月（32-9（6））までの目次をあげる。全文ローマ字で書かれている。各章の細目は省略した。

  第一章 前置き
  第二章 支那語のローマ字
  第三章 支那語R式ローマ字（以上(1)、昭和17年4月）
  第四章 マレイ語のローマ字
  第五章 タガログ語のローマ字（以上(2)、昭和17年4月）
  第六章 安南語のローマ字（以上(3)、昭和17年6月）
  第七章 広東語のローマ字（以上(4)、昭和17年7月）
  第八章 タイ語のローマ字（以上(5)、昭和17年8月）
     ふたたび安南語のローマ字について
     タイ語のローマ字（続き）（以上(6)、昭和17年9月）

なお、(2)「昭和17年5月」には「第七章　安南語の改良ローマ字」とあるように変則的な掲載になっている。「大東亜」の言語をローマ字であらわそうとした試みとしては不備も少なくないが、当時の東南アジア諸語に対する認識の一端がうかがわれる。

　なお、同社からは田沼利男編『大東亜ローマ字読本』というローマ字による副読本も編まれた。昭和17年11月に出版された同書には、「タイの食べ物」、「ジャワの子供たち」（ともに久保田文雄）といった南洋の子供たちを主人公にした読物、「兎」、「馬力」（ともに豊田正子）といった綴り方教室からとったものなど8篇を収めている。

3.　大東亜共通文字としてのローマ字日本語進出・普及論

　ローマ字をもって日本語を普及せしめようという趣旨とは裏腹に、目次や巻頭言の一部は漢字カナ文字混じり文である。とくに巻頭言は進出論の基調となるもので、その主要なものを以下に転載する。筆者はローマ字でSaeki

と書かれてあるだけである。同時進行したカナ文字(カタカナ)による日本語進出を批判する論調も少なからず見られるが、現状批判が先立ち具体的な諸策が提示されているわけではない。

(1)日本語の海外進出を図れ！(昭和13年3月、28-3)

　満洲国、支那は言わずもあれ、防共協定のよしみをもつドイツ、イタリアをはじめ、海外における日本語熱、日本語を習い、覚えたいという要求は今日はなはだ高まってきたことは、我々日本人としてまことに喜ばしいことである。しかしながら我が日本語は元来、その文法、語法の特殊なるうえに、夥しい数にのぼる漢字という、実に時代遅れな変妙不可思議な文字を持って居るために、甚だしくその学習の能率を削いでいることは、日本人の場合も外国人の場合も、変わらないのである。聞けば、海外諸国の日本語学習もこの困難さのゆえに、これまでにしばしば失敗に帰し、ごくわずかの専門家や好事家によってのみ辛うじてその研究が継続されているという始末である。

　斯くの如くでは、我々日本人としてもまことに心細い限りであると言わなければならぬ。本質的に多くの優れた点を持つ日本文化を世界に知らせるには、日本語の世界的な広まりが極めて望ましいとすれば、合理的なローマ字による日本語の海外普及は、日本の知識人がまさに果たすべき恰好な題目ではあるまいか！

　我々はもとより国内におけるローマ字運動にもっぱら主力を注ぐものではあるけれども、文化の世界的な交流をめざす知識人の立場よりするも、はたまた日本文化を世界に知らしめんとする文化的な愛国心よりするも、ローマ字日本語の海外進出に相当の手を尽くすべきであると考えるものである。

(2)日本語の海外発展(昭和16年12月、31-12)

　今や我が日本語の地位は世界的になり、日本語を外国に広める問題もいろいろ論ぜられて居るが、現在の書き方を何とかしなければ、乱雑でとてもこれが日本語であると大きな声で言えないことも実際、日本語教育にあたった多くの人に気づかれてきた。ところが、それらの目覚めかけた人々の間でも、なお、現在の古事記以来の間に合わせの方法で修繕して使おうという考えに

こびりついている人が多い。そんなことは歴史的に見てダメだと悟るまでにはなかなかまだ手間がかかりそうだ。

支那語単位の意味文字たる漢字と、意味文字としての万葉仮名とを併用する苦心は太安万侶が古事記（漢字表記）の序文に述べているが、その悩みは一千年経って少しも軽められる（ママ）ことなく、今も文部省が送り仮名に手を焼き、なんとかこれを一定しようと首をひねっているのである。

否でも応でも我々は新しい雄大な、よく仕組まれたからくりに乗って押し出すのでなければ、到底日本語の海外発展などは及びもつかない。日本語はまたもとの島国へすごすごと引っ込むほかはないであろう。

(3) 大東亜共栄圏の共通文字（昭和 17 年 3 月、32-3）

大東亜共栄圏の共通語として日本語が東亜諸民族の間に広まらねばならないことは言うまでもないが、それにはローマ字日本語をもってすべきことも此頃多くの人の一致した意見である。ことに東亜民族各国語の共通文字の問題も重なってくる。近頃はカナに手を加えてマレー語やタイ語を写そうという企てもあるが、これは無理である。

元来、ローマ字が象形文字たるエジプト文字やスメリヤ文字から音節文字となり、今日の単音文字に進化したのは、世間で考えているようにヨーロッパ語がもとから単音語の性格を持っているためではなくて、言葉の違う民族の間を渡り歩く間にくだけて、それらの国語の音韻の最大公約数をとった結果である。すなわち、地中海の周りにはいろいろな民族が集まり、ことにフェニキア人が商業民族でしきりにその間を行き来したために単音文字ができたのである。

大東亜共栄圏においても大きな民族を連ねるためには、全く同じ道理から単音文字でなければならない。カナのような音節文字ではその役目は務まらないわけである。

(4) 南の国語国策を建てよ（昭和 17 年 6 月、32-6）

南の共栄圏に日本語を広めようという掛け声は近頃新聞や雑誌にしきりにあらわれるが、政府でもまたそれに関係した民間団体でもいっこうはっきり

した対策や用意をもっていない。僅かに不完全な字引のようなものを作ったり、教科書を作ったりしてお茶をにごし、いっこうどうしてよいか方針がたっていないようである。たまたま方針らしいものをたてたかと思うと、カナでやろうというような、現地の事情に目をふさいだ机の上の案で、実際に押し通せないものだから、結局も元の木阿弥で今の乱雑な国語がそのままついてよくことになり、国語の敵前上陸は完全に失敗に終わる。ここに今までの、支那文字に災いされたかたわの書き方とは繋がりのない日本語だけをどしどし運んでゆく一つの大きな可能性、ローマ字のあることに政府は早く目をつけなければならない。

　政府は速やかに適当な組織を作って、ローマ字をいかに利用すべきかをもっと真面目に考えてもらいたいものである。

（5）大東亜の共通文字（昭和17年7月、32-7）（漢字かな混じり文表記）

　大東亜共栄圏の共通語として日本語を広めることは、今 Toki no Mondai としてしきりに論議せられているが、我々は更に進んで共通文字の問題まで考えて置かねばなるまい。

　各地の住民語をやめてしまって日本語を押し付け塗りつぶすというならば問題はなくなるが、それは少なくとも、考え得る範囲の歳月で出来ることではなく、すべきことでもないとすれば、共通文字の件はいつかは起ってくる問題である。

　そうなると之は全然音を離れた意味文字（漢字のよいうなもの）とするか、又は、音を元とするならば最低単位までくだけた音素文字（単音文字ともいう―ローマ字のようなもの）を採るか二つの途しかない。音標文字でありながら、発達の中途にある音節文字（カナのようなもの）では異国語を連ねる資格がないことは、カナを主張するカナ文字会のマレー語仮名書きの試案を見てもカナがいつのまにか単音文字に化けているので明かである。

　ところで意味文字を使うとなると、中立の音によることができず、どの国語かによらなければならぬから、若し漢字を使うなら漢民族の華僑に幅を利かされるに過ぎない結果となる。結局意味の上で無色な音素文字のローマ字を採る他はない。そしてそれが実際の情勢にもよく合い、共通語たる日本語

にも有利なのである。

(3)、(5)の2回にわたって「大東亜共栄圏の共通文字」についての議論、提案に明らかなように、固有の文字体系をもつ言語を含め、多民族の言語を束ねていくためには、効率の良い音素文字の使用が効果的であるとする方向性は必ずしも否定し得ない。こうした一連のローマ字による「大東亜共栄圏」共通語への模索は、日本語を世界に発信するうえで、現在なお試行途上にあると言えよう。

4. 日本語の進出・普及は何を目指したか

引き続き、ここでは『ローマ字世界』に収録された日本語論のうち、その主たる思潮となった論説を収録する。

(6)「ローマ字で伸びる日本語」菊澤末雄(昭和17年8月　32-8)

　ヘボン式が最後のコレヒドールと頼んだ国際文化振興会から写真のような安南向けの日本語の教科書ができた。日本語は全部国定式のRで書かれており、この会もとうとう国策に足並みを合わせて一八〇度の回れ右をしたわけである。写真で、開いたほうは「ニホンゴを学びましょう」、閉じたほうはご覧のように「ニッポンゴ」という名前であるが、どちらもフランス語と安南語で日本語をやさしく説いてあり、付け話しの点は多少おかしいところもあるが、きれいに国定式のローマ字である。やれカナ文字にせよ、だの制限した漢字でゆけ、だのいったところで、南の事情にとっては何の役にも立たないのである。カナ主義の人もこの点によく心をいたすべきである。

　「カナ文字で南に敵前上陸をせよ」という人があるようだが、南の気候、風土に合わないとおなじようなカナ文字の敵前上陸は大変に難しいことと思う。子音と母音とがくっつきあった、ちょうど「綿入れの羽織」を着たような文字ではとても南での戦いには耐えられないのである。(M)

(7)「占領地に於けるローマ字使用法に関し進言」田中館愛橘　同上

　占領地原住民に国語を教えるに当たり、彼らの間に既に使い広まっているローマ字を用いるの効果的なるは極めて明らかな事実である。現用漢字の教育はひとまず国語を把握せしめたる上に授ける方自然の順序なるべし。現に南方各地に於いて仮名教育を主眼としながら、「実際手段」としてローマ字を利用しおる実情なり。

　ローマ字を以て国語を綴る事は天正年間、欧人と接触以来、ポルトガル式、オランダ式、英式、仏式など、時の勢力に従い変遷せしが、それと同時にこれ等外語の用法によらず、国語独自の立場から組み立てた綴り字法が当初から試みられて用い来ったところ、追々ローマ字の使用が諸方に広まるに従い、国語の綴り方統一は「教育上、学術上、また国際関係その他より見て極めて必要なることをも信じ」政府は昭和 12 年訓令第三号を以て一定の式を標示し、諸官庁は着々之が統一に努めつつあり。文部省は今年四月一日より中等学校教科書に残っていたヘボン式を一掃し完全に訓令式統一に至った。

　然るに若干の英語教員その他特に英米と親密の関係にありし一部の人士は、なお、旧来の英語に準拠せるヘボン式に固執し之を復活せんと試み、新占領地において訓令式排斥の運動を見るは遺憾に堪えざるところなり。ヘボン式により発音を教える如きは全く非科学的にして国音を歪曲するのみならず、斯くの如きは国論統一の最も緊要なる時に当たり、内は思想界の摩擦相克を助成し、外は新附民心の帰趨する処を惑わしめ、惹いては国威にまで煩を及ぼさんことを憂慮す。軍政当局に於いて茲に意を注がれ速やかに国語のローマ字綴り方を訓令式に統一せられ度、右進言す。

　　　　　　　　　昭和 17 年 8 月 6 日　翼賛政治会政務調査委員　田中館愛橘

さらに、タイの日本語普及にも尽力した星田晋五もまた、実際の教学体験からローマ字に拠る日本語の唱導をかかげている。

(8)「共栄圏とローマ字圏」星田晋五（昭和 17 年 8 月　32–8）
1．ローマ字は「事実」

　わが国の今日の言語問題の根本は、国字の問題でなく、国語の問題にある

と思うが、その国語の問題を「国内」の観点から、かつての合言葉であった「国際」でなくとも、「共栄圏」の観点へ移して考える時、ローマ字綴が「国字」の問題としてでなく、「国語」の問題として考えなければならないことがはっきりしてきた。ローマ字綴は最早これまでの如き「国内」の或は「国際」の国字問題でなく、「共栄圏」の国語問題において一層考えさせられるものとなった。且つ、ローマ字綴は共栄圏に関する限り、「問題」としてでなく既に「事実」として見なければならないものである。ローマ字綴は「古い日本国内」の「新しい問題」でなく、「新しい共栄圏」の「古い事実」であるのである。共栄圏の大部分は既にローマ字圏であってここに試みられる新文字こそ「問題」であり、各民族が己の国語を己の文字で果すのは、その民族の自由であろうが、少なくとも其処のローマ字綴には「問題」がなかったのである。然るに、日本国内では、己の国字にも問題があるのは、一つはあらゆる問題を真摯に検討せんとする日本人の進歩性にもよるのであろうが、又その国字が結局は創成当時の外国字音からの示唆によってできた、自国語音の表現には尚不完全なものであったためではなかろうか。

2. 文字発達の方向はローマ字へ

　文字の創成において象形文字は世界の文字史において共通の現象であったが、とにかく表音文字への変遷もまた世界共通に落ち着くべき方向に見える。支那がその表意音節文字を長き歴史にも拘わらず、遂にその不便にたえかねて棄て、近代音声科学の洗礼をうけた注音字母を近き将来に代えんとしたのは、その最も著しい例である。朝鮮の諺文もこれに類する事情がある。日本もまた過去一千余年前に表音音節文字につくりかえたが、惜しむべし、その頃の音声科学の分析では不徹底なものであったため、今日、問題を残しているのではあるまいか。日本人自らに問題をもつ文字を共栄圏に持ち出す時は一層の問題を起こすであろうが、科学的検討を経た日本のローマ字綴は日本語音表現には何ら問題を起こさないであろう。のみならず、日本のローマ字綴法こそは欧州の如きローマ字の歴史のない所に取り入れられただけ合理的であり且つ日本的であり、この点から共栄圏の語音をも容易に表現し得、且つ従来の適性ローマ字綴を日本化し、日本的ローマ字綴に指導統一す

る分野は十分あるであろう。

3. ローマ字日本語は学習容易

　以上、共栄圏各国語における適性的ローマ字綴法の日本化或は日本語のローマ字綴の問題は別とするも、言語は元来文字にその基礎はなく音にあるから凡て語学の習得には、その初めにおいては文字について煩はさるべきものではない。然るに語学習得の初においてもし文字を見ることによって、その読み方に非常な神経を労する時は発音も不自然不正確となり、その語学の習得は非常に困難か誤ったものとなるのが普通である。この点から言えば、語学修得は直接人の口を見、音を聞くのが最もよくて、テレビジョンや音だけ表す蓄音機或はトーキー等によるべきものであろうが、今日の機械生産力では尚、印刷をもって文字によらざるを得ない場合が多い。それでは文字は最も合理的自然的な綴法をもって読み方に努力を費やさないものでなければならない。この点はローマ字綴に及ぶものはない。他のイギリス、フランス、ドイツなどのローマ字綴りは歴史的に成立したるものであるだけに尚合理的でない点がある。外国語学習に別に発音符号を必要とするのはそのためである。しかし日本のローマ字綴は音素綴りであり、それが同時に正字法であるから発音符号もいらない。殊に日本語音の表現には最も適当なものであるは言うまでもない。この日本のローマ字綴によれば、少なくとも文字による学習において読み方に神経を労することなく、従って発音は比較的容易に学ばれる。この発音修習の容易正確こそ最も大切なもので、不正確なものは相互に通じないのみか終始滑稽の印象を残すものとなる。

4. カナは不合理

　次に日本語の働きの本質は母音の変化にある。これはこれまでカナ文字のため音節の変化と見られ、従ってその説明理解に不明瞭なものがあったが、ローマ字綴によって最も日本語の本質を明らかにする。母音の変化によって日本語が如何に微妙な活用をするかはローマ字綴によってこそ初めて明らかにされ、又語彙の活用も助けられるものである。上述の特徴より我々は勿論ローマ字綴による日本語綴が唯一の方法として確信する。日本語習得の第一

歩はローマ字によるべきであり、ここに今度日本のローマ字綴による日本語学習読本が計画される。
(書き手は日本タイ協会にお勤め。3年間、バンコックに居られ、日本語学院をお創りになった。此の度、本会の南方向けの「日本語の本」の編纂にお骨折を願って居る。)

石黒修もまた、ローマ字による日本語の南方進出を支持した論客の一人である。とくに、以下の列強の植民地支配の歴史の解説に重点を置いている。

(9)「日本語の南方進出とローマ字」石黒修　同上
大東アの文字

　大東ア共栄圏における文字の分布を見るに、日満支の漢字ブロック、タイ・ビルマ、フィリピン、マレイ、インドネシア、インド支那(佛印)など皆ローマ字圏に属する。尤もインドネシアなどは前には固有の文字、アラビア文字、ローマ文字と三度変わっている。マレイのイギリス式ローマ字は2654年連邦政府によって決められたものであり、今日もまだアラビア文字が相当行われている。インドネシアの方は蘭印政府が2571年(注、紀元暦)オブホイスンに命じてローマ字綴りを調査させ、後これを少し修正したもので、綴りはオランダ語式で歴史は新しいが、マレイよりもよく広まっているようである。
　フィリピンでもビザヤ語には古代文字があり、タガログ語なども別の文字で綴られたこともあるが、エスパニア領有以来ローマ字綴りが普及され、今日では各民族語ともにローマ字書きである。
　インド支那はフランス領有前は、漢字、またはそれから工夫された「字喃」(チュウノン)を用いていたし、文字は違うけれどもタイ、ビルマもかつては漢字の勢力圏にあったといってよかろう。近くはタイなども国語改良委員会を設けて、タイ語の簡易化、文字の改変を行う計画もある。
　中国においては、民国17年(2588年)9月、趙元任等の考案を基礎としたいわゆる Gwoyeu" Romayzh"(「国語羅馬字」)が公布されたが、政治的に対立する「垃丁化」派の「新文字」などがあって、実用普及に至らないでしまった。
　以上、大東アにおける文字の変遷は大体ローマ字化の一路に向かっている

が、もう一つの動きとして「民国7年（2588年）11月にわが国のカタカナにヒントを得て考案された「注音字母」を公布（民国9年2月修補）したが、（民国19年4月以後は「注音符号」と呼ぶことにした）、補助文字として一部の使用にとどまった。また最近満洲国で考案された「東アガナ」という、日本のカタカナによる満洲支那語の簡易表記法がある（まだ一般強制力も普及力ももっていない）。

* 普通にはジェスイット派の僧アレキサンドル・ロジェが布教の目的で安南語のローマ字綴り Quoc ngu（国語）を大成したといわれる。

南方圏とローマ字

わが委任統治の下にあった南洋諸島では、大正7年6月、南洋群島島民学校規則が発布され、大正9年9月、その改正に際し、第4條第2項に「又ハ羅馬字綴リヲ加フルコトヲ得」の一項がそえられた。

また大正12年5月の公学校規則改正要旨三に、「『羅馬字』」ノ教授ニ付テハ従来土地ノ事情ニ依リ之ヲ教科目ニ加フルコトヲ得ヘキモノナリシモ新規則ニテハ之ヲ削除セリ然シ情況其ノ他ノ事情ニ依リ、羅馬字ヲ使用セバ国語教授上裨益アリト認メラルル場合ニ於イテ国語教授ノ際便宜之ヲ教授スルハ支障アルコトナシ」とある。それが昭和12年に至って、第四次の公学校国語読本編纂趣意書に「片仮名、平仮名及ビ漢字トシローマ字ハ一切挿入セザルコトトセリ」となっている。

これは大正3年10月わが海軍が南洋群島を占拠、大正4年11月、サイパン学校仮規則が制定されて、国語と共に文字はかな、漢字の教授がおこなわれてきたけれども、ドイツ領の時に教えられたローマ字が国語教授に裨益することによるのである。

南洋群島は台湾、朝鮮に比して、国語普及によい成績をあげているが、南洋島民にはカタカナだけが理想である。もしローマ字を知らなかったら、もっと喜んでかなを学んだであろうと同地の実際教育家が報じていることは注目に値する。

今日南方共栄圏への日本語の普及は国策的に必要であるが、南方共栄圏諸民族の文化をわが南洋群島の島民と比較すれば、フィリピン、タイ、インド

支那、ビルマなどの一部には高いものもあるが、ジャワなど平均すればずっと近い。こうした地域に日本語にローマ字をもってすることは、相手の持つ武器を逆用して使うのである。

ローマ字にすれば、イギリス語、フランス語、オランダ語などが、日本語よりも容易に流れ込むという説をなす人があるが、言語の進出は文字よりもその背景にある軍備、政治、経済、文化などの力によるものである。特別な文字が言語の進出をさまたげることはロシア語を見てもわかる。ドイツの文字はローマ字に比べてわがカタカナとひらがなに近いものであるが、ヨーロッパの新体制確立のためにドイツ的を誇称したその文字を廃止した。

日本語を大東ア共栄圏の共通語にするため、日本以外の諸国、特に漢字以外の文字をもつ諸民族にローマ字をもってする。そうして積極的にタイ、ビルマの文字のローマ字化にも乗り出してやるかたわら、マレイ半島とインドネシアのように、マレイ語に対するローマ字綴りの不統一なものを整理してやり、進んでは安南語やフィリピン語などのローマ字綴り方にも大東アの共通文字としての統一性を与え、進んで日本語がより容易に表記出来るように考慮したらと思う。

そして得られた少数の共栄圏民族は、さらにその必要に応じて、かな漢字を習うようにすればよい。その間において国内の国語国字問題の解決を出来るだけ早くする。つまり共栄圏日本語の文字は一応その大半の諸民族の、そうして今日世界の共通文字というべきローマ字の採用によって、国内日本語の国字問題から絶縁したものをもってすることは、今日の日本語進出に即応し、その必要に対処した一つの方策として考究の余地が十分あると思う。

こうして「大東亜戦争」の緒戦の勝利に湧く国内状況に呼応するかのように昭和17年には多くの論陣によってローマ字論が日本語普及策の中軸となっていった推移を確認した。

5. ローマ字による日本語普及の一大階梯

複雑な文字体系をもつ日本語を短期間で普及させるためには、さまざまな

試行錯誤があった。スマトラを除き、マライおよびジャワの諸施設を巡回した田中館秀三（昭南博物館長）は南方への日本語普及に関して、比較的詳細な意見を呈しているが、昭和17年4、5月の時点での起草の制約はあるものの、基本的路線が確認されるように思う。すなわち昭南、マライ、ジャワ各編ののち、随感として、「南方占領地に於ける教育問題」として、南方の気候と人間活動の実態、理想的活動とマライ、ジャワの専門教育の実際を検分したあと、日本語普及の困難さにも言及し、

　但しマライ語は語数少なく、文法簡単にして、日本精神の如き理解し難きことを翻訳するには頗る困難であろう。

と意見しながら、マライ、スマトラにおける普通教育に関する意見を述べ、

　新占領地の住民を日本化せしむ捷径は、先ず小学校に於いて日本語を教え、日本精神を注入するにある。

として、早期教育の喫緊さを提案している。続いてこの「日本精神」修養の階梯としての「南方地方へ日本語の普及」を12項にわたって解説する。すなわち五項、六項、七項、八項に頁を割き、「喋る日本語をローマ字にて教え込む時は数ヶ月で大体一通り用の足りる程度に上達する」としながら、一方の南方圏の重要な社会分子である支那人、インテリ階級には別配慮を講ずる。広域なローマ字使用の普及については

　此の如く考える時、マライ、蘭印にあっては日本語はやはりローマ字によって表現した方が彼等に日本文化を謳歌せしむるには効果的でありはせぬかと思う。これ彼等は西洋文化を無条件に謳歌し、支那文化を低く評価して居るが、その支那文化より又一段低き一分派として日本文化を軽蔑するを怖れるからである。

と意義づける。日本語の浸透については役所内、交通機関や車輛に漢字を交

えた日本語による標示をさらに奨励、話言葉から書き言葉への拡張を期す。

　　而して十分日本語の話せるものには漢字交りの日本文を注ぎ込むは便利なるべきを余は思うのである。かくして彼等が今占領地の路傍に貼りつけある宣伝ビラなどを完全に読める日の一日も早からんことを希うのである。

ローマ字による日本語普及がまず、日本語への抵抗感を軽減し、日本精神注入の最初歩の階梯であったことが確認される[2]。これはまた、とくに現地の非漢字圏日本語学習者には親しみやすさから漢字仮名混じり文よりはローマ字を用いて効率的に教授する現状にも通底する一端が見られる。

6. おわりに

　南方建設にあたって早くも日本帝国は「官報」において昭和12年にローマ字の統一案を提出した。「固定日本式ローマ字綴り方表」をあげ、「はねる音」などの注記5項を添えて下記のように訓令した。

　　官報　昭和12年9月21日（第3217号）　訓令
　　内閣訓令第三号　各官庁
　　国語のローマ字綴り方は従来区々にして、其の統一を欠き使用上不便少なからず、之を統一することは教育上、学術上将又国際関係其の他より見て、極めて必要なることと信ず、仍て自今左の通ローマ字綴方を統一せんとす。各官庁に於いては漸次之が実行を期すべし。
　　　　　　　　　　昭和12年9月21日　内閣総理大臣　公爵　近衛文麿

　日本語の最大の特徴でもあり、難解さでもあるのは表記の問題であるが、言語政策においてもこの認識の齟齬、懸隔が協力の一致体制を生まず、混迷を続けたことは、戦局が陸海軍のそれぞれの主張を相容れなかった事情と重なる部分がある。日本人の意思決定のありかたはこの表記体系の統一不統一に依るところが大きいことを強く示唆している。

大東亜共栄圏、南方共栄圏における文化工作、言語政策において、日本語の普及進出にかかわる重大問題は、文字の考慮であった。漢字かな交じりの日本語は住民に大きな負担を強いることとなったが、一面、これを克服することが精神文化の高揚、発揚につながるというジレンマもあった。実用面と理想面の両極にあって、文字問題は日本国内の国語国字問題とも関連しあい、加速することとなる。第4章の資料にあげた星田晋五、石黒修らの論評報告はその事情をつぶさに記している。それにしても、「大東亜」を「大東ア」と表記するなど、一貫性のない表記は現代日本語の表記問題にも教訓とするところがあるように思われる。

　戦後、日本ローマ字会と日本のローマ字社は分かれ、後者は東京を本拠とする訓令式ローマ字の推進団体となった。日本語の表記をめぐる問題は漢字の整理整頓とあわせて国語、国字改革の大きな課題であり続けている[3]。

　本章では『ローマ字世界』に掲載された日本語進出論の資料を紹介しながら、その議論の内訳、方向性を瞥見した。日本語を世界の一言語とする認識にもとづき、また話し言葉と書き言葉のかい離を小さくするという意識は、日本語の資質の発展および国語意識の在り方と強く結びつく。戦間期において指向されたローマ字による日本語進出論は、現在もローマ字表記による日本語教育が世界の各地で行われていることもふまえ、いくつかの重要な教訓、示唆を含んでいることは確かであろう。

　本章では世界の日本語たる地位を指向して、ローマ字による進出論を、主として掲載記事を紹介しながら考察した。各議論を再度精査することによって、その可能性の是非をさらに検討していく必要があろう。

注

1　『ローマ字世界』は原書では『Rōmaji-Sekai』であるが、読者の便を図って以下の題目、本文のローマ字表記を漢字かな混じり表記にした。戦前戦中の「ローマ字論争」については菊地（2007）にまとめられている。

2　田中館（1944: 294–326）を参照。

3　たとえば「九州」が kyushu と表記され、正確な発音と対応し得ないなど、ローマ字表記問題は現代日本の言語生活の各種標示（人名、地名、商品名など）においても日常的な事象でありつづける。日本語の国際化問題においても永遠の懸案である。

　すでに 1970 年代に「漢字改革」「ローマ字表記」の二大論評が時期を接して提起されているので、参考のため当時の新聞記事を採録しておく。（「／」は改行）

「漢字改革」:「今日の問題」朝日新聞夕刊大阪版　1975.2.27

　中国の文字改革の実情を視察するため、国立国語研究所の林大氏を団長とする調査団が、26 日派遣された。／現在、国語審議会で検討中の当用漢字表と字体表の参考にするため、①中国の国語施策の理念、沿革とその内容②これら施策の一般社会および学校教育における実施の状況などを調べることにしているが、具体的には中国式略字について、その実情を調査することだという。／大学紛争の「タテ看」などによっても、中国の略字はかなり日本にも紹介されたが、文化大革命以後の状況が、あまりに伝わっていないので、こんどの調査団の派遣となったわけである。／中国の国字改革は、毛沢東首席が「文字を改革して、世界の文字と共通な表音化の方向に向かわなければならない」と提唱して以来、文字改革委員会の「簡字化総表」の刊行（1964）と改革が進んだ。／しかし、改革の道は、決して平坦なものではなかったようである。たとえば、香坂順一、イズミオキナガ両氏共著の『漢字の歴史』によると、国務院の「漢字簡化方案」の公布された翌年に、略字化反対の意見が発表されている。／「わたしは、盲目的な文字改革に賛成するわけにはいかない。第一に、漢字が覚えにくいなどというのは、理由にならない。第二に、漢字は書きにくいというが、くずして書けば、決して書きにくいことはない。第三に、漢字がタイプや電報などに不便だというのも、理由にならない。機械や技術は文化に奉仕すべきもので、文字を機械にあわせるのは、本末を取り違えたやりかただ…」／このような反対論のほか、印刷工場で旧来の漢字を捨てたため、古文を印刷できないという問題が起こり、百花斉放の論争をまねいたという。／漢字を使用するものとして、こうした話はよく理解できるが、文字の問題は、世界史的な視野でこんご考えるべき問題であろう。かりに、世界の文字文化を、漢字圏とアルファベット圏に分けると、中国から日本にかけての漢字圏が、アルファベット圏と対立することになる。これが一つの問題である。／また、もっと長い目で見れば、世界はますます狭くなり、人類は一つになる時代が、いずれ来るであろう。その時の文字はどうなっているのか。これがもう一つの問題である。／国語・国字問題といえば、とかく議論が熱くなる。漢字制限、新かなづかい、送りがな、と戦後さまざまに論じられてきた。議論は紛糾しながら、それなりに意義はあったが、略字の問題は、前記の二つの視点を忘れてはならないのではある

まいか。

「ローマ字表記」:「今日の問題」朝日新聞夕刊大阪版　1975.4.9
　国語のローマ字のつづり方は、昭和29年12月9日の内閣告示第一号で、第一表（訓令式）を原則とし、「国際的関係その他従来の慣例をにわかに改めがたい事情にある場合に限り」第二表（ヘボン式）によってもさしつかえないとされている。／第一表と第二表との違いは、たとえば第一表がシ＝si、チ＝ti、ツ＝tuなど単純に表記するのに対し、後者はそれぞれを shi, chi, tsu と英語流であるが、たとえばChiba（千葉）はフランス流ではシバ（芝？）、イタリア流ではキバ（木場？）と読まれる難点がある。／ローマ字表記については、戦前には臨時ローマ字調査会、戦後では国語審議会などで、専門家が音韻学や実用性の点から、それぞれ数年間討議した結果、第一表を正位にすえた。教科書、学術用語、海図など官庁の大部分は第一表を使用し、旅券の姓名記入や鉄道の駅名がヘボン式になっているのは、占領の名残や慣行によるものだ。／国内的にはルールが確立している日本語のローマ字表記を、国際規格ではヘボン式に手を加えた米国規格に統一しようとする動きが、最終段階の国際投票にはいっている。国際標準化機構（略称ISO、本部ジュネーブ）の専門委員会TC46が、今年1月23日付で、7月23日までにこの米国規格への賛否を投票すべしと、各国の加盟機関に書類を送りつけている。／決定は加盟40ヵ国の四分の三の多数決によるが、各国に送られた一件書類には日本側の言い分は書いてなく、「ヘボン式は一番古くからの」（日本語のローマ字表記としてはポルトガル式やオランダ式のほうが古い）とか、「日本ドキュメンテンション協会も訓令式を推薦できないと考えている」（事実誤認）など、原案に都合の良い説明しかついていないので、可決されかねない情勢である。／こうなったのは原案をとりまとめた米国規格協会（略称ANSI）がことのほか熱心で、その背後には米国のコンピューター会社の意向も働いているといわれる。昭和46年のTC46の総会では審議未了になったので日本側は安心していたが、翌年の小委員のえ日本代表の欠席中にことが進んでしまった。／日本側で事務処理に当たっている工業技術院標準部が対策を急いでいる。十年以上前に国会図書館長が外遊して米国の議会図書館から図書目録のヘボン式書き換えを頼まれ、館長決定を出したところ、数百万枚ものカード変更は大混乱になると労組が反対し、決定が宙に浮いた事件があった。今度も可決されれば、大問題になることは間違いない。

　このように、国字問題もローマ字問題もその時代の国際環境、国益となる技術、文化の対外発信にも大きな影響を与えることが了解される。

日本語教育においても非漢字圏の学習者には、最初歩、入門期には会話を重視してローマ字で教授することが一般的であるが、学習者の戸惑いは従来と変わってはいない。今後、IT 化、グローバル化の急速な進展によってローマ字のゆくえも注目されるが、早くも戦時期の日本においてもローマ字論争が日本語進出論の内側で起こった事実は今後も十分に検証する意義があるように思われる。

参考文献

石井均(1994)『大東亜建設審議会と南方軍政下の教育』、星雲社.
梅棹忠夫(2004)『日本語の将来―ローマ字表記で国際化を』、日本放送出版協会.
柿木重宜(2005)「日本におけるローマ字化運動について」、『滋賀女子短期大学研究紀要』30
茅島篤(2009)『国字ローマ字化の研究　占領下日本の国内的国際的要因の解明』、風間書房.
茅島篤編(2012)『日本語表記の新地平　漢字の未来・ローマ字の可能性』、くろしお出版.
菊澤秀生(1942)「ローマ字運動」『国語文化講座：国語問題編』、朝日新聞社.
菊地悟(2007)「ローマ字論争―日本式・標準式の対立と消長」、加藤正信・松本宙編『昭和前期日本語の問題点』国語論究第 13 集　明治書院　66-84
田中館秀三(1944)『南方文化施設の接収』、時代社.
平井昌夫(1949)『国語国字問題の歴史』、三元社(復刻)(原版は昭森社 1949)
前田均(2000)「資料紹介・戦前期のヘボン式ローマ字運動資料」、『天理大学学報』52-1
渡辺哲男(2005)「『国語』における声と文字―1930 年代ローマ字論争をてがかりとして」、『近代教育フォーラム』14　近代教育思想史研究会.

第3章
『カナノヒカリ』にみる海外日本語進出論の展開
中国大陸から南方諸地域へ

> スラバヤ マデ テツダウ ガ アリマスカ。
> コウフ ガ テツダウ ヲ ナホシテ キマス。
> テツダウノ フミキリ ニハ キ ヲ ツケナサイ。
> （大日本軍政部編『ニッポンゴ』より[1]）

1. はじめに

　戦時期に日本国内で刊行された雑誌のなかで、ひときわ日本語、国語の明徴を意識し、日本精神の発揚とともに、海外日本語普及をもくろむイデオローグが存在した。カナモジカイが発行した月刊誌『カナノヒカリ』は、なかでもその主力ともなった出版物である。当会は雑誌の発行のみならず図書出版や講演会など、精力的な情宣活動を展開した。

　カナとはカタカナで、カナモジはカタカナの表記を用いた体系である。現代日本語でもカタカナ表記の頻繁な使用は国語問題として俎上にのせられることも少なくない。ビジネス、システム、ルールなどの外来語もそうだが、カネ、コネ、ケータイ、モーレツなどカタカナで表せば独特の意味をあらわす。擬態語や擬音語もカタカナ語で表すことが多い。今日の日本語教育では平仮名またはローマ字が導入の主体で、カタカナは2次的、副次的な表記と認識されることが多く、平仮名の導入ほどに時間をかけることもない。学習者はテレビやパソコンといった日常語名詞や地名、人名などの固有名詞のほか、コピーする、メールするなどの動詞、リッチな、ハンサムな、などの形容詞、といった語彙的習慣の知識は意味と表記の理解に個人的な差異をふくみならも自然と身につけていくようである。

　だが、かつての国語、日本語の教科書読本をみると、平仮名よりもカタカナを意識的に用いていることが多い。これはどのような教育的、思想的意図があるのだろうか。母語話者対象の国語教科書にも「サクラ、マメ、ハト」

など、最初からカタカナで表記した単語、語彙があらわれる。満洲国、中国大陸、南洋群島においてもカタカナが積極的に使用された。海外日本語教育の普及のために編纂された教科書にも地域的な差異もあるが、カタカナ漢字混じり文と平仮名漢字混じり文とが交互に併用されたものもある。カタカナ導入・使用は、「へん」や「つくり」との類似性に着目させ、カタカナに興味をもたせるということだろうか。日本固有の平仮名でもない、漢字でもない、むしろ〈中立的〉性格から新しい言語を学ぶというイメージを扶植しようという狙いであろうか。また、日本人同様より高度な漢字平仮名混じり文の理解運用に達するまでの「過渡期的表記」という差別化が目論まれていたのだろうか。いずれにせよ、その意図と実態はなお明らかにされていない[2]。

　文字教育という形態は理想と現実の極端さをも有する。日本語教育においてカタカナが重視された時代を考察することによって、当時の言語政策もまた再検証されるのではないか。さらに、カタカナのもつ表記の本質と、そのイデオロギーの介在性をも明らかになろう。本章で取り上げる『カナノヒカリ』はまさにカタカナを国字として標榜し、海外日本普及の尖兵たらんとした。以下では『カナノヒカリ』に掲載された主要記事を通して、その真の意図のいくつかを明らかにするものである[3]。

2.　戦時期初期の『カナノヒカリ』

　雑誌『カナノヒカリ』の創刊は昭和 12 年 5 月にはじまる。満洲事変（1931 年）を境に日本が中国東北に侵出すると、日本語の普及は占領地での親日同化教育の一環として重要視されていく。雑誌の掲載記事の中で、日本語普及に関する論評を順次見ていこう。なお国語国字に関する記事については冊子中に「国語国字問題文献」という欄を毎号もうけて紹介しており、当時の国語論、日本語政策論の展開をみるうえで大いに参考になる。

　以下は昭和 7 年から日中戦争勃発前後までに掲載された国語問題に関する主要記事である。執筆者無記名のものも多い。なお、以下の主要記事題目は読みやすさという便宜上、漢字平仮名混じりに直している。

・昭和 7 年 4 月号(124 号)
「肉弾三勇士」、「シナの事変と新聞の漢字」、「山下氏への見舞、山下芳太郎死をしのぶ頁」、「カナ使用度の調査」、「満洲物語」、「1 文字言葉の整理」、「続け書きの工夫」
・昭和 7 年 5 月号(125 号)
「古き漢字と新しき満洲」、「国定小学読本の改訂にあたって希望を述べる」
・昭和 7 年 6 月号(126 号)
「学生思想と国語問題」、「カナモジタイプライターを打つ速さの研究」
・昭和 7 年 8 月号(128 号)
「ラジオは国語の道しるべ」
・昭和 7 年 9 月号(129 号)
「農村問題としての国字問題」(風見章)、「イギリスにおける国語整理」の運動(毛利久雄)
・昭和 7 年 10 月号(130 号)
「ローマ字とカナモジの字数比較調査」(木下浩一郎)
・昭和 7 年 12 月号(132 号)
「満洲国の日本語教育にカナ文字を用いられたき建議」
・昭和 8 年 1 月号(134 号)
「国学的にみた国字問題」(佐々木統一郎)
・昭和 8 年 4 月号(136 号)
「国語教育と国字問題」(保科孝一)、「国語教育と国字問題」(松坂忠則)
・昭和 9 年 7 月号(139 号)
「擬声語の研究」(三木勇)、「土居光知教授の『基礎日本語』を読む」(松坂忠則)
・昭和 10 年 2 月号(158 号)
「国語審議会について」(保科孝一)
・昭和 10 年 4 月号(160 号)
「漢字は日支親善に役立つか」
・昭和 10 年 6 月号(162 号)
「日本と満洲とをカナモジで結べ」

この時期としては満洲における日本語の普及に関連して論じたものが特徴的である。とりわけ「満洲国の日本語教育にカナ文字を用いられたき建議」（132号　昭和7年12月号）、「日本と満洲とをカナモジで結べ」（162号　昭和10年6月号）などの記事は満洲における文字教育を実験的に布こうという試みであったようである。「満洲国の日本語教育にカナ文字を用いられたき建議」（132号　昭和7年12月号）は、カナモジカイから満洲国教務部総司西山政猪氏を通じて満洲国政府へ提出した、とある。カナモジは国字問題の急先鋒であったが、その指向の本質は抑圧（漢字に象徴される伝統文化習慣など）からの解放、という目論見も内在していたように思われる。

　昭和12年11月の193号には、盧溝橋事変のあとの中国戦線での宣撫、皇民化教育に照らして、カナモジ使用の提唱がなされる。「北支・満洲・臺灣・朝鮮特輯号」には次のような記事が掲載されている（人名を含めカタカナ部分を平仮名に直した。以下、同様）。

> 北支の明朗は日本語から（平生釟三郎）、漢字抗日カナ親日（下瀬謙太郎）、カナにより満洲人にニッポンゴを（瀬川博）、標準日本語の制定（有馬義春）、臺灣における皇民化運動と（新郷重夫）、臺灣ルポルタージュ（田鎖孝一）、朝鮮に呼びかける（河野巽）、日本の文化を海外に（稲垣伊之助）

「漢字を抗日」、「カナを親日」と見なし、抗日親日を文字で判別するとしたところは興味深い。「同文論の影は悔日の像」とし、親中国の日本語熱を画策しようとした意図が窺われる。雑誌『満洲』には「カナにより満洲人にニッポンゴを」には、カタカナの効用を強調した興味深い記事が載っている。

> 　或る満洲人が1週間速成日本語教授の看板を出して高い授業料を取っていた。その秘訣というのは「日本の文字には全てカナがついている。だからカナが読めれば日本語は何でも分かる」というので、イロハニホヘトを教え、一週間をエヒモセスンまで教えて卒業証書をやるというような話。
> 　　　　　　　　　　　　　　　　　　　　（月刊『満洲』昭和10年9月）

こうしてみるとカナは日本語の速成的な移植という側面がぬぐえない。日本語の精神や文化の真髄を浸透させようとした思いとは矛盾した印象がある。

　本誌は当初から表紙に「国字問題」という表題をつけていたが、199号（昭和13年5月号）前後を境に削ったのは、当誌が国字問題のみならず広く国語一般、日本語の改革進出に期待を寄せていたことを示唆している。

　以上、日中戦争以前までの日本語海外進出に関する論評記事を概観した。

3.　中国大陸への日本語の進出と『カナノヒカリ』

　中国大陸での戦線が拡大するにつれ、文化的統治（宣撫文化工作）の必要から日本語の本格的な進出が叫ばれる。その象徴ともいうべき現象は次にあげる「大陸行進曲」（脇越強作詞、中支派遣軍陸軍軍楽隊作曲）に見ることができる。昭和14年2月号の中表紙に楽譜と歌詞が紹介されている。全文、カタカナ表記で、漢字は一切みられない。（便宜上、漢字平仮名混じり文に転記した。下線、引用者。以下同様）。

　　呼べよ日本　一億の　　命あふれる　足音に
　　地平も揺れる　大陸の　すべてのものは　今朝だ

　　昨日を父が　また兄が　かちどきあげた　大陸に
　　これから清い　美しい　ヤマトサクラを　咲かすのだ

　　思えば長く　たちこめた　平和を乱す　雲と霧
　　今晴れ渡る　大陸を　　ともに行く日は　もうすぐだ

　　感謝に燃える　万歳を　送れ　輝く日の丸に
　　四億の民と　むつまじく　<u>君が代歌う</u>　<u>日は今だ</u>

　　果て無く青い　野の風に　今日からなるぞ　あの旗は
　　進む大陸　日本の　　生きのしるしだ　魂だ

同ページに東京日々新聞懸賞募集の歌で、「よい言葉を用いてあるからここに載せてもらった」とのカナ説明がある。今次の戦争が抑圧されたアジア、旧社会の桎梏から解放させる聖戦であることを強く意識させる歌詞になっている。カナモジ使用の言及はないものの、「君が代歌う日は今だ」などにもその情景の一端が垣間見える。こうした日本語大陸進出論が本格的に嚮導されるのは昭和14年あたりからである。以下ではその主な記事をみてみよう。

・昭和14年4月号（211号）
「大陸の言語—日本語の大陸発展」（桂邦夫）
・昭和14年7月号（214号）
「支那大陸にかな文字をすすめることについての意見」
・昭和14年8月号（215号）
「支那大陸にかな文字をすすめることについての意見(2)」
・昭和14年9月号（216号）
「大陸にひろまる日本語」（三木勇）
・昭和14年10月号（217号）
「大陸における日本語のおしえかた」（三木勇）
・昭和15年1月号（220号）
「日本語海外進出論ふたつ」
・昭和15年2月号（211号）
「紀元2600年記念事業と国語運動、日本語の海外進出」（三好七郎）
・昭和15年4月号（224号）
「満洲国語のカナガキ案2つを前に」（下瀬謙太郎）
・昭和15年11月号（231号）
「外地、海外ノ日本語」（百瀬千尋）
・昭和15年12月号（232号）、
「支那にかな文字で日本語を教える仕事のなりゆき」（松坂忠則）

これらの夥しい記事は、もはや国字問題だけでなく、国語問題、国語改良の射程をももつにいたったことをあらわしている。

中国大陸への日本語進出については、すでに多くの論考があり、本書の第1部において実態を考察したが、こうした教授形態ともかかわる文字教育をになったカナモジについてはふれなかった。各種論評記事のなかで、こうしたカナモジについての論究の位置づけは非常に重要である。すでに前節でもみたカナモジの効用ないし使用意図について、この時期でも引き続き国民の投書による賛否両論（賛成のほうが当然多い）の声を紹介しているのは、中国大陸におけるカナモジ使用を国民的課題として認知せしめようとの目論見が窺われる。昭和14年9月号（216号）の「大陸ニヒロマル日本語」（三木勇）、同じく昭和14年10月号（217号）の「大陸ニオケル日本語ノオシエカタ」（三木勇）、さらに昭和15年12月号（232号）の「支那ニカナ文字デ日本語ヲ教エル仕事ノナリユキ」（松坂忠則）には、当時の熱心な普及の内実が反映されている。「紀元二千六百年記念事業と国語運動、日本語の海外進出」（三好七郎）では日本語普及を担う国家的規模での機関をはじめて正式に挙げており注目される。その機関とは即ち文部省、紀元二千六百年記念祝典事務局、外務省文化事業部、鉄道省観光局、万国博覧会事務局、国際文化振興会、日本旅行協会の7団体である。

4.『ニッポンノコトバ』の中国大陸への進出

カナモジカイは中国大陸に進出するにあたり新しい日本語教科書『皇軍慰問ニッポンノコトバ』（1938）をつくった。文字通り中国戦線に赴く日本人兵士に慰問袋に入れて送られた経緯もある。わざわざ「皇軍慰問」と付されたところが本書の目的を物語っている（本章末尾の宣伝広告を参照）。

    「皇軍慰問ニッポンノコトバ」を送れ
      慰問袋に三冊、五冊……
      慰問袋のお礼のお礼にも十冊、二十冊送りましょう……
      国語には祖先以来の精神が溶け込んで我々国民を一身一体に結びつけている。国を挙げて非常時を切り抜けるときにも、国民全体が戦勝の万歳をとなえるときにも、国語の力がそのなかに働くことを考えなければならぬ。

豊臣秀吉が全軍を動員して大陸に押し出したとき、おそばの者が従軍通訳の必要があるではないかと言ったらば、秀吉は「何、向こうの者に日本語を使わせればよいであろう」と答えたことが日本外史などにも載せられている。これは単に秀吉の人物の偉大さを物語る作り話であったかもしれないが、今昭和の13年に及んで、このことの実現を見ようとしている。日本軍の向こうところ、戦えば必ず勝つ、勝ったついでに日本の将兵は良民を愛護し、徳政をいきわたらせ、ゆうに新しい生活が繰り広げられる。日本の言葉は今日より明日へと広がっていくことだろう。春ともなれば、朔北の杏子の花、江南の葦の芽、黄河の畔には柳の綿が風に舞う。このうえとも<u>忠勇なる兵隊さんの上に日本の言霊のお助けがあることを固く信じています</u>。

　読み易さを配慮し、漢字片仮名混じり文を漢字平仮名混じり文になおして。これはカナモジカイ東京事務所の広告であるが、10冊で10銭、第四種8冊まで3銭、小包30冊まで内地10銭、戦地へは第四種が便利とある。「このうえとも忠勇なる兵隊さんの上に日本の言霊のお助けがあることを固く信じて」いるという説明も当時の空気をあらわしている。

　昭和16年12月にも同様の広告が裏表紙に載っている。〈カナモジ「ニッポン　ノ　コトバ」ヲ　タイリク　エ　オクリマショウ〉「大陸エ、南方エ、慰問ノタメ、宣撫ノタメ、ドシドシオツカイクダサイ」とある。

　　アタタカク ナリマシタ
　　アツクナ リマシタ
　　オアツゥ ゴザイマス
　　アツイ トキ ワ アセ ガ デル
　　アメ ガ フリマス
　　アシタ ワ アメ デショウ
　　カゼ ガ フキマス
　　カゼ ガ フクト スズシイ
　　ミズ ヲ モッテ キテ クレ*
　　テ ヲ アライナサイ

カオ ヲ アライマショウ
フロ ヲ ワカシテ クレ*
フロ ガ ワキマシタ
ドゥゾ オフロ ニ オハイリ クダサイ

本文の丁寧体は現地住民、普通体（*の部分）は兵士（日本人）という工夫が見られる。依頼文に普通体が用いられるのは他の学習書でも通例である。単文が多く、簡単な日本語文を復唱させることで浸透させようとした。中国大陸のみならず南方諸地域へ兵士の慰問、および文化宣撫工作のために作成されたことが明白である。これがもととなって南方諸地域でも現場の教材が試作された可能性が高い。「『皇軍慰問ニッポンノコトバ』を編む趣意」を見てみよう。

　　正義人道の「旗を押し立て、東洋平和の叫びをあげ、民国抗日の政権を懲らすために、我が忠勇なる将士は君命を奉じて遠く異境に渡り、一身を奉げてその大任を尽くされることは国民ひとしく感謝おくあたわざるところであります。今や皇軍の向かうところ、実に破竹の勢いをもって、大陸の野を圧し、海を制してあまねく皇威を輝かし、至るところ日の丸の旗の翻るを見るに至ったことは、真に悦ばしき極みと言わなければなりません。
　　今更申すまでもなく、この戦争は支那の一部軍閥の不法を取り除き、健全なる国民に活路を与え、これと手を握って永久の平和魂を建設してゆくことが、終局の目的でありますから、皇軍の占拠した地域の治安宣撫の方策については、当局も手を尽くしてその工作を進めておられることではありますが、次いで来るべき明朗楽土の建設のためには、我々の話す日本語が彼らによく理解され、我が日本の真意が正しく民衆に納得されてゆくことが第一であると思います。
　　日支は同文と言いますが、文字の発音も文章の綴り方もまったく違っており、ある場合には漢字を仲立ちするため、却って誤りを生ずることさえもあります。まして民衆の85％は文字を知らぬ無学者であると言われております。此の際、日本語は口から耳へと通わせなければなりません。そうしてそ

れを記録する方便としてカタカナを使わせることが最も近道であります。
　ここに忠勇なる我が陸海軍の勇士に対する慰問の言葉を贈るに当たり、これに添えるにカナをもって綴りたる若干の日本語、会話を集めて小冊子十万部を印刷し、これを現地に送りて、国語愛護発展に対する再認識を乞うとともに、或は<u>陣中の小閑を割いて皇軍の労役に従う良民の訓練に利用し、或は戦火収まる鎮城においては、安民保全の撫育に配布したならば、この冊子は極めて意義のある活躍をみることができるものと言いましょう。</u>
　ここに国民精神総動員にあたり、国字に対し最大の関心を有する我等が尽忠報国の志の一端をあらわし、この企てを行わんとする次第であります。

長い引用となったが、文中「<u>陣中の小閑を割いて皇軍の労役に従う良民の訓練に利用</u>」とあるのは、苦役に連行する人々にも適用するということであろう。この記事の左右下欄には青年と子どもたちに日本語を教えている様子の写真が掲載されている。子どもたちに対する日本語教室には兵隊がオルガンを弾き、子どもに歌を教えている様子が分かる。以下はその説明文である。

　　北京大学教授チョウツォレン（人名：ママ）さんの後継、チュウフェンイー（同）さん等、真先に教壇に立って次の時代を背負うべき青年にまず日本語を教えている。
　　北支那には早くも平和の兆しがみなぎって来たと伝えられている。村々の人たちは安心して日本軍の情け深い慈しみを受け、子どもはすっかり兵隊さんの友達になってしまった。ラジオでは毎晩日本語講座が放送され、あちらこちら次々に日本語学校が開かれてゆく。治安維持会では中学も小学も日本語を科目のなかに入れることに決めてどしどし教えてゆく。あらゆる階級の人々が早く日本の情勢を知りたいと思う心がいやがうえに湧き上がり、外語系の大学までも日本語、日本文学などの講座が新しく取り入れられてゆく。（見開き左頁掲載）
　　上海の町を一足西の方に離れた一面のクリーク地帯はまったく夜を日に次いでの激戦に痛めつけられて、どの家にもどの村にも人の住まない荒野である。ただバオシャンチェン（地名：注）だけが日本軍に護り建てられた避難民

の集まりどころになって日の丸部落とも唱えられた。ここにも日本人の慈愛深き育みがすっかり女子どもを安心させ、上海から出向いた宣撫員の手によってオルガンにつれて日本語の唱歌さえ聞こえてくる。スーチューホー（筆者注：地名）から西南の方はあまりに早い敵兵の退却振りに一同姿を隠した人々も日本軍来たるの声を聞いて喜んで帰ってくる。此の人々に対してもいち早く日本の言霊、我が大君の御稜威をかけ知らせることが大切なことである。（見開き右頁掲載）

また昭和14年4月号には「支那に普及させる日本語教科書への希望」（江蘇省南通石田締）という記事が載っている。「これは南通特務機関長から軍特務部菅野中佐宛に差し出された意見書のあらましである」という冒頭に続き四つの点をあげている。具体的な情勢を知る意味で興味深く、長くなるが全文を引用する。

1．カナカタはカナを以て本位とすること。
理由：日本語の普及には日本語の二重複性を廃し、最少の用具を以て最大の用を達するがよろしい。
2．カナヅカイは発音式なること。
理由：カナはもともと音を表す必要から発明されたもので、奈良、平安時代には、クフシ（菓子）、テフテフ（蝶々）、アフギ（扇）など発音通りに書いたものであるが、生きて生長する言葉は年月とともに変わるので、書き留めておいたこれらの言葉は今では死語となり、カシ、チョウチョ、オウギとなっている。保守的な内地では死語は現代語のように取り扱われているが、そのために学習する児童の苦しみは非常なものである。今、日本語を異国に広めるにあたって、まず死語を教えるか、現代語を教えるかを決めねばならない。現代語を教えるならば、発音記号は正直に合理的に用いて教えなければ日本語は真に不合理な不規則なものと嫌われるであろう。すでに日本語の発音になくなっている「ヰ、ヱ、ヲ」の如きは、「イ、エ、オ」に統一整理して妨げなし。
3．重複せる言葉は簡明なる耳語に統一すること。

理由：言葉は口から耳へのものであるから、目の働きを借りずに耳で判断できるものがよい言葉で、目で見なければ分からないようなものは悪い言葉である。口から耳へのよい純日本語は目の語である。日本の固有の言語が漢語、漢字崇拝のために、乱脈を極めて、簡明な耳語が発達しなかったのは残念である。我々は言語を出来るだけはっきりしたものにして、自らも浴し、支那民衆に与えるべきである。

4. 目標理想を漢字廃止におくこと。(漸進)

理由：早くひらかれた支那の文化が今遅れているのは国字国語の至難から出ている。日本にカナがなかったら文化は尚なお遅れていたろう。植民地統治上からも、国語政策を重んじ、亡国的な漢字をやめねばならぬ。我々は言語学的に民族の盛衰興亡を考えて、簡明な日本語によって日本の文化を広めねばならない。

この四点のうち、最後の「漢字の弊害」が文化文明を遅らせたという認識において、簡明日本語を広めるにはカナ(カタカナ)を推奨したのである。漢字廃止の目標を〈漸進〉とあるのはこれを理想とする主張であるが、カナの普及実践はその口火と考えられたことが分かる。

5. 『カナノヒカリ』にみる南方への日本語進出論

　カタカナによる日本語教授の初期段階においては、満洲、中国大陸において試行されたが、これは私見によれば直接にひらがな、漢字混じり文を学ばせるよりは、漢字の偏と旁といった特徴からカタカナによる導入を行い、その後にひらがな漢字混じり文に移行することで、日本語の段階的習得の道筋を示したものであった。しばしば当時の教科書を見ていくときに気づくことは知識、教養という〈概念の順化〉であり、大東亜共栄圏(ダイトーアキョーエーケン)という〈語音の感化〉である。漢字混じり文に移行した後もカタカナによる文表記が登場する課があるが、これはカタカナを忘れないための配慮と同時に、上述の修得の差別化を意識させるという目論見があった。

　南方共栄圏においては文字習得の抵抗感をできるだけ軽減させるために、

カタカナによる導入がなされたが、これはローマ字とは違って、独自の文字概念を文化文明の象徴として扶植させる狙いがあった。タイでもビルマでも固有の文字体系があり、よって欧米語のローマ字を用いたり、平仮名や漢字を用いたりすることは容易ではない。いわばローマ字と平仮名と漢字の折衷、中間的措置であったとも考えられる。以下、太平洋戦争開戦前夜から主要論説記事を拾ってみよう(執筆者無記名のものがある)[4]。

- 昭和16年3月号(235号)
「マヌユイ１ビアオイヌ　カナ(満語標音カナ)」について(松川平八)
「満語表音カナの解説」
「ニッポンゴトクホン」と「ニッポンゴジビキ」
- 昭和16年6月号(238号)
「タイ国の国民によびかけよ」(河野巽*)
- 昭和16年7月号(239号)
「国字問題が国策となるまで」(星野幸則カナモジカイ理事長)
「軍としての立場から」(荘司武夫、東京帝国大学新聞5月26日)
- 昭和16年8月号(240号)
「日本語普及の国策について」(松坂忠則)
- 昭和16年9月号(241号)
「フランス領インドシナヘカナを」(河野巽)
- 昭和16年11月号(243号)
「標準日本語の諸問題」(保科孝一)、「天津便り」(出水沖永)、「『ニッポンノコトバ』を送る」
- 昭和17年1月号(245号)
「大東亜文字と科学用語」
- 昭和17年2月号(246号)
「大東亜文字と科学用語を読む」(下瀬謙太郎)
- 昭和17年3月号(247号)
「ABCDEをカタカナにせよ」(河野巽)
- 昭和17年4月号(248号)

「大東亜カナモジ運動」(松坂忠則)
・昭和17年5月号(249号)
「大東亜日本語普及の方法」(山下興家)
・昭和17年6月号(250号)
「東条英機大臣への建議」(国語協会カナモジカイ)、「南方言語政策の確立」(花園兼定)
・昭和17年7月号(251号)
「大東亜をむすぶカナモジ」(平生釟三郎)「ニッポンのことばの語い」「戦地・内地(5)」
・昭和17年9月号(253号)
「南方へゆくニッポンゴ」
・昭和18年1月号(257号)
「国語国字問題について」(稲垣伊之助)、「戦地・内地(11)」
・昭和18年5月号(261号)
「カナモジを大東亜の共通文字に」(下村宏)
・昭和18年6月号(262号)
「日本語教材としての漢字字引の中身」(松坂忠則)
・昭和18年7月号(263号)
「科学戦と国字問題」(宮本要吉)
・昭和18年8月号(264号)
「マライゴカナガキ案」(宮武正道)、「南方向け雑誌とカナモジゴシック」(立川一郎)
・昭和18年9月号(264号)
「国字問題の現実と我々の態度」(稲垣伊之助)
・昭和18年10月号(266号)
「日本語教育ト国字問題」(石川湧)
・昭和18年11月号(267号)
「江蘇省南通地区の日語教育」(石田締)

『カナモジニッポンゴトクホン』『ニッポンゴノジビキ』は、カナモジカイが

出版した前出『ニッポンノコトバ』の姉妹本であるが、『ニッポンゴノジビキ』のほうは中華民国への普及を目的としていたことが、同書中表紙裏に「この本は財団法人昭和奉公会の援助により、大陸に日本語を普及するために発行するもの」と書かれている。「はしがき」にはカナモジによる学習効果を謳い、必要最小限度の日本語を教授する目的が記されている。16×10センチの携帯本で「中国人的日語辞典」と書かれ、本文は50音順、カナモジの見出し語に中国語訳が添えてある。53頁に収録された語彙は約2200語、発行は昭和16年であるが、その当時は表紙に「為中国人日本語辞典」と書かれていた。昭和18年11月には改訂版が出されているが、1500部とあり、それほど多くが出回ったとは考えにくい[5]。一方、『カナモジニッポンゴドクホン』のほうは、南方へ送られ、なかには「タイ国民によびかけよ」（河野巽）、「マライゴカナガキ案」（宮武正道）などの具体的な工夫・唱導もあらわれた（河野巽の記事は本章末に収録）。「大東亜カナモジウンドウ」（松坂忠則）、「カナモジを大東亜の共通文字に」（下村宏）、「大東亜をむすぶカナモジ」（平生釟三郎）のような大東亜におけるカナモジの昂揚が謳われるのも昭和17年から翌年にかけてである。なお、「大東亞」のほかに「大東ア」「ダイトウア」のような3種類の表記があることにも注意したい。どの文字を漢字に残すかは不明である。この時期には、『大東ア共栄ケンの字と言葉』といった本もカナモジカイより刊行されている。

　昭和16年8月号の『カナノヒカリ』の中表紙には二つの教科書からカナ書きの文章が載っている。ひとつは石森延男の「ラジオノコトバ」（文部省、『ヨミカタ』巻の二）である。その一節を引用する。

　　　ラジオノ　コトバ

　　　日本ノ　ラジオハ
　　　日本ノ　コトバヲ　ハナシマス
　　　正シイ　コトバガ、
　　　キレイナ　コトバガ、
　　　日本中ニ」　キコエマス

　　　　マンシュウニモ　トドキマス、
　　　　シナニモ　トドキマス、
　　　　セカイ中ニ　ヒビキマス

直下に『コトバノ　オケイコ 2』から「4. ラジオノ　コトバ」が収録されている。

　　　　ワタクシタチハ、ニッポン　ノ　コトバヲ　ハナシマス。
　　　　ニッポン　ノ　コトバハ、ウツクシイ　コトバ　デス。
　　　　ワタシタチハ、デキルダケ　ヨイ　コトバヲ　ツカイマセウ。
　　　　サウスルト、ニッポン　ノ　コトバハ　モット　モット　ウツクシイ　コトバニ　ナリマス。
　　　　イマ、マンシウ　デモ、シナ　デモ、セカイヂュウノ　ドコノ　クニデモ　ニッポン　ノ　コトバヲ　ハナス　ヒトガ、タクサン　キマス。

文中の「ツカイマセウ」「サウスルト」「マンシウ」「セカイヂュウ」「キマス」といった表記にもカナ表記の不統一性に、カナモジの運用上の困惑が見え隠れする。「ヨイコトバ」が「ウツクシイコトバ」になる。満洲から支那、世界中に日本語が広がる明日を語りかける内容である。

　一方、昭和 16 年 11 月号には、『ニッポンノコトバ』を戦地へ送る意義についての記事が載っている。特に第 2 段落（特に下線引用者の部分）には、この本の目的が明確に説かれている。

　　「ニッポン　ノ　コトバ」第 3 版ヲ　オクル
　　「ニッポンノコトバ」を初めて印刷したのは昭和 13 年 1 月であって、実に日本語を大陸に送ることについて、先駆けをなしたものである。その頃まだ軍事郵便も今のように扱われない時なので、皇軍慰問の心を込めて陸海軍併せて 10 万冊を傷兵当局のお計らいによって戦地へ送り、あちこちでいろいろ有益に使われたことであった。このたびさらに○○方面○○からのお勧めがあったので、新しく編み直すことになった。たったこれだけの小さい本で、

織り込む内容もあまり変わらないし、会話も大して違わないが、いろいろ考えなおした点が少なくない。このたびは挿絵をウエダハヤシゲさんにお願いし、12、13頁の地図はアダチカツミさんに書いていただいた。

　もともとこの本は、すでに大陸のあちこちに開かれている日本語学校などの教室で使われる教科書ではなくして、ただ日本軍に近づこう、ただ日本人と手を握ろうとするアジア5億の民衆を相手にして、日本語を覚えていく手引きにしようということをねらって作り上げたものであって、日本語が口から耳へと伝わってゆけば、お互いの心もよく通わせることができると思う。日本の兵隊さん全部はことごとく日本語の先生である。日本の兵隊さんはその土地の言葉は使わなくても土地の人を導いていくことができる。この意味でできるだけその日その日の生活に結びつくような会話を選び、言葉の使い方、「はい」とゆう返事の仕方、第2ページの敬礼の挿絵などにも意味を持たせたつもりである。

　教材も言葉もできるだけ我が国民学校の「よみかた」や興亜院の「ハナシコトバ」と繋がりのあるように気をつけ、またカナモジカイの『ニッポンゴトクホン』も照らし合わせたことである。「デタデタツキガ」は元の小学校の本と今度の国民学校の本と両方に出ておる唱歌であるので、これならば歌えない日本人は一人もないであろう。

　今これだけの種まきをしておけば、先々に於いて共栄圏の中の政治、経済、文化の建設のうえに、どのくらい立派な実を結ぶか分からないと思う。なお、この本と同じ目的でほかの部門に使われる2の巻や、あるいはこの本からさらに先へ進んでゆく2の巻を作ることも必要かもしれない。またこの本の全文を文部省の発音符号に書き改めることなども考えられる。いずれにしても、日本語がカタカナによって東亜共栄圏の中に押し広まり、今一番急ぐところのアジアの建設にきわめて大きい役割を果たしていかなければならぬとゆうことは、しばしも忘れてはならぬ勤めであると考える。（後略）

　この記事には、日本の兵士と現地の子どもが敬礼をし合ったりお辞儀をし合ったりしている場面、また日本の兵士が呼ぶときに現地の子どもが応えている場面を挿絵で紹介している。こうして少年少女を対象として、さきざき

の共栄のための順化、宣撫の「種まき」として、カタカナによる日本語が教え込まれたことがわかる。

『ニッポンノコトバ』に収録された語彙については昭和17年7月号（251号）に詳細が載っている。以下はその構成である。

表1　『ニッポンノコトバ』に収録された語彙

	普通名詞	代名詞	固有名詞	動詞	形容詞	副詞・感動詞	助詞・助動詞	数詞・接辞	総計
語数	226	42	8	207	43	65	424	178	1193
語彙	160	12	6	71	27	22	28	58	384

6. おわりに

文芸誌『文學界』昭和17年2月号（第9巻第2号）に中島敦の「古譚」が掲載された。「山月記」は人間の偽らざる忠義を、もう1篇の「文字禍」では文字の持つ魔性を格調高い文章で綴った。とりわけ、南洋群島で一時的であれ島民教科書編纂の任務にあった中島敦が「文字禍」を書いた内面的な省察を考えてみたい。中島は異民族統治のための文字を、いずれ報酬として襲い掛かる幻夢を正夢（同床異夢）として見ていたのであろうか。

本章では、カナモジによる日本語普及の実態を、中国大陸における進出、南方における進出、に大きく分けて論じた。昭和18年までを対象とせざるをえなかったのは、資料の未見もあるが、日本語進出のピークと考えられる時点を対象とした所以である。今後、中国大陸と南方諸地域が日本語進出の領域であったことを鑑み、台湾、朝鮮、内南洋（南洋群島）も対象外とした。日本語教科書の表記がカタカナをどれくらい使用していたか、地域別、時代別の考証、対象学習者の習得状況なども、検討の課題となる。

筆者が幼い頃、年配の大人たちが日常的にカタカナを用いて表記していることに不思議な印象をもったものである。今でもしばしばそういう感慨を抱く一方、野菜果物や魚類「ナス」「キュウリ」「ナシ」「ブドウ」「イワシ」「マグロ」などを見かけるたびにカタカナの表記的効果を考える習慣があ

る。日本語教育を始めた頃に出逢ったミクロネシアからの技術研修生がカタカナを使いたがり、平仮名の定着指導に苦心したことも思い出される。

　カナは時空を超えて思考の連続性を編む、あるいは日本人意識の注入装置として具象化される。カナは日本語普及の実践、施策にとって重要な眼目であった。日本語よりもむしろ日本精神に重きがおかれた。とはいえ、カナモジによる教育が〈漢字圏〉学習者を対象とした中国大陸での実践波及が〈非漢字圏〉学習者を対象とする南方諸地域での展開にどのように寄与し頓挫していったのかは、未知の領域である。本章では文献学史的に戦間期にあらわれたカナモジカイの機関誌『カナノヒカリ』掲載の日本語進出にかかわる論説記事をめぐってその態様をみた。〈島嶼〉としての漢字、〈大洋〉としてのカナは、一方ですべてにローマ字を用いようとした日本語進出論と相まみえることになる[6]。

注

1　大日本軍政部編『ニッポンゴ』は右頁にカタカナによる日本語を、左頁には横書きでマライ語を対照させた。鈴木政平著(1999)による。

2　雑誌名称は「カナノ ヒカリ」であるが、煩雑さを避け「カナノヒカリ」に統一した。なお、本章で挙げたカナモジの関連記事は巻末附録(1)の年表には収めていない。

3　国定教科書で用いられたカタカナの効用と海外日本語教科書で用いられたカタカナの性格などについても、なお明らかにされてはいない。

4　昭和16年のみ表紙に下記のような呼び掛け文、標語が掲載されているのは日本語進出の昂揚を象徴するものとして興味深い。(括弧内は引用者。4月号のみ欠号未見)

　　昭和16年1月　ムダ ハ ジュウゴ ノ ベンイタイ(無駄は銃後の便衣隊)
　　昭和16年2月　ススメ ヒノマル ユケ ニッポンゴ(進め日の丸、行け日本語)
　　昭和16年3月　ツルギノ カゲ ニ モジ ガ アル(*剣の陰に文字がある)
　　昭和16年5月　10オク ヲ ミチビク モジ ハ カナモジ(十億を導く文字はカナモジ)
　　昭和16年6月　モジノドクリツ ブンカノ ドクリツ(文字の独立、文化の独立)
　　昭和16年7月　モジ ニ アラワセ　シンタイセイ(文字に表わせ新体制)
　　昭和16年8月　カナノ ヒカリ ハ ミクニノ ヒカリ(カナノヒカリは皇国の光)

昭和 16 年 9 月　オクレ センチ エ　カナモジ−ダヨリ（送れ戦地へカナモジ便り）
　　　昭和 16 年 10 月　カナ コソ マコト ノ ニホン−モジ（カナこそ真の日本文字）
　　　昭和 16 年 11 月　ハタ ハ ヒノマル　モジ ハ カタカナ（旗は日の丸文字はカタカナ）
　　　昭和 16 年 12 月　モジ ノ キカンジュウ　カナ−タイプ（文字の機関銃カナタイプ）
　　なお、*「剣の陰に文字がある」の下には「ヤマモトユウゾウ（山本有三か）」とある。
5　国立国会図書館には『ニッポンゴノジビキ』（昭和 18 年改訂第一版）を所蔵。著者の松坂忠則（1902–1986）は小説『火の赤十字』（弘文堂書店 1940）により、第 10 回直木賞候補に挙がるなど異色の国語学者、児童文学者であった。
6　ローマ字を用いた南方日本語進出論については前章を参照。なお、「カナモジカイ」「カナノヒカリ」については各種文献により次に要約した。

カナモジカイ

　　カナモジカイは、1920 年（大正 9 年）11 月 1 日に山下芳太郎、伊藤忠兵衛（二代）、星野行則[1]らによって仮名文字協会として設立された。1923 年（大正 12 年）4 月 1 日にカナモジカイに改称し、1938 年（昭和 13 年）9 月 28 日に財団法人となった。
　　仮名文字協会の創立から 40 年ほどの期間は、国語国字改革がもりあがった期間であり、カナモジカイもまた活発であった。カナモジカイは、政府への建議、講演会、調査研究、新しい表記の実験および実践などによって、この期間におこなわれた国語改革に役割をはたした。
　　仮名文字協会の創立の翌年、1921 年（大正 10 年）には政府に臨時国語調査会が設けられた。1927 年（昭和 2 年）にはカナモジカイの会員数は 1 万人を突破した。1934 年（昭和 9 年）12 月 21 日に文部大臣の諮問機関として国語審議会が設けられてから 1961 年（昭和 36 年）に至るまで、カナモジカイは、星野行則、伊藤忠兵衛、松坂忠則らを国語審議会の委員として出しつづけた。また、カナモジカイは、1948 年（昭和 23 年）に設けられた国立国語研究所の評議員も、1961 年に至るまで出しつづけた。
　　カナモジカイは、第二次世界大戦後、三鷹国語研究所とともに、国民の国語運動連盟　を結成した。なお、三鷹国語研究所とは、山本有三が三鷹市の自宅にひらき、安藤正次が所長をつとめた研究所である。国民の国語運動連盟の代表には安藤正次がつき、連盟の事務局はカナモジカイに置かれた。連盟は国語国字改革、日本国憲法を含む法令の口語化などをすすめるために運動した。1961 年には、舟橋聖一ら 5 名が国語審議会の審議のすすめかたに抗議して委員を辞めた。この事件のののち、国語審議会の性格が改められるに至り、カナモジカイを含む国語国字改革推進派は、国語政策への影響力を失っていった。

『カナノヒカリ』

　『カナノヒカリ』は仮名文字協会およびカナモジカイが発行してきた雑誌である。第1号より、左からの横書きおよび改良した活字を使用し、新しい表記および組版の実験をしてきた。『カナノヒカリ』は1922年（大正11年）2月にはじめて発行されてから、第二次世界大戦の末期と直後の時期を除いて、70年以上のあいだ、毎月発行されてきた。しかしながら、カナモジカイの衰退にともなって、1998年（平成10年）からは2か月に1度の発行となり、1999年（平成11年）からは3ヵ月に1度の発行となった。

参考文献

伊藤忠兵衛(1958)「漢字全廃論：文字と能率」、『中央公論』1958年6月号. 270–279.
加藤孝一(1977)『実務 カナモジ ハンドブック』、ぎょうせい.
佐藤敬之輔(1966)『カタカナ（文字のデザイン第4巻）』、丸善.
鈴木政平(1999)『日本占領下バリ島からの報告　東南アジアでの教育政策、草思社.
　　　原題「南方通信―教育建設記」、1942.7–1944.12
平生釟三郎(1936)『漢字廃止論』第4版、カナモジカイ.
ましこひでのり(2003)『イデオロギーとしての「日本」：「国語」「日本史」』、三元社.
松坂忠則(1941a)『カナモジニッポンゴトクホン』、カナモジカイ.
松坂忠則(1941b)『ニッポンゴノジビキ』、カナモジカイ.
松坂忠則(1941c)「カナモジ運動」、『国語文化講座第1巻　国語問題篇』、朝日新聞社所収.
松坂忠則(1942)『国字問題の本質』、弘文堂書房.
松坂忠則(1962)『国語国字論争：復古主義への反論』、新興出版社.
松坂忠則(1971)『カナモジ論』、カナモジカイ.
松坂忠則(1979)『ワカチガキ辞典』、カナモジカイ.
安田敏朗(2006)『「国語」の近代史　帝国日本と国語学者たち』、中公新書.
山下芳太郎著、松坂忠則編(1942)『国字改良論』第8版、カナモジカイ.

資料：「タイ国の国民に呼びかけよ」（河野巽）昭和 16 年 6 月号（238 号）

全文、分かち書きで漢字カナモジ混じり文を、便宜上漢字平仮名混じり文になおした。

　東亜共栄圏のなかにおけるそれぞれの民族が互いに手を取り合ってともに栄えていくためには、ぜひとも自由にその思うところを語り合う言葉と文字とを持っている必要がある。これがためにカナモジで書かれる日本語がその役割を負うことは誰にも異存のないところである。カナモジカイははやく現地の兵隊さんが現地の民衆のなかで日本語を教える手立てのため、「ニッポンノ コトバ」とゆう小さい本を印刷し、10 万冊を皇軍慰問として陸海軍に献納し、大陸に送り出していただいた。
　次に本年になって新しい支那の人が読むための日本語の教科書と字引とを作り、また蒙古民族に対して蒙古語をカナで書き表わし、あわせてカナによって日本語を勉強することを進めるように運動を行っている。
　北のほうに手を伸ばすとともに、南に対しても我々の進み出る舞台はなかなか広い。まずその手始めに我々はタイ人に呼び掛けて日本語を覚えてもらわなければならない。タイ国の文字は幸いにして音標文字を左横書きにするのであるから、今までタイ語の文章のなかにイギリス語がはさまれていたものをカタカナで置き換えるべきものと考える。
　タイ国から日本に留学する学生は日一日と増えて来た。この人たちは日本語を覚え、日本の高等の学校に入学して、日本の学生と一緒に勉強のできるためには、どうしても漢字の勉強をしなければならない。これがために有力なる各団体でいろいろお骨折りを続けておられることと並行してタイの国の人たちに日本へ来ると来ないとにかかわらず、いわゆる知識階級の学生ばかりでなくして、あらゆる国民民衆が東亜共栄圏の共通の言葉として、日本語を勉強してもらわねばならないものと考える。
　この理念に対して、カナモジカイはなるべく早く具体的の方法を考えて教科書とか字引とか、そのほかの印刷物を支度する必要があるのではないか。
　今やタイ、フランスインド（注：仏印）の間のいざこざもどうやら片付い

て、タイの国は一段と日本の国に頼る気持ちが強くなってきている。いずれこのタイとフランスインドとの平和条約の効果が表れてくれば、外交軍事の上にはもとより、あらゆる産業方面、文化事業方面に対して日本人が手伝わなければならない仕事が湧き立って来ることと思う。

　その場合にはどうしてもこれらの仕事に日本語はつきものになってゆく。今からその支度をして、仕事の始まるとともに言葉が役立たなければならないものと考える。カナモジカイはその職域においてご奉公しなければならぬものと思う。

　　【引用者による解説】この文章は内容的には何らタイ国での具体的な作業の進行には触れておらず、ただカナモジを用いて綴っただけの感がある。カナモジと実践との乖離は始まったばかりで、文字通り「呼びかけ」に終始している。未整備ななかでの出帆の様子が如実に看取される。さらに、この下にタイ国における日本語の現状が紹介されているが、同様の印象を受ける。軍の訓練に日本語が使用されている点は興味深い。なお、現在もバンコク郊外、サムットプラカーンに保存展示されている海防艦「メークローン号」の内部にはこの日本語表示が確認できる（公益財団法人日本タイ協会理事長吉田千之輔氏のご教示による）。

タイ国と日本語

　タイの人口は約1500万と言われているが、そのうち250万はいわゆる華僑であるそうしてタイ人といわれるなかには、ラオン―タイ族（注：ラオ・タイ族）を中心に、ネグリート族、モーン―アンナム族、チベット―ビルマ族などの系統があり、歴史習慣言語を異にしている。日本人は600人ぐらいであったが、この6箇月の間に2倍以上に増えて来た。

　タイ国の教育は昔の仏教寺院の寺子屋から今までだんだん公立の国民学校が増えてきたが、就学率は63％くらいにすぎない。国民学校4年、中学6年で、大学は2つできたが、程度は低い。中学の第1外国語はイギリス語であるが、望みにより第2外国語を修めさせる。

　学問や商売のためには、イギリス語が用いられ、人前でイギリス語を話し

て得意になる風があって、なお勉強したいものは、イギリス、アメリカに留学する。経費は3分の1で済むことは分かっていても、日本へ来ることを喜ばぬことは日本語がいくら勉強しても本を読めず、国へ帰ってからも日本語を使う機会がないことが一番の原因である。

　一昨年ごろから「タイ人のタイ国」運動（注*）が盛んになり、目抜きの町に溢れていたイギリス字、支那字の看板に強い制限を加え、強いて使いたいとゆうものには、高い税金をかけることになった。

　タイの海軍は日本の指導を受けて日本でできた軍艦がその中心となっている。海軍の士官、兵員の訓練は日本のやりかたにならい、サッタヒープ軍港などでは日本語の号令で操練が行われ、休みの時間などには日本の何年か前の流行歌さえ聞かれるという。日本でできた軍艦のそれぞれの室名はタイ字とカナ文字の日本語とが合わせ書かれている。

（注*）1937年にピブン政権が誕生し、国粋主義にたってナショナリズムの高揚につとめる「ラッタニヨム運動」が行われ、国名は「シャム」から「タイ」に改められ、華僑の同化政策も進められた。また仏印内失地回復の動きも始まり、日本の調停でフランスとの間でラオス・カンボジアの一部を奪回した。このとき返礼としてタイは満州国を承認しているが、日本の北仏印進駐によりタイを巡って関係が悪化していた日・英に対しては、中立維持を何度も表明した。しかし1941年12月8日に太平洋戦争が始まると、日本の快進撃に押されてピブンは次第に対日協力へと傾き、12月21日には日・タイ同盟が結ばれ、翌年の1月25日には英・米に対し宣戦布告をすることになる。さらに翌年1942年12月には日本語の普及、文化交流を目指す日タイ文化協定が貞克された。しかし日本軍が不利になるにつれてピブンへの信望は薄れ、1944年にピブン内閣は総辞職、アパイウオン内閣が発足し、プリディー摂政が最大実力者となった。プリディーは、内閣に対日協力を続けさせる一方で、日本が敗れたときのために自由タイの活動を推進した。自由タイは1941年12月8日に駐米公使セーニー・プラモートが結成したもので、米・英への宣戦布告はタイ国民の意思ではないとする抗日地下組織で、1943年2月にタイ国内で正式に発足した。日本が無条件降伏するとプリディーは、対英・米宣戦布告の無効を宣言、アパイウオン内閣は対日協力の責任をとって総辞職するが、自由タイの活動が評価され、この宣言は連合国側に認められることになる。そのため、各国と結ばれた終戦協定において、タイは敗戦国とされずにすんだ。タイの柔軟な外交の象徴的な一件である。

　　　　　（村嶋英治『ピブーン　独立タイ王国の立憲革命』岩波書店1996などによる）

第3章 『カナノヒカリ』にみる海外日本語進出論の展開　501

「カナノヒカリ」第198号(1938.4)の裏表紙に掲載された「ニッポンノコトバ」の広告。皇軍慰問として戦地に送ることが奨励されている。（早稲田大学図書館所蔵）

第6部
〈大東亜語学〉という東南アジア諸語の研究

左上から『タイ・日新辞典』(大矢全節)、『タイ語の研究』(久田原正夫)
左下から『タイ語文典』(江尻英太郎)、『速修タイ語階梯』(大矢全節)

東亜共栄圏具現の叫びが高まるにつれ、これと並行して我が国民にも最も緊要なる事項の一つとして要求せられたのが、亜細亜諸国に行われる言語の知識を得ることであった。実にこの知識の欠如を顧ることなしに、一途に指導力を標榜して共栄の面に乗り出すのは、その勇気は嘆賞に値するとしても、実際上における困難は、例えば船なくして大海を渡ろうとする有様にも比せられるべきであろう。朝日新聞社が昨春逸早く本叢刊の編纂を企て、この困難を救うと共に、広く亜細亜諸民族に対する認識を深める一助としようとしたことは、誠に適宜の計画であったといわねばならぬ。爾来既に一年、実用的にして言語学的、平明にして高い水準、入門書にして新しい研究と言う編纂方針の下に、それぞれ述作に当られた専門家各位の苦心がこのほど漸く功を成し、逐次刊行を見ることになったのは康慶の至りである。時恰も新たに発展した大東亜戦争が、御稜威の下輝かしい戦果を挙げ、新秩序建設の理念はまさに実現期に入ることになった現時において、本叢刊公刊の意義は、企画当時に比して更に大なるものがあるといわねばならぬ。

　　　　　　　　　「大東亜語学叢刊」序より　京都帝国大学学長　羽田亨　1942.3

第 1 章
戦時期日本におけるタイ語研究
〈大東亜語学〉と日本語教育との関わり

> タイ国は既に我が国と攻守同盟を結び、大東亜共栄圏建設に当たっては有力なる協力者であって、経済的に文化的にその他あらゆる面の接触においてタイ語の必要は今更贅言するにも及ばない。
> （大矢全節『タイ・日辞典』まえがき）

1. はじめに

　書店の外国語学習書コーナーに行くと、圧倒的に多い欧米語の隣に、アジア語では中国語、韓国・朝鮮語、そして東南アジア諸語の出版物が並べられている。日本とタイとの交流が盛んになるにつれ、日本人のタイ語学習者の数も以前とくらべて増加している。東南アジア諸語の中でもタイ語関係の学習書は少なくない。タイ、とりわけバンコクに滞在する邦人の数も増える一方で、現地での日本人のためのタイ語学習機関の充実なども進んでいる。在タイ日本人向けに現地で作られたタイ語学習書も数多い。その成果は相関してタイ人向けに開発された日本語教科書学習書も様々な工夫が見られる。

　だが、タイ人の日本語学習熱と比較した場合、質的に、量的にどうであろうか。日本語の需要がタイ語の需要と不均衡な現実が想起されるが、歴史的にも意識的にも異なった状況を垣間見ることができる。外国語教育・学習は必然的に経済効果の波及を受ける宿命があり、必ずしもバランスをとることが健全であるとは言い難い。タイ語という言語が世界の言語の中にしめる学究的、経済効果的価値付けはさておき、研究体制、学習環境を考えたとき、言語交流の問題はきわめて現実的な問題として議論されねばならない。

　筆者は近年、日本語教育という基軸を拡張して、外国語学習書の中でとりわけ東南アジア諸語がどのような歴史的な経緯を背景に日本人に受容されてきたのか、といった関心を抱き続けてきた。

本章では戦前期(太平洋戦争期)に設立された日泰学院において使用された日本語教科書をはじめ、日本人によって執筆されたタイ語の研究書、タイ人向け日本語学習書を数点とりあげながら、その特徴を書誌学的角度から概観してみるものである。当時のタイ国留学生の日本語教育の実態と合わせて、日本人のタイ語の研究水準、およびタイ語観などが分かれば今日の教訓とするところもあるかもしれない。当時のタイ言語文化観、さらに東南アジア語観なるものが現代にどう投影され、継承されているのかも知りたいとも思う。同時にこれらの語学研究が戦争を背景にした〈大東亜語学〉として昂揚された一時期が顕在したこと、〈大東亜(共通)語〉としての日本語教育との連繋が介在したことを検証してみたい。

2. 〈大東亜語学〉としてのタイ語研究

ここでみるのは筆者が渉猟した以下の文献(年代順に配列)に限られる。したがって、新たに入手したものについては追加して考察する必要がある。

(1) 泉虎一『日邏會話便覧』邏羅海軍宿舎 1938.4　115 頁
(2) 常岡悟郎『初歩の泰国語』南洋経済研究所 1941.4　172 頁
(3) モンコール・オンシクール『日泰會話』日泰学院協会 1941.4　59 頁
(4) 三木榮『日泰會話便覧』プラチャン印刷所 プラチャン　ラナコン 印刷主サナン・ブンヤシリパン　仏暦2485(西暦1941) 1941.2　264 頁
(5) 平等通昭『簡易日泰會話』日泰文化研究所 1942.6　100 頁
(6) 山路廣明『タイ語要諦』東京・螢雪書院 1942.7　187 頁
(7) 大矢全節『速修タイ語階梯』立命館出版部 1942.8　172 頁
(8) 大矢全節『タイ・日新辞典』日本出版社 1942.9　574 頁
(9) 久田原正夫『タイ語の研究』日本出版社 1942.9　291 頁
(10) 山路廣明『紙上ラジオ講座基礎タイ語』大学書林 1942.10　151 頁
(11) 国際観光局編『日泰會話』鉄道省国際観光局 1942.3　58 頁
(12) 『日・泰・會話本　NIPPONGO』国際文化振興会 1942　205 頁
(13) 小倉啓義『泰會話要訣　日本語・泰語・英語』東京外語学院出版

部　1942　331 頁
（14）　プラコップ・ブッカマーン『実用泰日会話』東京森北書店　1943.6
　　　158 頁
（15）　朝日新聞社編『日用南方語叢書タイ語』朝日新聞社　1943.2　103 頁
（16）　江尻英太郎『タイ語文典』大八州出版株式会社　1944.1　353 頁
（17）　奥野金三郎『タイ文字の起源と用法』日本書籍　1944.4　176 頁
（18）　星田晋五『新制タイ語とタイ字』大東亜出版　1944.12　150 頁

　(1), (5) は筆者のタイ国滞在中 (1977–1981) にタイ人所有のものをコピーしたものである。(2), (3), (4), (6) は早稲田大学中央図書館、(15) は国立国語研究所に所蔵されている原著を複写したものである。(11), (13), (14) は国立国会図書館所蔵のもの、(12) は三康図書館所蔵のものを閲覧した。他は筆者が主に東京の古書店で購入したものである。概観すれば昭和17、18年に出版の隆盛がみられるが、日本の南進政策の昂まりと軌を一にした観があるように思われ興味深い。当時は、南方圏の言語文化に関する研究が精力的に傾けられた時期でもあり、次のような戦時色の強い学術専門書も刊行されている。

　　　板澤武雄『南方圏文化史講話』東京盛林堂　1942.4
　　　後藤朝太郎『佛印・泰・支那言語の交流』大東出版社　1942.6
　　　宮武正道『南洋の言語と文学』湯川弘文社　1943.8
　　　志田延義『大東亜言語建設の基本』畝傍書房　1943.10
　　　乾輝雄『大東亜言語論』富山房　1944.3
　　　寺川喜四男『大東亜諸言語と日本語』大雅堂　1945.2

ちなみに寺川喜四男は当時大東亜省調査官の肩書きを持ち、上記書は敗戦濃厚な時期に発行されている。宮武正道はマライ、東印度言語文化研究の権威で「南方語の現況と言語政策」「南方に於ける日本語工作」などの論考を収めている。タイ語であれマレー語であれ、当時の日本帝国主義の南進政策、とりわけ大東亜共栄圏の建設にともなう盟主日本語の優位を定立するため

に、日本語とアジア諸語との類縁、系統関係を追究するという姿勢がとられたのである[1]。また、アジア諸語の学習奨励は皇民化教育の一環としての日本語教育の奨励とリンクしながら、占領地での異文化摩擦を減ずるための言語政策でもあった。例えば、上記文献の後藤朝太郎は「まえがき」で以下のように述べている(現代語表記に改めた。下線、引用者。以下同様)。

　　大東亜戦争によって世界の耳目は忽ち東亜の大舞台に向けられた。この東亜舞台に大きな存在として認められている五億有余の漢民族が日常話している語は支那語及びその系統語なのである。四千三百万の満洲国民、四億八千万の中国人を始め佛印に泰にビルマにと広がっている住民のことや、又馬来から東印度の海島に移住している八百万の華僑のことまで考えて来ると、今日支那語及びその語族の価値というものは容易ならぬ重大味を加えることとなった。
　　<u>この共栄圏内の民族問題や資源問題、文化問題など考えて来るとき、この支那語及び支那語族の交流についての問題はどの角度から見ても微妙な働きをしている訳なのだ。</u>満支一帯から西南太平洋に広がれる華僑に目を向けて来るものは必ずやこの支那語の内面的考察を必要とするのだが、それと同時に支那語とその系統語の交流、政治経済外交交通教育信仰とあらゆる方面に思いを致さない訳にはいかなくなる。
　　<u>今日大東亜に日本語を如何にして進出せしむべきかその方法如何と言う事は学者間に大分論議されている。ところが、支那語及びその同族語は既に古くから論議一つなく共栄圏内津々浦々にまでも行き渡っているのだ。</u>

ここには科学的な実証、学問的な研究からはほど遠い、満支における支那語(中国語)の研究の延長として、あるいは系統語、同族語としての東南アジア諸語が何の抵抗もなく「古くから論議一つなく」認識されていることは当時の言語観の趨勢でもあった。また、乾輝雄(1944)では、「大東亜共栄圏の建設は文化言語の建設である」と謳い、「大東亜の三大共通言語」として、日本語、支那語、マライ語をあげ、共通言語としての日本語の使命を説いた。
　一方で当時の学術論文としてタイ語、タイにおける教育に関する下記の論

考が、日本語教育振興会の『日本語』(1941–1945 冬至書房復刻)に掲載されたものが多いことも象徴的である。

  小倉進平「南洋語と日本語」   第 2 巻第 5 号 1942.4
  佐藤致孝「タイ族の言語」   第 2 巻第 5 号 1942.4
  柳澤健「泰国人に日本語を教へる」   第 3 巻第 2 号 1943.1
  国際学友会「日本語教授三ヶ月―泰国招致学生の学習状況」
                  第 3 巻第 4 号 1943.3
  関野房夫「泰国及佛印における日本語教育の現状」(1)
                  第 3 巻第 8 号 1943.7
  関野房夫「泰国及佛印における日本語教育の現状」(2)
                  第 3 巻第 9 号 1943.8
  山縣三千雄「泰国に於る言語学上の諸問題―日本語普及の為の参考として」
                  第 4 巻第 1 号 1944.1
  額彦太郎「日泰文化会館の使命」   第 4 巻第 5 号 1944.5
  鈴木忍「泰国の普通教育について」   第 4 巻第 9 号 1944.10

山縣論文の副題は当時の言語観、言語政策を知るうえで示唆的である。後述するように当時の日タイ文化研究所、日泰文化会館の創設とも相俟って、タイ国における日本語教育に関心が注がれた時期であった。また、他の言語雑誌『国語運動』、『国語文化』にも次の記事が掲載されている[2]。

  黒野政市「シャム留学生と日本語」『国語運動』 第 2 巻第 2 号 1938.2
  江尻英太郎「タイの児童と言語」『国語文化』 第 2 巻第 10 号 1943.10

小倉進平は朝鮮語の研究でつとに知られていたが、「日本語と東亜諸言語との交流」(『日本語』第 2 巻第 4 号 1942.3) なども執筆している。また、昭和 17、18 年当時は大東亜共栄圏の中に南方共栄圏(教育圏)の確立をめざすようになり、もっとも日本語教育が「進出」した時期となる。こうした動向を反映して、次のようなタイ人に対する日本語教授実践報告も公にされるよう

になった(いずれも冬至書房復刻 1998)[3]。

 興水實「南方人に対する日本語教育上の注意―特にタイ人に対する場合」
  同著『日本語教授法』東京国語文化研究所 1942.11
 平等通昭「泰国における日本語教授」
  国語文化学会著『外地・大陸・南方日本語教育実践』東京国語文化研究所 1943.9

本章では当時のタイ語研究、タイ語学習が上記のような経緯をたどりつつも、ある一定の学術的な成果を残したことを書きとどめるために、次に上記(1)から(18)までの学習書、研究書の構成、特徴について解説を試みる。

3.　タイ語学習・研究文献の概要

3.1.　泉虎一『日暹會話便覧』1938.4（1）

　本書は現在確認される限り、最も初期に出版された日本語・タイ語双用の会話集であるといえる。まず、序文を見てみよう。

  余昭和十一年六月来朝セル暹邏海軍留学生ノ指導ニ當リ日本語教育ニ対シ著シク困難ヲ感ジタルハ日暹会話参考書等ノ一書モ未ダ我ガ国ニオイテ刊行サレオラザリシコト之ナリ。
  余之ガ必要ヲ痛感シ泉虎一氏ヲ聘シ日本語教育ノ傍会話ノ参考トシテ学生ニ配布スベク本書ノ編纂ヲ依嘱セリ。
  本書編纂ハ早急ノ間ニ事ヲ運ビシテ以尚杜撰ヲ免レズト雖モ如上ノ理由ニ拠リ更ニ又日暹両国ノ親善、彼我ノ交通漸ク密ナラントスル今日裨益スル所極メテ大ナルモノアルヲ疑ワズ。
  偶々三井物産株式会社本書刊行ニ対シ満腔ノ賛意ヲ表シ日暹親善ノタメ広ク之ヲ江湖ニ配布スベク之ガ刊行ニ対シ多大ノ援助ヲ寄与セラレタリ。
       昭和十二年十二月　暹邏海軍留学生首席指導官
          海軍大佐　八代祐吉

第 1 章　戦時期日本におけるタイ語研究　511

上記によれば、本書は日本へ来るタイ国海軍留学生の日本語教育に資する目的で、泉虎一氏に依嘱、作成されたものであることが分る。大戦中「暹邏」から「タイ」へと国名も変わっていく前のことである。また 1941 年締結の日タイ攻守同盟をにらみつつ、深まりゆく両国の軍事的関係の強化を背景にこうした交換留学制度が奨励され、必然的にかくなる「工具書」の需要に至ったというわけである[4]。現在の新書版よりもやや小さめで全 116 頁。各頁ともに左半分にタイ文字文、右半分にローマ字表記による日本語文が対訳式にタイプ印刷されており、非常に精巧である。屋外での使用にも耐えられるよう、装丁も比較的堅牢である。目次は次の通りである。

> 日本語の五十音、数え方（数字、少数、分数ウ、倍数、数学符号、計算、累乗、序数、一枚、一匹、人、名、個、日付、月）、色々の助数詞、挨拶の言葉、文房具、「文房具屋で」、雑貨、雑貨類、着物、「雑貨店にて」、飲食に関して、食器類、食べ物、形容詞、飲み物、酒類、動詞、「飲食店にて」、野菜と果物野菜類、果物類、「八百屋にて」、装身具、装身具に関する文、「理髪店床屋にて」、家具、「家具店にて」、「靴屋にて」、靴屋に関する文、「両替店にて」、電話、「電話の話し方」、郵便、「郵便局にて」、時に関する言葉、七曜、色々の時をしめす言葉、時に関する文、学校、「教室にて」、季節と天候四季、天気に関する文、春、夏、秋、冬、起床と就寝、病気と健康身体の各部、健康と病気、医者、薬類、医者に関して、旅行乗物、出発、「停車場にて」、「市内電車にて」、汽船の旅行、「汽船会社にて」、見物観光、見物に関して、道を尋ねる、道を尋ねる文、税関、「税関にて」、ホテルと下宿、「ホテル旅館にて」・下宿、友達と会う、新聞と雑誌、新聞に関する文、訪問、陸軍階級、編成、兵種、陸軍に関する言葉、号令の言葉、「陸軍に関して」、海軍、海軍用語、「海軍公式訪問」、政府と議会、政府と議会に関する文、家族と親戚、家族と親戚に関する文、文法用語、色々の代名詞、色々の動詞、…

携行サイズにしてはかなりきめこまかな分類がなされている。「会話」の紹介にも基本表現を先に履修させるなどの配慮も評価される。しかし、会話は情報の発信、つまり尋ねる表現が殆どで、応答表現に類するものはごく僅か

である。当時としてはタイ文字活字の組版も容易な作業ではなく、またコンパクトな携行版にするなどを考えれば、必要最小限の例文を収録するだけでも大変な労作であったというべきだろう。

3.2. 常岡悟郎『初歩の泰国語』1941.4（2）

表紙も本文もすべて手書き原稿で謄写版刷りによるものである。まず、「はしがき」をみてみよう。

> 聖戦、ことに4年、その持つ意義は益々重且つ大となつて来た。国民生活刷新といひ、東亜共栄圏の確立といふ。これ程に目覚しくも、より大なる発展の生みの苦しみは日本の歴史、否世界史にも、未だ見ざるところであると言ふも過言ではあるまい。
>
> この非常時下、学生生活の光栄を享けたる我等学徒は宜しく恩をここに致して刻下の情勢を達観、時局便乗に非ず、時局先導の意気に燃えつつ、その各々の職分に邁進せねばならぬ。国家の我等に期待するや大なるものがある。これに答へるは臣民としての当然の義務であつて、勇士の戦場におけると同様の気構へを必要とするのである。新体制の根本義も、国民の各々がその分野において職責を完遂することに求められるものである。ここにおいて、我々学生は全国学生南洋研究連合会なるものを設け、相互の南洋に関する知識を広めて、将来、南洋進出の指導者としての素地を養ふことに努め来つた。

当時、常岡悟郎は全国学生南洋研究連合会幹事の肩書きを持つ、國學院大学国史学科学生であった。「皇紀2600年」に執筆され、翌年、南洋経済研究所の推薦をもって刊行された。発音編、文法編品詞解説、種種の慣用法について、「度量衡」「時間の読み方」「称呼従属語（類別詞）」、のほか、巻末には文章編として「天気」「身体」「親戚」「学校」「税関」「面会」「買物」「理髪店で」「飲食店で」「通信」「交通」「見物」をテーマとした文例が掲載されている。ローマ字も片仮名による発音の表記もなく、自習書としては不備が目立つが、「発音の諸注意」として「完全な発音習得は語学研究の根本条件である。就中、泰国語は複雑さにおいて支那の四声にも数倍するといふも過言

ではない。その発音充分でなければ狂人の"たはごと"とも思える程にその意味の把握困難である」と解説し、発音の習得に相当数の頁を割き、かつ「迷ひ易き単語」の一覧を収録しているのは参考になる。また、文法説明においても独自の分析をほどこしたと見られる箇所もあり、興味深い。外国語としての東南アジア諸国の言語学習は「南洋進出の指導者としての素地を養う」ものであった。タイ語研究の専門家でもない1学徒がこのような語学書を編んだという点では、本書はまさに、"時代の産物"であったといえよう。常岡悟郎はその2年後には、『タイの文化』（東京合資会社六盟館 昭和17年）を出版するなど、タイ紹介に努めた。

3.3. モンコン・オンシクール『日泰會話』1941.4（3）

　奥付によれば日泰学院協会は大日本帝国東京市麹町区九段に在った。寄贈元は大日本回教協会（昭和17年4月2日）の印がある。序文もなく、最初から日本語の文字体系、発音を説明している。目次も簡略なもので、タイ人留学生を対象に急ぎ作成されたものらしい。目次は次の通りである。

　　　文字と発音、数の数え方、曜日と月名、日付、時刻と季節、時間副詞、地理語彙、天文語彙、身体語彙、市場、人間、形容詞と対立語、日用品、動物、短い言いまわし、人称代名詞、指示代名詞、助数詞の使い方、挨拶語、「船に乗る」、「「旅館」、「汽車」、「郵便局」、「貸間」、「円タク」、「道を尋ねる」、「訪問」、「電話」、「電車に乗る」、「買物」、「食堂と喫茶店」、「理髪店」、「学校」、「四季」、「春」、「夏」、「秋」、「冬」

　単語、文例はタイ語、タイ語による日本語発音表記、日本語の順に並んでいる。漢字カタカナ混じりで、漢字にはカタカナによるルビが付されている。語彙の選定も基準がみられず、文例も必ずしも標準語が用いられておらず、頗る劣悪な印象を受ける。こうした乏しい教材を埋めるには精神的な教育以外なかったことは、想像するにかたくない。日泰学院は昭和15年3月に設立され、同年9月に総会がもたれ、昭和17年1月に東京都世田谷区上北沢に会館建設を着手、昭和18年7月に第1期留学生12名を迎えたとあ

る。また、それ以前の留学生日本語教育については国際学友会に委託しての教育であった（井阪三男『日泰学院・興亜同学院紹介』）。

3.4.　三木榮『日泰會話便覧』1941.2（4）

　冒頭に「片仮名、平仮名」五十音表がタイ語による発音表記を併記しながら掲げられていることから、明らかにタイ人日本語学習者を対象に編まれたものと思われるが、その後に「泰国の基本文字、子音文字、母音（本書では「子音」と誤記されている）、タイ数字が紹介され、さらに「基本文字の書き方、文字組み合わせ基本」が掲げられていることから、日本人タイ語学習者との双用を意図していることも窺える。211 頁、タイ国日本人会発行。

　本文は「平易日用語」と場面別会話編に分かれている。「平易日用語」では挨拶表現をはじめ、日常会話の常用表現が 430 余例あげられているが、その日本語はかなり怪しいものがある。例えば、「お手傳ひしませうか」のように表記されているが、タイ語による日本語発音表記では「お手伝いしましょうか」となっている。一方、「あの方は覚ヘがよい」は片仮名（日本音）では「アノカタハ、オボエガヨイ」のように日本語に忠実に発音を表記しているなど、統一されていない。「あなたは最早手紙を書きましたか」、「ここが大切のところです」「如何なすったのでムいますか」のように枚挙にいとまがない。頁毎に日本語(漢字仮名混じり文)、日本音(片仮名表記)、シャム音(片仮名表記)、タイ語(タイ語表記)、日本語の発音(タイ語表記)の見開き式になっているが、使い方については一切書かれていないので、おそらく教室で使われたのではないだろうか。全頁にわたって、日本語、片仮名文は手書きによるもので、読みづらいところが多い。

　場面別会話では「買物」「挨拶」「時間」「訪問」「食事」「自動車」「自動車と人力車」「電車」「汽車」「汽船」「旅館」の 11 の場面がある。「電車」の事項は当時、バンコク市内にはバルコニーを備えた欧風の路面電車が走向しており、バーンラック、サームイエーク、パークナームなどの地名が出ていて興味深い。「附録」（総 51 頁）には「基数」「序数」「集数」「分数」「金銭の数え方」「獣の数え方」「鳥の数え方」「物の数え方」「人の数え方」「種々の物の数え方」「月」「七曜」「日の数え方」「時」「市場」「身体名称」「度量

衡」「品名」「形容詞」「宇宙」「地形」「家具」「装身具」に関する語彙が掲載されており、それぞれにタイ語訳、ローマ字によるタイ語の発音表記が付されている。

なお、本書『日泰会話便覧』のもととして、昭和15年5月に東京・日タイ文化研究所から『日泰会話』第一篇(127頁)が出版されている(国立国会図書館所蔵)。三木榮は芸術方面に造詣が深く、『暹邏の芸術』(1930)、『日暹交通史考』(1934)、『泰国事情』(1940)などを著わしており、当代のタイ文化通ではあったが、語学書としては不十分な学習書であったといえる[5]。

3.5.　平等通昭『簡易日泰會話』1942.6（5）

横10×縦7センチのポケット版で日本語部分は手書き、タイ語部分はタイプライターを用いている。序文には次のように書かれている。

> 日泰両国民間の交誼が緊密になると共に、軍官民から簡単にして平易な日泰会話書が欲しいといふ要望が出て、その編者を弊日泰文化研究所に委嘱されてゐたが、今回漸くこの『簡易日泰会話』を上梓する運びとなった。
> 　<u>本書は先に皇軍の泰国進駐に際し、皇軍将兵の為に日泰会話の枝折として数十頁の日常緊要な日泰会話を謄写印刷で五百部発行し、無料で頒布した</u>のであるが、簡便な為か、十数日で忽ち頒布し盡し、その後も寄贈希望者が頻出したのである。この印刷物を基礎として、本書は編輯されたのであって、誤謬を訂正すると共に、数倍に増補して大體日常生活に必要な会話を網羅せんとした。
> 　この編著には弊研究所職員が文字通り全員協力したのであるが、特に三木栄氏と鈴木忍氏とは労を盡し、貢献する所が多かった。我々は未だ泰語の一学生であり、未熟極まる身であるが為、本書にも誤謬、不備、至らざる所が極めて多いことと思ふ。先輩、同学諸氏にして、労を惜まれることなく、叱正を賜れば、独り研究所の光栄とする所でなく、同学者一同を裨益する所、多大であると信ずる。謄写版の日泰会話が本書の母胎となった意味において、本書が次のよりよき『日泰会話』の基礎とならんことを切望するものである。

終に本書が若し同好の士を多少なりとも益する所あらば、本研究所職員一同の幸甚とする所である。
　　　　　　　　　昭和十七年六月十日　日泰文化研究所代表者　平等通昭著す。

　このように、本書のもとになったのは「皇軍」のタイ国進駐の際の携行物として急遽作成されたものであった。それを当地の日本語教育にあたっていた鈴木忍らの尽力を得て、増補したという、主として対ビルマ侵攻作戦を念頭に「皇軍」将兵の携行会話書をめざした点が興味深い[6]。
　本書の構成はまず、日常用語として分類語彙表的な体裁で次の項目順に並べられている。「軍」「色」などの項目も特徴的である。

　　「数字」「序数」「度数」「倍数」「日付」「月」「週」「時」「天文」「地理」「人事」「身体」「病気」「飲食」「穀物・野菜・果物」「日常用品」「商工」「学校」「官衙」「官位」「軍」「色」「動物」「乗物」「形容語」「物の数え方」

小型の携行書にしては比較的詳しい語彙分類が提示されている。例えば、「人事」では「利口」「親切」「無口」「生意気」「正直」といった人の性格を表す言葉なども紹介されている。その後に次の26の場面にしたがって、会話文が載っている。漢字カタカナ混じり文であることに注意したい。

　　「ヨク使フ言葉」「挨拶」「電話ヲカケル時」「市中見物」「道ヲ尋ネル時」「サムローニ乗ル時」「電車、バスニ乗ル時」「飲食店ニテ」「旅館ニテ」「郵便局ニテ」「買物」「文房具店ニテ」「帽子店ニテ」「靴屋ニテ」「書店ニテ」「洋品店ニテ」「薬品店ニテ」「洋服屋ニテ」「時計屋ニテ」「病院ニテ」「映画館ニテ」「文化機関、公会ナド」「著名ノ名所」「市内ノ有名ナ寺院」「著名ナ橋ト運河」

会話文は「尋ねる、問い掛ける」発話文がほとんどで、タイ人との実際のコミュニケーションの場でのやりとりはほとんどない。つまり短文でことを足せばそれで足りる、といった一方通行的な実用を目指したのである。一種の

情報を得る、または意志を簡潔に伝達する手段としての表現が重宝されているだけである。本書も左頁に日本語片仮名表記と片仮名表記によるタイ語訳の発音、右頁には対応するタイ語訳とタイ語表記による日本語の発音を載せている。左頁は邦人用、右頁はタイ人用という配慮が見開き式に施されているのである。これは簡潔にして非常に実用性の高いものである。しかしながら、本書も同様に語彙の選択や文例については、検討を要するものが多い。

　本書の執筆に携わった鈴木忍は昭和 16 年 7 月にバンコクに赴任、在盤谷（バンコク）大日本帝国大使館嘱託盤谷日本語学校教授。敗戦後も昭和 21 年 7 月までタイに滞在した。その後、財団法人国際学友会日本語学校、東京外国語大学附属日本語学校（現留学生センター）で教えた。晩年、短期間ながら大東文化大学でも留学生日本語教育に携わった。また、海外日本語学習者向け初級日本語教科書『日本語初歩』を国際交流基金の要請で前半部分を執筆し、刊行した（1984）が、戦中の国際学友会の「ヨミカタ」「ハナシカタ」「読本」に枠づけられたシラバスの名残りが散見される[7]。

　なお、標記の日泰文化研究所が当時のタイの日本語教育における中心的役割を果たしたとされる「バンコク日本文化研究所」、さらに日泰文化会館とどのような連繋にあったのかは手元の資料では明らかにすることは出来ない。今後の調査の課題である[8]。

3.6.　大矢全節『速修タイ語階梯』1942.8（7）
3.7.　大矢全節『タイ・日新辞典』1942.9（8）

　（6）は「速修」の名の通り、発音編から始まって、語彙編、会話編、文法編、文法語彙、文章編、和文タイ訳大意、の各編から構成されている。最初に語彙、会話をもうけたのは実用を重んじたためであろう。文法編は品詞別に解説を加えているが、テンス、態などの文法カテゴリーに関する解説は一切ないのは単なる紙面の関係だけだろうか。「序」と「目次」は活字印刷であるが、本文は日本語もタイ語も手書きによる。タイ語は初学者の書いたものらしく読みづらい箇所がある。また、本書の片仮名による発音表記も声調は付されていないので、正確なタイ語を身につけるには難点がある。

　本書の著者、大矢全節は京都帝国大学医学部講師医学博士という肩書きで

ある。しかしながら、こうした学習書が初版にして5000部も印刷されたということはそれだけ需要があったということであろうか。

興味深いのは最後の文章編である。68の文例を配して日本語の対訳を添えたものだが、「英国は或いは戦争、或いは横領の手段によつて彼の植民地を獲得した」「タイ人と支那人との間には親和性がある」「タイと日本との国際関係は親密である」といった時局的文章から、「彼は細菌培養に習熟している」のように医学、生物方面の知識も提供している。

また、大矢は同昭和17年に(7)の『タイ・日新辞典』を編集している。次の序文にもあるように、語学書の整備は邦人による「南方開発」の必需条件であったことがわかる。

　　筆者が不学浅学をも顧みることなく本年初頭において「独習タイ語提要」なる小著を上梓したところ、測らずも各方面から非常なる関心を寄せられ、責任の重大なることを自覚せざるを得なくなって来た。私が考えるに皇軍の赤赤たる戦果は東はハワイから西は印度洋、南はオーストラリアの広大無辺の地域に及んで毎日世界地図を塗り替え、大東亜共栄圏を画する線が次第に確乎たる基礎の下に築かれつつある。一部では大東亜建設の工作が既に開始されてゐるやに聞いてゐるが、これには経済的にも又政治的にも、宗教的にも種々なる困難なる問題に逢着することと思はれる。

　　就中、彼我の接触を媒介する言語の問題が頭に浮かんで来る。<u>指導的言語として日本語の普及は何よりも急務であることは勿論であるが、それとは別個に彼等の言語を識ることも絶対的に必要である。何故ならばこの事は軈て日本語を彼等の間に普及せしむる原動力ともなるであろうからである。</u>

　　然るに、我が国においては、大東亜戦争勃発以前にありては、欧米列強の文化に追従するに専念するの余り、東洋諸語の言語に対しては、殆ど無関心の状態であり、その片手落ちの愚を悟るものは少なかつた。（中略　東洋言語の通暁）

　　以上、これらの複雑なる言語を一時に上達することは至難なことであるが、併しこれらは大東亜共栄圏の指導的地位にある大日本人の手によって遅かれ速かれ是非学修されねばならぬ言語である。<u>タイ国は既に我が国と攻守</u>

同盟を結び、大東亜共栄圏建設に当たっては有力なる協力者であって、経済的に文化的にその他あらゆる面の接触においてタイ語の必要は今更贅言するにも及ばない。(後略)　　　　　　　　　　　　　　（下線、引用者）

　繰り返される「指導的地位」を日本の使命として、アジア諸言語の修養はいまや焦眉の急となった。とりわけ、タイ国は1933年3月の国際連盟総会において対日非難投票に棄権投票をした唯一の国であり、1936年の「満洲国」承認に際しても日本とともに唯一外国から賛意を得たという、「輝かしき同盟国」であった。こうした国際情勢が日本のタイ事情、タイ語への関心を加速させたことは疑いをいれない。
　本書で特筆されることはこれまでのタイ語の印刷がタイプライターか手書きによるものであったのが、日本語も同様に活字印刷されている点である。収録語彙数は3000語弱であるが、カーボン紙を用いたため、574頁もの厚さながらハンディなものに仕上がっている[9]。当時はこれが唯一の「タイ・日辞典」として誕生したわけであるが、語彙数も少なく、用例も不備ながらも、環境の制約の中でこの水準まで高めた功績は注目に値する。

3.8. 久田原正夫『タイ語の研究』1942.9（9）

　大矢全節の遺業と殆ど前後して上梓された本書は、その書名通り、学習書というよりは研究書としての体裁、内容を重視した。著者は元タイ国海軍嘱託の要職にあって、タイ語を習得し、「日タイ両国の親善」の為に執筆された。表紙見返りに「この拙著を大東亜戦争に散華せられたる故海軍中将、八代祐吉閣下の英霊に捧ぐ」との献辞がある。

　　山田長政以来、親交のあった南方唯一の独立国たるタイ国と我が国との関係は、大東亜戦争を契機として、軍事、経済上その他あらゆる部面において加速度的に緊密の度を加えつつあることは東亜楽土建設の為、真に欣快に堪えぬところであるが、独り両国の言語については、未だ互いに理解されてゐない。即ち我が国においては、未だタイ文字を見たことのない人々も多いと思われるし、又タイ語はローマ字を以って書き得るもの等と誤った考えを有

してゐる人々も相当多い現状である。言語の理解こそ、両国民の心からなる提携と親善とを増すものと信ずる。茲において余は盟邦の国語を我が国に紹介する目的を以って本書を上梓した次第である。

　本書は「総論」として「タイ語及びタイ文字とその書き方」を冒頭に置き、第一篇「発音について」、第二篇「文法」、第三篇「単語篇」、第四篇「会話篇」から構成されている。「発音篇」はさらに「子音」「母音」「音調」に分けられ、説明されている。「声調」が「音調」となっているのは類書には見られない。「文法篇」はさらに「文」のほか各品詞別の用法のほか、手紙の形式を収録する。「単語篇」では26もの項目に分類して常用語を収録する。「海軍」「陸軍」についての項目を収録しているのも特徴がある。「会話篇」には8つの場面にそった代表的な例文を収録するが、ここでもまとまった対話例はほとんどない。全体的にこれまでの構成を踏襲したもので、さしたる特徴はないが、文法事項はよく整理されているほか、各項目の説明も従来よりも見やすくかつ精緻であり、何よりも「研究書」としての体裁を整えている。奥付によれば初版3000部が印刷されたのもタイ語への関心の高まりを窺わせる。

3.9.　山路廣明『タイ語要諦』1942.7（6）
3.10.　山路廣明『紙上ラジオ講座 基礎タイ語』1942.10（10）
　現在も大学書林の『基礎タイ語』は健在であるが、その前身がこのような形で存在することは知らなかった。筆者は外務省嘱託で、「はしがき」によれば専攻は古代エジプト文学およびヒエログラフの研究であると言う。本書は「第一篇 発音と文法」、「第二篇 読本」「第三篇 分類単語表」からなる。「読本」は小学読本から収録したものを含みみ、全11課ある。「分類単語表」には20の項目を立て常用語を配している。本書の特徴はタイ文字を一切使わず、すべてローマ字によって表記されている点である。しかし、この方法による習得は音声教材のない当時にあっては至難の技であったにちがいない。こうした不備の目立つ学習書でさえ、初版4000部が印刷されたのである。なお、付け加えれば、今日の『基礎タイ語』（河部利夫著）がこうした

経緯をふまえて作られたという形跡を窺い知ることは甚だ難しいが、同様にタイ語及び言語研究者の手を経ていないことから、不適切な箇所が改正されずに、なお使用されている点、執筆者として、語学書としての良識が問われるところである。文字・発音、文法、訳解、会話のほか巻末に「タイ・日語集」をおさめる。奥付によれば初版 3000 部印刷された。著者の山路廣明には馬来語の研究の他、アラブ語、エジプト語、パラウ・ヤップ語、タイヤル語等に関する著書もある。

3.11.　国際観光局編『日泰會話』1942.3（11）

　国際観光局編、鉄道省国際観光局発行。58 頁　10.5×13 センチ印刷数は不明。「序」も「まえがき」もなく、目次から始まっている。「泰語字母表」として子音、母音文字と発音の説明があり、続いて「泰語発音上の注意」、「日本語五十音と泰語字母の対照表」をかかげていることから基本的に邦人用として供されたものである。目次は以下の通りで、日用語「挨拶表現」以降は場面別の表現集である。

　　　数、曜日、四季、月の名、時の言方、国の名、地形、動植物、人称、身体各部、天候、方位と位置、色、挨拶、日用語、税関、鉄道、タクシーと電車、ホテル、レストラン、道の尋ね方、郵便局、買物、薬局と医者、娯楽とスポーツ、日本に就いて

本文の各頁は左から〈日本語〉（漢字かな表記）〈タイ語カナ表記〉、〈タイ語対訳タイ文字〉〈タイ文字による日本語の発音表記〉で、日本人は前者の配列を、タイ人は後者の 2 配列を参照することになる。最後の「日本に就いて」は日本事情の紹介で以下のような文例である。当時の日本とタイの渡航時間を知ることができる。

　　　日本へお出でになった事がありますか。
　　　　いいえ、まだありません。一度行って見たいと思います。
　　　泰からどう行きますか。

盤谷から汽船で二週間かゝります。飛行機だと三日で行けます。
　日本は島国です。日本は景色の良い国です。
　日本の人口はどの位ありますか。
　　約一億です。日本は交通機関の発達した国です。
　日本の鉄道は約三万キロあります。
　日本では教育が発達してゐます。
　日本は工業が盛な国です。飛行機や自動車を作る工場が沢山あります。
　日本の首都は東京です。
　東京の人口はどの位ありますか。
　　約七百萬人あります。
　日本人の宗教は何ですか。
　　大多数の国民は仏教を信じてゐます。

3.12. 国際文化振興会『日・泰・會話本　NIPPON-GO』1942.7（12）

　南方への日本語普及の携行本である。ビルマ語、安南語(ベトナム語)などのシリーズが出された。内閣情報局編『ニッポンゴ』とは別の普及本である。序によれば初級用日本語会話教科書とあるように、小型版ながら205頁でしっかりした作りになっている。会話を重視したことから日本語はローマ字表記である。第一部は場面別会話、第二部と第三部は初級向けの文法、品詞説明である。奥付によれば一万部印刷されたとあるように、初級教材としてはもっとも多く出回ったものと思われる[10]。

3.13. 朝日新聞社編『日用南方語叢書　タイ語』1943.2（13）

　『日用南方語叢書』の１冊として編まれた。叢書としてはマレー語、タガログ語、安南語、ビルマ語、スマトラ語、ジャワ語、ボルネオ語の８冊が予定されていたが、現存状況は未確認である。邦人の携行用として編集されたもので、ローマ字表記の上にカタカナ表記を併記している。声調表記のなかには正確でないものもある。目次は次の通り。当時の語彙選定を見る上で、興味深い。

文字と発音、文法、数、貨幣、度量衡、形、方位、日時、天文、地理、地名、人倫、身体、病気、飲食、衣服、建物、家具、文書、交通、生物、鉱物、軍事、色、形容詞、動詞、雑、日常会話

会話文では質問文が普通体であるのに対して、応答文は丁寧体である。

　例　「どこへ行くか？」「バンコックへ行きます」
　　　「郵便局はどこか？」「ここからまだ遠いです」

日本人が普通体を用いて、現地の民衆が丁寧体を使用することを想定して作成されたことが分かる。これは当時一般の編集方針であったようである。

3.14.　小倉啓義『泰會話要訣　日本語・泰語・英語』1943.4（14）

　大東亜共栄圏会話叢書の 1 冊として東京・外語学院出版部から刊行された。総 331 頁で、当時の会話書としては内容が充実している。英語を附していることから、一部にはタイ人日本語学習者への配慮も見られる。なお、この叢書の全容は確認できていない。3–13, 3–14 の両冊は国立国会図書館所蔵。

3.15.　プラコップ・プッカマーン『実用泰日會話』1943.6（15）

　東京・森北書店発行。158 頁の実用会話書で、タイ人向け日本語会話書として組まれた、戦時下での最後の会話書である。

3.16.　江尻英太郎『タイ語文典』1944.1（16）

　本書は大戦末期の昭和 19 年 11 月に初版 3000 部印刷された。真の意味でタイ語の規範的研究と呼ぶにふさわしい。著者略歴については、表紙見返りにしたがえば、タイ国バンコク市にて出生。昭和 8 年バンコク市語学上級中学アッサムションカレッジ卒業後、来日。慶應義塾大学語学研究所研究員および同外国語学校タイ語講師のほか、善隣外事専門学校タイ科教授、財団法人日泰文化会館嘱託、社団法人日本映画社タイ向映画タイ語字幕翻訳およ

び説明録音担当、とある。本書のほか、『大東亜語学叢書刊：タイ語』朝日新聞社があるが、未見である。本書は「言語史」「文字及び符合の書き方」「発音」「語法」「文章法」「パーリー語および梵語の伝来語」「改正綴り字法」「転写法」からなるが、とりわけ「語法」と「文章法」は従来に見られない詳しさで、まさに筆者の念願であった「言語学的」成果が示されており、また「文典」という書名の所以でもある。タイ文字の活字も新たに考案され、またローマ字による表記を併記している。説明の多くが今日でも充分用途に耐えうるものである。

3.17.　奥野金三郎『タイ文字の起源と用法』1944.4（17）

　昭和19年4月に初版1000部が印刷された。筆者は大正12年外務省留学生として渡タイ、昭和元年より8年まで外務省に奉職。昭和10年より16年まで台北商業高等学校講師をつとめた。のちの『タイ日大辞典』（財団法人国際学友会発行）の執筆者として名高い。

　奥野は従来のタイ語文法研究書の専門的な不備を指摘し、タイ語の本質の研究を怠る一方で英文法の鋳型に無理やり当てはめようとしていることにあるという。本書は綴り字法を中心に解説したもので、続刊として、語法、文章法、韻文法の計4冊が計画されていたとされるが、本書の刊行をみただけであるのは、極めて残念なことといわねばならない。

　本書は上編「タイ文字の態様」、中編「タイ文字の結合」、下編「タイ文字の用法」から構成される。とくに「タイ文字の用法」では「語形変化の規則」「パーリー語と梵語との識別法」「タイ語結合法」「タイ語綴り字法」に紙面を割き、類書にない懇切丁寧な説明がほどこされている。附録の「タイ文字の改訂と新綴り字法」、および「新旧綴り字対照表」が収録されている。タイ国政府は新興国を意識した国語改革として、国語の改善と普及発達を目的に仏暦2485年（昭和16年）5月16日にピブーン首相が委員長となり、28名の委員から成る国語改善委員会を設置、同月29日に「タイ語に使用する文字の制限」が公表され、引き続き同年6月24日には委員会の名において「新綴り字法」が発表された。現在ではほとんどが旧綴り字法を踏襲している。

3.18. 星田晋五『新制タイ語とタイ字』1944.12（18）

　ヲー・ヰチッワタカーン閣下、松井倉松閣下の序文を掲げた本書は書名の通り、タイ語・タイ文字の歴史、文字組織、タイ語の新制国字問題について、記した点では、11. 奥野の著作とほとんど変わらない。興味深い内容として、第3編に当時の「タイの人名」と署名があり、さらにピブーン内閣によって提唱された「タイの国語尊重」の訳文がおさめられている。

　星田（1889–1975）は和歌山県生まれ。早稲田大学社会哲学科卒業後、大学院にて言語学を修め、かたわら日語文化学校で日本語教育にあたった。昭和13年にタイ国にわたり、日本外務省文化事業部助成により、日本・タイ協会のもとに「日本・タイ文化研究所」を創立、主事となる。また「バンコク日本語学校」を併設、理事をつとめた。のち、財団法人国際文化振興会、財団法人日本タイ協会に勤務。戦後のタイ関連の著作として、『タイ―その生活と文化』（学習研究社 1972）などがある。

　なお、当時のタイ語辞典としては次のものがあった。

・George Bradley McFarland "THAI-ENGLISH DICTIONARY" 大東亜出版株式会社 1944.8

泰英辞典の嚆矢、マックファランドの辞書が日本でリプリントされていたが、蕭元川編『泰漢辞典』とともに参照しつつ、戦後刊行される奥野金三郎編『タイ日大辞典』の原版が戦時下において組まれていたことは特筆されてよい。こで、以上あげたタイ語学習書・研究書を対象者別、種類別に一覧にしてみよう。辞書類が1冊という状況は当時のタイ語研究の実態を物語っている。

表1　タイ語学習書・研究書一覧

	著者	書名	発行年	対象者	種類
1	泉虎一	『日邏會話便覧』	1938	タイ人	会話書
2	常岡悟郎	『初歩の泰国語』	1941	日本人	自習書
3	モンコール・オンシクール	『日泰會話』	1941	タイ人	会話書

4	三木榮	『日泰會話便覽』	1941	双用	会話書
5	平等通昭	『簡易日泰會話』	1942	双用	会話書
6	山路廣明	『タイ語要諦』	1942	日本人	自習書
7	大矢全節	『速修タイ語階梯』	1942	日本人	自習書
8	大矢全節	『タイ・日新辞典』	1942	日本人	辞典
9	久田原正夫	『タイ語の研究』	1942	日本人	研究書
10	山路廣明	『紙上ラジオ講座　基礎タイ語』	1942	日本人	自習書
11	国際観光局	『日泰會話』	1942	双用	自習書
12	国際文化振興会	『日・泰・會話本　NIPPONGO』	1942	タイ人	自習書
13	朝日新聞社	『日用南方語叢書　タイ語』	1943	日本人	会話書
14	小倉啓義	『泰会話要訣：日本語・泰語・英語』	1943	日本人	会話書
15	プッカマーン・P	『実用泰日會話』	1943	タイ人	会話書
16	江尻英太郎	『タイ語文典』	1944	日本人	研究書
17	奥野金三郎	『タイ文字の起源と用法』	1944	日本人	研究書
18	星田晋五	『新制タイ語とタイ字』	1944	日本人	研究書

このほか、内閣情報局編『ニッポンゴ』（日本語教育振興会1942）では一部に「注記」として「タイ語会話便覧」「ビルマ語会話便覧」を併載しているものがある。以上、18点を概観したが、時代を経るにしたがい、研究書が増えていることがわかる。日タイ双用はわずか2点を数えるのみである。しかも日本人を主体にした構成が濃厚である。また国際音標文字が使用されているのは(13)のみで、(4)も一部使用も不十分である。あとはタイ語カタカナ表記（日本人向け）、日本語タイ語表記（タイ人向け）による発音表記となっている。会話書には基本単語が分類されているが、その選択基準は不明である。タイ人向けの文法研究書、辞典までは及ばなかったものの、大戦下でこれだけの研究がなされたことは当時の情報量、物資の乏しさ、印刷の劣悪などを考えた場合、一定の評価を下すべきかもしれない。会話文の適切さ、文型項目の比較検討は今次の調査で明らかにする余裕がなかった。

以上、通り一遍に概観してみたが、タイ人を対象にした文例では、例えばシンガポールやマレーシアなどの占領地で使用された日本語教科書に見られ

る「皇国民錬成」に関するイデオロギー的表現が一切見られないのは、当時の日タイ関係（同盟関係）を反映しているといえよう。なお、類書の一部の日本語教育的側面から見た、マレーシア、インドネシア、シンガポールで使用の日本語教科書との教材比較については今後の課題である。

4.〈大東亜語学〉の本質―日本語教育との関わりのなかで―

　さて、以上あげたおびただしい語学書の編集意図はどこにあったのだろうか。そこには日本語教育との浅からぬ関係が見出される。高宮太郎は東南アジア語と日本語教育の関わりについて、「植民地科学」の一環としての語学習得を力説している。ここには、「大東亜語学」がまぎれもなく、「植民地語学」として日本語教育との密接な連繋が記されている[11]。

　　日本に植民地科学がなく、植民政策がない為に、莫大な損失を招いている。南進の声のみ大にして内容が伴わなくては困ることである。今日日本には安南語や泰語の出来る人が何人居るだろうか。ビルマ語やカンボジア語の解る人は恐らく一人も居ないだろう。心細いことである。最近日本の南進基地をもって任じている台湾の南方協会には既に東洋語学学校設立の機運がある。外務省あたりも書記生や日本語教師の養成と植民科学の建設のために語学学校くらいは開いてよいのではないかと思う。そして日本語教師を科学者化する必要が大いにある。同じ泰国で日本語を教えるにしても、泰語を知っているのと知らないのとでは効果の上に著しい差異があるのである。

なお、タイ語研究の隆盛には友邦国タイへの急接近による下記のような事情の推移があったことも記しておかねばならない。

　　我が国の南方発展は大東亜戦争を契機として、今や論議の時期を一躍飛び越えて実現の時代となっており、全日本の焦点はまさに南方に集められるに至った。而してタイ国は南方諸地域中では第一番に率先して大東亜共栄圏の傘下に馳せ参じたる国であり、今後タイ国との文化の交流の如きも、南方諸

<u>地域のどこの国よりも円滑に頻繁に行われることが考えられるのである。</u>従って、吾々図書館員のタイ国関係の文献を取り扱う数量も激増するものと思われるのである。（山下太郎 1942、下線部、引用者）

　大戦期に一体、東南アジア諸語に関する、どれだけの語学書が出版されたのかは興味ある事実であるが、ここではタイ語を中心にみるほかなかった。ただ、うかがえることは大戦期の語学書が大東亜共栄圏、さらに南方共栄圏の枠組みの中で、日本語の普及と同輪の関係であらたな教育圏の形成に寄与しようという意図を課せられていたことである。こうした〈大東亜語学〉の性格についてはこれまで不問に伏されてきたわけであるが、タイの事例を含め、これらの実態を検証することは、日本、日本語の指導を中枢に置いた、当時のアジアにおける「外国語異文化理解」の指向性を明らかにすることにもなろう。不十分さは免れないものの、戦後の東南アジア諸語研究の出発点の一つととらえることもできるだろう。

　以上挙げたタイ語語学書のあるものはタイ人に対する日本語教育にも対応できるものとして編纂されたことも分かった。大戦期におけるタイ国で使用された日本語教科書、教材についてはまだ調査中であるが、昭和 17 年には内閣情報局による『ニッポンゴ』（タイ語版）がタガログ語版、半島マレー版とともに発行されている。発行者は日本語教育振興会（代表、西尾實）である。250,000 部のうち、タイ語版は 50,000 部発行された。なお、用語集として、次のものが確認されている。

(1)『日・泰・馬来・英対照日常會話辞典』平岡邦三　銀座書院　1942.2　総 212 頁。

(2)『大東亜共栄圏語早わかり』南方経済研究会　立命館出版部　1942.4　総 90 頁。

(3)『南方事情早わかり　附録；五ヶ国語会話』矢代不美夫　婦女界社　1942.5

(4)『大東亜共栄圏日用語早ワカリ』杉武志他編　国防同士会　1942.6 初版　1942.10 再版　総 159 頁。

（5）内閣情報局編輯『ニッポンゴ』日本語教育振興会　1942.11　総 40 頁、カラー印刷。
（6）『大東亜圏日用語早わかり』浅香末起監修　新日本社　1943.2　総 189 頁。
（7）『日・支・馬・比・西対照　大東亜の基本用語集』長沼直兄編　大東亜出版株式会社　1943.5　総 165 頁。

（2）は「日本語・支那語・タイ語・安南語・マレー語」を収める。これは六角恒廣編「中国語教本類集成」第 5 集（不二出版 1995）に収録されている。（3）は「マレー語・安南語・タイ語・フィリピン語・ビルマ語」の日用会話・語彙を収める。（4）は「日本語・支那語・蒙古語・馬来語・泰語・印度語・西班牙語・佛語・和欄語・英語」の 10 カ国語、（6）は「日本語・露西亜語・馬来語・印度語・泰語・佛語・支那語・英語」の 9 カ国語を収める。各用語集において語種の異同があるのも興味深い。（5）は「はしがき」によれば、「この本は現地の住民が日本人に対して、日本語で何とか意思を通じることができるように極めて簡易な言葉を選んだものである」という。挿絵もとりいれたカラー版で、一般タイ国民に関心がもたせるような工夫を感じさせる。「日用語」をはじめ、こうした用語集にみられる語彙の選定、比較検証も今後の課題である。なお、「早わかり」的な編集は、第 4 部第 3 章でみた『支那語早わかり』などを逆ヒントにしたとも考えられる。

　以上、数点のタイ語学習書、研究書を見ても、それらが本格的なタイ語研究者ではなく、むしろ他の専門領域の人たちから組まれたことも象徴的なことであった。そのなかで、江尻英太郎、星田晋五、奥野金三郎は数少ないタイ語研究者であった。

　なお、上記の学習書、研究書を概観して、書名に見られる国号の変遷も興味深いものがある。「暹邏」から「シャム」、さらに「タイ」と呼称を変えながら、「日暹会話」、「日泰会話」から、「タイ語」自体の研究に及び始めたのは大戦末期のことであった。制約された研究環境のなかで科学的な観点からの語学研究の萌芽を垣間見ることができる。決して語学の専門家ではなかった人たちが精魂を傾けた努力は顕彰されてよいであろう。また、不備の多い学習書ながら、各冊ともに数千冊も出版されたという事実は、戦時期におい

て東南アジア諸語に熱い視線が注がれた一時期があったことを物語っている。ともあれ本格的なタイ語研究書、辞書、学習書は戦後十数年を経て、冨田竹二郎による2冊の書、『日・泰双用タイ語（日本語）基礎』(1957)、『日・泰双用日泰会話辞典』(1959)が、アジア語学双書として江南書院から出版されるのを俟たねばならなかった。

　なお、辞書については、前述奥野金三郎の『タイ日大辞典』が昭和33年に国際学友会を監修者として刀江書院から出版されている。原版は既に戦時中に作られていたのであるが、焼失してしまったのを戦後十数年を経て復元出版された経緯が「まえがき」に書かれている。冨田竹二郎の『タイ日辞典』(1987)の出現するまで、コーサ・アリア編『タイ語辞典』とともに活用された。

5. 戦時期タイにおける日本語教育の実態

　戦時期におけるタイでの日本語教育の実情については北村、長谷川などの顕著な考察があるが、タイにおける日本語普及の実態については、各書随所にその紹介があるが、例えば次のようなものである（原文は旧仮名遣い）。

　　昭和17年4月10日の「東朝」紙（注：朝日新聞東京版）によると、国際文化振興会では外務当局と協議の上、正しい日本の姿を泰国に紹介するための具体的方策として、バンコックに日本文化会館を創設することに決定し、柳澤健氏ほか数名の専門委員を派遣することになったことを報じている。それによれば、日本文化会館の事業は、文化方面を通じて日本の真の姿を泰国に映すのが主眼で、従来の各種日泰親善機関をここに統括吸収し、駐泰日本大使館や国際観光局と緊密な連繋を保ち、本格的な文化宣伝に乗り出すものであると言われる。日本語学校の開設の如きもその一つであるが、更に日泰交換学生の派遣の如きも、已に具体化し、中等学校卒業満17歳以下の男子5名、女子2名の銓衡をすすめ、泰国からは別に、ワラワン殿下ならびに泰国新聞協会長ピブリチア氏の令息等が、大東亜戦勃発後の最初の日本留学生として出発したことを報じている。また日本見学教員団一行12名も決定し、日

泰文化の交流が開始されている。

住谷悦治『大東亜共栄圏植民論』十二　文化・社会方面要領
昭和17年7月　生活社　238–239頁

　日本語普及よりもむしろ、日本文化会館の事業を主たる軸足として日本文化の紹介に力を入れていることが了解される。また留学生をはじめ、人的交流が積極的に図られている点が注目される。
　また、松宮一也は『日本語の世界的進出』刊行以前に、当時のタイ、シャムの日本語普及事業について、バンコクの日本文化研究所附属日本語学校の創立に至った経緯を述べている（原文を現代仮名遣いに直した。以下同様）。

　　シャムに日本語の教授を中心とする日本文化機関を創設して見ようという計画は外務省当局において前から考えて居られたようであるが、これを具体化する計画が始められたのは昭和12年8月、筆者が北米加州大学の仕事を終って帰国した直後、からである。それから同年の暮まで現地の報告に基いてその実状を調査すると共に、実施計画をたて、此の間シャム協会等と協力、当局の非常なる熱心に依り計画は粛々と進んだ。此の間、最も問題となったのは派遣すべき教師であった。それで外国人に対する日本語教授に経験のある日語文化学校教師一名及び同校日本語教授法講習会終了者中より一名を選び、これについては幸に当局に徹底した理解があったので派遣前六か月間上記派遣教師二名に対し暹羅語の勉学、暹羅事情の研究等の準備教育を施した。それに加えて筆者が嘱せられて先ず渡暹し開設準備工作を行った。

　これらの経緯については前掲『日本語の世界的進出』の第三部「日泰文化事業雑記」および、『暹羅協会会報』13号（1938）掲載の「対暹羅文化事業雑記」に詳しいが、重要な示唆が述べられているので引き続き引用する。

　　先ず事業はバンコクにある「日暹協会」が経営主体となり、我が国から派遣せられた主事が在公使館指導の下に事業の実務者となることにした。この点は外国に日本文化事業を行うのであるし、又シャムに於ける英、仏の勢力

に対するシャム一般の気兼ねの感があることから考えてもシャム人を表に立てて事業を選ぶことは効果的な方法と考えられる。初年度に実施すべき事業の内容については㋑日本語の教授、㋺日本事情の普及事業、㋩日本図書館の開設、㊁日本への留学生の指導事業と定め、シャム国教育令に準拠して設立許可を得た。開校については、シャム人に最も便利な王城北角に約百二十坪程の家を借り階上を教室に階下を社交室、閲覧室等に改装して日本語教授から初（ママ）めることとし、生徒を募集した所、百六十名の収容能力に対して四百五十名以上の入学希望者があり、現在では之を八組に分け、昼夜二部教授を実施している。それと同時に、日本的な気質精神をよく理解させる為には日本の文化と各種の事情を知らさなければならないので、日本語のクラスの外に色々な興味を中心としたグループを組織してある。つまり、此の教育機関に於いては日本語教授を縦の線とし、日本事情に関する興味グループを横の線として日本に関する知識を与え、教師と生徒との個人的接触に依って日本的精神を理解させて行こうと言うのである。

こうした縦横の糸の構成による日本語学校設営運営の方針は、現在の日本語学校のそれにも多かれ少なかれ継承されているといえよう。ただ、日本精神は「日本人的な考え方」「日本人の文化習慣」に置き換えられてはいるが、緩やかな組織形態は他の南方諸地域には見られなかったものである。松宮はこの成果に則り、今後の日本語教育普及策を述べている。

　以上の様な状態でシャムに於ける日本語教授機関が創立され、先ずその結果は良好と言って差し支えがあるまいと信ずる次第であるが、この経験を通じて注意すべき諸点を挙げて見たい。
　一、第一には日本語教授機関を創設しようとする国の状態を充分に研究することが大切である。つまり日本語を勉学しようとする気運が勃興して居る事に基き、その国の国際的地位、外国との関係、我が国に対する当局及び社会一般の態度等を調査研究してそれに適応するような事業計画と優秀なる事業経営者と十分な経費が備えられれば可成り積極的に事業を運ぶことが可能であるが、同じ東洋の国々でも満蒙支は別としてジャヴァ・フィリピン・ビ

ルマ等に於いては到底シャムに於けるような計画の実施は困難で、その遣り方についても、夫々に適した方法を研究しなければならないことは、前記の懇談会に於いても現地を視察した佐々木氏から実状に基いて述べられた所であった。

　二、原則として事業は当該国の適当なる団体を以て経営主体とし、事業の実務を双方で行うこと。

　三、派遣すべき教師は単に日本語の教授技術に熟達したものでなく日本文化の一分野について、専門的な智識を有するのみならず、<u>事業経営者としての手腕のあるもの</u>を要すること。

　四、日本語の教授に当たっては必ずしも外国語の智識を有することは根本条件とはなって来ないが、事業経営と社会的発展を実現する立場から、当該国の国語に熟達することを得ば此の上なく、少なくとも英語或は仏語を自由に操ることが出来なければ非常に不利である。

ここでも「事業経営」「社会的発展」という長期路線が考慮されている。タイはそれまでの２国間交流の歴史的経緯にも支えられていたが、その周到な準備はタイを除く諸地域では甚だ困難であることを示唆している。一方、教授形態についても具体的な知見が見られる。日本語教師に対する外国語の智識奨励のその１つである。日本語教授についても現地向けの教材編纂など、今日なお示唆的な意見が見られる。第六項では現在でも「就職に有利」という点では共通したメリットについても述べている。

　五、日本語の教授に当っては実用日本語に重点を置き、教授法は直接法を最適とするが、当該国の国語が書かれた辞書、文法書、参考書を編纂する必要がある。更に日本語の教材も夫々の国情に適したものを編纂すべきである。

　六、最後に日本語及び日本事情の勉学をしてもその実用価値がなければ永続しない。シャムに於ける日本語学校は万事好都合にその事業の開始を見たが、今後に於いては如何にして百六十余名の生徒の勉学を永続せしめ、更に勉学希望者の増加を図るかが最も重要なる問題である。日本語を習得した実用価値とはそれにより生活上に有利な条件が得られることである。つまり、

職業指導、就職斡旋等にまで事業を拡張しなければならないのであるが、現状としてはこれが甚だ困難である。従ってこれが対策としては我が国において奨学金等の方法により能う限り多数のシャム青年男女を日本に留学せしむるとか、日本見学に招致するとかするのが一方法であろうと思う。

　以上は、シャムに於ける日本語教授機関の創設に従事して得た経験に基づき、その要点を述べたのであるが、今後に於いても機会が与えられれば、否、機会を作ってでも海外各地に日本語教授機関を開設することに努力しなければならない。外国に対する国語政策は国力の進展に密接なる関係のある事は支那を初めとしてその他の後進国における各国の文化事業を見ても直ちに諒解せられる。これ等文化事業中の主なるものは教育機関であり、その教育機関ではそれぞれの国に国語を教えることが主要なる部分を占めていることは、我が国のミッションスクールを見ても明らかである。

　こうしてタイでの日本語教育の更なる進展を期し、同時に諸外国での普及発展に邁進することが日本の国力伸長に直結することを力説している。その意味からもタイでの日本語普及の実践は大きな使命を帯びていたといえよう。また、松宮の挙げた諸点は、今日の日本語教育普及にも少なからず受け継がれているし、また引き続き重い課題であることが了解される[12]。

6. 結びにかえて—追憶の彼方から—

　それは午睡の時刻を回り、一陣の熱帯のスコールが通り過ぎたころであった。1980年の雨季も終わりに近づいた10月のある日、私は見知らぬ人の来訪を受けた。もう、30年近くも前のその日のことはなぜか1枚のセピア色の写真のようにはっきりと覚えている。バンコクにある泰日経済技術振興協会に語学教育のアドバイザーとして赴任して3年目を迎えていた。日々、来訪者はつきなかったが、一瞬、不穏な表情が遠目にも分かった。

　60を幾分過ぎたと思われる男性は受付の職員に日本語の先生に会いに来たという旨を告げた。応対してみると、小脇に包みを大事そうに抱えて、何やらわけあっての来訪のようである。別室に通してあらためて事情を尋ねる

と、戦争中の日本語の教科書を探していると聞いて、何か役立つことがあればと思い、参上したというのである。確かに、あるとき同僚のタイ人の先生にそういうことを話したことがあったが、業務に追われてすっかり忘れていたのである。熱帯に「棲息」し続けていると、その場のことしか考え及ばなくなること頻りで、つい隣り合わせの過去も未来も渾然として半睡の中に遊弋し、思いを巡らすのもつい疎ましく、気だるく感じられて久しかった。

　男性は遠い過去からの使者といった印象を強く与えた。包みから取り出したものは、当時日本語学校で使っていた教科書類、それに卒業証書であった。あるものは丁寧にビニールで包まれていた。さっそくとるものもとりあえず、年月に傷んだ「遺品」を触る思いで、傷つけまいと用心しながら１部コピーさせていただくことにした。その中に、前記『簡易日泰會話』（日泰文化研究所）を発見したのである。卒業証書には次のように書かれていた。

修業証書

タウィー・チャーモンマーン

佛暦二四六三年一月七日生

右者本校本科第一学年所定ノ課程ヲ修業セシコトヲ證ス

昭和十八年三月二十八日　盤谷日本語学校

教科書として、前述『簡易日泰會話』のほかに、蕭元川編著『暹漢基本會話二千句下巻』、国際学友会編『日本語教科書巻二』があった。蕭元川の学習書は、彼が華僑系タイ人で漢字の学習のために独自に買い求めたのであろうか。練習ノートのかわりに数枚の紙にカタカナ、平仮名、漢字がたんねんに書かれていた。筆跡には「精神的な修養」さえ感じられた。あの時なぜ無理にでもすべてを複写させて欲しいと、申し出なかったのだろう。

　今、当時写真に写した１枚から鉛筆の文字が薄く消えかけてはいるが、拡大鏡でタウィー氏の学んだ日本語の断片を窺い知ることができる。

　　私ノ一日
　　私ハ　チョットオソク起キタ　　外ハ　日ガ　カンカン　カガヤヒテ

私ガ　マドヲ　アケルト　新センナ風ガ　ハイッテ　來ル。
　　私ガ　二三回　深呼吸ヲ　シタ。　青イ空ニ　白イ雲ガ　シズカニ　動イテ
　　キル　ソンナニ　サムクハナイ。　私ハ　洗面所へ行ッテ　ハブラシデ　ハヲ
　　ミガイタ。…

　漢字がカタカナ文の中に浮かんでいる。ほかの用紙には「精神、歴史、太陽、…」といった漢字の練習のあとがある。内容を見る限り、日常的な表現、語彙が多かったように推測されるが、1枚の紙も無駄にせず、隅々まで書き記した跡から、タウィー氏が進んで学習したのか、厳格な教育を受けたのか、定かには聞き出せなかった[13]。

　後日、彼が日本語を習っていたバンコク日本語学校があったという一帯を案内してもらった。瀟洒な建築はいまもほぼ現状のまま残されて店舗がはいっていた（現在は銀行・章末写真1、2を参照）。王宮前広場のはずれ、タマサート大学近くのプラチャン界隈。行き交う大学生や物売りの雑踏。説明されなければ本当にここにあったかも分からない。それから私は近くの船着場まで歩いていった。燦然と陽光に輝く母なる河、メナム・チャオプラヤー。行き来する無数の船舶、疾駆する長尾船。あの時代、しばしの疲れを癒しに、鈴木忍もまたこの河辺に佇んだのだろうか。すべてを呑み込む熱帯の濁流を見つめながら、飽くことなく天蓋の静寂に身をひたし続けた。

　あたりを見渡せば、あの当時とまったく変わらない庶民の生活の営みがあった。午睡を貪るサムローの男たち。「彼ら」日本語教師たちは当地で、日本語を「東亜語」と称して教えていたのだった。彼らは戦争と日本語をどう考えたのであったか。

　タウィー氏はそれから筆者の教える日本語教室を見学したが、日本語を勉強する意思はもうなくなっていたようだ。あの「包み」は彼の若き青春への思慕であったのかもしれない。あろうことか、彼とはそれきりで別れてしまい、再び会うこともなかった。そのころは教科書作りに日夜追われていて、日本語教育史のことや戦中の日本語教育の体験者からの証言を聞き取るなどの関心は、稀薄であった。今にして思えば無念なことと悔やまれる。

　小文を書きながら、また1つ思い出すことがある。筆者がタイに赴任し

た 1977 年 3 月直後にバンコク国際交流基金事務所において海外日本語教育巡回指導で来タイした鈴木忍に会い、テーブルをはさむ機会にめぐまれた。あの時、今のような関心があれば、当時の記憶、追憶の一端を記録しておくことも出来たのにと、またしても悔恨の情を禁じえないのである。

　生々流転。すべてはあの熱帯の大気、蜃気楼のなかに消えていった。

　小文はかつてタイから帰国した 1980 年代前半のほんの一時期、古本屋をめぐって戦前・戦中のタイ関係の書籍を集めた、いささかの思い出、感慨が詰まっている。そして一時期、戦前戦中の文献に目を向けさせてくださった故矢野暢氏へのレクイエムの意味も込められている。『「大東亜民俗学」の虚実』(川村湊 1996) に倣っていえば当時の〈大東亜語学〉も〈植民地科学〉以外の何物でもなく、聖戦遂行のための拙速、粗雑な部分も大きかった。とはいえ、こうした足跡を検証しておくことは当時の言語教育観、外国語研究の一端を知る上で貴重な作業であるように思われる。もはや紛失も少なくないこれらの語学研究が、当時において一過性のものであったにせよ、そして今日もはや使用されることはないにせよ、当時の言語観、言語認識を見直すことは大切な作業ではないだろうか。

注

1　寺川喜四男はこのほか『東亜日本語論―発音の研究』(第一出版株式会社 1945.3) を著わしている。詳しくは安田敏朗 (2000; 195–223) を参照。「日本語」は「大東亜諸語」を俯瞰するなかで「東亜日本語」となる道筋が唱導された。

2　日本放送協会『放送』にもタイ関係の言語情報が掲載された。本書第 5 部第 1 章。

3　このほか、タイの新聞にも日本語学習のための連載記事があった。北村 (2014)。主として華僑系学習者を対象としたと思われる。

4　日タイの軍関係に係る初期の日タイ交流については、伊藤 (2011)、伊藤 (2014) に比較的詳しい。なお、当時の日タイ関係史を、以下、石井・吉川 1986 などによって概観する。

　　1932　立憲革命、国号を「シャム」から「タイ」に改号。
　　1933　タイは日本の国際連盟脱退可決に棄権票を投じる。

1937　日暹友好通商航海条約調印
1939　日タイ航空協定締結。東京〜バンコク週1便運行。国名をシャムからタイに改称。
1940　日タイ友好和親条約調印。領土の尊重並びに平和及び友好関係の確認、共通の問題に関する情報交換及び敵国不援助義務。1945年9月破棄。
1941　4月、ソンクラーに日本領事館開設。初代領事勝野敏夫。
　　　7月、日本軍、南部仏領インドシナ進駐。タイは国営ラジオを通じて厳正中立表明。
　　　8月、タイ、満洲国承認。日タイ両国公使館は大使館に昇格。タイ、プラヤー・シーセーナー大使。日本、坪上貞二大使。
　　　9月、チェンマイに日本領事館開設。初代領事原田忠一郎。
　　　12月8日、日本軍のタイ国への平和進駐に関する協定書調印。日本軍、仏領インドシナより進駐開始。チュンポーン、ソンクラー、プラチュアップ他県に上陸。12月21日、日タイ攻守同盟条約調印。
1942　1月25日、タイ、アメリカとイギリスに宣戦布告。
　　　5月、日タイ経済協定締結。特別円決済に関する協定調印。円バーツ等価協定調印。1バーツ＝1円。
　　　6月、日本、2億円の円借款供与協定調印。日本に仏舎利寄贈。
　　　7月、タイ、汪精衛国民政府承認。タイ、仏領インドシナ国境画定に関する議定書及び非武装地帯に関する議定書署名。
　　　10月、日タイ文化協定調印。タイ、「満洲国」と公使交換。
　　　11月、日本、大東亜省設置。
　　　12月、駐タイ満洲国公使館開設。
1943　7月、東条英機首相訪タイ。
　　　11月、東京で大東亜会議開催。ワンワイタヤーコーン親王出席。大東亜共同宣言採択。
1944　4月、日本軍、ビルマから敗退。ナコーンナーヨック附近に集結。

5　三木榮の『日泰會話便覧』の詳細な内容については田中（2015）を参照。戦中期の鈴木忍については河路（2009）、齋藤（2009）を参照。
6　タイの代表的な現代女流作家スワンニー・スコンター（1932–1982）は「帰らぬその日」（1976）の中で戦時期におけるタイ人の話す日本語、日本軍兵士の話すタイ語を記している。傍点は引用者。メーソートはタイ・ビルマ国境の地名。

戦争が始まった。
　日本軍が兵を上陸させたというニュースが伝わった。その後しばらくすると、至るところで日本兵の姿を目にするようになった。戦争の波はじわじわと私たちの身辺に押し寄せてきた。その頃、私は日本語の文章をいくつかしゃべることができた。"アリガトウ"、"バンザイ"、"コンニチハ"など。（中略）
　日本軍が馬を買い占めているというニュースが入った。メーソートまでの行軍と荷役のために用いるという話だった。当時は、馬や象を使うより他には、進む方法がなかったのである。（中略）買いつけといっても、いざ買うとなれば日本軍は強制的だった。彼ら日本軍が村に入って来て権力をふるったとき、たとえそれが温和な形であったとしても、村人は誰も絶対に逆らおうとはしなかった。当時の日本軍の誰もがひどかったというわけではない。私が好きな日本人もたくさんいた。妻子の写真をもってきて見せてくれる人もいれば、また、私をみると自分の子供を思い出すという人もいた。（中略）
　しかし、日本軍は私たちの馬をもっていこうとした。
　父が馬に乗って行く姿を私はじっと目で追った。その姿が消え去るまで……。いつの日か平和がよみがえったとき、またあのキイオウを取り戻すことができるだろう。（中略）
　しかし、日本兵たちは私たちを大いに興奮させた。たいていの場合、私たちとの会話は、身振り手振りに頼るものだった。日本人上官はタイ語をなんとか話すことができた。片や、私たちタイ人も日本語を少しは知っていた。軍人たちは、たいへん簡素で規律ある生活を送っていた。上官が床に就いているときでさえ、兵隊たちは通り過ぎるときわざわざ敬礼した。私は実際、この眼でそれを見た。
　　　　　（吉岡峯子訳『サーラピーの咲く季節』、段々社 1983 より）

　突如出現した日本軍兵士がタイ語を話せたという事実は確かにタイ地方村民の日常にとって衝撃的であった。そしてわずかな期間のなかでの「交流」で村民の覚えた片言の日本語も戦争の記憶と共に多くの人々の胸裏に残された。日本の兵士たちは『簡易日泰會話』を携行していた可能性もある。現代タイ語の中にも当時の日本語が残されていると思われる単語がある。pintoo「手提げ弁当」もその一つである。なお、タイの女流作家トムヤンティ作『メナムの残照』にタイ人女性と悲恋の恋に陥る小堀という軍人が登場する。彼もタイ語を話す「皇軍」兵士であった。また、日タイ友好115年を記念して製作され、日本にも紹介されたユッタナー・ムクダーサニット監督『少年義勇兵』（タイ名 "ユワチョン・タハーン―パーツタームパイロップ"）には主人公で

ある高校生マールットの義兄、姉の夫にタイ語の巧みな日本人写真技師が登場する。姉を愛し、弟思いの彼は実は1941年12月8日に日本軍がチュンポーンに上陸するに当たっての秘密工作員、諜報員であった。また、停戦の後、進駐する日本兵がタイ人に向かって野卑な日本語をまくしたてる下りも、言いようのない傲慢さをタイ人に印象づけている。このように現代のタイにも、戦時期のタイ語を話した日本人軍属、日本語を話した日本軍兵士のイメージが作品のなかに記憶されていることを銘記しておきたい。

7 河路（2003）、河路（2009）などを参照。タイ国日本語教育史については、松井他（1999）、齋藤（2008）などを参照。また、戦時期における日タイ言語文化交流については沖田（2013）をはじめとする一連の研究、加納（2002）をはじめとする一連の研究、山口（2014）などを参照。

8 当時、日本にも来日するタイからの留学生を支援する財団法人日泰学院が興亜同学院とともに開設された。この機関とタイ側の大日本帝国大使館附属バンコク日本語学校、およびバンコク日本文化研究所との関係、ネットワークについても未調査である。当時のバンコクにおける日本語教育については松宮（1938）のほか、星田（1941）、柳澤（1943）、長谷川（2001, 2002）、嶋津（2008）、沖田（2014c）などを参照。

9 大矢全節の本辞典については、山口武（1943）の書評がある。

10 『NIPPONGO』の語彙的な特徴については伊藤（2011）に詳しい。

11 「佛印及び泰国」『国語進出篇』159–171.

12 松宮一也（1942）によれば、起草された「日泰文化研究所事業概要」において日本語教授について「直説法を原則とする、日本語教授を通じて日本事情の知識を授ける、教授者と生徒の個人的接触を通じて、日本的精神に基く徳育を授ける」などの方針を記している。今日行われている日本語教育と日本事情教育の関連について、また日本文化の理解についての原初を示唆するものであるように思われる。なお、北村・ウォラウット（2001）では当時「本格的」な日本語教育がタイ・バンコクを舞台に行われていたといい、長谷川（2001）でも当時の日本語教育のネットワークについての報告があるが、人的往来も含め教育的、思想的背景については今後の研究課題である。

13 北村・ウォラウット（2001）には「タイ・日本文化研究所」、および「バンコク日本語学校」の開所・開校記念の貴重な写真が紹介されている。当時の日本語学校の建物はほぼ原形のまま現在も保存、使用されている。本章末の写真を参照。

参考文献(一部、注で触れたものを除く)

井阪三男(1944)「日泰学院・興亜同学院(留学生教育に関する私見を交えて)」、『日本語』4-11　日本語教育振興会.

石井米雄・吉川利治(1987)『日・タイ交流六百年史』、講談社.

市川健二郎(1987)『日本占領下タイの抗日運動』、勁草書房.

市川健二郎(1994)「日泰文化協定をめぐる異文化摩擦」、『大正大学研究紀要』79　大正大学文学部.

伊藤孝行(2011)「タイ人向け日本語教科書『日暹会話便覧』『NIPPONGO(日・泰・會話本)』について」、『國學院雜誌』112-12　54-67.

伊藤孝行(2014)「タイ日本語教育史一片：『埋もれた学者』泉虎一とことば」、『ことばと文字』2014年秋号　発行：日本のローマ字社(発売：くろしお出版).

岩城政治(1963)『悔いなき同盟』、雪華社.

沖田秀詞(2013a)「戦前の協会会報『解題』編集こぼれ話　第6回　タイ国留学生と日本語教育(前篇)」、『タイ国情報』47-3　日本タイ協会　120-128.

沖田秀詞(2013b)「戦前の協会会報『解題』編集こぼれ話　第7回　タイ国留学生と日本語教育(後篇)」、『タイ国情報』47-4　日本タイ協会　111-124.

沖田秀詞(2013c)「戦前の協会会報『解題』編集こぼれ話　第8回　東京外国語学校のタイ語本科復活(前篇)」、『タイ国情報』47-6　日本タイ協会　114-128.

沖田秀詞(2014b)「戦前の協会会報『解題』編集こぼれ話　第9回　東京外国語学校のタイ語本科復活(後篇)」、『タイ国情報』48-1　日本タイ協会　89-97.

沖田秀詞(2014c)「講演録　戦前の日本タイ協会会報に見るタイ語と日本語教育」、『タイ国情報』48-4　77-92.

沖田秀詞(2014d)「戦前の協会会報『解題』編集こぼれ話　第14回　映画による日本とタイの交流事象」、『タイ国情報』48-6　日本タイ協会　148-157.

加納寛(2002)「1942年日泰文化協定をめぐる文化交流と文化政策」、『愛知大学国際問題研究所紀要』115　愛知大学国際問題研究所　167-202.

加納寛(2009)「戦時下日本による対タイ文化宣伝の一断面―『日泰文化』刊行をめぐって」、『中国21』愛知大学現代中国学会　307-332.

加納寛(2013)「日本の宣伝活動に対するタイの反応:1942-43」、『現代中国研究』33　中国現代史研究会　56-74.

加納寛(2014)「戦時期バンコクにおける日本側活動の空間的特性：1942-43年の宣伝活動」、『日タイ言語文化研究』第2号　日タイ言語文化研究所　27-41.

河路由佳(2003)「国際学友会の成立と在日タイ人留学生：1932–1945の日タイ関係とその日本における留学生教育への反映」、『一橋論叢』129-3　一橋大学　301–313.

河路由佳(2009)「鈴木忍とタイ―戦時下のバンコク日本語学校での仕事を中心に」、『アジアにおける日本語教育』チュラロンコーン大学文学部東洋言語学科日本語講座　3–27.

川瀬生郎(1986)「高橋一夫先生、鈴木忍先生と日本語教育」、『日本語教育』60　105–116.

川村湊(1996)『「大東亜民俗学」の虚実』、講談社選書メチエ.

北村武士(1998)「昭和十年代タイ国日本語教育史年表」、『国際交流基金バンコク日本語センター紀要』第1号.

北村武士・ウォーラウット(1998)「昭和十年代タイ国日本語教育史年表」、『国際交流基金バンコク日本語センター紀要』1　163–166.

北村武士(1999)「第二次世界大戦中にタイの新聞に紹介された日本語」、『国際交流基金バンコク日本語センター紀要』第2号.

北村武士・ウォーラウット(2001)「昭和13年の日本・タイ文化研究所日本語学校の設立について―星田晋五の仕事を中心に」、『国際交流基金バンコク日本語センター紀要』第4号　137–146.

北村武士・ウォーラウット(2007)「1940年のバンコク日本語学校について―資料紹介(日本語学校規則書)」、『国際交流基金バンコク日本文化センター日本語教育紀要』4　99–108.

北村武士(1999)「第二次世界大戦中にタイの新聞に紹介された日本語」、『国際交流基金バンコク日本語センター紀要』2　63–68.

北村武士(2006)「1939年バンコク日本語学校発行の『日本語のしをり』―タイ国日本語教育史の資料として」、『国際交流基金バンコク日本文化センター紀要』3　171–180.

北村武士(2014)「1943年にタイの新聞に紹介された日本語入門連載記事―『中原報』の冨田竹二郎執筆『三箇月的日本語』」、『日タイ言語文化研究』第2号　日タイ言語文化研究所.

北村武士(2015)「戦前バンコクの日本タイ文化研究所の活動実態―『日本タイ文化研究所事業年報』および『日泰文化研究所昭和十五年十月以降事業報告の件』について」、『日タイ言語文化研究』第3号　日タイ言語文化研究所.

齋藤正雄(2008)「タイ国日本語教育小史」、『バンコク日本文化センター日本語教育紀要』5　国際交流基金バンコク日本文化センター　175–184.

齋藤正雄(2009)「バンコクにおける鈴木忍と『簡易日泰会話』」、『バンコク日本文化センター日本語教育紀要』6　国際交流基金バンコク日本文化センター　87–96.

佐藤照雄（2009）「戦前における日本の対タイ文化事業―招致留学生奨学金資金制度を中心として」、『アジア太平洋研究科論集』第17号　早稲田大学アジア太平洋研究センター　87–96.

嶋津拓（2008）「第三章　シャムにおける『日本語学習熱』について」　同『海外の「日本語熱」と日本』、三元社所収　125–173.

鈴木忍（1981）『日本語教育の現場から』（非売品）、国際学友会.

スワンニー・スコンター著、吉岡峯子訳（1983）『サーラピーの咲く季節』、段々社.

瀬戸正夫（1995）『父と日本にすてられて』、かのう書房.

高宮太郎（1942）「佛印及び泰国」　国語文化講座第6巻『国語進出篇』、朝日新聞社.

田中寛（2001）「日タイ交流の過去と現在―〈アジアへの夢〉、そして〈南進論〉へ」大東文化大学エクステンションセンター主催「高島秋帆学―高島平からの視線、長崎、アジア、ヨーロッパへ」講演（2001.11.11.）レジュメ.

田中寛（2015）「戦時下のタイにおける日本語教育の一断面―三木榮『日泰会話便覧』の構成について」、『日タイ言語文化研究』第3号　日タイ言語文化研究所.

トムヤンティ著、西野順治郎訳（1978）『メナムの残照』、角川書店.

トンチャイ・ウィニッチャクン著、石井米雄訳（2003）『地図がつくったタイ　国民国家誕生の歴史』、明石書店.

西野順治郎（1978）『日・タイ四百年史』、時事通信社.

西野順治郎（1996）『タイの大地と共に』、日経事業出版社.

野口謹次郎（1937）「暹羅留学生と日本語の問題」、『暹羅協会会報』8　暹羅協会会報　34–41.

長谷川恒雄（2001）「バンコク日本文化研究所（1938）の日本語教育計画」、『日本語と日本語教育』29号　慶應義塾大学国際日本語センター　1–20.

長谷川恒雄（2002）「『暹羅文化事業実施並調査報告書』にみられる日本語教育施策の方向性」、『日本語と日本語教育』31　慶應義塾大学日本語文化研究センター　65–74.

平等通照（1979）『我が家の日泰通信』、印度学研究所.

星田晋五（1941a）「タイ国に於ける日本語」、『新亜細亜』7月号　南満州鉄道株式会社東亜経済調査会　39–47.

星田晋五（1941b）「日本―タイ文化研究所の設立と事業国」、『日本タイ協会会』25　日本タイ協会　71–83.

星田晋五（1941c）「現地報告タイ国文化事業」、『国際文化』14　国際文化振興会　33–37.

松井嘉和・北村武士・ウォーラウット・チラソンバット（1999）『タイにおける日本語教育―その基盤と生成と発展』、錦正社.

松宮一也(1938a)「対暹羅文化事業雑記」、『暹羅協会会報』13　48–59.
松宮一也(1938b)「日本語の世界的進展とその対策」、『教育・国語』9–6　45–51.
松宮一也(1938c)「日本語の世界的進展とその対策(承前)」、『教育・国語』9–7　19–39.
松宮一也(1942)『日本語の世界的進出』、婦女界社.
村嶋英治(1996)『ピブーン　独立タイ王国の立憲革命』、岩波書店.
安田敏朗(2000)『近代日本言語史再考―帝国化する「日本語」と「言語問題」』、三元社.
山下太郎(1941)「泰国国立図書館―南洋各地の図書館　其三」、『図書館雑誌』第 35 年第 8 号　日本図書館協会　588–592
山下太郎(1942)「タイ国人名と目録上の諸問題―南方文献と目録上の諸問題　其一」、『図書館雑誌』第 36 年第 6 号　380–383/392
山口武(1943)「『タイ・日新辞典』を読んで」、『読書人』1943.3　東京堂出版.
山口雅代(2014)「バンコク日本語学校が戦後に残したもの」、『日タイ言語文化研究』2　日タイ言語文化研究所　61–77.
山口雅代(2015)「戦前・戦中におけるタイの日本語普及と日本語教育―バンコク・チェンマイ日本語学校への日本軍の影響」、名古屋外国語大学 2014 年度博士論文.
柳澤健(1943)『泰国と日本文化』、不二書房.
湯山佳代(2006)「戦時体制下における対タイ文化事業と日本語普及―1931 〜 1945 を中心に」、立教大学大学院文化研究科比較文明学修士論文(未公刊).
吉岡みね子(1999)『タイ文学の土壌―思想と社会』、渓水社.
吉川利治(2010)『同盟国タイと駐屯日本軍』、雄山閣.

第 1 章　戦時期日本におけるタイ語研究　545

写真 1　1938 年バンコク日本語学校開校式典。星田晋五氏のご子息のご提供による。

写真 2　2012 年撮影の同上家屋跡地。ほぼ原形のまま保存されていることが分かる。建物内部は銀行で、現在は内部改修が行われている。齋藤正雄氏のご提供による。

第 2 章
戦時期日本における東南アジア諸語の研究
会話書、辞書類を中心に

> 最近の語学出版物を概観するとき、特に顕著な二つの動向に気がつく。その一つは、日本語の問題が真剣に採りあげられて来たということ、もう一つは、大東亜共栄圏に用いられている諸国語への入門書の刊行が、とみに増加して来たということである。これは、いずれも、共栄圏建設のための必須条件として、日本語の進出と、右諸国語の摂取とが、強く要望されて来たからに外ならぬ。
> 　　　　　　　　　　　（『書籍年鑑昭和 17 年度版』）

　戦時下日本において殊に昭和 17 年から同 18 年にかけてさまざまな東南アジア諸語の研究が進み、各種会話書、辞書が編纂された。これは帝国日本の南進にともなう日本語普及政策と両輪の関係にあった。本章では前章のタイ語学関係の検証に続き、安南（ベトナム）語、馬来（マレー、マレイ、マライ、マレーシア）語（含インドネシア語）、ビルマ語、タガログ語等についての会話書、辞書類を探訪し、その特徴を考察する。これらは現代日本における東南アジア諸語研究の出発点ともいえるもので、当時の関心を辿ることによって、現在の異言語・異文化観の議論にも連なるものである。

1.　はじめに

　本研究の出発点は、現在の東南アジア諸語研究の源流をたどること、また同時に、日本語普及という言語政策から産み落とされた、両輪の関係にあったということへの関心にあった。当時「南方語」「大東亜語学」と称され、粗製ながらも短期間で相当種類の刊行物を出版した実態について明らかにしたいと思う。
　第 2 次世界大戦期、正確には太平洋戦争期における大東亜共栄圏のもと、

日本語普及と軌を一にして行われた日本の東南アジア諸語の研究については、前章においてタイ語研究の概要を述べたが、本章では前章に引き続き、同時期における東南アジア諸語の研究が、中国語、台湾語、朝鮮語の研究の延長にあり、南方進出の中心的役割でもあった台湾総督府、南洋協会における南進要員育成事業とも関連する出版物を中心にそれらの特徴を述べてみたい。そこから現代日本における東南アジア諸語研究の底流が不十分な形でありながらも見えてくるように思われる。これらの実態の考察は、今後の東南アジア諸国との豊かな言語文化交流を形成していくうえで、いくつかの教訓をもたらしてくれるのではないだろうか。

以下では、他の東南アジア諸語の研究について、安南語(ベトナム語)、馬来語(マレイ語、マラヤ語:含インドネシア語)、ビルマ語、その他(タガログ語、印度語など)の主たる学習書、会話書、辞書類について述べる。なお、扱う文献は筆者が現時点で渉猟、参照したものに限られており[1]、今後、詳細な文献目録を作成し、より正確な記述がなされることを期したい。

2. 安南語(ベトナム語)研究の実態

昭和16年に印度支那研究会が発足し、国際文化振興会と連携して各種学習書の編纂が行われた。本節では主要な文献をとりあげる。秋あたかも日本が資源確保を目的にして前年の北部仏印進駐に続いて南部仏印に進駐した時期(昭和16年7月)と重なっている。翌昭和17年、日本の外務省に属する南洋協会がサイゴンで南洋学院という専門学校を設立した[2]。帝国日本は、「満洲国」建国後、国際情勢の推移と共に植民地台湾を基盤に、対岸である華南、東南アジアに向けて南進を本格化させた。その最も至近距離にあったのが印度支那半島に位置するベトナム(安南)であった。中国領海南島にも近く、かつては中国の属国であったとする認識から、ベトナムに対しては産業資源の確保からも南進前線基地として大きな期待が寄せられたのである。

安南(仏:l'Annam、越:An Nam)は、現在のベトナム北部から中部を指す歴史的地域名称で、唐代の安南都護府に由来する。安南は19世紀末、フランス外務省の管轄下に置かれていたが、1887年の政令によって海軍植民

地省の管轄下に入り、同時に新設されたインドシナ総督によって統括されることになる。こうして安南国はインドシナ連邦を構成する一員となるが、フエ朝廷の阮朝皇帝の下でベトナム人官吏が国内行政を担当し、1916年頃までは科挙の試験も実施されていた。しかし次第にベトナム語・フランス語混成教育機関卒業者が公務員に登用されるようになり、フランス語の普及が行われる。こうした情勢下で刊行された主要語学書を、以下数点紹介する。書名にはすべて「安南語」とあり、「越語」「ベトナム語」の記載はない。

(1) 松本信廣編『安南語入門会話編』東京・印度支那研究会刊行　1942.2. A5判、総96頁。「はしがき」によれば印度支那研究会は帝国日本の印度支那進駐に合わせるように昭和16年に発足し、国際文化振興会と連携して数種の学習書が編纂された。本書は以下の25の場面での対話から成る。

　　訪問、年齢、時間、飲食、家屋、道を尋ねる、起床、天気、散歩、汽車旅行、郵便局、買い物、本屋、靴屋、果物屋、時計店、眼鏡店、理髪店、芝居、学校、外国語、税関、銀行、医師、スポーツ

(2) 松本信廣編『安南語入門文法編』東京・印度支那研究会刊行　1942.2. A5判、総123頁。(1)の姉妹本で、第一章の発音編、第二章の文法編から成る。このほか『読本編』があるが、未確認。

　　第一章　発音編(母音、子音、複合母音、六声)
　　第二章　文法編(文の構造、否定形、補足語としての代名詞の位置、副詞の位置、名詞修飾語の位置、疑問と返答、疑問と返答続、冠詞について、冠詞について続、基本動詞、序数、複数、形容詞・比較級について、最上級、指示代名詞と代名詞、疑問代名詞と代名詞、不定形容詞、動詞、動詞続、再起動詞、動詞受身(続)、助動詞、組成動詞、副詞について、時の副詞、量の副詞、前置詞、接続詞、接続詞続、関係接続詞、関係接続詞続)

(3) 村松嘉津著『基礎安南語』大学書林　1942.12. B6 判、総 204 頁。
　　全 54 講からなる。基礎語学叢書は、『基礎タイ語』(山路廣明著)などのシリーズがあり、現在の同出版社の同叢書のさきがけである。
(4) 安藤信一、高橋常雄共著『安南語会話』東京・蛍雪書院　1941.10. A5 判、総 157 頁。序文には馬渕逸雄(大本営報道部長)の「南方の進出、仏印への進発、我が同胞は今後、益々南方に発展すべき機縁に結ばれて居る。従って仏領印度支那の標準語たる安南語の習得は南方に志を有するもののために最も緊急の事である」の 1 文がある。発音解説(安南語の発音について、字母の構成)の後、全 46 課からなる。目次は日常生活の細部にわたる。

　　人称、数、印度支那貨幣、四季、週、月日、時計、挨拶、税関、宿屋、料理屋、コーヒー店、水浴、人力車、自動車、乗合自動車、電車、汽車、汽船、市中見物、博物館、公園、劇場、勧工場、郵便局、銀行、文房具店、書籍店、旅行用品店、田舎、農場見物、洗濯屋、医者、薬剤師、歯医者、衣服、婦人用品、食料品店、菓子屋、米屋、野菜屋、花屋、食事、貸し屋、建築師・庭師・石屋、大工、指物師、電工

(5) 南部二郎著『最新自習安南語会話大全』台北・新高堂書店発行　1943.1. A5 判、総 165 頁。「はしがき」にもあるように、こうした学習書は現地の日本語熱に触発されて編纂されたことが分かる(下線、引用者。以下同様)。

　　　仏印を知らんとするには先ず安南語を知らねばならぬ。それは仏印における国語の一つだからである。近来皇軍の北南部進駐以来、かがの関係頻りに密接を加え、その往来もまた愈々頻繁となってきた。
　　　筆者は昨夏現地に渡る機を得て、折衝その他万般の公務に従事し、親しく会話の事情を研究するを得たのみならず、現地民族の日本語に対する熱烈な学習心を熟知し、なかんずく余暇に日本語を教えた諸子の熱意に深く感激させられ、また去るに臨んで日本語学習書作成の嘆願にあいて心動かされ、ここに浅学非才をも顧みず、本書を刊行するにいたったのである。

第一篇「会話入門」、第二編「語法会話」、第三篇「普通会話」、第四篇「商業会話」、第五篇「旅行会話」、第六篇「交際会話」の全6篇からなる。特徴として次の3点があげられている。

1. 本書は初学の日本人は安南語を、安南人は日本語を学習するの目的をもって編さんいたしましたので、安南文には片仮名をもって発音を示し、直訳と意訳を施しましたが。安南人のためには、日本語はすべて片仮名歴史的仮名遣いをもってし、かつ安南羅馬字綴りをもってその発音を表示しました。
2. 両語ともに学習への性格と気品を貴び、両国文法を比較対照して語法に重きを置きました。
3. 内容は構文に重きをおき、語法編はいうにおよばず、全編を通じ生活の万般を網羅いたしました。

文字・発音表記など不完全な構成ながら、当時としては日本人と現地人との双用の観点から組まれた学習書といえよう。

(6) 朝日新聞社編『安南語』朝日新聞社　1942.7.　12×8センチ、総120頁。〈日用南方語叢書〉シリーズの第3冊である。目次は次の通り。

　　安南語、文字と発音、文法、数、貨幣、度量衡、方角、日時、天文、地理、地名、人倫、身体、病気、飲食、衣服、建物、家具、交通、文書、交通、生物、鉱物、軍事、色、形容詞、動詞、雑、日常会話

(7) 国際文化振興会編『Nippongo O Hanasimasyo　日・仏・安南、会話本』1943.　11×15センチ、244頁。フランス語も対照させた画期的な会話集である。3ヵ国語対照ではほかに金永鍵著『日・仏・安南語会話辞典』(1942、270頁、岡倉書房)がある。久持義武著『仏印会話要訣：日本語・安南語・仏蘭西語』(1942、355頁、東京・外語学院出版部)は「大東亜共栄圏会話叢書」の1冊。国際文化振興会からは、次の日本語会話書も出された。
(8) Kokusai Bunka Sinkokai『Nippongo: Ta hãy nói tiếng Nhật Bản!』1942.

11 × 15 センチ、総 220 頁。

ベトナム人日本語学習者用であるが、日本人にも使用可能な会話書。このほか、次の会話書(9)、文典(10)がある。

(9) 中川太市著(監修：台湾南方協会)『安南語会話』三省堂　1941. 10×14センチ、総 241 頁。
(10) 陳重金著、久持義武訳『安南語広文典』白水社　1944. 19 センチ、総 224 頁

その後、諸雑誌にもベトナム言語文化関連の紹介記事が掲載されていくが、戦局の悪化により次第に中絶、終息していった。

3. 馬来語(マライ語・マレイ語・マレー語)研究の実態(1)

東南アジア諸語のなかで馬来語(旧字体で馬來語)に関する文献はもっとも多い。これは占領地域の広域さと同時に、日本語教育の普及の広大さにもよるのであろう。現代のマレーシア語であるが、当時は上記およびマライ語あるいはマレー語とも表記された[3]。

大きくは文法、会話といった教科書類、総合自習参考書、および大小の日馬、馬日辞典があげられる。まず、前者から主要なものをあげる。

3.1. 教科書・参考書類
(1) 上原訓蔵『最新マライ語時文指針』旺文社　1942.7. A5 判、総 210 頁
　　以下の内容からなる。著者は陸軍教授で当時の馬来語の権威。自序、大東亜建設日誌、大東亜共栄圏便り、戦況、時事マライ語演習、邦文マライ語訳範例、時事評論(精読資料)附録　時事短文、防空、新ジャワ建設、日本語の諺、マライ語の諺。興味深いのは「大東亜建設日誌」「大東亜共栄圏便り」である。下にあげるのは、マライ語による説明で昭南(シンガポール)での日本語教育事情についての紹介である。

【昭南、日本語で医学講義】

　去る四月開校した昭南医科大学では、日本医学の真髄を把握せしめるため、目下全学生に日本語学習並びに教練に主力を置く教育方針をとっているが、原住民学生の真剣な努力によって、彼らの日本語は急速に進歩を遂げているので、愈々来る七月から日本語による語学の講義を開始する事となった。又同大学では来年度は歯科及び薬剤科をも開設する筈である。　　（59 頁）

(2) 鶴岡一雄『標準マライ語文法』財団法人南洋協会　1943.11. 四六判、総 520 頁。著者は東洋語学専門学校教授。発音から文法、基礎語彙まで解説した総合参考書である。

(3) 宇都宮勇『実用マライ語入門』アルス　1943.9. 四六判、総 262 頁。第一篇「基本文法」、第二篇「自習例題」、第三篇「語彙」からなる。

(4) アミール・ハッサン『正統マライ語読本』日本電報通信社出版部　1944.9. A5 判、総 238 頁。奥付には 3000 部刊行されたとある。

(5) 徳川義親・朝倉純孝『マライ語四週間』大学書林　1937.6. B6 判、総 329 頁。第一刷は 1000 部で、昭和 17 年 5 月には第七刷 5000 部など、総 15600 部が印刷されている。

(6) 宮武正道『大東亜語学叢刊マレー語』朝日新聞社　1942.7. B6 判、総 228 頁。巻末に語彙集を含む。なお「大東亜語学」は 22 言語の叢書で（満州語、樺太ギリヤク語、北京語、蘇州語、厦門語、広東語、蒙彊蒙古語、新バルガ蒙古語、チベット語、安南語、タイ語、タガログ語、チャモロ語、マレー語、ジャワ語、ビルマ語、印度語、ペルシャ語、アラビア語、トルコ語、ウズベク語、キルギス語）を擁した。なお、この叢書については後述する。なお、同書には見開きページに、マレー語使用圏の地図（次頁）が見開きで掲げられ、マレー語が共通語であるとする地域はタイ中部にまで迫ろうという広大さである。

編集に当たった石濱はアジアのエスペラント語、国際補助語としてのマレー語学習の重要性、喫緊性を述べている（冒頭、石濱純太郎の序の一部）。

554　第6部　〈大東亜語学〉という東南アジア諸語の研究

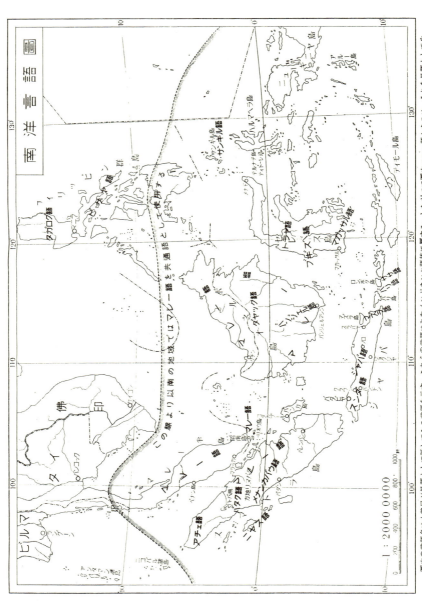

図1　「マレー語使用圏」の地図。宮武正道（1942.7）より。

マレー語は大東亜海を中心とした一種の国際語である。広い南洋の諸島の交際共通語として無数の島々の住民によって使用されている。本地は我が新占領地マレー半島なのであるが、本地のマレー人よりは却って非常に多数の名用諸島の人々に話されているという立派な国際語なのである。

(現代語仮名遣いに直した)

(7) 樋口紋太編『すぐに役立つ馬来用語と会話の手引』東京・河内書店刊 1942.9. 10 × 6 センチ、総 142 頁で 5000 部印刷された。日本語は漢字かな、マレー語はカタカナ表記。本書はポケット小型判で、「本書は南方進出者の伴侶たらしむると同時に南方に在る皇軍将士への慰問用たらしめん意図の下に著わしたものである」と謳っている点も注視される。中国大陸に慰問用として送られた「軍用支那語」ポケット版などからの発想であろう[4]。目次は以下の通りである。後半部分では文法解説も施されている。

　　基数、序数、倍数、分数、月と日、七曜、時間、方位、時日、色、自然、人に就いて、身体、病気、獣、鳥と魚、昆虫と爬行動物、鉱物と金属、樹木と植物、果実と野菜、飲食物、台所道具、住宅と家具類、衣服と装身具、文具と通信、官公吏と官庁、市街と職業、鉄道・汽船・乗物、娯楽、軍事に就いて、商業、対話、動詞、形容詞、名詞(名詞の数と性、物主格、人称代名詞、指示代名詞、疑問代名詞、関係代名詞)、副詞、前置詞、接続詞、感投詞、会話(飲食に就いて、日と時に就いて、軍事に就いて、買物に就いて、街上・途上で、自動車と馬車に就いて、ホテルに就いて)

「軍事に就いて」が 2 ヶ所見られるのも特徴である。参考までに会話文例をあげておこう。

　　吾々は正しき日本軍隊の兵士だ
　　オランダの兵士は勇敢か
　　否え、勇敢ではなく毎日笑って皆寝てばかりいます
　　日本の兵隊さんは非常に勇敢です

(8) 上原訓蔵『標準上原マレー語』(第1巻～第4巻) 晴南社。1942.8. A5判、総180頁。それぞれ10000部の印刷数をみてもマレー語に対する期待、需要の大きさ、学習者層がうかがわれる。おそらくマレー語概要、発音指南、基本文例を収めたものと思われる第1巻は未確認である。

> 第2巻　単語、マレー語文法、マレー語読本、会話、謎々、諺、マレー語商業文、アラビック講座（昭和17年8月　10000部　A5判　総180頁）
> 第3巻　単語、マレー語文法、マレー語読本、会話、軍用会話、マレー語商業文、アラビック講座（昭和17年10月、10000部　A5判　総298頁）
> 第4巻　マレー語文法、会話、アラビック講座、軍用会話、マレー語読本、諺・謡（昭和17年10月　10000部　A5判　総310頁）

(9) 佐藤栄三郎『初等馬来語会話教本・附馬来語文法』湯川弘文社刊　1943.10. 四六判、総159頁で、2000部印刷された。全26課、文法概要、注釈語彙からなる。

(10) 森山四郎『基準南方語教本』好文館書店　1942.9. 14×10センチ、総227頁。20000部印刷された。著者は元南方航路船事務長。南洋語とあるも馬来語の概説書で、南方語の弁、自序に代えて、概要編、文法編、単語編、会話編からなる。本文にはカタカナ発音、日本語訳がほどこされている。

(11) 上原訓蔵『最新馬来語要諦』東京誠美書閣　1941.11. 四六判、総412頁。著者は陸軍教授とあり、冒頭に陸軍大臣東条英機の序文がある。第一篇「発音」、第二篇「単語」、第三篇「文法」、第四篇「会話」、第五篇「語彙」の五篇からなる。附録として「近代商業文選集」を収める。

(12) 国際観光局『日本語マレー語会話』鉄道省国際観光局　1942. 11×15センチ、総47頁。なお、国際観光局からはシリーズとして、ビルマ語会話、日泰会話がそれぞれ1942年に出されているが、その他は未確認である。

3.2. 会話書・独修書類

このほか、次のような会話書、独修書が刊行された。他言語と比較して、

南方語としての需要、関心の大きさが分かる。

・山道儀三郎著、木全省吾校閲『新編馬来語独修』岡﨑屋書店　1911.（424）
・磯村秀策『新撰対訳馬来語会話篇』南方語学会館　1912.（416）
・海外雄飛会編『南洋語自在：四国対照』活人社　1913.（542）
・上原訓蔵『独修南洋語研究』日進堂　1919.（536）
・竹井十郎『最新馬来語速修』太陽堂書店　1939.（237）
・南方事情研究会編『速成馬来語会話』三省堂　1940.
・南方協会編『馬来語会話教本』螢雪書院　1941.
・武居嘉春『実用馬来語会話』大学書林　1941.
・世男雄・小関『馬来語会話』南方研究会　1942.
・上原訓蔵『標準上原マレー語第四巻』晴南社　1942.
・台湾総督府外事部編『馬来語速習』南方資料館　1942.（682）
・山路廣明『馬来語の研究』三省堂　1942.
・宇治武夫『現地活用馬来語会話』螢雪書院　1942.
・朝倉純孝『自修蘭印馬来語』タイムス出版社　1942.
・平岡邦三『日・泰・馬来・英対照日常会話辞典』銀座書院　1942.
・三宅幸彦『日・英・馬来語会話辞典』岡倉書房　1942.
・鹽田眞澄『馬来語新聞の読み方』螢雪書院　1942.
・大賀終造『マライ語』大木書房　1943.
・鹽出眞澄編『最新マライ語新聞の研究』愛國新聞社出版部　1944.
・竹井十郎『最新・日マ辞典』東京太陽堂書店、刊行年不明。
・津田信秀『マライ語の学び方と話し方』東京太陽堂書店、刊行年不明。
・津田信秀『生けるマライ語会話』東京太陽堂書店、刊行年不明。
・南方事情研究会編『速成馬来語会話』三省堂　1940.10.
・三吉朋十「馬来化した梵語と日本化した南洋語」1936.6. 22頁。出版社発行不明。

　なお、昭和16年からにかけて、翌年『支那語雑誌』（螢雪書院）誌上の全盛期には、福建語、上海語、広東語、蒙古語などともに「初等馬来語会話」

(宇治武夫)、「新講実用マレー語」(平川菊枝)などの入門講座が連載されたこともあった。

4. 馬来語(マライ語・マレイ語・マレー語)研究の実態(2)

次に語彙集、辞書類(「日本語—馬来語辞典」「馬来語—日本語辞典」)をみてみよう。掌中ポケットサイズから大型まで様々なものが組まれた。

4.1. 「日本語—馬来語辞典」
(1) 宮武正道編『日馬小辞典』東京・岡﨑屋書店　1938.6.

　　ポケットサイズ12×7センチ、総224頁。附録として簡易マレー語文法とマレー語文例集を収める。中表紙には「文法と単語」と書かれている。皇民化教育に用いられたものであろう、冒頭部分に著者による「マレー語訳愛国行進曲 Mars Ketjintaan Negeri」(次頁)が掲載されていることは上記の背景を如実に物語るものである。なお、著者の宮武正道は当代のマレー言語文化研究の第一人者で、本書は「KAMOES BAHASA NIPPON-INDONESIA」と表紙に印刷されており、日本語の『日馬』とは異なっている。当時は名称としてはインドネシア語よりもマレー語のほうが普及しやすかったようである。

　　本書は6000語の常用語とともに簡易マレー語文法とマレー語文例集(言葉、停車場にて、ホテルで、道で、商店で、訪問)および手紙の文例が収録されている。「慰問用に最適」との宣伝も見える。

　　なお、本書に収録されている広告に拠れば、『最新 馬来語大鑑』、『連結式 馬来語入門』のほか、「POENTJA BAHASA DJEPANG(馬来語に依る日本語独習)なる参考書の紹介があり、「馬来語研究者の参考書として、マレー人への最上の贈物として広くお薦め致します」と書かれているように、本書もマレー人にも資する参考書として編まれたものといえる。仏領印度支那では「安南語入門」「日・仏・安南語会話辞典」、またビルマ語では「緬甸語会話」などの学習書が昭和17年を中心に多く出されている。

マレー語譯愛國行進曲
Mars Ketjintaän Negeri

宮 武 正 道 譯

Pandanglah langit fadjar dilaoet Timoer.
Matahari tertinggi bersinar-sinar.
Semangatkoe gembira didada kita.
Penoeh-penoeh harapan kepoelauankoe.
Oh, sebagai poentjak dari goenoeng Huzi.
Pagi-pagi diatasnja berawan poetih
Tidak ada tjatjaran sedikit djoega.
Inilah kehormatan sedjarah Nippon.

Berdirilah bangsakoe. Diatas kita,
djoendjoengkanlah Mikado akan penjoeloeh.
Bangsa kita semoea dengan sehati.
Hendaklah engkau pegang kewadjibanmoe.
Ja, bikin doenia sebagai pondok kita
Pimpinlah semoea bangsa diatas boemi.
Tetapkan perdamaian selama-lama.
Inilah tjita-tjita bangsa kita.

Sekaranglah datangnja godaan hébat.
Topan riboet gelombang mengganas-ganas.
Djanganlah melalaikan kewadjibanmoe.
Djalanan kita adalah tjoma satoe.
Ah, dari zaman awalan negerikoe.
Bertindaklah bangsakoe didjalan ini
Teroes pergi djanganlah berhenti-henti
Inilah djalanan kemadjoean bangsa.

(此ノ飜譯ニアタツテ H. Algamar, B. S. Yo, 園田三郎ノ諸君カラ助言ヲ頂イタコトヲ感謝スル)

図2 「マレー語訳愛国行進曲」。宮武正道(1938.6)より。

台湾台北でも数種の「安南語会話入門」が出されている。(南部二郎『最新自習安南語大全』昭和18年) 朝日新聞社からはポケット版「日用南方語叢書」と銘打ってビルマ語、マレー語、タガログ語、安南語、タイ語、スマトラ語、ボルネオ語、ジャワ語などのシリーズが出された。マライ語、マレー語が「南方語」と称されていたことも今回の調査ではじめて知り得たことであった(森山四郎『基準南方語教本』好文館書店 1942.)。このほか、次の日本語―馬来語辞典がある。

(2) 相馬剛『独習基本蘭印日馬会話一千語集』、文原堂　1941.
(3) 台湾北投南方語研究部編集部『標準日馬辞典』、大木書房　1943. 14×8 センチ、総 485 頁。附録に文法数詞、序数などをおさめる
(4) 竹井十郎編『最新日馬辞典』、太陽堂書店発行　1943.(234) B6 判、総 293 頁、2000 部発行。冒頭にマライ語文法解説を収録。
(5) 上原訓蔵編『上原日馬新辞典』、晴南社　1944.
　　自序に著書一覧がある。上原訓蔵は、朝倉純孝、宮武正道、宇治武夫、津田信秀、佐藤栄三郎らとともに、当時の馬来語研究の第一人者であった。

4.2.「馬来語―日本語辞典」

「馬日」辞典は「日馬」辞典とくらべて、非常に多く編纂された。

(1) 津田信秀『マライ語新辞典』太陽堂書店版　1944.1. 7×9 センチ、総 333 頁。
(2) 朝倉純孝監修・福島満著『掌中マライ語辞典』東京株式会社タイムス出版社　1943.4. 4000 部とある。10×7 センチ、総 198 頁。朝倉純孝は東京外国語学校教授、東京大学講師で、福島満は興南錬成院錬成官補。
(3) 藤野可護『模範馬日辞典』昭南島花屋商会、東京・文原堂　1942.7. 702 頁。花屋商会は昭南島(当時)で最もよく知られた商業団体であった。
(4) 太田栄三郎『実務マレー語辞典』桜木書房版　1942.5. 12×8 センチ、総 204 頁。マレー語カタカナ、マレー語、日本語の対照になっている。第一篇「馬来語日本語」、第二篇「日本語馬来語」からなる。
(5) 佐藤栄三郎『インドネシヤ最新馬来語辞典』弘文社　1944.11. B6 判、620 頁。印刷数は 5000 部とある。
(6) 増渕佐平『実用馬来語辞典』平凡社　1941.9. 8×12 センチ。第一篇「馬来語独習の順序」、第二編「文法大要」、第三篇「会話」、第四篇「単語及び文例」、第五編「日馬単語」、第六篇「馬日単語」よりなる。
(7) 南方調査室監修・武富正一著『馬来語大辞典』欧文社　1942.4. 総 1074 頁。最大規模の辞典で、当時の世界に誇る収録語数である。赤尾好夫社主

による序文にも編集の苦難がにじんでいる。本辞典には机上版と縮刷版の2種類があった。

(8) 統治学盟編纂（木崎克代表）『標準馬来語大辞典 KAMOES BAHASA MELAJOE(INDONESIA)-NIPPON JANG LENGKAP』博文館　1943.7. 総1774頁、印刷数は20000部。(12)の南方調査室監修（1942、旺文社）の改訂かと思われる。
(9) 越智有『馬日辞典』南洋協会台湾支部（台湾総督府内）　1923．
(10) 平岡閏三、ハヂー・ビン・ウォンチ（共著）『馬来-日本語字典』、南洋協会台湾支部（台湾総督府内）　1940．著者の1人ハヂー・ビン・ウォンチ（Bachee bin Wanchik）氏はマラヤ（当時）出身のマレー人とある。
(11) 岡本泰雄編『東亜辞典』、昭南本願寺日本語塾（シンガポール）　1943．チ（Bachee bin Wanchik）氏はマラヤ（当時）出身のマレー人とある。
(12) 増渕佐平『実用馬来辞典』平凡社　1941.10．

なお、南方占領地においては連合国側のオランダに対して和蘭辞典、蘭日辞典など、辞書編纂も同時に進行した。第5節にて後述する。

ここで宮武正道について概略触れておきたい。マレー語研究の他、文学・文化の紹介にも尽力した。宮武は天理外国語学校にてマレー語を修め、その後、広くマレー語を含む南洋語族を研究、またジャワ島に巡遊視察、インドネシア人との交際もひろく、マレー語新聞にも関係した。マレー語以外に、内南洋パラオ語の研究に関するものもあり、またマレー人のための日本文典をも書いたとされる（『大東亜語学叢書マレー語』の石濱純太郎の序による）。

前掲以外の宮武正道の著作は次の通りである。初期にはエスペラント語について、また、カナモジについての研究にも取り組んだ[5]。

・『エスペラントゴガキニッポンゴガイダンス』岡崎屋書店　1939．
・『マレー語現代文ト方言ノ研究　続篇』宮武正道大阪外国語学校・南洋研究会　1936．
・『南洋文學』（教養文庫、16）弘文堂書房　1939.5．
・『Japana Gramatiko por Esperantistoj』Okazakiya-Syoten, 1939．

- 『標準マライ語第一歩』青木学修堂　1942. 77頁（638）
- 『Beladjar Bahasa Djepang』diterbitkan dan disoesoen oléh Parada Harahap; menoeroet karangan (manuscript) Seido Miyatake Olt & Co, 1942　Tj. jang ke-2
- 『バヤン・ブディマン物語』生活社　1942.
- 『インドネシヤ人の文化』大同書院　1942.5.
- 『マレー語案内：最新ポケット』大和出版社　1942.3. 増補再版
- 『南洋の文化と土俗：東印度民族誌』天理時報社　1942.
- 『マライ語童話集』愛國新聞社出版部　1943.9.
- 『南洋の言語と文学』文化科学叢書　湯川弘文社　1943. 298頁（541）
- 『高等マライ語研究　方言と新聞』岡崎屋書店　1943.3.
- 『標準マレー語講座第一巻』横浜商工会議所　1942.12.
- 『マレー語新語辞典』大阪外国語学校馬來語部南洋研究會　1938.10.
- 『コンサイス馬来語新辭典』興亜協会編纂　愛国新聞社出版部　1942.3. 1942.8. 再版、1943.4. 3版
- 『インドネシヤ・バルー：新生東印度人の叫び』宮武正道、左山貞雄共編　湯川弘文社　1944.1.

5. ビルマ語研究の実態

ビルマ語は数点を確認した。いずれもビルマ文字を使用していない。タイ語と同様、固有の文字体系と声調言語の表記には多大な困難があったようである。これらも総じて軍事作戦の必要上から編まれた可能性が高い。

(1) 国際観光局編『ビルマ語会話』鉄道省国際観光局（641）　1942. 福島弘主編集。12×8センチ、総94頁。目次は次の通り。日本語、ビルマ語カタカナ、印度語カタカナの3ヶ国語対照になっている。

　　　序、備考、ビルマについて（位置と面積、人口と人種、言葉、気候、病気、宗教、貨幣、主な都市および港、物産、旅行に就いて、習慣上の注意、ビル

マ文字)、数字、天文、地理、時令、人倫、人体、飲食物、家具、乗物、文具店、鉱物、動物、植物、色、物名、通貨、反対語、尋ねる時、訪問、会話及び有用語、軍用単語

(2) 朝日新聞社編『ビルマ語』朝日新聞社　1943．日用南方語叢書の第五冊目にあたる。編集・発行者は山本地栄。9 × 13 センチ、総 112 頁。目次は次の通りで、(1)とほぼ同じ体裁である。日本語の次にローマ字発音表記とカタカナ発音を併記している。奥付には 30,000 部発行とある。目次は次の通りで、(1)と比べてやや簡素化されている[6]。

　　文字と発音、文法、数、貨幣、形、方位、日時、天文、地理、地名、人倫、身体、病気、飲食、衣服、建物、家具、文書、交通、生物、鉱物、軍事、色、形容詞、動詞、雑、日常会話

(3) マール・ボロ原著、内海幸悦訳『自習ビルマ語捷径』春陽堂書店、原著者は St.John Richard Fleming St.Andrew．1943.9．総 148 頁で 2000 部とある。序文、文字と発音、文法編、語彙編、会話編からなる。

(4) 五十嵐智昭『ビルマ語文法』旺文社　著者は大東亜省嘱託とある。1943.5．初版 2000 部、1944.6．重版 1500 部とある。序論、字母、綴り字、音韻論、品詞論、文章論、補遺 105 頁、演習問題 50 頁を附す。

(5) 福島弘（日本放送協会嘱託）『ビルマ会話要訣：日本語—ビルマ語—英語』外語学院出版部　1942.12．大東亜共栄圏会話叢書の 1 冊。ビルマの地図、大東亜共栄圏の地図も掲載。7 × 10 センチ、2000 部、総 278 頁。目次は以下の通りで、「発音と文法」、「基礎会話」、「実用会話」の三篇からなる。会話集としては比較的整備されたものといえる。

　　第一篇　ビルマ語の発音と文法、
　　第二編　基礎会話　肯定、承諾、否定、拒絶、質問、感謝、謝罪、依頼、疑惑、歓喜、確実、悲哀、
　　第三篇　実用会話

数、家族、暦、時、挨拶、交際、方角、天文、国名、国民名、地名、地理、交通、道を尋ねる、郵便物、文書、銀行、身体、病気と薬、色飲食、建物と家具、旅館、衣服類、買い物、店舗、職名、動物、植物、鉱物、教育、官衙、官職、軍事、宣撫用語　通貨、度量衡

次は会話の内容の一部である。第3部第3章で考察した「軍用支那語」を下敷きにしたと思われる。安南語、馬来語にみられなかった特徴として、類書において軍事、軍用会話が後半部分に収録されていることである。

　　お前の名前は？　〜と云います。年はいくつだ？　三十歳です。この村は何と云うか？　〜村です。この辺に敵性のある奴が居るだろう？　知りません。嘘をつくと殺すぞ。嘘は云いません。日本軍の軍規は甚だ厳粛だぞ。我々は決して一般住民には危害を与えない。お前らは安心して業務につけ。日本軍に絶対信頼せよ。スパイは銃殺に処す。怪しい者があれば直ぐに知らせてくれ。治安を乱す奴は」厳罰に処す。
　　日本軍の命令には絶対に服従せよ。我々は同文同種だ。東洋平和の為に提携しよう。英米人の云う事を聞くな。

日語、ローマ字、ビルマ語（ローマ字）　英語　ビルマ留学生モン・ツンニェン氏の援助が記されている。
なお、研究書類目として、次のものがあった。

(6) C.K.パーカー原著、原一郎訳注『日本語・西蔵・緬甸語同系論』東亜同文書院大学支那研究部発行　1941.5．附録に「南方亜細亜民族と日本民族」の概説がある。

6. その他の言語研究の実態

本節ではタガログ語、印度語、トルコ語、北方語、南方語、オランダ語の類書について簡単にふれておく。

6.1. タガログ語

フィリピンの公用語、タガログ語についての参考書、語彙集をあげる。

(1) 『日用南方語叢書タガログ語』朝日新聞社、1942. 9×13 センチ、総 108 頁、叢書の第 3 冊目とある。会話集、語彙集として最も広く用いられたものである。目次は次の通り。

　　発音、文法、数、貨幣、度量衡、形、方位、日時、天文、地理、人倫、身体、病気、衣服、建物、家具、文書、交通、生物、鉱物、軍事、色、形容詞、動詞、雑、日常会話

(2) 佐藤栄三郎『タガログ語英語辞典』弘文社　1944.10. 千部。総 146 頁「タガログ語文法摘要」を収める。
(3) パウル・ロドリゲス・ヴェルソサ『日比小辞典』TALATINIGANG NIPPONGO-PILIPINO　著者はマニラ市セントラエスコラル大学教授。マニラ新聞印刷所　山鹿泰治　1943.3. 12×6 センチ、292 頁
(4) 笠井鎮夫『タガログ語語彙』三省堂　1944.1. 2000 部 15×8 センチ、総 180 頁。
　　発音、接辞用法、語彙を収録
(5) ロドリゲス・ジー・テオドロ『フィリピン語標準タガログ語』富山房　昭和 19 年 10 月　11×15 センチ、総 84 頁。第一部「タガログ語文法」、第二部「タガログ語会話」、第三部「タガログ語語彙」を収める。
(6) 江野澤恒、ラファエル・アキノ共著『日英タガログ語会話辞典』岡倉書房　1942. 190 頁。
(7) 沖実雄『比律賓タガログ語会話』アトラス商会マニラ　昭和 14 年 2 月 PILIPINAS ANG PANANALITA SA WIKANG TAGALOG　総 292 頁。
　　巻末に広告案内一覧表、会社・銀行・商店覧ホテル、日系旅館を付す。

なお、フィリピンにおける日本語教育の実態には詳しく触れることができないが、前述の上原訓蔵『最新マライ語時文指針』(旺文社　1942.7) におけ

る紹介記事によれば、次のような事情がうかがえる(64頁)。

【比島、日本語専門学校】
　比島行政府では、日本語教育の中核となるべき中学教員養成機関として、七月マニラに日本語専門学校を開設。同校は行政府立の公立学校で、第一年度は百名を募集し、二年間、日本語と各種日本事情につき、みっちり教育した上、中等学校以上の日本語教育に当たらせることになった。(後略)

このほか、前掲『支那語雑誌』には、昭和17年当時、花野富蔵による「フィリピン語の話」(途中から比島語、タガログ語に改称)が連載されたこともあったが、長くは続かなかった。

6.2. 印度語

東南アジア諸語には含まれないが、印度語の研究もすすめられた。

(1) 野村佐一郎『初等印度語研究』崇文堂出版部　1934.10.「総論及び文字篇」「文法篇」「会話文章」「語彙(語数約800語)・辞書(印日・日印)」「附録」からなる。
(2) 小川正、エ・エッチ・カリーム著『印度語の研究と活用』青々書院発行　1943.3. 四六判、437頁。
(3) 澤英三『印度文典』東京丸善株式会社　1943.2. A5判、430頁。1000部印刷。
(4) 高橋盛雄、エ・エヌ・ジェーン共著『印度語会話の実際』東京太陽堂書店発行　1944.1. 1500部刊行。
(5) 宮本永二『日常印度語』開誠館　1944.9. 四六判、総281頁。2000部印刷。
(6) 泉芳景『入門サンスクリット』三笠書房　1944.2. 四六判、総254頁。現代語学叢書とあるが、シリーズ類書は不明。1000部印刷。
(7) 荻原雲東編著『漢訳対照・梵和大辞典』(1)-(6)　外務省文化事業部助成。総598頁。

これは昭和 15 年 12 月から同 18 年 7 月にかけて 6 分冊が編集されたが、中断の後、戦後に辻直四郎監修・大類純編纂主任、財団法人鈴木学術財団により 7 集から 16 集までの分冊が編集された。

6.3.　トルコ語
　従来から親日国であったトルコの公用語についても若干の類書が見られる。

(1) 鷲見秀彦著『中央アジア・トルコ語の研究』東京・龍文書院　1944.10.
(2) 日土協会編『トルコ語教本』日土協会　1934.12. 四六判、84 頁。

6.4.　北方語・南方語
(1) 高橋盛孝著『樺太ギリヤク語』朝日新聞社　1942.10. 総 268 頁。前掲朝日新聞社による「大東亜語学叢書」の 1 冊。
(2) 高橋盛孝著『北方諸語概説』三省堂　1943.12. 総 218 頁。3000 部印刷。
(3) 松岡静雄『中央カロリン語の研究』郷土研究社　1928.9. 総 268 頁。
(4) 松岡静雄『マーシャル語の研究』郷土研究社　1929.6. 総 260 頁。
(5) 松岡静雄『パラウ語の研究』郷土研究社　1930.3. 総 363 頁。
(6) 松岡静雄『ミクロネシア語の綜合研究』岩波書店　1937.7. 総 565 頁。

　(3)〜(5) は海軍大佐であった（当時、民俗学者柳田國男と並び称された）松岡静雄の一連の南洋群島諸語の研究で、(6) はその集大成である。

6.5.　オランダ語（蘭語）
　マライ、インドネシア語の調査研究は、宗主国であったオランダの言語の研究をも推進した。文法書、辞書類が主体で、会話書はほとんどなかった。

(1) ファン・デ・スタット編『実用蘭和辞典』東京南洋協会　1921.8. 初版、1942.12. (3) と姉妹版。
(2) ヨセフ・エム・ユーレンポス（上智大学）、熊倉美康（拓殖大学講師）校閲『蘭和辞典』拓殖大学南親会編、東京創造社　1943.6. 3000 部。四六判、

1246 頁。附録に「和蘭語文法」30 頁の概説を収録。
(3) ファン・デ・スタット編『日蘭辞典』1934.12. 1311 頁。(1)の姉妹版。ファン・デ・スタットは南領印度政庁日本事務局長とある。
(4) 朝倉純孝『蘭日辞典』明治書院　1944.7. 203 頁。5000 部刊行。戦後、大幅増訂して『オランダ語辞典』(大学書林 2014)が上梓された。
(5) エー・クロイシンガー著、川崎直一訳『現代オランダ語文法』三省堂。1944.2. 本文 219 頁、索引 29 頁。1000 部印刷された。

7.　「大東亜語学」叢書の刊行について

戦局が南方に集中するや、進軍にともなって南方諸地域の言語事情の調査研究がおこなわれたが、これは短期間でのこともあって、泥縄式の感を否めない事情も無理からぬことではあった。とはいえ、前章でみたようにタイ語を筆頭として言語研究の萌芽的な形態も見られるようになった。以下では代表的な叢書をあげる。

7.1.　「大東亜語学叢書」の概要

朝日新聞社から刊行された、叢書としては最も力を注いだものである。奥付広告によれば次の 22 言語を擁する。肩書のうち空欄は無記載。

言語名	著者	肩書
満洲語	三田村泰助	
樺太ギリヤーク語	高橋盛孝	関西大学教授
北京語	高倉克己	立命館大学助教
蘇州語	小川環樹	東北大学助教
厦門語	呉守礼	
広東語	鄭兆麟	天理外語教授
蒙彊蒙古語	江實	蒙彊中央学院
新バルガ蒙古語	服部四郎	東京大学講師
チベット語	青木文教	外務省嘱託

安南語	笠井信夫	
タイ語	江尻英太郎	
タガログ語	浅井恵倫	台北大学教授
チャモロ語	泉井久之助	京都大学助教授
マレー語	宮武正道	
ジャワ語	浅井恵倫	台北大学教授
ビルマ語	矢崎源九郎	
インド語	澤英三	大阪外語教授
ペルシャ語	澤英三	大阪外語教授
アラビア語	中野英次郎	大阪外語教授
トルコ語	大久保幸次	回教圏研究所所長
ウズベック語	石濱純太郎	関西大学講師
キルギス語	川崎直一	

アラビア語、ペルシャ語、トルコ語などにも力が注がれた。著者には服部四郎、小川環樹、泉井久之助、矢崎源九郎、川崎直一らの言語学者、中国文学研究者の名前がある。ちなみに矢崎源九郎は1943年東京帝国大学言語学科卒。専攻はビルマ語。直ちに副手となり、44年善隣外事専門学校教授、45年大阪外事専門学校教授となった。川崎直一は言語学者小林英夫の弟子で、「基礎エスペラント」などの著書も著わした。監修者は京都帝国大学総長羽田亨。編集は石濱純太郎、川崎直一、校正は笠井信夫である。羽田亨は「序」において次のように述べている。

> 東亜共栄圏具現の叫びが高まるにつれ、これと並行して我が国民に最も緊要なる事項の一つとして要求させられたのが、亜細亜諸国に行われる言語の知識であった。実にこの知識の欠如を顧ることなしに、一途に指導力を標榜して共栄の面に乗り出すのは、その勇気は嘆賞に値するとしても、実際上における困難は、例えば船なくして大海を渡ろうとする有様にも比せられるべきであろう。

この企画が昨春昭和16年春から企画され、各界の専門家を擁して「実用的にして言語学的、平明にして高い水準、入門書にして新しい研究」を目指したのであった。この叢書の刊行は先の『国語文化講座』全6巻に後押しされたものと思われるが、主要新聞社の中で果たした、こうした朝日新聞社の出版の意義はきわめて大きいものと言わねばなるまい。同時に、新聞メディアの果たした外国語学教育の実態についても調査検証が俟たれる。

7.2.「語学四週間叢書」の概要

大学書林から刊行された本叢書も長期的展望に立って編集されたものだが、全15冊のうちアジア語(*)は4種語、中国語は「支那語」1冊のみ。エスペラント語、ラテン語があるのも特徴である。西洋語を多く含む点では前掲「大東亜語学叢書」とは異なっている。著者肩書空欄は無記載。このシリーズは「基礎」シリーズとともに戦後も踏襲された。

言語名	著者	肩書
独逸語(ドイツ語)	森傳郎	早高教授
仏蘭西語(フランス語)	鶴尾俊彦	関大講師
英語語	松本環	明大教授
露西亜語(ロシア語)	岡澤秀虎	早大助教授
支那語*	宮島吉敏	陸大元教授
エスペラント語	小野田幸雄	
伊太利語(イタリア語)	鶴尾俊彦	関大講師
西班牙語(スペイン語)	笠井鎮夫	東京外語教授
和蘭語(オランダ語)	朝倉純孝	東京外語教授
蒙古語(モンゴル語)*	出村良一/竹内幾之助	
葡萄牙語(ポルトガル語)	星誠	東京外語教授
羅甸語(ラテン語)	村松正俊	慶大教授
馬来語(マレー語)*	朝倉純孝/徳川義親	東京外語教授/侯爵
洪甸利語(ハンガリー語)	今岡十一郎	
印度語*	木村一郎	台北大学教授

7.3. 「大東亜共栄圏会話叢書」の概要

東京・外語学院出版部から「要訣」シリーズとして刊行された。「要訣」または「要諦」とは、「捷径」とも称し、「要説」の意味で3ヵ国語の対照が特色である。ポケットサイズA6判で平均250–370頁。英語、スペイン語、フランス語、オランダ語等、宗主語を対照させている点が特色である。8種類の所在を確認。当時の東京外国語学校の教授陣が名を連ねた。

書名	著者	頁数	刊行年
上海北京会話要訣：日本語－北京語－上海語	杉武夫	256	1942
南支華僑会話要訣：日本語－広東語－福建語	香坂順一	256	1942
比律賓会話要訣：日本語－西班牙語－タガログ語	笠井鎭夫	245	1942
東印度会話要訣：日本語－和蘭語－馬来語	朝倉純孝	355	1942
仏印会話要訣：日本語－安南語－仏蘭西語	久持義武	355	1942
昭南馬来会話要訣：日本語－馬来語－英語	朝倉純孝	353	1943
ビルマ会話要訣：日本語－ビルマ語－英語	福島弘	278	1943
泰会話要訣：日本語－泰語－英語	小倉啓義	331	1943

7.4. 「日用南方語叢書」の概要

朝日新聞社編集。叢書といえども、10 × 13 センチのポケット版の簡易会話・語彙集である。五種類のみ確認、続巻予定の(6)「スマトラ語」、(7)「ジャワ語」、(8)「ボルネオ語」は未確認だが、刊行されなかった可能性が高い。

語種	刊行年	頁数
(1)マレー語	1942	不明
(2)タガログ語	1942	108
(3)安南語	1942	120
(4)タイ語	1943	103
(5)ビルマ語	1943	112

このほか、外地においても刊行されたものが種々あると思われるが、未確

認のため省略した。今後、文献資料の渉猟につとめたい[7]。

8. 戦時下の語学学習書の出版状況について

　太平洋戦争開戦後の翌年、大東亜建設審議会は、目下の「大東亜共栄圏」の政策指針を統括的に検討する旨、「大東亜建設に処する文教政策答申」を決定した（1942.5.21）。そのなかの「大東亜諸民族の化育方策」のなかに「言語に関する方策」があり、以下のように記されている。

　　　現地ニ於ケル固有語ハ可成之ヲ尊重スルト共ニ大東亜ノ共通語トシテノ日
　　本語ノ普及ヲ図ルベク具体的方策ヲ策定シ尚欧米語ハ可及的速ニ之ヲ廃シ得
　　ル如ク措置ス

「化育」とは「強化育成」の略で、国内では皇国民の教育錬成方策と一体化された。現地語を尊重しつつも、日本語普及の具体化を図ることの方策は短期間で達成されるものではなく、いわば日本語普及と現地語の尊重は主従関係にあったとみるべきで、その意味からも図南政策の要諦としては東南アジア諸語を大東亜語学として位置付け、大東亜共通語たる日本語に従属せしめる狙いがあった。したがって、日本語普及の先導者であった石黒修の次のような懸念も無理からぬことではあった。

　　　語彙、文型の選び方、並べ方ももっと科学的であって欲しい。（中略）それ
　　はある本にある「別嬪を連れて来い」「女が欲しい」「遊郭は何処だ」などと
　　いふ辞句についてである。これは著者のその本の使用者への親切心かも知れ
　　ないが、知人の一人に之を話したら、「統制出版下の奇怪事だね、昭和の珍本
　　になるだろう」と驚いていた。　　　（「南方語関係の文献」『読書人』1942.4）

具体的な箇所の指摘はないものの、要するに「日本語教育の生前たる貴族的な開拓にははるかに及ばなかった」諸語研究の限界でもあった。

　戦争の推移とともに物資が窮乏するなか、その影響は出版界にも大きな痛

手を与えたが、そもそもこれまで述べた東南アジア諸語の刊行が、どのように評価されていたのかをみておく必要があろう。

以下では当時の出版状況を知るために刊行ピーク時と思われる「出版年鑑」2種類を参照し、その実態を確認しておきたい。

・『昭和18年出版年鑑』（協同出版社編集部）「語学」の項

　　　　昭和17年度は南方語参考書の氾濫で終始した観がある。広大な共栄圏内で諸民族が現に用いているいわゆる南方語を出来るだけ急速に摂取しようとする大方の熱意に応えようとしたのであろう、各出版社はこの企画に熱中した。顧みて惜しむらくは、その語学としての正しい在りかたを示してくれた書物が極めて少なかったということである。「こんなお粗末な入門書を読んで一体どれだけ、読者が利益を得るだろうか」と懸念される際物が次から次へと現れて来る。最初はこの傾向を憂慮しないわけにはいかなかったが、漸次この焦りが収まった多少とも本腰になってきたようにみえたのは、年も半ばを過ぎる頃であった。そしてまた、南方諸国語と一口にいってもその種類が甚だ多いということに気が付き始める気持ちになったようである。年末に至ってさらに自粛の段階に入り、幾つかの良心的な企画がポツポツと見られるようになった。

　　　　左に南方語の企画件数を大略紹介する。入門書、文法書、会話書、辞典等をひっくるめて総数約百五十件に近い。内訳は

　　　　　　マライ語82件、タイ語11件、ビルマ語7件、南方華僑語（広東・上海・福建語等）7件、安南語6件、オランダ語6件、タガログ語6件、インド語4件、アラビア語3件、サンスクリット語1件、チベット語1件、ポルトガル語1件、海南島語1件、その他

であって、雑の部として「日支英会話」とか「日佛西辞典」などが主としてこれに属する。右のうち、マライ語が半数以上を占めていることは注目に値しよう。はじめは、半島マライ語、島嶼マライ語の区別なく無計画に企画されていたのが、主としてジャワ方面のマライ語に纏まって来たことは正しい

方向を示している。なお、当局のご意向によって馬來語と漢字で書かずに今後はマライ語とすることになった。従って「日マ辞典」のごとき名称が正しい表し方であり、マレー語などとすることも避けられたい。

　すべての語学の履修に易より難への段階があるように、マライ語も当然太の南方語の研究と同様、まず懇切にして丁寧な入門書があってその中に、現地の風俗習慣などとの興味ある姿などをも正しく紹介する項目を盛って企画することが望ましく、次いで簡易正確な文法書及び辞典から教授資料の企画にまで移るべきであろう。かりに一般の読者が指導者の教示、演習を俟たずして徒に会話書を独修しても、発音や抑揚等の微妙なところをつかむことは到底不可能であろうし、またこの摑み方にこそ生きた言葉の習得というものがあるわけである。かくして更に順を追って高度の学修書に必要が生じて來る。相当の初歩的訓練があって、中級・高級へと進むわけである。以上の希望は昭和17年の末頃までは実現されなかったような実情で、この点は深く遺憾とする次第である。

　さらに付言したいのは、マライ語に限らず一般の南方語についていってみても、たとえウイルキンソンの「マ・英辞典」の英語の部分だけを翻訳して直ちに何某著「マ・日辞典」と銘をうつ如き態度、バルビエの「佛・安南語辞典」のフランス語の部分を翻訳しただけのもの、ゴーダートの「タイ語独案内」の英語の部分の翻訳、その他「タガログ・スペイン語辞典」のスペイン語の訳、「タガログ・英語辞典」の英語の部分の訳等、少しも<u>語学的に苦心の跡の見えない安易な企画</u>は現在においては強く反省さるべきであろう。

　タイ語、ビルマ語、安南語、アラビア語に在っては、活字を新鋳しなければこれを組版にすることすら不可能であって、この困難も最近に至って出版社の苦心によって少し宛解決をみているようである。

　南方語に限って書いているのであるが、念のため北方語にふれてみると、ロシア語の参考書も件数20に近いものがあって、活発な企画が窺われるし、蒙古語、樺太ギリヤーク語のものがそれぞれ一件ずつある。その他、満洲語、一般支那語の企画は夥しいものがあるようであるが、ここには深く触れないこととする。

　以上、17年度の南方語学書一般に亘ってその顕著な傾向を述べて来たつも

りであるが、読者の中には次のような意見を持っている人が少なくないようである。第一に、各出版社が徒に焦慮して計画性の乏しい、安易な語学書をあちらからもこちらからも分散的に出していることの適否、こうして徒に足りない紙を食い合っていることの賢愚。第二に、扱うものがいやしくも語学書である以上、真に斯界の権威を糾合して国家百年の計のために諸学者に嘘を教えない良心的な正しい定本が、それぞれの南方語學書につき企画さるべきこと。こうした観点よりするときは、著者も出版社の教師たる責任、指導者たる抱負を分担せねばならぬと思う。

　しかも、現地に日本語を光被せしめるの要、今日より切なるはないと同時に、現地民族の国語を摂取して大いに経綸を行うの要今日より速やかなるはないと思う。執筆家、出版社挙ってこの点に着目され、気宇の大きな、見通しのある企画に乗り出していただきたいと思う。計画主義、重点主義に必要なことは何事についてもよくいわれるのであるが、出版の面においても同様であり、語学書に在ってはその倫理性ということが特に考慮されるべきであろうと思う。

ここには、現地語の粗雑な編纂を指摘するとともに、「倫理性」についての考慮に言及している点が注目される。

・『昭和 21 年度出版年鑑』書籍部門別三年史（言語）昭和 18, 19, 20 年
　　戦争は常に文化の破壊と共にその急激な交流を生む。その場合、まず問題になるのは言語の相違である。第二次世界大戦もこの例に洩れず、各種の国語問題、言語問題を呈出した。軍需産業の変遷的好景気と同じく、戦争の刺戟により言語関係出版物も空前の活況を見せたが、<u>内容的には空疎な際物が大部分であった</u>。ただ痛切な現実にふれて、一般国民の言語に対する反省が深められ、根本的問題に関しても真剣な探求が始められたのは思わぬ副産物であった。

　　以下、この動向を具体的に見ていくと、(1)国語学の面、(2)諸外国語の面、(3)言語学及び言語一般の面の三つに分かれる。

(1) 国語学

　かねて我が国の国語学には二つの対立した潮流があった。保守的な国語学の一群と、進歩的な言語学者の派閥である。しかし、保守的、進歩的といっても前者は非科学独善的な国学者の流れをつかみ、後者は外来言語学鵜呑みの翻訳言語学者の一派であった。この対立は戦争を契機として当然激化したが、国内的には前者が勝利を得、海外的には後者が指導権を握るという不統一極まる帰結となり、しかし究極的には両者ともに現実問題についての無能ぶりを暴露して終わった。すなわち前者は当時の極端なる国家主義イデオロギーと結びつき、ショーヴィズムにまで歪曲され、奇怪な神代文字論、言霊論、日本語原論の如き学的価値なき暴論が氾濫するに至った。他方、言語学者の活躍舞台であった海外の国語政策の面においても見るべき成果は上げられなかった。もともと国内においてさえ、無統一な国語政策が海外で成功する筈もなかったが、大東亜言語政策、日本語教授法等などの仰々しい書物も、テニヲハの用法さえ解決せぬ中に敗戦となり、一夜漬け理論の脆弱さを証明したのである。

(2) 諸外国語

　外国語の研究も時局の影響により、激しい変動があった。まず欧州語では、英語に対する無謀な圧迫と、その反面、独語、伊語の部分的抬頭が見られる。併し、英語に較べて格段に遅れていたこの二国語の研究も、時局的便乗的企画によっては具体的進歩を示し得なかった。これに対し、東亜諸言語については、戦争による現実的必要にも提されて雨後の筍の如く、雑多な書籍が搬出した。従来、東亜諸民族の言語に関して頗る曖昧な概念しか抱いていなかった国民一般は、ここにはじめて外国語則英語、東亜語則中華語という簡単な常識で割り切れぬ現実に接して、少々煙に巻かれた形であったが、これを指導すべき側にも決して十分な用意があったとは言えなかった。

　欧州言語学の追従に寧日なかった言語学者、理論的研究に欠けていた中華語学者、付随的に学ばれていた東亜語研究者に、もとより新しい現実に則する準備のあるはずもなく、二三の特例を除いては杜撰極まる翻訳的企画や、無責任なパッチ・ワークのみで、実用的価値は言わずもがな著者の良心すら疑われる有様であった。

（3）言語学および言語一般

　上記の二面と異なり、18 年度以降この部面は相当有意義な活躍を示した。これは国語学者も言語学者も更に一般国民も、場当たり式独善式理論の行き詰まりの結果、はじめて真剣に言語問題の本質の探究に関心を寄せ始めたためであろう。たとえば、従来殆ど出版されていなかった言語学概論類が、内容の可否はともかく、短い期間に数種発刊され、その他諸国語に関する論文にいたっては枚挙に遑がない。しかし、その主流は結局欧州言語学の焼き直しを出でず、世界的研究の寥々たるは何を意味するか。旧いところでサピーア、メイユ、ブラッドレー、イエスペルセンなど、入門書としてはパーマーが翻訳、復刻されたのもこの間の事情をよく表わすが、さらに言語研究の生命ともいうべき辞典について見れば、一層実情は明瞭になる。マレー英、印英、アラビア英、ビルマ英、チベット英などなどの現代語から、梵英、羅英、希英、希獨などなどの古典語に至るまで踵を接しての興隆極まる復刻辞典の出版は、言語研究の盛況を語る反面、日本の言語学界の水準の程を遺憾なく示しているのである。

　以上を通観して考えられるのは、一切の独善的な国語の神秘主義が一掃され、統計学的見地より国語、国学問題のやかましい今日、各方面共に根本的に言語問題を検討し直す必要のある事がある。国際情勢の一新は、今や直接的な現実問題として国語問題の解決を迫っており、更に外国語研究の必要性も愈々増大しつつある。更に目を転じて東亜諸国語についてみても、その真に着実な独創的研究は、従来のごとき政策面を離れても今後、益々その真意義を発揮するのである。

　わが国が将来、文化国としての再建を目指して立ち上がるならば、当然世界文化の只中に躍り込まなければならない。文化の交流の直接的手段は言語である。即ち言語問題の深き理解と正しき解決なしには文化国再建も一場の夢と化してしまうであろうことを今こそ我々は肝に銘ずるべきであろう。

　以上、ながながと引用しながら当時の戦時下における出版状況を概観した。とくに、敗戦後の記述は将来を見据えての感慨でもあるが、(1)の「無統一な国語政策」たる日本語普及の「一夜漬け理論の脆弱さ」とあいまって

(2)に指摘される東南アジア諸語(東亜諸国語)の研究では、「雑多な書籍が搬出」され、「指導すべき側にも決して十分な用意があったとは言えなかった」ことへの反省が述べられている。最後の段落に述べられた自省、内省は「大東亜共通語」「大東亜語学」提唱の副産物であった。

9. おわりに

　本章では戦時下に出版された東南アジア諸語の文献を総計200点ほどあげて、その特色を概観した。時間的制約による調査の不備および紙面の関係で十分な整理にはいたっていないが、凡その輪郭はつかめたように思われる。ただ本章では主として文献調査分析を目的としたので、各地における日本語教育事情との関係で考察してはいない。この点は今後の分析の課題となる。

　東南アジア諸語の研究の端緒は、こうして日本の南進によるところが大きかった。とりわけ南進に勢いがあった昭和17, 18年をピークに多くの書目が組まれた。当時の大東亜共栄圏を標榜する日本にとって、現地に日本語を普及させると同時に民心把握、人的物的交流のために、あるいは軍政、軍事方略のために取り組まれたことは明らかである。これは戦後、日本資本主義の経済進出、人的物的交流の増大によって、諸言語による多言語交流が活性化してきた状況と重ねる時、語彙、会話内容など比較検証する意義もあるのではないだろうか。そこには時局、時代を越えて民衆に根差す交流のカギが、潜んでいるように思われる。

　乾輝雄は著書『大東亜言語論』(富山房)の冒頭、次のように述べた。

> …大東亜共栄圏の建設は武力的・文化的建設の表裏一体となって始めて可能であるが、文化的建設に欠くべからざるものは、文化言語の建設である。此の如き見地から今日大東亜に住む民族の文化程度を検討し其の民族の話して居る言語を知り以て大東亜に於ける将来の文化共通の言語であるかを議論することは今日の喫緊の問題であろうと確信する。(後略)

また、乾は同書結論において〈大東亜三大共通語〉として、「支那語」「マライ語」「日本語」を挙げていることにも注視したい。これまで述べてきた出版書目の傾向からみても明らかな期待であろう。昭和19年9月、日本の敗色濃い時代においてもこうした大東亜言語建設論が世に問われていたことをどう考えるべきであろうか[8]。

　本章の研究に際して東南アジア諸語の書籍が、朝日新聞社、明治書院、三省堂、白水社など多くの出版社から出されたことにも関心を惹かれた。当時の出版メディアにおいては一部の「負」の遺産であることは否めないとしても、これらを記録公開する配慮を願うものである（これは戦争加担責任ということでは必ずしもない）。またこれらの書目の編纂、執筆にかかわった著者の多くは当時の東京外国語学校、大阪外国語学校に籍を置いた研究・教育者であった。両校が戦間期帝国日本の東南アジア諸語の研究にどうかかわったかを明らかにする作業も忘れてはならない検証作業であろう。

　日本語の基本語彙調査は日本語の海外進出、とりわけ大陸をはじめとして焦眉の急となった。一方、日本語教授の研究進展、各種会話書、辞書の編纂などの必要性から、その中軸となる国際文化振興会では、かねて日本語による日本文化の海外紹介をも目指して研究を進めてきた。そのなかで重要な施策は日本語教授の体系化であり、語彙分類であった。昭和15年3月時点で完成年度を昭和22年とする、遠大な構想が打ち立てられた。

> 　このほど向こう七ヶ年計画で日本語辞典・日本語文典並びに日本語読本を企画し、その基礎として先ず基本語彙調査にとりかかることになった。基本語彙は約二万五千語を目標として選定する由である……

その調査選定委員にあたったのは石黒修、佐藤考、松宮一也、吉田澄夫、湯山清の諸氏であった。一方、日本人の大陸・南方進出にともない、日本人小中学校の増加も顕著となり、これらの在外指定学校は書面による監督を受けるのみで、指導監督は地域性もあり、不徹底であった。これらの学堂、日本人のためにも国語の整理と云う観点から基本語彙の調査は重要項目とされた。

また、国際文化振興会編集、朝日新聞社編集、内閣情報局、国際観光局編集などによる簡便な各種会話書のなかに、土居光知らの基礎日本語の構想がどのように反映されたのかも、語彙比較と共に検証する必要がある。さらにこれらの収録語彙が、『大東亜圏日用語早ワカリ』などの、大東亜共栄圏に関わる日本語語彙集の比較考察も進めていく必要がある[10]。

　筆者の少年時代、大人の口から「テレマカシ」(インドネシア語で「有難う」)や民謡の「ブンガワンソロ」が歌われたことがあったが、これも当時のマライ語学習の名残り、遺産であったかもしれない。

　最後に、筆者の率直な思いを綴っておく。戦前戦時下の中国語教科書類については、六角恒廣氏、波多野太郎氏による類書大成があり(不二出版による復刻)、教科書比較研究、中国語教育にとって貴重な資料を提供しているが、東南アジア諸語についてもこうした散逸をふせぐため、また過去から現在にいたる日本人の東南アジア語観を知るためにも、保存の努力が必要ではないだろうか。それは日本の言語研究、外国語研究、言語政策、そして現代のそれに連なる言語文化的裏面史でもあると思うからである。

注

1　本章で考察した書籍は早稲田大学中央図書館所蔵、三康図書館、山口大学東亜研究所所蔵資料を利用した。この場をお借りして感謝申し上げる。また、収録した多くの書は国立国会図書館にも所蔵されており、閲覧が可能である。

2　戦前期の南方研究者などの間では、今日のインドネシア語と出自を同じくするマレー語(馬来語)の名称が広く利用されていた。このほか、「マライ語」「マラヤ語」などの名称も散見される。こうした用語の不統一は「南方」「南洋」にもその傾向がみられる。「南方」は現東南アジアを主とする「外南洋」、「南洋」は「内南洋」南洋群島を一般に指したが、少なからず混用が見られる。たとえば、宮武正道『南洋の言語と文学』(昭和18年発刊、アジア学叢書　大空社　2004　復刻。218頁)は、南洋(主としてマライ及び東印度)の言語と文学に関する著者の論説と東印度の現代小説の筋書を少し集めて一書となしたもので、次の諸章からなる。

南方語の現況と言語政策／南方に於ける日本語工作／東印度に於ける言語の分布／インドネシア語系について／原始インドネシア語表／マライ語学より見たマライ人と水／マライ語　漫談／マライ語　ローマ字化の歴史／東印度に於けるマライ語ローマ字の改良運動／ジャワ語の簡易化運動〔ほか〕

3 マライ語については、筆者の調査の限りでに『馬来語集』(釣田時之助、松田英一編　明治45　三光堂)がもっとも早期である。ネット公開(「近代デジタルライブラリー」)されているもので、カッコ内はその掲載番号。原文を参照することができる。

4 語学書が慰問用に戦地に送られた事実については、本書第3部第3章所収の「支那語早わかり」などの実相を参照。

5 宮武正道については黒岩康博(2010)、同(2014)を参照。

6 作家古山高麗雄の短篇「白い田圃」には日本軍兵士が携行したと思われるビルマ語会話集についての記述がみられる。おそらく前線用に作成された簡易な会話書であった。

　　私は、衛兵勤務のときは、ビルマ語を勉強することにしていた。参謀部に勤務している兵隊に頼んで、『日緬会話』という四十ページほどの本を入手して、それをもとに中学生がやるように、語学カードを創った。控えのとき、手に握ったカードをちらちら見ながら、覚えるのだ。(後略96頁)

7 1943年には慶応大学語学研究所から『世界の言葉―何を学ぶべきか』が出版されたが、大半が「共栄圏」内の主要言語の初歩の説明にあてられていた。安田(2000:148)。なお、同研究所には西脇順三郎、松本信広、及川恒忠、清岡暎一、辻直四郎、服部四郎、魚返善雄、茅野蕭々、福原麟太郎、市河三喜、井汲清治、関口存男、井筒俊彦の錚々たる学者が所員として名を連ね、所内に外国語学校を付設した。[慶應義塾百科] No.88　語学研究所の開設 http://www.keio.ac.jp/ja/contents/mamehyakka/88.html 2014.12.20 閲覧

8 大戦末期において、寺村喜四男『大東亜日本語論』(1945.3)など、大東亜日本語への指向はなおも続いた。藪(2007)は戦時下のビルマ語研究についてふれた唯一の文献。

9 南方進出にかかわる語彙集の比較検討については、小根山(2001)、同(2002)の先駆的研究がある。前田(2000)、同(2010)は内閣情報局『ニッポンゴ』約300語の特徴、長沼直兄編『大東亜の基本用語集』との収録語彙の比較を試みた。戦時下に編纂された「やさしい日本語」から現在の「やさしい日本語」を検証する視座については河路(2014)を参照。

参考文献(一部、注で触れたものを除く)

石黒修(1942)「南方語関係の文献」、『読書人』1942.4　6-7　東京堂出版.

小根山美鈴(2001)「『大東亜圏日用語早ワカリ』から見る戦時中の日本語教育」、日本語教育学会春季大会予稿集(東京女子大学 2001.5.27.).

小根山美鈴(2002)「大東亜共栄圏に関わる日本語用語集の対比的考察」、日本語教育学会春季大会予稿集(お茶の水女子大学 2002.5.26.).

亀山哲三(1996)『南洋学院　戦時下ベトナムに作られた外地校』、芙蓉書房出版.

河路由佳「戦時下日本発信の『やさしい日本語』から学べること―国際文化振興会『日本のことば』と『NIPPONGO』」、『ことばと文字』(2)　2014年秋号　日本のローマ字社.

黒岩康博(2011)「宮武正道の「語学道楽」―趣味人と帝国日本」、『史林』94-1　京都大学史学研究会.

黒岩康博(2014)「宮武正道宛軍事郵便―インドネシア派遣兵士と言語研究者」、『天理大学学報』66-1.

柴崎厚士(1999)『近代日本と国際文化交流―国際文化振興会の創設と展開』、有信堂高文社.

土居光知(1933a)『基礎日本語』、六星館.

土居光知(1933b)「国語純化と基本語」、『国語科学講座Ⅶ国語問題』、明治書院.

土居光知(1934)「基礎日本語」、『放送』4-5　日本放送協会.

土居光知(1936)「基礎語と綴方」、『教育』4-5　岩波書店.

土居光知(1941)「基礎日本語の試み」、『国語文化講座第一巻国語問題編』朝日新聞社.

土居光知(1942)「日本語の整理と純化について」、『中央公論』7月号　中央公論社.

古山高麗雄(2004)『二十三の戦争短編小説』、文春文庫.

前田均(2000)「情報局『ニッポンゴ』改訂の実際」、『外国語教育―理論と実践』第26号　1-10　天理大学語学教育センター.

前田均(2010)「(資料)長沼直兄『大東亜の基本用語集』と情報局『ニッポンゴ』の収録語彙の比較」、『第二次大戦期日本語教育振興会の活動に関する再評価についての基礎的研究』(研究代表者：長谷川恒雄　報告3).

牧久(2012)『「安南王国」の夢―ベトナム独立を支援した日本人』、ウエッジ.

松浦正孝(2007)『昭和・アジア主義者の実像：帝国日本と台湾・[南洋・南支那]』、ミネルヴァ書房.

安田敏朗(2000)『近代日本言語史再考　帝国化する「日本語」と「言語問題」』、三元社.

安田敏朗(2011)「基礎日本語の思想：戦時期の日本語簡易化の実態と思惑」、東京大学比

較文学・文化研究会、『比較文学・文化論集』12.
藪司郎(1998)「日本におけるビルマ語研究について」、東京外国語大学 AA 研究所報告 21.
山下太郎(1942)「マレー関係文献と目録上の問題　南方文献と目録上の問題其二」、『図書館雑誌』36–7(1942.6)　508–515.

附録［1］

戦時期の帝国日本における
日本語・日本言語政策論の形成と消長
1931年から1945年まで

> 言語問題は思想戦の中心である。全亜細亜に日本語が浸透する時、初めてアジア文化圏は成るであらう。　　　　　（『東亜文化圏』1-6　1941）

緒言―国語・日本語論、国語・日本語教育施策の裏面史として―

　これまで国語・国語教育史、日本語・日本語教育史の歩みを記した中で、平井昌夫『国語国字問題の歴史』（三元社1998復刻）は戦前・戦中期の言語問題・言語政策を多くの資料に基づいて分析した名著であるが、付録「国語国字問題年表」は明治以降戦前期までの最も詳細な年表である。本稿は戦時期（1931年から1945年まで）において主として日本国内で発行された諸雑誌、書籍において日本語論、日本語教育政策論、国語改革論、国語教育論に関する論評記事を発表年代別に整理したもので、従来の国語史・日本語史の空白を埋める試みである。この以前においても『東亜語源志』（新村出、岡書院1930）などの顕著な文献が見られるが、日本が国際情勢のなかで文化発信を推進した30年代以降に注目して、それ以前のものは割愛した。戦時期、これほどの夥しい日本語論（母語論、国語論も含め）が横溢したのは、世界でも類をみない現象であった。日本国内にあっては国語醇化（純化）、国外にあっては日本語普及という対外文化事業との連携など、その変遷をたどるための重要な作業と位置付けられる。なお、散逸が激しい現状の中、且つ膨大な量の中で少なからず遺漏があることと思われる。引き続き書籍要目などを参照しつつ渉猟に努めると同時に、諸賢のご批正をお願いする次第である。［整理：2013.8.31］．［再整理：2014.10.31現在］

・・・・・・・・・・・・・・・・・・・・・・ 凡例 ・・・・・・・・・・・・・・・・・・・・・・

1．記事（論考）名、執筆者名、巻号数、出版社、掲載頁などを記載した。
2．国語・日本語教育、教授面、言語政策面での論考文献を取り上げた。具体的には日本語論、日本語普及事業、国語論、国語教育論、国語と日本精神・文化、教科書編纂、教授法関連、他言語との比較、外国語としての日本語、その他国語の在り方、外国語・アジア諸語の紹介である。関連する分野、若干の語法関係、言語文化生活の主要文献もこれに含めた。
3．旧仮名遣いはそのままとしたが、旧漢字体は概ね現代語表記に直した。
4．○は雑誌記事類で 9–2 は第 9 巻第 2 号を表す。□は座談会、シンポジウム。◇は雑誌特集。◎は関連書籍。雑誌、著書で頁数未確認のものがある。主たる出来事も記した（中村政則他『年表昭和・平成史』岩波書店 2011 など）。

・・・

戦時期における日本語・日本語教育論関係主要雑誌概略

　以下、収録した数点の主要雑誌について簡単に記しておきたい。
　『教育・国語』（千葉春雄編集）は昭和 5 年に厚生閣より発行され、一般の教育関係者に広く読まれた月刊雑誌である。途中『教育国語教育』、昭和 14 年からは『教育・国語』と改称、さまざまな国語教育論を展開した昭和 13 年 4 月臨時号では特集「言語文化と国語教育」を、昭和 14 年 5 月号では別冊付録「国語の世界的進出：海外外地日本語読本の紹介」四六判 128 頁がある。第 9 巻 9 月号（昭和 14 年 9 月）の口絵には北京師範学院附属小学校における日本語教育、および清水幾太郎の写真が掲載されている。また本誌は佐久間鼎が「日本語の語法」「現代語法」「現代日本語法」を長期連載したことでも知られる。日本語の規範化が急がれていた国語学界および国語意識の潮流変遷を見ることができる。日本語普及の代表誌『日本語』は福田恒存らが中心となり日本語教育振興会（日語文化協会）から昭和 16 年 4 月に刊行され、同 20 年 1 月まで継続した。最も長い歴史をもつ『国語教育』（国語協会、国語研究会編、育英書院）は保科孝一主幹、大正 5 年 1 月に刊行、昭和

16 年 10 月に『国語文化』に改称した。『国語運動』(国語協会、石黒修編集)は昭和 12 年 8 月に刊行、昭和 18 年 6 月まで継続した。1936 年創刊の『国文学解釈と鑑賞』にも多くの言語教育関係の記事が掲載された。『日本語』と双璧の言語雑誌『コトバ』は垣内松三を編集主幹とし、大正 14 年に刊行された『読み方綴り方』が母体となり、その後『国語の法』『丘』を吸収したもので、第一期 3–4 から 8–1 (昭和 8 年 4 月から昭和 13 年 2 月)、第二期は 1–1 から 9–2 (昭和 14 年 10 月から昭和 25 年 9 月) が復刻されている。『ローマ字世界』はローマ字運動の母体となったもので、大正 6 年 4 月に刊行、昭和 18 年まで所在を確認した。『国語国文』(京都帝国大学)、『国語と国文学』(東京帝国大学) にも日本語論が掲載された。カタカナの普及を掲げる『カナノヒカリ』は昭和 7 年 4 月に刊行、昭和 18 年 11 月、267 号まで所在を確認した。日本放送協会が出した『放送／放送研究』(『調査時報』改題) にも多くの国語・日本語論が掲載された。このほか、教育関係では『教育』(岩波書店)、『日本教育』(国民学校総合雑誌)、『興亜教育』(興亜教育協会) といった雑誌にも日本語論が掲載された。『外来語研究』(外来語研究会編) は昭和 7 年に創刊、同 13 年に終刊する短命な雑誌であったが、荒川惣兵衛を中心に外来語研究の最前線を掲載している。漢文関連の『国漢』(富山房) さらに当時空前のブームであった中国語関係では『支那語雑誌』(蛍雪書院、後に『支那語月刊』帝国書院) などにも日本語関連の記事が散見される。今回時間的制約のため『実践国語教育』(修文館)、『国語研究』(国語文化研究所)、『月刊文章』(厚生閣) 等を収録することができなかった。

　言語関係以外では『新亜細亜』(満鉄東亜経済調査局、のちに南満洲鉄道株式会社東亜経済調査局 1939.1 から 1945.1) があり、言語文化接触関連の記事が掲載されている。戦前戦中のアジア地域研究の先駆であり内容は文化方面も含む。『台湾時報』(台湾総督府内発行) も台湾に関する総合雑誌ながら、日本語普及に関する記事も少なくない。さらに、文学関係の雑誌においても、学術誌『文学』や『文學界』『新潮』などの文藝誌、『文藝春秋』『中央公論』『現代』『改造』『日本及日本人』『日本評論』などの総合雑誌にも国語・日本語論関係の記事が見られる。『国際文化』は国際文化振興会が出した、文字通りの文化普及のプロパガンダ雑誌で、日本語進出についての記事

も少なくない。このほか政府関係広報誌『週報』『官報』『文部時報』なども参照した。満洲国では『満蒙』(満蒙文化協会)、『北窗』(満鉄哈爾浜図書館)などを調査対象とした。戦時下、日本と密接な関係を築いたタイとの言語文化接触では最近、『戦前の財団法人日本タイ協会会報集成解題』(村嶋英治・吉田千之輔編、早稲田大学アジア太平洋研究センター 2013)が刊行された。貴重な日本語普及事業の経緯を知ることが出来る。このほか「言語学より見たる日本語の地位」(小倉進平『昭和 13 年夏期日本文化講座講演集』国際学友会 1939.6)にみるような各種講演録類、大学等諸機関紀要も含めれば本収録を相当増補することになろう。

　このほかにもさまざまな雑誌、新聞などに日本語普及関連の記事が掲載されていることが想像される。戦時グラフ雑誌にも新たなる日本の表象として、『アサヒグラフ』や『FRONT』などにも注視する必要がある(多田精一『戦争のグラフィズム「FRONT」を創った人々』平凡社 2000, 井上祐子『戦時グラフ雑誌の宣伝戦　十五年戦争下の「日本」イメージ』青弓社 2009)。

　筆者の力不足と時間的制約のため、不充分ながらここに整理することになったが、将来的にはこうした資料のデータベース化も重要な作業であると考えている。日本語教育史において、いわば埋もれていた日本語論、日本語教育論、言語政策論、日本言語文化論である。なお、書籍については代表的なものに限っており、引き続き詳細な調査が必要である。以下に編年体式に関連文献を掲げるが、昭和 15 年頃から一気に日本語論が量産される。日本語教育振興会から雑誌『日本語』が創刊されるとその数は膨張する。ピークは昭和 17 年、18 年で、その後は戦局の悪化にともなって急速に収束していく様子が如実に俯瞰される。

　従来の国語史、日本語史の裏面史でもある言語政策史を念頭に置いた文献年表の作成は、本研究を構想したときからの課題のひとつであった。近代日本から戦後日本までの国語施策については『国語施策 100 年の歩み』、『国語施策百年史』(いずれも、ぎょうせい 2003, 2006)の 2 点に詳細な記録が見られるものの、戦時下の日本国内における国語施策、海外における日本語施策については殆ど触れられていない。唯一、『国語文化講座第一巻国語問題篇』(朝日新聞社 1941)の巻末に 24 頁にわたる比較的詳細な「国語問題年

表」が収録されているが、掲載文献、諸論考も少なく、当然ながら昭和 17 年以降の記載はない。

　本書では 16 章にわたって、日本語論の諸相を見てきたが、さらに論者別、ジャンル系統別、地域別、国内国外別等の資料を作成し、その共通項と異質項を精査することによって、時代思潮、主義主張の実態を明らかにすることが可能となる。以後の作業課題としたい。また、年表に収められなかった文献、雑誌についても遺漏をふくめ、再調査が必要である。年表には第 6 部に収録した「大東亜諸語」についての文献は割愛されている。さらに各地で作成された日本語教科書の編纂史も必要であろう。いずれ新しい国語・日本語教育研究施策史の整備を期したい。なお、戦時下の日本とタイとの言語接触に特化した論考論説については日本学術振興会科学研究費助成研究 (2013–2015)「戦時体制下における日タイ間の言語文化の接触と摩擦」(基盤研究(C)課題番号 25370600) にもとづく資料集に収録予定である。これらの資料の総合的な分析によって、はじめて戦時期における日本語論、日本語教育論の本質に辿りつけるように思われる。本研究がその礎の第一歩となればと願っている。文献資料調査にあたってはとくに下記の機関・施設(順不同)には多大なご協力、ご配慮を得た。ここに記して感謝申し上げる。

　　早稲田大学中央図書館、国立国会図書館、東京都立日比谷図書館、三康図書館、東京大学東洋文化研究所図書館、国立教育政策研究所教育研究情報センター教育図書館、国立国文学研究資料館、国立国語研究所、日本タイ協会、東京学芸大学図書館、玉川大学教育博物館、山口大学東亜経済研究所、大東文化大学図書館、函館市中央図書館など。

1931年(昭和6年)

雑誌記事類
- ｢言葉のない恋愛｣萩原朔太郎、『文藝春秋』.1931.8　26-28
- ｢ローマ字日本式時代｣福永恭助、『文藝春秋』1931.8　82-87
- ｢ローマ字悪宣伝とは何か｣福永恭助、『文藝春秋』1931.9　34-35
- ｢巻頭言：中国語の日本語化｣無記名、『満蒙』12-7　p1
- ｢国語統一に於ける役割｣矢部謙次郎、『調査時報』1-5　144-145
- ｢ラジオと国語統一｣馬淵冷佑、『調査時報』1-5　145-146
- ｢ラジオと国語統一(続き)｣馬淵冷佑、『調査時報』1-6　184-185
- ｢放送と外国語教授｣堀尾孝一、『調査時報』1-13　10-11
- ｢放送と外国語教授(二)｣堀尾孝一、『調査時報』1-15　12-13
- ｢言語陶冶の諸問題｣石黒魯平、『教育・国語教育』4月創刊号　5-10
- ｢簡易言語学｣神保格、『教育・国語教育』4月創刊号　11-14
- ｢国語教育の科学的研究｣佐久間鼎、『教育・国語教育』5月号　4-12
- ｢最近のローマ字問題｣奥中孝三、『教育・国語教育』6月号　4-9
- ｢假名遣改定問題の出発点を疑ふ｣藤村作、『教育』第2号　1931.6　1-9
- ｢假名遣改訂是非論争の検討｣石黒魯平、同上　9-19
- ｢假名遣の歴史主義と実用主義について｣城戸幡太郎、同上　19-25
- ｢国語国文の音楽的方面｣井上源次郎、『国語と国文学』8-6　1931.6　72-80
- ｢文字に関する支那人の日常生活｣鈴木虎雄、『国漢』1931.1　6-11　同上(2)　1931.5　22-27
- ｢中国国語問題管見｣宮越健太郎、『国漢』1931.8　p38-46　同(2)1931.11　46-50
- ｢調査研究：小学読本より見たる日中両国｣山田儀四郎、『台湾時報』137　1931.4　70-74
- ｢国語のローマ字綴方に就いて｣宮良当壮、『國學院雑誌』37-4　1931.4　pp.41-49
- ｢假名遣改定問題(1)｣山田孝雄他33編、『國學院雑誌』37-9, 1931.9　(2)同37-10、(3)同37-11, 1931.11, 同(4)37-12 1931.12
- ｢表出と言語及び其の研究｣神保格、『東京文理科大学文科紀要』第5巻、1931.9　1-20.

関連書籍
- ◎『台湾に於ける国語教育の展開』国府種武、第一教育社　1931.6
- ◎『国字問題の研究』菊澤季生、岩波書店　1931.6
- ◎『言語観史論』石黒魯平、郁文書院　1931.9
- ◎『話言葉の研究と実際』神保格、明治図書　1931
- ◎『高等口語法講義』木枝増、目黒書店　1931.6
- ◎『解説日本文法』湯沢幸吉郎、大岡山書店　1931.9
- ◎『国語学通考』安藤正次、共立社　1931.10
- ◎『敬語法の研究』山田孝雄、東京宝文館　1931.6
- ◎『国語史概説』吉澤義則、立命館大学出版部　1931.2
- ◎『日本語となった英語(改訂版)』荒川惣兵衛、研究社　1931.10

主たる出来事
『方言』創刊1931.9／岩波講座『日本文学』刊行開始：言語学概論(新村出)　国語学概論(橋本進吉)　日本文法要論(山田孝雄)　国語学史(時枝誠記)　国語音声学(安藤正次)　国語教育論(藤村作)　方言研究の概観(東条操)　仮名発達史序説(春日政治)　など／『国語国文』(京都帝国大学国分学会編)創刊1931.10／満洲事変勃発〈1931.9.18〉「満蒙は日本の生命線」／『少年倶楽部』から「のらくろ」、紙芝居から「黄金バット」の二大ヒーロー誕生。

1932年（昭和7年）

雑誌記事類
- ○「言語は明確に上品に　国語学史外篇7」保科孝一、『国語教育』17-2
- ○「満蒙新国家と国語政策」保科孝一、『国語教育』17-5　p16
- ○「左傾防止と国語教育　国語学史外篇10」保科孝一、『国語教育』17-7
- ○「満蒙新国家国語国字問題試論」冨山民蔵、『国語教育』17-7　65-68
- ○「満蒙新国家の告示問題につき冨山氏に答ふ　国語学史外篇11」『国語教育』17-8　67-70
- ○「砲弾下の日語講習」大出正篤、『国語教育』17-10
- ○「新聞雑誌及び各種学校に於ける仮名遣いの調査」山内千万太郎、『国語と国文学』9-2　1932.2　11-82
- ○「国語教育の為に」柳田國男、『調査時報』2-7　6-8
- ○「ラジオと国語及び国文学」藤村作、『調査時報』2-7　63-64
- ○「日本語の新しい美を」高村光太郎、『調査時報』2-7　65-66
- ○「ラジオと外国語の教授」岡倉由三郎、『調査時報』2-10　30-32
- ○「ラジオと国語教育」八波則吉、『調査時報』2-17　p9
- ○「国語とラジオ放送」増田幸一、『調査時報』2-17　2-3
- ○「国語とラジオ放送(二)」増田幸一、『調査時報』2-18　4-7
- ○「ラジオと言語」金田一京助、『調査時報』2-19　2-8
- ○「言葉の統一とアクセントの問題(一)」神保格、『調査時報』2-22　10-11
- ○「言葉の統一とアクセントの問題(一)」神保格、『調査時報』2-23　6-7
- ○「標準語と方言・講演と講座」佐久間鼎、『調査時報』2-23　2-5
- ○「教育上の日支協力」三枝茂智、『教育』第10号　1932.7　30-33
- ○「英語削除の提案」伊藤孝、『文藝春秋』1933.7　35-36
- ○「国語漫談」保科孝一、『文藝春秋』1933.10　14-15
- ○「国語と法律語」船田亨二、『文藝春秋』1933.12　24-26
- ○「蒙古の言語と文学」出村良一、『国漢』8　1932.7　2-9

関連書籍
- ◎『国語政策の根本問題』山田孝雄、宝文館　1932.10
- ◎『一般文法成立の可能性について　その序説』小林英夫、刀江書院　1932
- ◎『一般文法の原理批判的解説』小林英夫、岩波書店　1932
- ◎『あゆひ抄』松尾捨治郎、大岡山書店　1932
- ◎『国語教育を語る』保科孝一、育英書院　1932
- ◎『大言海』四分冊第一冊　大槻文彦、富山房　1932
- ◎『国語発音アクセント辞典』常深千里共著、厚生閣　1932
- ◎『外来語学序説』荒川惣兵衛、研究社　1932.8　329p
- ◎『化学標準用語』内閣資源局、1932.8　工業調査協会　1932.8　126p

主たる出来事
満洲国建国宣言（1932.3.1）／「5.15事件」犬養毅首相殺害／第一次満洲入植移民団出発（1932.10.3）／『外来語研究』創刊 1932.10

1933年(昭和8年)

雑誌記事類
○「ラジオと標準語」金田一京助、『言語研究』河出書房　1933.11
○「国家語の問題」保科孝一、『東京文理科大学紀要』第6巻
○「日満両国の共通語問題」藤沢親雄、『満蒙』14-3　p32
○「再び満蒙新国家国語国字問題を論ず」富山民蔵、『国語教育』18-1　63-66
○「再び満蒙新国家の国字問題につき富山氏に答ふ」保科孝一、『国語教育』18-1　67-69
○「植民地と国語政策の重大性」保科孝一、『国語教育』18-3　1-6
○「台湾に於ける国語普及について」安藤正次、『国語教育』18-3　54-56
○「三たび満蒙新国家国語国字問題を論ず」富山民蔵、『国語教育』18-4　72-76
○「満洲国教育への覚書―方針の一つ手前のもの」『教育』16　1933.1　1-8
○「南洋群島の教育制度」三木壽雄、『教育』16　1933.1　9-22
○「文章言語能力の調査と国語教育」波多野完治、同上　34-39
○「日本精神の発揚と日本語」岡本新市、『台湾時報』159　1933.2　83-85
○「台湾に於ける国語運動」佐々木亀雄、『台湾時報』161　1933.4　30-34
○「社会時評　国語の普及は家庭から　本島人インテリ階級の諸君に望む」谷河梅人、『台湾時報』169　1933.12　25-27
○「国語の科学的研究に就て」菊澤季生、『国語研究』1-1　1933
○「新小学国語読本を迎へて」原田直茂、『学校教育』1933.2　40-48
○「国語読本の改正と尋一初期の綴り方教室」田上新吉、『学校教育』1933.8　80-88
○「王道教育管見」丁萃白、『学校教育』1933.10
○「国語教授の基本論」佐藤熊治郎、『学校教育』1933.11　30-41
○「国語教育学建設の叫びを聞きて」清水治郎、『学校教育』1933.11　120-29
○「国家語の問題について」保科孝一、『東京文理大学文科紀要』6　1933.5
○「国語と国字問題に就て」南弘、『新潮』3-10　1933.10　32-36
○「国家語の問題について」保科孝一、『東京文理科大学文科紀要』第6巻、1933.5　1-64.
◇『教育』特輯：国語教育　1933.8　岩波書店
　　○「師範教育に於ける国語科を改良すべし」(上田萬年 1-3)／「新たに問はるべき国語教育の目的」(西尾實 3-9)／「国語による学術語の表現について」(佐久間鼎 10-16)／「標準語と方言」(東條操 17-21)／「国語の標準発音について」(神保格 21-23)／「假名遣の歴史と假名遣問題」(三宅武郎 24-31)／「假名遣誤記調査」(城戸幡太郎 32-49)／「言語意識の教育的環境調査」(井原正雄 55-62)／「国語教育の変遷」(渡邊茂 63-76)／「小学国語読本首巻の比較―学生頒布より国定読本に至る―」(佐々木一二 77-84)／「小学国語読本編纂の要旨」(各務虎雄 85-91)／「朝鮮に於ける国語教育」(髙木一之助 144-148)／「満洲に於ける国語」(矢澤邦彦 148-155)／「英米の言語教育について」(保科孝一 156-168)／「ドイツに於ける国語教育」(松本金壽 169-172)／「フランスに於ける国語教授」(澤田慶輔 173-178)／「ソ国の国語教育について」(山下徳治 179-183)／「教育者としての伊澤修二」(無記名 184-196)

関連書籍
◎『基礎日本語』土居光知、六星館　1933
◎『国語政策論』保科孝一、国語科学講座XII国語問題　明治書院　1933
◎「国語純化と基本語」土居光知、『国語科学講座 12 国語問題』明治書院　1933
◎『外国語としての我が国語教授法』山口喜一郎、著者発行　1933
◎『言語学概論』新村出、岩波講座『日本文学』1933.4

◎『満鉄沿線に於ける日本語教授法の変遷』満鉄初等教育研究会第二部、満鉄地方部学務課　1933
◎『国語学の諸問題』小林好日、岩波書店　1933
◎『国語時相の研究』新井無二郎、中文書館　1933
◎『言語学概説』国語科学講座、明治書院　1933
◎『国語音声学』国語科学講座、明治書院　1933
◎『国語の標準発音』大西雅雄共著、三省堂　1933
◎『外国語としての我が国語教授法』山口喜一郎、自家版(1933.8)
◎『国語科学講座』77冊、明治書院　1933.5–1935.3

主たる出来事
国際連盟脱退／滝川事件で軍のファッショ化／『小学国語読本』使用開始(1933.4)／『国語科学講座』刊行開始(明治書院 12集まで 1933.5)／『国語研究』創刊(国語学研究会 1933.9)／サクラ読本(第四期国定国語教科書)の制定(「サイタサイタ　サクラガサイタ」カラー印刷版)

1934年(昭和9年)

雑誌記事類
○「小学国語読本巻三に就いて」久松潜一、『教育』第4号　1934.4　136–137
○「小学国語読本における国語」佐久間鼎、同上　138–140
○「国語教育問題史(綴方)」波多野完治、『教育』第9号　1934.9　29–36
○「国語教育と日本精神」保科孝一、『国語教育』19-4　1934.4
○「国語問題と日本精神の作興」保科孝一、『国語教育』19-8　1–6
○「国語協会の事業について」保科孝一、『国語教育』19-9　1–6
○「言語は国威と共に伸張す」三上参次、『国語教育』19-9　98–112
○「漢字と国語統一のなやみ」保科孝一、『国語教育』19-11　1–6
○「常用漢字と基本国語」日下部重太郎、『国語教育』19-11　73–78
○「国語教育と感激性」保科孝一、『国語教育』19-12　1–6
○「ローマ字綴方の基準に就て：奥中氏の所論論をよむ」菊澤季生、『国語教育』19-12　70–93
○「標準語奨励の精神」石黒魯平、『調査時報』4-1　12–17
○「国民意識と標準語」長谷川誠也、『調査時報』4-4　2–7
○「基礎日本語論」土居光知、『調査時報』4-5　2–9
○「ラジオを通して聞く言葉の問題」飯塚友一郎、『調査時報』4-6　2–9
○「標準語と方言の問題」佐久間鼎、『放送』4-15　9–15
○「国語に及ぼせる南方語の影響」松岡静雄、『国語国文』4-2　1934.2　1–40
○「新興国語教育序説」木枝増一、『国語国文』4-5　1934.5　40–58
○「国語教授に於ける自律性」三木幸信、『国語国文』4-7　1934.7　55–69
○「国語愛と民族愛」小尾範治、『社会教育』123号　1934.11　10–11
○「国語の未来に就いて」上田万年、『国漢』12　1934.7　2–4
◇『思想』特輯：日本精神　岩波書店　1934.4
　○「日本精神について」(津田左右吉 2–20)／「国民的性格としての日本精神」(長谷川如是閑 21–38)／「日本精神文献」(清水幾太郎 244–270)
○「思想問題と國語尊重」五明正、『東方之國』6月号　東方之國社　1934.6　6–8

関連書籍
◎『日本精神の発揚と国語教育』千葉春雄編、厚生閣　1934

◎『音声口語法』三宅武郎、国語科学講座Ⅵ、明治書院　1934
◎『国語法要説』橋本進吉、国語科学講座Ⅵ、明治書院　1934
◎『増訂日本文法史』福井久蔵、成美堂　1934
◎『史的言語学に於ける比較の方法』アントワヌ・メイユ著、泉井久之助訳、政経書院 1934
◎『誤用の文法　機能言語学的研究』アンリ・クレエ著、小林英夫訳　春陽堂　1934
主たる出来事
陸軍内部で皇道派・統制派の確執激化／満鉄特急「あじあ」号運転開始／NHK用語調査委員会設置(1934.1)／『文學と言語』創刊(斉藤秀一編 1934.9)／国語審議官制公布(1934.12)

1935年（昭和10年）
雑誌記事類
○「文學の側面から見た小学国語読本」野口雨情、『教育』3-6　1935.6　50-56
○「日本の言語及び音楽の特殊性」小幡重一、『思想』1935.10　66-76
○「日本精神と国語教育の問題」菅根正三郎、『教育・国語教育』5-3　24
○「フンボルトの内面的言語形式と国語教授」佐藤熊次郎、『教育・国語教育』5-3　4-8
○「小学国語読本の漢字音表記法と朝鮮の漢字音」三ケ尻浩、『教育・国語教育』5-3　8-18
○「国字国語国字問題の統制」菊澤季生、『教育・国語教育』5-9　27-35
○「日本語熱の高上をみつめて」保科孝一、『国語教育』20-4　1-6
○「日本語研究と日本語教育とに関して」神保格、『国語教育』20-4　12-15
○「国際文化事業と国語国字問題」保科孝一、『国語教育』20-7　1935.7
○「英仏独の国語教育を見つめて」保科孝一、『国語教育』20-12　1935.12
○「ラジオと外国語教授」岡倉彦三郎、『放送』5-1　1935.1　33-37
○「放送言語と『二枚舌』主義」石黒魯平、『放送』5-2　1935.2　20-26
○「国語について感じたこと」澤潟久孝、『国語国文』5-8　1935.8　99-118
○「日本語の合理化」高木弘、『唯物論研究』29号　1935.3
◇『思想』特輯：漱石記念号、岩波書店　1935.10
　○「理論家漱石」(小泉信三 1-9)／「『こころ』を読みて」(安倍能成 35-47)／「自己本位の立場」(清水幾太郎 109-120)／「漱石研究参考文献」(無記名 196-217)
○「皇民化の再検討：言葉について」中美春治、『台湾時報』253号　1935.10　35-45
○「日満両国に横たはる諸問題」川村竹治、『東邦時論』1935.12　77-78
○「満洲国に於ける日本語の普及」無記名、『東邦時論』1935.12.　79-80
○「国語問題に就いての反省」吉田留、『國學院雑誌』41-12　1935.12　19-29
○「国語教育と日本精神」保科孝一、『社会教育』16-11　1935.11　12-19
○「小学国語読本巻一の語法」鶴田常吉、『学校教育』1935.9　31-38
○「言葉と国語　その本質と理解」稲富栄次郎、『学校教育』1935.11　28-37
関連書籍
◎『言語表現学(上下)』師範大学講座国語教育第9巻、城戸幡太郎　1935.2
◎『国語表現学』城戸幡太郎、賢文館　1935.10　393p
◎『言語解釈学概説(上下)』同上第10巻　石山脩平、1935.3　建文館
◎『国語学史要』山田孝雄、岩波書店　1935
◎『英独仏露四国語対照文法』乾輝雄、富山房　1935.1
◎『言語美学』フォスレル、小林英夫訳、小山書店　1935.6

◎『言語学概論』新村出、日本文学社　1935
◎『漢文の訓読によりて伝へられたる語法』山田孝雄、宝文館 1935
◎『国語学史要』山田孝雄、岩波書店　1935.10　300p
◎『国語教育のための国語概説』山田正紀、星野書店　1935
◎『英文学の感覚』土居光知、岩波書店　1935
◎『文章心理学　日本語の表現価値』波多野完治、三省堂　1935
◎『国語音韻論(増補)』金田一京助、刀江書院　1935

主たる出来事

天皇機関説問題(1935.2)／言語問題談話会設立(岡倉由三郎・石黒修・宮田幸一・深瀬嘉三 1935.4)
／斯文会、常用漢字を選定(1935.8)／文藝春秋社
芥川賞、直木賞を創設／「国体明徴に関する決議」満場一致可決(1935.3.23)
／『近世文学』創刊(近世文学会)1935(1938 終刊)

1936 年（昭和 11 年）

雑誌記事類

○「日本語の統一は現下の急務」賀川豊彦、『雄辯』1936.1　17–20　大日本雄辯講談社
○「放送文法」和田基彦、『放送問題』1936.10
○「松宮弥平氏の日本語教授法を読む」大西雅雄、『コトバ』6–10　コトバの会編・文学社発行　95–98
○「朝鮮に於ける国語純化の姿—主として漢字による固有名詞について」村上広之　『言語問題』2–6　2–7
○「満洲国語音標」イナガキイノスケ、『力ナノヒカリ』176 号　8–9
○「国語教育と外国語教育」石川勇、『教育・国語教育』6–3　64–69
○「言語陶冶の多面性」輿水實、『教育・国語教育』6–4　9–13
○「ローマ字綴り方問題の解決」菊池季生、『教育・国語教育』6–4　13–19
○「世界史に於ける国語の運命」山崎謙、『教育・国語教育』6–6　61–65
○「日本精神と外来語」黒田秀俊、『教育・国語教育』6–7　4–8
○「国語の美的陶冶」辰宮榮、『教育・国語教育』6–9　38–64
○「言語の社会学」清水幾太郎、『教育・国語教育』6–9　23–40
○「ミヤビとミヤビコトバについて」五十嵐篤、『教育・国語教育』6–9　35–40
○「コトバ乃至語法研究の科学性」佐久間鼎、『教育・国語教育』6–10　22–27
○「漢字廃止とローマ字」石黒修、『教育・国語教育』6–10　34–36
○「いまのニッポン語の研究について」五十嵐篤、『教育・国語教育』6–12　29–33
○「国語純化の問題」中條隆史、『教育・国語教育』6–12　p.130–134
○「アルゼンチンにおける日本人及び日本人学校」佐野保太郎、『国語教育』21–9　1936.9　p.::::
○「日本語発展の好機会」保科孝一、『国語教育』21–10　1–6
○「ブラジルに於ける日本人及び日本人学校」佐野保太郎、『国語教育』21–10
○「ブラジルに於ける日本人及び日本人学校(下)」佐野保太郎、『国語教育』21–12
○「満支に於ける日本語の将来」堀敏夫、『国語教育』21–7　64–70
○「関東州における日本語教育」平井巌男、『国語教育』21–10　64–67
○「支那の国字改良問題を顧みて」保科孝一、『国語教育』21–11　p.1
○「日支語同源論序説(一)」山下藤次郎、『国語教育』21–11　77–83

○「海外日本語学校について」保科孝一、『国語教育』21-12　1-6
○「日支語同源論序説(二)」山下藤次郎、『国語教育』21-12　69-79
○「国語の純化と国語教育」登張竹風、『国語教育』21-12　80-84
○「言語美学より観たアナウンス」佐久間鼎、『放送』6-8　1936.8　17-21
◇『教育』4-5　特輯：綴り方教育　岩波書店　1936.5
　　○「綴り方教育の根本問題」(高倉テル 1-12)／「基礎語と綴り方」(土居光知 13-28)／「新小学読本の文章」(各務虎雄 50-57)
○「国字政策問題」下村海南、『教育』4-8　1936.8　1-9
○「国字問題史観」日下部重太郎、『教育』4-8　1936.8　10-25
○「ラジオと国字問題」服部愿夫、『教育』4-8　1936.8　31-33
○「台湾に於ける国字問題」蔡培火、『教育』4-8　1936.8　69-72
○「朝鮮に於ける国字問題」小倉進平、『教育』4-8　1936.8　75-77
○「中華民国に於ける漢字問題と国語改造運動」寥鷟揚、『教育』4-8　1936.8　31-33
○「外国と日本の児童の国語力の比較」山下徳治、『教育』4-8　1936.8　93-99
○「ラヂオと国語問題」佐久間鼎、『教育』4-12　1936.12　27-38
○「国語読本の頭注に就いて」塚本勝義、『国漢』23　1936.5　19-21
◇『國學院雑誌』42-1　特集：漢字廃止論批判　1936.7

関連書籍
◎『文章学創作心理学序論』波多野完治、文学社　1936
◎『国語政策』保科孝一、刀江書院　1936
◎『日本語教授法』松宮弥平、日語文化学校教文館　1936
◎『国語と日本精神』保科孝一、実業之日本社　1936.6
◎『言語学』高木弘、三笠書房　1936
◎『言語の国民陶冶力と教育』山田正紀、武蔵野書房　1936.4
◎『現代日本語の表現と語法』佐久間鼎、厚生閣　1936.5
◎『国語音声学入門』神保格、刀江書院　1936
◎『国語学査説』徳田浄、文学社　1936
◎『新制国文法』徳田浄、文学社　1936
◎『国語法論攷』松尾捨治郎、文学社　1936
◎『日本文法学概論』山田孝雄、宝文館　1936
◎『小学読本に基ける語法と文法』堀江與、富山房　1936
◎『現代日本語の表現と語法』佐久間鼎、厚生閣　1936
◎『台湾における国語教育の過去及現在』国府種武、台湾子供世界社　1936
◎『国民学校　国語の修練実践』米田政榮、啓文社　1936.12
◎『日本文法綱要』亀田次郎・多屋頼俊、平野書房　1936

主たる出来事
軍縮会議を脱退、日本外交の孤立化／「2.26 事件」皇道派クーデター／「日本国」が「大日本帝国」の国号に統一／岩波講座『国語教育』藤村作編輯刊行開始全 12 回 1936.10 ～ 1937／『国文学解釈と鑑賞』創刊　1936.6　藤村作主幹(至文堂)

1937年（昭和12年）
雑誌記事類
○「放送日本語」望月百合子、『文藝』1937.5
○「日本語の不自由さ」萩原朔太郎、『文藝春秋』1937.12　392–398
○「朝鮮国語教育の一形態」鹽飽訓治、『教育・国語教育』7–3　100–107
○「国語の社会性について」菊澤季生、『教育・国語教育』7–11　2–5
○「外来語の言語学的考察」石黒修、『教育・国語教育』7–11　12–15
○「邦語の海外発展」神崎清、『国語教育』22–1　1937.1
○「ブラジルの日本語読本」佐野保太郎、『国語教育』22–6　1937.6
○「加州の日本語教育に関する考察」松宮一也、『国語教育』22–7　1937.7
○「ブラジルの日本語読本（承前）」佐野保太郎、『国語教育』22–7　1937.7
○「ブラジルの日本語読本（承前）」佐野保太郎、『国語教育』22–8　1937.8
○「ブラジルの日本語読本（完）」佐野保太郎、『国語教育』22–9　1937.9
○「朝鮮に於ける国語問題―主として朝鮮語に取入れられてゐる国語について―」村上広之、『国語教育』22–8　1937.8　71–78
○「生活に役立つ言語教育」黒瀧成至、『教育』5–6　1937.5　34–46
○「支那国語国字運動ノ側面観」下瀬謙太郎、『国語運動』1–1　1937.8　80–84
○「文字から見た日本と支那」下村宏、『国語運動』1–2　1937.9　2–9
○「新しい観点に立った国語国字論」菊澤季生、『国語運動』1–2　1937.9　10–15
◇『国語運動』1–2　特集：新国語協会の門出を祝って
　「国語と植民地教育」（中川健蔵）／「国語の整理と保健」（大島正徳）／「国語の発展は国力に伴う」（久保猪之吉）／「国語の整理改善は基礎工事」（上野陽一）／「ローマ字は飛行機」（田中館愛橘）／「私と国語国字問題」（山口鋭之助）／「新国字の研究を望む」（石原忍）／「国語の普及は国力の発展にまつ」（岡田和一郎）
○「言語問題と言語思潮」輿水實、『国語運動』1–3　1937.10　8–14
○「放送用語の調査事業に就いて」佐藤孝、『国語運動』1–3　1937.10　48–52
○「新聞事業と国字問題」簗田欽次郎、『国語運動』1–4　1937.11　2–14
○「国語に対する国民的自覚の必要」保科孝一、『国語運動』1–5　1937.12　2–5
○「ラジオ言葉の問題」下瀬謙太郎、『国語運動』1–5　1937.12　27–28
○「国語尊重問題」進藤刀水、『國學院雑誌』43–10　1937.10　76–81
○「新領土における国語問題の重大性」松岡正男、『エコノミスト』1937.7.1　34–38
○「現代語の行方」丸山林平、『放送』7–1　52–54
○「話す日本語の問題」小川和夫、『放送』7–12　52–55
○「台湾に於ける教科書の編修について」三屋靜、『台湾時報』210　1937.4
○「国語普及用　基礎国語六百五十」国府種武、『台湾時報』214　1937.9
○「南支に於ける抗日運動の実相」（一）石井喜之助、『台湾時報』215　1937.10
○「南支に於ける抗日運動の実相」（二）石井喜之助、『台湾時報』217　1937.12
○「国語国字諸問題」安藤正次、『岩波講座　国語教育』岩波書店　1937–1
○「国語の統一・近世語」湯沢幸吉郎、『学苑』(日本女子高等学院光葉会)1937.10　2–7
○「外来語の国語となりし語彙」宮武能太郎、『歴史と國文學』16–4　太洋社　50–54
○「標準語について」佐久間鼎、『歴史公論』6–5　雄山閣　28–36
○「民族の問題と言語の問題」菊澤季生、『思想』1937.3　132–140
○「漢文科と日本精神」守岡弘道、『国漢』31　1937.1　24–25

- ○「国語教育の一動向」徳光久也、『国漢』35　1937.5　10–11
- ○「銃後といふことば」村野静吉、同上　1937.5　p.22
- ○「軍歌」植松尊慶、『国漢』40　1937.10　23–27
- ○「国語教授の本質及び使命」永田新、『学校教育』1937.1　3–13
- ○「国語教育刷新の根本問題」佐藤徳市、『学校教育』1937.6　99–108
- ○「国語の特質に就いて」土居忠生、『学校教育』1937.10　3–13

関連書籍
- ◎満鉄初等教育研究会第二部『公学校日語学堂教育の実際』満鉄地方部学務課　発行元不明
- ◎『国語の知識』乾輝雄、富山房　1937.5
- ◎『文法及口語法』木枝増一、日本文学社　1937
- ◎『児童言語学』菊池知勇、文録社　1937
- ◎『言語と文体』小林英夫、三省堂　1937
- ◎『言語学通論』小林英夫、三省堂　1937
- ◎『国語学と国語教育』橋本進吉、岩波書店　1937
- ◎『新編女子日本文法教授要領』保科孝一、光風館書店　1937
- ◎『文体論序説』吉武好武、不老閣　1937
- ◎『文章心理学』波多野完治、三省堂　1937
- ◎『典範用字例』教育総監部、川流堂　1937

主たる出来事
北京郊外の盧溝橋で軍事衝突、対中全面戦争（1937.7.1）／国体明徴運動を受けて文部省「国体の本義」発行（1937.3）、万世一系天皇への絶対柔順／国民精神総動員要綱「挙国一致」「尽忠報国」「堅忍持久」のスローガン（1937.8.24）／国民精神総動員令（1937.9.11）／「持てる国と持たざる国」進出当然論／『国語運動』創刊 1937.8／国際文化振興会、日本語海外普及に関する第一回協議会開催「クン礼式ローマ字」公表 1937.9.21／国語審議会「漢字字体整理案」可決建議 1937.11

1938 年（昭和 13 年）
雑誌記事類
- ○「外来語の日本化と日本語の外語化」島津久基、『文藝春秋』1938.7　6–6
- ○「新日本語をうちたてるべき時」岡本千万太郎、『国文学解釈と鑑賞』3–9　44–49
- ○「此の頃の国語問題」東條操、『国文学解釈と鑑賞』3–10　36–39
- ○「現代国語学思潮の素描」亀井孝、『国語と国文学』15–2　1938.2　93–97
- ○「出でよ日支辞典」守随憲治、『国語と国文学』15–4　1938.4　342–344
- ○「ラジオと国語尊重」神保格、『学校放送』1938.1
- ○「「もの」と「こと」」土居光知、『思想』1938.9
- ○「朝鮮に於ける国語問題―日常鮮語の国語同化、特に数詞について」村上広之、『国語教育』23–1　35–41
- ○「戦争と文化政策」吉阪俊蔵、『教育』6–1　1938.1　12–21
- ○「対支文化工作とことば及び文字」下村海雨、『教育』6–2　1938.2　42–47
- ○「文化政策と外国語教育」城戸幡太郎、同上　48–51
- ○「文化政策と外国語教育」小倉進平、同上　51–54
- ○「外国語教育私見」新居格、同上　55–58
- ○「外国語教育の問題に就いて」南弘、同上　70–72

○「支那事変と国語教育」高倉テル、『教育』6-4　1938.4　15-28
○「植民地における国語教育政策―主として朝鮮語方言化、国語標準語化の問題について」村上廣之、『教育』6-6　1938.6　34-48
○「台湾の国語教育」蓮田善明、『教育』6-8　1938.8　53-57
○「文化とラヂオ」西本三十二、『教育』6-10　1938.10　120-134
○「大陸政策に於ける文化工作の位置」鈴木愼一、同上　158-162
○「満洲ニオケル日本語教育」タカタコトサブロウ、『オチボ』1938.8　21-22
○「日本言語学のために」亀井孝　『文学』1938.2
○「標準語(単語)の選定と基礎日本語」三宅七郎、『国語運動』2-2　4-15
○「基礎日本語の調査」三宅七郎、『国語運動』2-7　23-27
○「今年から施行の満州国学制と日本語」河野巽、『国語運動』2-1　13-15
○「ドイツの国語運動」加茂正一、『国語運動』2-1　1938.1　17-23
○「基礎日本語を定めよ」岡﨑常太郎、『国語運動』2-2　1938.2　1-3
○「標準語(単語)の選定と基礎日本語」三好七郎、『国語運動』2-2　1938.2　4-15
○「国定日本字運動」石黒修、『国語運動』2-2　1938.2　15-39
○「日支同文のハンディキャップ」イサゴ・ケン、『国語運動』2-2　1938.2　45-48
○「朝鮮の初等教育に於ける仮名遣い」岡本好次、『国語運動』2-1　32-36
○「満州国における国語国字問題」黒川薫、『国語運動』2-2　22-26
○「シャム留学生と日本語」黒野政市、『国語運動』2-2　27-33
○「日本語教授と国語問題」星田晋五、『国語運動』2-2　16-26.
○「基本語彙の選定法について」石黒修、『国語運動』2-3　2-21
○「関東州における日本語教育」増田幸一　『国語運動』2-3　23-28
○「日本語の世界的進出」牧野良三、『国語運動』2-4　1938.3　1-2
○「基礎日本語の調査」国語協会、『国語運動』2-4　1938.3　18-21
○「基礎日本語の制定」西尾能仁、『国語運動』2-4　1938.3　2-8
○「日本語語彙の頻繁度調べ」鬼頭礼蔵、『国語運動』2-4　1938.3　9-17
○「海外放送と言葉の問題」石黒修、『国語運動』2-4　1938.3　22-27
○「基準ドイツ語の制定」本郷一郎、『国語運動』2-4　1938.3　48-69
○「ラジオの言葉調べ」国語協会、『国語運動』2-4　1938.3　36-37
○「国語運動の立場から見た小学国語読本巻十一」湯山清、『国語運動』2-5　8-13
○「語彙調査の目的と方法」輿水實、『国語運動』2-5　2-7
○「日本語教授法(1)」黒野政市、『国語運動』2-5　14-19.
○「基礎日本語」三好七郎、『国語運動』2-7　1938.7　23-27
○「基礎日本語の調査を喜ぶ」イサゴケン、『国語運動』2-7　1938.7　28-29
○「日本語と日本精神」谷川徹三、『国語運動』2-7　1938.7　2-14
○「日本語教授法(2)」黒野政市、『国語運動』2-7　30-37
○「今日の国語問題」南弘、『国語運動』2-8　1938.8　2-9
○「山田孝雄博士の所論：日本語の純粋性の問題」「国語国字問題・カナヅカイ」黒川薫、『国語運動』2-8　1938.8　10-14
○「国語運動の根本的な困難」天野英夫、『国語運動』2-9　1938.9　18-23
○「国語の自壊作用」天野英夫、『国語運動』2-10　1938.10　16-23
○「インドネシヤ語会議」宮武正道、『国語運動』2-10　1938.10.36-38
○「支那新国家における国字問題」松坂忠則、『国語運動』2-10　1938.10　39-40
○「基礎日本語に対する日本語教師の意見」黒野政市　『国語運動』2-11　31-36

○「日本語の発展と統制」黒滝成至　『国語運動』2-11　37-41
□『国語運動』2-12　座談会：昭和13年における国語国字問題を語る座談会、石黒修、岡崎常太郎、下瀬謙太郎、谷川徹三、下村宏、髙倉テル、加茂正一、湯山清他、「日本語の海外進出と基礎日本語」他。3-30

○「事変による読方教育の新動向」白井勇、『教育・国語教育』8-2　87-91
○「国語問題と山本有三氏のふりがな廃止論」黒滝成至、『教育・国語教育』8-7　132-136
○「朝鮮の新しい国語読本」石黒修、『教育・国語』8-7　91-95
○「大陸の日本語教育管見」飯田利行、『教育・国語』8-9　82-85
○「言語教育と煩瑣主義」丸山林平、『教育・国語教育』8-11　17-77
◇『教育・国語教育』臨時号　特集：言語文化と国語教育　1938.4
　　○「日本語ー日本語教育ー日本語学」(田邊壽利 38-49)／「世界に於ける日本語の発展」(神崎清 82-105)／「在留第二世の日本語教育」(名取順一 118-121)／「ローマ字運動の歴史」(菊澤季生 222-232)／「国字としてのカナ」(岡﨑常太郎 196-203)
○「外地及外国の日本語教授」神保格、『教育・国語』8-6　22-39
○「日本語の世界的進展とその対策」松宮一也、『教育・国語』8-6　45-51
○「日本語の世界的進展とその対策(承前)」松宮一也、『教育・国語』8-7　19-25
○「外国語としての日本語教授参観雑記」葛原函、『国語教育』23-10　76-89
○「支那に於ける日本語の進出状況」渡辺正文、『国語教育』23-11　45-57
○「日支事変と国語国字問題」保科孝一、『国語教育』23-12　1-6
○「我が国語政策の現在と将来」小倉進平、『放送』8-2　13-17
○「対支文化工作と支那語」竹田復、『放送』8-3　43-46
○「現下の国語問題と放送」石黒修、『放送』8-7　4-10
○「日本語の普及と統制に就いて」萩原朔太郎、『改造』20-6　1938.6
○「新東亜建設に対する東方言語学的用意」中島利一郎、『月刊日本及日本人』371　1938.4　31-40
○「言語学上より見たる日満蒙提携」中島利一郎、『月刊日本及日本人』372　1938.5　49-55
○「国語普及の新段階」慶谷隆夫、『台湾時報』236　1938.1　10-12
○「支那の言語・文字・慣習」後藤朝太郎、『歴史教育』13-7　四海書房　33-43
○「日満支ノ同文ワドコエ行ク」下瀬謙三郎、『力ナノヒカリ』1938.8　10-14
○「海外における日本語の発展」保科孝一、『国語』3-2　東京文理大学国語国文学会　1938.4
○「東亜に於ける文化接触の問題」松本信廣、『思想』1939.10　116-125
○「外国に於ける日本語並日本文化研究の現勢―外国人に教授する学校・団体一覧―」(雑録)、『國學院雑誌』44-5　1938.5
○「国語教材についての一考察」、『国漢』44　1938.2　13-14
○「国語副読本」鎌田喜一郎、『国漢』47　1938.5　20-22
○「慰問作文雑感」中山喜代司、同上　23-25
○「国語教育者の「言葉」」塚本勝義、『国漢』54　1938.12　21-23
○「今後の国語教育に猛省すべき問題」原田直茂、『学校教育』1938.4　135-141
○「国語の大陸進出に際して」原田直茂、『学校教育』1938.11　65-69
○「國語問題について」長谷川誠也、『書物展望』8-5　書物展望社　1938.5　26-29

関連書籍
◎『現代文章の日本的性格』金原省吾、厚生閣　1938
◎『教師のための口語法』保科孝一、育英書院　1938.1

◎『本邦教育の源』山田孝雄、日本文化協会　1938
◎『国語尊重の根本義』山田孝雄、白水社　1938.11
◎『世界に響く日本語』久保田馨、東苑書房　1938.11
◎『国語・国字問題』頼阿佐夫（平井昌夫）、三笠書房　1938
◎『世界に響く日本語』久保田肇、東苑書房　1938.11
◎『国語音声学教科書』大西雅雄、文学社　159p
◎『ふりがな廃止論とその批判』山本有三、白水社　1938.12
◎『改制新文典別記　口語篇』橋本進吉、富山房　1938
◎『言語研究　問題編　態度編』小林英夫、三省堂　1938
◎『假名遣の歴史』山田孝雄、宝文館　1938
◎『翻訳論』野上豊一郎、岩波書店　1938

主たる出来事
国家総動員法公布(1938.4)／「愛国行進曲」森川幸雄詞・瀬戸口藤吉曲／日本言語学会設立(1938.5)／近衛首相「東亜新秩序建設」(1938.10.3)／「大陸の花嫁」／戦地慰問「わらわし隊」(吉本興業・朝日新聞)／興亜院設置 1938．12.16．華北・華中・厦門・蒙疆に連絡部。

1939年（昭和14年）

雑誌記事類
○「「もの」と「こと」によせて」出隆、『思想』1939.1　108–120
○「言語・文字」小泉丹　同上　121–125
○「「もの」と「こと」によせて（二）」出隆、『思想』1939.2　119–125
○「「もの」と「こと」によせて（三）」出隆、『思想』1939.3　103–111
○「日本語と支那語」木村房吉　『思想』1939.6　52–66
○「ふりがな廃止の問題」杉村楚人冠、『文藝春秋』1939.4　256–263
○「放送用語の発達」若葉邦子　『国語運動』1939.1
◇『思想』7-1　特輯：新東亜教育　岩波書店　1939.1
　　○「北支旅行者の傍白―対支那文化工作の難かしさ」(上泉秀信 27–33)／「東亜文化協議会と北支の教育状況」(小林澄兄 34–40)／「戦区を行く（第一信）―南支教育ところどころ」(松永健哉 53–62)
○「日本詩のリズムと五字七字の問題」長谷川千秋、『思想』1939.8　72–88
○「五音及び七音の問題　長谷川千秋氏の批評に答ふ」土居光知、『思想』1939.11　71–78
○「ラジオと国語問題」石黒修、『書窓』1939.2
◇『教育』7-4　特輯：興亜政策と教育　岩波書店　1939.4
　　○「植民政策に於ける文化」(矢内原忠雄 1–16)／「興亜政策と教育の重要性」(石井通則 17–26)／「対支文化工作に就いて」(青木燕太郎 47–50)／「隣邦留学生教育の回顧と将来」(松本亀次郎 51–62)／「教育顧問として蒙古に行った頃」(鳥居龍蔵 63–69)／「国語政策と語彙調査―語彙調査の目的、必要、方法、実際」(石黒修 70–78)／「日本語教授に於ける問題」(国友忠夫 79–82)
○「植民地国語同化における一契機としての「功利性」の問題について、主として朝鮮における国語政策と文化施設について」村上廣之、『教育』7-8　1939.8　56–65
○「蒙疆の教育と文化（其の二）」留岡清男、『教育』7-11　1939.11　15–26
○「蒙疆の教育と文化（其の三）」留岡清男、『教育』7-12　1939.12　45–55
○「日本語の使命」高木貞一、『エスペラント』7-9　33–36.

○「国語愛とその実践」藤村作、『国文学解釈と鑑賞』4-7　1-6
○「ことばの醇化」小林好日、同　7-15
○「国語統制と純化の問題」齋藤清衛、同上　16-25
○「大東亜の明日と国語―日本語普及の実践的基礎」釘本久春、『国文学解釈と鑑賞』4-6　1939.6　74-94
○「支那事変と日本語教育」小池藤五郎、『国文学解釈と鑑賞』4-7　1939.7　187-200
○「大陸文化工作としての日本語」福井優、『国文学解釈と鑑賞』4-7　1939.7　.200-208
○「日本語と支那語―日本語普及上の諸問題」酒井森之介、『国文学解釈と鑑賞』4-7　1939.7　209-216.
○「日本語の世界的普及状態」伊那信男、『国文学解釈と鑑賞』4-7　1939.7　217-229
○「国語普及と仮名に依る朝鮮語音表記」安龍白、『朝鮮』1939.8　84-91　朝鮮総督府
○「支那事変と文字」下村海南、『国語運動』3-1　1939.1　1-2
○「宣伝と国語」横溝光暉、『国語運動』3-1　1939.1　3-15
○「現代日本語の漢字表記」大石初太郎、『国語運動』3-1　1939.1　24-38
○「国語愛後実験室」宮田幸一、『国語運動』3-1　1939.1　56-58
○「放送用語批評」三宅武郎、『国語運動』3-1　1939.1　40-45
○「放送用語の発達」若葉葉子、『国語運動』3-1　1939.1　46-50
○「ラジオの言葉」アヤイ・タダヒコ、『国語運動』3-1　1939.1　51-53
○「国語審議会に於ける国語に関する件魏」下村海南、『国語運動』3-2　1939.2　31-32
○「国語愛後実験室(二)」宮田幸一、『国語運動』3-2　1939.2　33-35
○「日本語は進む」高倉テル、『国語運動』3-2　1939.2　36-37
○「送り仮名法(案)」、三宅正太郎・若林方雄・野田信夫、『国語運動』3-3　1939.3　2-5
○「山本有三君の功績と私たちの責任」高倉テル、『国語運動』3-3　1939.3　33-37
○「オランダの綴り字法改正運動」宮武正道、『国語運動』3-3　1939.3　46-50
○「外地及び海外における日本語教科書の仮名遣」井之口有一、『国語運動』3-4　1939.4　17-22
○「国語標記の改善問題」齋藤清衛、『国語運動』3-4　1939.4　3-6
○「カナヅカイ改定の意義」上野陽一、『国語運動』3-4　1939.4　7-9
○「仮名遣の歴史」木枝増一、『国語運動』3-4　1939.4　10-16
○「兵隊とコトバ・文字の改良」サトー正二、『国語運動』3-4　1939.4　31-32
○「山本有三氏と国語問題」城戸幡太郎、『国語運動』3-4　1939.4　40-44
○「国語の純潔をとりもどせ」鶴見祐輔、『国語運動』3-5　1939.5　11-15
○「漢字漢語と日本語」生方敏郎、『国語運動』3-5　1939.5　18-20
○「留学生と国語問題」国府種武、『国語運動』3-4　1939.4　12-13.
○「満州国における日本語の問題」福井優、『国語運動』3-6　1939.6　2-12
○「日本語の海外普及政策実施に関する意見書」大出正篤、『国語運動』3-6　1939.6　13-19
○「日本語の海外普及に対する国語運動の現在における動向」天野英夫、『国語運動』3-6　1939.6　20-25
○「言葉直しと基礎日本語との関係」森馥、『国語運動』3-6　1939.6　26-29
○「国語読本に表れた国語の尊重愛護と日本語の発展」廣瀬榮次、『国語運動』3-6　1939.6　30-33
○「トルコの国語・国字問題の現在」磯村武亮、『国語運動』3-6　1939.6　44-49
○「満洲國に渡つて」千種達夫　『国語運動』3-6　1939.6　34-37
○「国語の純化・統一の意義とその必要」近衛文麿、『国語運動』3-8　1939.8　2-3
○「漢字と日本文化」津田左右吉、『国語運動』3-8　1939.8　4-19

○「国語問題と国語政策」安藤正次、『国語運動』3-10　1936.10　2-7
○「わが国の外地に於る日本語教授法の変遷」山口喜一郎、『国語運動』3-10　1939.10　8-15
○「北支那の唐山における日本語教育」細部新一郎、『国語運動』3-10　1939.10　16-25
○「シナ人にニッポン語を教える場合」白鷹、『国語運動』3-10　1939.10　26-27
○「不惜身命と火の赤十字」石黒修、『国語運動』3-10　1939.10　28-34
○「わが国語の特質」菊澤季生、『国語運動』3-11　1939.11　3-10
○「国際親善と国語」齋藤靜、『国語運動』3-11　1939.11　11-12
○「発音仮名遣いと音声教育」志賀潔、『国語教育』3-12　1939.12　2-9
○「口語文の生い立ち」吉武好孝、『国語教育』3-12　1939.12　10-14
○「わが国語の特質（下）」菊澤季生、『国語教育』3-12　1939.12　16-26
○「言葉について―文藝時評」小林秀雄　『文藝春秋』1939.10　256-258
□「座談会：外地の日本語問題を語る（庄司徳太郎、福井優、宮島英男、森田悟郎、山口喜一郎、渡邊正、石黒修）」『文藝春秋』1939.12　284-307.
○「外地における国語教材の問題―日文補充読本巻一、三を読む」松本金壽、『教育・国語教育』9-2　1939.2　34-39
○「日本語の出陣―教育の立場から動員」鈴木徳成、『教育・国語教育』9-3　1939.3　129-135
○「大陸の日本語教育管見」飯田利行、『教育・国語』9-9　1939.9　82-85
○「南支の親日郷仏山に早くも日本語学校」無記名、『国語教育』24-1　135
○「言語に対する社会的制裁」保科孝一、『国語教育』24-2　1-6
○「新東亜建設と国語教育座談会」国語研究会、『国語教育』24-2　125
○「日本語教育に就いて」岩坪又彦、『国語教育』24-6　1939.6　87-96
○「支那人と日本語」永持徳一、『国語教育』24-8　1939.6　75-82
○「時局と国語問題座談会」石黒修・岡本千万太郎他、『国語教育』24-9　115-127
○「支那に於ける日本語の進出状況―中支方面」渡辺正文『国語教育』24-9　89-101
○「日本語の確立」保科孝一、『国語教育』24-10　1-6
○「支那人と日本語の特殊性」永持徳一、『国語教育』24-10　101-109
○「時局と国語教育」保科孝一、『国語教育』24-11　1939.11　1-6
○「日本語の特質」佐久間鼎、『国語教育』24-11　1939.11　12-17
○「日本語の論理構造」亀井孝、『国語教育』24-11　1939.11　18-22
○「日本語の海外発展」岡本千万太郎他、『国語教育』24-12　94-103
○「日本語に及ぼした和蘭語の影響について」齋藤靜、『言語研究』2　1939.4　15-32　日本言語学会
□「放送座談会：国語と現代人の言葉」土岐善麿、保科孝一、横光利一、谷川徹三他　『放送』9-1　1939.1　40-48
○「実習日本語講座の試み」無記名、『放送』9-4　1939.4　9-9
○「日本語の大陸進出」無記名、『放送』9-6　1939.6　69-69
○「支那への文化工作と日本語」高倉テル、『放送』9-4　1939.4　15-17
○「放送による対満支日本語普及の具体案」近藤壽治、石黒修、一谷清昭、竹田復　『放送』9-9　1939.9　17-34
○「日本語の外地普及とその教科書」藤村作、『放送』9-9　1939.9　35-36
○「国語改善と放送事業」中村寅市、『放送』9-9　1939.9　37-39
○「外国人の日本語放送」西海太郎、『放送』9-9　1939.9　70-72
◇『放送』9-10「特集：標準日本語の理想的要件」1939.10　31-44
　○「総体的な心構え」佐久間鼎／「東京語を基礎としての諸問題」東條操／「特に話す言葉の上

において」石黒修／「標準語の本質と要件」興水實
- ○「BBCの国語標準化運動」佐藤孝、『放送』9-10　1939.10　45-48
- ○「各国放送の国語純化運動」宇井英俊、『放送』9-10　1939.10　49-54
- ○「国語の海外進出とその対策」石黒修、『日本評論』1939.9　393-399
- ○「外地と国語」村上廣之、『国語教育誌』2-11 国語教育学会 1939.11　岩波書店
- ○「国語教育と日本語教育」岡本千万太郎、『国語教育誌』2-12　国語教育学会、1939.12
- ○「国語問題の根本観念（国語調査に対する期待と憂慮）」新村出、『国語国文』9-11　1939.11　1-34
- ○「国語と民族性との問題」亀井孝、『国語と国文学』16-4　1939.4　228-244
- ○「対支日本語教授法の問題―現地的視角に立脚して」荻原浅男、『国語と国文学』16-11　1939.11　82-92
- ○「国語の将来」柳田国男、『國學院雑誌』45-5　1939.5　2-32
- ○「文化、殊に言語進出の準備如何」石黒魯平、『教学』大日本学術協会 1939.8　30-47
- ○「国語漢文及支那時文」渓山逸老、『歴史と國文學』21-5　32-44
- ○「国語普及上に於ける常用語の地位　皇民化と常用語の効果」山崎睦雄、『台湾時報』239　1939.11
- ○「言語学より見たる日本語の地位」小倉進平、『昭和十三年夏期日本文化講座講演集』国際学友会　1939.6　1-34
- ○「タイ日本文化研究所及びバンコック日本語学校の開設」星田晋五、『タイ国日本人会報』1939.9
- ◇『表現研究』7月号特集：新興日本国語教育　東京高等師範学校附属小学校内初等教育研究所発行・大日本図書株式会社
  - ○「国語の損失と教育」(山田孝雄 41-59)／「文藝と国語」(岸田國士 60-69)／「国語教育の根本問題」(保科孝一 70-82)／「口語日本語と国語政策」(石黒修 99-106)／「国語教育の閑却された一面」(波多野完治 107-111)／「新東亜の建設下における国語教育の主要問題」(菊池譲 193-196)／「興亜の読方教育」(山本才次郎 207-210)／「海外教材の考察と指導」(森甚三 278-279)／「時局と満洲の読本」(佐野準三 378-381)
- ○「魯庵氏の国語改良に関する意見―国語改良異見に現れたる」加藤盛男　『書物展望』9-5　1939.4　18-22
- ○「日本語の東亜進出」安藤正次、『ラジオ講演講座』1939.1
- ○「日本語教授に於ける問題」国友先夫、『教育』1939.4
- ○「日本語による教育の問題」杉村広蔵、『揚子江』1939
- ○「東亜指導民族の言語―正しき日本語の教授を如何にすべきか」中尾七郎、『帝国教育』727号　1939.5　92-97
- ○「国語普及上に於ける常用語の地位　皇民化と常用語の効果」山崎睦雄、『台湾時報』239号　1939.11　33-33
- ○「日本語の国際的進出について」江間道助、『早稲田文学』1939.5　11-15
- ○「諺にあらはれたる戦争」鈴木重雅、『国漢』55　1939.1　20-21
- ○「銃後国語教育の一新動向」徳光久也、『国漢』60　1939.6　25-27
- ○「魯庵氏の国語改良に関する意見」加藤賢男、『書物展望』9-5　1939.5　18-22

関連書籍
- ◎『國語對策協議會議事録』文部省図書局、1939.12　249p.
- ◎『二語併用地に於ける国語問題の解決』山崎睦雄、台北新高堂書店
- ◎『国語の世界的進出―海外外地日本語読本の紹介』石黒修、『教育国語』5月号別冊附録　厚正

閣　1939.5　128p.
◎『日本語教授の実際』国府種武、東都書籍　1939.11
◎『国語観―新日本語の建設』岡本千万太郎、白水社　1939.5
◎『国語の教育』徳田浄、晃文社　1939
◎『簡明日華基本語辞典』岩井武男、文求堂　1939
◎『小学国語読本朗読法』厚生閣　1933–1939
◎『支那人に対する日本語の教へ方』阿部正直著・魚返義雄補述 582p. 東亜同文会　1939.8
◎『国語と日本精神』松尾捨治郎、白水社　1939.5
◎『国語観　新日本語の建設』岡本千萬太郎、白水社　同上
◎『日本語の研究』兼常清佐、中央公論社　1939.2
◎『国語学読本』菊澤季生、思潮社　1939
◎『日本文化と日本精神』山田孝雄、日本文化中央連盟　1939
◎『国語表現』金原省吾、啓文社　1939.3
◎『現代文章の日本的性格』金原省吾、厚生閣　1939.6

主たる出来事
ノモンハン事件（1939.5）／「鍬の戦士」満蒙開拓青少年義勇軍都内パレード（1939.6）／青年文化協会設立（日語学院を運営 1939.8）／国語文化学会設立（国語文化研究所 1939.8）／「興亜奉公日」実施（1939.9）／国民徴用令公布 1939.7.7／朝鮮における皇民化政策「創氏改名」公布（1939.11）／『コトバ』創刊 1939.10／『言語研究』（日本言語学会）創刊 1939.7

1940 年（昭和 15 年）

雑誌記事類
○「言語の国際的利用」長谷川誠也、『文藝春秋』1940.6
○「国語のリズム」湯山清、『実践国語教育』1940.5
○「国語を紊るもの」金田一京助、『報知』1940.4.29–1940.5.2
○「支那に対する日本語普及と教科用書編纂」石黒修、『教育』8-2　1940.2　79–84
○「国民科国語読本に対する要望」滑川道夫、『教育』8-5　29–35
○「国語学と国語の価値及び技術論」時枝誠記、『国語と国文学』17-2　1940.2　1–13
○「国語国文学者の立場」佐藤幹二、『国語と国文学』17-8　1940.8　1–5
○「国語問題の過去を回顧して―国語審議会の改造を望む」藤村作　『国語と国文学』17-12　1940.12　1–16
○「満洲国における日語の地位」江幡寛夫、『満洲国語』第 4 号　4–16
○「満洲国語ノカナガキ案ニツヲ前ニ」下瀬謙三郎、『カナノヒカリ』1940.4　6–8
○「満洲国に於ける日語教育の目標」堀敏夫、『満洲国語』第 1 号　23–30
○「満洲国語を論じて放送用語に及ぶ（一）」馬象図、『満洲国語』第 1 号　11–18
○「満洲国語を論じて放送用語に及ぶ（承前）」馬象図、『満洲国語』第 2 号　45–54
○「新東亜建設と日本語」赤塚吉次郎、『満洲国語』第 2 号　2–9
○「日本語教科書中の二三の問題」民生部編審官室、『満洲国語』第 2 号　17–21.
○「満洲の日本語問題」松本重雄、『満洲国語』第 4 号　9–14
○「文体の統一を図れ」加茂弘、『満洲国語』第 4 号　15–23
○「国家語及国民語」丸山林平　『満洲国語』（満語版）第 5 号　44–50
○「標準語の問題」杜白雨、『満洲国語』第 6 号　28–30

○「北満に於ける日本人の言葉に就いて」益田芳夫、『国語教育』25-4　77-81
○「所謂国語問題の帰趨」山田孝雄、『文学』8-4　1-10
□『コトバ』2-1　シンポジウム　1939.1.1
　　○「大陸経営とわが言語政策」(石黒修 73-81)／「大陸政策と国語問題の解決」(下村海南 82-82)／「外地国語教育者として」(森田梧郎 83-86)／「石黒氏の『大陸経営とわが言語政策』を読む」(福井優 87-90)／「大陸経営とわが言語政策」に就いて」(山口察常 91-93)／「大局的眼光と正しい優越感」(魚返義雄 94-95)／「大陸経営上の言語政策の精神と技術」(岡本千万太郎 96-100)／「国語醇化を一大国民運動とせよ」(鶴見祐輔 101-102)／「国語による性格改造」(松宮一也 103-109)／「要は人の問題」(大志万準治 110-111)
○「大陸に対する日本語政策の諸問題―『大陸経営とわが言語政策』に対するご意見を拝読して」
　　石黒修　『コトバ』2-2　1939.2.1　77-82
○「支那に対する日本語普及と教科用書編纂」石黒修、『教育』1940.2　45-52
○「国語の純化運動」藤田徳太郎、『現地報告』文藝春秋社　40号　1940.2　123-126
○「国語政策に就て」樺俊雄、『現地報告』文藝春秋社 40号　1940.2　145
○「満州には国語が二つある―奉天からの現地通信」宮井一郎、『文藝春秋』1940.3　76-80
○「大陸言語の旅から」魚返善雄、『文藝春秋』1940.3　94-101
○「東亜標準語―陣中随筆」『文藝春秋』1940.3　53-55
○「新東亜の日本語―井上兵吉氏の「東亜標準語」をよんで」泉興長、『現地報告』31号　文藝春秋社 1940.4　122-125
◇『文学』8-4　特集：東亜に於ける日本語(26編の報告)岩波書店
　　○「所謂国語問題の帰趨」(山田孝雄 1-10)／「進出の形態と方策」(安藤正次 10-13)／「東亜に於ける日本語」(小林好日 13-17)／「国語の整理とは何のことか」(神保格 17-21)／「日本語の再認識」(佐久間鼎 22-24)／「日本語の統制を強化せよ」(保科孝一 25-27)／「国語の整理統制」(倉野憲司　28-30)／「日本語普及の総力戦態勢」(志田延義　31-33)／「日本語を世界語と爲す運動」(鶴見祐輔 34-36)／「東亜の共通語としての日本語」(石黒修 37-39)／「東亜共通語としての日本語の反省」(矢澤邦彦 40-44)／「満州国に於ける日本語の地位」(重松信弘 45-56)／「外国語としての我が国語の教授に就いて」(山口喜一郎 57-61)／「外国語としての日本語」(加藤春城 62-65)／「日本語の世界的進出と教授法の研究」(大出正篤 66-82)／「外国語としての日本語」(福井優 83-87)／「日本語の教授者に望む」(坪川與吉 88-97)／「中支に於ける日本語教育」(菊池徳平 98-101)／「回教徒たちと日本語教育―東アジアの問題」(小林元 102-114)／「日本語教育のために」(藤原輿一 115-119)／「大陸に於ける日本語の教室」(西尾實 120-126)／「会話と問答」(長沼直兄 127-129)／「日本語教育より国語教育と留学生問題を一瞥して」(小池藤一郎 130-135)／「おりろ！」(各務虎雄 136-138)／「日本語の教室」(一谷清昭 139-141)／「江南の春―××県立小学校開校す」(釘本久春 142-150)
○「満洲国へ日本片仮名採用を提唱す」高山謹一、『満蒙』1940.8
○「満洲国における国語国字問題」黒川薫、『満蒙』1940.10
○「満洲国に於ける日本語教育」上原久、『学習研究』19-8　1940.8　78-84
○「満洲国に於ける日語普及の為の諸問題」高山照二、『満蒙』21-7　1940.7　75-84
○「再び満洲国の日語問題を論ず」高山照二、『満蒙』21-11　1940.11　32-40
○「国語・国家・国民」柾山清美、『文学』8-9　101-103
○「『外地版』新設について：付情報」益田芳夫、『コトバ』2-5　1940.5.1　87-89
○「外地版：満州の日本語問題」松本重雄、『コトバ』2-7　1940.7.1　59-59
□『コトバ』2-7　シンポジウム　1940.7.1
　　○「日本語の対支進出と教授者養成問題」(提案者松宮一也 64-79)／「支那は外国である」(魚返

善雄　80–83）／「日本語教師は言語学を学べ」（黒野政市 84–88）／「松宮氏の提言に対して」（倉野憲司 89）
- 「満州国に於ける日本語教授の現状」高萩精玄、『コトバ』2–8　1940.8.1　47–52
- 「台湾の国語教育」永井洸、『コトバ』2–8　1940.8.1　53–54
- 「朝鮮の国語教育について」洪雄善、『コトバ』2–8　1940.8.1　55–56
- 「満州国語教育界の進むべき道」小林藤次郎、『コトバ』2–8　1940.8.1　57–59
- 「官か私か―再び対支日本語教授養成問題について―」松宮一也　『コトバ』2–8　1940.8.1　60–65
- 「外地版・情報：〔資料〕満州国における語学試験」石黒修編　『コトバ』2–8　1940.8.1　64–66
- 「日本語普及問題の再吟味」松宮一也、『コトバ』2–9　1940.9.1　46–48
- 「外地版・寄稿：日本語教授雑感、情報」国府種武、石黒修編　『コトバ』2–9　1940.9.1　59–64
- 「国語尊重と教学刷新」小林光政、『国語運動』4–1　1940.1　4–7
- 「日本語教育におけるローマ字問題」松宮一也、『国語運動』4–1　1940.1　28–34
- 「国語の愛護」塚本勝義、『国語運動』4–2　1940.2　2–11
- 「国語の愛護は音数単位の自覚から」鳴海要吉、『国語運動』4–2　1940.2　12–15
- 「漢字と日支の文化提携」清見陸郎・鳴海要吉、『国語運動』4–2　1940.2　16–19
- 「西洋と日本語」野上豊一郎、『国語運動』4–3　1940.3　2–10
- 「漢字の略語使用について」、『国語運動』4–3　1940.3　11–14
- 「国語辞典の検討」宮田幸一、『国語運動』4–3　1940.3　15–18
- 「送り仮名法の制定を望む」岡崎常太郎、『国語運動』4–3　1940.3　19–22
- 「興亜の鍵としての国語」下山懋、『国語運動』4–3　1940.3　30–34
- 「外国で感じた日本語の簡易化」吉岡弥生、『国語運動』4–3　1940.3　41–42
- 「日本人は日本語を話せ」清水喜重、『国語運動』4–3　1940.3　43–44
- 「第二世と日本語に就いて語る」第二世出席者、『国語運動』4–4　1940.4　2–12
- 「国語読本編纂についての希望」教育部、『国語運動』4–4　1940.4　13–18
- 「新読本に対する希望と註文」三十八氏、『国語運動』4–4　1940.4　19–25
- 「国語運動に対する一つの考え」矢口茂雄、『国語運動』4–4　1940.4　28–33
- 「カナヅカイ（案）」カナヅカイ委員会、『国語運動』4–5　1940.5　2–6
- 「女軍医とコトバ使い」石黒修、『国語運動』4–5　1940.5　29–32
- 「義太夫に説かれた国語の問題」岡田道一、『国語運動』4–5　1940.5　37–40
- 「イギリス及びアメリカにおける国語問題」高根町五、『国語運動』4–5　1940.5　41–43
- 「文学者として見た現代日本語」岸田國士、『国語運動』4–6　1940.6　2–15
- 「国語を護れ」池宮南峰、『国語運動』4–6　1940.6　16–24
- 「新仮名遣いと国語」金田一京助、『国語運動』4–6　1940.6　28–32
- 「国語のアクセント研究」園池公功、『国語運動』4–6　1940.5　33–42
- 「日本文化と国語・国字」星野行則、『国語運動』4–7　1940.7　7–10
- 「国語国字展覧会の概況」国語協会、『国語運動』4–7　1940.7　11–24
- 「国語教育の立場から」大久保正太郎、『国語運動』4–7　1940.7　2–6
- 「支那に対するわれらの指導精神」志賀潔、『国語運動』4–7　1940.7　33–43
- 「日本語アクセントの種類」平山輝男、『国語運動』4–8　1940.8　13–16
- 「台湾での文字普及運動と国字問題」土屋寛、『国語運動』4–8　1940.8　20–28
- 「日本語教授の経験から見た日本語」岡本千万太郎、『国語運動』4–9　1940.9　13–16
- 「東亜新秩序建設と日本語教育」細部新一郎、『国語運動』4–9　1940.9　18–26
- 「『所謂国語問題の帰趨』について」石黒魯平、『国語運動』4–10　1940.10　31–36

○「時局と国語国字」田中館愛橘、『国語運動』4-10　1940.10　37-38
○「国語国字問題の解決」安藤正次、『国語運動』4-10　1940.10　4-10
○「支那事変と国語国字問題」下村宏、『国語運動』4-10　1940.10　11-17
○「人類文化と国字国語問題」上野陽一、『国語運動』4-10　1940.10　18-25
□『国語運動』4-11　特輯：国語の身体性と国語運動　1940.11
　「国語の統制と国語運動」(崎山正毅 8-12)／「国語統一と口語日本語」(吉岡修一郎 13-17)／「身体性と国語運動」(石本静枝 18-22)／「国民総動員と国語運動」(古賀残星 23-25)／「国語運動行進曲」(土岐善麿 6-7)／「国語愛護の歌」(土岐善麿 28-29)
○「回覧と湯屋の日本語」石黒修、『国語運動』4-11　1940.11　34-35
○「国語発展の一端として進言」青木錠吉郎、『国語運動』4-11　1940.11　36-38
○「新制国民学校に於ける音声言語の教育について」山口喜一郎、『コトバ』2-10　1940.10.1　4-18
○「国民学校国語教則要項に関し私見を述ぶ」與水実、『コトバ』2-10　1940.10.1　19-24.
□『コトバ』2-10　シンポジウム：日本語教授用基本文法の問題　1940.10.1
　○提出者　菊沢秀生 52-61／「国語の種々相を教えたい」(東條操 62-63)／「古文支那語文法の影響」(乾輝雄 64-66)／「菊沢秀生氏の提案について」(松尾捨治郎 67-68)／「基本文型と基本語法」(石黒修 69-71)／「日本語教授に於ける文法教授」(松宮弥平 72-79)／「日本語教授上の語法問題」(黒野政市 81-90)／「外地版［寄稿］：二重言語と朝鮮の子供」(和田重則 92-94)／「外地版［情報］」(石黒修 95-96)
○「東亜標準語―一陣中随筆―」井上兵吉、『文藝春秋』1940.10　53-55
○「教国評論　輸出用日本語」(不明)、『教育・国語』10-2　1940.2　2-4
○「外地版［情報］」石黒修、『コトバ』2-11　1940.11.1　49-51
○「言語に対する二の立場　主体的立場と観察者的立場」時枝誠紀、『コトバ』2-7　4-14
○「東亜の日本語―井上兵吉の『東亜標準語』をよんで」泉興長、『文藝春秋』1940.11　122-125
○「台湾での国語問題のあらまし」土屋寛、『コトバ』2-12　1940.12.1　58-71
○「外地版［情報］」：石黒修、『コトバ』2-12　1940.12.1　49-51
○「海外における日本語教育」国語教育学会、『標準語と国語教育』岩波書店　1940
○「新東亜建設と日本語」浅井良純一、『満洲国語』第2号
○「教国評論：輸出用日本語」(筆者不明)、『教育・国語』1940.2　2-7
○「国語問題と国語政策」安藤正次、『国語運動』3-10　2-7
○「世界の言語系統と分布」宇井英俊、『放送』1940.9　19-26
○「国語より見た台湾教育雑感」上野廣二、『国語教育』25-1　90-96
○「朝鮮国語教育漫談」小山東洋城、『国語教育』25-2　1940.2　87-92
○「基礎日本語と基礎文型」岡本千万太郎、『国語教育』25-2　78-83
○「上海だより」渡邊正文、『国語教育』25-2　74-86
○「広東の日語教授」国府種武、『国語教育』25-3　1940.3　87-98
○「北満に於ける日本語の言葉」益田芳夫、『国語教育』25-4　77-81
○「北京の日本語教育」篠原次郎、『国語教育』25-5　74-77
○「時局と満洲の国語読本」佐藤準三、『国語教育』25-6　94-96
○「陸軍兵器名称及用語の簡易化」保科孝一、『国語教育』25-6　1940.6
○「語彙調査と国語教育(1)」石黒修、『国語教育』25-6　90-93
○「陸軍兵器用語集(1)」保科孝一、『国語教育』25-7　1940.7　1-5
○「興亜教育と日本語」廣瀬菅次、『国語教育』25-7　82-86
○「語彙調査と国語教育(2)内外における語彙調査の実際」石黒修　『国語教育』25-7　59-63

- ○「科学の振興と国語教育」保科孝一、『国語教育』25-8　1940.8　1-4
- ○「語彙調査の理論と方法」石黒修、『国語教育』25-8　1940.8　59-63
- ○「ブラジルの日本語事情」鈴木暢幸、『国語教育』25-8　1940.8　64-68
- ○「国語読本の語彙調査」石黒修、『国語教育』25-9　1940.9　61-66
- ○「国語の大陸進出に伴なう二大急務」永山勇、『国語教育』25-9　102-107
- ○「新体制と言語の統制」保科孝一、『国語教育』25-11　1-4
- ○「北支に於ける日本語発展状況」廣瀬菅次、『国語教育』25-11　101-104
- ○「言語訓練と国語教育」保科孝一、『国語教育』25-12　1940.12　1-6
- ○「国語教育の問題(一)」志田延義、『国語教育』25-12　1940.12　7-11
- ○「時局と満洲の国語読本」佐藤準三、『表現研究』1940.7
- ○「国民言語文化の問題　児童の言語生活」保科孝一、『実践国語教育』7-3　1940.3
- ○「日本語海外普及の組織化」無記名、『放送』10-4　1940.4　10-10
- ○「日本語と漢語・漢字の問題」石山徹郎、『日本評論』1940.8　120-131
- ○「日本語の大陸進出」内閣情報部、『週報』288　1940.5.22　24-30
- ○「新東亜建設と日本語の問題」新村出、笹森傳繁編輯発行　財団法人啓明会事務所　北隆館　1940.12.25 講演
- ○「台湾に於ける国語教育」安藤正次、『学苑　国文学と英文学』(日本女子高等学院光葉会) 1940.10　20-23
- ○「南方進出と日本語教育」加藤勘十、『南進』1940.10
- ○「南方進出と日本語教育(承前)」加藤勘十、『南進』1940.11
- ○「興亜教育と国語政策」石黒修、『綴方教育』1940.11
- ○「国語と漢字の辞典」保田興重郎、『東京堂日報』1940.11
- ○「支那語教育の新体制」倉石武四郎、『改造』1940.10
- ○「在支日人教員と日語教育」菊沖徳平、『揚子江』1940.9
- ○「日語学校の経営」本良定昌、『宗教公論』1940.6
- ○「日本語の東亜進出」藤井尚吾、『外地評論』1940.3
- ○「標準日本語」小幡重一、『改造』1940.1
- ○「言語学的に見たる東亜共栄圏」三吉朋十、『興亜時代』2-10　東亜振興会　1940.10
- ○「国語国文の本旨と教育」山田孝雄、『國學院雑誌』46-1　1940.1　2-28
- ○「東亜新建設と日本語」堀江秀雄、『國學院雑誌』46-1　1940.1　65-80
- ○「國語の重要性―國語の力とその本質」今泉忠義、『東方之國』5月号　東方之國社　33-56　1940.5.
- ○「日本語の普及」佐々木光、『雄辯』1940.12　199-200

関連書籍
- ◎『日本語の問題―国語問題と国語教育―』石黒修、修文館　1940.12　272p.
- ◎『日本表記法』民生部編審官室編、満州帝国教育会　1940
- ◎『国語音声学綱要』神保格、明治図書　1940
- ◎『国語学史』時枝誠記、岩波書店　1940
- ◎『日本の言葉』新村出、創元社　1940
- ◎『日本口語法』佐藤喜代治、東方国民文庫20　1940.1
- ◎『国語の中に於ける漢語の研究』山田孝雄、宝文館　1940.4
- ◎『肇国の精神』山田孝雄、日本文化協会　1940
- ◎『教育に関する勅語義解』山田孝雄、宝文館　1940
- ◎『現代日本語法の研究』佐久間鼎、厚生閣　1940.4

◎『国語問題と英語科問題』藤村作、白水社　1940.5
◎『新興日本語研究』岩沢巌、東京開誠館　1940.8
◎『国語と国民性』菊澤季生、修文館　1940.8
◎『標準語と国語教育』国語教育学会編、岩波書店　1940.9
◎『人間と言葉』稲富栄次郎、目黒書店　1940.12
◎『日本の言葉』新村出、創元社　1940
◎『言葉の歴史』新村出、創元選書　1940
◎『外来語の話』新村出、新日本図書　1940
◎『一般音声学』研究社英米文学語学講座　1940
◎『大陸の言語と文学』魚返義雄編著、三省堂　1940.12　260p
◎『日本の言葉』新村出、創元社　1940.12　352p
◎『国語の世界的進出』石黒修、厚生閣　1940.1　128p
◎『日本語の言語理論的研究』佐久間鼎、三省堂　1940.1　176p
◎『言語教育概論』輿水實、晃文社　1940.5　207p
◎『国語問題と英語科問題』藤村作、白水社　1940.5　243p
◎『現代日本語法の研究』佐久間鼎、厚生閣　1940.4　430p
◎『国語と国民性　日本精神の開明』菊澤季生、修文館　1940.9　272p
◎『文体論』山本忠雄、賢文館　1940.5　280p

主たる出来事

紀元二六〇〇年祝賀式典、「八紘一宇」スローガン／三国同盟ベルリンで調印(9.27)／朝鮮における皇民化政策「創氏改名」施行(1940.2)／華北日本語研究所創立(中目覚所長)1940.9／日本方言学会設立、『方言』創刊(1940.10)／文部省図書局内に国語課新設(1940.11)／日語文化協会内に日本語教育振興会設置(1940.12)

1941年（昭和16年）

雑誌記事類

○「昔の日本語海外進出」小倉進平、『文藝春秋』19-10　1941.10
□「国語改良の問題（座談会）」倉野憲司・塩田良平・橘純一・西尾實・船橋聖一、『文學界』8-1　1941.1　80-99
○「日本語の安定」中島健蔵、『文學界』1941.4　14-17
○「国語の普及運動について」保田與重郎、『文學界』1941.5　14-21
○「文化の本質：対談　南方文化工作について」北原武夫・中島健蔵、『文學界』1941.6　4-20
○「国語問題の所在」浅野晃、『文學界』1941.7　54-63
○「アジア的人間像の創成」国分一太郎、『教育』9-9　1941.9　19-28
○「日本語教育に関する問題」篠原利逸、『教育』9-9　1941.9　81-87
○「文部省の日本語教育対策」石黒修、『教育』9-11　7-13
○「国語教育の現段階」大久保正太郎、『教育』9-12　48-57
○「日本語と東亜共栄圏」中島利一郎、『書物展望』11-7　1941.7　19
○「発刊の辞」松尾長造、『日本語』創刊号「東亜文化圏と日本語」1941.4　4-5
○「日本語の海外発展策」小倉進平、『日本語』創刊号　1941.4　12-19
○「日本語教授のあと」松宮弥平、『日本語』創刊号　1941.4　36-43
○「日本語教授に關する二三の感想」加藤春城、『日本語』創刊号　1941.4　48-51

- ○「満洲国に於ける日本語教育の動向」堀敏夫、『日本語』創刊号　1941.4　52–59
- ○「台湾に於ける国語教育」金丸四郎、『日本語』創刊号　1941.4　59–62
- ○「日本語教授参考文献」長沼直兄、『日本語』創刊号　1941.4　34–35
- ○「日本語の進出と日本語の教育」安藤正次、『日本語』1–2「日本語の進出とその對策」　1941.5　4–10
- ○「北支に於ける日本語教育の特殊性」山口喜一郎、『日本語』1–2　1941.5　11–16
- ○「教壇人の立場から」益田信夫、『日本語』1–2　1941.5　35–37
- ◇『日本語』1–2 特輯：第二回国語對策協議會を中心として　1941.5
   - ○「文部省に於る国語対策の根本方針」(松尾長造 17–19)／「国語の学校教育と社会教育」(島田牛稚 20–23)／「語法と語彙の問題」(小林正一 24–28)／「三つの困難とその對策」(大石初太郎 29–34)／「協議會而して次は？」(神保格 49–56)／「日本語の教師の資格」(東條操 55)
- ○「国語対策に就いての希望(ハガキ解答)」森田梧郎、石黒修他 16 名、『日本語』1–2　1940.5　38–43
- ○「現地に於ける日本語教授の現況：国語の歴史的現実」森田梧郎、『日本語』1–2　1941.5　44–46
- ○「字音假遣私考」市川三郎、『日本語』1–2　1941.5　47–49
- ○「日本語教育参考文献(二)」長沼直兄、『日本語』1–2　1941.5　56–57
- ○「国語教育と日本語教育」久松潜一、『日本語』1–3「国語教育と日本語教育」1941.6　4–9
- ○「日本語教師論―日本語教育の文化史的意義―」白木喬一、『日本語』1–3　1941.6　9–17
- ○「外国語教授に於ける母国語の位置」長沼直兄、『日本語』1–3　1941.6　17–21
- ○「国民学校国民科の国語」松田武夫、『日本語』1–3　1941.6　48–53
- ○「国語教育の深化拡大」志田延義、『日本語』1–3　1941.6　53–56
- ○「大陸に於ける日本語教授の概況」大出正篤、『日本語』1–3　1941.6　22–34
- ○「青島特別市に於ける日本語教育」古川原、『日本語』1–3　1941.6　34–38
- ○「日本語教授の方法的実践」中村忠一、『日本語』1–3　1941.6　39–45
- ○「朝鮮・台湾に於ける国語教育機関紹介」、『日本語』1–3　1941.6　32–33
- ○「日本語教授参考文献(三)」長沼直兄、『日本語』1–3　1941.6　46–47
- ○「文化語と生活語―特に日本語の特徴について―」長谷川如是閑、『日本語』1–4「生活語と文化語」1941.7　4–14
- ○「生活語としての日本語」佐久間鼎、『日本語』1–4　1941.7　15–21
- ○「国語教育の立場から見た生活語と文化語」西尾實、『日本語』1–4　1941.7　22–25
- ○「標準語教育に關する二三の問題」東條操、『日本語』1–4　1941.7　26–29
- □「特輯座談会：日本語と日本文化」方紀生、大岡保三、大志萬準治、佐藤春夫、奥野信太郎、長沼直兄、釘本久春、松宮一也、永島榮一郎他．『日本語』1–4　1941.7　64–84
- ○「松宮弥平著『日本語教授法』を讀みて」日野成美、『日本語』1–4　1941.7　45–52
- ○「全満国民学校国民優級学校朗読大会について」今井榮、『日本語』1–4　1941.7　53–59
- ○「満洲に於ける日本語教育の私観」前田熙胤、『日本語』1–5「歴史と言語」　1941.8　28–33
- ○「満洲雑観」森田孝、『日本語』1–5　1941.8　34–36
- ○「現地の日本語教育」松尾龍吉、『日本語』1–5　1941.8　37–41
- ○「教員養成所生活の回想」林米子、『日本語』1–5　1941.8　41–44
- ○「最近中支の日本語教育」菊冲徳平、『日本語』1–5　1941.8　45–50
- ○「国語政策の意義」保科孝一、『日本語』1–6「東亜共榮圏に於ける諸国語の進出」　1941.9
- ○「国語自覚史の一頁」遠藤嘉基、『日本語』1–6　1941.9　14–19
- □「中国に於ける日本語教育の現状とその振興」関野房夫、『日本語』1–6　1941.9　20–24

司会：藤村作、勝又意治郎、久保田藤麿、小泉藤造、高木千鷹、佐野憲之助、四宮春行、篠原利逸、錢稲孫、松下幸信
- ○「国語政策の意義」保科孝一、『日本語』1-6　1941.9
- ○「アクセントとイントネーションに就て」石黒魯平、『日本語』1-6　1941.9　25-32
- ○「日本語教科書と分別書き方」眞下三郎、『日本語』1-6　1941.9　33-38
- ○「東亜に於ける諸國語の進出：獨逸語、英吉利語、佛蘭西語、露西亜語」編集部、『日本語』1-6　1941.9　46-69
- □「座談會：華北に於ける日本語教育」筧五百里、国府種武、山口喜一郎他、『日本語』1-7　1941.10「文字と言語」38-50
- ○「日本語教育振興會の設立」（無記名）、『日本語』1-7　1941.10　37
- ○「日本語の東亜進出に關する一感想」吉田三郎　『日本語』1-8　1941.12　14-17
- ○「海外で感じた日本語の問題」西本三十二　『日本語』1-8　1941.12　18-21
- ○「戰爭と言葉」坂部重義、『日本語』1-8　昭和16年12月発行　22-25
- ○「中國日本語研究文獻（一）」菊沖徳平、『日本語』1-8　1941.12　56-59
- ○「日本語教室：或る會話教室の批判」日野成美、『日本語』1-8　1941.12　26-36
- ○「日本語教室：一つの報告」森田梧郎、『日本語』1-8　1941.12　37-39
- ○「カナダにおける日本語教育」佐藤傳、『日本語』1-8　1941.12　40-43
- ○「杭州の日本教育」河合宜、『日本教育』1941.6　100-101.
- ○「一兵士の回想」釘本久春、『日本教育』1941.7　152-159.
- ○「国語への郷愁」蓮田善明、『日本教育』1941.10　130-134.
- ○「かなづかひ指導管見」秋田喜三郎、『日本教育』1941.10　136-140
- ○「方言地方の言語教育について」渡部恵市、『日本教育』1941.10　142-145
- ○「国語政策論」藤原興一、『日本教育』1941.11　44-49
- ○「創作：日語学校　若き兵隊（二）」松永健哉、『日本教育』1941.10　147-159
- ○「創作：日語学校（完）」松永健哉、『日本教育』1941.11　138-150
- ○「満洲国語の現状」松川平八、『日本読書新聞』第146号
- ○「満洲の国語と国字（上）」松川平八、『大阪読売新聞』1941.3.10
- ○「満洲の国語と国字（中）」松川平八、『大阪読売新聞』1941.3.20
- ○「満語標音カナニツイテ」松川平八、『カナノヒカリ』1941.3
- ○「国語国字問題ニ対スル新村出博士ノ御意見ヲキイテ」コバヤシ、「カナノヒカリ」1941.3
- ○「日本語の諸問題」無記名　『カナノヒカリ』243　1941.11
- ○「中等学校に於ける日本語教授」堀敏夫、『奉天教育』8-5　12-13
- ○「満洲の婦人語」松本重雄、『満洲国語』第9号　25-28
- ○「語学検定試験委員会座談会」『満洲国語』編集部、『満洲国語』第9号 32-43
- ○「日本タイ文化研究所の創立と事業創立の経緯」星田晋五、『日本タイ協会会報』1941.12
- ○「タイ国に於ける日本語教育」星田晋五、『月刊世界知識』1941.12
- ○「タイ国に於ける日本語」星田晋五、『新亜細亜』南満洲鉄道株式会社東亜経済調査局　1941.7
- ○「満洲国中等学校における日本語教授」堀敏夫、『満洲国語』第10号　17-24
- ○「台湾国語問題覚エ書」福田良輔、『台大文学』6-3　1-23
- ○「皇国民の練成と国語の台湾」安藤正次、『国語の台湾』創刊号 1941.11　2-6
- ○「加奈陀に於ける日本人子弟の教育」佐藤傳、『国語教育』26-1　1941.1　71-78
- ○「統制下の国語教育」保科孝一、『国語教育』26-2　1941.2　1-4
- ○「国語教育の問題（二）」志田延義、『国語教育』26-2　1941.2　10-15
- ○「国語教育の問題（三）」志田延義、『国語教育』26-3　1941.3　14-18

○「国語問題の現段階」岡本千万太郎、『国語教育』26-3　1941.3　30-36
○「日本語海外発展の現段階並びにその対策と反省」石黒修、『国語教育』26-3　37-43
○「言語美と標準語」平山輝男、『国語教育』26-7　1941.7　31-37
○「国語の進むべき道」佐久間鼎、『国語教育』26-7　1941.7　1-8
○「国語教育方法論」稲毛金七、『国語教育』26-7　1941.7　9-20
○「支那人の見た国語の美しさ」一戸務、『国語教育』26-7　1941.7　38-43
○「言語の歴史」樺俊雄、『国語教育』26-7　1941.7　74-78
○「国語普及問題の心理学的考察」石黒修、『国語教育』26-7　1941.7　79-85
○「日本・大陸・一般文化」魚返善雄、『国語教育』26-7　1941.7　86-88
○「興亜教育と国語の問題」石黒修、『社会教育』12-3　1941.3　24-27
○「随筆：国語の美しさ」各務重雄、『社会教育』12-7　1941.7　48-52
◇『国語文化』1-1　特輯：言語と児童文化　1941.11
　「国語問題と少国民文学」吉田甲子太郎 38-42 ／「支那に於ける国語教育と児童文化の問題」国分一太郎 55-66 ／「朝鮮児童の場合」金素雲 67-70 ／「航空日の朝」石森延男 86-88 ／「文化言語・文化国語」河野伊三郎 89-93
○「日本語を醇化し日本字を創造せよ」西村眞次、『国語文化』1-2　1941.12　2-14
○「国民科国語と国語教育の新体制」西原慶一、『国語文化』1-2　1941.12　82-88
◇『国語運動』5-1　特輯：国語愛護の夕べ　4-43　1941.1
　「国語愛護の夕べにあたって」近衛文麿／「日支同文の禍」下村宏／「世界における日本語の地位」鶴見祐輔／「陸軍兵器用語の簡易化」荘司武夫／「国語運動に対する希望」藤田徳太郎／「児童読物と国語問題」滑川道夫／「漢文科と国語問題」澤田辰一
○「英語になった日本語について」小幡宏艦、『国語運動』5-2　1941.2　24-28
○「国語の海外発展を中心とした諸問題」大久保正太郎、『国語運動』5-3　1941.3　4-11
○「留学生と国語問題」国府種武、『国語運動』5-3　1941.3　12-13
○「外国語の取り扱い方」コクボカクゾウ、『国語運動』5-3　1941.3　27-32
○「隣組での国語運動の実践」上田四郎、『国語運動』5-4　1941.4　3-7
○「国語問題と仏教僧侶」河野誠恵、『国語運動』5-4　1941.4　25-29
○「国語と国民生活について」木村包介、『国語運動』5-4　1941.4　40-44
○「外国語音の表わし方」岡崎常太郎他、『国語運動』5-4　1941.4　51-59
○「東亜共栄圏と商業用語」マツムラシンイチ、『国語運動』5-5　1941.5　34-36
○「陸軍兵器用語簡易化の現在と将来」木村亀太郎、『国語運動』5-6　1941.6　4-10
○「南支那から帰って」長谷川時雨、『国語運動』5-6　1941.6　11-18
○「国語国字問題」金田一京助、『国語運動』5-6　1941.6　19-33
○「国語・国字の純化統一」近衛文麿、『国語運動』5-8　1941.8　2-3
○「明日への国語」狩野鐘太郎、『国語運動』5-8　1941.8　48-49
○「アジアの共通語」ババヤソマツ、『国語運動』5-9　1941.9　10-11
○「国語問題なきアメリカに国語問題をさぐる」若林方雄、『国語運動』5-9　1941.9　12-23
○「日本語（詩）」小幡宏艦、『国語運動』5-9　1941.9　24-25
○「国語問題なきアメリカに国語問題をさぐる」若林方雄、『国語運動』5-10　1941.10　21-27
○「外国語の採り入れと言いかえに就いての方針」国語協会、『国語運動』5-12　1941.12　2-5
○「国語運動に対する反対論」池宮末吉、『国語運動』5-12　1941.12　28-30
○「出征中に感じた国語問題」楳垣實、『国語運動』5-12　1941.12
○「租界の姑娘の日本語」渡辺正文、『国語運動』5-12　1941.12　13-14
○「東亜の言語政策と放送」石黒修、『放送』11-4　1941.5　17-23

○「国語問題の国家的処理」倉野憲司、『放送』11-5　1941.6　93-97
○「米国に於ける日本語研究」山極越海、『国語と国文学』18-2　1941.2　69-85
○「国語の力」石井庄司、『国文学解釈と鑑賞』6-7　1941.7　46-48
○「日本語の海外進出」石黒修、『国文学解釈と鑑賞』6-7　1941.7　48-52
○「東亜共栄と日本語の問題」佐藤喜代治『北窓』第5号　哈爾濱満鉄図書館　1941.9　.2-14
○「文化政策としての皇民化問題」中村哲、『台湾時報』253　1941.1
○「皇民化の再検討　言葉について」中美春治、『台湾時報』253　1941.1
◇『コトバ』3-2　特輯：日本語の基本文型　1941.2.1
　　○「基本文型の問題」(垣内松三 4-12)／「『基本文型』の問題—文型と文体と—」(浅野信 13-22)／「外国人に教へる日本語の基本文型」(松尾捨治郎 23-32)／「日本語の基本文型」(乾輝雄 33-37)／「言表の典型について」(與水実 38-44)／「日本語振興の夕」(岡本千万太郎 45)
○「外地版：資料・報道」石黒修編、『コトバ』3-2　1941.2.1　87-89
○「満洲国の言語的概観—満洲国の言語的構成—」野村正良『コトバ』3-3　1941.3.1　31-47
○「外地版：資料・報道」石黒修編、『コトバ』3-3　1941.3.1　97-98.
○「外地版：資料・報道」石黒修編、『コトバ』3-4　1941.4.1　58-59
○「海外進出日本語教師養成講習会」、『コトバ』3-4　1941.4.1　82-82
○「外地版：資料・報道」石黒修編、『コトバ』3-5　1941.5.1　41-42
○「日本語の初歩教授から見た文型の考察」大出正篤　『コトバ』3-6　1941.6.1　22-30
○「如何なる日本語が理解し難いか—或る書の傍註を通して—」斉藤義七郎、『コトバ』3-6　1941.6.1　31-36
○「南京の日語状況」渡辺正文、『コトバ』3-6　1941.6.1　37-41
○「外地版：資料・報道」石黒修編、『コトバ』3-6　1941.6.1　74-75
○「外地版•.資料・報道」石黒修編、『コトバ』3-7　1941.7.1　75-75
○「日本語普及に関する諸家の意見」、『コトバ』3-8　1941.8.1　75-76
○「日本語研究・教授参考書目」、『コトバ』3-8　1941.8.1　78-80
○「外地版：資料・報道」石黒修編、『コトバ』3-8　1941.8.1　81-82
○「日本語教授と教科用書の問題」黒野政市、『コトバ』3-9　1941.9.1　31-46
○「日本語教師養成講習会受講の記」小林武雄、『コトバ』3-9　1941.9.1　71-74
○「日本の発展と国語教育」保科孝一、『コトバ』3-10　1941.10
○「外地版：資料・報道」石黒修編、『コトバ』3-9　1941.9.1　89-89
○「外地版：資料・報道」石黒修編、『コトバ』3-10　1941.10.1　89-89
○「外地版：資料・報道」石黒修編、『コトバ』3-11　1941.11.1　74-74
○「外地版：資料・報道」石黒修編、『コトバ』3-12　1941.12.1　74-74
○「台湾方言について」都留長彦、『国語の方針』1号　1941.11
　　＊「外地版：資料・報道」石黒修編はこの号で終わり、次号から同編「コトバ情報」に変わるが、特に日本語政策論には関わらないので掲載を割愛する。
○「華北に於ける日語教師養成状況並に天津、済南、徐州、開封の各地学校に於ける日本語教授法調査」、『調査月報』(興亜院政務部)2-6　307-384
○「日本語教授法講座（一）」熊野逸馬、『新民運動』第3号　1941.4　75-83　中華民国新民会教化部編輯室.
○「日本語教授法講座（二）」熊野逸馬、『新民運動』第4号　1941.5　89-104　中華民国新民会教化部編輯室.
○「伝統の尊重—満支の日本語教育を視て感じたことなど」澤潟久孝、『国語国文』11-1　1941.1　83-98

- 「放送座談会：現下の国語問題」柳田國男司会・大岡安三・太田正雄・岸田国士・新村出、『放送』1941.1・2　116–147
- 「国語国字統一国策の確立へ」無記名、『放送』1941.1・2　146
- 「海外進出の国語戦士養成」無記名、『放送』1941.4　173
- 「東亜の言語政策と放送」石黒修、『放送』1941.5　17–24
- 「国語国策と放送」倉野憲司、『放送』1941.6　4–7
- 「国民学校の国語指導と放送」松田武夫、『放送』1941.6　27–34
- 「放送用語のために：共同語から標準音へ」金田一京助、『放送』1941.6　16–18
- 「国語問題の国家的処理」倉野憲司、『放送』1941.6　93–97
- 「放送用語関係文献目録：附放送用語調査年表」佐藤孝、『放送』1941.6　98–108
- 「国語と文化創造」平野仁啓、『新潮』38–12　1941.12　42–55
- 「日本語の対外進出」石黒修、『国際文化』16　1941.10　12–16
- 「海外における日本語の普及状況」無記名、『国際文化』16　1941.10　17–22
- 「対支文化政策の重点」杉村廣蔵、『現地報告』42号　文藝春秋社　1941.7　18–23
- 「皇国民の錬成と国語の台湾」安藤正次、『国語の台湾』1号　1941.11
- 「假名だけが国字か」大槻憲二、『書物展望』11–4　1941.3　16–24
- 「日本語と東亜共栄圏」中島利一郎、『書物展望』11–7　1941.7　19–19
- 「南洋群島とジャーナリズム」守安新二郎、『書物展望』11–10　1941.10　83–86
- 「国語の問題」赤堀又次郎、『日本及日本人』1941.9
- 「日本語の対外進出」石黒修、『国際文化』1941.10
- 「タイ国に於ける日本語」星田晋五、『新亜細亜』1941.7
◇ 「国語の諸問題」座談会：島崎藤村他三名、『中央公論』1941.4
- 「もじと国民」山本有三、『文藝春秋』1941.3　76–90
- 「日本語とチベット・ビルマ語」渡邊保、『歴史』16–7　四海書房　46–50
- 「日語教師の手帖から」高山照二、『満蒙』22–4　1941.6　63–74
◇ 『兵隊』第19号　特集：日語教師の座談会　南支派遣軍報道部編輯　1941.5.10　4–19/27
- 「言語から見た東亜共栄圏」（無記名）、『雄辯』1941.3
- 「大東亜共栄圏と日本語」松坂忠則、『雄辯』1941.5　102–107
- 「語の知性と感性」窪田空穂、『国語文化講座月報』1　朝日新聞社 1941.7
- 「国語問題の焦点」大西雅雄、同上　4–5
- 「文部省国語課から国語問題をきく」大岡保三・各務虎雄・倉野憲司・吉田澄夫・釘本久春、同上　6–13
- 「言葉の世界」宇野浩二、『国語文化講座月報』2　朝日新聞社 1941.8
- 「詩の朗読」尾崎喜八、同上　4–5
- 「明治文学の文章―三文脈について」神崎清、同上　6–9
- 「国語界の新体制」新村出、同上　p.7
- 「敬語と語感」津軽照子、『国語文化講座月報』3　朝日新聞社 1941.9
- 「現代文学と文章」窪川鶴次郎、同上　4–5
- 「国民学校の国語教育を語る」井上赳、松田武夫、石森延男、壇道子　同上　6–14
- 「発音と表記と」田邊尚雄、『国語文化講座月報』4　朝日新聞社 1941.10
- 「親愛なる国語」武田祐吉、同上　4–9
- 「国語のリズム　流暢な文章と佶屈な文章」湯山清、同上　10–11
- 「朗読と言葉」坂東蓑助　『国語文化講座月報』5　朝日新聞社 1941.12
- 「七日で覚えた假名遣」中岡孫一郎、同上　4–7

○「広告と言葉」伊藤重治郎、同上　8-9
関連書籍
◎『国語文化講座　第四巻　国語芸術篇』朝日新聞社　1941.8
　○「国語と文藝」(岡崎義恵 1-15)／「古事記と万葉集」(久松潜一 16-34)／「源氏物語」(島津久基 35-58)／「戦記文学」(五十嵐力 59-76)／「謡曲と狂言」(野上豊一郎 77-90)／「切支丹文学」(村岡典嗣 91-105)／「国語文化より見た江戸文学」(高野辰之 106-127)／「浄瑠璃語の特異性」(木谷蓬吟 128-144)／「歌謡」(藤田徳太郎 145-159)／「俳句」(志田義秀 160-181)／「詩　現代詩の歴史詩概観」(萩原朔太郎 182-198)／「短歌」(土岐善麿 199-219)／「小説―国語の醇化美化の気運に際会して」(佐藤春夫 220-243)／「翻訳論」(新居格 244-262)／「戯曲の言葉」(久保田万太郎 263-281)／「国語と演劇」(河竹繁俊 282-303)／「国語とトオキイ芸術」(津村秀夫 304-329)／「国語のユーモア」(山崎麓 330-353)／「国語と民衆芸術―講談、落語、浪曲、流行歌、漫才」(權田保之助 354-379)／「参考書目」(増田七郎 380-389)
◎『国語文化講座　第三巻　国語教育篇』朝日新聞社　1941.9
　○「国語教育の過去と将来」(保科孝一 1-36)／「国民科国語の指導精神」(井上赳 37-48)／「国民学校の読み方」(松田武夫 49-79)／「国民学校の話し方」(石森延男 80-103)／「国民学校の綴り方」(百田宗治 104-129)／「国民学校の習字」(石森敬十郎 130-148)／「唱歌の教育」(澤崎完之 149-174)／「童話と童謡」(村岡花子 175-195)／「国語と家庭教育」(壇道子 196-221)／「中等学校の国語教育」(石井庄司 222-235)／「青年学校の国語教育」(小尾範治 236-221)／「国語教師の問題」(大久保正太郎 250-268)／「聾者及び盲人の言語教育」(川本于之介 269-290)／「国語学力の測定法」(田中寛一 291-323)／「ラジオと国語教育」(崎山正毅 324-344)／「諸外国の国語教育」(石黒修 345-299)／「参考書目」(興水實 370-371)
◎『国語文化講座　第二巻　国語学概論篇』朝日新聞社　1941.11
　○「国語とは何ぞや」(山田孝雄 1-19)／「国語史に就て」(吉澤義則 20-50)／「語彙の変遷」(新村出 51-62)／「国語の特質」(時枝誠記 63-84)／「国語系統論」(金田一京助 85-109)／「敬譲語について」(湯澤幸吉郎 110-131)／「文法概説」(松尾捨治郎 132-173)／「漢字の日本化」(岡井慎吾 174-196)／「假名の沿革」(春日政治 197-222)／「五十音図といろは歌」(岩淵悦太郎 223-239)／「口語文の発達」(神崎清 240-260)／「方言」(東條操 261-279)／「外来語」(楳垣實 280-300)／「国語の発音」(神保格 301-322)／「国語の物理学」(兼常清佐 323-337)／「国語の心理学」(波多野完治 338-350)／「辞書」(松井簡治 351-367)／「国語学の手引」(亀井孝 368-388)／「国語問題覚書」(島崎藤村 389-410)／「参考書目」(真下三郎 411-418)
◎『国語文化講座　第五巻　国語生活篇』朝日新聞社　1941.12
　○「国語と国民思想」(井上司朗 1-16)／「国語と社会生活」(長谷川如是閑 17-34)／「家族に関する言葉」(倉田一郎 35-48)／「衣食住に関する言葉」(橋浦泰雄 49-63)／「官庁用語」(金森徳太郎 64-79)／「法律用語」(藤江忠二郎 80-109)／「経済用語について」(田中慎次郎 110-128)／「科学・技術用語」(菅井準一 129-147)／「医学用語」(下瀬謙太郎 148-167)／「新聞用語」(杉村楚人冠 168-185)／「会社の手紙」(秦豊吉 186-204)／「兵隊の言葉」(火野葦平 205-220)／「労働者の言葉」(徳永直 221-237)／「農民の言葉」(和田傳 238-247)／「婦人の言葉」(柳八重 248-268)／「子供の言葉について」(坪田譲治 269-282)／「言葉の作法」(沖野岩三郎 283-306)／「演説と坐談」(下村宏 307-322)／「手紙」(森田たま 323-339)／「能率と国字問題」(上野陽一 340-355)／「国語と印刷文化」(矢野道也 356-377)／「参考書目」(加茂正一 378-389)
◎『華北日本語教育研究所叢書』第一輯　1941.6　華北日本語普及協会
　「言葉の教育原理」勝部謙造　1-89
◎『華北日本語教育研究所叢書』第二輯　1941.6　華北日本語普及協会
　「日本語の特質」(佐久間鼎　1-19)／「日本語教育座談会」(21-39)／「華北日本語普及協会会則・

華北日本語教育研究所規定」(41–42)
◎『華北日本語教育研究所叢書』第三輯　1941.9　華北日本語普及協会
　「日本語の普及に就いて」藤村作　1–29
◎『北京の窓』斎藤清衛、黄河書院　1941
◎『日本語の世界化―国語の発展と国語政策』石黒修、修文館　1941　324p
◎『日本語の特質』佐久間鼎、育英書院　1941
◎『実践日本音声学』佐久間鼎、同文書院　1941.7　192p
◎『満洲国の教育と国民道徳』江幡寛夫、康徳8年11月　新京大学書房
◎『日本文法機構論』堀重彰、畝傍書房　1941.1
◎『日本語の構造』堀重彰、畝傍書房　1941.9　578p
◎『国字問題の理論』佐伯功介、日本のローマ字社　1941.10
◎『国語教育の現状』太田行蔵、不明　1941.11
◎『日本基本漢字』大西雅雄、三省堂　1941.11
◎『国語学原論』時枝誠記、岩波書店　1941.12
◎『国語学史』時枝誠記、岩波書店　1941.1　267p
◎『支那語教育の理論と実際』倉石武四郎、岩波書店　1941.3　260p
◎『国語問題正義』新村出、白水社　1941.3　288p
◎『明日の日本語』島田春雄、富山房　1941.3　238p
◎『外来語辞典』荒川惣兵衛、富山房　1941.7　1208p
◎『国語・国字・文章』服部嘉香、早稲田大学出版部　1941.10　304
◎『日本敬語法』丸山林平、健文社　1941.10　181p
◎『国語学の諸問題』小林好日、岩波書店　1941.8　572p
◎『カナヅカイ論』松坂忠則、カナモジカイ　1941.8　145p
◎『語法の論理』木枝増一、修文館　1941.9　317p
◎『国語問題正義』新村出、白水社　1941
◎『文章心理学入門』波多野完治、三省堂　1941.5
◎『文章心理学の問題』波多野完治、三省堂　1941.10
◎『同音語同類語』日本放送協会　1941
◎『東洋言語学の建設』中島利一郎、古今書院　1941.6　348p
◎『日本語・西蔵・緬甸語同系論』パーカー・原一郎訳、東亜同文書院支那研究部　1941
◎『国語と日本精神』松尾捨治郎、白水社　1941
◎『国語音声学綱要』神保格、明治図書　1941
◎『解説音声言語練習資料』神保格、明治図書　1941
◎『標準語研究』神保格、日本放送出版協会ラジオ新書　1941
◎『日本語教授法概説』北京新民印書館　1941.11
◎『教育の神髄』山田孝雄、朝日新聞社　1941
◎『言語活動と生活』シャルル・バイイ著、小林英夫訳　岩波文庫　1941

主たる出来事

日独伊三国同盟調印／第二次近衛内閣「一億一心」ラジオ放送、「八紘一宇」スローガン／文部省、第二回国語対策協議会開催(1941.1)／『日本語』創刊　1941.4　日本語教育振興会／日本語教育振興会改組、会長袴田文相(1941.8)／紀元二六〇〇年祝賀大会(1941.11.10)／陸軍大臣東条英機「戦陣訓」示達(1941.1.8)／国民学校、国語「ヨイコドモ」。少国民、皇国民錬成／政府大本営、「大東亜戦争」と命名／決戦歌から戦意高揚のスローガン「進め一億火の玉だ」／『国語文化講座全六巻』(朝日新聞社)刊行開始1941.7–1942.1／外務省条約局、外国「国名仮名書」裁定1941.5／中国

人向け月刊雑誌『日語指南』創刊 1941.6／興亜院、日本語普及に関する協議会開催 1941.7／『国語教育』再刊、『国語文化』に改題 1941.8／日本語教科用図書調査会新設の教科用図書調査会に統合 1941.8／帝国教育会国際部に海外教育振興会設置 1941.9／日本語教育振興会『日本語読本』巻一刊行 1941.10／月刊雑誌『国語の台湾』創刊 1941.10／

1942 年（昭和 17 年）

雑誌記事類
○「印度語史の諸問題」辻直四郎、『思想』1942.10　1–9
○「大東亜共栄圏の教育」周郷博、『教育』10–2　41–52
○「留学生問題の重要性」国府種武、『教育』10–3　41–46
○「日本語教育に於ける教材作成の問題」篠原利逸、『教育』10–3　1942.3　47–54
○「大東亜文化戦線とラジオ」澤田進之丞、『教育』10–4　1942.4　9–16
○「南方への日本語対策」大久保庄太郎、『教育』10–5　1942.5　50–58
○「共栄圏における新日本語の問題」三尾砂、『帝国教育』1942.7
○「日本語意識の高揚」秋田喜三郎、『日本教育』1942.7
○「特殊外国語放送従事者の養成」佐藤孝、『放送』17–1　1942.1　105–108
○「放送用語：大東亜戦争と用語」(井口)、『放送』17–1　1942.2　107
○「大東亜の言語政策と放送」長沼直兄、『放送』17–5　1942.5　13–18
○「大東亜戦争と放送用語」佐藤孝、『放送』17–7　1942.7　9–17
○「放送で住民の日本語教育」無記名、『放送』17–7　1942.7　7–7
○「放送による国語教育の建設」片桐顕智、『放送』17–10　1942.10　9–13
○「言語的強制圧迫は不可」神保格、『帝国大学新聞』1942.3.23
○「言語政策と日本語―対照言語学的方法を」小林英夫、『帝国大学新聞』1942.12.14
○「東亜日本文学の国語形式について」三宅武郎、『国文学解釈と鑑賞』7–6　64–74
○「大東亜の明日と国語―日本語普及の実践的基礎」釘本久春、同上　74–94
○「本居宣長の国語研究とその国語観」井上誠之助、『国文学解釈と鑑賞』7–12　54–69
○「日本語の進出に伴ふ標準語と方言の関係」東條操、『帝国大学新聞』894　1942.2.3
○「今日の国語系統論(一)」阿部秋生、『興亜教育』1–4　78–83
○「今日の国語系統論(二)」阿部秋生、『興亜教育』1–5　96–101
○「日本語と大東亜政策(一)」徳沢龍潭、『興亜教育』1–6　1942.6　54–59
○「日本語と大東亜政策(二)」徳沢龍潭、『興亜教育』1–8　1942.8　98–104
○「大東亜共栄圏の言語問題」長沼直兄、『興亜教育』1–8　1942.8　68–70
○「南方日本語教育の方針決定(閣議決定)」大西正太郎、『興亜教育』1–9　1942.9　62–68
◇『興亜教育』1–12　特集：泰国の教育と文化　1942.12　47–77
　○躍進途上にあるタイ國の教育(原田種雄)／タイ國に於ける文化運動(阿部勇吉)／実際に見てきたタイ國の教育(星田晋五)／コマンドラ書記官に泰の教育事情を聴く(本誌記者)
○「耳と目」国府種武　『華北日本語』1–7　華北日本語教育研究所 1942.8
○「高中に於ける初歩の教材」国府種武、『華北日本語』1–9　1942.9
○「分かりやすい日本語」国府種武、『華北日本語』1–10　1942.10
○「北京の日語教材」松田啓三郎、『華北日本語』1–11　1942.11
○「日本語教育に於ける政治性一」秦純乗、『華北日本語』1–12　1942.12
○「国語普及の新段階」広瀬続、『朝鮮』(朝鮮総督府)329　36–43.

○「ダイトウアカナモジウンドウ」マツザカタダノリ、『カナノヒカリ』250　1942.4　4–5
○「大東アヲムスブカナモジ」平生八三郎、『カナノヒカリ』253　1942.7　2–3
○「モウコ語カナガキ論」河野巽、『カナノヒカリ』254　1942.8　13–15
○「国語問題に対する時局の要請」白神徹、『台湾時報』276　1942.12
○「日本語の南方進出に対する諸問題」都留長彦、『台湾時報』269　1942.5
○「南方諸地域に対する言語政策」伊藤博夫、『台湾時報』268　1942.4
○「南方への日本語対策」大久保正太郎、『教育』1–5　50–58
○「基本漢字の理念」大西雅雄、『国語運動』6–1　1942　2–7
○「国語戦線」吉田澄夫、『国語運動』6–1　1942　16–17
○「国語問題とその根本思想」大岡保三、『国語運動』6–2　1942.2　1–2
○「大東亜の公用語」八木日出雄、『国語運動』6–2　1942.2　2–3
○「国語問題の解決と国語課の仕事」倉野憲司、『国語運動』6–3　5–14
○「南方共栄圏と国語」幣原坦、『国語運動』6–4　1–2
○「大東亜建設に際し国語国策の確立につき建議」国語協会、『国語運動』6–5　2–6
○「安南における国語国字問題」太田正毅、『国語運動』6–4　18–21
○「日本語の大東亜進出」無記名、『国語運動』6–4　巻頭言
○「日本語は驚くほど普及して居る」大塚惟精、『国語運動』6–7　1942.7　5–6
○「大東亜共栄圏における文化政策と言語政策」的場光三、『国語運動』6–7　7–13
○「占領地における私の日本語教室」ミヤモトヨウキチ、『国語運動』6–7　14–17
○「国策としての国語問題の重要性」近衛文麿、『国語運動』6–8　16–18
○「大戦勝と日本語の世界的進出」鶴見祐輔、『国語運動』6–8　2–11
○「大東亜共栄圏に日本語をひろめるには」山下興家、『国語運動』6–9　2–7
○「台湾の皇民奉公運動と国語問題」土屋寛、『国語運動』6–9　8–10
○「日本語教授法とインドネシアの文字」伊澤勝麿呂、『国語運動』6–9　24–28
○「カンバンや掲示の文句」若林方雄、『国語運動』6–10　2–8
○「朝鮮の国語普及全解運動」森田梧郎　『国語運動』6–11　10–12
○「語彙調査の必要とその統制の必要」岡崎常太郎、『国語運動』6–12　2–3
○「台湾の国語」春山行夫、『国語運動』6–12　12–16
○「南方に於ける日本語工作の問題」宮武正道、『東亜文化圏』1–6　33–40
○「国語問題と国語政策」籐田徳太郎、『東亜文化圏』1–6　41–86.
○「南方日本語対策」輿水實、『東亜文化圏』1–6　87–109
○「宣伝戦と日本語普及」釘本久春、『東亜文化圏』1–10　113–125
○「文字と語彙の問題」石黒修、『国際文化』19　.6　0–68
○「日本語の南方進出とローマ字」石黒修、『ROMAZI SEKAI』32–8　30　32.
○「共栄圏のローマ字綴」林長彦、『ROMAZI SEKAI』32–11　19–21.
○「大東亜共栄圏の確立と日本語―国語の統制問題」石黒修、『イタリア』2–2　60–68
○「大東亜日本語共栄圏」石黒修、『日本語教育の問題』皇国文学 6、六芸社　75–106
○「日本語と南方共栄圏」石黒修、『現代』23–3　1942.3　202–212
○「日本語南方普及の具体策」石黒修、『現代』23–4　1942.4　210–221
○「日本語の海外進出とその諸問題」保科孝一、『現代』1942.6　212–222
○「国語問題の解決」吉田澄夫、『現代』1942.7　208–217
◇『新潮』39–4　1942.4　特集：東亜共栄圏と日本語の問題
　○「東亜民族語と日本語」(石黒修 26–29) ／「日本語普及の問題―政治と文化の立場―」(福田恒存 30–35)

◇『国語文化』2-2　特輯：戦場の言葉　1942.2
　「戦場の言葉」上田廣 26-28／「動乱のかなたに」日比野士朗 29-36／「戦場・兵隊・言葉」加藤富夫 37-43／「兵隊の言葉」長尾正憲 56-66／「国語文化と国語教育」滑川道夫 73-80
○「国語と民族性」大槻憲二、『国語文化』2-3　1942.3　14-19
○「国語と民族性」菊澤喜季生、『国語文化』2-3　1942.3　20-25
○「正しくて美しい日本語」遠藤富基、『国語文化』2-3　1942.3　38-51
○「正しい日本語」福田呆正、『国語文化』2-3　1942.3　82-83
◇『国語文化』2-5　特輯：日本語と大東亜文化圏　1942.7　育英書院
　○「大東亜共通語としての日本語」(佐久間鼎 2-12)／「国語圏の拡大と国語質の醇化」(西村真次 13-22)／「大東亜共栄圏に於ける日本語の問題」(井上司郎 23-30)／「新しい日本語の要望」(人澤文明 31-33)／「眞に大東亜共栄圏の盟主たれ」(中谷博 34-43)／「日本語の確立」(藤原輿一 44-49)
○「シナ語」兼常清佐、『国語文化』2-5　1942.5　50-52
◇『国語文化』2-8　特輯：少国民文化と伝統　1942.8
○「少国民文化について」深尾須磨子、『国語文化』2-8　1942.8　10-14
○「少国民文化と歴史」白井喬二、『国語文化』2-8　1942.8　15-24
◇『国語文化』2-10　特輯：大東亜文化圏と児童生活　1942.10
　「支那児童の風俗習慣」米田祐太郎 2-11／「仏印に芽生つもの」小松清 12-19／仏印の子供たち」森美千代 20-27／「タイの児童と言語」江尻英太郎 28-36／「比律賓群島少年の世界」仲原善徳 37-45／「ビルマの子供たち」川添日出生 46-54／「印度の子供の生活」高良富子 55-59／「ニューギニアの子供たち」鈴木剛 60-67／「南洋の子供たち」窪田文雄 68-76
◇『国語文化』2-11　特輯：言語政策論　1942.11
　「言語政策から見た国語醇化の問題」松本潤一郎 2-15／「国語学と言語学との交渉」小林英夫 16-20／「言語学と国語学の関連」大西雅雄 21-27／「言語学と国語学」菊澤季生 28-32／「日本語大東亜文化建設論」徳澤龍潭 65-71
□『日本教育』1942.1　座談会：国民学校の綴り方教育　66-81
○「東亜諸民族の日本語教育」長沼直兄、『日本教育』1942.6　51-56
○「中国人教師の日本観」工藤哲四郎、『日本教育』1942.6　139-142
○「日本語意識の高揚」秋田喜三郎、『日本教育』1942.7　45-48　他誌掲載と重複
○「大陸の教育」白井勇、『日本教育』1942.7　140-143.
○「音声言語教育の方向」白井勇、『日本教育』1942.8　86-90.
○「大東亜建設と日本語」高須芳太郎、『日本教育』1942.9　65-66
○「国語審議会の活動」保科孝一、『日本教育』1942.9　67-69
○「国語教育の建設」松田武夫、『日本教育』1942.9　70-71
○「日本語教師の進出」長沼直兄、『日本教育』1942.9　72-74
○「新しき国語の創造」魚返善雄、『日本教育』1942.9　75-77
○「兵隊の心(一)続：一兵士の回想」釘本久春、『日本教育』1942.9　137-143
○「大陸における日本教育建設」坂井喚三、『日本教育』1942.10　54-57
○「戦場の筆跡：続　兵隊の心」釘本久春、『日本教育』1942.10　130-138
□『日本教育』1942.12　座談会：国語教育の反省　井上赳、石森延男、秋田喜三郎、西原慶一、白鳥千代三、田中豊太郎、58-67.
○「漢文漢字廃止論を駁す(一)」内田周平、『東洋文化』204　1942.3　11-15
同 205　1942.4　pp.11-15　同 206　1942.5　13-18　東洋文化学会
□「日本語の海外進出について(座談会)」土居光知他 7 名、『中央公論』57-6　1942.6
○「日本語の整理と純化について」土居光知、『中央公論』57-7　1942.7　170-182

○「大東亜の言語政策」石黒修、『中央公論』57-8　1942.8　106-114.
○「国語変革と国民思想」島田春雄、『中央公論』57-9　1942.9　110-121.
○「日本語大東亜文化建設論」德澤龍潭、『国語文化』2-11　65-71.
◇『コトバ』4-1　1942.1.1　特輯：日本語共栄圏
　○「太平洋の共通語―日本語の新しい躍進」（松宮一也 7-10）／「日本語共栄圏確立の具体策」（興水實 11-18）／「共栄圏と言語政策」（大西雅雄 19-25）／「世界言語分布概況」（乾輝雄 26-31）／「一つの想像」（金原省吾 32-33）
◇『コトバ』4-2　特輯：大東亜共栄圏の日本語　1942.2.1
　○「大東亜共栄圏の建設と国語政策」（保科孝一 4-8）／「国語文化の深化と拡大―国語教育の一兵卒としての覚悟」（石井庄司 9-12）／「理解の成立 – 国語文化の他民族に於ける」（名527 13-21）／「佛印の言語政策」（松原秀治 22-24）／「犬・目・足・首―日本語の文字と支那語の語彙」（魚返義雄 25-30）
○「日本語教授の反省」與水實、『コトバ』4-4　1942.4　15-17
◇『コトバ』4-5　特輯：日本語教授に必要なもの　1942.5
　○「日本語教授に必要なもの」（岩沢巌 11-17）／「日本語教授に必要なこと、欠けていること」（堀敏夫 18-22）／「私はどうして日本語を学んだか」（パチョン・パラッカマーノン 23-25）／「パチョン君と日本語」（與水實 25）／「満州国の日本語教師として」（前原保 30-33）
○「俘虜と日本語」松宮一也『コトバ』4-6　1942.6　28-34
◇『コトバ』4-7　特輯：日本語の優秀性　1942.7
　○「穴に落ちざらんや―日本語の優秀性によせて」（魚返善雄 4-8）／「日本語のめでたさ」（菊沢秀生 9-13）／「外国語と自国語」（松原秀治 14-16）／「借用語の話」（乾輝雄 17-20）／「日本語における教材・教授法・教師」（大石初太郎 21-28）／「朝鮮における国語教育の現状」（森田梧郎 29-34）／「日本語普及研究会の開設（主催財団法人青年文化協会）」（44-45）／「日本語文型に対する中国学生の習熟度」（三尾砂 46-51）／「日本言語教育の出発」（與水實 64）
○「関東州・日本語教育研究会開催」無記名、『コトバ』4-9　1942.9.1　76-77
◇『コトバ』4-12　特輯（一）：昭和17年回顧　1942.12.1
　○「昭和17年の日本語文献」（與水實 57-65）／「『日本語基本文型』を読んで」（三尾砂 66）
◇『コトバ』4-12　特輯（二）：外地の日本語　1942.12.1
　○「満洲国日本語教育の概況」（堀敏夫 46-51）／「南支の日本語―日本語進出の第二段階―」（高沼順二 52-69）／「関東州日本語教育研究会の記」（大石初太郎 70-74）／「話行記―大連行―」（原勝 76-77）／「関東州日本語教育の印象」（與水実 78）
○「在満国語教師の使命」川島欣一、『興亜教育』2-6　1942.6　73-75
○「南方共栄圏と国語」幣原坦、『国語運動』6-4　1942.4　1-1.
○「大東亜建設と国語問題」金田一京助、『イタリア』2-4　1942.4　46-51.
○「言語学上より見たる佛印と日本との関係（一）」中島利一郎、『書物展望』12-1　1942.1　16-19/56
○「言語学上より見たる佛印と日本との関係（二）」中島利一郎、『書物展望』12-2　1942.2　8-14
○「戦争と言葉」外山卯三郎、『書物展望』12-7　1942.7　15-19
○「華北に於ける日本語教育について」柯政和、『日本語』2-1　1942.1　14-20
○「日本語教授法序説」山口喜一郎、『日本語』2-1　1942.1　21-26
○「日本語教室：日本語教室漫言（一）」大出正篤、『日本語』2-1　1942.1　50-53
○「日本語教室：直接法による日本語の教授を参観して」筧五百里、『日本語』2-1　1942.1　54-59
○「日本語教室：台湾に於ける国語教育」金丸四郎、『日本語』2-1　1942.1　60-64
○「日本文化の東亜進出に就いて」久松潜一、『日本語』2-1　1942.1　27-28

○「進出日本語の後続性」土岐善麿、『日本語』2-1　1942.1　29-31
○「日本文化の大陸普及について」玉井茂、『日本語』2-1　1942.1　32-33
○「中國日本語研究文献目録(二)」菊沖徳平、『日本語』2-1　1942.1　63-67
◇『日本語』2-2　特輯：日本語教室　1942.2
　　○「日本語教授に於ける読みの基本工作」(松宮弥平 4-8)／「日本語教室漫言」(2)／「隣邦留学生に対する日本語教授」(有賀憲三 8-15)／「誤り易き發音に關する調査(一)」(來島眷吾 16-24)／「日本語教室漫言(二)—日本語教授の重点主義」(大出正篤 30-34)／「四分科中の一分科としての聽方指導の實際(一)」(前田熙胤 34-39)／「初級中學日語教授細目」(深澤泉 39-45)／「台湾の国語教育参観記」(春山行夫 49-57)／「中国日本語研究文献目録(三)」(菊沖徳平 58-61)／「台湾に於ける国語教授の實際問題」(加藤春城 62-65)／「日語教授の問題二三」(古川原 66-71)／「日本語教育に関する感想二つ」(堀敏夫 71-76)
○「日本語のむづかしさ」安藤正次、『日本語』2-3　1942.3　4-12
○「自国語と外国語—日本語教授法(その二)」山口喜一郎、『日本語』2-3　1942.3　12-18
○「蒙古人教育の実情(一)」関野房夫、『日本語』2-3　1942.3　25-31
○「台湾に於て使用される国語の複雑性」川見駒太郎、『日本語』2-3　1942.3　32-39
○「日本語教育と日本文化」岡本千万太郎、『日本語』2-3　1942.3　40-44
○「四分科中の一分科としての聽方指導の実際(二)」前田熙胤、『日本語』2-3　1942.3　45-51
○「誤り易き発音に関する調査(二)」來島眷吾、『日本語』2-3　1942.3　57-64.
○「中国日本語研究文献目録(四)」菊沖徳平、『日本語』2-3　1942.3　65
○「日本語と東亜諸言語との交流」小倉進平、『日本語』2-4　1942.4　4-15
○「外国語教習の可能である根拠—日本語教授法序説(その三)」山口喜一郎『日本語』2-4　1942.4　16-21
○「日本語をひろめるために考ふべき若干の問題」志田延義、『日本語』2-4　1942.4　22-28
○「日本語を教えて見て—(中国人とアクセント)」鈴木正蔵、『日本語』2-4　1942.4　30-36
○「ある日の日本語教室(一)」篠原利逸、『日本語』2-4　1942.4　37-43
○「日本語教授の実際」大本克己、『日本語』2-4　1942.4　44-49
○「蒙古人教育の実情(二)」関野房夫、『日本語』2-4　1942.4　52-59
○「台湾に於て使用される国語の複雑性(二)」川見駒太郎、『日本語』2-4　1942.4　60-65
○「誤り易き発音に関する調査(三)」來島眷吾、『日本語』2-4　1942.4　66-72
○「南洋語と日本語—南方建設と日本語普及」小倉進平、『日本語』2-5「南方建設と日本語普及」1942.5　4-13
○「南方の諸言語：タイ族の言語」佐藤致孝、『日本語』2-5　1942.5　14-24
○「南方の諸言語：東亜に於ける和蘭語の普及」朝倉純孝、『日本語』2-5　1942.5　25-37
○「南方の諸言語：安南語及びモン・クメール語」松本信廣、『日本語』2-5　1942.5　38-44
○「南方の諸言語：ビルマ語」矢崎源九郎、『日本語』2-5　1942.5　45-57
○「日本語の南進と対応策の急務」大出正篤、『日本語』2-5　1942.5　58-64
○「共栄圏文化の擴充と日本語」松宮一也、『日本語』2-5　1942.5　72-78
○「滿洲国の国語政策と日本語の地位」森田孝、『日本語』2-5　1942.5　79-83
○「日本語教授法参考文献紹介」長沼直兄、『日本語』2-5　1942.5　84-85
◇「南方建設と日本語普及：従軍記者座談」石橋恒喜、高原四郎他、『日本語』2-5　1942.5　86-104.
○「科学技術用語の整備」鈴江康平、『日本語』2-5　124-126
○「戦争と日本語」諜垣實、『日本語』2-5　1942.5　127-130
○「星港・比島・蘭貢—外国地人名の漢字表記について—」實藤惠秀、『日本語』2-5　1942.5

31–135
○「ある日の日本語教室(二)」篠原利逸　『日本語』2–5　1942.5　105–120
○「第一回日本語教育講座をかへりみて」奥田實他　『日本語』2–5　1942.5　145–150
○「日本語教授の効果に就いての考察」大出正篤、『日本語』2–6「大東亜戦争と世界史の動向」
　　1942.6　50–56
○「直接法と教材(一)」益田信夫、『日本語』2–6　1942.6　57–63
○「對訳法の論拠―その特色」日野成美、『日本語』2–6　1942.6　64–73
○「日本語教室：国音字母と日本語教授」深澤泉、『日本語』2–6　1942.6　39–42
○「後期に於ける讀方科指導過程の研究」久保一良、『日本語』2–6　1942..6　43–49
○「南京日語研究會報告」無記名、『日本語』2–6　1942.6　74–75
○「日野氏の『對譯法の論據』を讀みて」大出正篤、『日本語』2–7　1942.7　19–28
○「直接法と教材(二)」益田信夫、『日本語』2–7　1942.7　29–41
○「山西音と日本語」平部朝淳、『日本語』2–7　1942.7　61–67
○「作文を通して見たる助詞の一考察」来島眷吾、『日本語』2–7　1942.7　68–73
○「直接法と對訳法(一)」山口喜一郎、『日本語』2–8　1942.8　18–24
○「日本語の優等生と劣等生」大出正篤、『日本語』2–8　1942.8　25–30
○「満洲の日本語」保井克己、『日本語』2–8　1942.8　31–37
○「聾啞学校の日本語教育」若生精一、『日本語』2–8　1942.8　38–45
○「日本語教授法の平易化」堀敏夫、『日本語』2–8　1942.8　64–70
○「日本語教室の外」前川健二、『日本語』2–8　1942.8　71–74
○「日本に於ける外國語教育」中野好夫、『日本語』2–8　1942.8　46–53
○「朝鮮に於ける国語政策及び国語教育の将来」時枝誠記、『日本語』2–8　1942.8　54–63
○「日本語教育の基礎」釘本久春、『日本語』2–9　1942.9　4–13
○「直接法と對訳法(二)」山口喜一郎、『日本語』2–9　1942.9　14–25
○「数教材の特徴とその指導案」日野成美、『日本語』2–9　1942.9　26–30
○「速成日本語教授法私見」堀敏夫、『日本語』2–9　1942.9　31–39
○「発音指導考」久保一良、『日本語』2–9　1942.9　40–47
□「日本語教育に於ける教材論―北支座談会」国府種武、山口喜一郎他、藤村作、篠原利逸、日野成美、『日本語』2–9　1942.9　48–65
○「日本語普及と英語教師」佐久間鼎、『日本語』2–9　1942.9　66–72
○「飜譯と日本語」高橋義孝、『日本語』2–9　1942.9　73–77
□「中支戦線より歸りて―日本文化普及の問題について座談会」長沼直兄、釘本久春、真杉静江他、『日本語』2–9　1942.9　78–95
○「支那人の見たる日本語」實藤惠秀、日本語』2–10「東亜風物誌」1942.10　30–38
○「日本語の南進に就いて」大出正篤、『日本語』2–10　1942.10　49–53
○「國語教授と比べてみた日本語教授の特性」大石初太郎、『日本語』2–10　1942.10　54–65
○「無名の日本語教師」内田克己、『日本語』2–10　18942.10　65–69
○「日本語教室：数教材の特徴とその指導案(二)」日野成美、『日本語』2–10　1942.10　79–91
○「日本語教授法の文献」長沼直兄、『日本語』2–10　1942.10　110–111
○「言葉の道義性―大東亜建設上の一反省として」竹下直之、『日本語』2–11　1942.11　4–11
○「子供の言葉」松原至大、『日本語』2–11　1942.11　12–15
○「初等教育に於ける日本語教授の困難性」大出正篤、『日本語』2–11　1942.11　42–59
○「国語教授と比べてみた日本語教授の特性(承前)」大石初太郎、『日本語』2–11　1942.11
　　50–56

○「留学生の日本語教育」丸山キヨ子、『日本語』2-11　1942.11　57-62
○「基本語彙調査の方法―本會研究部の語彙調査に就いて」浅野鶴子、『日本語』2-11　1942.11　63-67
○「日本語教授に於ける初期發音訓練」松宮弥平、『日本語』2-11　1942.11　68-74
○「日本語教授の實際」鶴見誠、『日本語』2-11　1942.11　75-79
○「數教材の特徴とその指導案(三)」日野成美、『日本語』2-11　1942.11　80-92
○「日本語の世界観」岩澤巖、『日本語』2-12　1942.12　17-24
○「南方原住民に擬聲語を教へて」宮本要吉、『日本語』2-12　1942.12　77-81
○「日本語教師の錬成に就いて―日本語教室漫言(その八)」大出正篤、『日本語』2-12　1942.12　82-87
○「『日本語指導論』に就いて」大石初太郎、『日本語』2-12　1942.12　88-94
○「言語教授に於ける直観とその誤用」石黒魯平、『言語研究』10.11　1942.11　53-68　日本言語学会
○「日本語普及に就いての諸問題」高山照二、『満蒙』23-9　1942.9　6-14
○「異民族に浸透せしむべき日本語の問題」稲葉晋一、『満蒙』23-9　1942.9　14-22
○「南方諸地域に対する言語政策」伊藤博夫、『台湾時報』268号　1942.4　42-
○「日本語の南方進出に対する諸問題」都留良彦、『台湾時報』289号　1942.5　41-
○「国語問題に対する時局の要請」白神徹、『台湾時報』276号　1942.10　108-
○「大東亜戦と外国語教育」村川堅固、『日本評論』1942.4　66-71
○「大東亜共栄圏と国語対策」保科孝一、『東洋』第45号　199-208　東洋協会
○「マレー各地名の正しき呼び方に就いて」和田篤憲、『学士会月報』647　学士会　1942.2　27-30
○「日本語の普及」田辺良忠、『学士会月報』学士会　647号　1942.2　p.30
○「南方圏に対する国語普及の方針」保科孝一、『学士会月報』651　学士会　1942.8　57-65
◇『国際文化』1942.5　特輯：日本語の共栄圏進出
　「土着語に関連して」神保格 49-53／「音声学の立場から」千葉勉　54-59／「文字と語彙の問題」石黒修　60-68
○「大東亜共栄圏と日本語―特に南方共栄圏に対して」松宮一也、『興亜』3-6　1942.6　92-104　大日本興亜同盟.
○「支那ノ日本語研究熱」中村孝也、『支那語雑誌』1-6　蛍雪書院(岩原民平主幹)1942.6　2-6
○「国語国字整理を促進」吉田澄夫、『帝国大学新聞』1942.3.23
◇カナモジカイ『大東ア共栄ケンノモジトコトバ』1942.8.1
「国語国策ノ確立ニツイテノ建議文」「ABCDEFヲカナニ代エヨ」河野巽／「ミナミノ畑ニワ漢字ヲ植エルナ」松坂忠則／「漢字ワ下等ナ文字」岩田喜雄／「大東ア日本語普及ノ方法」山下興家／「大東アヲムスブカナモジ」平生釟三郎。
○「国語問題の融合点」徳澤龍譚、『政界往来』1942.11
○「南方語の現実と将来性」毛利信春、『政界往来』1942.11
○「国語の本質」山田孝雄、『文藝春秋』1942.9　38-52
○「国語荘厳」西村孝次、『新潮』39-10　1942.10　95-99
○「国語問題始末」森本忠、『新潮』39-12　1942.12　82-85
○「南方と日本民族―特に言語上から」新村出、『戦時下の学生に與ふ』京都帝国大学新聞社　1942.8
○「日本語の大陸進出」西本三十二、『理想日本』1942.12
○「南方の言語」泉井久之助、『東亜問題』1942.3
○「南方に於ける言葉と芸術」(記者)、『東亜文化圏』1942.4

○「大東亜戦と文字」下村海南、『外交評論』1942.3
○「大東亜と日本語」佐久間鼎・石黒修、『科学文化』1942.3
○「日本語は世界に呼びかける」徳澤龍潭、『新若人』1942.4
○「マレイ語よりインドネシア語へ」新川三郎、『回教圏』1942.3
○「馬来語の由来と性格」曽根原輝英、『外地評論』1942.3
○「大東亜共栄圏の確立と日本語―国語の統制問題―」石黒修、『イタリア』1942.2　60–68
○「イタリア語と私と満洲」森下辰夫、『イタリア』1942.3　106–109
○「大東亜建設と国語問題」金田一京助、『イタリア』1942.4　46–51
○「南方語関係の文献」石黒修、『読書人』1942.4　東京堂
○「日本基本漢字を読み常用漢字案に及ぶ」高津才次郎、『書物展望12–7』1942.7　20–26
○「言語より見たる南方共栄圏の諸民族」松本信広、『肇国精神』2–5　紀元二千六百年奉祝会　6–9
○「外国人の見る日本語」下位春吉、『国語文化講座月報』6　朝日新聞社 1942.1　2–3
○「海外特派員と国語」恒川眞、同上　4–7
○「日本語の翻訳について」銭稲孫、同上　8–11
○「満洲日本語ばなし」間下長一、同上　12–13

関連書籍

◎『華北日本語教育研究所叢書』第四輯　1942.3　華北日本語普及協会
　「時枝先生を中心として日本語教育座談会」15–24
◎『華北日本語教育研究所叢書』第五輯　1942.6　華北日本語普及協会
　「かな―日本語教育に携はるもののために」小泉苳三　1–44
◎『華北日本語教育研究所叢書』第六輯　1942.6　華北日本語普及協会
　「話言葉の教授に就いて」益田信夫　1–62
◎『国語文化講座　第六巻　国語進出編』朝日新聞社　1942.1　358p.
　○「国語の進出と国語教育」(藤村作 1–17)／「国語の世界的発展」(下村宏 18–31)／「外地の国語教育」(大岡保三 32–49)／「台湾の国語教育」(加藤春城 50–61)／「朝鮮における国語教育」(森田梧郎 62–46)／「関東州の日本語教育」(大石初太郎 47–89)／「南洋群島に於ける国語教育」(麻原三子雄 89–105)／「東亜共栄圏に於ける日本語」(関口泰 106–119)／「満洲国に於ける日本語」(丸山林平 120–136)／「蒙疆に於ける日本語」(宮島英男 137–144)／「中華民国に於ける日本語」(太田宇之助 145–158)／「佛印及び泰国」(高宮太郎 159–171)／「留学生の国語教育」(岡本千万太郎 172–187)／「第二世の国語教育」(鶴見誠 188–198)／「日本語読本」(各務虎雄 199–221)／「東洋人に対する国語教授法」(山口喜一郎 222–245)／「欧米人に対する日本語教育」(松宮弥平 246–267)／「中国人の日本語研究」(実藤恵秀 268–285)／「欧米人の日本語研究につきて」(福井久蔵 286–301)／「支那語になつた日本語」(倉石武四郎 302–311)／「ヨーロッパ語になつた日本語」(市河三喜 312–331)／「国語の周囲」(服部四郎 332–350)／「参考書目」(松宮一也 351–358)
◎『国語文化講座　第一巻　国語問題編』朝日新聞社　1942.7　p.368
　○「国語の政策」(安藤正次 1–29)／「国語純化の道」(岸田國士 30–52)／「国語問題の展望」(石黒修 53–102)／「国語の表記法」(倉野憲司 103–131)／「漢字の問題」(吉田澄夫 132–156)／「カナモジ運動」(松坂忠則 157–174)／「ローマ字運動」(菊澤季生 175–194)／「国語と国防国家」(荘司武夫 195–206)／「科学と国語問題」(林操 207–220)／「国語問題について」(小島政次郎 221–243)／「標準語と方言」(柳田国男 244–264)／「新しい語法」(佐久間鼎 265–289)／「基礎日本語の試み」(土居光知 290–313)／「外国語の問題」(茅野蕭々 314–332)／「参考書目」(石黒修 333–340)／「国語問題年表」(編輯部 341–368)
◎『国語文化講座索引』国語文化講座編輯部、朝日新聞社　1942.1　67p

- ◎『大東亜共通語としての日本語教授の建設』無記名、光昭会　1942
- ◎『少国民の大東亜一年史』平櫛孝、東雲堂。1942
- ◎『国民の魂　日本語のお話』無記名、明治図書　1942
- ◎『東亜語源志』(再版)新村出、荻原星文館　1942.9
- ◎『国語問題正義』新村出、白水社　1942
- ◎『国民学校国語の修練実践』米田政栄、啓文社　1942
- ◎『国民科読方の新形態』米田政栄、啓文社　1942
- ◎『国民学校話し方教育の実践形態』飛田多喜雄、啓文社　1942
- ◎『国民科綴方の新経営』今田甚左衛門、啓文社　1942
- ◎『綴方教育発達史』峯地光重、啓文社　1942
- ◎『読方教育発達史』峯地光重、啓文社　1942
- ◎『日本語教育と日本語問題』岡本千万太郎、白水社　1942.9　350p
- ◎『和字正濫抄と仮名遣問題』保科孝一、日本放送出版協会　1942
- ◎『国語文化講座第六巻国語進出編』朝日新聞社　1942
- ◎『日本語の世界的進出』松宮一也、婦女界社　1942.10　358p.
- ◎『支那語国民に対する日本語の教育』野村瑞岑、財団法人啓明会　1942.3
- ◎『国字問題の本質』松坂忠則、弘文堂書房　1942
- ◎『日本語教育の問題』塩田良平編輯　皇国文学第六輯　1942.12　六芸社　「表現と言葉」(金原省吾)、「日本国語の大道」(大西雅雄)、「大東ア日本語共栄圏」(石黒修)、「日本語教育の進展」(興水實)、「日本語教育の日本的方法」(西原慶一)、「国語問題発展の立場」(大場俊助)、「日本語進出に於ける銃後のつとめ」(富倉徳次郎)他3篇収録
- ◎『日本語教授指針―入門期』日本語教授研究所松宮一也、財団法人日語文化協会、大日本教化図書株式会社　1942.7
- ◎『支那語の発音と記号』魚返善雄、三省堂　1942
- ◎『話言葉の文法(言葉遣篇)』三尾砂、帝国教育会出版部　1942.1
- ◎『日本語のために』佐久間鼎、厚生閣　1942.5
- ◎『やまとことば』吉澤義則、教育図書　1942.7
- ◎『日本語録』保田興重郎、新潮社　1942.7
- ◎『国語と民族学』倉田一郎、青磁社　1942.7
- ◎『国語の心理』大槻憲二、育英書院　1942.8
- ◎『現代日本語の研究』国語学振興会、白水社　1942.10
- ◎『国学の本義』山田孝雄、畝傍書房　1942.11
- ◎『日本語と日本精神』徳澤龍潭、ダイヤモンド社　1942.12
- ◎『日本語教育の問題皇国文学第六輯』塩田良平編輯、六芸社　1942.12
- ◎『言語学方法論考』小林英夫、三省堂　1942
- ◎『古代国語の音韻に就いて』橋本進吉、明世堂書店　1942
- ◎『現代日本語の研究』国語学振興会、白水社　1942
- ◎『大東亜語学叢刊樺太ギリヤク語』高橋盛子、朝日新聞社　1942
- ◎『佛印・泰・支那　言語の交流』後藤朝太郎、大東出版社　1942.6　330p
- ◎『言語美学』カルル・フォスレル著、小林英夫訳、小山書店　1942
- ◎『日本語原学』林甕臣、大文館　1942
- ◎『国語発音アクセント辞典』神保格・常深千里、厚生閣　1942
- ◎『日本語のために』佐久間鼎、厚生閣　1942
- ◎『話言葉の文法(言葉遣編)』三尾砂、帝国教育会出版部　1942

◎『現代日本語法の研究』佐久間鼎、厚生閣　1942
◎『国語の変遷』金田一京助、日本放送出版協会　1942.2
◎『最新日本語教授法講義』工藤哲四郎、帝教書房　1942.4
◎『日本語教授法』興水實、国語文化研究所　1942
◎『新版：言葉は伸びる』興水實、厚生閣　1942.1
◎『話言葉の文法』三尾砂、帝国教育会出版部　1942.1
◎『国語の道　言葉・国語・語法』村枝増一、出来島書店　1942.3
◎『日本語練習用日本語基本文型』財団法人青年文化協会、国語文化研究所 1942.11　268p
◎『日本語教育の問題』鹽田良平、六芸社　1942.12　304p
◎『大東亜共栄圏と国語政策』保科孝一、統正社　1942.11　464p.
◎『国民精神と敬神』山田孝雄、宮城県学務部社寺兵事課　1942
◎『大東亜共通語としての日本語教授の建設』平松誉資事、光昭舎　1942

主たる出来事

日本文学報国会結成 1942.5／「興亜奉公日」を廃して「大詔奉戴日」制定〈毎月八日〉／国語審議会第五回総会「標準漢字表案」中間報告 (1942.3)／国語審議会第六回総会「標準漢字表」を議会答申 (1942.6)／「日本国語会」発会 (1942.10.7)／大東亜文学社大会第一回開催 1942.11.3．／拓務省・対満事務局・外務省東亜局・外務省南洋局を統合して大東亜省設置 1942.11.1／「欲しがりません勝つまでは」国民決意の標語募集に当選／カナモジカイ『大東亜建設ニ際シ国語国策ノ確立ニツキ建議』国語協会会長公爵近衛文麿と財団法人カナモジカイ理事長星野行則の連名で内閣総理大臣東條英機に 19424.5 提出。

1943 年（昭和 18 年）

雑誌記事類

○「対談：文化の本質―南方文化工作の諸問題」北原武夫・中島健蔵、『文學界』10-6　1943.6
○「国語問題の所在」浅野晃、『文学界』10-7　1943.7
　「南方住民教育」神保光太郎　同上
○「教育と国語国策(一)」柳田国男、『教育』11-4　1943.4　12-25
○「教育と国語国策(二)」柳田国男、『教育』11-5　1943.5　30-41
○「教育と国語国策(三)」柳田国男、『教育』11-6　1943.6　19-30
○『教育』11-5　特輯「共栄圏の教育問題」第一集　　1943.5
　「文化工作の基本問題」清水幾太郎　1-10　第二集、『教育』11-6　1943.6　第三集、『教育』11-7　1943.7
○「日本語教育と表記法」篠原利逸、『教育』11-9　1943.9　9-17
○「半島に於ける国語発音上の二大誤謬傾向と其の矯正法」佐護恭一、『教育』11-9　1943.9　18-31
○「華北に於ける教科書政策」坂井喚三、『興亜教育』2-1　1943.1　58-63
○「泰民族教育の基礎理論」渡邊知雄、『興亜教育』2-5　1943.5　20-27
○「泰国に於ける文化事業」石丸優二、『観光』3-4　1943.4　32-34
○「放送による国語教育の建設(中)」片桐顯智、『放送』1943.1　7-12
○「放送による国語教育の建設(下)」片桐顯智、『放送』1943.3　13-17
○「続国語の道」片桐顯智、『放送』1943.1　18p
○「大東亜の言語(上)」宇井英俊、『放送』1943.7　47-55

○「大東亜の言語(下)」宇井英俊、『放送』1943.8　64-67
○「科学政策に於ける国語の問題」鹽野直造、『日本語』3-1　1943.1　13-19
○「日本語總力戦體制の樹立」西尾實、『日本語』3-1　1943.1　20-22.
◇『日本語』3-1　特輯：国語の将来と反省　1943.1　23-66
　　○「国語の将来と反省」(長谷川如是閑 23-25)／「近代語に就いての若干の反省」(志田延義 26-30)／「国語雑感」(氷室吉平 31-34)／「国語の将来と反省」(石黒魯平 35-37)／「女性語の将来と反省」(真下三郎 38-48)他
◇『日本語』3-1　特輯：関東州日本語教育研究会　1943.1　67-126.
　　○「公学堂に於ける日本語教育」(加島福一)／「公学堂各學年に於ける日本語指導形態」(坂本弘教)／「本学堂に於ける日本語教育―訓育經營と日本語指導の一元的取扱」(喜代原友治)／「中等学校に於ける講讀科指導過程の研究」(久保一良)／「音声言語の完成について」(辻權次郎)／「初等科第二學年日本語指導實踐案」(藤村一、沈景富)／「高等科第二學年日本語指導案」(打田正雄)／「高等科第一學年日本語指導案」(前田熙胤)／「高等科第一學年ニ組日本語指導案」(青木泰吉)／日本語教育研究会日程(十月十四日～十月十六日、於大連伏見臺公学堂)
○「国語の愛護のために」井上赳、『日本語』3-2　1943.2　12-20
○「日本語の表現形式一つ」佐々木達、『日本語』3-2　1943.2　21-28.
○「国語教授と比べてみた日本語教授の特性(承前)」大石初太郎、『日本語』3-2　1942.2　29-38.
○「泰国人に日本語を教える」柳澤健、『日本語』3-2　1943.2　39-43.
○「日本語教育研究の態度について―実際家の立場」林克馬、『日本語』3-2　1943.2　76-79
□『日本語』3-2　座談：戦時下の国語生活　1943.2　50-72.
　　岩淵悦太郎、釘本久春、松田武夫、高橋健二
□『日本語』3-3　座談会：国語の反省　長谷川如是閑、佐藤春夫、湯澤幸吉郎、西尾實　1943.3　38-56
○「日本語教授の特性(完)」大石初太郎、『日本語』3-3　1943.3　18-26
○「日本語教授者の讀むべき書物(一)」廣瀬泰三、『日本語』3-3　1943.3　78-83
○「日本語教室雑感」大出正篤、『日本語』3-3　1943.3　63-65
○「東亜語としての日本語教材観」工藤哲四郎、『日本語』3-3　1943.3　66-71
○「日本語教師雑考」太田義一、『日本語』3-3　1943.3　72-77
○「南方派遣日本語教員の銓衡を終りて」森田孝、『日本語』3-4　1943.4　44-48
○「日本語教育をおもふ」森田梧郎　『日本語』3-4　1943.4　49-53
○「日本語教授三ヵ月―泰国招致学生の学習状況」国際学友会、『日本語』3-4　1943.4　80-90
○「異民族に對する日本語読み指導」太田幸善、『日本語』3-4　1943.4　91-105
○「日本語教授者の読むべき書物(二)」廣瀬泰三、『日本語』3-4　1943.4　100-105
○「南京日語研究会紹介記事」無記名、『日本語』3-4　1943.4　112-113
○「南方で聞いた日本語」櫻田常久、『日本語』3-4　1943.4　117-123
○「比島の言語問題と日本語」三木清、『日本語』3-5　1943.5　4-11
○「國語か日本語か」小林英夫、『日本語』3-5　1943.5　19-26
◇「特輯：マライの日本語」中島健蔵・神保光太郎對談『日本語』3-5　1943.5　27-47
○「日本語教授の諸問題」国府種武、『日本語』3-5　47-58
○「話方指導の実際」前田熙胤、『日本語』3-5　1943.5　68-74
○「生徒の見たる台湾の国語」川見駒太郎、『日本語』3-5　1943.5　75-83
○「日本語教授者の読むべき書物(三)」廣瀬泰三、『日本語』3-5　1943.5　84-89
○「日本語普及の将来」安藤正次、『日本語』3-6　1943.6　4-12
○「日本語教授者の読むべき書物(四)」廣瀬泰三、『日本語』3-6　1943.6　58-74

○「日本語教室雑感（其の二）―正しい日本語、日本語の難しさ」大出正篤、『日本語』3-6　1943.6　75-79
○「思想戦と日本語」釘本久春、『日本語』3-7　1943.7　4-12
○「蒙疆に於ける日本語教育の諸問題」曽我孝之、『日本語』3-7　1943.7　13-17
○「滿蒙の国語」保井克巳、『日本語』3-7　1943.7　18-22
○「日本語教授者の読むべき書物（五）」廣瀬泰三、『日本語』3-7　1943.7　34-39
○「国際学友會日本語学校参観記」編輯部、『日本語』3-7　1943.7　70-71
○「話方指導について（二）」前田煕胤、『日本語』3-7　1943.7　60-65
○「華北に於ける日本語の品位」太田義一、『日本語』3-7　1943.7　66-71
○「南京日語教育研究会会員名簿（昭和17年12月現在）」、『日本語』3-7　1943.7　p.79
○「外国語教育に於ける語感」佐々木達、『日本語』3-8　1943.8　65-69
○「日本語教育に於ける語感」長沼直兄、『日本語』3-8　1943.8　70-72
○「泰国及佛印に於ける日本語教育の現況（一）」関野房夫、『日本語』3-8　1943.8　51-59
○「日本語の成長（二）」小泉苳三、『日本語』3-8　1943.8　73-85
○「日本語教授者の讀むべき書物（六）」廣瀬泰三、『日本語』3-8　1943.8　86-91
○「日本語教授者名簿―上海日語專修學校―」無記名、『日本語』3-8　1943.8　85-86
○「泰国及佛印に於ける日本語教育の現況（二）」関野房夫、『日本語』3-9　1943.9
○「反省すべきこと」日野成美、『日本語』3-9　1943.9　50-55
○「話方指導について（三）」前田煕胤、『日本語』3-9　1943.9　56-61
○「外地の日本語について」中島健蔵、『日本語』3-10　1943.10　4-9
○「日本語教育の基礎的問題」篠原利逸、『日本語』3-10　1943.10　17-27
○「映畫と日本語」時岡茂秀、『日本語』3-10　1943.10　28-32
○「日本語教育参考文献」長沼直兄、『日本語』3-10　1943.10　46-49
○「私たちの日本語（日本語作文）―朝鮮、臺灣、滿洲、北支、中支、安南、ビルマ、マライ」、『日本語』3-10　1943.10　56-75
○「関東州日本語教育者名簿」編集部、『日本語』3-10　1943.10　89-90
○「南方向国語教科書に使用せる發音符號について」三井政雄、『日本語』3-11　1943.11　32-38
○「假名遣の切換へに就いて」堀内武雄、『日本語』3-11　1943.11　p.39-56
□「座談会：華北に於ける日本語教育の新段階」藤村作、佐藤幹二、篠原利逸、片岡良一、上甲幹一『日本語』3-11　1943.11　p.46-66
○「日本語教室：特殊な日本語教室」大出正篤、『日本語』3-11　1943.11　67-71
○「インドネシヤの日本語」窪川稲子、『日本語』3-11　1943.11　84-86
○「大陸の墓標」釘本久春、『日本語』3-11　1943.11　87-91
○「大東亜共栄圏と日本語（講演会要録）」82-86
「日本語の美さ」豊島與志雄「マライの日本語教育」中島健蔵「日本語教育の現状」大岡保三　1943.10.16　於.一ツ橋共立講堂、『日本語』3-12　1943.12
「日本語の調子」土居光知「南方から歸りて」高見順「日本語教育の現在及将来」釘本久春　1943.10.24　於.仙台市斉藤報恩会講堂、『日本語』3-12　1943.12
○「こ・そ・あに就いて」有賀憲三、『日本語』3-12　31-36
○「新入生に日本語初歩指導をしてみて」日野成美、『日本語』3-12　1943.12　58-63
○「蒙疆に於ける日本語教室」日野静子、『日本語』3-12　1943.12　64-68
○「言語上より見たる南方文化工作」斉藤正雄、『太平洋』6-3　24-31
○「日本語の南進に直面して」大出正篤、『国語運動』7-2　1943.2　2-6
○「関東州における日本語」大石初太郎、『国語運動』7-2　1943.2　7-11

○「マライ語の学習」伊澤勝麿呂、『国語運動』7-2　1943.2　32-33
○「日本語普及の限度」(巻頭言)、『国語運動』7-3　1943.3
○「国語の簡素化」佐野利器、『国語運動』7-3　1943.3　2-4
○「南方共栄圏の言葉など」三吉朋十　『国語運動』7-4　1943.4　8-17
◇『国語文化』3-3　特輯：言語政策論　1943.3
　「共栄圏と日本語の普及」齋藤清衛 2-12／「国語運動の方向」德澤龍潭 13-21／「日本語教育とその教材」西原慶一 22-30／「南方に対する言語政策」大西雅雄 31-41／「大陸の言語問題・政策・工作」魚返善雄 42-53／「ドイツの対占領文化言語政策」海野稔 54-59
○「国語教育の諸問題」秋田喜三郎、『国語文化』3-7　1943.7　2-8
○「日本語教育の領域」長沼直兄、『国語文化』3-8　1943.8　2-7
○「国語の純化」大西雅雄、『国語文化』3-8　194387　8-15
○「国語の純化と海外進出」山田正紀、『国語文化』3-8　1943.8　16-28
○「言語環境と日本語教育」宮本要吉、『国語文化』3-10　1943.10　29-34
○「日本語の魅力」大智浩、『国語文化』3-11　1943.11　37-63
○「二語併用地に於ける日本語アクセントの問題」寺井喜四男、『国語文化』3-12　1943.12　51-63
○「日本語の大陸進出」文部省図書局、『週報』情報委員会編 188 号：1943.5.22　24-30
○「日本語普及史の諸問題」釘本久春、『日本諸学研究報告』(文部省教学局)第 20 篇　274-289
○「朝鮮に於ける国語」時枝誠記、『国民文学』3-1　10-14
○「国語普及の現地報告(二)」久保田進男、『国民文学』3-2　81-85
○「国語普及の現地報告(二)桃源国民学校」鞆野久米蔵、『国民文学』3-3　85-90
○「日本語教授に於ける日華合作」竹内安治、『華北日本語』2-1　1943.1
○「興亜日本語教育」上杉九一、『華北日本語』2-3　1943.3
○「教養としての日本語」国府種武、『華北日本語』2-4　1943.4
○「新方針と日本語」国府種武、『華北日本語』2-5　1943.5
○「南方民族と教育」国府種武、『華北日本語』2-6　1943.6
○「華北の日本語教育に嘱す」別所孝太郎、『華北日本語』2-11　1943.11
○「国語講習所　習作」李栽、『台湾時報』284　1943.8
○「徴兵制と国語の問題」福田良輔、『台湾時報』287　1943.11
○「大東亜共栄圏の国語対策を確立せよ」保科孝一、『コトバ』5-3　1943..3.1　4-9
○「中国に於ける日本語問題を論ず」高沼順三、『東亜文化圏』2-7　1943.7　33-43(76)
○「国語と日本語」坂口兵司、『コトバ』5-3　1943.3.1　29-35
○「大東亜戦争と私の国語教育的建設」木村弘、『コトバ』5-3　1943.3.1　53-54.
◇『コトバ』5-4　特輯：日本語普及　1943.4.1
　○「満洲国に於ける日本語普及の状況」(福井優 4-10)／「国民練成への日本語教育」(中村忠一 11-18)／「満鉄の日本語教育」(堀敏夫 19-28)／「朝鮮併合以前の日語読本をめぐりて」(大槻芳広 29-38)／「朝鮮に於ける国語指導の問題：朝鮮人児童を対象とする国民学校初期の指導」(鈴木隆盛 39-59)／「朝鮮における国語普及」(岡本好次 60-71)／「北支：文化理解のための日本語教授」(国府種武 45-50)／「北支：環境と対象―日本語教育の政治的性格について」(秦純乗 51-70)／「関東州：日本語教師の人格」(大石初太郎 71-78)／「関東州：日本語教育の教材に関する一考察」(前田煕胤 79-91)／「関東州：民族陶冶としての日本語教育」(加島福一 92-100)／「関東州：日本語読本編纂の思ひ出」(今永茂 101-108)／「東京：日本語総合力の養成法」(有賀憲三 109-110)／「東京：教授の実際と工夫創意」(大出正篤 111-127)／「東京：日本語普及に於ける日本的自覚」(與水実 128-135)／「東京：日本語教授と日本語教師」(松宮弥平 136-142)

◇『コトバ』5–11　特輯：留学生に対する日本語教育　1943.11.1
　○「留学生教育の核心に触れて」(有賀憲三 1–11) ／「国としての用意」(石黒魯平 12–16) ／「留学生の日本語教授」(大出正篤 17–26) ／「中国人に日本語を教へて」(金田一春彦 27–41) ／「留学生教育の根本と具体策」(松宮一也 42–58)
○「大東亜共栄圏の国語対策を確立せよ」保科孝一　『コトバ』5–3　1943.3
○「決戦国語教育　戦ふ綴方　大東亜共栄圏と国語教育」保科孝一、『コトバ』5–12　1943.12.1　1–7
○「南方留学生に対する最初歩教授」與水実、『コトバ』5–12　1943.12.1　42–56.
○「支那語と泰語に見る古音交流」後藤朝太郎、『言語研究』12　1943.3　1–23　日本言語学会
○「二言語併用地に於ける日本語アクセントの問題(台湾方言の実例に就いて)」寺川喜四男、『国語文化』3–12　1943　51–63.
○「南方派遣日本語教師」石黒修、『教育』11–4　1943.4　284–287.
○「日本語教育の新しい出発」石黒修、『外地・大陸・南方日本語教授実践』国語文化学会編　国語文化研究所発行 .250–252
□「座談会：大東亜と日本語」長谷川如是閑・泉井久之助・時枝誠記・神保光太郎・中島健蔵　『日本評論』19–2.　36–61.
○「カナモジヲ大東亜ノ共通文字タラシメヨ」下村宏、『カナノヒカリ』1942.5　1–3.
○「最近のマライ語」宮武正道、『民族学研究』1–11　民族学協会編集・愛光堂　1943.11
○「朝鮮に於ける国語　実践及び研究の諸相」『国民文学』3–1　1943–1
○「国語普及の新段階」広瀬続、『朝鮮』329 号　1943
○「『タイ・日新辞典』を読んで」山口武、『読書人』1943.3　東京堂出版 .
○「図南政策と日本語の問題」佐久間鼎、『イタリア』1943.2　イタリアの友の会　49–63
○「『デス』の行方」板垣勇治郎、『書物展望』13–8　1943.8　92–96
○「総力戦下台湾と国語の使命」福田良輔、『台湾公論』5–14　1943.7　台湾公論社
○「国語の尊厳」池田勉、『読書人』1943.9　21–22
○「日泰文化協定と東西文化の勃興」柳澤健、『講演の友』1943.3
○「日泰文化協定成立記念特集号」東光武三他五名、『国際文化』　1943.3
○「日・タイ文化の交流」東光武三、『国策放送』1943.3
○「言語より見たる南方文化工作」齋藤雄雄、『太平洋』　1943.2
○「特集：国語問題の前進」時枝誠記他 13 名、『国民文学』　1943.3
○「共栄圏の日本語」浅野晃、『現地報告』　1943.1
○「国語指導の反省」井上赴他 7 名、『日本教育』1943.1　72–82
○「国語と科学の振興」鹽野直道、『日本教育』1943.2　32–39.
○「国語愛護のために」井上赴、『日本教育』1943.2　55–64
○「国文学と初等国語教育」島津久基、『日本教育』1943.2　65–69
□『日本教育』1943.3　座談会：国語教育の建設　50–64　井上赴、石森延男他 14 名 .
□『日本教育』1943.4　座談会：国語教育の建設(続)50–59　井上赴他 12 名 .
○「江戸時代における国字問題の胎生」田邊元生、『歴史と國文學』29–3　東京太洋社 1–16
○「日本語の音声」宮良當壮、『肇国精神』1943.4　内閣印刷局　30–43
○「日本語と漢字」宮良當壮、『肇国精神』1943.5　10–15
○「(マライ通信)言葉と通訳」北町一郎、『肇国精神』1943.5　16–21
○「(ジャワ通信)ぐんぞく・じやわがしま・まんご」宮村亜鳩、『肇国精神』1943.5　22–27
○「言霊のたすくる国」山田孝雄、『現代』1943.4　18–30

関連書籍

◎『華北日本語教育研究所叢書』第七輯　華北日本語普及協会　1943.5
　「実践日本語教育論―中国小学校に於ける」（太田義一 1–45）／「附録：小学日本語読本新出語句調」(47–58)／「附録：小学日本語読本語型調―述語を基準として―」(59–80)／「日本語の特質」（浦川金三 81–109）

◎『華北日本語教育研究所叢書』第八輯　1943.5　華北日本語普及協会
　「日本語教育論」（工藤哲四郎 1–36）／「日本語教育の体験」（渡辺俊雄 37–71）

◎文部省教学局編纂『日本諸学研究報告第18篇　教育学』1943.5.10
　「大東亜共栄圏の一環としての朝鮮に於ける同胞皇民化運動について」鎌塚扶／「二重言語の問題と朝鮮教育」田花為雄／「満洲国に於ける日本人教育に就いて」西元宗助／「北支に於ける教育の現状及び問題」飯田晃三／「満洲国新学制の精神」一條林治／「大東亜新秩序の建設と日本語教授施設に関する一考察」伊藤猷典

◎『台湾に於ける国語音韻論（音質・音量篇）－外地に於ける国語発音の問題』寺田喜四男、台湾学芸社　1943

◎『大東亜言語建設の基本』志田延義、畝傍書房　1943.9

◎『中国人に対する日本語教授』鈴木正藏、育英書院　1943.7　103p

◎『昭南日本学園』神保光太郎、愛之事業社　1943.8　337p

◎『「満語カナ」趣意書並に解説書』国語調査委員会（満洲国民生部）1943

◎『外地・大陸・南方日本語教授実践』国語文化学会編、国語文化研究所発行

◎『南洋の言語と文学』宮武正道、湯川弘文社　1943

◎『日本語の姿』土居光知、改造社　1943

◎『日本の国語』石黒修、増進堂　1943

◎『日本語の根本問題』大東亜文化協会、増進社出版部　1943.3　270p
　　第一篇　言語学上よりみたる日本語（中野徹）
　　第二篇　日本語の歴史と発展の原理（新屋敷幸繁）

◎『国語学叢録』新村出、一条書房　1943.11

◎『国語学序説』新村出、星野書店　1943.12

◎『敬語法』江湖山恒明、三省堂　1943

◎『日本語基本語彙幼年の部』坂本一郎、明治図書　1943

◎『文体論の建設』小林英夫、育英書院　1943

◎『日本語の言語理論的研究』佐久間鼎、三省堂　1943

◎『国語の本質』山田孝雄、白水社　1943.11

◎『国語学史』山田孝雄、宝文館　1943

◎『国語の尊厳』日本国語会、国民評論社　1943

◎『増補国語研究』金田一京助、八雲書林　1943

◎『日本外来語の研究』楳垣実、青年通信社　1943

◎『国字問題の理論』佐伯功介、日本のローマ字社　1943

◎『日本語教授法の原理』市河三喜、神保格、楢崎浅太郎共著　日本語教育振興会　1943

◎『日本語教授の領域』中村忠一、目黒書店　1943.6　229p

◎『現代語法の諸相』国語教育学会編、岩波書店　1943.6　274p

◎『美しい日本語』石黒修、光風館　1943.7　280p

◎『国語の基準』新村出、敵文館　1943.7　252p

◎『日本語教授法原論』山口喜一郎、新紀元社　1943.6　423p

◎『国語の風格』金原省吾、三省堂　1943.7　198p

◎『大東亜言語建設の基本』志田延義、畝傍書房　1943.7　293p
◎『言語と文化』乾輝雄、国語文化研究所　1943.7　198p
◎『日本語の姿』土居光知、改造社　1943.7　419p
◎『外地・大陸・南方日本語教授実践』国語文化協会、国語文化研究所　1943.9　285p
◎『言葉なるもの』徳澤龍潭、朝倉書店　1943.12
◎『国語雑記』遠藤早泉、統正社　1943
◎『国語科学論考』大西雅雄、東京修文館　1943.1
◎『国語の特性に即応したる新日本文典』村林孫四郎、出版社不明　1943.4
◎『国語の尊厳』日本国語会、国民評論社　1943.5
◎『外来語概説』荒川惣兵衛、三省堂　1943.10
◎『国語論叢』松尾捨治郎、朝倉書店　1943.12
◎『世界の言葉―何を学ぶべきか』慶應義塾大学語学研究所編、慶應出版社　1943.10
◎『日本語基本語彙』国語文化振興会　1943.10
◎『新講言語学提要』石黒魯平、明治図書　1943
◎『音声学通論』石黒魯平、広文堂書店　1943
◎『日語学校』松永健哉、帝教書房　1943.10

主たる出来事

陸軍省による決戦標語「撃ちてし止まむ」(1943.3.10)／大日本言論報告会発会(1943.3.7)／明治神宮外苑競技場にて学徒出陣壮行会(1943.10.21)／大東亜会議 1943.11.5 〜 11.6 開催。

1944 年（昭和 19 年）

雑誌記事類

○「日本語の調子」土居光知、『日本語』4–1　1944.1　4–13
○「フィリッピンに於ける日本語教育の現況」蒲生英男、『日本語』4–1　1944.1　37–44
○「泰国に於ける言語上の諸問題」山縣三千雄、『日本語』4–1　1944.1　45–51
□「座談会：日本語教育の根本問題」岩渕悦太郎、大岡保三、釘本久春、近澤道元、東光武三、西尾實、橋本進吉、林和比古、原元助　『日本語』4–1　1944.1　52–71
○「日本語教室：復習と應用」松宮弥平、『日本語』4–1　1944.1　72–78
○「分つてもらふ気持ち」打田正雄、『日本語』4–1　1944.1　79–84
○「最近に於ける国語問題の動向と国語学」時枝誠記、『日本語』4–1　1944.1　4–14
○「徴兵制度と日本語」島田牛稚、『日本語』4–2　1944.2　39–45
「現地日本語教員よりの手紙」蒲生英男、『日本語』4–2　1944.2　66–68
○「海外邦人第二世と日本語―第二世の綴方集を讃みて」高瀬笑子、『日本語』4–2　1944.2　69–75
○「中華民国留学生のための高等学校教育」木村新、『日本語』4–2　1944.2　54–57
○「日本語教授雑感」柴田明徳、『日本語』4–2　1944.2　58–61
○「国際学友会の事業」金澤謹、『日本語』4–2　1944.2　62–64
○「国語と精神」西村眞次、『日本語』4–3　1944.2　9–17
○「中国人に誤り把握せられてゐる日本語の發音(1)」筧五百里、『日本語』4–3　1944.3　18–22
○「中国人の日本語研究」菊沖徳平、『日本語』4–3　1944.3　23–32
○「日本語教師の処遇に關する諸問題」相良惟一、『日本語』4–4　現地特輯号　1944.4　28–37
○「日本語学習に於ける母國語語法の影響［その具體例と克服案］」同上、42–63.

「語法指導に對する私見」日野成美(北京新民学院教授)
「日本語学習に於ける滿語語法の影響」久保一良(旅順高等公学校教諭)
「助詞について」平部朝淳　(太原女子師範学校教諭)
「日本語学習における母国語語法の影響」堀敏夫(奉天南滿中学堂教諭)
「母国語と外国語」篠原祐一(北京国立師範大学付属第二小学校教官)
「特質の認識を基礎にして」秦純乗(北京中央日語学院教授)
「その具體例と克服案」辻權次郎(旅順高等公学校教諭)
「中國人の陥り易き誤とその對策」築貫一正(北京平民中学教官)
「関東州の場合」坂本弘教(大連伏見臺公學堂訓導)
○「現地の声―支那派遣教員帰国再訓練講習会座談會」、『日本語』4-4　1944.4　38-41
○「日本語教育振興會研究部事業報告」山口正、『日本語』4-4　1944.4　70-74
○「滿洲国に於ける日本語教育の現状」松尾茂、『日本語』4-5　1944.5　2-9
○「日本語より国語へ―関東州に於ける日本語教育の現状」大石初太郎、『日本語』4-5　1944.5　11-16
○「中国人に誤り把握せられてゐる日本語の発音に就いて(2)」覓五百里、『日本語』4-5　1944.5　43-49
○「日泰文化会館の使命」額彦四郎、『日本語』4-5　52-54
○「日本語の優秀性」吉川幸次郎、『日本語』4-6　1944.6　2-10
○「大東亜の日本語に於ける音量の活用」寺川喜四男、『日本語』4-6　1944.6　26-31
○「中国人に誤り把握せられてゐる日本語の発音に就いて(3)」覓五百里、『日本語』4-6　1944.6　32-36
○「日本語教室：ある研究教授の記録」篠原祐一、『日本語』4-6　1944.6　38-41
○「日本語教室：作文指導」久保一良、『日本語』4-6　1944.6　42-46
○「日本語学校論」釘本久春、『日本語』4-7　1944.7　3-9
○「少年兵と日本語」松田武夫、『日本語』4-7　1944.7　28-31
□「座談会：成人用速成日本語教科書の諸問題」浅野鶴子、岩渕悦太郎、長沼直兄、西尾實、林和比古、『日本語』4-7　1944.7　32-40
○「国際文化振興会の事業」稲垣守克、『日本語』4-7　1944.7
○「日本語教室：教材の性格と指導の要領」日野成美、『日本語』4-7　1944.7　41-43
○「物語：南方の日本語」佐藤春夫、『日本語』4-7　1944.7　52-54
○「戦争と国語生活」稲富榮次郎、『日本語』4-8　1944.8　2-9
○「佛印に於ける日本語教育」蘆原英了、『日本語』4-8　1944.8　10-12
○「南部佛印に於ける日本語学校の問題」小関康一郎、『日本語』4-8　1944.8　12-16
○「日本語教室：敬語の誤用」森田梧郎、『日本語』4-8　1944.8　28-29
○「日本語教室：比較文法の問題」深澤泉、『日本語』4-8　1944.8　30-33
○「ジャワ日本語学校建設記」大江賢次、『日本語』4-8　1944.8　40-43
○「日本語の弘通」廣濱嘉雄、『日本語』4-9　1944.9　3-5
○「泰国の普通教育について」鈴木忍、『日本語』4-9　1944.9　6-11
○「日本語普及と文化政策―新聞、映画、放送」松原至大、川名完次、水川清.『日本語』4-9　1944.9　26-32
○「中国人に誤り把握せられてゐる日本語の発音に就いて(完)」覓五百里、『日本語』4-9　1944.9　16-23
○「マライの日本語教育」勝呂弘、『日本語』4-10　1944.10　24-26
○「南方より歸りて」対談：佐藤春夫・釘本久春、『日本語』4-10　1944.10　13-23

○「日本語教室：主語に附く場合の助詞『が』と『は』の用法」有賀憲三、『日本語』4-10　1944.10　31-38
○「日本語教室：指導過程の問題」篠原利逸、『日本語』4-10　1944.10　39-44
○「比島の日本語と日本語問題（一）」内山良男、『日本語』4-11　1940.11　9-13
○「教材に何を選ぶべきか」諸家葉書回答、日本語』4-11　1944.11　p.32-35.
○「物語：南方の日本語」新田潤、『日本語』4-11　1944.11　p.41-44.
○「日本語教室：常體と敬體」林和比古、『日本語』4-12　1944.12　p.12-15.
○「日本語教室：二つの教授案について」中村忠一、『日本語』4-12　1944.12　16-19
○「満鮮の日本語教室」大西雅雄、『日本語』4-12　1944.12　20-23
○「泰国の文化と教育」柳澤健、『日本教育』3-9　1944.9　45-47
□『日本教育』4-4　座談会：決戦南方圏の教育建設　釘本久春他 4 名　43-60
○「語法教育の方法」藤原輿一、『日本教育』4-6　51-60.
○「朝鮮に於ける国語教育政策」島田牛稚、『国語文化』4-1　2-10
○「朝鮮に於ける国語練成教育と皇国臣民」森田梧朗、『国語文化』4-1　11-21.
○「朝鮮人児童を対象とする国語教育の変遷と動向」別府喬二、『国語文化』4-1　22-26
○「半島に於ける国語教育の実情」田尾抑市、『国語文化』4-1　27-31
○「半島児童の国語常用」土生米作、『国語文化』4-1　32-37
○「半島女子と国語の躾」長谷川利市、『国語文化』4-1　38-41
○「共栄圏日本語の訛音の問題（台湾に於ける実例を中心として）」寺川喜四男、『国語文化』4-2　25-39
○「外来語に対する国民の取った態度」松尾捨治郎、『国語文化』4-3　31-36
○「反省ひとつ」神保光太郎、『国語文化』4-3　40-41
○「国語の純化と翻訳」吉武好孝、『国語文化』4-3　42-46
○「日本語の共栄圏進出に伴う現実問題」大畑文七、『国際文化』29 号　1944.1　26-31
○「大東亜建設と日本語」大岡保三　『国文学解釈と鑑賞』9-3　1944.3　42-50
○「大東亜言語政策の基調」泉井久之助　『知性』7-4　38-41
○「基本語彙の調査」保科孝一　『国語運動』8-9　1944.9
○「日本語教育と日本精神」秋山博　『コトバ』6-3　1944.3.1　1-16
○「満洲国に於ける国語」堀敏夫　『コトバ』6-4　1944.4.1　39-40
○「国語で考へる生活」堀池重雄　『台湾時報』290　1944.3　109-111

関連書籍
◎『概念―概念における言語の媒介』飯倉亀太郎、育英書院　1944.3
◎『ニッポン語』高倉テル、北原出版　1944
◎『日本語の精神』佐藤喜代治、畝傍書房　1944.1　222p.
◎『日本語―共栄圏標準口語法』藤原輿一、目黒書店　1944.4　220p.
◎『標準語の問題』石黒魯平、三省堂　1944.5
◎『国語論集：日本語の朝』島田春雄、第一公論社　1944.6　281p.
◎『現代語法の問題』湯沢幸吉郎、1944.6　？？
◎『戦争と日本語』釘本久春、龍文書局　1944.9　329p.
◎『日本語と支那語』魚返善雄、慶応出版　1944.10
◎『日本語表現文典』湯沢幸吉郎編、国際文化振興会　1944.4
◎『大東亜言語論』乾輝雄、富山房　1944.9
◎『ドイツ語の国語醇化』加茂正一、財団法人日独文化協会　1944.9
◎『国語問題解決の基礎』倉野憲司、立命館出版部　1944.10

◎『古典の精神』倉野憲司、全国書房　1944
◎『国語学通論』小林好日、弘文堂書房　1944.12
◎『ぼくらの文庫　日本語発音の話』井阪三男、大雅堂　1944.8
◎『外来語の話』新村出、新日本図書株式会社創立事務所発行　1944.9
◎『南方詩集』神保光太郎、明治美術研究所　1944.3
◎『敬語史論考』石坂正蔵、大八州書店　1944
◎『日本語基本語彙』岡本禹一、国際文化振興会　1944　597p
◎『文体論の美学的基礎づけ』小林英夫、筑摩書房　1944
◎『朝鮮語方言の研究（上・下）』小倉進平、岩波書店　1944
◎『南方文化施設の接収』田中館秀三、時代社　1944　332p

主たる出来事

インパール作戦敗走／サイパン陥落／学童国民学校児童の疎開開始／本土空襲常態化／「鬼畜米英」の政府唱導／国語学会結成（1944.1）

1945年（昭和20年）

雑誌記事類

○「大東亜政策と日本語教育」伏見猛弥、『日本語』5–1　1945.1　2–7
○「北支の教育」小倉好雄、『日本語』5–1　1945.1　5–7
○「ビルマの教育」飯田忠、『日本語』5–1　1945.1　8–16
○「回民社会の教育についての雑感」岩村忍、『日本語』5–1　1945.1　17–20
○「先覚者列伝其一：台湾に於ける伊澤修二先生」山口喜一郎、『日本語』5–1（本号にて終刊）　1945.1　44–48
○「『満語かな』を作れ」倉石武四郎、『北方圏』3号　1945.1 大雅堂出版　12–20

関連書籍

◎『東亜日本語論―発音の研究』寺川喜四男、第一出版 1945　531p
◎『大東亜諸言語と日本語』寺川喜四男、大雅堂　1945
◎『言語研究・現代の問題』小林英夫、養徳社　1945
◎『皇国民運動と国語問題』国民総力朝鮮連盟、新半島文化叢書第四輯

主たる出来事

本土決戦体制／広島と長崎に原爆投下、無条件降伏、連合軍GHQ着任。

西暦・日本年号他換算表

西暦	年号	干支	皇紀・紀元	満洲国暦	中国暦	仏暦
1868	明治元年	戊辰	2528	—	同治7	2411
1869	2	己巳	2529		8	2412
1870	3	庚午	2530		9	2413
1871	4	辛未	2531		10	2414
1872	5	壬申	2532		11	2415
1873	6	癸酉	2533		12	2416
1874	7	甲戌	2534		13	2417
1875	8	乙亥	2535		光緒1	2418
1876	9	丙子	2536		2	2419
1877	10	丁丑	2537		3	2420
1878	11	戊寅	2538		4	2421
1879	12	己卯	2539		5	2422
1880	13	庚辰	2540		6	2423
1881	14	辛巳	2541		7	2424
1882	15	壬午	2542		8	2425
1883	16	癸未	2543		9	2426
1884	17	甲申	2544		10	2427
1885	18	乙酉	2545		11	2428
1886	19	丙戌	2546		12	2429
1887	20	丁亥	2547		13	2430
1888	21	戊子	2548		14	2431
1889	22	己丑	2549		15	2432
1890	23	庚寅	2550		16	2433
1891	24	辛卯	2551		17	2434
1892	25	壬辰	2552		18	2435
1893	26	癸巳	2553		19	2436
1894	27	甲午	2554		20	2437
1895	28	乙未	2555		21	2438
1896	29	丙申	2556		22	2439
1897	30	丁酉	2557		23	2440
1898	31	戊戌	2558		24	2441
1899	32	己亥	2559		25	2442
1900	明治33	庚申	2560	—	26	2443

西暦	年号	干支	皇紀・紀元	満洲国暦	中国暦	仏暦
1901	34	辛丑	2561		27	2444
1902	35	壬寅	2562		28	2445
1903	36	癸卯	2563		29	2446
1904	37	甲辰	2564		30	2447
1905	38	乙巳	2565		31	2448
1906	39	丙午	2566		32	2449
1907	40	丁未	2567		33	2450
1908	41	戊申	2568		34	2451
1909	42	己酉	2569		宣統1	2452
1910	43	庚戌	2570		2	2453
1911	44	辛亥	2571		3	2454
1912	大正元年	壬子	2572		民国1	2455
1913	2	癸丑	2573		2	2456
1914	3	甲寅	2574		3	2457
1915	4	乙卯	2575		4	2458
1916	5	丙辰	2576		5	2459
1917	6	丁巳	2577		6	2460
1918	7	戊午	2578		7	2461
1919	8	己未	2579		8	2462
1920	9	庚申	2580		9	2463
1921	10	辛酉	2581		10	2464
1922	11	壬戌	2582		11	2465
1923	12	癸亥	2583		12	2466
1924	13	甲子	2584		13	2467
1925	14	乙丑	2585		14	2468
1926	昭和元年	丙寅	2586		15	2469
1927	2	丁卯	2587		16	2470
1928	3	戊辰	2588		17	2471
1929	4	己巳	2589		18	2472
1930	5	庚午	2590		19	2473
1931	6	辛未	2591		20	2474
1932	昭和7	壬申	2592	大同1	民国21	2475
1933	8	癸酉	2593	2	22	2476
1934	9	甲戌	2594	康徳1	23	2477

西暦	年号	干支	皇紀・紀元	満洲国暦	中国暦	仏暦
1935	10	乙亥	2595	2	24	2478
1936	11	丙子	2596	3	25	2479
1937	12	丁丑	2597	4	26	2480
1938	13	戊寅	2598	5	27	2481
1939	14	己卯	2599	6	28	2482
1940	15	庚辰	2600	7	29	2483
1941	16	辛巳	2601	8	30	2484
1942	17	壬午	2602	9	31	2485
1943	18	癸未	2603	10	32	2486
1944	19	甲申	2604	11	33	2487
1945	20	乙酉	2605	12	34	2488

（筆者作成）

注

・「紀元」は初代天皇である神武天皇が即位したとされる年を元年とする、日本の紀年法で、略称を皇紀という。皇暦、神武暦、神武紀元、日紀などともいう。年数の英字表記では「Koki」や「Jimmu Era」などといい、皇紀2660年を「Koki 2660」「Jimmu Era 2660」などと表記する。紀元節(現在の建国記念の日)廃止までは単に「紀元」と言う場合には、神武天皇即位紀元(皇紀)を指した。ちなみに西暦2015年は皇紀2675年である。

・タイでは仏暦が使われている。西暦プラス543年が仏暦。ちなみに2015年は2558年。この仏暦は、釈迦入滅を基準に作られたとされる。タイは王様の権威がある国だが、現在年号は日本のように王様の即位と関連した年号を使っていない。1917年にラーマ6世がそれまでのラッタナーコンシーン暦から仏暦にかえた。その後タイでは仏暦と西暦の両方を採用している。官公庁など正式な文書では仏暦が一般で、日本の年号よりも頻用される。

日月年の順に記述し、仏暦と西暦を区別する場合には、仏暦の前に พ.ศ.(พุทธศักราช の略)、西暦の前に ค.ศ.(คริสต์ศักราช の略) を付ける。例：ปี พ.ศ. 2507(仏暦2507年) = ปี ค.ศ. 1964(西暦1964年)

戦後日本語論の変遷
日本語と日本文化発信の狭間で

　戦時期、膨大な日本語拡張論が生産された実態をみてきたが、その遺産は現代にどのように継承されているのだろうか。

　戦後、国語改革の一方で、日本語教育も再出発し、教授法、教材の整備が進んでいった。また世界の一言語として普遍性と個別性を立証する営為も続けられ、同時に文化戦略としての日本語の地位も築かれていった。戦時体制下において、佐久間鼎、時枝誠記、亀田孝らの国語学者、言語学者による日本語・言語研究は、戦後においても引き継がれていくが戦時体制下に見られた国際戦略としての日本語論の検証は多くはない。

　戦後の日本語教育史の論考を編集したものとして日本語教育史研究の第一人者中村重穂氏による「日本語教育史研究文献」（論文編、著書編、私家版。2015.1 現在 35 版）があるが、本附録では戦後から現代において日本語論の系譜に連なる代表的な文献を年代順に挙げることにした。国語・日本語問題、言語政策、教育史研究に限っており、日本語学の構造、意味機能に関する専門書は、前附録同様に対象としていない。新書、文庫の広義における日本語論は重要と思われるもの以外は省略した。

　主要書籍、雑誌特集に限り、諸論文シリーズ・講座類、選集・全集類、事典類は省いた。著者、出版年、書名、出版社の順。

(著者名五十音順)

浅利誠(2008)『日本語と日本思想』、藤原書店.
浅利誠他(2012)『金谷武洋の日本語論』、文化科学高等研究院.
阿部洋編(1983)『日中教育文化交流と摩擦』、第一書房.
阿部洋(2004)『「対支文化事業」の研究』、汲古書院.
荒木博之(1985)『やまとことばの人類学　日本語から日本人を考える』、朝日選書.
庵功雄、イ・ヨンスク、森篤嗣(2013)『「やさしい日本語」は何を目指すか　多文化共生社会を生きるために』、ココ出版.
池上嘉彦(2000)『「日本語論」への招待』、講談社.
池上嘉彦(2007)『日本語と日本語論』、ちくま学芸文庫.
石川九陽(1999)『二重言語国家・日本』、日本放送出版協会.
イ・ヨンスク(1996)『「国語」という思想　近代日本の言語認識』、岩波書店.
イ・ヨンスク(2007)『異邦の記憶―故郷・国家・自由』、晶文社.
イ・ヨンスク(2009)『「ことば」という幻影　近代日本の言語イデオロギー』、明石書店.
井出祥子(1979)『女のことば男のことば』、日経通信社.
伊藤勲(2000)『留学生教育と国際学友会における日本語教育並びに進学指導』、近代文芸社.
上田崇仁(2000)『植民地朝鮮における言語政策と「国語」普及に関する研究』、関西学院大学出版会.
上野陽一選集刊行会(1958)『上野陽一選集Ⅴ国語国字問題』、産業能率短期大学出版会.
大野晋(1966)『日本語の年輪』、新潮社(新潮文庫)のち改版.
大野晋(1974)『日本語をさかのぼる』、岩波新書.
大野晋(1994)『日本語の起源　新版』、岩波新書.
大野晋(2007)『日本語の源流を求めて』、岩波新書.
小川誉子美(2010)『欧州における戦前の日本語講座―実態と背景』、風間書房.
長志珠恵(1999)『近代日本と国語ナショナリズム』、世織書房.
梅棹忠夫(2004)『日本語の将来―ローマ字で国際化を』、NHKブックス.
甲斐ますみ(2013)『台湾における国語としての日本語習得』、ひつじ書房.
甲斐睦郎(2011)『終戦直後の国語国字問題』、明治書院.
加賀野井秀一(1999)『日本語の復権』、講談社現代新書.
加賀野井秀一(2000)『日本語は進化する　情意表現から論理表現へ』、日本放送出版協会.
筧泰彦(1984)『日本語と日本人の発想』、日本教文社.
笠原宏之(2008)『訓読みのはなし　漢字文化圏の中の日本語』、光文社新書.
片岡義男(1997)『日本語の外へ』、筑摩書房.
加藤周一(1980)『言葉と人間』朝日選書、朝日新聞社.
加藤周一(2009)『日本文化の時間と空間』、岩波書店.
加藤秀俊監修(2000)『日本語の開国』、TBSブリタニカ.
加藤正信・松本宙編(2007)『昭和前期日本語の問題点』国語論究第13集、明治書院.
金谷武洋(2002)『日本語に主語はいらない　百年の誤謬を正す』、講談社選書.
茅野篤(2009)『国字ローマ字化の研究　占領下日本の国内的国際的要因の解明』改訂版、風間書房.
茅野篤編著(2012)『日本語表記の新地平　漢字の未来・ローマ字の可能性』、くろしお出版
柄谷行人(1980)『日本近代文学の起源』、講談社.
川口良・角田史幸(2011)『「国語」という呪縛　国語から日本語へ、そして○○語へ』、吉川弘文館.
河路由佳(2006)『非漢字圏留学生のための日本語学校の誕生　戦時体制下の国際学友会における日本語教育の展開』、港の人.
河路由佳(2011)『日本語教育と戦争』、新曜社.

川村湊(1997)『海を渡った日本語』、青土社.
金石範他(2009)『異郷の日本語』、社会評論社.
木田章義(2013)『国語学史を学ぶ人のために』、世界思想社.
紀田順一郎(1995)『日本語発掘図鑑　言葉の年輪と変容』、ジャストシステム.
紀田順一郎(1997)『図鑑　日本語の近代史　言語文化の光と影』、ジャストシステム.
木村一信・神谷信孝編(2009)『〈外地〉日本語文学論』、世界思想社.
京極興一(1996)『「国語」とは何か』新訂版、東宛社.
久保田優子(2006)『植民地朝鮮の日本語教育―日本語による「同化」教育の成立過程』、九州大学出版会.
倉沢愛子編・解説(1992)『大日本軍政部・爪哇軍政監部編日本語教科書(復刻版)』、龍渓書舎.
小森陽一(2005)『日本語の近代』、岩波書店.
駒込武(2003)『植民地帝国日本の文化統合』、岩波書店.
今野真二(2013)『正書法のない日本語』そうだったんだ！日本語、岩波書店.
斉木美知世、鷲尾龍一(2012)『日本文法の系譜学―国語学史と言語学史の接点』、開拓社.
斉木美知世、鷲尾龍一(2014)『国語学史の近代と現代―研究史の空白を埋める試み』、開拓社.
齋藤希史(2007)『漢文脈と近代日本　もう一つの言葉の世界』、日本放送出版協会.
蔡茂豊(1977)『中国人に対する日本語教育の史的研究』(私家版)
蔡茂豊(1989)『台湾における日本語教育の史的研究』、東呉大学日本文化研究所.
酒井直樹(1996)『死産される日本語・日本人』、新曜社.
阪倉篤義『日本語表現の流れ』、岩波書店.
雑誌『現代思想』特集：〈日本語〉の現在　青土社　1994.8
雑誌『現代思想』特集：液状化する日本語　青土社　1998.8
雑誌『ユリイカ　詩と批評』総特集：日本語　2003.4臨時増刊号　青土社
雑誌『環』Vol.4　特集：日本語論　藤原書店　2001.1
雑誌『ユリイカ　詩と批評』特集：日本語は亡びるのか？　青土社　2009.2
佐藤亨(1992)『近代語の成立』、桜楓社
真田信治(2009)『越境した日本語―話者の『語り』から』、和泉書院.
塩田紀和(1955)『言語政策史概説』、教育図書研究会.
島津拓(2008)『海外の「日本語熱」と日本』、三元社.
島津拓(2010)『言語政策として「日本語の普及」はどうあったか―国際文化交流の周縁』、ひつじ書房.
清水康行(2013)『黒船来航　日本語が動く』、岩波書店.
寿岳章子(1979)『日本語と女』、岩波書店.
徐敏民(2001)『戦前中国における日本語教育』、エムテイ出版.
鈴木貞美(2010)『日本語の「常識」を問う』、平凡社新書.
鈴木孝夫(1970)『閉ざされた言語・日本語の世界』、新潮社.
鈴木孝夫(1973)『ことばと文化』、岩波新書.
鈴木孝夫(1990)『日本語と外国語』、岩波新書.
鈴木孝夫(1995)『日本語は国際語になりうるか　対外言語戦略論』、講談社学術文庫
鈴木孝夫(2009)『日本語教のすすめ』、新潮新書.
牲川波都季(2012)『戦後日本語教育学とナショナリズム　「思考様式言説」に見る包摂と差異化の論理』、くろしお出版.
関正昭(1997)『日本語教育史研究序説』、スリーエーネットワーク.
関正昭・平高史也(1997)『日本語教育史』、株式会社アルク.

石剛(1993)『植民地支配と日本語―台湾、満洲、大陸占領地における言語政策』、三元社．（増補版 2003）
石剛(2005)『日本の植民地言語政策研究』、明石書店．
全電通・生活とことばのグループ(1959)『労働者の日本語』、三一書房．
田中章夫(1999)『日本語の位相と位相差』、明治書院
田中克彦(1993)『国家語をこえて　国際語のなかの日本語』、ちくま学芸文庫．
田中寛(2014)『日本語の心理構造　言語行動心理学序説』、私家版．
田中牧郎(2013)『近代書き言葉はこうしてできた』、岩波書店．
多仁安代(2000)『大東亜共栄圏と日本語』、勁草書房．
多仁安代(2006)『日本語教育と近代日本』、岩田書院．
月本洋(2009)『日本語は論理的である』、講談社選書．
土屋道雄(2005)『国語問題論争史』、玉川大学出版会．
時枝誠記(1961)『国語学原論』、岩波書店．　原版は1941．
時枝誠記(1976)『言語生活論』、岩波書店．
豊田国夫(1964)『民族と言語の問題』、錦正社．
豊田国夫(1968)『言語政策の研究』、錦正社．
中村桃子(2007)『〈性〉と日本語』、日本放送出版協会．
成瀬武史(1979)『ことばの磁場　日本語に探る「甘え」の構造』、文化評論社出版．
日本語教育史研究会編(2000)『日本語教育史論考―木村宗男先生米寿記念論集』、凡人社．
日本語教育史研究会刊行委員会(2011)『日本語教育史論考第二輯』、冬至書房．
野村敏夫(2006)『国語政策の戦後史』、大修館書店．
蓮實重彥(2009)『反＝日本語論』、ちくま学芸文庫．
芳賀綏(1979)『日本人の表現心理』、中公叢書．
芳賀綏(1998)『日本語の社会心理』、人間の科学社．
長谷川三千子(2010)『日本語の哲学へ』、ちくま新書．
服部四郎(2012)『日本語の系統』、岩波文庫．
樋口覚(1991)『「の」の音幻論』、五柳書院．
樋口覚(1997)『近代日本語表出論』、五柳書院．
平川祐弘(2010)『日本語は生きのびるか　米中日の文化史的三角関係』、河出書房新社．
平川祐弘(2014)『日本語で生きる幸福』、河出書房新社．
文化庁(2003)『国語施策百年の歩み』、ぎょうせい（非売品）．
文化庁(2006)『国語施策百年史』、ぎょうせい（非売品）．
ましこ・ひでのり(2003)『イデオロギーとしての「日本」―「国語」「日本史」の知識社会学　増補新版』、三元社．
松井嘉和、北村武士、ウォーラウット・チラソンバット(1999)『タイにおける日本語教育―その基盤と生成と発展』、錦正社．
松永典子(2002)『日本軍政下のマラヤにおける日本語教育』、風間書房．
松永典子(2008)『「総力戦」下の人材養成と日本語教育』、花書院．
馬淵和夫、出雲朝子(2007)『国語学史　日本人の言語研究の歴史』(新装版)、笠間書院．
丸谷才一(1975)『日本語のために』、新潮社．
丸谷才一(1986)『桜もさよならも日本語』、新潮文庫．
丸谷才一(2007)『ゴシップ的日本語論』、文春文庫．
萬美保・村上史展編(2009)『グローバル化社会の日本語教育と日本文化　日本語教育スタンダードと多文化共生リテラシー』、ひつじ書房．

三浦勝也(2014)『近代日本語と文語文　今なお息づく美しいことば』、勉誠出版.
三浦つとむ(1956)『日本語はどういう言語か』、大日本雄弁会講談社.
水村早苗(2010)『日本語がほろびるとき』、新潮社.
森有正(1976)『遠ざかるノートルダム』、筑摩書房.
安田敏朗(1997)『帝国日本の言語編制』、世織書房.
安田敏朗(1998)『植民地のなかの「国語学」』、三元社.
安田敏朗(1999)『「言語」の構築―小倉進平と植民地朝鮮』、三元社.
安田敏朗(2000)『近代日本言語史再考　帝国化する「日本語」と「言語問題」』、三元社.
安田敏朗(2003)『脱「日本語」への視座：近代日本言語史再考2』、三元社.
安田敏朗(2006)『国語の近代史―帝国日本と国語学者たち』、中公新書.
安田敏朗(2011)『かれらの日本語―台湾「残留」日本語論』、人文書院.
柳父章(1979)『比較日本語論』、日本翻訳家養成センター.
柳父章(1979)『翻訳語の論理』、法政大学出版局.
柳父章(1979)『日本語をどう書くか』、PHP研究所.
柳父章(1979)『翻訳とは何か』、法政大学出版局.
山口明穂(2004)『日本語の論理　言葉に現れる思想』、大修館書店.
山本冴里(2014)『戦後の国家と日本語教育』、くろしお出版.
吉川俊彦(2013)『日本人と日本語　夏目漱石・民話・唱歌などから日本の言語政策を問い直す』、角川書店.
吉本隆明(1965)『言語にとって美とはなにか』、勁草書房.
渡辺哲男(2010)『「国語」教育の思想　声と文字の諸相』、勁草書房.

「日語学校」に象徴されるように宣伝活動の中心的な役割を果したと思われる松永健哉は、同誌『兵隊』第十六号に一文を寄せ、中国での宣撫工作に従事した日々を思い起こし、その体験を青年団運動に生かす決意を述べている。宣撫体験は歴史的大転換期にあって、新生日本の土壌を変える力を持っているとして、銃後の精神の昂揚とともに戦線に立つ青年兵士に声援を送る内容である。中国大陸での宣撫実体験の一総括が語られているといえよう。

なお、大日本青年団の前身は一九二五年の第日本連合青年団で、一九三九年に組織改編となった。のち一九四一年に大日本青少年団として再編、翌年の大政翼賛会の傘下に入った。国家管理の組織として青年勤労報国運動を展開したが、こうした組織の形成には直接間接に中国大陸での宣撫の実践が反映されていたとみることもできよう。これはまた、木原孝一『戦争の中の建設』（第一書房、一九四一）をはじめとして、さまざまな「建設」をモチーフとした作品にも継承されていく。こうした「草の根のファシズム」(吉見義明)*とも称される宣撫の実態をより多角的に検証していく必要がある。

＊吉見義明『草の根のファシズム』東京大学出版会　一九八七

（昭和一六年一月作）

か／わからなかったが、建設の礎石！／その栄光が／霊魂の誇りが／我々と同じように彼女達のいのちにも／熱き火をそそぎ／血と銃火の咆哮する／前線へと／進んでゆく。／彼女達の内部には／何時たおれても／悔いない精神が／直立していた。／我々と同じように／生命を挺して／進んでゆく彼女達の／胸の底には／生死をつらぬいて／前進してゆく意志の焔を／燃えたたしていた。／今日は東明日は西へと／進んでゆく。／彼女達は宣撫班。

部落にて彼女達は／病める農夫に薬をあたえ／垢によごれた子供の／黒い手をとり／きたない皮膚のきず口に／薬をぬってやる。／彼女達は／群衆の前に立って説く／日華親善の真義を、／永久和平之大道を、／明朗広東農村建設を。／彼女達はマイクロフォンの前に／肩をならべて立ち／声高らかに唱和する／東亜空晴和初見晴光明──と／興亜の曲を／和平奮闘救中国──と／擁護汪精衛の歌を。／彼女達の一歩一歩の前進には／たゆまざる努力には／汗滴る足跡にはたとえ／ちいさくとも建設の芽が／天に／地に／人に／まかれてゆく。／彼女達は宣撫班。

詩「姑娘宣撫行」について

松永健哉「日語学校」の詩の後半部分には中国人女性陳芳欄が登場するが、彼女は宣撫班と行動をともにする宣伝員である。「姑娘宣撫行」の詩には、若い美貌の女性を選抜し、街頭に繰り出して辻説法を展開する宣撫班の媚態が描かれている。掲載頁には同じ作者による挿絵「宣撫を聴ける村人」「汪精衛宣言文を朗読する姑娘」が描かれ、その一枚はマイクロフォンの前に立って読み上げる姑娘宣撫員ととりまく民衆が描かれている。宣撫の主たる対象を「小孩」(少年少女) としたのも、また「姑娘」を盾に宣撫を浸透させていったのも、他民族への緩やかな蹂躙であり、侵略の美化が日常的に描かれているといえよう。『兵隊』第十七号に掲載された。旧仮名遣い、字体は現代語になおした。

姑娘宣撫行

軍報道部　矢崎裕久

清楚な支那服を着た／中華の乙女達が／日本の宣撫員とともに／街頭へ／部落へ／野へ／山へ／前線へと／前進してゆく。／彼女達は宣撫班。

はじめ彼女達が／戦争のただ中の／前途の混沌とした道で／恐怖の感情のうちに／生れてはじめて／目前に／日本の兵隊を見／日本人を知り／そして皇軍の良心を知った時／彼女達の内部には／新しき変化が起った／新しき精神が萌芽した／建設への高き意志がつき上った。／彼女達は／身命を賭して悔いざる／一つの進路を発見した。／その高い目的に／彼女達は身命を投じた。／彼女達は宣撫班。

彼女達は皇軍とともに／泥と埃と汗にまみれながら／我々と同じように／新しき建設への／高き望みと意志の火が／大きな宝玉の如くに／光り輝いていた。

中華人の彼女達は／中華人の弾丸によって／何時／たおれる

赤い苺がもうならぬ　苺畑のさびしさよ

の歌が上手である。

此の頃の晩、私は生徒達が事変について、ほんとはどんなに考えているか……これを知りたいと思って、

「皆さんが、この事変について質問に思うことがあったら……この紙片に書いて出しなさい。先生のわかる限りのことはお答えします……」

と言ったとき、何かしきりに考えていた黎少年は、最後になって、とうとう「解りません」という。「広東語でもいいのですよ」と言ったら、伏さるような姿勢をとり、左腕で友達に見えないように隠し、何かを書いて、そっと私の机の端に置いていった。

彼の質問は（広東語を省略）

「今は平和でない。どうして平和といわれましょう。平和なんて言うが、今はどうして高いのでしょうか？」

私はこの悲痛な質問を思い出しながら、彼の痩せた肩と、汚れた継目だらけの衫袂を心寒く見送った。

トラックに乗ってからも、小学校の二年級に入れてもらってよろこんでいる黎少年や、日中に仕事をして学校に来る、見すぼらしい、それでも元気な生徒達のことが、いろいろの雑念と共に、考えるともなく心に反芻していたとき、幸福で、颯爽とした邦人児童の姿が目に留まり、私の思考に入り混って不用意に口を衝いて出たのである。

私はもう佐藤軍曹が何を言うかを聴いていなかった。心は、戦禍の中から立ちあがろうと苦しんでいる自分の子供たちのことを瞬きもしないで只じっと考えていた。（終）

日語教師の雑記帳

工藤部隊　佐佐木正治

　低い灰色の空から、ぽつりぽつりと雨が落ちて来そうな陰鬱な朝の恵愛路を、トラックに揺られながら、飛んでいく雑踏の街をぼんやり眺めていた私は、いつもの通り、これといってとりとめのないことを、只雑然と考えていた。……実際はその筈なのに、ふと紺の羅紗服や、赤い毛糸のセーターにランドセルを背負った、十一、二の邦人児童の可愛い通学姿が、見るともない視覚の中に入ると、急にパッと睡りから覚めたようになって、思わず、

「日本の子供は幸福だ」

と呟いてしまった。

「どうして？」

　傍らの佐藤軍曹が、何か考えていたあとらしい思案的な深い声で訊くので、初めてはっとして、

「どうしてって……」

とどぎまぎ、却って反問して、それからそっと彼を盗み見た。下瞼をふくらませた瞳と、巾の広い微笑に綻んだ顔が、一尺と離れていなかった。

　私は狼狽して、

「いや只ね、戦禍を受けた国の子供ってものは可哀そうだと思うんですよ。倫敦でも巴里でも、ベルリンでも、ここの支那の子供達もね。……日本は戦争をしていても、子供は戦禍というものを体験しないで済むのだから」

　こんなことを言ったけれど、決してこのようなはっきりした断片的な物思いを整理して見た——それは十分前のこと。出発準備が完了して、宿舎の前でトラックの出るのを待っていたとき、十一歳になった男生徒の黎紹霖が、東三巷からぴょこんと出て来て、「先生お早うございます。」と私に最敬礼をした時、遅れて気付いた私は慌てて戦帽に手をかけ、敬礼とお辞儀とをチャンポンにした礼を返した後、「どこへ行きますか」と訊いた。

「弘道小学校に行きます」

　成る程、小さなバスケットのような本入れをぶらさげている。彼は一年許り前から、私の学校に来て日語を勉強しているが、三四ヶ月前から、漸く支那の小学校にも入れてもらえたそうで、とても悪戯好きの可愛い子供である。綺麗な癖のない髪をのばした、黒目のパッチリした黎少年は、

あの時、あんな言葉が不用意に出たのだろう——、私は軽い後悔に似た気持を抱きながら、口を結び、俯向いて、さっき考えた断片的な物思いを整理して見た。

「戦陣訓」を日常的に補完するものといえよう。

以上、『兵隊』第十九号に掲載された日語教師の座談会を再掲した。記載にあたっては現代仮名遣いに直した。不適切と思われる表現も史料的価値を重視してそのままとした。記事中には日語学校の写真が掲載されているが割愛した。松永健哉の「日語学校」を裏付ける箇所が見られる。

座談会に見る日語学校、日語教師の姿

座談会では当地の日語学校が兵士によるものと一般人が教えるものとがあり、前者の日語学校の勤務が想像以上に苛酷であり、兵士の業務と兼務する激務のため、健康を損ない、内還、つまり内地に帰還させられるケースも少ないことがわかる。教材の作成に時間が割かれ、統一教材が必要とされることがうかがえる。学習者層は広範におよび、少年らの学習者に対する愛情が垣間見える。兵士は全員が日本語の教師である、という自覚は宣撫に通底していたことが窺われる。当時、もっとも用いられた用語の一つが「建設」であったが、その建設は具体的には教室や机、椅子の制作、そして明朗支那の建設である。校具の整備、生徒募集、教材準備などは日語教師の仕事である。

後半部分の「日語教師の悩み」はいささか創作的な空気が漂うが、日常的に日語教師と民衆との距離を意識した吐露となっている。日語教師の語る日常は、松本健哉の「日語学校」と重なるところが多い。日語教師の語る日常は、松本健哉の「日語学校」に描かれた「日語学校」、また第三部第一章で検証した国分一太郎の『戦地の子供』にもあらわれている国分であるが、とくに無垢無心な「小孩」(少年少女)に対して異文化、異言語を移植しようとした侵略性については一点の翳りも見られない。日本の唱歌を歌い、君ヶ代斉唱や国旗掲揚、遥拝を行う日常の姿は描かれていない。検閲もあったのだろうか、あくまで「明朗」を発信する内容に限られた。

次の『兵隊』第十六号に掲載された「エッセイ」にも日語学校と日語教師の日常が描かれている。やはり主人公は中国の少年少女である。日本人の児童と比較しながら、建設の意義を再確認する姿勢は一見純粋で尊い汗を感じさせるが、思慮分別の育たない少年少女を対象とした教育は、侵略教育の中でも特徴的である。作者は「日語教師座談会」で登場するひとりである。「愉しい休憩時間」というキャプションのスナップ写真がある。原稿中の広東語の部分は省略した。

隊の特殊な立場にあって、種々の建設的な宣撫工作、文化工作の生々しい体験談の投稿をよびかけている。各頁ヘッダーには将兵を鼓舞する文言が書かれているので引用する。

- 宣撫に際しては大国民的度量を発揮して真の綏服を旨とせよ
- 被服糧秣等の資材はすべて尊い銃後国民の血と汗の結晶である
- 駐留中と雖もいつでも出動し得る準備を怠ってはならぬ
- 我々は渾身の努力を致して聖慮を安んじ奉らねばならぬ
- 時局の重大性を認識し軍需資源の愛護を徹底せしめよ
- 戦場は何よりの人間道場である。
- 私利私欲の捕虜となる事は敵方の捕虜となるより恥ずべきである。
- 兵馬倥偬の間と雖も礼に欠くる所あってはならぬ
- 正を履んで邁進せよ死生又何かあらん悠久なる天地に生くべし
- 戦友を愛せよ
- 状況を悲観したり敵情を過大視したり戦闘の成果を誇張して報告するな
- 衛生注意を倍□して常に気力を旺盛に保たねばならぬ
- 何の気もなく話した事が国の安危を左右する

- 肇国の理想即ち八紘一宇の大精神を把握せよ
- 聖戦の第一線に立ち得た自分を幸福と思い名誉と責任を痛感せよ
- 親の名や皇軍の伝統を辱めるような行為をするな
- 訓練の為に流す汗は戦闘に於ける血に値する
- 軍隊に於いては何事も命令なしにやってはならぬ
- 護国の英霊を敬仰せよ
- 警備・警戒は如何に厳重にしてもし過ぎることはない
- 軍の企画・状態・部隊号・地点・日時を私信に記載してはならぬ
- 自惚れと油断は何よりも禁物である
- 部下たる者は常に指揮官の意図に合する如く行動せねばならぬ
- 軍人が戦場で働くのは当たり前の事である功績を鼻にかけて嘲笑を買うな
- 軍機を絶対に漏らすな
- 戦争に勝たんが為の行為とは如何なるものかをよく辨えよ
- 軍紀風紀を至厳にせよ
- 部下たる者は進んで正確なる状況を報告せねばならぬ
- 陣営は苦楽を共にし生死を同うする軍人の家庭である
- 戦闘の勝敗は最後の五分間にある
- 各人が我儘勝手なことをやったのでは戦には勝てぬ

雑誌『兵隊』について

本誌は南支派遣軍報道部編輯による、週刊誌大版型二五〜三五頁前後の雑誌で、戦時報道記事の他、詩、俳句、短歌などの創作、陣中手帳、スケッチもあり、娯楽、慰問用に編輯されたと思われる。早稲田大学中央図書館には以下の四部をほぼ原形のまま所蔵。

第十六号　昭和十六年一月十五日発行
第十七号　昭和十六年二月二十五日発行
第十八号　昭和十六年四月五日発行
第十九号　昭和十六年五月十日発行

裏表紙には「南支派遣飯田部隊松山部隊」の印があり、手書きで恵贈者の名前（奥村力雄）がある。創刊号の日付が確認できないが、月刊として右の刊行状況から単純に計算して昭和十四年後半から十五年にかけてと推測される。戦争が泥沼化してもこうした長閑さが前線にも兵士にもあったのである。発行部数や読者層などを考えると、陣中における様々な日常が垣間見えてくることから、社会学的にみて貴重な戦時の一次資料といえるだろう。派遣軍の地域性から広東を中心とした南支の風物、印象記、文化紹介が多くを占める。構成は表紙裏にグラビア写真が数葉あり、左頁に「巻頭言」、下に目次がある。題字は「安藤全最高指揮官」とあるが、詳細は記されていない。冒頭記事は時局に関する重大記事で、中には中国関連にとどまらず、例えば第十八号には「タイ国の民族運動」を掲げ、南方への関心の高さをうかがわせる記事がある。次に各地の転戦状況、随筆、さらにドイツなどの枢軸国の現況も伝えている。「陣中手帳」には投稿者の声、詩や俳句、川柳などの文藝創作欄、兵隊ニュースなどを掲載している。第十七号には従軍作家火野葦平の短篇小説「伝説」が掲載されている。表紙絵はいかにも前線を彷彿するような兵士の絵柄であるが、裏表紙は生活感が漂う。ちなみに第十八号には「蛋民船の女と子供」「波止場に遊ぶ民船の子供達」と題したスケッチが、第十九号では「南支の花と果実」のスケッチが描かれている。「銃後便り」には内地の学童生徒からの慰問短信が紹介されている。「将兵慰安用映画一覧表」（南支派遣軍報道部在庫）の紹介では部隊映画班があり、慰問映画として各部隊で映写されていたことがわかる。第十六号には「昭和十六年春場所大相撲星取表」（横綱双葉山十四勝一敗で優勝）までが掲載されている。特別原稿募集として、「日語学校」「技術学校」「鉄道敷設」その他各部

た。私は私の教え子を自分で憲兵隊へ連れて行かねばなりませんでした。その夜の苦しさ、心にうけた深い打撃、自分をだけは信じてくれているだろうと思ったのに、と考えれば、何とも言えない悲しみと絶望感に捉われたのでした。その後のことを話しますと長くなりますから止します、結論を申上げますと、今日ここへ来る途中、海珠橋の畔で私は彼に先生と言って呼び止められました。彼は最近警官学校を卒業して、もう立派な正服を着ていますよ。

勝野 私は生徒と個人的な接触が余りありませんから、そんな経験は持ちませんが、ただ、こちらは一生懸命に教えているのに出席が少ないとがっかりしてしまいますね。生徒の数が段々減って行く、それは自分の教え方が悪いのじゃないかと思ってそんな時一番困りますね。ですから四十人の生徒の中、雨天のその中の二十人位がずぶ濡れになって来ているのを見た時など手を合わせて拝みたい気持になりますね。

石田 私の学校は昼間だけ教えていますが、農村ですから天気がよいと反対に畑に出て働かなければならないので出席者が少なく、雨天の時がいいんですよ。

進級すれば生徒が一番喜んでくれる

下田 進級したら生徒たちは喜んでくれるでしょうね。

佐々木 非常に喜んでくれますね。私の経験でも一等兵から上等兵、上等兵から兵長と階級が進んだ時、一番喜んでくれたのは生徒たちでしたね。そして今度は先生はいつ班長になるんですか、と聞かれるんです。そんなことまで言うんですよ。兵長になった時は、金條一本でしょう。だから、先生は星を忘れて来たのではないかと言われましたが、生徒は本気になって私たちの進級を喜んでくれますね。

勝野 それは確かに言えますね。ところが、私は初めからずっと上等兵でしょう。だから生徒たちは先生はいつ進級しますかと訊くんです。それには弱りますよ。（哄笑）

石田 今日の座談会のような日語教師を結びつける機会などを是非時々作って貰いたいと思います。非常に有益だと思いますから、今後も尽力して下さるようお願いします。

下田 出来るだけ横の連絡をとり、お互いに懇談し研究討合うような機会を今後も作りたいと考えています。大変お忙しい所を態々お集まりくださいまして、洵に有難う御座いました。（終）

日語教師の悩み

下田　あなた方がしっかりと抱かれていた日語教師としての信念が例えば生徒から裏切られたような場合、ぐらぐらと崩れて行く、そう言う悩みが最も心理的に苦しいだろうと思いますが、その経験を実例を挙げて話して下さい。佐々木君、そう言う、生徒から背負い投げを喰った体験あるでしょう？

佐々木　ありますね。その生徒は一番私の相談相手になってくれ他の生徒と私との間の言わば楔のような役目を果たしてくれていました。三十三歳の壮年ですけれど、性格は大変飄軽な男でした。私は彼に職業を紹介してやりました。彼も非常に悦んでビールや缶詰などをお礼にと言って持って来ました。私もほぼ同額の物を買って返礼しました。それは去年の十月のことでした。学校では初級班か二箇月で立派に卒業すると言う間際でした。彼は後一箇月か二箇月で立派に卒業すると言うので、兵隊が汗を流しながら机や腰掛を一生懸命に作っています。私は授業を了って一番最後に学校から部隊へ帰りますと、或る夜です。同じ教師をしている石山兵長が教室に帽子を忘れたと言うのです。私が彼と学校へ捜しに行きますと、確かに私が帰った時かけた筈は変に思って二階に休んでおられた隊長殿の所へ行って訊ねますと、誰も入った筈はないと言われる。隊長が暗がりになった所に煉瓦の壊れた小さい部屋があるのに気付き、私と共にそこへ行って注意深く中を覗きました。私は意外な物を発見して驚きの余り声も言えない程強い衝動に打たれたのです。その部屋の片隅に私が最も信用していたその生徒が立っていたのです。私は余りのことに情け無くいきなり彼の頬を二つ三つ続けざまに殴りつけてやりました。殴りながら私の頬には涙が流れていました。彼も悲しいのか涙を流していました。私は彼が私の生徒であったと言うことだけでなく、兵隊が寸暇を割いて机や腰掛を作っているその材木を盗もうとした彼の心情が憎くてならなかったのかも知れません。その前に既に彼は私が世話して入れてやった或る煙草会社で煙草を盗んでやめさせられていました。隊長の命令で仲々彼の盗癖は直らないだろうと言うことになって憲兵隊へ一週間許り入れて貰うこ

生徒と娯楽の問題、その他

下田 娯楽機関に乏しい広東で、しかも貧民階級の生徒が多いと言われるあなた方の学校では、娯楽の問題をどんな風に考えていますか。

勝野 日語学校を昔の寺子屋式に考えて貰っては困るんです。支那人の側から言えば日語は外国語ですからね。矢張り自由の方では遠足とか学芸会などをやって学校に来ることを愉しませるようにしてやらねばなりませんね。

勝野 私の方では最近ピンポン台を作ってやりました。また自由作文を広東文と日本文で募集し、優秀な者に商品を与えています。そうして励みをつけてやるんです。別に日語学校の生徒だからと言って特典があるわけでもないのですから、学校に通うことに依ってせめて娯楽位与えてやりたいのです。

佐々木 しかし、一方では生徒も日語学校に来ることを誇りにしていますね。巡察で警備担任区域を廻ってみますと、生徒の家の正面には学芸会の記念写真を神棚に飾ったり、修了証書を家の正面にかけていますね。また、警備区域が変って巡察の兵隊が通りますと、生徒が不案内な道などを詳しく案内してくれたりします。これは彼等が日語学校の生徒であることを誇りにしている一つの現われだとも言えますね。

石川 この間、街頭で予防接種をやりましたが、生徒たちが嫌がる民衆に対して注射をするようにとしきりにすすめてくれました。それで大変助かりましたね。

石田 私の方でも注射をしない部落民がいると、誰それは注射をまだしていないと言って教えに来るのです。生徒が部落民たちを集めて来てくれるんです。全く献身的にやってくれますね。

勝野 予防接種のために部落に行きますと、生徒が部落民たちを集めて来てくれるんです。全く献身的にやってくれますね。

山邉 こちらの情報を敵に通じるようなことはありませんか。

佐々木 生徒の一人一人が敵であると言う警戒心は確固として動きません。私たちは生徒に利用されることを一番怖れればならぬのです。今までは情報を通じたと言う実例はありませんが、盗坊はありました。それも現在は全然ありません。

石田 初めの頃は煙草をちょっと机の上にでも置いていよ

が、或る部隊では兵隊としての勤務は他の兵隊と全く同様にやりながら、夜は他の兵隊さんたちが手紙を書いたり本を読んだり、雑談にふけったり、就寝している八時から十時まで疲れた体を教室に運んで授業している部隊もあります。学校が終わり内務班に帰り、明日の教材などに目を通しておれば十二時、一時になる。毎日こんな生活が続けば健康を阻害することは明らかだと思います。何か合理的な方法を皆さんお考えになったことありませんか。

勝野 軍の上部の機関の中に日語班と言うようなものがあって、そこで一定した教材を作って指導し部隊ではその教材を教えさえすればよいと言うことになればどんなに助かるか分りません。教材の選定には実際苦労します。

佐々木 これが自分の職業としてなら到底今までやれなかったと思います。兵隊だからやれたのです。

下田 石川あなたの学校での教師の健康状態はどんな風ですか。

石川 みんな入院したり内還（注、内地帰還）になったりして斃れました。元気で帰還した者は一人もいませんね。

勝野 どう言うものかみんな痩せますよ。

佐々木 私も広東に来るまではいちども医者の厄介になったことはなかったのです。ところが、日語教師をやるようになってから二箇月目、六箇月目、一箇年目と三箇月毎に必ず

得体の知れぬ熱が出て体をやられています。私の部隊では隊長の方針として教師は他の兵隊と勤務を同じくしています。余暇を利用して毎日八時から十時半まで毎日二時間半教えています。

下田 激務なんですね。

佐々木 そうです。だから普通の場合なら現われない体の一番弱点がやられるんだと思います。

山邉 人が少ないためなんですかね。

佐々木 人も足りませんね。

勝野 休日を利用して保養することも大切でしょうが、睡眠時間が少ないことが一番いけないんじゃないかと思います。毎晩一時、二時になるんですから。

佐々木 今一つは兵隊だからと言う意地から結局無理をするようになるのです。ちょっとの暇間さえあれば教材を作る時間に当てなければならないのですから、暇なんてありませんね。

勝野 私たちは初め三人でやっておりましたが、二人とも胸を悪くして内還になり、私も初めて今胸を悪くしています。

佐々木 私たちは衛生班ですから、日頃自分の体には細心の注意を払っているのですが、それでも悪くなるんです。

下田 日語教師をするためにそんなに健康を害し、大きな犠牲を払わねばならぬとすればこれは全く重大問題ですね。

勝野　一昨年でしたが、生徒が日本と支那とは文字も同じで兄弟だと言うけれども、いったい日本と支那とはどちらが兄かと聞くんですよ。

佐々木・勝野　支那が兄だとみんな言いますね。つまり日本より歴史も古く、国も大きいと言うのです。この自尊心は仲々強いんです。しかし、今は日本と提携しなければ将来支那は不利だから提携するのであると言う風に考えているようですね。

佐々木　東亜新秩序を教えるためにはいくら議論をしてみても駄目ですよ。それとなく教えるんですね。例えば世界は五大陸、三大洋から出来ているが、ヨーロッパには四十何箇国の独立国がある。アフリカは植民地ばかりだ。しかし、アジアには日本、中華民国、満洲国、泰国、シャムの独立国がある。で、アジア民族は団結して強くなければならない。こう言う極めて幼稚なことから教え始めなければならないと思うんですが。

代だから自分たちは日語を学ぶのであると言う考え方をしていますね。作文などでは日本人も支那人も同じ黄色人種だから仲良くしなければならぬ、とよく書いていますが、これなどは割引きして聞くべきですね。

どんな信念で教えているか

下田　あなた方の長い体験を通して、結局どういう信念で以て教えることが一番いいと思われたでしょうか。勝野君どうですか。

勝野　言葉も分らぬ者を相手にするんですから誠心以外には何もないと思います。

佐々木　そうです。誠実以外に何もありませんね。私は兵隊が敵陣に向って突撃する時のあの精神より外に何にもないと信じています。そう言う気持ちで教えています。こちらが真心で接して行けば彼等も何でも言って来ます。優越感を先ず捨ててしまうことですね。教室ではただ生徒に対する愛情だけです。生徒が広東人であることも忘れてしまいます。忘れています。私達の気持ちが純粋にそんな風ですと、それは生徒にも分かります。教室での私達の一挙手一投手は凡て愛情から迸り出ています。これが日語教師の信念であり精神です。

教師は健康を害する

下田　部隊に依って日語教師の勤務もまちまちのようです

どんな心で教えたらよいか

勝野 どうも今までの経験から見ますと、支那人は物を貰っても余り恩恵を感じないようです。相手をよく知り、自分の方も知って貰ってつまり心と心とがぴったり触れ合うことですね。これが一番大切だと思いますね。

佐々木 同感ですね。貧しいからと言って鉛筆や紙などを与えることも効果があるかも知れませんが、だからと言ってそれにこだわる必要はありませんね。日本人程強く恩義を感じませんからね。徒に彼等に乞食根性を植え付ける必要はないですね。物をやっても有難うと言って頭を一つ下げればそれで万事済んだと思っているんですからね。これは害あって益なきことですよ。だからそういう生半可なことは一切やめて私たちは辛抱強く日本人の真心が彼等に分って貰うまで漕ぎつける必要があると思います。

石田 長い鉛筆をやってもわざわざそれを短く切ってまた貰いに来る。

佐々木 だから私の学校では初級班には学用品もやらないことにしています。上級の生徒の真面目なものだけにやることにしています。

勝野 私の学校では皆勤賞に鉛筆を一本やっています。

石川 昨晩プリントをやったかと思えば今日もまた同じ生徒が貰いに来るんですからね。呆れてしまいますよ。

下田 では生徒を通じて感じられた対日観念、または日本の東亜新秩序建設に対する一般民衆の感情に就いて、いろいろ皆さん感得されることだろうと思いますが、佐々木君どうです？

佐々木 私は支那事変及日本人に対して生徒がどんな風に考えているか、そして疑問があれば先生に出来るだけの解答をしてあげるから素直に思っていることを書いて欲しいと言って書かせたことがありました。今ここにその資料を持って来ていなくて残念ですが、一番多かったのはどうしてこんなに米や物価が高いかと言うことでした。二番目が日本には平和であるのにどうして戒厳があるのか。三番目が広東に日本固有の文字はないか。四番目がどうして日本の兵隊は広東に来たか。大体以上のような質問が多くありました。日本人が一般に言うように東亜新秩序の建設と言うことに対しては認識を持っていない。余り考えていないように思われますね。

山邉 新秩序に就いての講義などされますか。ポスターや伝単なんかでいくらか知っているでしょう。

佐々木 そうですね。東洋に対する漠然たる考えは持っているようですが、今の時代は日本と和平をしなければならぬ時

佐々木　より兵隊の一人一人がみな宣撫の心掛けでやって貰えばそこに本当の効果が生まれて来ると思います。私たちだけが宣撫に携っているのではないのです。

石田　みんなにそう言う心構えを持って貰うことが一番いいのだと思いますね。どんなに宣撫の仕事がし易いかわかりませんからね。

石川　今は建設の時代でもあると言うことへの自覚をもっと促す必要があります。

佐々木　これはドイツの話で何かで読んだのですが、パリ入城の時パリの子供がドイツの戦車兵に向かって石を投げつけたのです。するとドイツの兵隊は優しくにっこり笑って通り過ぎたそうです。私はこれを読んで非常に感動しましたが、この床しい心情を私達のすべてが持ちたいものですね。

石田　今までの兵隊とこれからの兵隊は違わなければならないと思います。建設期にある今日の大陸に対するこれから来る兵隊は家を建て直しに行くのだと言う教育をして来て貰いたいですね。軍事教練と共に、支那に来る時の新しい心構え——今日の支那に対する知識と共に地ならしの観念を持って来て貰いたい。

石田　言葉など末の末でよい、行動が初めでなくてはならない。

佐々木　全くです。

下田　日語教師はただ日語と言う言葉だけを教えており、例えば日語の教授を通して日本人の誠実な精神を知ったり、日本人の兵隊の美しい魂を発見することに依って従来の誤った認識が矯正されて行くとか、そう言う言葉を教えること以上に大切な問題が、実は根本的なものであり、日語教師の悩みもそんなところに就いての理解が一般に極めて乏しいように思われますね。佐々木君、部隊が学校を経営する場合、そこに何か特異性があると思うんですが、どんな風ですか。

部隊経営の特異性

佐々木　部隊経営の日語学校の特異性は、兵隊でなければならぬところがあります。生徒は軍服を着、帯剣をしている兵隊が教師である場合と、例えば広州日語学校のような地方人の教師がやる場合とは見る目が第一違います。私たちの場合は日語を教えることと共に兵隊精神が見られることになるのです。日本の兵隊はどんなものか、ということを見て貰うことになるわけですね。

石田　つまり会話や文字を憶えないことの上に更にその上に流れるものがあると思いますね。

石田　そのことはやがて支那人に対しても反映すると思いますね。

宣撫することの難しさ

佐々木・石田　私達が実際に見聞した経験から言いますと、宣撫のためのポスターや伝単などの効果が余りにも少ないことを痛感しますね。

勝野　これは私の独断かも知れませんが、広東は今日復興都市として百万余の人口を擁する大都市となっています。この復興都市の住民に対する宣伝、宣撫が最も大切であると思われるにも拘らず、今日疎にせられている憾みがあります。農村に注力し過ぎると思われるのです。

石田　何かといえば腕章を欲しがり、そしてその腕章を利用し過ぎます。何か証明書でも必要上書いてやりますと、それが直ぐ売買される。最もそれも将校のでないと駄目らしいんです。そんな点で大変困る時があるのです。兵隊は戦うばかりが兵隊ではない。当番や薪を割ることも命令だとあればやり通すと言うのが兵隊だ。私たちが日語教師になったのも命令だからやるのであって、特に日語教師だけを変な眼で見られるということは実に遺憾なことだと思います。私たちをもっともっと理解して欲しいと思います。

下田　良民証や種痘の証明書が売買されることは度々聞いています。先日井上部隊の前田中尉のコレラの予防接種を東圃と言う部落にやりに行きました。良民証を持った者だけに実施し、それと引き換えに接種証明書を渡すのですが、一度了った者が二度も三度も接種証明書が来るのです。良民証を人から借りて来てやるわけですね。支那人は注射を非常に嫌いますから証明書を六七人その日は発見しました。よく聞いてみるとその証明書が三圓位で売られていたそうです。一人で二本も三本も同時にやれば高熱のため二三日は起き上ることは出来ず、或る場合は死んだりする場合もあるそうです。これでは元も子もないわけだが、こう言う我々の善意を悪用する奴は徹底的に懲らしめてやるべきだと思いますね。

山邉　生徒はあなた方以外の兵隊も日語を教えることが出来ると思っていますか。

佐々木　私はいつも生徒に言っています。兵隊は皆日本語の先生である。たった一人でも字を知らない兵隊がいたら百万元でもあげると教えています。日語を教える先生は、自分たち日語学校の先生だけではない。広東に来ている兵隊は皆日本語の先生である。たった一人でも字を知らない兵隊がいたら百万元でもあげると教えています。抽象的に日本精神を植えつけようとしたり、認識させようと努めること

ました。私は何とも言えない感慨を覚えましたね。

勝野　男女共学をしているうちに、生徒同士恋愛関係に入ったと言う例はありませんか。

佐々木　支那人の場合は日本人の場合と違うんじゃないですか。つまり支那では親が許さなければ結婚は出来ないことになっているでしょう。殊に学校で恋愛に陥ればそれは野合と言って恥辱としていますね。だからそう言う例は殆んどありませんね。話が前後しますけれど、何故このように広東人が日語の学習に熱心であるかと言えば、それには二つの理由があると思います。第一は広東省が華僑の出身地であること、従って外国語に対する関心が伝統的に深いためだと思います。

下田　佐々木君の学校へは夕食もとらないで職場から真直ぐ学校へ来る生徒がいるそうじゃありませんか。

佐々木　幾人もおります。学校が十時half十時半に了わりますから家に帰って夕食をとるのは十一時か十一時半頃になるんです。もっと近くの学校へ行けばいいだろうと言っても、矢張り最初入ったこの学校がいいと言って遠くから通って来るんです。

石川　私の生徒にも幾人もおります。

兵隊であるために特に切実に感じたこと

下田　私達兵隊には、兵隊としてのいろんな複雑な勤務や兵隊感情と言うものがあります。それは兵隊でなければちょっと分らないものですが、そういう兵隊であるために特に切実に感じるようなことが、日語教師となってもあるだろうと思いますが。

佐々木　私達は兵隊として日語を教えるために南支に来たのではない。戦争をするために兵隊になったのである。ところが私は命令に依って支那の子供を相手に日語を教える兵隊になった。出征当時自分が南支の戦場で支那の子供を相手に日語を教える兵隊になろうなどとは夢にも思わなかった。しかし今は矢張り兵隊が日語を教えなければならぬような情勢になっています。

石田　その事実について上級の方々が私達の立場をよく理解して頂きたいと思います。いったん命令で与えられた仕事である以上、立派な任務だと思って私たちはやっているのです。

佐々木　私は衛生兵ですが、衛生兵としてのどんな激務でもやります。ところが衛生兵であるために生徒が病気になって治療してくれと言って部隊によく来ることがあります。治療をしてやる。そうすればそれだけ勤務がおろそかになりま

石田　八歳から十五歳位までです。

勝野　それは幼い子供の時から支那の学校と言う観念が根本的に日本と違っているんですね。

佐々木　礼儀が無作法なことは学校に於ける生徒だけでなく、広東人そのものがそうじゃないかと思うんですが。

勝野　私の学校では時々生徒に日本の文化映画を見せますが、日本を観察して来た支那の人達が先ず第一に言う事は日本の学校が立派であり教育がよく普及しているということですね。これは日本へ行かれた広東婦女会の方々も言っていました。我々は知らず知らずの中に小学校を卒業していますが、有難いことですね。

下田　そう言う始末に負えない無作法な生徒たちを日本式に教育すると、みんな窮屈がりはしませんか。

石田　ところがそうでないんです。段々よくなって行きますね。

佐々木　私の学校には初級班、中級班、研究班と三班があって、研究班は一箇年の修業を了えた者ばかりですが、日本式に教育したこの研究班の生徒たちの学習態度は実に立派だと感心しています。自習をせよと言えば物一つ言わないで静かに自習しておりますし、今では学習態度については言うべきことはないまでになっています。宣撫と言うことは甘やかすことではないでしょう。だから悪いところはびしびし私は

叱っています。これは勉強する形の上での態度とは別になりますが、広東人の勉強しようとする熱心な態度には多くの学ぶべき点があります。同じ教室に十歳の者もおれば三十歳、四十歳の者もおります。親子が一緒に来ています。仲良く隣り合って講義を聞き、子供が父親に教えたりしています。こんなことは日本では見られない風景ですね。殊に日本の婦人はいったん結婚すると猛勉強することなどときれいに忘れて駄目になってしまいます。ところが広東人は平気なもので夫婦そろって日язык を学びに来ていたりします。こう言う勉学への熱情には日本人としても学ぶべきであると思います。

勝野　私の学校には親子三人来ています。母親が一番出来ませんね。

石川　私の方にも夫婦来ています。

佐々木　これは私も全然気付かなかったのですが私の生徒に夫婦がいたのです。煙草を売って共稼ぎをしていましたが、不便を感じない程度にはなっていました。ところが女の方が二人共七箇月の学習を了えていましたから、簡単な会話なら四箇月、五箇月経つ中にお腹が大きくなって来た。迂闊にも私はそれに気が付かなかったのです。とうとう子供が出来月になってから一人の男生徒と女生徒が二人は夫婦です。変に思っていますと、他の生徒が二人は夫婦であり、既に妊娠し間もなく子供が生まれるという事情を知らせてくれ

頃と最近とは随分違うと思います。初期の頃は支那の学校も極めて少なく地区に依っては未だ出来ていなかった。だから、ただ学校に入学出来ると言う喜びから来る者が多かった。しかし今はそれとは違って、実際の日常生活の必要に迫まられて学びに来る。第一日本語を知っていれば就職し易い。日本人経営の会社や商店などに働く為にはどうしても日語を知っていなければならず待遇もいくらかよろしい。ところが近頃はもっと進んで一種の流行になって来ました。私の学校などでも卒業者が既に一〇〇名位います。現に四五〇名が在校していまして、日語を語る少年や青年が街に氾濫すると言うわけで、日語を学ぶことが流行になったのです。

山邉　日語を知らなければ肩身が狭いと言う訳ですね。

（哄笑）

佐々木　そうですよ。

石田　私の方は農村ですが、ただ漠然とした動機で入って来るようです。部隊の兵隊が部落に何かの用で度々行く中に、顔見知りになってしまい、部落民と兵隊とがいつの間にか親しくなっているんですね。それで部落民は部隊や兵隊を信用しているものですから、学校を始めると言えば、そう言う感情からただ漠然とやって来るんですね。

勝野　大人は日語を習う動機は先ず第一日本軍に依って職業

を得ようとするのが眼目です。それには日語を知っていると就職が早いからだと言います。子供の方は別段目的と言うのもなく、親や兄弟が率先して日語を習うからと言った漫然たる動機です。大人の日語を習うのは所謂経済的観念から切実な気持で勉強するのですから、ともすれば生徒の真剣な態度に我々が引きずられる形です。ビラやポスターは差程効果がないように思います。私は復興途上にある広東こそ真の宣撫工作が必要なのではないかと思います。宣撫工作に日語学校の齎す波紋の大きいことを確信しています。

学習態度はどんな風か

下田　広東の小学校などを見学に行きますと日本の小学校では全く見られない位学習態度と言うか行儀が悪いのに驚きますね。あの規律のなさはいったいどういうものに原因があるんでしょうか。

石田　全くひどいですね。机に足を上げたり、痰を床へ吐いたり、時間中に教室内を歩き廻ったり、ひどいのになると、悠々と煙草を喫う者がいるんです。この間困ったのは、教室の外でお菓子売の呼び声がしたのです。すると生徒たちが菓子を買いに表へ飛び出してしまったんですよ。（哄笑）

山邉　いくつ位の生徒ですか。

して、今迄駐留している部落に一つの新しい仕事が加わったに過ぎないのであります。今迄兵隊が色々な事をやって来たのをこの私塾の中で一つに纏め上げるという事で之も又我々兵隊の責任じゃないかという気持でやっています。三人の教師で五十人ばかりの生徒を教えていますが、七八才から四十二才位までの人もあるといった風で教育程度がまちまちで非常にやり難いです。

山邊 年寄りは矢張り覚え方が鈍いでしょうね。

石田 そうです。支那語を喋っても文字を読めない連中がありまして、てんで筆談が出来ないのと年を取っている関係上頭の中に入り難いので、手真似足真似で言葉をつないだり絵を描いてそれを支那語の分る者に喋らせて更にそれを日本語で翻訳すると言った非常に手まどい教え方ですから気の短い者には出来ませんよ。(笑い)

佐々木 そのお話で思い出したんですが、私の学校で日語生徒を募集した時、申込書には十三才と書いてあるが、本人をみるとまるで七、八才位の子供でどう考えてみても十三才の子供に見えないのです。余り幼いので入学を許可しなかったんですが、学校のすぐ近くに住んで居りまして毎晩の様に来るんです。一人位はまあどうにかなるだろうと思って、隅の方で一緒に教えていました所がとても記憶力が良くて覚えが早いのです。発音も非常にはっきりしているので遂い興味が

湧いて来て日語速成の本で目とか鼻とか手近なものから教えて今ではもう小学校四年生位のものを読む様になりました。幼い子供達には日語を教えると言うよりも、寧ろ我々の温情をその儘伝える、それだけで充分に意義があると思います。

勝野 私の部隊では同じ部隊に日語の変り者が集って、その一人は東宝の映画監督をやっていた者と、領事館に勤務していたのと、新聞記者の私とでした。部隊長が此の三人が集ったら出来るだろうと言う様な訳で、そこで私たちは日語教育をはじめたのです。始めは各自警団を集めて日本と仲良くして行くにはどうしても日本語が必要であると。日本語が分ったら職業を世話してやろうと言う事で早速空家で椅子、机、あちこちから集めて日語学校を拵えたのですが、皆んな逃げてしまった空家が多いのです。日本軍と聞くと非常に恐れていて、初めのうちは生徒も半信半疑で勉強していましたが、此の頃は空家も殆んどなく、漸次我々の気持も分って来て安心して日語を習うようになりました。

どんな動機で日本語を学びに来るか

下田 日語を学ぶ動機と言うようなことについて佐々木君どうですか。

佐々木 日語学校が設立された一年或は一年半以前の初期の

ます。無論私達の第一の任務は重慶軍や共産軍を徹底的に壊滅させることにあることは言うまでもありません。然し乍ら、私達には今日占領地域内に於て新しい秩序を建設すると言う主要な任務が実際的に課されているのであります。その言うことは、言い換えれば支那民衆への理解と言うことだと思います。支那民衆を理解すると共に彼等にも私達の真意を充分理解して貰う。そこから東亜新秩序の建設と言う聖戦の意図が自ずから支那民衆の胸へ流れ込んで行くのだと思います。そう言う意味であなた方は新しい段階における聖戦の尖兵です。私達がこの支那民心の獲得という宣撫に失敗したとしたら、その損害は実に測り知れない程大きなものであろうと思います。この事を今日すべての兵隊が一層自覚すべきだと思います。兵隊として比較的長期間日語教師として支那民衆へ直接接触して来られたあなた方の体験を聞かして頂くことは、すべての兵隊にとっても支那民衆の理解と言う点で大いに参考になることと思います。また、新たに日語学校を経営される部隊や新しく教師になる兵隊諸君にとっても得るところが大きいと思います。どうか遠慮なく皆さんの体験を語って下さい。

開校当時の頃

下田　皆さんが日語教師になられた最初の頃の苦心談で例えば言葉も分らず風俗習慣凡てが違う広東人を相手にして日語を教えるのに何んな苦心をされたか、そしてそれをどんな風に克服して来られたか、その体験談を聞かして下さい。石川君からどうぞ。

石川　自分は日語教師としては何の資格も経験もありませんし、内地に居りましても全然違った事をしていましたので、今度が始めての経験です。昨年の七月頃、前にやっていた日語教師の上等兵の人が帰りました後を隊長の命を受けて私がやる事になったわけでありますが、広東語ばかりでなく語学については全く縁遠い方なんです。

佐々木　我々は兵隊であって日記というものを書く時間がないし亦防諜上止められて居りますので具体的な事は記憶して居りませんが、一言で言えば唯無我夢中でやって来たとこう言うより他にないのです。所謂兵隊精神でどんなこともやり抜いて来た訳です。

石田　今私達のやっているのは農村でして恰度私塾みた様なのが各部落にあって、この私塾の中に生徒を集めて日語教育をしています。始めた動機と言うのも極めて消極的であります

る理念や実践は、近代西欧の教育界に大きな影響を与えた。著作に『隠者の夕暮』『リーンハルトとゲルトルート』など。当時、ペスタロッチについては多くの論考、研究書が出された。

4　ロバート・オウエン　Robert Owen (1771-1858)
英国の社会主義者。紡績業者として成功した後、米国インディアナ州で共産主義的協同村建設を試みたが、失敗。帰国後は協同組合運動、労働運動を指導。空想的社会主義者の代表者とされる。著作に『社会に関する新見解』『自叙伝』など。

附録［3］

日語教師の座談会

「日語学校」が書かれる以前、宣撫班日語教師の座談会が行われている。「日語学校」の状況を別角度から知る意味で併せて採録する。原文を現代語表記に直した。

主催　雑誌「兵隊」編輯室
期日　昭和十六年四月二十日
場所　南支派遣軍報道部
出席者　工藤部隊　佐々木兵長　銭場部隊　石川上等兵
　　　　野田部隊　勝野上等兵　小関部隊　石田一等兵
「兵隊」編輯室　下田上等兵　山邉兵長

下田　忙しい勤務があるところをお集り下さって有難う御座いました。前線の部隊からも来て貰うことになっていたのですが、急に部隊の都合で本日石田君以外の方には来て貰えないことになりました。大変残念に思っています。
「派遣軍将兵に告ぐ」の中にも明示してありますように、今日の最大関心事は支那民衆の把握と言うことにあると思い

あった。彼女は、茶色っぽい絹無地の長衫を身にまとい、日本式の喪章を腕に巻いていた。

三木上等兵の英霊の奉持者は浅見一等兵であった。英霊が眼の前を過ぎようとする時、芳蘭は、瞬間、声を立てそうにして、ハッと呼吸をのんだ。浅見一等兵はそれに気づいたわけではなかった。が、その時、何かの調子で、ほんのしばらく列の進行が停り、うつむき加減でいた奉持者の眼が、わずかに擡げられた。そして、恐らく、堵列者の眼那服の婦人は彼女一人だったことが、おのずから視野に映った原因であったろう。ひょっと、二人の視線がかち合ったのである。瞬間、芳蘭は、複雑な表情で頭を下げた。浅見一等兵も、それに答えたようであった。が、殆んど、眼に見えるほどの動作には表われなかった。ただ万感をこめたような表情に両眼がギラギラと輝いていた。それをかくすかのように、彼は、反対側の堵列者の中に眼を移した。その時初めて、軍属も芳蘭も、そこに、数名の男女の子供が立っているのに気づいたのである。日語学校の代表児童だったのだ。どの眼にも涙が溢れ、或る者は頬にまで流して、しきりに濁をすすり上げていた。

やがて英霊は、小蒸気に移った。ここから、河口の本船まで下るのである。最後の黙祷と、戦友の捧げ銃の礼を受けて、船はゆるやかに動き出した。

堵列者の群も動いた。次第に崩れ、散り行く中に、芳蘭と子供達はいつしか一塊りになり、彼女も子供達もすすり泣いていた。事情を知らぬ人々が、怪訝な表情と囁き合いで眺めていても、彼女は軍属に促されるまで、ハンカチで覆うた顔を上げようともしなかった。

（『日本教育』昭和十六年十一月号掲載）

注

1 表題は「日語学校―若き兵隊（二）」とあるが、前号は「若き兵隊」であり、「日語学校」としては（一）である。転写にあたっては旧仮名遣いを現代仮名遣いに直したほか、旧漢字体は新字体に改めた。一部表記の正確ではない箇所もあるが、原文のままとした。

なお、掲載誌『日本教育』は国民学校総合雑誌として広く読まれたが、本誌には釘本久春「兵隊の心」、「一兵士の回想」などにも宣撫班の活動が描かれている。エムティ出版復刻全十二巻（一九九一年）を参照した。

2 宣撫日本語教育に拘わる内容については、特に傍線で示し、第1部第2章で言及した箇所がある。

3 ペスタロッチ Johann Heinrich Pestalozzi (1746–1827) スイスの教育家。ルソーの影響を受け、孤児教育や児童教育に一生を捧げた。人間の諸能力の調和的発展を教育の目的とす

し、遂に食欲の甚退と関節の激痛のため動けなくなった。
——悪質のマラリヤに冒されたのである。
　彼が、後送の手段もない前線から、広東兵站病院に収容されるまでにはそれからなお十数日を経ねばならなかった。その時すでに、容態は、かなり危険に瀕していた。数日の手厚い治療の結果、かなり持ち直した。報道部から、例の軍属が見舞いに来たのはその頃である。が、それから三日の後、軍属は、陳芳蘭を伴って再度病院を訪れた時は、容態は再び悪化して、三木は殆んど昏睡状態にあった。
　軍病院の、しかも伝染病患者を、民間の支那婦人が直接見舞うことは面倒な手続きを必要とした。それでも、特別な配慮によって、予防の手袋などはめ、ほんの数分を患者の枕下に立った時、陳芳蘭は、この病気特有の、呼吸の速い、蒼白な三木の顔を射るような眼でじっと見詰めていたが、不意に頃を垂れ、小刻みに肩を震わせて、嗚咽に崩れた。愕いて彼女の手を引き、室外に出た軍属の後ろから、衛生兵が追って来て、まだ自覚の状態にあった時三木が託したものだと言って、一通の封書を手渡した。
　それには、すでに最後の日の近きを覚悟した彼が、生前の恩義を感謝する言葉の外に、二つの特別な依頼を認めたものであった。その一つは彼の背嚢の中にある日記を検閲を経て郷里へ送って貰いたいこと、もう一つは、陳芳蘭へのことづてとして、彼女から不具の妹へ手紙を出して欲しいとの願いであった。

　その翌る日の夜、三木一等兵は、重症マラリヤに一番多い脳出血のため、遂に不帰の客となった。
　その後、軍属が入手した三木一等兵の日記は、例の広東出張の際求めた二冊の自由日記を、一冊は完全に使いつくし、二冊目も三分の一以上を埋めていた。それが、討伐戦の期間を含めて、二ヶ月足らぬ記録であることを思えば、その間における彼の精神生活のほども察せられるであろう。
　彼の死をきいて、陳芳蘭は三日間、宣伝班の仕事を休んだ。四日目に出勤して来た時は、服装や髪も改めて、かえって生々しい様子に見えたが、そっと軍属の所に来て打ちあける気持は、むざんなほど打ちひしがれたものであった。彼女は、開封のままの手紙を差出し、三木一等兵の妹の名宛と、文面の日本語訳をつけて郵送してくれるように懇願した。そして、是非返事を下さるように、あなた（軍属）からも頼んで欲しい、自分も第二信からは、もっとほんとうの心の中を書くつもりだとつけ加えた。
　三木上等兵の英霊が、十数柱の戦友と共に凱旋する日は、十一月初めの、広東ではうららかな秋日和であった。珠江の軍桟橋を、多くの戦友、官民の哀悼の中に粛々と進んで来る時目送者の後方に、軍属に伴われて陳芳蘭の姿も

器を執る戦士であり、彼に取って、愛する任務よりは斃滅する任務こそ本質である。

三木一等兵と陳芳蘭の交渉は、時間的には極めてあっけないものであった。宣伝隊の予定の出発日を完了する以前に、三木達の部隊は急遽、この地から前進せねばならなかったからである。

勿論、宣伝員は誰一人、事の真相を知る由もなかった。宣伝も予想以上に効果を収めたからと、感謝の言葉と共に、一日繰上げて広東へ帰還させることを部隊長から教えられると、言葉通りそれを受け入れる自然の状態にあったのである。

その日午後の汽車便で一行は帰った。三木が一人命令によって、トラックに同乗し、一行を石龍駅まで見送った。それが、彼と彼女との最後になったわけである。彼はその時のことを、日記の一節に次のように綴っている。

…徒歩で渡る三百米の鉄橋がいかに短か過ぎたことよ。雨のない季節になっても東江の水には、減水の気配も、濁りのはれる気配もない。空は一様に白く青く、灼けた鉄板の下にあるように、陽はまだ衰えない。ガソリンカーにはすでに半ばほど乗客があった。発車まで五分の余裕きりない。ホームで一人一人に握手して別れる。彼女とも。「また来ます。あなたもどうぞ」と言う。笑顔も見せず、逼迫した眼の色をして。その稚拙な言葉と、深淵の友情とのギャップがもどかしい。彼女にも亦そうであろう。ゆるやかに、次第に速く、そして遂に遠く、かすかに。ギラギラ輝きながら、冷やかにのこる直線の線路。煙のないガソリンカーを誰が作ったのか？……

言うまでもなく、小説の長さは時間の長さではなく、生活の豊かさに左右されるであろう。それをこのように端折らばならないのは、「紙面の都合」でも検閲への懸念でもなく、言わば歴史の時差の問題である。

三木達の部隊は、その翌日の未明に出発した。敵は意外に近かった。一部は、部落の周辺に蟠居していたとさえ思われた。三木は、宣伝隊に関する部隊長の処置と言葉を思い起し、今更、ギリギリの瞬間までも「聖戦」を具現しようとする誠実、又、一兵の積極性をも殺すまいとの温い配慮に、頭の下がる思いだった。

が、進撃の目的は、その当面の敵にはなかった。部隊は更に幾日も北進し、そこから三週間にわたる討伐戦を展開した。

三木も浅見も、よく堪え、よく戦った。戦期も半ばを過ぎ、三木は先ず、抗し難い全身の倦怠を覚え、次いで発熱

時間を撰んで、彼女について広東語の手ほどきを受けるようになってから、一層はっきり確かめられたことであった。

　五日間を終日、繰り返し部落の宣伝に当ってもらったということは、三木中を日語学校の指導に当たってもらうよりは、午前と浅見が殆ど同時に気づいたことであったし、それには部隊長も同意見であった。そしてこの計画は部落の宣伝以上に効果的だった。音楽や紙芝居、魔術（小柄な男の宣伝員がその方を担当していた）が喜ばれたのは言うまでもなかったし、又、初歩の日語教育としては広東語を僅かに解する日本人よりは日本語をどうにか操る広東人の方が教師としてずっと便利だった。生徒の数も一挙に殖え、教室はこれまでにない活気を呈した。

　それにしても、こんなゆとりのある出張は、宣伝員達にとっても前例のないことだったのである。その余暇の時間に彼等もしきりに日本語や日本語の話を、より深く知りたがった。それで一種の交換教授が行われ三木が陳姑娘について広東語を習うことも、宣伝員中では彼女が最も日語を巧みにしていたし、極めて自然に運ばれたのである。

　彼女の教授ぶりは極めて熱心だった。三木が時計を見て打切るまでは、倦まず撓まず発音し、幾つでも類語を並べ、又すぐ文章から会話に応用させるなど、一字でも一語でも多く正確に自国語を伝えようとする彼女の態度には、ただ性格ば

かりでなく、日本人に母国の本質と運命を正しく理解させようとする高い精神の閃きさえ感じられるのであった。こうした結果は、むしろテキストを離れての言葉の教授や不正確が多かった。文章に綴れば多少困難な文字や不正確な箇所はあっても大体の意味は通ずるという両国の文化の近似性がそれを助けた。

　この間に彼等が相互の個人的な問題について理解し合うようになったのは、極めて自然なことであったろう。三木は、彼に不思議な運命を感じさせるこの女が、戦乱で一家から離散した寄るべない身の上であることを知った。彼も亦、不具の妹について語ったことは言うまでもなかった。その不具の原因を幼児における相互の過失として説明し、戦場に来て特にたえがたい自責の念に悩まされる心で、彼女を発見した時の驚きと喜びがどんなものであったかを語った時、彼女の表情にも明らかな驚愕の色がかざし、眼にはうっすら濡れるものがあった。

　東亜共栄圏の確立される日、日本と中国、又日本人と中国人がどんな関係に立つか、それは自明のことであろう。が、言うまでもなく今は戦いの時代である。日本の敵が中国の民衆或いは民衆そのものでないにしても、抗日分子が彼等の一部であることは間違ではなく、その境界も決してさだかでない。兵隊は、確立された東亜共栄圏の一員である前に、武

こうして一定の箇所に集めた群衆を相手に、音楽を聞かせ、紙芝居を見せる、演説やニュースをきかせる、最後に、子供達にゼリーなど配って、一回を終る段取りだった。三木には内容は解らなかったが、成程、どちらも態度はすばらしいものであった。筋骨の太い男と陳姑娘が演説をした。三木には内容は解らなかったが、成程、どちらも態度はすばらしいものであった。場慣れて、ゼスチャーだけが巧妙だと言うようなものではなかった。どちらも顔を真赤にし、熱涙さえ流さんばかりの真摯さが溢れていた。それは片唾を呑んで聴いている群衆の顔色からもよくわかった。

三木は、傍らに立って眺めながら、軍属が言った、「民族としても個人としても苦労した支那人」について、思い知らされる思いだった。年齢僅かに十九歳の陳芳蘭にしても、報道部におけるあのしとやかさ、トラックで着いた時の明るい態度、又、今この情熱的な精神の、立体的な面と深さを持っているのである。

最後の菓子の配給には、大人までもみ合って、手のつけられない混雑だった。浅見一等兵が声を涸らし汗だくになって整理しても、どうにもならなかったが、三木がふと気づいて拡声器にスイッチを入れると、度肝を抜かれたように静まった。彼等には生まれて初めて接する、文明の利器だったのである。

その日はそれで引き上げた。この調子で行くと、後一日も

あれば全部落の隅々まで完了しそうだった。部隊長も三木から報告をきいて、少なからず満足の様子であった。一行の宿舎には特に一室をしつらえることにし、用心のため、勢い二人の三木と浅見が同室するように命ぜられた。食事の時も、三木と浅見が接待役をつとめるようになった。宣伝員が多少とも日本語を解する便宜もあった。彼等は僅か半日の交渉で、心おきない親しみを感じ合うまでに打解けた。戦う民族同士の意識は、片影も起らなかった。それを日本人の甘さだとか、支那人の無節操だとか、皮肉な批判で片づけるには、彼等は余りに、双方から自分をさらけ出していたのである。実際、次の日には、子供達に対する浅見一等兵の訓育方針が、ガラリと一変した位であった。後について悲しい遺書となった三木一等兵の日記も、この日の記事が数ページに亘り、「知ることが愛の始まりである」という引用句で結ばれていた。

宣伝員達は、そう訓練されているからであろうか、舎内における生活も極めて規律正しかった。三木が座長になって、翌日の宣伝の打合せをし、演説とニュースの草稿も予め検閲した。その時三木は、陳芳蘭の美しい格調の中にも踊るような精神を感じさせる毛筆の筆蹟から、彼女の性格の中で、沈潜した情熱が一番本質的なものではないかとの印象を受けた。そしてこのことは、翌る日から、午前と夜の空いた

と、アバタのある本島人の通訳が説明したのによると、煮沸中に何度も水を取りかえて、さらさらと砂のような米飯に慣れた支那人には脂肪の多い内地米は、すぐ下痢の原因になるというのである。

　その日の午後、第一回の宣伝に取りかかった。拡声器、蓄音器、紙芝居、ポスターや伝単、糊バケツなど、道具立が大変だった。運搬のため土民を二人雇入れ、五人の兵隊が警備のためについた。滞在予定は五日間だったので、日語学校に差支えない限り、三木と浅見だけですます予定であったが、部隊長の意見で三名を増員し、軽機一挺を装備することになったのである。

　部落の中心は、田圃と、杉林のある小さな丘を隔てて、そこから数町離れていた。一旦帰宅した子供達が、大半もどって来て、物見高く一行を取巻いた。部落の大人達も流石に奇異の眼をみはった。少数の兵隊達の所業もあって、本部の横の空地で拡声器のテストをやると、上々の成績で、彫大な音量が辺りの空気を震わし、レコードの支那音楽の妙音に一時はかくも魔力を有つものかと思われた。実際、三木自身、文化とは花でも咲き乱れるかと思われた。戸口や窓からは何事かと顔がのぞき、同時に、ポスターや伝単を、目ぼしい壁や柱に貼りめぐらすのであった。今更のように歓喜し、驚嘆したのであった。

　浅見は早速一計を案じ、子供達を整列させて、伝単と糊を分けて持たせ、多数のエキストラに仕立て上げた。警備兵を観は、色刷りの絵と文字で、華やかに一変するのであった。又部落の外達は雪だるまのように集団を太らせて後につく。宣伝の方法は、最初、手分けして、対象とする部落の一区画を、短いスローガンや人寄せの言葉を叫びながら歩き、同時に、ポスターや伝単を、目ぼしい壁や柱に貼りめぐらすのであった。戸口や窓からは何事かと顔がのぞき、同時に、ポスターや伝単を、目ぼしい壁や柱に貼りめぐらすのであった。

前後にして、ぞろぞろと出発した。三木は後尾に列して歩きながら、狭い畦道を進む。黒い不規則な縦列の中に、空色の一つの姿を目安にしていた。ふと彼は、彼女にも、無意識に、故国の妹のことを書いてやろうと気づいた。彼女にも、機会があったら妹のことを話してやろう。妹もきっと喜ぶだろう。若し二人が文通でもしてくれるようになったら、…否、将来においては、陳姑娘が日本を訪れるということも不可能ではなかろう。現に、広東婦女維持会の代表が、先頃日本に行ったりしたではないか。…そうだ、自分は、妹のために心からの友人をさがそう。その念願で、偶然眼に触れた姑娘を眺めているのだ。…そこまで考えた時、彼の内部には、理由もない明朗な気宇がみなぎり、妙に臆しがちだった自分が恥かしくなった。彼は自然な気持に、一人ずつ先を追い越して、目安の方へ近づいて行った。今の気持で、何か話しかけずにいられない衝動に駆られたのである。が、後二人を残すまで来た時、列の先頭はすでに部落に到着していた。

かねない兄さんのことを言って、母はそれだけを残念がっています。……」

七

　巡回宣伝班が三木達の部隊を訪れたのは、それから二週間の後であった。案外こんなに時日を要したについては、手続としての公文書の往復に時日を要したばかりでなく、三木の報告を聴取した部隊長が、趣旨には心から賛同しながら、急の実現には難色を示したからである。数日経って彼は部隊長室に呼ばれるに、三木はがっかりした。
　「君が余り熱心のようだから、……」
と、部隊長は苦笑しながら、宣伝隊の申請に承認を与えた。そして、宣伝隊の効果を十分信ずるが、それに調子づいて、ここが第一線の敵地であることを忘れないようにと命じた。三木に、警備については特に慎重を期すようにと注意を与えふと、周辺に何らかの変化があるのではないかと空想したが、それは偶然にも事実と一致していたのであった。
　宣伝隊は正午少し前に到着した。石龍からトラックでやって来たのである。引率を兼ねて本島人の通訳が一人ついていた。二人の男子宣伝員は、広東人にしては珍らしく筋骨の太

い三十位の男と、もう一人は少年のように小柄で瘦せた男だった。どちらも兵隊服に身ごしらえしていた。陳芳蘭は、空色に紅い柄をちりばめたアンサンブルに、踵の低い靴を履いていた。彼女はいかにも物慣れた快活な態度で振舞った。トラックの上から身軽に飛び下りると、もう一人の稍年長の婦人宣伝員を、手を取って助け下ろし、浅見訓育主任の思いつきで、整列して迎えていた日語学校生徒に愛嬌よく礼を述べた。
　三木には――最初トラックの上から彼の姿を認めた時、彼女は微笑を見せて、目礼の程度に腰をかがめた。降り立って改めて挨拶し、紹介されて浅見にも一礼した。
　取りあえず一行は、部隊長に挨拶し、短い訓示を受けた。
　その時も部隊長は、功を焦って危険を招かぬようにと諭し、それが一番の懸念らしかった。
　昼食には、部隊長の心づくしで、兵隊の手製の支那料理が準備されていた。支那料理と言っても、兵隊達の食べるものを、油で揚げたというだけのものである。ここではそれだけでも精いっぱいの御馳走だった。しかし宣伝員達は、どんな食事にも慣れているようであった。ただ、特別の接待のつもりで用意した、内地の白米の飯は、二椀以上所望する者はなかった。
　「これには散々懲りたんですよ」

た。頻繁な移動でしばらく途絶えていた。銃後からの便りが配られたのである。兵隊は又も湧き立つ。が、饅頭の時と違って、いかにも、ソワソワとつつましく謙虚である。

「いや、三木君の饅頭のおかげさ」

彼等は何かに因縁づけずにはいられないのである。が、三木一等兵ほどに、その因縁の神秘に、今更のように瞠目した者もなかったであろう。彼が受取った銃後便りは、妹の瑞枝からのものだったのである。

銃後便りが封書である場合、殊にそれが、身近かな人からの、心を弾ませるものであればあるほど、受取った兵隊さんの現わす態度は、それが無意識であるだけに、彼等の個性の代表的な一面を、まことによく露呈している。破る手ももどかしく、その場で開封する者、自席にもどり丁寧に糊を剥がす者、誰彼に見せてハシャギ廻る者、床に就くまでそっとしておき、ローソクの火影で音も立てずめくる者……。

三木は、備品の位置で各自の席がきまっている棚の下の壁に背をもたせながら、部屋の真中の天井から釣り下がった四角な支那ランプの光に立膝の上に広げた字面をぬらし、いかにも読後の長い瞑想を予期したような、自然で楽な姿勢を取っていた。

…こちらはもう朝夕涼しくなりました。兄さんが征って以来私の仕事は相変らず台所で母の邪魔をすることと縫物と読書と庭掃きです。新聞の戦争記事を詳しく読んで夕飯の後で皆にきかせることが、私の唯一の存在意義です。兄さんがいなくなって、かえって私のこんな心理の後で皆にきかせることが、私の唯一の存在意義です。兄さんがいなくなって、かえって私のこんな心理の後で、女というより一般に世間のこんな心理の後で、あの年齢に、いつしか私もなりました。私が近頃教会に通い始めていると言うと、兄さんはお笑いになるでしょうか。でもほんとうです。五年間ミッションスクールの宗教的な雰囲気にいて、そんな機会は度々ありながら、かえって妙に反発を感じ通して来たのに自分ながら不思議です。ほんとう言いますと——こんなことを申して自覚が、今まで、入信のさまたげになっていたと思います。友達や先生方の勧誘が、ほんとうは私を憐れむ優越的な同情として、ひがんで受け入れていたのです。でも今はそのためにこそ私には、入信の道は人より平坦であり、迷路も少ないと感謝しています。私は今、どんな美しい健康な人より幸神です。重い役目のお体で、もう決して私のことを苦になどしないで下さい。こんどお手紙にそれらしいことでも書かれたら、私憤りますわ。お庭のバラが今盛りです。今年は栗と松茸が当り年とかで、どちらも生でも食べ

ているのがうれしいのである。
ラッパが鳴って点呼の時間だった。環境に対する迅速な即応本能は原始人の特色である。兵隊もそうだ。唾液の収斂剤のようなオボロ饅頭を呑み込みかねて眼を白黒させている彼等の様子は、不意に教師に見舞われた子供のように真剣なだけ、当直の若い見習士官が噴き出さずにはいられない位滑稽だった。

戦場にも「幸福の日」がある。否、むしろ、極めて些細な、他愛ない喜びにせよ、日常生活との必然性が薄く、それとの対比が著るしいことのために、容易に神秘視され、どんなこちない「科学精神」の持主をも懐柔せずにはおかないのである。帰還した兵隊達の戦争物語を注意してきくならば、彼等の戦歴が長ければ長いほど、記憶は朦朧として支離滅裂であり、やっとさまざまの奇蹟を回想、点綴していることに気がつくであろう。

三木に取って、その日は、すばらしい「幸運の日」であった。第一、その朝、彼は、軍属の部屋で、改めて陳姑娘に紹介された。多分この人の部隊に出張するからと、軍属は、三木の前歴や現在の仕事をも説明しながら、引合わせてくれたのである。入り込んだ会話になると、流石に姑娘の日本語の理解は、まだかなり怪しかった。そんな箇所は、軍属の巧み

な広東語で補われた。三木は終始、口数少くしていた。最早、昨日のような失態を演ずる筈もなかったが、妙にひけ目を感ずるような面映ゆさを、どうすることも出来なかった。

「陳さんはおいくつでしたか？」

軍属は不意にそんなことを尋ねた。三木は、自分が、何かの虚を衝かれたようにハッとした。そして、恐らく相手にも気づかれたであろうような気の毒の念をこめた視線を陳に向けると、彼女は意外にも、何のわだかまりもない微笑で軍属を正視している。

「十九です」

と、声にも落着を払ったものを見せて答えた。三木に取って、陳芳蘭の印象が、昨日より今朝の対面に結びつけて、より鮮やかに回想されるのは、彼女の性格なり容姿なりに対する、彼の落着いた確認の故ではあったろう。が、偶然にも、彼女が三木の不具の妹と同い年だったということは彼の、自分にも不思議な気持に、更に楔を打ち込むだけのショックを与えずにいなかった。

偶然とは、二つの必然が相交る所に起る。人間の主観的な心理作用だと言う。が、切実な環境の人間に取って、こんな取りすました理論ほどのバカげた無意味さを痛感させるものはない。

点呼の後で、兵隊達には、最も大きな喜びがもたらされ

心を捉え得ない。狭量に焦って、形式的に日本精神や習慣を強いるので、徹底した個人主義の支那人は嫌になってしまうと言うんだよ。だから、以前でも日本の教育者もかなり支那に来ているが、欧米人のように、いつまでもその人格を慕われるというのは極めて稀だそうだ。欧米人はそれが一つの手なんだよ。いうのは、国家意識の薄弱な支那人は相手国のどんな陰謀も、その国人の個人的魅力で容易にごまかされうるからね。……」

浅見は、やはり例の調子で笑い出してしまった。

軍歌の練習で屋外に出ていた兵隊達が、突然風のように騒然と、ねぐらに雪崩れて来た。現役補充のこの部隊は若い兵隊が多い。征野二年、輸送船の船倉の棚で、真新らしい千人針もまだ肌にしっくりせず、船出のテープのようにさまざまな色と長さの想いを引きずっていた彼等が、生れて初めて経験する戦争――夢でも空想でもない異境と肉弾と砲撃と、土と汗と闇との戦争に、強引に投げ入れられ、こづかれ叩かれ、幾度か生と死の切線を彷徨して、この瞬間まで生き続けて来たのである。その顔は陽に焦げ、おかしかった髭も逞ましさを変えるまでに変っている。荒々しい呼吸をし、ゲラゲラ笑いこけながら、屈託もなく土間のアンペラにとぐろを巻いて煙を吐き散らす彼等を眺めると、これが、帽子の恰好をそっと手鏡で直し、ニキビの数を気になどしていた人間と、同一人だと誰が信じ得よう。

「よう三木、貴様、洋行などして罰金だぞ」
「紅い燈、青い燈、どうだったい？」
「そりゃ敵前上陸の狼煙だなあ」

そこでどっと爆笑する。その喧騒さは、恐らく、童話の中の盗賊小屋の如くであるが、一切の不用な装飾語をなくした彼等の言葉は、文明を知らぬ原始人か極地人の文学のように、単純で素朴で親愛に充ちている。

「おい、みんなでオデコ相撲やってみろ」

何としても一番インテリ臭い外貌の三木一等兵すら、一旦こうした戦友の中にかえると、郷里の旧友と方言を交す位自然な野性が身についているのである。

「なんだい？」
「一つ余るからよ」

三木が饅頭の紙包みを広げたとたん、ワアッという喚声と一緒に、分隊の兵隊達は、部屋の半分寝床になった板張りの上に飛び上った。またたく間に一つも残さなかった。余す筈の一つを、三人の兵隊が追いかけ廻って奪い合った。結局握りつぶして、三人の兵隊が追いかけ廻って奪い合った。ただそうしてジャレ合っクチャクチャにしても、

を並べたり、愛の女神に縋ったりはしていない。科学的な計画と、それを貫徹する逞ましい意志だけだよ。凡そ教育の成敗は動機によってではなく、結果の実績によって判断されなきゃならないと思うね」

「そりゃそうさ。その効果をあげるために愛が必要だと思うんだ」

「愛じゃないね。規律だよ。科学だよ」

「たとえば君は、自動車が巧みに操縦されている時、その手柄を、運転手の科学的技術にのみ帰するかい？ 彼の役割は勿論無視出来ない。しかし、もっと根源に遡れば、動く車に方向を与えているに過ぎないんだ。車を動かしているものは外にあるんだ。ガソリンだよ。ガソリンの爆発力がなかったら、運転手がいくらハンドルをひねくり廻そうと、車は一寸も進みやしないんだ。教育における愛は、言わばこのガソリンだと思うね」

「君は仲々うまいことを言うね。何だか比喩でごまかされたような気がするが、君の、子供をなめずるようなやり方は、ガソリンをドラム缶のまま燃やしているような気がするな」

「そんなことはないよ。こんど広東で、話しにもきかされたし、自分で街を歩いて感じたことでもあるんだが、……」

と、三木は、例の、見かけによらぬ芯の強い説得力で、日本人が一般に支那人に対して不遜であること、それが実力の伴

わない形式的なものであるため、徒らに相手の反感と恐怖とを抱いて、聖戦の目的がアベコベに報いられているなどのことを話した。

「報道部の人が面白いことを言ってたよ。日本という国柄はこれほど尊厳であり、又、国家としての対支政策は公正至純なものであるのに、日本人という個々の人間の方へ感情的に結びついて行くと言うんだ。それと正反対の欧米人の方へ打算的で、結局支那民衆は、それと正反対の欧米人の方へ感情的に結びついて行くと言うんだ。しかし、印度人の九十四パアセントは無智文盲である。つまり、イギリスは、六パアセントの印度人を十八の大学で教育し、その上本国の大学にまで学ばせて、すっかりイギリス紳士に染め上げた印度人で、自分の思うままに残余の民衆を支配させるというんだ。ところが、同じ教育政策でも、日本ではすぐ小学校を作る。それもいい加減なものではなく、僕もこんどちょっと覗いてきたが、実に立派なものだ。内地の山の中の小学校などより遥かによい設備の学校を作って基礎教育を与える。支那の政府自身が等閑していた文化の根本政策を、治安もまだ不十分な地域に実に苦心して施すんだ。イギリスなんかの植民政策とは正反対なんだ。実に大御心の顕現だと思うね。日本語学校だってそうだよ。ところが今言う通りさ。国家としては折角これだけの仁慈と苦心を払いながら、個々の教師は、少しも支那人の

誘って来るように、日本の美しい写真や絵を見せるからと、やさしく言った。兄の子もこんどは広東語でそれに答え、ふり返りふり返りして立去った。

教師二人、生徒二十数名のこの貧弱な日語学校が、内地のどんな堂々たる学校に較べても誇り得る唯一の特色は、教育上の仮借なき批判精神とでもいうものにあったろう。三木と浅見が、かなり対照的な性格と見解を持っていただけに、それは一層活発だったのである。今日大部分の学校は、教育学の目録通りの体裁を備えていても、真の教育精神というものは、絵に描かれた餅に過ぎない。誰かが「雑用の合間合間に教育し」と皮肉ったように、教育事務のためにかけずり廻っているだけである。それが端的に表われているのは、お通夜のような職員会議であろう。

それに反して、ここでは、みすぼらしい技術と設備に拘らず、教育精神だけは横溢している。若しこれが、新興学校の特色だとすれば、大陸の日語学校は、大なり小なり、新興学校の名に値する。大部分素人である教師の兵隊達は、一時間の教育のために、三時間でも五時間でも研究を重ねる。それは大抵討論や議論の形を取る。貴様、俺の乱暴な口の利き方で、傍から見ると喧嘩でもあるかのようであるが、その結果が気拙い感情のもつれなどになることの決してないのも、裸になった人間同士の、健康な真剣さの故であろう。

三木と浅見は、その夜、点呼までの時間に、教育は愛であるか規律であるかについて論議した。直接のきっかけは、兄弟の生徒に対する三木の愛撫から起っていた。浅見に言わせれば、教育は鍛錬であり、それには教師の主観的な感傷が一番の禁物だというのである。

「それは暴論だよ」

と、三木は反駁した。

「現に、ペスタロッチが教育の化神とまで崇められているのは、その比類なき愛の故ではないかね」

「だから僕はペスタロッチは嫌いなんだよ」

と、浅見はえらい鼻意気だった。

「僕は経済学の立場から、近代協同組合の先覚者であるロバート・オウエンを少し調べたことがあるが、彼が経済学史ばかりでなく、実にすぐれた教育家であることを知ってびっくりしたんだよ。ところで、この偉大な科学主義教育の実践家が、その自叙伝の中で、ペスタロッチの学校を参観した時のことを書いているんだ。そして、独逸語の発音も不明瞭で、欧州でも遅れた国のスイスで、幼稚な、見通しの利かぬ教育に血道をあげている老いたペスタロッチを気の毒がっている。とにかくオウエンは、頽廃そのもののような当時の英国の一産業都市を、教育の力で更新させた実績を持っている。それに成功するのに、彼は決して感傷的な愚痴

「日記！」
と、浅見は、少しあきれたような顔を見せて、
「よくよく懲りもしないもんだね」
「君の分も買って来たよ。いいことをきいたんだ。報道部の人の話では、部隊なり、軍の検閲当局なりに許可して貰えば、必ずしも内地に持って帰れないことはないと言うんだ」
「それにしても、まあ当分僕は日記なんてつけるのは止そう。仲々手に入らないから、君のに取っておけよ。僕はやはり現世的な人間らしいよ。内地にいる時、僕は日記なんてつけたことはないんだからね。ここでも気分のはけ口が外にないから落書きでもする気になるらしい。その証拠に、僕の日記には過去もなければ未来もない。ただ、現在ととりとめのない空想だけだ。ところが現在というものは君、瞬間的なものだよ。いつも同じような日記になる。それが毎日似て来るから、さかのぼって考えながら書くのも、僕にはかなりの苦痛なんだ。そんな日記なんて、個人の記録としても意味ないよ。つまり、僕のような人間は、記録を文字に求めるよりは、何か具体的な対象に求める性分なんだと思うね」
「実践的なんだよ」
「実践的じゃない。即物的、実業家的とでも言うかな。じっとしているのが一番毒だよ。それで、日語学校が出来ているのが体にも気にも一番いいんだ。それに、毎日ぶつかる仕事があるのは、とても有難いんだ。それ

にこの仕事には、一貫した成長があるから楽しいよ」
彼等が宿舎の入口まで来た時、残飯を籠に入れて帰りかけている兄弟の少年と少女に出会った。どちらも日語学校の生徒だった。教師である二人の兵隊を認めると、照れるような笑顔をして、いんぎんに腰を屈めた。それに対して、浅見一等兵は、ニコリともしないで、几帳面な挙手の礼で答えた。学校の内外を問わず、師弟の礼を正しくせねばならぬというのは、訓育主任の彼が、信念を以って貫いている教育方針だった。その効果は、その時の兄弟の、いかにも作法にかなったお辞儀の仕方から見ても、よく徹底していることがわかった。満悦の時、威厳のあるポーズを取るのは、大人の世界でも屡々見られるように、浅見一等兵の一種の癖だったのである。
反対に三木は、自分から腰を低くして近づいた。兄弟は、顔を見合わせ、肩をすぼめてクスクス笑い出しながら、おとなしく三木に頭を撫でられていた。ふと気づいて、三木が、急いで饅頭の包みをほどき、一つずつ手に握らせると、恐らく普段でも滅多に手にしたことはないであろう、羞かみも忘れた歓喜の眼ざしでおずおずと受取った。
「センセイ、アリガト」
兄の子に倣って妹も、改めて頭を下げた。
別れしなに三木は、彼の精一ぱいの広東語で、明日友達を

実によく笑う彼の脳裡に明滅したが、具体的なものは何一つ彼の意識にまとまらなかった。ただ無性にうれしかったのである。穿鑿ずきの人は、それが彼が、陳芳蘭に対していだかされた特殊な感情があったのに違いないと想像するであろう。それに対しては、そうでないとは言い切れない。が、皇軍の一員としての彼の名誉というよりは、若く純真な魂の尊厳のために、この物語りの結果から公正に判断すれば、それが、恋とか感傷とかいう言葉の範疇では消化し切れないものだということだけは保証しておかねばならない。……

彼はその日、報道部分室の一室に泊めてもらった。この建物は元家族アパートだったとかで、八十名からの宣伝員の事務所としても、なお十分の余裕があった。彼が充てがわれた五坪ほどの部屋には、使用こそ出来なかったが、バス付きの便所まで接続していて、ベッドのスプリングも完全だった。支那にはいろんな型の蚊帳があるが、そこに吊るされていた投網のような、末広がりの純白な蚊帳は、そのように幸福な日の彼を包むために、特に考案されたかのようだった。豊富な材料の広東料理と少量のビールとで、肉体的にも無二のコンデションにあったのが、昨日までの生活に較べて、こんな一日の生活を、不思議とも空恐ろしいとも感ずる気持は微塵も起らなかった。明日は再び、荒涼たる生活にかえらねばならない。それを億劫がる心のかざしも勿論なかった。ただ、現在の満足のみが支配していたのである。

　　　六

翌る日、三木は、午後の鉄道便で原隊にかえった。日語教育に関係あるものは勿論、そうでないものも、両手に一抱えするほどの資料類が土産だった。他に、糧分に餓えている戦友達のために、ザラメ入りの支那饅頭を買った。原隊に着いたのは夕刻だったが、待ちかねたように、浅見一等兵が、宿舎の入口に立っていた。三木の姿を認めるなり、

「おっ――御苦労――」

と、大きな声で呼ばわりながら近づいて来て、太く短い手を差しのべた。三木は、急に軽くなる感覚と同時に、何物にも換え難い友情を満喫する思いだった。

「金は全部使ったろうな」

「向うの人がとても御馳走してくれたもんで、……」

ぶしつけな思いやりと妙な弁解とを交し合って、彼等は笑い合った。

「又日記帳を買って来たよ」

と、三木は相手の顔をのぞきながら言った。事実、書店で買った自由日記が二冊、資料類の荷物に含まれていたのである。

「入城直後です。最初はずいぶん苦心しました。しかしその点、支那の、少くとも広東の女は、日本婦人より積極的でもあり、訓練されていますね。採用試験には、その場で演説などやらせるのですが、内容は別として、実に堂々とやってのけます。生活に困っているからでもあるでしょうが、根本的には、やはり、民族としても個人としても、苦労してますからね。長い時には一週間位兵隊と同じ食事、同じ藁の寝床の生活をしていても、決してしょげたり恐がったりしませんからね。そんな点でも芳蘭は、立派な指導者のタイプですよ」

「日本語は、やはり日語学校で習ったんですか？」

「報道部の中で、毎朝教えてるんです。兵隊と行動を共にする上に、日本語のわかるかわからないは、単に便宜上の問題ではなく、大してしゃべらなくても、それだけで相互の信頼をずっと深めますからね。どうでした、彼女の日本語は？」

「いや、とても、……」

三木は、冷汗を新たにする思いで口ごもった。さっきの、幼児のように甘い、ねっとりした響きが、電話口での恋人の声でもあるかのようにまだ彼の耳の中に漂っていた。

すると、軍属は、何か心に頷くものでもあるかのような言い方で、三木の部隊に派遣すべき宣伝隊の中に、陳芳蘭を加えることを申出た。

「他の申込みとかち合うといけませんから、決り次第お知らせください。一回の出張は大体二三日位ですが、一週間前後までは一向構いません。一行の人数は、宣伝員が男二名女二名、それに引率者が一人ついて、総員五人というのが普通の建前です。お邪魔するにしても、特別の準備は何んにも要りません。ただ、部落内での宣伝に際しては、警備兵をつけてくださることだけお願いします。……」

三木にはそれ以上、これについて質問の事項はなかった。実際、雲のように湧き起る喜びに、胸を躍らせずにはいられなかった。それまで幾分几帳面すぎる印象を彼から受けていた軍属が、あからさまに意外な発見に眼を輝かすほど、急に声を弾ませ、とりとめのない位さまざまの話題に花を咲かせるのであった。

人間は、一生の中に何度か、時間的に多少距離のある自己の運命を、一種神秘的に直感することがある。例えば、就職や縁談やについて、まだ科学的に闡明されていない感覚に訴えて、これはきっとうまく行きそうだとか、或いはその反対の予想を、理屈でなしに全身に感得して、それがその通り運ばれるというような場合である。

三木一等兵の場合は、それほど自覚的なものではなかった。さまざまな人影や色彩が、食べながら語り、語りながら

ること。しかし、言うまでもなく、帰還民は、数よりもむしろ質が問題です。老人と子供ばかりではどうにもなりません。若い分子、特に若い女性が帰還するようになって初めて、宣伝も実効を伴います。殊に、敗戦で一番無辜の難儀を受ける若い女性が、安心して帰れるようになったということは、それだけで、治安恢復のバロメータになります。殊に、最近、抗日軍の宣伝は、デマの材料に種が尽きて、彼女達の本能的な恐怖を煽ることを悪どくやっていますからね。僕達が前線に出かけて、住民からそっと打ちあけられる彼等の心配事も殆んどそれにあるのです。それをいろいろの手段でなだめもし、打ち消しもするのですが、しかし、それを我々や、男の宣伝員がやったのでは、何と言っても効果が薄いのです。それで、若い女自身に語らせるのですよ。否、語らせる必要もないのです。彼女達を連れて行っただけで、住民は眼を瞠り、こんな若い美しい同胞が安全に日本軍と行動を共にしているということ、それだけで、住民は安心しますし、そこにちょっと言葉を添えると、何の疑いもなく、不安を解消するのです」

軍属は、話しながら、いつしか元のなごやかな表情にかえっていたが、最後に、急に口を噤むような言い方で、三木に質問をかけた。

「やり方が悪どいと思いますか？」

「いいえ、……」

と、三木は、言葉と一緒に、強く頭を振った。彼は、軍属の話の途中から、ひどいビッコの脚を引きずって、庭先を掃いている妹の姿を思い浮かべていたのだった。それが、軍属の眼には自分の宣伝方針に対する、完全でない承認の様子に見えたのかも知れない。

三木はそれを自覚しながらつけ加えた。

「僕達も痛感していることなんです。ただ実際問題となると、前線では仲々困難だし、又、思い切ってそこまでやれないもんですから、中央部から派遣していただくだけ、とても助かります」

「幸い、どこでも感謝されているんです。荒涼たる第一線の生活の中では、兵隊に取っても、いい眼の正月ですからね。それも無下に出来ない副次的な効果ですよ」

と、軍属は、声を立てて笑って、

「それはまあ別ですが、さっきのような理由もあり、それに相当の教養を必要とするもんですから、宣伝員は女も全部女学校以上の学歴だし、その上、若い独身者であること、容貌も十人並以上であることを条件にしてあるんです。勿論、憲兵隊にたのんで、身元調査は十分してあります」

「よくお集めになりましたね。いつ頃からお初めになったんですか？」

日語学校（完）

松永健哉

五

「さっき、あなたに電話を取次いだ姑娘がいたでしょう」
と、軍属は、何か満足げに、ニヤニヤした笑いを口辺に漂わしながら言った。それは、軍属としては、恐らく手塩にかけて教育したのであろう。姑娘の垢抜けした日語を、心ひそかに誇るほくそ笑みであったろう。が、三木はやはり、自分にもわけのわからぬ軽い狼狽をかくし得なかった。
「陳芳蘭ていうんですがね」
軍属は真顔にかえって、
「今中国人の宣伝員は八十名ばかりいて、その中二十名ぐらいが女ですが、芳蘭は最優秀組の一人です」
「どんな仕事をやるんですか？」
三木がそんなわかり切ったようなことを質問したのは、さっき軍属から説明された巡回宣伝班の、言わば現場的な

荒々しい活動の中に、彼女の印象が、痛々しい対象に思われたのであったろう。が、三木には、そんなはっきりした、自分の心理過程がわかっているわけではなかった。
「やっぱり宣伝ですよ」
と、軍属は事もなげに、
「前線にもドシドシ出て行くんです。女子の宣伝員は、演説とニュース放送——拡声器を携帯しますからね——それに宣撫行進の時のビラ配りなどが主な仕事ですが、しかし、それ以外に、若い女であるということそれ自体に、重要な意義があるんです、……」
そこまで言って、軍属はちょっと間を置き、特別真摯な面持で相手を見詰めるようにした時、三木は思わずコクリと頷いて片唾をのんだ。彼にも、軍属の言おうとしていることがわかるような気がしたのである。が、それを率直に宣伝目的に数える軍属の正直さが、宣伝宣撫というものに対する彼の——同時に彼が属する部隊の範囲での——狭小な概念に取っては、言わば、不意の一撃を喰わされたようなものであった。
軍属は、言葉の調子にも或る厳粛さを加えて続けた。
「あなたも知ってる通り、宣伝宣撫の効果が形に現われるものとしては、帰還住民の数が第一です。相手の人間がいなくては仕様がありません。次いで彼等を落着いて家業に就かせ

その日の午後、三木は軍属と食事を共にしながら、狭い部隊の範囲内で、これまで思いもよらなかった宣伝の技術や、日語学校の経営について多くのことを学ぶことができた。彼自身も、日頃考えている意見は述べた。が、初対面とも思われぬ打ち解けかたにもかかわらず、さっきの婦人のことはどうしても口に上せなかった。それは、彼自身は心の中でそうでないと打ち消しながらも、軍属が提案した一つのことに拘っていないとは言いきれないものがあった。と言うのは、軍属は、隊長からの申請さえあれば、いつでも、宣伝隊の一隊を三木達の部隊に派遣しようと言い、又さっきの婦人も、そうした宣伝員の一人であると明説したからである。

三木の、強いて無関心をよそった態度の中には、かえって、なにか相手にそうしたものを暗示するものがあったのかも知れない。軍属は、幾分不意に宣伝隊の派遣すべき構成について話を切出した。

いて、三木は益々まごついた。
「は、‥‥」
と言って眼を伏せたが、彼自身は無我夢中だった。
「モウ十分待ッテ、下サイ。班長カラ、電話ガアリマシタ」
「は、‥‥」
三木は少し痰のつまった声で同じ片句を答えて、少し顔を上げた。それは、兵隊である自分の不覚なあわて方に気づいた、一種の拮抗感からだったかもしれない。が、その瞬間彼は前にもましてハッとさせられたのであった。
女の、眼の切れの長い、富士額の、色の白い顔立、――それは彼の妹とそっくりだったのである。どこと言って指摘しがたい、色素そのものに原因しているような一種の淋しさまでそうだった。
女は、相手を困惑させたことを気の毒がるような、微笑とも、悲しい時の特殊な表情とも言いきれぬものを、口辺に漂わしていた。
「有難う」
と、三木は、まだ十分落ちつきの取りもどせぬ声と調子で言った。女はそこで一礼した。
「シチレイシマシタ」
と言って出て行った。

(『日本教育』昭和十六年十月号掲載)

い病気上りのように、目まぐるしいものだった。

彼が予め目論んだコースは、先ず、軍の報道部を訪ねることになっていた。そこで一通りの目的は果せる見込みだったし、それ以上のことは、案内か紹介でも乞うより外に、彼には見当もつかなかったのである。

半信半疑の発音で軍報道部の名を言うと、力車の車夫にはすぐわかった。二十分以上も走り、市内でも最も繁華街と思われる人ごみを抜けて旧市政府の主要な分局らしい建物の跡にあった。

受付の兵隊に案内されて、彼は「報道部第一分室」と標札のかかった四階建のひょろ高い別館の二階で、一人の軍属に紹介された。別館全体が、人から人への直接の民衆宣撫を任務とする街頭宣伝班の事務所で、軍属はその責任者だったのである。

軍属は三木の用件をきいて非常に喜んだ。そして、日語教育のことばかりでなく、宣撫その他のことについても、詳しく打合せしたい。今ちょいとした会議があるから、しばらく待ってくれるようにと言い、三木を残して出て行った。

仕事の必要からでもあろうが、膨大な書籍や資料、地図などに埋まっている部屋を見廻しながら、三木は、羨ましい感情などに微塵も起こるどころでなく、言いようもない懐かしさに襲われて、いつしか呼吸さえ早くなっているほどだった。

彼は傍らの本棚から、台湾総督府学務局編纂の「日粤会話」を取り出し、頁をめくりながら、子供相手に学習した自分の広東語が、かなりひどいナマリのある方言らしいことに気がついた。実際、彼が駐屯している辺りは、広東語と客家語の入りまじる接触地帯に近いのである。

しかし、興味につられて、彼は不知不識、声を出して読んでいた。非常によく出来た本で、日常子供達に話したい、又話さねばならぬような生活内容を撰んで、懇切な読みと解説をつけてあった。

「儞違個呀？」
「儞違處去呀？」（あなたはどこへ行きますか？）
「成程、どこというのは「違」で表すのか……。儞違個呀？
……」

彼が、しきりに感心して独りごちながら、もう一度その広東語を繰り返した時、不意に、開け放たれた入口のかげで、クスクス、女の笑い声がした。とっさに、それは、かなり前からそこにたたずんでいる人の気配に感ぜられた。

彼はすっかり顔を赧め、身を固くして声をのんだ。

すると、半ば非礼を詫びるような態度で、静かに入って来たのは、すらりとした長衫の、若い、断髪の婦人だった。

「三木サンデスカ？」

と、彼女は小腰を屈めながら言った。この不意の日本語をき

あった。

　彼はそのことを隊長に相談した。隊長は快く許して、彼に二日間の広東出張を命じた。これは彼の目的実現のために、現在の実状から、取りうる最良の方法だったのである。広東には、すでに、公私の日語学校も多数あったし、広東語の自習書なども完備しているに違いなかった。

　そこから広東へ行くには、一旦石龍まで出て、すでに数ヶ月前復旧した広九鉄道を利用するのである。

　三木に取っては、石龍まで行くのさえ初めてのことである。浅見に話すと、

「君は近頃痩せて来たぞ。蛇料理でも食べて少し寛いで来い」

と冗談を言った後で、三木の耳に口を寄せて、

「訓育主任も行かざるを得ない用件を作って来てくれ」

と呟きながら、三木が遮るいとまもなく、自分の蟇口を、丸ごと、三木のポケットにねじ込んだ。それには今朝貰ったばかりの給料がそっくりはいっていたのである。

　半ば破壊された鉄橋を渡って、東江の岸に、急造の石龍駅があった。朝八時と午後三時の二回、ガソリンカーが連結しているのである。

　車中には公用の兵隊の外、三四十名の苦力が積まれていて、異様な満員風景だった。

煙も吐かず、くすぐるような快いショックを伝えて車が辷り出した時三木は、体のとろけるような、又錯覚でも起しているような感覚に襲われた。内地の乗物との比較さえ頭に浮ばず、忽然と天涯の別世界にでも投げ込まれたように、キョトキョトと辺りを見廻わし、窓外の風景に心を奪われた。見渡す限り、山影一つ見えない、水田と野菜、玉葱黍畑の拡がりである。所々、沿道に警備兵が、身を入れるだけの小屋の前に、着剣して立っている。

　新塘で汽車を乗りかえる。座席は、木製のぶこつなものである。が、幅が日本の汽車の倍位もありそうに思われる。だっ広い車内である。団体の割に、蚊細い汽笛を鳴り立てる。停車駅は思ったより多かった。

　到る所に兵隊が居り、どの兵隊も大陸灼けした顔に、年齢の労苦と、さまざまな過去を刻んでいるように見える。三木は、汽車が動き出る瞬間、ホームで見送る彼等の中に、チラと幾つかの顔を、不思議なほど鮮やかに印象して、あの兵隊達も、いろいろの繋がりを故国に残しているのであろうと思い、それからそれへと空想を逞しくして、いつしか感傷に陥入っている自分に気がつき、あわてて又仕事の希望を胸に蘇返らすのであった。

　広東に着いたのは正午近くであった。復興したこの都市の繁栄は、出征以来前線ばかり歩き通していた彼に取って、長

そしてどうにか一つの落ちついた型に到達することが出来た。

直接の教授面においては、片仮名五十音の注入から始められていた彼のテキストの無力が、開講第一日目の経験で暴露された。興味のない方法であることは予想していたのであるが、それだけの退屈を忍んで学習する態度も教養も、子供達には全然出来ていなかったのである。第一、全くの文盲者というのが、十八名中の十二名を占めていた。年齢差による理解の程度も区々だったし、それに何より三木をびっくりさせたのは、子供達の行儀の悪さであった。一人として正しい姿勢一つ取れないのはいいとして、十分間と、机にじっとしていられないのである。むずかったり、喧嘩したり、便所に立ったり、……ここでも、体罰の可否論について、三木と浅見は意見を戦わし、結局浅見の鍛錬主義が事実上の勝を占めて、ビシビシやり出したので、この方は、子供の真意はとにかく、少くとも表面的には余程改まった。

その代り、中途入学者も二名あった。これらには、精勤者への褒賞が覿面の効果をもたらした。それも、残飯や菓子類で釣るのが、子供達には一番切実であった。恐らく、明治初年の日本の初等教育も、これに似通った悲喜劇があったことであろう。とにかく、最初の理想主義が次第に崩れて、現実的

なものに引きずられて行く心の過程を、三木は、苦々しいというより、苦笑して見詰めるより外なかった。
それにも拘らず、教授の効果は、予想していたよりは、遥かにあがった。一番成功したのは、日本の歌からはいったことである。「シロジニアカク」「モシモシカメヨ」などを、子供達は、数回で習得したばかりでなく、それらを日本の文字に表現することに、積極的な興味を示した。ただ、意味の把握にまではいると、単語はいいとして、接続詞や副詞などの取扱いが、もどかしくてならないのである。兵隊達の、支那語の会話も、大ていは、名詞と簡単な動詞のみから成り、他は、手真似や日本語でごまかしている。つまり、そこまで来て、教育という作用が、常識以上の技術を必要とすることに思い当るのである。

しかし、こんな困難にもかかわらず、三木は絶望も停滞もしなかった。大陸における日語教育の全貌など知る筈もない彼に取っては、それだけかえって、この仕事に希望と意義を認める励ましになった。これを完遂し、不十分ながらも経験を体系づけうる日を思うと、彼は、自分が一兵隊であることさえ忘れて、高邁な文化的精神に身内を熱くさせられるのであった。

彼が、日語教育についての、より深い研究と、広東語の習得にまで、念願を起したのも、やはりそうした動機から

た。儀式の修礼については、両一等兵の間に又しても論議が戦わされたのであったが、結局、隊長の裁決によって、日本の流儀に従うことにした。君ヶ代や宮城遥拝などの意味が今わからなくとも、厳粛な雰囲気だけは感ずるであろうし形式から精神に入るというのも教育の一つの手段だからというので、そうなったのである。それは大体において、浅見一等兵の主張だったのである。

式の進行する間、三木と浅見は、教壇わきの壁に寄って控えていた。この場の光景が、彼等二人に取って、感慨深いものであることは言うまでもなかったろう。しかし浅見は、物事に理屈をつけて考えるのが得意ではなかったので、ただ、ここまで漕ぎつけた喜びと誇りで一ぱいらしく、手は拳にしてキチンと両膝におき、胸を反らして、輝かしい表情をしていた。それに引きかえ、三木の場合は、表情も気持も、もっと複雑だった。

君ヶ代を奉唱する時、部落の治安維持会を代表する大人の臨席者達が終始眼を伏せて固くなっているに反し、子供達は、何とか唱和したい様子で、互いに顧み、口をモグモグさせているのを見て、彼は、涙のにじむのをどうすることも出来ず、それを紛らすように、無我夢中に力をこめて歌った。が、東方へ向っての最敬礼の間に、彼は、自分に与えられた任務の意義を、胸に熱く誓わずにいられなかった。彼が最初

に、こうした修礼を避けたがったのは、まだ聖戦の意義もわきまえぬ子供達に、押しつけがましいことを強いることになり、目的と反対の冒瀆に陥ることを恐れたからであった。今彼は、これを冒瀆に陥らせるか、最初の神厳な思い出として子供心に印象づけるかの決定権こそ、自分に委ねられたものだと信じたのである。

毎日午後三時始業の時刻を遅らせること、敬礼を重んずること以下五ヶ條の校訓を説明する浅見一等兵の態度は、厳格且つ堂々たるものであった。

式が終って、記念の日章旗の小旗と、ゼリー一包ずつが配られた。子供達は初めて、残飯貰いに来る時の寛いだ表情になり、歪んだり、皺の寄ったりする笑い方で、喜びを表わした。それを見て、三木は又そっと涙ぐんだ。こうして生徒となり教師となってみると、新らしい愛情が惻々と身を包むのも不思議であった。一方に、少し甘すぎると反省しながらも、ふと、自分は児童教育者として道を撰ぶことが一番ふさわしいのかも知れないと、抑えがたい喜びに駆り立てられるのをどうすることも出来なかった。

　　　四

開校後一ヶ月の間に、三木は、さまざまのことを経験し、

「正しくないことはないけどさ……」

しかし、この議論は、彼等に取って、結局は水掛論なのである。彼等は互いに妙な顔になり、心の中では、しみじみと、母国語のむつかしさについて考えさせられる。

三木一等兵が、テキスト編纂に当って、どうにも解決のつかない苦心にぶつかったのも、やはり、日本語のこんな問題であった。内地にいる時、何の疑いもなく使っていた「標準語」ということが、まるで正体を掴めなくなったのである。結局、習得する者の便宜を考えて、彼は、単純ということをモットーに、文字も文章も撰ぶ所に落ち着いた。そして三日の間にこれに費やして、十二頁の謄写刷の「日本語第一巻」を完成した。

主な対象を子供にするということは、部隊長の意見でもあったし、誰が考えてもそうより考えられなかった。自国の青少年問題について、何等の関心を持たない人々でも、支那民衆の顔色を見ただけで、東亜新秩序が、全く子供に期待するより外に道のないことを痛感するのは、誰でもがそうである。

校舎には、本部と接続した、空いた民家が充てられた。三十人程度なら、どうにか収容出来る見込みだった。浅見は、机が一つ発見される毎に大きな声で三木に報告し、何の懐疑もない精力的な活動ぶりで、大小高低、それに形や色も実

さまざまなものをかき集めて、どうしても見つからぬ黒板の代わりには器用な思いつきで、壁を黒く塗って色テープで縁どりをした。

が、生徒募集には、特殊な困難があった。どんぶりやバケツを持って残飯貰いに来る子供だけでも七八人はあったので、それを基礎に集めれば二十人位は何でもないと高をくくっていたので、開校予定日の三日目になって、一人の申込みもないのに、二人の一等兵ばかりでなく、隊長や別官の関係者も面喰らってしまった。

内偵してみると、実に意外なデマが流布されていたのである。日本軍は、日語学校で支那の子供を集めて教育し、しまいには日本へ連れ帰るのだというのだった。そのことを、子供に入学をせがまれた一人の母親が本部に、泣いて訴えて来たのである。

関係者は開いた口が塞がらなかった。が、相当悪質なデマでもあり、放置できないので、その方の宣撫を先きにして、数日を費やした。それによって、申込も一時にあって、開校日には十八名の出席者があった。年齢の幅は五つから十六まで、男生十二に女生六である。親の付添いなどは一人もなかった。大部分は、実際の年齢よりも幼少に見えるみすぼらしい肉体で、血色も服装もわるかったが、眼だけは剝いたように見張って、彼等の並々ならぬ喜びと好奇心を物語ってい

の、底知れぬ、救い難い印象に比べて、子供達のそれは、服装や手足がどんなに汚れていようと、兵隊達の目に、涙の出る程明るくいじらしいものである。この二つの距離の中に、虐げられた支那民衆の忍苦のほどが思われるのである。

兵隊達と子供達との様々な交渉は毎日到る所に、ほほえましい情景を描き出す。その一つが言語の交換教授なのである。

先生、不是、多謝、小孩など、帰還兵の誰もが身につけて来る片言は、大抵この子供達からの習得である。

ところが、このかりそめの情景が、兵隊達を、教養の如何にかかわらず、ひとしく、国語問題に関心させずにはおかないのである。一人の兵隊が、小孩を捉えて手招きする。

「こっちへおいで」

兵隊は、ニコニコして近寄って来る小孩に、再び手真似と言葉で指示する。

「あっちへ行きなさい」

少しまごつきながら、小孩は素直に、兵隊の言う通りになる。教育は自然的存在たる人間を素材とする価値の生産であり。それはあらゆる創造の中で最も崇高な、最も価値高いものである。そんなことを意識するしないにかかわらず、この兵隊の、満足した、これまでのあらゆる苦悩も忘れた表情には、単なる善良さとは違った、深い幸福がある。

小孩は、この一対の日本語をすぐ習得する。もう手真似を加えなくても、後ろ向きになっていても、ゆっくり言えばごつくことはなくなる。

そこへ、他の一人の兵隊がやって来る。第一の兵隊は、誇らしげに、小孩の怜悧さと、自分の教授法の卓越を語る。そこで、第二の兵隊が試みる。

「小孩、ここへ来い」

しかし、小孩にはわからない。第一の兵隊の顔を見て、うろうろしている。

「ここへ来いよ！」

第二の兵隊は、怒鳴るというより、強くはっきりと繰り返す。が、小孩は益々まごつくばかりである。そこで、二人の兵隊の間にユーモラスな論争が始まる。

「何だ、駄目じゃないか」

「それや、君の言い方が悪いんだよ。そんな乱暴な言い方をするからわからないんだ。こっちへおいでと言えば、ちゃんとわかるよ」

「こっちへおいで？ そんな糞ていねいな日本語は今頃流行りゃせんぞ。第一兵隊らしくないよ」

「そんな馬鹿なことがあるもんか。僕達の間ではどうでもよいが、外国人に教える場合は正しい日本語でなくちゃ駄目だよ」

「ここへ来いよというのは、正しい日本語じゃないんかい？」

「明は君の責任だ」
「校訓か。……先ず敬礼から教えようぜ」
その夜床の中で、三木一等兵は、テキスト編纂の方針と校歌のことを考えた。小学校以来十五年間も教育を受けながら、他人にイロハ一つ教えた経験のない彼に取って、この仕事は、文字通り白紙の出発だった。イとヰ、エとヱ、こんなのは一つにしたほうがいいのかどうか、支那にも童謡なんてあるのかどうか、そんなことを考えている中に、彼の意識は夢の中にとけ込んで行った。

　　　三

日語学校の経営は、普通、部隊の宣撫班の仕事になっている｜。が、三木達の部隊は、最近の討伐で拡大した地区に、本隊から分れて落着いて間もなかったので、まだ宣撫班も置かれていなかった。勢い、日語学校が宣撫班の仕事始めになるのは一つ、両一等兵が宣撫係りという形になった。
宣撫班としてはなくても、抗日軍の壊滅と正比例して加重と共にある。又その必要は、いつも作戦していた。半ばは、もはや逃げる気力もない疲弊から、半ばは抗日軍の宣伝に対する不信から、新しい作戦地の住民も、残留者が次第に多くなる傾向にあったし、殊にこの辺りは、

近くの日本軍占領地区からの情報もはいり、又、時期が農作物の収穫期にも当たっていて、一旦逃げた住民の帰還も予想以上に早かった。
それでもまとまった家数としては、百戸を超えない部落だった。
彼等は最初の間、かたく門を閉して姿を見せない。便所が別棟になっているなどのことから、時たま影を見せることがあっても、兵隊の姿を認めると、もぐらのようにもぐり込んでしまうのだった。
が、一週間も経つと、目の前に実る穂の愛着に引かれるかのように、遠い辺りにチラホラし出す。殊に彼等を家の中にいたたまらなくするのは、火事場泥棒を働いて、命がけで他家の農作物をかすめとる輩の出没である。
こうして幼児が犬に馴れるように彼等は次第に兵隊に近づいて来る。
殊に真先に兵隊たちの懐に飛びこんで来るのは、言うまでもなく子供達である。彼等と一緒に大抵少数の老婆が部隊の所まで積極的にやって来る。残飯その他の、兵隊たちの恵み物が目的なのである。が、この二つの相離れた年齢層は、日本人などでは到底見られないような著しい対照をなしていた。恐怖と猜疑にみちた、傷ついた獣のようにおどおどした、見る者の心を氷のように凍らせずにはおかない、老人達

最適任者であった。三木は大学二年で、浅見は卒業の年、どちらも補充兵として応召したのであった。三木は文科、浅見は経済が専攻だった。

純真な感激と爆発的な実行力が青春の誇りだとすれば、戦場は、青年に取って、最も恵まれた環境だと言える。彼等はそこで初めて、旧い権威にも、搾取も、嫉妬も、打算もない世界を発見するであろう。それに代わって、創意や、冒険や、友情やが、生活の隅々にまで要求され、事実存在している。勝利の喜び、倒れるまでの肉体的強行、実力に結ばれた鉄の規律、それらも亦若人に取っての魅力である。現代青年の無気力や、享楽主義や、老成ぶった現金主義やを痛罵する人々は、率先して死に就き、無給の雑事を命ぜられて血を躍らせる若い兵隊達——それも亦昨日までの「現代青年」であることを想うべきである。そして、問題は青年のホルモンや血液にはなく、痛罵する人と自身の政策的貧困を反省すべきである……

二人の一等兵は、開校準備の着手を、明日までも延さなかった。新しい玩具を手にした子供が、寝床の中にまで持込まずにはいられないのと同様であった。責任というより喜びであった。

彼等はその夜、本部の一室を借りて、十一時近くまで相談を重ねた。相談というより、しばしば討論に近かった。命令を受けたとたん、教育者を自覚して彼等は、各自の教育観を表白せずにはいられなかったのである。いつも、表面消極的に見えながら論理的な議論で仲々譲らない三木に遇うと、表面消極的に見えながら浅見は出はなは頑固で元気がよいが、表面消極的に見えながら論理的な議論で仲々譲らない三木に遇うと、すぐ人のよい哄笑で妥協し、それが解決になるという風であった。が、彼等の論議は要するに抽象論にすぎず、現実はそんなものに縁のない見す ぼらしさであることに気づき、話が落ち着いて、二人とも笑い出してしまった。

「とにかく明日からの仕事を考えようや。僕は訓育主任に廻って、教頭には一先ず君を立てとくよ」

浅見は、鼻の頭までずりさがった眼鏡を直そうともせず、はだけた胸を平手で叩きながら、そう言って笑った。

「先ず生徒を募集しなきゃならんだろう。それから校舎とテキスト。……机や黒板はどうする？」

「石龍まで行けば何かあるよ。この三日間には準備を完了することにしよう」

と、三木は鉛筆を取り上げながら、

「生徒募集とテキストは僕が引きうけるから、君、校舎の方をやってくれよ」

「まあ、訓育主任の分担にふさわしいだろうな。開校式の方は教頭に頼むぜ。だが、挨拶だけは僕も一席やりたいなあ」

「それは校長たる隊長の任務さ。もっとも、校訓の作成と説

二

　三木・浅見両一等兵に対する部隊長の用件というのは、二人の兵隊に取って光栄と言える仕事の命令であった。附近の住民のために、部隊の日語学校を開設するから、それの実際指導を担当するようにとのことだった。
「君達の履歴から考えて、一番適任じゃないかと思う。本隊も当分はここに駐屯するだろうから、そうなれば、直接の作戦行動と並行して、宣撫や建設工作が種々主要になる。それが今次聖戦の目的でもあることは、今更言うまでもない。一つ大いに頑張ってくれ」
　何事かと直立不動の姿勢で緊張している所へ、年齢よりいくらかふけて見える温顔の部隊長から、だし抜けにそんなことを言われた時、二人は思わず、ちらと顔を見合わせた。そして、互いの眼の中に、輝かしい喜悦と軽い困惑の、矛盾したものを感じた。勿論喜びは大きかった。日語学校というものが、どんなことをやればいいのか具体的には全然見当もつかないにせよ、この文化語の持つ意味には、彼等の全身を湧き立たせる、澎湃たる魅力があった。が、同時に、兵隊として、戦う兵隊として、言わば直接の戦列から離れるということは、何とも言えぬ厭な感じなのである。この気持は兵隊で なければわからない。形式的な義務感とか、同僚への体面などの問題ではないのである。例えば「五人の斥候兵」の中で、負傷して後送される兵隊が、どうしても肯じない気持ち、隊長に命令されて泣きながら受諾する気持、あの複雑とも単純とも、意志とも感情とも、人間の強さとも弱さとも、どうにも言えるし、又どうにも言えない気持ちなのである。近代戦においては、前線も銃後も、戦闘も、経済・文化戦も、何等区別はないということは、こんな具体的な場合、一つの理屈に過ぎなかった。
　が、部隊長は苦労人であった。逸る気持ちを咽喉に詰まらせたように二人の様子を微笑で迎えて、二人が誇りを以ってこの仕事に就きうるよう諄々と説ききかせた。
　そこを辞する時、二人とも、上気したように顔をほてらせていた。部屋を出るなり、期せずして双方から顔を見合わせた。一瞬、互いの眼の中に、相手の溢れるような希望を感じ合った。
「やろうぜ！」
と浅見が言った。
「やるとも！」
と三木が言った。そして、浅見はふくみ笑いで、三木は歯をのぞかせて笑った。
　実際、この新しい仕事のために、二人の兵隊は、部隊中の

こめた濃い黄昏に気づいて、彼はうっかりしていたことを思い出した。
「もうそろそろ点呼だろう。点呼の後で、君と二人隊長室に行くように言われてるんだよ」
三木は、反問する代りに、相手の方へ静かに顔をねじ向けた。夜眼にも瞼は、ぐっしょり濡れていた。浅見は、幾分意識した笑顔で迎えて、
「さっき副官殿から言われたんだ」
三木は、いぶかる気持ちを、まだ言葉には出さなかった。が、動作は、いかにも気軽に立ち上がった。浅見と肩を並べて、ゆっくり歩き出しながら、すっかり気を取り直したような明るい調子で言った。
「少しセンチだと思うかい？」
「大いにそうだなあ」
と、三木は笑って、
「しかし、少し勤務に余裕が出ると、どの兵隊もそうらしい。人間のいじらしさなんだなあ」
「人間の強さだよ」
と、三木は、その言葉を、低いが強い声で言った。同じ調子で、
「それがほんとうでもあるし、そうでなくちゃいけないと思うんだ。感傷にも強い兵隊が戦争にも強いんじゃないだろう

か。感傷は、教養の一種の表現だからね」
「君は詩人だよ」
「ハハハ」
三木は初めて声を立てて笑って、
「そうかも知れんね。戦地に来てから、日記を書くにも、詩の形式が一番ぴったりする気がするんだ。ところが僕の詩作の経験というのは、小学校の六年生の時きりなんだよ。童謡の好きな先生がいてね、放課後まで熱心に教えてくれたものさ。不思議だね、今でもその頃覚えた詩句を思い浮べ浮べ作ることが多いんだ。大学までの学校生活で、教育の力としてはっきり自覚するのは、これ一つだね」
「人間を臆病にするようなことばかり教えられていたからね」
宿舎の前まで来て、浅見は、それまで手にしていた日記帳を三木に渡しながら、
「妹さんのことは初めてきいたが、もう取り返しのつかないことだし、あまりそう良心的に苦しむなよ」
「苦しみじゃないんだ。かえって、不思議に僕を勇気づけるんだ。僕の二十三年間の生涯で、このことが一番、心の奥深く刻まれていたんだね。僕が弾に当たって息を引取る瞬間には、きっと妹のことを口走るだろうと思うね。……」
そう言って、三木は、暗がりの中で、にっこりした。

「神秘的かどうか知らんが、僕だけじゃないと思うんだ。誰でもきっとそうなんだよ。ただそれを記憶にとどめるように意識していないだけのことなんだ。でなかったら、……」
と、三木は、それまで不思議な位明るく弾んでいた声を急にしんみりとさせて、
「あんな苦しみが、ただの頑張りやなんかでとても堪えられるとは思えんね。見給え、体も心もギリギリに逼迫すればもあの時ほど、みんな石のように黙りこくってしまうだろう。しかもあの時ほど、じっと自分の内部に眼を向けている瞬間はないんだ。戦友の死体が眼の前に運ばれて来ても、兵隊は無表情に黙りこくっている。僕は初めてあんな光景に接した時、実は心が氷のようになったんだ。人間てこんなに冷酷なものかと思ってね。ところがそうじゃないんだね。みんな死体に縋りつく以上に、心の中では慟哭しているんだ。それをじっと堪えているんだ。妙な矛盾なんだが、つまりあの瞬間、一人一人の兵隊の脳裡には、夫々の身近な肉親の臨終が想い浮べられているんだよ。その悲しい回想をじっと嚙みしめている。悲しみが深く大きいほど、表面的に、彼等の様子は浮かんで冷淡に見えるんだ。僕が、こんな機微な人間の心理に気づいたのは、……」

互いに顔は合さなかったが、三木が唾をのみ込む気配が、浅見にもきき取れた。が、友人の様子に或る不安を感じ

「この間の強行軍で、僕のすぐ前に歩いていた兵隊が、石にすべって横倒しになった時だった。兵隊は短い呻き声を発したまま、しばらくは身動きもしない。それを、かなりの時間だったろうと思う。僕は、冷やかに眺めている自分に気づいてハッとした。急にあわてて手を出したんだが、実は、兵隊が、不気味な響きを立てて倒れた瞬間、僕は一つの幻想に襲われていたんだ。妹は五つの時、当時小学一年生の僕の不注意で二階から落ちたんだ。そして不具になった。僕は恐怖で呼吸も塞がる思いだったことを記憶しているが、それも長い年月の間にいつしか古傷だけになっていたんだ。それが戦場で、現実的に甦ったんだね。

「三木君！ 屋内にはいろう！」
浅見一等兵が不意にそう言ったのは、遂にうるみ声になった友人に引きずり込まれそうな自分自身の気持を、強引に引き立てるための試みだった。が、同時に、いつしかあたりに

ながらも、その言葉のとぎれとぎれを捉えて気分を紛らすようなことを言い出すことは、どうしても出来なかった。そんな彼の潤達な性格をさえすくませるようなものが、三木の体から滲んで、辺りに漂っているかのようだった。
三木は、いつしか、両手を後ろの地面に支え、胡坐をかいて反り返るような姿勢になって、半ば独語するように続けた。

「いや、それが喜びなんだよ」

三木も微笑していたが、それが彼には精一ぱいで、ひたむきな性格はかくせなかった。

「平凡なことだけど、ほんとうの喜びは苦しみを越えてということが、戦場の逼迫した環境の中で、日記を書くという些細なことにまで痛感されるのだと思うね。ずっと頁をくってみると、疲れた日ほどよく書いているよ。口も利きたくない時にも、なお内部のものを表白せずにいられない本能が人間にはある。その唯一の手段が日記なんだなあ」

「毎日たい同じようなことを書いているんじゃないかい。兵隊達の毎日の話のように……」

「まあそうだね。しかし、全体的に言って、会話に上せるものとは内容が違うね。会話はどうしても、相手に取っての興味が頭にあるだろう。しかし、人間には誰でも、他人に取っては少しも面白くないが、自分にだけは甘露のように貴重ないつも心の隅から離れない、一種秘密のような思い出なり希望なりがあるんじゃないかな。それを何かの形に現わさずにはいられないんだ。──独語でもいいんだ──満足を求めずに感じていたんだが、今一枚一枚灰にしながら読み返していて感じたんだが、どたん場に追い詰められた人間の回想というものは、非常に単純になるね。単純ていうより基本的だな」

「つまり毎日同じことばかり書くんだろう？ 肉親のこと

か、凱旋の日とか、好きな食べ物とか……全く僕は、トラヤの羊羹のことを五十ぺん位書いただろうな」

浅見はそう言って、前より高い声を立てて笑った。三木もつり込まれて苦笑しながらも、視線は遥かな野づらに放ちながら、声もしみじみと

「それにも一般性と特殊性があるだろう。……君は、苦しい行軍の時何を考えてるかい？」

三木は、ひょいと相手をふり返って、少し弾んだ声でたずねた。

「行軍の時？」

浅見は、幾分不意な、相手の言葉がのみ込めないらしく、

「なんにも考えないな。ただ、落伍しないということの外は……」

「考えてるんだよ。それを忘れてるんだよ。疲れると記憶力が一番先に痺れるからね。しかし、焼石のように熱く固くなった頭は、断片的なものの知覚には、一番適しているんじゃないかと思うね。灼けた意識の一種の火花なんだろうね。とにかく、そのことを発見してから、僕には行軍がとても楽になったんだ。苦しければ苦しいほど、回想は楽しく甘いんだよ。渇きが大きいほど、水の甘みが増すようなもんだね」

「神秘的なことを言うね」

「三木一等兵——」

同じ声が再び、前回よりやや遠のき加減にきこえた。

「おうい！　ここだあ——」

三木一等兵は、ラッパにしようとした片手を、もどかしそうに地面について、その代り、きゃしゃな首紐をのばしながら叫んだ。彼の肉体にふさわしく、澄んだ、張りのある声だった。同時に彼は、微笑らしいものをみせた。声の調子から相手を判断して、淋しい日の下宿に親しい友を迎えたような、親愛と安堵を交えた表情だった。

本部にあてられた廟の横門から、ずんぐり肥った、丸顔の兵隊が現れた。やはり二つ星の若い兵隊だった。

「浅見——ここだよ！」

三木一等兵は、太縁の眼鏡に指を当てながら、巨木のまばらな薄暮の近景を、けげんそうに見廻している相手に、白い歯をのぞかせてもう一度合図した。

相手を認めて、浅見一等兵はニッコリした。陽にやけた逞しさの中に明るい潤達な性格が、一瞥してわかった。胸をそらしながら大股に歩いて来た。間近まで来て、爆発するような声で言った。

「おい！　ずいぶん探したぞ！」

が、並んで腰を下ろすと、急に真面目な調子で言った。

「何だ、日記を焼いてんのか」

三木上等兵の手から、残りの頁を取りながら、

「君は克明に書いてんなあ。惜しいだろう」

「仕方ないさ。持って帰れるわけではないし、……」

三木は、言葉の内容の割に、別になげやるような調子でもなく言った。兵隊は、戦場における一行のノートでも、銃後に持ち帰るわけには行かないのである。

浅見は、頁をめくりながら頷いて、

「僕はこの間の討伐の時、川の中に捨てちゃったよ。あの時は、自分の髪の毛まで重く感ぜられていたからね。でも、折角苦労して綴った記録だと思うと、実際、自分の体が落込むようにつらかった。もう二度と日記なんて書くまいと思ったんだ」

「かえって気持ちが重くないかい？」

「重いんだよ。妙なんだなあ。どうせ捨てる日記でも、やはり書いているのが気楽なんだよ」

「そうだと思うな。だいち、僕達が少年時代に書いた日記でも、取り出して読むという機会はめったにないじゃないかね。あっても、それが目的で書いてるわけじゃないし。書くこと自身が喜びなんだよ」

「あまり喜びでもないぞ」

浅見は笑い出した。が、それまでの態度からも、彼には、見かけによらないキメの細かい表情があった。

を教え、自らも妙な舌廻しで敵国の言葉を一語でも発音することに努力する心根は、一体何であろうか。

この、「磯までは海女の蓑着る時雨…」のいじらしさの中に、思想も科学もまだ闡明してない、人間一般の、又日支両民族の美わしい本質がひそんでいるのかも知れない。

三木一等兵が、突然自分の名を呼ばわる声を、背後の本部の方向から耳にしたのは、夕食後のくつろいだひとときを、宿舎の端にある巨きな樅の木の下に、他人眼には独りしょんぼりとしゃがんでいる時であった。

彼はそこで、少しばかりの木の枝を集めて、小やかな薪火をしていたのだった。夕刻とは言っても、季節は九月の半ば、場所は広東省石龍の郊外で、そんなことをして暖を取る必要などあろう筈はなかった。

彼は日記を灰にしていたのである。慰問袋にでもはいっていたらしい、少し大型のポケット日記帳を、一枚一枚剥がしては、四隅の一つを指先で摘んで、火の上に翳すと、衰えかけた焔が、獲物に飛びつくように、ひとしきり燃え上るのであった。ゆっくりと、その同じ動作を何べんも繰返していた。

剥がす前に、彼は各頁に眼を通した。記事は長短区々だったが、空白の日附は殆んどなかった。自然、眼を通す時間も頁によって区々だったが、その様子は始終、愛する者の写真にでも見入っているようであった。恐らく彼に、純綿とは言え、かなりブクブクの、よごれも相当目立つ軍服の代りに、折目の正しい背嚢とパナマ帽一揃いを身につけさせたら、座を歩かせても、ちょっと人眼をひくだけの風采にはなるであろう。それだけの気品はある彼の横顔、特に眼と口辺には、無我の頁に捉われた人間の美しさがあった。或る日付の頁に、彼の眼差しは、特別の熱を帯びて注がれていた。口辺の、平和な、感慨めいた表情が、或る真剣なものに引締まった。

そこには、次のような一文が綴られていたのである。

――戦争は自分をこの試練の熱火に投げ入れる。遺伝質も、父母と家庭の感化も、十五年間の学校教育と社会の一切から受けた教養も。自分がこれほどの苦難に堪えうるとは思わなかったが、現実にこれほどの苦難が存在しようとも思わなかった。

彼が自分の綴ったこの一文を、三度反芻して黙読し、三度目にそこまで来た時、

「三木――」

と、太い高い声がきこえたのである。

それまでの物静かな動作の割に、三木一等兵は、弾かれるように、上半身をねぢってふり返った。が、すぐには、声の主は、彼の眼にとまらなかった。

附録 [2]

日語学校　若き兵隊（二）1

松永健哉

一

第一線の兵隊に取っては、一寸先の生活は暗闇である。明日の生命については、腹の出来不出来は別として、かえって、見透しも覚悟もついている。戦争しているのであり、敵地にある身であれば、いつ弾に当たっても不思議はないからである。戦場でも、脳溢血とか心臓麻痺とかいう厭な病気もあるのであろうが、そんなものに不安を感ずることは恐らく誰もなかろう。

先のわからぬ生活ほど、不安で味気ないものはない。何日も何日も行軍を続けながら、どこをどう歩き廻っているのか、兵隊には五里霧中である。ただ、地面をみつめ、脚を引きずって歩くだけである。彼等に、戦争とは何だときくなら、戦争とは歩くことなりと答えるかも知れない。

或る目的地に着き、設営の命令が下る。附近の土地を拓いたりするので、さては長期駐屯かと思っていると、不意の出発準備で、あたふたと進撃に移る。思いがけない珍味に恵まれたかと思うと、次の日は、かじるに生米さえない日にあう。

予防注射が施され、サラの服や靴が支給され、やがて船に積込まれたので、てっきり凱旋だと信じ込み、故国の山影を今か今かと待ちあぐんでいると、突然いんいんたる砲撃に暁暗が破られ、無我夢中に降り立ってみると、数十里も離れた新戦場なのである。

こうした生活の不安定は、たしかに人間を刹那的にする。食べれる時食べれるだけ食べ、眠れる時眠れるだけ眠り、どんな秘密の感情も、明日までは。独りの心にしまっておけない。そんな習性が、いつしか形づくられるのである。

どこでいつ戦おうとも、聖戦の一翼に参じている誇りを自覚してはいても、刻々の心理を支配するものが眼前の生活であることを、渺たる人間の可憐さとして許されないであろうか。

が、それにもかかわらず、兵隊達が、骨をかむほどの疲れや睡魔をこらえ、赤い支那ローソクの火影をたよりに、ちびた鉛筆をなめずりなめずり、一句でも一行でも日記を綴ろうとし、又、駐屯するあたりの住民に、ぶこつな仕草で日本語

あとがき

　私的な感慨であるが、本書が戦後 70 年の節目に刊行されるにあたり、様々な想いが脳裏に交錯する。筆者は 1970 年代前半から日本語教育に携わり、そのかたわら海外での日本語教育の経験を糧に日本語学、対照研究に取り組み、特に文論の領域で研究を進めてきた。一方、こうした言語の内在的研究と併行して、日本語の外在的な側面、すなわち言語文化接触にも関心を持ち続けてきた。とりわけ通時的研究としての日本語教育史研究に関しては日本語教育に携わって間もない頃、ミクロネシアからの技術研修生との出会いが確たる背景としてあった。折しも、収集していた言語関連の新聞記事の中で伊藤勲氏(国際学友会)の当時、インドネシアでの日本語教育が紹介されていたことが印象に残っている。

　ほぼ 15 年前から「戦時体制下・帝国日本における国語・日本語政策論の形成：満洲国・中国大陸・大東亜共栄圏への視角」という研究構想を立て、資料の渉猟、研究会などでの研鑽を積んで来た。日本語はいかなる空間、時間の中で生きてきたのか。日本語が世界を対象として歴史を描く可能性、意味とは何か。日本語論、日本語教育論の一時期に焦点をあて、その世界性、連続性を解明すべく様々な史料や見解との対話を重ねてきた。なお確論を導き出すまでには醗酵までの時間が不可欠であるが、ひとまず現時点での見解を披歴するに至った。日本語の「知」の動態を系譜学的に記述したが、これは今日、加速する総体的、包括的に傾きがちな研究に抵抗する学究志向にもとづくものである。過去の一時期の時空間に焦点をしぼり、戦時期という時代に遡行することによって、日本語の対外的、対内的ベクトルを明らかにしようとした。一時代の歴史の解体であり、再構築である。

　戦時期の日本語論が戦争遂行のためのプロパガンダとして機能した側面を考えるならば、その「負」の遺産は現代に何を投げかけているのだろうか。

本研究の出発点はまさにそこにあったといえよう。今こうして、この十数年間に書き綴った論考を読み直してみたとき、首尾一貫した着地点がなかなか見いだせない苛立ちを禁じ得ない。時空間において膨大な日本語教育史の全貌にふれることは不可能に近い。本書ではアジアの主要な台湾、朝鮮の日本語教育の実態については触れていないし、南方諸地域の個々の事例についてもはなはだ不備なものとなっている。中南米や欧州における大戦下の日本語教育の実態については射程外となっている。にもかかわらず、言語政策についての研究が日本でも緒に就いたとの感のある現在、幾らかでも寄与するところがあれば、との思いから上梓した次第である。

　序章、附録をふくめ16篇他の初出は次の通りである。本書を組むに当たり、各篇ともに大幅な加筆修正を行った。『植民地教育史研究年報』に掲載された論文数篇*については、本書に収録するに当たり、晧星社からご快諾を得たことに心より感謝申し上げる。本書中の図版に関しては最小限度にとどめた。掲載にあたりご承諾ご許可をいただいた諸機関に感謝申し上げる。また、戦時下のバンコク日本語学校の貴重な写真については、北村武士氏を通じて故星田晋五氏のご子息、星田言氏より掲載のご許可をいただいたことにも深謝申し上げる。

序論
書き下ろし

第1部　中国大陸における日本語の進出
　　第1章　『植民地教育史研究年報』第5号　2003　晧星社
　　第2章　『指向』第8号　2011　大東文化大学大学院日本言語文化学専攻誌
　　第3章　書き下ろし

第2部　「五族協和」「王道楽土」のなかの日本語
　　第1章　『東洋研究』第192号　2014　大東文化大学東洋研究所
　　第2章　『日本語の視界』(私家版，1999)収録

第 3 章　『植民地教育史研究年報』第 4 号　2002　皓星社

第 3 部　戦場の日本語、銃後の国語
　　第 1 章　『大東文化大学紀要（人文科学）』第 39 号　2001　大東文化大学
　　第 2 章　『大東文化大学外国語学部日本語学科創設二〇周年記念論集』
　　　　　　2012　大東文化大学
　　第 3 章　同上、後半部分

第 4 部　「大東亜共栄圏」下の日本語論普及政策
　　第 1 章　『植民地教育史研究年報』第 13 号　2010　皓星社
　　第 2 章　『外国語学研究』第 12 号　2011　大東文化大学大学院外国語学
　　　　　　研究科

第 5 部　戦時期の諸雑誌にみる日本語論の諸相
　　第 1 章　『植民地教育史年報』第 12 号　2014　皓星社
　　第 2 章　『外国語学研究』第 13 号　2014　大東文化大学大学院外国語学
　　　　　　研究科
　　第 3 章　書き下ろし

第 6 部　〈大東亜語学〉という東南アジア諸言語の研究
　　第 1 章　『外国語学研究』第 4 号　2003　大東文化大学大学院外国語学研
　　　　　　究科
　　第 2 章　『大東文化大学紀要（人文科学）』第 44 号　2014　大東文化大学

巻末附録(1)　『日本語の視界』2000　（私家版）　大幅に加筆修正
巻末附録(2)　『指向』第 8 号　2011　大東文化大学大学院日本言語文化学
　　　　　　専攻誌　日語教師の座談会、日語教師の雑記帳他解説　新収
　　　　　　録、書き下ろし

原稿の一部整理にあたっては中国・大連外国語大学日本語学部教員孫宇雷氏

のご協力を得た。これら初出の数点は『中国学論説資料』、『日本語学論説資料』にも収録された。第3部第1章の初出は『東北淪陥史研究』(中国・黒竜江省社会科学院) に収録された。また第4部第1章は雑誌『図書』(岩波書店 2011.7) 誌上で金時鐘氏によって紹介され、改めて本研究の重要さを認識することとなった (のちに金時鐘『朝鮮と日本に生きる―済州島から猪飼野へ』岩波新書 2015 に収録)。

　本書は筆者の言語思想、日本語論の現時点での集大成ともいうべき成果であるが、振り返れば、近代以来、日本の対外戦争、対外文化政策を通じて乗り越えるべき壁日本語そのものであったという思いを、今改めて強くする。ここ数年、日本をめぐるアジアの情勢は国民レベルの相互理解、融和関係の構築からは大きく乖離し続けている。日本が真にアジアからの信を得て、ともにアジアの安定を築くことは世界平和にとっても欠かせない事実である。本研究がそうした相互理解に少しでも寄与することがあれば嬉しく思う。なお、意を尽くせないところ多々あるが、最後に日本植民地教育史研究会、日本語教育史研究会の長谷川恒雄氏、前田均氏、宮脇弘幸氏、川上尚恵氏、酒井順一郎氏、中村重穂氏、河路由佳氏、齋藤正雄氏、北村武士氏、山口雅代氏、また日本タイ協会関係者はじめ多くの方々の学恩に感謝申し上げる。

　なお、本書では植民地教育史、日本語教育史の原点である台湾、朝鮮、南洋群島の歴史についてはカバーしていない。これは筆者のフィールドにもよるのだが、今後、何らかの形で研究を進めていきたいと思う。日本語教育史研究の領域は地域的、時間的にも極めて広いのみならず、教科書研究、教材・教授法研究、国語政策、国語教育史、放送教育、教育思想研究、植民地文化政策研究、戦時史研究など多くの分野とわたりあう総合学術研究の観を呈する。今後の更なる発掘が期待される所以である。

　なお、一部の研究者には日本語教育史研究を特殊な研究領域とみる向きもあるが、今後ますます国際化の進む日本語・日本語教育に向かうにあたっての歴史言語文化の教養として共有されることを願っている。本書がいくらかでも研究の前進、共有に貢献するところがあれば望外の喜びである。

　本研究の大きなきっかけとなったのは、まえがきにも記したように、2004 年から 1 年間、英国ロンドン大学に籍をおき、欧州にあって日本、ア

ジアを外から見続けたことが下地となっている。研究というものは、非日常のなかの日常という磁場を必要とする。多元文化・言語の交錯する英国ロンドンは、歴史を思索するに相応しい環境であった。帰国以来、言語の内在する研究に従事する一方で、外延的な研究への関心が高まり、当時に培った言語思索をまとめたいという気持ちはますます強くなっていったが、ここにようやく上梓する機会を得たことに深い感慨を覚える。あらためて海外研究の機会を与えてくれた大東文化大学に、また学術研究員として受け入れていただいた、英国ロンドン大学東洋アフリカ学院(SOAS)日本研究センター主任(当時)ジョン・ブリーン博士、関係者に深甚の感謝の意を表し、ここにその成果を報告するものである。

　ひつじ書房からの刊行はタイ語学、日本語学の研究書について3冊目となる。社主の松本功氏のご支援を仰ぎ、編集にあたっては森脇尊志氏に今回も多大なご尽力をいただいたことに心からお礼申し上げる。

平成27年2月

書名索引

あ
『生きている兵隊』 20, 87

か
『外地・大陸・南方　日本語教授実践』 407
『華中宣撫工作資料』 34
『カナノヒカリ』 477
『カナモジニッポンゴドクホン』 491
「華北ニオケル日本語普及状況」 33
『華北日本語』 29
『簡易日泰會話』 515, 535, 539
『簡易日本語讀本』 38
『館刊』 117
『館栞』 119
『基準南方語教本』 556
『冀東日偽政権』 62
『教育』 147, 217
『教育・国語』 406
『教育行童話研究』 337
『草の根のファシズム』 91
『日馬小辞典』 558
『軍国少年読本』 337
『軍国名話選集』 337
『軍人必携　実用支那語会話』 355
『軍用支那語大全』 357
『警察用語日語読本』 46
『警務支那語会話』 345
『研究院月報』 222, 225

『研究期報』 227
『現代実用支那語講座第 14 巻　陣中会話篇』 358
『現地携行　支那語軍用会話』 354
『憲兵支那語会話』 346
『興亜』 394
『高級日文模範教科書』 127
『皇軍慰問ニッポンノコトバ』 483, 485
『皇軍必携　実用支那語』 352
『高等日語文範』 238, 257
『国語運動』 509
『国語教育』 7
『国語の世界的進出』 36
『国語文化』 337, 509
『国語文化講座』 570
『国際交流』 388
『國民優級學校日語國民讀本』 189
『國民優級学校満語國民讀本』 189, 199
『コトバ』 25

さ
『最新マライ語時文指針』 565
『最新馬来語要諦』 556
『在満日本人用教科書集成』 155
「山月記」 494
『自習ビルマ語捷径』 563
『紙上ラジオ講座　基礎タイ語』 520
『実用泰日會話』 523
『支那語基準会話』 106
『支那語雑誌』 107, 347, 350
『支那語早わかり』 362, 529
『支那における日本語教育状況』 32
『写真週報』 89, 415
『暹羅協会会報』 531

『従軍五十日』 101
『週報』 10, 27, 390
『小學國語讀本』 137
『昭和一九年印刷 支那語教程全』 360
『初級日文模範教科書』 123
『書滲』 117
『初等日語讀本訳註本』 203
『初等日本語読本』 46
『初歩の泰国語』 512
『新制タイ語とタイ字』 525
『陣中速成軍用日支会話』 351
『世界の言葉―何を学ぶべきか』 581
『暹漢基本会話二千句下巻』 535
『戦史叢書』 89
『戦地の子供』 84, 327
『宣撫官』 57, 84
『宣撫月報』 104, 452
『宣撫工作資料』 64
『速修タイ語階梯』 517
『速成日本語讀本』 36, 46, 63

た

『タイ・日新辞典』 517
『泰會話要訣　日本語・泰語・英語』 523
『タイ語の研究』 519
『タイ語文典』 523
『タイ語要諦』 520
『大衆日語會話』 63
『大東亜言語建設の基本』 507
『大東亜言語論』 413, 507, 578
『大東亜圏日用語早ワカリ』 580
『大東亜諸言語と日本語』 507
『大東亜の基本用語集』 581
『大東亜ローマ字読本』 460

『タイ日大辞典』 524
『大日本宣撫官―ある青春の記録』 84
『タイの文化』 513
『太平洋』 386
『大満洲國讀本』 201
『タイ文字の起源と用法』 524
『臺灣公論』 7
『台灣時報』 406
『中國現代文讀本』 144
『中国文化情報』 58
『中日對訳速修日本語讀本』 203
『調査月報』 28
『調査時報』 435
『徴用中のこと』 430
『鉄路日語会話』 46
『東亜文化圏』 381
『時の潮』 266
『図書館雑誌』 147
「中支那における日本語教育に関する調査報告書」 34

な

『南方語雑誌』 414
『南方詩集』 426
『南洋の言語と文学』 507
『日・泰・會話本　NIPPON-GO』 522
『日語指南』 350
『日語捷径』 330
『日支事変感想録』 333
『日支對訳解註日本語趣味讀本』 204
『日泰會話』 513, 521
『日泰會話便覧』 514
『日文補充讀本』 132
『日用大衆日語』 38

書名索引　707

『日用南方語叢書　タイ語』　522
『日邏會話便覧』　510
『日中戦争対中国情報資料集』　67
『ニッポンゴ』　495, 526, 528
『ニッポンコツジビキ』　491
『ニッポンゴノホン』　381
『ニッポンノコトバ』　492
『日本會話寶典』　63
『日本教育』　28, 84, 389
『日本語』　509
『日本語會話讀本』　22, 49, 105
『日本語基本語彙』　410, 411
『日本語基本文型』　410
『日本語教育の問題』　9
『日本語教授指針―入門期』　9
『日本語教授の実際的研究』　46
『日本語初歩』　517
『日本語讀本』　57
『日本語入門篇』　142
『日本語の根本問題』　9
『日本語の精神』　241
『日本語の世界的進出』　386, 531
『日本語表現文典』　411
『日本語論』　405
『日本詩歌選』　143
『日本読書新聞』　385
『日本ニュース』　90

は

『馬事華語捷径』　361
『ハナシコトバ』　57
『標準上原マレー語』　556
『標準支那語早わかり』　364
『標準日本語讀本』　413
『ビルマ語』　563
『ビルマ語会話』　562
『ビルマ語文法』　563
『佛印・泰・支那言語の交流』　507
『文學』　26
『文學界』　494
『文教論』　233
『兵隊』　14
『放送』　435
『放送研究』　435
『北支宣撫行』　87
『北支の治安戦(1)』　89
「北帰行」　215

ま

『馬来語大辞典』　560
『満洲警察用支那語会話』　344
『満洲建國讀本』　192
『満洲国史』　289
『満洲國の私たち』　289
『「満州」植民地日本語教科書集成』　155
『満洲補充讀本』　155
『ミクロネシア語の綜合研究』　567
『民衆日本語讀本』　38
『メナムの残照』　539
「文字禍」　494

ら

『ラジオ年鑑』　438, 453
『蘭日辞典』　568
『ローマ字世界』　456

わ

『我らは如何に闘ったか』　98

人名索引

あ

青江舜二郎　84
秋田喜三郎　296
朝倉純孝　568
浅野晃　381
朝日新聞社　522
阿部洋　115
飯河道雄　63, 203
飯田利行　138
家永三郎　119
五十嵐智昭　563
池田亀鑑　438
石川達三　20
石倉善一　125, 127
石黒修　26, 36, 47, 121, 386, 411, 429, 443, 446, 459, 468
石黒魯平　438, 439
石子順　237
石森延男　156, 491
石原完爾　219
泉虎一　510
磯田一雄　155, 185, 256
市河三喜　438
乾輝雄　413, 507, 508, 578
井伏鱒二　420
今井一郎　237
岩間徳也　239
宇井英俊　445, 449
上田万年　245, 404

上原訓蔵　552, 556, 565
宇田博　215
江尻英太郎　523
榎並仙峰　450
王向遠　57
王野平　192
大石初太郎　272
大出正篤　39, 46, 63, 204
太田宇之助　47, 56
大村次信　291
大矢全節　517
岡倉由三郎　442
岡田三郎助　287
岡村敬二　116
小川未明　335
奥野金三郎　524
奥野信太郎　309
小倉進平　443, 509
小倉啓義　523
小黒浩司　116
小野美里　61
澤潟久孝　248

か

川上尚恵　121
河路由佳　5
川田順　183
川端康成　292
川村湊　290, 340
菊沖徳平　56
菊澤末雄　464
岸田國士　101, 445
金田一京助　437
金原省吾　119
釘本久春　28, 67
日下部文夫　67

久田原正夫　519
倉野憲司　446
桑原亮人　254
皇帝溥儀　197
河野巽　489
国際観光局　521
国際文化振興会　522
国分一太郎　84, 144, 327
国府種武　29
小島利八郎　57, 84
興水實　510
後藤朝太郎　508
近衛文麿　472

さ

細部新一郎　25, 27
酒井順一郎　113
作田荘一　218, 222, 223, 224
佐久間鼎　118, 440
桜井隆　326
桜庭巌　345
佐藤栄三郎　556
佐藤喜代治　239, 240
佐藤準三　185
佐藤正人　340
佐藤良　447
実藤恵秀　56
塩田良平　9
志賀幹郎　61
重松信弘　231, 239, 243
志々田文明　214
志田延義　507
篠原利逸　29, 121
澁谷近蔵　201
蕭元川　535
聶長林　254

白川今朝晴　231
神保格　437, 438
神保光太郎　426
新村出　8, 445
尾高亀蔵　252
杉武夫　354
杉野要吉　269
鈴木忍　517, 537
スワンニー・スコンター　538
斉紅深　208
関野房夫　509
銭稲孫　51, 119, 143, 144, 146
孫文　190

た

大東亜文化協会　9
高井有一　266
高倉テル　294, 444
高橋正一　438
竹内好　138, 147
武富正一　560
竹中憲一　111, 155
橘外男　256
龍岡博　459
田中館愛橘　457, 465
田中館秀三　457, 471
谷川徹三　119
張景恵　218
陳白秋　358
常岡悟郎　512
鶴見祐輔　427
寺川喜四男　507
土居光知　411, 439
東條操　24
徳沢龍潭　28
徳富正敬　192

ドナルド・キーン　413
冨田竹二郎　530
トムヤンティ　539

な

中澤信三　346, 348
中島敦　494
中島利一郎　399
長沼直兄　67, 412, 581
中野實　20
中村重穂　105, 110
中村忠一　246, 247
中目覚　409
中谷宇吉郎　118
南部二郎　550
新居格　320, 339
仁井田隆　118
西晋一郎　233
西元静男　435
西本三十二　441
野村章　271

は

長谷川恒雄　6
長谷川如是閑　119
秦純乗　29
波多野太郎　580
服部四郎　311
原田直茂　122
ハロルド・E・パーマー　413
久松潜一　118
火野葦平　110
平等通昭　510, 515
平生釟三郎　490
深澤紅子　318
福井優　25, 247

藤村作　437, 444
藤原輿一　415
プラコップ・プッカマーン　523
ペスタロッチ　96
星田晋五　459, 465, 525
保科孝一　24, 479
堀敏夫　246, 249

ま

前田均　340
増田幸一　437
松岡静雄　567
マックファランド　525
松坂忠則　458, 479, 483, 490, 491, 496
松永健哉　84
松宮一也　9, 26, 386, 411, 531
松本金壽　137, 147
松本真一　23
松本信廣　549
馬淵冷佑　436
丸山林平　238, 242, 257, 273, 442
三木榮　514
三木勇　483
水口春喜　255
宮崎一定　119
宮沢恵理子　214, 253
宮武正道　507, 553, 558, 561
村松嘉津　550
望月衛　89
百田宗治　295
森崎湊　255
森田孝　246
森山四郎　556
モンコン・オンシクール　513

や

八木沼丈夫　86
矢崎源九郎　569
柳澤健　440
柳田國男　445, 457
矢部謙次郎　436
矢部春　112
山縣三千雄　509
山口喜一郎　46
山路廣明　520
山田孝雄　242, 250, 395
山中恒　71, 320
山根幸夫　115, 214, 267
山室三良　118, 124, 142
山室信一　230
山本和夫　98, 110
山本修三　441
山本有三　496
結城昌治　108
湯沢幸吉郎　411
吉松繁　186
吉見義明　88, 91

ら

劉第謙　226
蠟山政道　444
六角恒廣　580
ロバート・オーエン　96

わ

渡辺正文　24
渡会貞輔　344
和辻哲郎　119

事項索引

あ
アジア的人間像　296
アジアとの信頼　3
アジヤの青雲　394
アジヤの友　394
安南語(ベトナム語)　548
慰安放送　440, 441
異化涵養　155
以華制華　67
異文化観認識　156
慰問袋　307
印度語　566
印度支那研究会　548
王道楽土　18
オランダ語(蘭語)　567

か
カタカナ　477
学校放送　440
カナモジカイ　42, 477
華北日本語教育研究所　61
華北日本語研究所　29, 409
華北連絡部　33
紙芝居　83
惟神の道　232
基本語彙調査　579
宮城遥拝　100
教育紙芝居　109
協和会　289

協和語　326
姑娘宣撫隊　95
苦力　158, 177, 181
クールジャパン　403
草の根のファシズム　88
軍用語特集号　349
軍用支那語　55, 111, 351, 356
軍用支那語会話　92, 105
訓令式統一　465
慶応大学語学研究所　581
憲警実務会話　348
建国神廟　231, 232
建国大学研究院　214
建国大学要覧　220
言語思想的遺産　4
言語政策史研究　5
言語文化政策　3
憲兵支那語　350
興亜院　28, 32
興亜院連絡部　61
興亜行進曲　391
興亜同学院　540
興亜錬成　62
黄禍　397
皇軍　516
皇軍慰問　483
皇道主義教育思想　232
皇道精神　58
抗日ドラマ　371
皇民化教育　194
語学放送　442
語学四週間叢書　570
国学　230
国語改革問題　244
国語国字問題　455
国語戦士　446

国語対策協議会　30
国語の鈍化　439
国語文化学会　407
国際学友会　517
国際化する日本語　405
国際文化振興会　388, 411, 549, 579
国策紙芝居　84
国字問題　481
国体　230
国体明徴　457
国都建設　196
国本奠定証書　232
国民精神総動員　443
国民精神総動員運動　320
国民優級学校　192, 309
国民優級学校令　193
国民錬成　246
五族協和　18, 189, 209
五族共和　190, 208
国家総動員法　320

さ

"さくら読本"　122
シイサン　322
自然観照　155, 160, 165, 167, 168
上海日本近代科学図書館　115
少国民　312, 319
少国民錬成　335, 446
商用日語　42
植民地科学　527, 537
植民地教育史研究　5
シンジヤウ　209
シンジョ　322, 339
進上　202
シンジョウ　339
陣中会話　347

陣中放送　449
新民会　44
生活記　290
青年訓練所　51
青年特別訓練所　10
絶対国防圏　396
戦間期　2
戦時期日本語論　9
戦時体制下　2
戦時童話　341
戦時プロパガンダ　435
戦時放送宣伝　447
戦時放送番組　448
戦争とラジオ　451
宣撫官　85
宣撫工作　21
宣撫班　20, 85
宣撫文学　21
草莽の歴史　109
総力戦　7, 9
総力戦下　214

た

対外文化事業　379, 447
対支文化工作　23, 115
対支文化事業　115
大正デモクラシー　3
大東亜共栄圏会話叢書　571
大東亜共栄圏建設　380
大東亜共栄圏の共通文字　462
大東亜共通文字　460
大東亜語学　506, 547
大東亜語学叢書　568
大東亜三大共通語　579
大東亜とローマ字　459
大東亜の共通文字　463

大同学院　221
対ビルマ侵攻作戦　516
大陸経営　25
大陸行進曲　481
タガログ語　565
多民族共存　170
千早学校　417, 421
中国語ブーム　350, 371
忠霊塔　174, 305, 315, 321
肇国の精神　19
朝鮮総督府　10
つづり方教育　85
綴り方使節　314
定着宣撫　87
東亜新秩序　17
東亜新秩序建設　66
東亜における日本語　26
東亜放送　445
同化・懐柔政策　22
東京外国語学校　571
東京放送局　165
同在満日本教育会教科書編輯部　163
同床異夢　396
同祖論　245
東南アジア諸語　505
同文同種　245
東方精神文化　258
東方文化事業　115
東北淪陥十四年　213
土民　40
トルコ語　567
奴隷化教育　199

な

七三一部隊　254
南方建設　381, 386
「南方建設現地報告」座談会　386
南方語　547
南方日本語教育　388
南洋経済研究所　512
日語講習所　44
日語分班　259
日泰学院　513
日タイ攻守同盟　511
日泰文化会館　517
日満一体　302
日満一徳一心　235
日満教育協会　352
日満国定教科書　36
日用南方語叢書　571
ニッポンゴ　456
日本・タイ文化研究所　525
日本語―馬来語辞典　558
日本語学力検定試験　51
日本語教育史学　207
日本語教育史研究　5, 69, 71, 205
日本語教育振興会　27, 526, 528
日本語宣撫工作　20
日本語の大陸進出　19, 25, 27, 48
日本語パートナーズ　398
日本語普及班　47
日本語盟主論　449
日本語論　1
日本のローマ字社　456
日本文化会館　531
日本放送協会　435
奴化教育　57, 66, 100

は

八紘一宇　18, 19, 253
バンコク日本語学校　525
バンコク日本文化研究所　517

東アガナ　469
ピジン言語　326
匪賊　172
標準語　438
標準語論　440
「負」の遺産　109
プロパガンダ戦　385
北京近代科学図書館　115
ヘボン式　465
放送（ラジオ）　435
ポストコロニアル　207, 213, 397
北方語・南方語　567

ま

馬来語　552
馬来語―日本語辞典　560
マレー語訳愛国行進曲　558
満洲國協和青少年團中央統監部　289
満洲事情　173
満洲帝国学事要覧　221
満蒙開拓青少年義勇軍　180
満蒙開拓青少年義勇隊隊員　299
南支那派遣軍報道部　14
南満洲教育会教科書編輯部　46, 163

や

夜間日語学校　42
やさしい日本語　581
友邦泰国　440, 445

ら

ラジオ国策論　441
ラジオ体操　448
ラジオの歌　450
ラジオノコトバ　296
臨時政府　47

歴史感情　377
蘆溝橋事件　17, 442

【著者紹介】

田中寛（たなか ひろし）

〈略歴〉

立命館大学文学部卒業。東京外国語大学大学院外国語学研究科修了（修士課程）。博士（文学）。財団法人海外技術者研修協会（現海外産業人材育成協会）で日本語教材の開発、来日技術研修生の日本語教育にあたる（1974–1983）。この間、泰日経済技術振興協会（タイ、バンコク）に出向、日本語教育、タイ語教育、日本語教科書編纂などに従事した。中国湖南省湖南大学外国人専門家（1984–1985）、文教大学言語文化研究所（1988–1993）を経て、1998年より大東文化大学外国語学部教授。同大学院外国語学研究科教授。英国ロンドン大学 SOAS 学術訪問員（2004–2005）。日本ペンクラブ会員。

〈主な著書〉

『日本語複文表現の研究』（白帝社 2004）、『統語構造を中心とした日本語とタイ語の対照研究』（ひつじ書房 2004）、『はじめての人のための日本語の教え方ハンドブック』（国際語学社 2008）『複合辞からみた日本語文法の研究』（ひつじ書房 2010）など

戦時期における日本語・日本語教育論の諸相
日本言語文化政策論序説

Some Aspects of Japanese and Japanese Language Education in Time of War:
An Introduction of Japanese Language and Culture Policy Theory
Hiroshi Tanaka

発行	2015年2月16日　初版1刷
定価	12000円+税
著者	Ⓒ 田中寛
発行者	松本功
印刷所	三美印刷株式会社
製本所	株式会社 星共社
発行所	株式会社 ひつじ書房
	〒112-0011 東京都文京区千石 2-1-2 大和ビル2階
	Tel.03-5319-4916　Fax.03-5319-4917
	郵便振替 00120-8-142852
	toiawase@hituzi.co.jp　http://www.hituzi.co.jp/
	ISBN978-4-89476-741-6

造本には充分注意しておりますが、落丁・乱丁などがございましたら、小社かお買上げ書店にておとりかえいたします。ご意見、ご感想など、小社までお寄せ下されば幸いです。